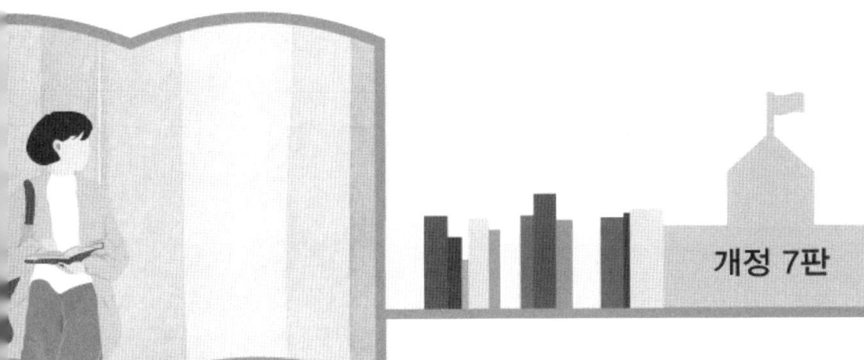

학교도서관 운영의 실제

송기호 저

한국도서관협회

개정 7판

학교도서관 운영의 실제

서 문

학생에게 공정한 학습 경험을 제공하는 자기주도학습 환경이 중요해짐에 따라 사서교사의 역할이 공동체 조직자로 확장되고 있습니다. 학교 안과 밖 자원을 이어서 학습공동체 중심에 학교도서관을 두는 것은 가르치고 배우는 것을 지원하는 것을 넘어 가르치고 배우는 방법을 개선하는 데 꼭 필요한 역할입니다. 학교도서관이 공부방, 자료실, 교수-학습지원을 지나 배움의 중심으로 발전하는 것은 상대적 지식관이나 구성주의 학습관을 실천하기 위해서 당연한 일입니다. 이 흐름 속에서 학교도서관의 교육 환경적 가치와 더불어 사서교사의 교육적 가치가 더 중요하다는 인식이 함께 확산하였으면 좋겠습니다.

학교도서관의 체계적이고 안정적인 운영을 바라는 마음에서 시작한 졸고의 여정이 25년을 지났습니다. 개정을 거듭하면서 학교도서관 자원별 운영 전략과 함께 학교도서관에 대한 교육과 학교도서관활용교육에 중심을 두었습니다. 이번 개정판에서는 각 장의 명칭과 구성에 변화를 주고, 교육환경 변화에 맞추어 각 장의 내용을 수정 보완하였습니다. 특히, 미래 학교와 교육환경 변화, 학령인구 감소와 학교 및 도서관 통합 문제, 학교도서관의 학교 안과 밖 공동체 연계와 교육 책무성 강화, 교육적 영향력 평가와 환류를 통한 안정적 성장 기반 마련 등을 염두에 두었습니다.

우선, 1장 학교도서관의 이해는 학교도서관의 가치와 학교도서관의 미래를 새롭게 다루었습니다. 2장 학교도서관 운영은 증거기반업무와 연간 보고서 작성 그리고 이용자별 의사소통 전략, 소셜미디어 마케팅과 알파 세대를 위한 마케팅 전략을 중심으로 학교도서관 마케팅을 보완하였습니다. 3장 사서교사는 사서교사의 중요성, 배치 기준, 사서교사 평가를 중심으로 수정하였습니다. 4장 인력관리는 학교장 인식 개선, 도서반 운영을 중심으로 새로운 내용을 추가하였습니다. 5장 학교도서관 시설 설비는 공간 구성 유형, 공간 구성 방법, 재난 및 안전 설비를 보완하였습니다. 특히, 미래 학교와 통합 운영 학교의 공간 구성, 가상 학교도서관, 독서로를 추가하여 기존의 학교도서관 미디어센터를 대체하였습니다. 6장 장서관리는 이의신청 자료의 심의 및 처리를 중심으로 개정이 이루어졌습니다. 7장 예산 운영은 재원의 출처, 예산 편성 내용을 보다 현실화하였습니다. 8장 학교도서관 교육은 교육 내용을 추가하고, 학교도서관활용교육의 설계, 운영, 평가 관련 내용을 수정하고 새롭게 추가하였습니다. 9장 학교도서관과 지역사회 연계는 학교도서관 개방 전략, 학교도서관과 공공도서관 협력 관련 내용을 대폭 보완하였습니다. 특히, 학습 경험 제공에 필요한 자원 확충과 학령인구 감소에 대응하여 협력 사례와 학교-공공 통합도서관을 새롭게 포함하였습니다. 마지막 10장 학교도서관 평가는 학교도서관 평가 기준, 평가 현황 및 개선 방안을 추가하였습니다.

교육공동체 구성이 학교도서관을 삶의 일부로 인식하도록 좋은 경험을 제공하는 것이 중요합니다. 교육공동체 구성원을 옹호자로 만들어야 합니다. 차별 없고, 자유롭고, 줄을 세우지 않고 모두를 환영하는 학교도서관이면 가능하겠지요. 졸고가 예비 사서교사 양성과 전환기 학교도서관 운영에 작은 보탬이 되었으면 합니다.

지속적인 개정이 가능하도록 현장에서 학교도서관을 선도적으로 운영하고 자원의 운영과 활용에 힘써주신 사서교사들에게 감사의 마음을 전합니다. 그리고 편집과 출판을 위해 애써주신 한국도서관협회에 감사드립니다.

2025년 12월 30일

송기호

목차

제1장

학교도서관의 가치와 미래

제2장

학교도서관 운영

제3장

사서교사

목차

제4장

학교도서관 인력과 조직

제5장

학교도서관 시설과 설비

제6장 학교도서관 자료

목차

제7장

학교도서관 예산

제8장

학교도서관 교육

제9장

학교도서관과 지역사회 연계

제10장

학교도서관 평가

표 목차

표 목차

그림 목차

그림 목차

학교도서관
운영의 실제

01

학교도서관의 가치와 미래

1. 학교도서관의 정의와 특징
2. 학교도서관의 가치
3. 학교도서관의 미래

01 학교도서관의 가치와 미래

1. 학교도서관의 정의와 특징

1.1 학교도서관의 정의

도서관은 인류 기억의 저장 도구인 매체의 선정과 보존을 통한 교육과 문화기관으로 발달하였다. J. H. Shera(1984)는 도서관을 '지식이라고 하는 사회적 제도를 구체적으로 실현하는 사회기관으로 커뮤니케이션 수단인 언어, 문자 등 인류의 상징체계(Symbol Systems)를 담고 있는 도구(매체)를 수집 · 조직 · 제공 · 보존하는 곳이다.'라고 정의하였다. 그리고 도서관과 사서직의 분화를 '사회의 다변화와 이용자 요구의 다양화' 측면에서 설명하였다(47-69). 김용철(1998)은 학교도서관 미디어센터 도입을 계기로 학교도서관을 '공공, 대학, 전문도서관의 뿌리'라고 설명하였다. 유양근(2004)은 교육환경 변화 측면에서 학교도서관의 가치를 '개별 학생이 자신의 흥미와 적성에 맞는 교육자료를 효율적으로 활용하여 창의성과 자기주도적인 학습능력을 신장하는 데 이바지함으로써 학교 지식의 양적 팽창에 효과적으로 대처할 수 있는 필수 기관'이라고 피력하였다. 이들 의견을 종합하면, 학교도서관은 자료를 활용하여 자기주도적인 지식 형성을 할 수 있는 사회기관이다.

한편, IFLA(2015)가 발표한 『학교도서관 가이드라인』(School Library Guidelines)에서는 '학생의 정보에서 지식으로의 여행과 개인적, 사회적, 문화적 성장에서 독서, 탐구, 조사, 사고, 상상, 창의성이 중심을 이루는 물리적 · 디지털 학습공간'으로 정의하고 있다. AASL(American Association of School Librarians, 2016a)는 학교도서관을 '모든 학습자의 접근성과 기회 간의 격차를 메우는 데 꼭 필요한 역동적인 학습 환경'으로 규정하고 있다. 그리고 효과적인 학교도서관은 '자격을 갖춘 사서교사가 운영하고, 개별학습 환경을 제공하며, 모든 학습자에게 균형 잡힌 교육을 보장하기 위해 자원에 대한 공평한 접근성을 제공한다'고 설명하였다. National Library Of New Zealand(2025. 40. 30.)는 '학생, 교직원, 가족 등 학교공동체의 모든 구성원이 평생학습과 개인 성장을 위해 새로운 지식, 능력, 성향을 얻도록 돕는 곳'으로 설명하고 있다. 이러한 입장은 학교도서관이 학생은 물론 교육공동체 구성원의 성장을 돕는 중요한 교수-학습 환경임을 분명히 한 것이다.

『도서관법』(법률 제20834호)에서는 '고등학교 이하의 각급 학교에서 교사와 학생, 직원에게 도서관 서비스를 제공하는 것을 주된 목적으로 하는 도서관을 말한다.'라고 정의하고 있다(제4

조 제②항). 그리고 『학교도서관진흥법』(법률 제18547호)에서는 '학교에서 학생과 교원의 학습-교수활동을 지원함을 목적으로 하는 도서관이나 도서실을 말한다.'라고 정의하고 있다. 법률적 정의는 학교도서관의 주된 서비스 대상이 교직원과 학생이고, 서비스 내용은 교수-학습과 관련되어 있음을 보여준다.

오늘날 학교도서관은 상호관계성을 중시하는 지식생태계와 학습자의 자주적 학습능력 신장을 지향하는 사회 · 문화적 환경에 놓여있다. 이러한 환경은 기계론적 세계관에 의한 획일적 사고와 지식의 분화보다는 질서와 조화를 통한 다각적 사고와 지식의 융합을 강조하는 교수-학습관을 지향한다. 따라서 학교도서관은 다음 [그림 1-1]에서 보는 바와 같이 정보요구를 가진 이용자가 다양한 인적 · 물적자원과 상호작용하면서 새로운 지식을 자주적으로 생산하고, 사회적 책임감을 기를 수 있는 학교공동체의 일원이다.

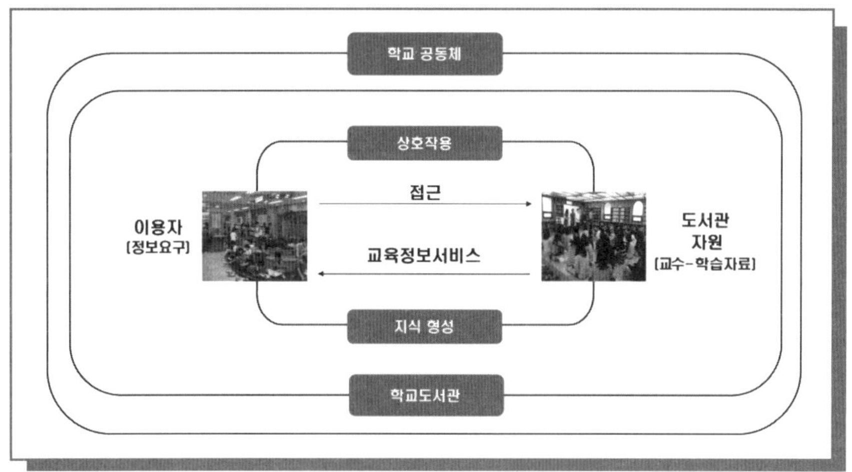

[그림 1-1] 학교도서관과 자기주도학습

1.2 학교도서관의 특징

1.2.1 도서관의 사회적 기능과 특징

도서관은 다양한 자료를 수집 · 보존하고 이를 필요로 하는 이용자에게 제공함으로써 개인의 사회화와 문화 전승이라는 기본적인 역할을 수행한다. 교육 · 문화기관으로서의 도서관이 단순한 '자료보관소' 가 아니라 이용자의 자주적 지식 생산 능력 신장에 기여하는 '공동체의 보배'로 자리매김하기 위해서는 어떻게 해야 할까? 1931년에 인도의 도서관 학자 S. R. Ranganathan (1892~1972)은 당시 수동적이고 보수적이던 도서관 업무와 도서관학에 활력을 불어넣기 위해 도서관의 존재 이유, 도서관 봉사의 의미, 조직체로서의 도서관을 도서관학의 5 법칙(The Five

Laws of Library Science)으로 함축성 있게 천명하였다(Ranganathan, 2005).

제1 법칙: Books are for use. 책은 이용하기 위한 것이다.
제2 법칙: Books are for all. 책은 모든 사람을 위한 것이다.
제3 법칙: Every books, its reader. 모든 책은 필요로 하는 사람(독자)에게 제공하라
제4 법칙: Save the time of the reader. 독자의 시간을 절약하라
제5 법칙: A library is a growing organism. 도서관은 성장하는 유기체이다.

이후 W. Crawford와 M. Gorman(1995)은 정보통신기술의 발달로 인쇄매체 중심의 전통적인 도서관과 사서의 역할에 대한 회의적인 시선을 극복하기 위해 신(新)도서관학 5 법칙(Five New Laws of Librarianship)을 발표하였다(8-12).

제1 법칙: Libraries serve humanity.
사서의 최고의 가치는 개인과 사회 그리고 사회 전체에 대한 서비스이다.
제2 법칙: Respect all forms by which knowledge is communicated.
정보와 지식을 전달하는 모든 매체는 각기 다른 강점이 있으며, 새로운 매체는 이전 매체의 장점을 강화하거나 보완한다. 지식을 전달하는 모든 형태의 매체를 소중하게 생각하라.
제3 법칙: Use technology intelligently to enhance service.
사서는 새로운 기술과 매체를 도서관 프로그램과 서비스에 통합 발전시켜왔다. 기술을 적절히 활용하여 도서관 서비스를 향상시켜라.
제4 법칙: Protect free access to knowledge.
도서관은 모든 사회 모든 공동체의 기록을 보존하고 누구나 자유롭게 이용할 수 있도록 하라.
제5 법칙: Honor the past and create the future.
도서관은 과거와 미래를 합리적이고 이성적인 방법으로 결합할 필요가 있다. 과거를 존중하고 새로운 미래를 창조하라.

특히, W. Crawford와 M. Gorman은 기술맹신주의(technolust)에 의한 도서관과 사서 무용론을 비판하며, 미래 도서관을 'or'가 아닌 'and' 패러다임(paradigm)으로 예측하였다(남태우, 김상미, 2001, 408-409).

① The future means both print and electronic communication.
미래에는 인쇄 및 전자 커뮤니케이션이 공존할 것이다.
② The future means both text and hypertext.
미래에는 선형(일차원적인)텍스트와 하이퍼텍스트가 공존할 것이다.
③ The future means both mediation by librarians and direct access.

미래에는 사서에 의한 중개와 직접 접근이 공존할 것이다.

④ The future means both collection and access.
미래에는 소장과 접근이 공존할 것이다.

⑤ The future means a library that is both edifice and interface.
미래에는 물리적 공간과 인터페이스로서의 도서관이 공존할 것이다.

이상의 논의를 정리하면 도서관은 단순한 '자료보관소'가 아니라 '이용자의 지식 생산과 문화 향유'를 돕는 중요한 사회기관이다. 사회기관으로서 도서관이 갖는 구체적인 특징은 '정보와 서비스 제공을 위한 비영리기관이라는 것, 자료의 보존과 제공이라는 상반된 목표를 수행한다는 것, 독립기관으로 존재하기보다는 모체기관의 종속기관인 경우가 많다는 것, 정보통신기술의 발달 등 사회 환경의 변화와 요구에 민감하다는 것' 등이다.

1.2.2 학교도서관의 특징

학교도서관도 교육을 위한 사회적 기관이지만, 서비스 대상과 내용 그리고 서비스 실행 방법 측면에서 다음과 같은 몇 가지 특징을 갖는다(김세익, 1992, 15-16; Prostano and Prostano, 1999, 27-28; IFLA, 2015, 16-17).

① 교육적 역할이 최우선이다.
학교도서관은 국가 수준, 교육청 수준 그리고 학교 수준의 교육과정에 기반을 두고 운영된다. 그리고 광범위한 자료에 대한 접근성을 제공하고 교수-학습에 적합한 환경을 제공한다. 따라서 학교도서관은 교수-학습활동 지원과 개선을 위해서 설계된 시스템이다.
이 시스템에서 학생은 자유로운 사회적 상호작용은 물론 읽고, 보고, 들을 내용을 선택할 권리와 자유를 향유하며, 자신의 선택에 대해 명확하고 비판적이며 창의적으로 생각하는 능력을 개발할 수 있다(AASL, 2018a, 170).

② 학교 교육 보조시설이 아닌 교실의 역할을 한다.
학교도서관은 소장된 자료를 활용하여 교수-학습활동을 전개하고, 학생 스스로 학습과제와 정보요구를 해결하는 자기주도학습을 위한 교실이다. 학교도서관활용교육은 학습 경험에 대한 공정하고 제한이 없는 접근과 사서교사의 교육정보서비스를 기반으로 학생의 성장을 돕는다.

③ 미디어센터 역할을 한다.
학교도서관은 교수-학습을 위하여 고품질의 다양한 자료를 선별하여 통합 관리하고, 새로운 지식 형성을 위한 학습 경험이나 도구로 제공한다. 그리고 교수-학습자료와 학습 경험을 제공하는 특별실 및 교외 기관을 연계하는 중심지(hub)이다. 학교도서관은 네트워크를 통해 장서를 다른 학교도서관, 공공도서관 또는 학습공동체와 공유할 수 있다. 그리고 이용자를 더 광범위한 지식 네트워크의 일부인 다른 도서관이나 기관이 제공하는 자원과 연

계할 수도 있다.

④ 사서교사가 도서관을 운영한다.
학교도서관은 자원 관리, 교수, 독서, 리터러시 개발, 교사와의 협동, 교육공동체 참여 등 다양한 역할 수행에 전문 지식을 발휘할 수 있는 사서교사가 운영한다.

⑤ 상위 교육기관의 하위 시스템에 편입되어 운영된다.
학교도서관은 상위 교육기관의 정책과 교육과정의 영향을 받는다. 특히, 단위 학교 수준에서 감당하기 어려운 예산과 자료의 접근성 문제를 해결하기 위하여 상위 교육기관의 하위 시스템에 편입된다.

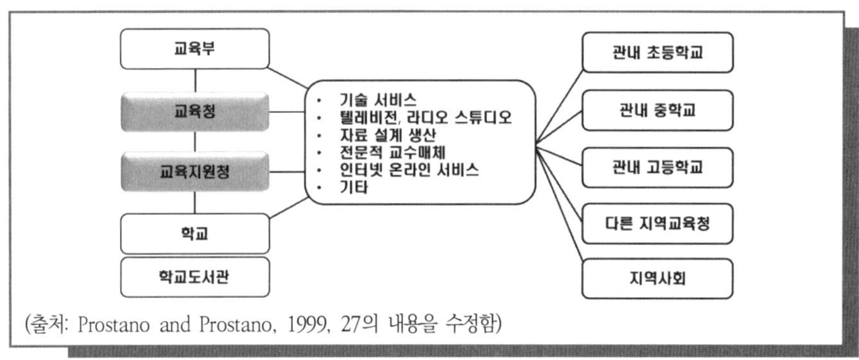

(출처: Prostano and Prostano, 1999, 27의 내용을 수정함)

[그림 1-2] 학교도서관 시스템

⑥ 봉사 범위가 교외로 확장된다.
학교도서관은 교외 이용자나 외부기관의 요구에 적절한 자원과 교육적 역할을 제공함으로써 점차 봉사 영역이 확장된다. 특히, 가정과 학교, 지역 간에 정보 접근성과 유통성을 강화해 주는 정보통신기술을 이용하여 학교도서관의 서비스와 운영 범위가 지역교육청을 넘어서 확장된다. 학교도서관이 지역교육청 수준을 넘어서는 연계를 통해서 그 운영 성과를 공동체로 확대하고 상호 협력하기 위해서는 다음과 같은 경영 전략이 필요하다.

- 단위 학교도서관의 경영 목적과 이용자 요구를 분석하고, 외부 공동체에 제공할 수 있는 서비스가 무엇인지 파악한다.
- 다양한 외부 조직의 잠재력이 학교도서관과 이용자의 요구에 적합한지 평가한다.
- 저비용으로 이용할 수 있는 서비스를 결정한다.
- 대외 서비스의 실행과 통합 계획을 마련한다.
- 학교 경영자 및 의사 결정권자의 이해와 지원을 구한다.

(출처: Prostano and prostano, 1999, 25-28).

학습자 맞춤형 교육환경에서 자원과 교육적 역할의 교외 확장은 교·내외 교육공동체를 연결하는 중재자(intermediary)의 역할을 실현하는 것이다. 이를 통해 학교도서관이 교육공동체 구성원의 사회적 문화적 삶에 필수 요소로 자리 잡을 수 있다.

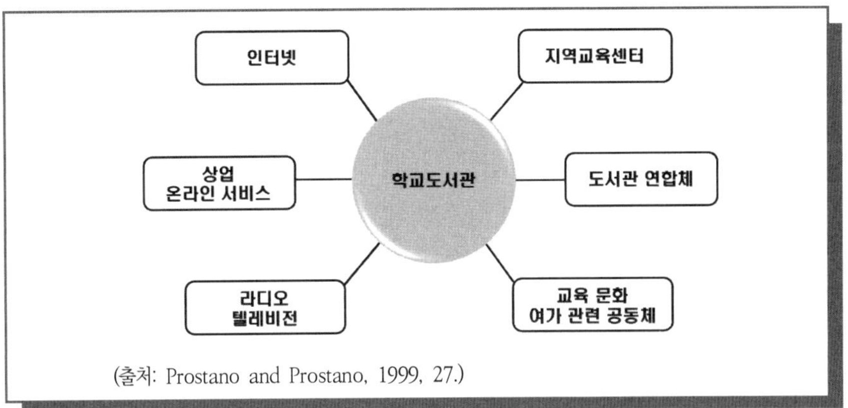

[그림 1-3] 학교도서관의 교육공동체 중재자 역할

2. 학교도서관의 가치

교육공동체의 공동 환경인 학교도서관의 기본적인 가치는 교사의 수업을 돕고 학생의 지식 형성을 돕는 것이다. 또한, 학생의 호기심과 삶에 대한 관심을 충족시키고, 예술, 공예, 음악 등 문화 정보를 제공한다(Nicola, 1994). 학교도서관의 가치는 이용자의 요구와 수준에 맞는 다양한 자원과 서비스가 학교 교육과정과 연계(통합)되어 투입되면서 실현된다. 교육과정과 연계 투입된 자료는 자기주도학습, 학습자중심학습, 협동수업 등의 형태로 처리되고 그 결과 학생이 새로운 지식을 형성한다.

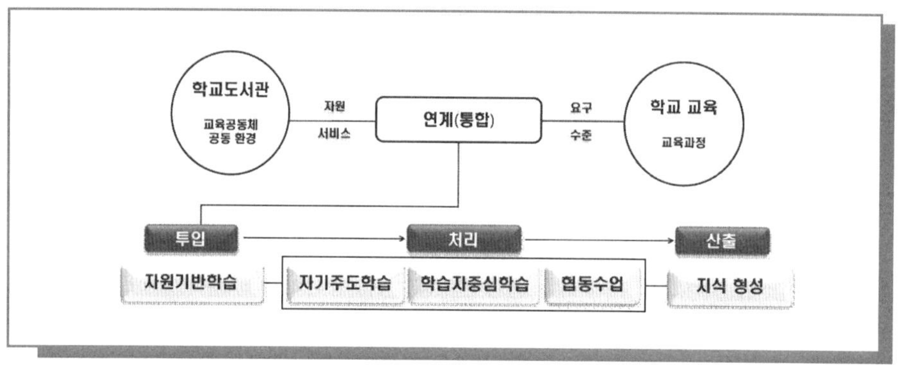

[그림 1-4] 학교도서관의 가치 창출 과정

학교도서관이 독서에 끼치는 영향에 대한 연구를 보면, 독서를 즐기는 아동은 수학, 어휘, 철자에서 거의 읽지 않는 아동에 비해서 높고, 10~16세 사이 인지적 발달에 끼치는 영향이 부모의 교육 수준보다 더 중요하다. 어린 나이부터 즐거움을 위해 책을 읽는 아동은 학업 생활 전반에 걸쳐 좋은 성적을 거둘 가능성이 훨씬 더 높고, 학교도서관 공간과 학교도서관 서비스에 대한 접근성은 교육적 삶의 중요한 시점에서 아동의 성취도에 영향을 미친다. 학교도서관은 아동이 책과 독서에 대한 열정을 키우는 데 핵심이다. 학교도서관이 아동의 독서에 긍정적인 영향을 주기 위해서는 양질의 최신 도서를 선택하고 독서에 어려움을 겪는 이동을 도와줄 사서교사가 필요하다(Todd and National Literacy Trust, 2021).

독서와 학교도서관 이용은 아동과 청소년의 정신 건강(Mental wellbeing)에도 영향을 끼친다. 예상보다 높은 독서 능력을 갖춘 아동은 예상보다 낮은 독서 능력을 갖춘 아동에 비해서 정신 건강이 높을 가능성이 3배(40.3% : 13.1%) 높게 나타났다. 또한, 학교도서관을 이용하는 아동은 이용하지 않는 아동보다 정신 건강 수준이 더 높은 것으로 나타났다(Clark and Teravainen-Goff, 2018).

학교도서관의 교육적 영향력에 대한 연구 결과를 살펴보면, 전문성을 갖춘 사서교사와 보조직원이 배치되어 교육과정과 연계 운영되고, 학생의 수준과 요구에 맞는 다양한 자료에 대한 접근성이 좋은 경우 학생의 학업성취도는 물론 자아 존중감 향상 등에 긍정적인 영향을 끼치는 것으로 나타났다(Oddone, 2016; Lance and Kachel, 2018; Mouhanna and Writer, 2021; Teich, 2021; Martinez, 2024).

특히, 주목할 만한 것은 학교도서관의 교육적 효과가 학생이 속한 지역사회의 사회·경제적 수준과 교육 수준에 상관없이 높게 나타나고 있으며, 취약 계층 학생의 읽기 능력 향상에 기여한다는 점이다. 학교도서관이 다양한 교수-학습자료에 대한 공정한 접근성을 제공한다는 것은 교육 기회 격차를 메움으로써 학생의 성공을 돕는 필수 학습 환경임을 의미한다(Chesley, 2023). 학교도서관이 제공하는 자료는 학생이 학교에서 배우는 교과에 대한 이해를 높이고 세상에 대한 지식을 늘릴 수 있는 정보를 담고 있다. 그리고 유능한 사서교사가 배치되었을 때 자료가 담고 있는 정보를 활용할 수 있는 능력을 수준에 맞게 지도할 수 있다. 사서교사가 제공하는 자기주도학습에 필요한 다양한 자료에 대한 공정한 접근성은 평생학습에 필요한 리터러시(literacy)와 탐구능력 신장에 기여한다.

학교도서관은 공동체 구성원의 소통과 협업의 중심지이다(Beck, 2020). 구성원은 자신의 호기심과 문화적 요구 충족을 충족하기 위해 자유롭게 학교도서관을 방문할 수 있다. 또한, 학교도서관의 물리적 및 디지털 공간은 교사와 학생을 동료, 학교 내 다른 사람 그리고 학교 밖 공동체와 연결한다. 이상에서 살펴본 학교도서관의 가치를 학생에게 끼치는 영향 측면에서 살펴보면 다음과 같다(Lonsdale, 2003; National Library of New Zealand, 2025. 04. 30.).

① 유능한 직원과 자료 그리고 예산을 갖춘 학교도서관이 지역사회 성인의 사회·경제적 수준과 교육 수준에 상관없이 보다 높은 학업성취도를 달성하는데 이바지한다.
② 학교도서관 자료를 교실과 실험실에 연결해 주는 강력한 컴퓨터 네트워크가 학생의 학업성취도 향상에 영향을 준다.
③ 학교도서관 이용률이 높을수록 학생의 시험성적이 높게 나타난다.
④ 사서교사와 교과교사의 학습 단원 계획수립, 장서개발, 교사의 전문성 향상을 위한 지원 등에서의 협력관계가 학습활동에 의미심장한 영향을 준다.
⑤ 학교서관과 공공도서관의 협력이 학생의 학업성취도에 긍정적인 영향을 준다.
⑥ 정보 리터러시(Information Literacy)가 교육과정에 통합 운영될 때, 학생의 내용 파악 능력과 정보탐색능력이 향상된다.
⑦ 학교도서관은 학습과 관련해서 학생이 자아 존중감(self-esteem), 자신감, 독립심, 책임감을 키우는 데 긍정적인 영향을 준다.
⑧ 학교도서관의 학업성취도에 대한 영향은 고등학교보다는 초등학교나 중학교에서 훨씬 높다.
⑨ 풍부한 인쇄자료를 활용한 학생의 독서 활동 활성화는 이해력, 어휘력, 맞춤법과 글쓰기 능력 향상에 기여한다.
⑩ 독서를 즐기는 아동의 인지적 발달에 끼치는 영향이 부모의 교육 수준보다 더 중요하다.
⑪ 학교도서관을 이용하는 아동은 이용하지 않는 아동보다 정신 건강 수준이 더 높다.
⑫ 학교도서관 자료의 대출 확대가 학급문고 대출에 비해서 독서력 향상에 기여한다.

3. 학교도서관의 미래

3.1 사회변화 동향

학교도서관의 미래에 영향을 끼치는 주요 사회변화 동향은 도서관 자료와 정보 활용에 영향을 끼치는 과학기술의 발달과 인구감소이다. 우선, IFLA는 2013년에 문헌정보학 분야 핵심 사회변화 동향 5가지를 담은 『동향 보고서』(Trend Report)를 발표하였다. 이 보고서는 도서관이 스스로 미래에 중요한 역할을 할 수 있으며, 서비스를 제공하는 지역사회의 이익을 위해 노력해야 한다는 믿음을 담고 있다. IFLA는 2015에 발표한 『학교도서관 가이드라인』에서 이 5가지 핵심 사회변화 동향을 소개하였다(18). 이것은 학교도서관의 미래상을 설정할 때 고려할 요소이며, 기회(opportunities)나 위협(threats)이 될 수 있는 외부 환경요인이다.

① 새로운 과학기술이 정보에 대한 접근성을 확장하거나 제한할 수 있다.
② 온라인 교육이 글로벌 학습(global learning)을 민주화하거나 제한할 수 있다.
③ 개인의 사생활과 데이터 보호의 경계가 모호해질 것이다.
④ 초연결 사회는 새로운 의견(voices)과 집단에 귀를 기울이고 권한을 부여할 것이다.
⑤ 새로운 과학기술에 의해서 글로벌 정보 경제(global information economy)가 변할 수 있다.

IFLA는 2024년에 정보 및 지식 환경의 미래와 이것이 시민 생활, 환경 등 다른 분야에서 일어나는 일에 어떤 영향을 미치고 어떤 영향을 받는지에 초점을 맞추어 『동향 보고서』를 갱신하였다. 문헌 검토를 종합하여 제시한 도서관 분야 변화 동향은 '지식 관념의 변화와 잘못된 정보에 대한 인식 문제, AI 등 기술 발달에 따른 사회 변화, 정부와 언론의 신뢰 관계 재설정과 개인 정보 보호 문제, 정보리터러시 불평등, 디지털 격차, 정보시스템 사용 증가에 따른 환경오염 문제, 온라인 공동체 등 새로운 공동체 결합 추구' 등이다(7-8).

① 지식에 대한 관념(knowledge practices)이 바뀌고 있다.
② AI와 기타 기술(technologies)이 사회를 변화시키고 있다.
③ 정부와 언론에 대한 신뢰를 재확립하는 것은 우리 사회의 번영에 핵심적인 요소이다.
④ 능력(skills)과 역량(abilities)이 점점 더 복잡해지고 있다.
⑤ 디지털 기술은 불균등하게 분포되어 있다.
⑥ 정보시스템은 더 많은 자원을 사용하고 있다.
⑦ 사람들은 공동체 결합(community connections)을 추구하고 있다.

과학기술 발달은 '스스로 결정을 내리고 새로운 아이디어를 생성할 수 있는 이질적인 지능

(Alien Intelligence)인 AI나 알고리즘'(Harari, 2024, 285)의 영향력 확대를 동반한다. 문제는 AI나 알고리즘이 자료와 정보 이용에 대한 학교도서관의 중재나 통제력 상실을 불러올 수 있다는 점이다. AI 디지털 교과서는 맞춤형 교육과 공정한 학습 기회 제공을 위해 등장했지만, 학교도서관을 거치지 않고 직접 교수-학습에 제공된다.

학교도서관에 영향을 끼칠 수 있는 더 큰 사회변화는 학령인구 감소이다. 우리나라의 장래 학령인구 변화 전망을 보면, 2020년 6,735천명에서 2035년 3,873천명으로 큰 폭의 감소가 예상된다. 학령인구 변화는 교원 수급, 교육시설 투자 규모 조정 등 새로운 교육정책의 수립과 집행을 필요로 한다(지표누리, 2025. 09. 16.). 따라서 학령인구 감소는 사서교사 양성과 배치는 물론 근무 형태 그리고 학교도서관과 공공도서관의 통합 등 존재 방식에 영향을 미칠 것으로 보인다.

3.2 학교 교육 변화

학교도서관은 사회 환경의 변화와 이에 따른 교육목적의 변화에 적응해야 한다. 따라서 지식기반사회의 교육관과 학교 교육이 추구하는 교육적 인간상 등은 학교도서관의 미래를 가늠할 수 있는 중요한 지표이다. 유네스코 21세기 세계교육위원회(1997)는 21세기의 교육 원리를 다음과 같이 평생교육의 4가지 기둥으로 설명하고 있다.

① 알기 위한 학습(Learning to know)
획일적인 지식과 정보만을 획득하는 것이 아니라 스스로 지식을 얻는 방법을 지도하여 평생학습의 기초를 마련한다.

② 행동하기 위한 학습(Learning to do)
학생들이 배운 바를 직업 환경에서 실천할 수 있도록 지도하고, 나아가 미래의 직업을 준비할 수 있도록 한다.

③ 함께 살기 위한 학습(Learning to live together)
상호 의존성을 인정함으로써 타인과 함께 공동과제를 수행하고 갈등을 관리하는 법을 학습한다.

④ 존재하기 위한 학습(Learning to be)
자율성과 판단력 그리고 책임감을 갖추고 행동할 수 있는 인성을 길러준다.

AASL/AECT(1998a)도 학교 교육의 방향을 학생의 단순한 지식 암기 능력을 길러주는 것이 아니라, '학습하는 방법의 학습, 지식의 통합과 확장, 의사소통 능력, 사고와 추리능력, 인간관계 능력, 개인과 사회에 대한 책임감 신장'으로 제시했다(45-46).

① 학습방법의 학습

- 학생은 양질의 학습을 위해서 노력하고 수월성을 추구한다.
- 학생은 학습 향상을 위하여 다양한 학습전략, 개인능력 그리고 시간관리 능력을 사용한다.
- 학생은 학습 개선을 위하여 스스로 평가하고 그 결과를 반영할 수 있다.

② 지식의 통합과 확장

- 학생은 서로 다른 교과 영역의 지식과 경험을 연관 지을 수 있다.
- 학생은 새로운 지식을 얻고, 새로운 능력을 개발하고, 지식을 확장하기 위하여 이미 알고 있는 것을 이용할 수 있다.
- 학생은 문제해결과 기술 습득에 범교과적인 방법을 적용하면서 통합 지식과 능력을 보여줄 수 있다.

③ 의사소통 능력

- 학생은 다른 사람이 이해할 수 있도록 분명하게 자신의 의사와 지식을 전달할 수 있다.
- 학생은 다양한 형태의 의사소통 방법을 통합하여 사용하고, 광범위한 의사소통 기술을 사용할 수 있다.
- 학생은 다양한 형태의 의사소통 방식을 이해하고 분석하고 평가할 수 있다.

④ 사고와 추론 능력

- 학생은 새로운 정보와 지식을 얻기 위해서 정보를 효과적으로 수집하고 이용할 수 있으며, 정보를 유형별로 조직하고, 추론하고, 상황에 적합한 결론을 도출할 수 있다.
- 학생은 다양한 유형의 문제해결을 위해서 여러 가지 전략의 이용법을 활용하고, 평가하고, 구분할 수 있다.
- 다양한 상황에서 신중하게 새롭고 비판적인 아이디어를 생산할 수 있다.

⑤ 인간관계 능력

- 학생은 목적을 세우고 달성하기 위해서 다양한 상황에서 다른 사람과 더불어 일할 수 있다.
- 학생은 집단의 구성원으로서 자신의 행동을 평가하고 관리할 수 있다.
- 학생은 의견이나 신념의 차이에서 비롯된 의견 불일치나 다툼에 대처할 수 있다.

⑥ 개인과 사회적 책임감

- 학생은 자신의 행동에 대해서 책임지며 윤리적으로 행동한다.
  (예: 정직, 공정, 성실을 실천한다.)
- 학생은 자신과 다른 사람을 존중하고 다른 사람의 다양성과 다른 사람과의 상호 의존성을 이해하고 인정한다.
- 학생은 범지구적인 쟁점과 환경문제를 이해하고 책임감을 갖는다.
- 학생은 학교와 지역사회 그리고 국가에서 책임감 있는 시민으로 행동한다.

세계경제포럼(WEF)은 2020년에 발표한 『교육 4.0』(Education 4.0)에서 4차 산업혁명 시대에 대비하여 미래 교육이 제공해야 하는 교육 경험과 내용을 제시했다. 우선, 미래 교육이 제공해야 하는 교육 경험은 '개별화 학습 및 자기주도학습, 접근 가능한 포괄적인 학습, 문제기반

학습과 협력 학습, 평생학습 및 학습자 주도 학습'이다. 그리고 미래 교육 내용은 '글로벌 시민 역량, 혁신과 창의적 역량, 기술 역량, 대인관계 기술, 맞춤형 자기주도학습, 접근성을 고려한 포용적 학습, 문제기반 협력학습, 평생학습 및 학생 중심 학습의 교육 혁신 방향' 등 8가지 역량이다.

우리나라도 교육과정 개정(교육부, 2022)을 통해서 디지털 전환, 기후·생태환경 변화, 인구 구조 변화, 사회의 복잡성과 다양성 확대 등과 같은 사회변화에 대응하고 있다. 특히, 미래 역량 중심 교육과정, 학생 개별 맞춤형 교육을 통해서 학생에게 길러주고자 하는 핵심 역량을 '자기관리 역량, 지식정보처리 역량, 창의적 사고 역량, 심미적 감성 역량, 협력적 소통 역량, 공동체 역량'으로 제시하고 있다.

3.3 미래 학교도서관에 대한 질문

National Library of New Zealand(2025. 04. 04.)는 학교도서관의 미래에 영향을 끼치는 교육환경 변화 추세를 '연결성 및 파트너십 증가, 학생 중심 학습 방법 도입, 개방형 교육자원(Open Education Resources: OER) 확산, 도서관 공간을 포함한 학습 환경 재고'라고 보았다. 그리고 이러한 변화 추세에 따라 학교도서관의 미래를 생각할 때 필요한 질문과 지속적으로 중요한 교육환경으로 존재하기 위한 조건을 다음과 같이 설명하고 있다.

① 미래 학교도서관에 대한 질문

- 20년 후에 학교도서관이 존재할까? 그 이유는 무엇일까?
- 미래 학교도서관은 교육환경에서 어떤 지위를 가질까??
- 미래 학교도서관의 전략적 목표는 무엇일까요?
- 미래 학교도서관에서 일하는 사람은 누구이며, 주요 역할은 무엇일까?
- 미래 사서교사는 어떻게 학습을 가능하게 하고 촉진할까?
- 미래 학교도서관은 어떤 모습일까?

② 학교도서관이 교육환경으로 존재하기 위한 조건

- 학교도서관 시설과 사서교사 등 직원의 역량을 개발한다.
- 업무 성과를 알리기 위해 증거를 수집하고 사용한다.
- 최신 교수법과 교육공학을 개발한다.
- 교직원과 협력하여 새로운 학습 기회를 창의적으로 설계하고 촉진한다.
- 학교에 강력한 독서 문화를 지속적으로 조성한다.

미래 학교도서관에 대한 질문과 지속 성장 조건을 보면 학교도서관이 교육과정을 지원하고 개선하는데 기여하기 위해서는 교육환경 변화를 수용하고 적극 대응할 필요가 있음을 보여준다.

우선, 학생의 선택권과 자율성이 반영된 장서, 서비스 및 프로그램 개발이 중요하다. 특히, 개방형 교육자원의 확산에 대응하여 사서교사는 교수-학습에 이를 효과적으로 통합할 수 있는 맞춤형 제공(curation) 능력을 갖추어야 한다. 그리고 교내외 파트너십을 통해 다양한 수준의 학생 요구에 공정한 접근성을 제공하여 학교도서관이 교육과정 운영과 학생 성장에 이바지한다는 점을 보여주는 증거기반업무(Evidence based Practice)를 수행할 필요가 있다.

학교도서관 운영의 실제

02

학교도서관 운영

1. 학교도서관 운영의 의미
2. 학교도서관 운영 유형
3. 학교도서관 계획수립
4. 학교도서관 마케팅

02 학교도서관 운영

1. 학교도서관 운영의 의미

1.1 경영의 의미와 구성 요소

학교도서관이 학교 교육목표 달성에 기여하기 위해서는 학교에 도서관이 단순히 설치되는 것만으로는 부족하다. 사서교사는 시설 · 자료 · 인력을 활용하여 학교도서관에 부여된 사명을 달성할 수 있도록 자원을 계획(planning)하고, 조직(organizing)하고, 인력을 배치(staffing)하고, 지도(leading)하고, 조정(coordinating)하고, 통제(controlling)하여 효율적이고 성공적인 방법으로 학교도서관을 끌고 나가는 활동을 수행하여야 한다.

어떤 조직이 목적을 달성하기 위하여 조직의 자원을 계획, 조직, 지도(지휘), 통제하여 조정하는 과정을 경영(administration) 또는 관리(management)라고 한다. 기업과 같이 영리를 추구하는 조직에서 주로 사용하는 경영이라는 단어를 붙여 도서관 운영이나 관리 대신에 도서관 경영이라는 용어가 사용되고 있다. 이러한 현상은 영리 기관이 이익의 산출 여부로 조직의 성패를 측정하는 것처럼 도서관도 수행하는 서비스의 유용성이 중요해지고 있기 때문이다. 또한, 도서관을 하나의 시스템으로 파악하려는 경향과 마케팅 기법의 도서관 적용도 도서관 경영의 확산에 영향을 주고 있다(주영주, 1999, 36-37).

그러나 도서관이 경영의 대상이 아닌 단순한 운영의 대상으로 여겨진 것은 무엇보다도 도서관의 성격이 모체기관(母體機關)을 지원하는 보조적인 업무를 주로 담당하는 비영리기관이라는 데 있다. 그리고 사서나 도서관 관리 책임자가 경영보다는 자료의 분류, 목록, 검색 등의 실무에 더 많은 관심을 두고 있을 뿐만 아니라 사서 양성 교육도 경영 이론보다는 자료정리나 참고봉사 등 기술교육에 치중하였다는 점도 중요한 요인이다. 또한, 경영에 관계되는 판단과 결정에 사서의 의사가 제대로 반영되는 체계가 이루어지지 못했던 점, 도서관 활동의 유용성을 측정하기 위한 척도가 확립되지 못했던 점 등도 도서관이 경영의 관심밖에 머물렀던 원인이다.

경영은 경영 대상, 경영 목적, 경영 내용, 관리 및 운영, 경영 주체 등 5가지 기본적인 요소를 갖추어야 한다. 그리고 효율적인 경영을 위해서는 경영자가 조직의 목적을 설정하고, 그 목적을 달성하기 위한 전략을 수립하고, 그 전략을 잘 집행하기 위하여 조직을 관리·운영해야 한다. 따라서 전략과 관리, 운영을 경영의 의미 요소라고 할 수 있다. 전략은 조직이 사회적 역할에 따라 설정한 목적을 달성하기 위하여 외부 환경으로부터 주어진 기회를 내부의 능력으로 포착하는 데 필요한 의사결정 활동을 의미한다. 그리고 관리란 전략에 의해서 결정된 내용을 실행하는데 투입되는 자원을 최소화하거나(능률성), 주어진 자원을 이용하여 조직이 추구하는 목표의 달성도를 최대화하는 활동(효과성) 또는 능률과 효과를 동시에 추구하는 활동(효율성)을 말한다. 운영이란 관리를 일정하게 정해진 방식과 체계에 따라 수행하는 활동을 의미한다.

〈표 2-1〉 경영의 의미 요소와 특징

전략	관리	운영
•외부환경 평가 •조직의 목적을 달성하기 위한 의사결정 활동 •일회적, 비일상적 의사결정	•의사결정을 바탕으로 자원을 효율적으로 활용하는 활동	•관리를 일정하게 정해진 방식과 체계에 따라 수행하는 활동 •반복적이고 일상적인 활동 •정형화 매뉴얼화 가능

1.2 학교도서관 운영의 의미

학교도서관 운영은 경영의 한 영역으로서 학교도서관이 교육목표 달성에 효율적으로 기여할 수 있도록 기준과 방침에 따라서 자원을 체계적으로 활용하는 것을 의미한다. 경영의 구성 요소 측면에서 학교도서관의 경영 대상은 인력, 시설, 자료, 예산과 같은 자원이며, 목적은 학교 교육목표 달성에 기여하는 것이다. 왜냐하면, 학교도서관은 학교와 지역의 교육 프로그램 내에서 기능하고, 교수-학습활동 개선을 위하여 설계된 조직이며, 상위 교육기관의 하위 조직 역할을 수행하기 때문이다. 경영의 내용은 교육활동이다. 교육활동은 전통적인 안내와 자문, 지도와 봉사에서 교육과정 개발과 개선 및 매체의 설계와 생산 등을 포함한다. 특히, 정보통신기술의 도입으로 교내외 공동체 간 연계가 강화되면서 봉사의 범위가 점차 확대되고 있다. 관리 활동은 계획, 조직, 지휘 및 통제와 같은 기술적 측면과 커뮤니케이션, 인간관계 그리고 동기부여와 같은 인적 측면으로 나눌 수 있다(Prostano and Prostano, 1999, 22-23). 그리고 경영의 주체는 교사의 전문성과 사서의 전문성을 갖춘 사서교사이다.

〈표 2-2〉 학교도서관 경영의 구성 요소

경영 대상	경영 목적	경영 내용	관리 활동		경영 주체
자원		교육활동	기술적 측면	인적 측면	
•인력 •시설 •자료 •예산	•학교 교육목표 달성 기여	•안내와 자문 •교육과정 개발 및 개선 •지도와 봉사 •매체의 설계와 생산	•계획 •조직 •지휘 •통제	•커뮤니케이션 •인간관계 •동기부여	•사서교사

(출처 : Prostano and Prostano, 1999, 22-23의 내용을 정리하여 재구성함)

도서관 경영의 측면에서 보면 우리나라 학교도서관은 운영 인력이 사서교사, 실기교사(사서) 그리고 사서 등으로 다양하고, 담당 교사 및 계약직 직원과 자원봉사자의 참여가 확대되면서 사서교사의 전문성에 대한 인식과 학교도서관의 사명과 역할에 대한 교육공동체 구성 간의 합의가 부족한 편이다. 따라서 사서교사는 미래 환경 변화에 대처하고 학교도서관의 안정적인 성장을 이끌 수 있는 경영 능력을 갖추어야 한다.

1.3 증거기반업무

증거기반업무란 학습자 중심의 운영 방법으로 학습자의 요구사항을 이해하고, 특정 방식으로 일하는 방법과 이유를 성찰함으로써 학습자에게 더 나은 결과를 가져올 수 있도록 학교도서관을 개발하는 것이다. 증거기반업무가 중요한 이유는 학교도서관이 교육과정에 끼치는 영향력을 뒷받침하는 객관적인 증거를 교육공동체 구성원에게 제공할 수 있다는 것이다. 이를 통해 공동체 구성원은 학교도서관이 교수-학습 지원 및 개선과 학생의 성장에 어떻게 기여하는지를 보여줄 수 있다(National Library of New Zealand, 2025. 04. 07.). 또한, 학교도서관의 변화와 개선이 필요한 영역을 확인하고, 업무의 우선순위를 정하는 데 도움이 된다. 증거기반업무를 위해서는 우선, 학습자에 초점을 맞추어야 한다. 즉 사서교사의 업무 중심을 학생의 성취로 삼고, 학습을 돕는 가장 효과적인 방법을 찾는 것이다. 그리고 협동과 파트너십을 기반으로 교수-학습에 적극적으로 참여해야 한다.

증거기반업무는 학교도서관의 영향력 평가와 연계된다. 평가를 위한 증거 수집은 교육 및 도서관 모범 사례에 대한 연구, 기존의 도서관 업무, 사서교사의 전문지식 및 경험, 도서관 환경 그리고 이용자의 관점을 통해서 이루어진다. 업무 관련 증거는 학교도서관 업무 수행의 3가지 차원을 보여준다(Todd, 2012, 3).

① 업무를 위한 증거(evidence for practice)
업무를 수행하기 위한 공식적인 조사로부터 발견한 증거. 전문가 교육과 학교도서관 관련 연구 성과 요약집을 통해서 증거 데이터를 얻을 수 있음

② 업무 과정 중 증거(evidence in practice)
업무를 수행하기 위해서 국지적으로 생산한 증거. 대출 기록, 교수활동 시간표, 독서 활성화를 위한 자료 구매 결정, 학생에게 탐구기반학습 기회를 제공하기 위해서 수립한 계획을 통해서 증거 데이터를 수집할 수 있음

③ 업무 실행 증거(evidence of practice)
학교도서관의 업무 결과, 업무로 인한 학습자의 변화를 보여주는 증거. 학업성취도와 같은 학교에서 수집한 데이터나 이용자로부터 수집한 데이터

학교도서관 자원 개발과 계획수립에 필요한 의사결정과 비전과 사명 수립에 필요한 증거 수집 방법의 하나는 학교공동체 분석표(School community profile)를 작성하는 것이다. 이 개요는 학교도서관의 모체기관인 학교의 고유한 특징을 알 수 있는 정보를 수집하여 정리하고 학생의 학업성취도나 독서능력 등 다른 데이터와 연계하여 활용할 수 있다. 다문화 학생수, 부모의 경제적 수준 등 학교별로 개요 작성의 조사 항목은 차이가 있을 수 있으며, 학교공동체의 변화에 따라 개요를 수정할 필요가 있다.

〈표 2-3〉 학교공동체 분석표 작성 양식(예)

○○ 학교 개요				
작성자:	작성일		갱신 예정일	

조사 항목	대답 및 정보
① 재학생수	
② 학년별 학급수	
③ 남녀학생 비율	남학생: (　　) % / 여학생: (　　)%
④ 다문화 학생수	
⑤ 느린 학습자, 특수학급 학생 등 특별한 요구를 지닌 학생이 있는가?	
⑥ 인터넷 접속이 가능한 가정의 비율은?	
⑦ 디지털 기기를 소유하고 사용하는 학생의 비율은?	
⑧ 학생이 쉽게 이용할 수 있는 지역 공공도서관이 있는가? 학교도서관과 공공도서관은 업무협약을 맺고 있나요?	
⑨ 공공도서관의 학생 프로그램처럼 학생의 리터러시나 학습에 영향을 미칠 수 있는 다른 공동체의 계획이 있는가?	
⑩ 학교도서관 개관 시간은?	
⑪ 교사의 학교도서관 이용 방법은? (협동수업, 자료 대출, 개인 연구 등)	
⑫ 학교도서관은 혁식적인 학습환경을 갖추고 있는가? 아니면 계획이 있는가?	
⑬ 부모나 지역주민을 위한 도서관 프로그램이 있는가?	

(출처: National Library of New Zealand(2025. 05. 02.). School Community Profile.
Available: https://view.officeapps.live.com/op/view.aspx?src=https%3A%2F%2Fnatlib.govt.nz%2Ffile school-community-profile-template.docx&wdOrigin=BROWSELINK의 내용을 수정하여 재구성함)

2. 학교도서관 운영 유형

학교도서관을 어떤 방법으로 운영할 것인가 하는 것은 국가의 교육정책이나 당해 학교의 교육목적 그리고 학교장의 의지, 사서교사의 전문성 등 여러 가지 요인에 의해 달라질 수 있다. 그러나 학교도서관의 본질적인 역할이 학교 교육목표 달성에 기여하는 것이므로, 학교도서관이 학교 교육과정에 어느 정도 참여하는가에 따라서 운영 유형을 구분할 수 있다. 특히, 학교도서관의 성격이 협동적 학습공동체로 인식되면서 수행하는 교육정보서비스와 교과 교육과정과의 연계 정도에 따라서 운영 유형을 구분하는 추세이다.

K. Haycock(1988)은 학교도서관활용교육을 단순 협력형, 일반 협력형, 밀접 협력형으로 구분하였다. 단순 협력형은 사서교사가 단순히 교과교사가 요구하는 자료와 기기만 준비해 주는 형태이고, 일반 협력형은 사서교사가 단순한 자료와 기기 제공뿐만 아니라 교과수업에 참여하여 자료 활용과 기기 사용법 등을 지도하는 경우이다. 밀접 협력형은 사서교사가 지도하는 학생의 정보활용능력을 기반으로 교과교사가 학교도서관에서 교과수업을 전개하는 경우로 사서교사와 교과교사가 단원 설정에서 수업 운영, 평가에 이르기까지 협력하는 모형이다. C. A. Doll(2005)은 학교도서관이 수행하는 교육정보서비스의 유형을 고립(isolation), 협조(cooperation), 협력(coordination) 그리고 협동(collaboration) 등 4단계로 나누었다. 고립은 도서관을 방문하는 개별 이용자에게만 봉사하기 때문에 사서교사의 교실 수업에 대한 이해가 낮은 단계이다. 협조는 사서교사가 독자적으로 독서지도나 도서관 이용지도 등을 실시하기 때문에 여전히 다른 교과와의 연계가 이루어지지 않는 단계이다. 협력은 사서교사가 정보활용교육을 학급 단위로 도서관에서 별도로 실시함으로써 교과교사로부터 가치를 인정받는다. 그러나 교과 교육과정과는 별도로 운영하기 때문에 사서교사의 교육적 역할에 대한 확실한 인식을 보여주기에는 여전히 부족하다. 마지막 단계인 협동은 사서교사와 교과교사가 수업 설계, 학생지도 그리고 평가 방법을 함께 계획하고, 정보활용능력을 교과교육과 통합하여 운영하는 단계이다. 따라서 자료의 불필요한 중복 복사나 준비를 피하고 학생의 수업 만족도를 높일 수 있다.

P. Montiel-Overal(2005)도 학교도서관이 운영하는 정보활용교육과 교과 교육과정의 통합 정도에 따라서 정보활용교육을 A(협력), B(협조), C(통합 교수) 그리고 D(통합교육과정) 등 4단계 모형으로 구분하였다. Bouilet의 경우에는 학교도서관이 학교 교육목적 달성을 위하여 교육과정 운영에 참여하는 정도에 따라서 학교도서관의 운영 유형을 독자적 운영, 협조적 운영, 연합 운영 등 3가지 형태로 구분하였다(Bouilet, 1984, 44-45; 김용철, 1988, 20-21에서 재인용).

① 독자적 운영

독자적 운영이란 학교도서관이 교과 교육과정과는 별도로 운영되는 형태이다. 즉 교과교사는 도서관과 상관없이 교육과정을 운영하고, 사서교사는 교과 교육과정과 상관없이 독자적으로 정보활용교육 등을 실시함으로써 학교도서관이 교과 교육과정으로부터 고립된 운영 유형이다. 따라서 학교도서관이 교사나 학생에게 별로 도움을 주지 못하고 교육 발전에도 기여하지 못한다는 인식을 심어줌으로써 학교도서관의 존재 의의나 그 필요성을 인정받지 못하는 현상이 나타난다.

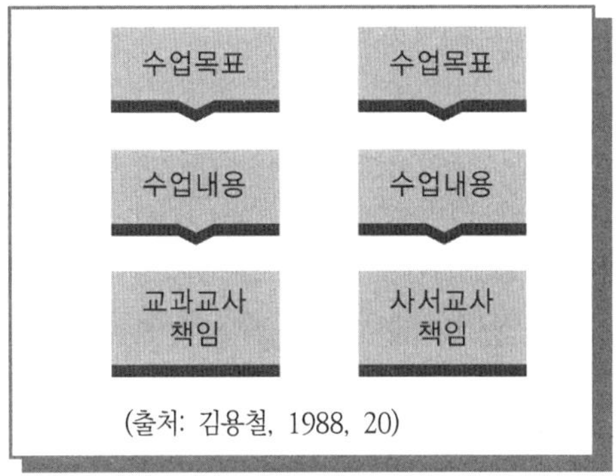

[그림 2-1] 독자적 운영 모형

독자적 운영이 이루어지는 사례는 다음과 같다.

- 교사와 학생이 거의 찾지 않는 경우
- 이용자의 자발적 이용. 도서관의 자료와 시설이 잘 조직되어 있으나 이용자에 대한 봉사가 안 되고 있어서 이용자가 스스로 자료를 찾아서 이용하는 경우
- 학생이나 교사가 자료를 요구할 때 개별적으로 참고봉사를 하는 경우
- 사전 계획 없이 이용자의 순간적인 요구에 즉흥적인 협력과 자료 수집이 이루어지는 경우

② 협조적 운영

협조적 운영이란 학교도서관이 교과 교육과정과 일치되는 자료나 교사와 학생이 필요로 하는 자료를 비치하고 제공함으로써 교수-학습활동을 지원하고, 이용자의 요청이 있을 때는 물론이고 요청이 없을지라도 자료개발과 기기 이용을 유도하여 능동적으로 봉사가 이루어지는 형태이다.

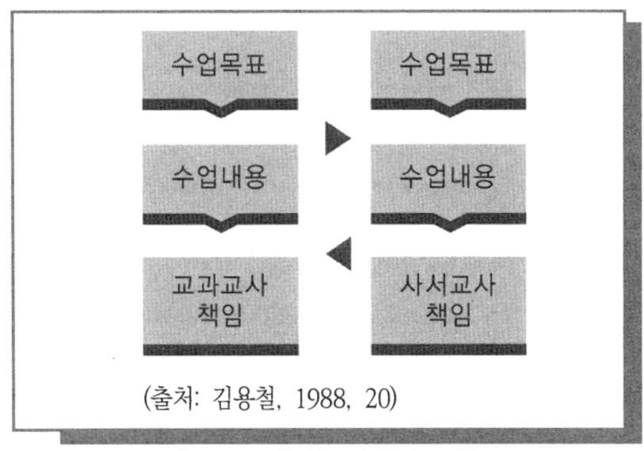

[그림 2-2] 협조적 운영 모형

협조적 운영이 이루어지는 사례는 다음과 같다.

- 간단한 이용계획의 수립. 도서관 이용에 대한 간단한 계획을 세우고 학생의 학습과제 해결에 새로운 아이디어와 자료를 제공하는 경우
- 교육과정에 적합한 자료의 수집과 제공. 사전에 교사의 요구에 따라 자료를 수집하고 이용에 제공하는 경우
- 적극적 봉사. 교육과정 운영에 필요한 교육자료와 기기의 사용 방법에 대한 교사 연수를 실시하고, 도서관에 전시하여 일반교사들이 사전에 검토할 수 있도록 하는 경우, 그리고 학생에게 학습과제 해결에 필요한 자료나 정보를 제공해 주고 스스로 정보를 검색하는 방법을 지도하는 경우

③ 연합 운영

연합 운영이란 학교도서관이 교육과정과 일치되어 교사나 학생이 필요로 하는 자료나 기기를 비치하여 교수-학습활동에 도움을 주는 형태이다. 또한 교과교사(담임교사)와 함께 학습 단원을 계획하고 운영·평가함으로써 교과의 학습목표와 학교의 교육목표 달성에 기여할 수 있는 교육과정을 편성하고 발전시켜 나가는 협동적인 운영 모형이다.

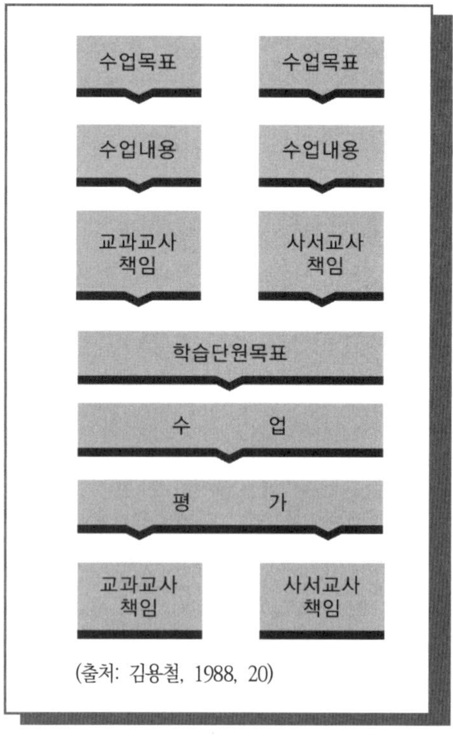

[그림 2-3] 연합 운영 모형

연합 운영의 사례는 다음과 같다.

- 사서교사가 팀티칭(team-teaching)의 일원으로 교육자료를 제공하고 활용방법(literacy)을 지도하는 경우. 자원기반학습에서 교사와 학생에게 학습주제와 관련된 자료를 제공하는 것은 물론 학습 단원을 효과적으로 지도하기 위하여 교과 담당 교사와 함께 수업을 '준비-설계-운영-평가'하고, 도서관 자료를 이용하도록 과제를 부여하여 스스로 해결하도록 하는 경우
- 수업계획에 참여하는 경우. 사서교사가 단순히 교육자료나 기기를 제공하는 보조적 역할에 그치지 않고, 학습과제 해결에 필요한 정보활용능력을 지도함으로써 교사로서의 역할을 담당하는 경우
- 교육과정의 발전 계획에 참여하는 경우. 사서교사가 학교도서관의 내외적 자료를 잘 파악하고 교육 방법과 학습유형을 잘 이해하여 다른 교과교사와 함께 학교의 교육목표를 달성할 수 있도록 교육과정을 계획하고 수립하는 경우

3. 학교도서관 계획수립

3.1 계획수립의 의미와 필요성

계획(planning)은 조직이 미래 상황을 분석하여 결정한 목표를 달성하기 위한 수단을 결정하는 것이다. 구체적으로 계획은 '① 조직의 존재 의미와 그에 맞는 업무 목표를 설정하여 ② 그 목표를 달성하기 위한 여러 가지 방안을 개발하여 제시하고 ③ 그중에서 가장 적절하고 실현이 가능한 방법을 선택하여 ④ 계획을 수행할 수 있는 모든 지원 방법을 강구하며 ⑤ 각 단계의 계획이 적시에 적절하게 실행되고 있는가를 정기적으로 점검하고 평가하는 과정'이다(이순자, 1997, 81). 도서관이 계획을 수립하는 것은 업무의 우선순위를 정하고, 이를 달성하기 위한 도서관 프로그램의 논리적이고 실질적인 지침을 마련하는 활동이다.

또한, 도서관 계획수립은 도서관이 '운영 목적을 달성하기 위해서 나아가야 할 방향(Where you want to go?), 도서관의 현재 목적 달성 수준(Where you are now?) 그리고 목적을 달성하는 방법(Ways to get from now to then)을 결정하는 과정'이다(Zilonis, Markuson and Fincke, 2002, xi). 계획수립은 정보통신기술의 영향력 확대와 예산의 제한 그리고 이용자 요구의 다양화에 대처할 수 있는 효율적인 도구이다. 도서관 계획수립의 필요성을 정리하면 다음과 같다.

〈표 2-4〉 계획수립의 필요성

① 불확실성과 변화에 대한 합리적인 대응책을 제공한다. ② 도서관의 목적과 목표 달성에 전력할 수 있다. ③ 자원 분배 우선순위를 결정하여 투자의 효율성을 증대한다. ④ 기관, 부서, 개인, 프로그램별 책임을 결정하는 근거 자료로 활용한다. ⑤ 모든 서비스에 대한 평가 정보의 수집과 통제를 촉진한다. ⑥ 상부 기관이나 모체기관의 의도된 서비스 업무를 충족시키며, 관련 기관과 협조와 조정이 쉽다. ⑦ 이용자와 주변 환경에 대한 상세한 정보 입수를 촉진한다. ⑧ 도서관의 일상적인 문제에 대한 대응보다 미래 지향적인 기회를 제공한다. (출처: 정동열, 2023, 170)

학교도서관 계획수립과 관련하여 『학교도서관진흥법』(법률 제18547호)에서는 교육부 장관의 책무를 『학교도서관진흥법시행령』(대통령령 제33343호)에서는 교육감의 책무를 담고 있다.

〈표 2-5〉 학교도서관 계획수립 관련 법령의 내용

「학교도서관진흥법」(법률 제18547호)

제7조(학교도서관진흥기본계획) ① 교육부장관은 「도서관법」 제14조에 따른 도서관발전종합계획에 따라 학교도서관 진흥을 위하여 학교도서관진흥기본계획(이하 "기본계획"이라 한다)을 수립ㆍ시행하여야 한다. 이 경우 미리 관계 중앙행정기관의 장과 협의하여야 한다.
② 기본계획은 다음 각 호의 사항을 포함하여 5년마다 수립하여야 한다.
1. 학교도서관의 진흥에 관한 종합계획
2. 학교도서관의 설치와 시설ㆍ자료의 확충과 정비
3. 학교도서관의 진흥에 관한 연구
4. 사서교사ㆍ실기교사ㆍ사서의 확보ㆍ양성ㆍ교육
5. 그 밖에 학교도서관의 진흥을 위하여 필요한 사항
③ 기본계획은 제8조에 따른 학교도서관진흥위원회의 심의를 거쳐야 한다. 이를 변경하고자 할 때에도 또한 같다.
④ 기본계획의 수립ㆍ시행에 필요한 사항은 대통령령으로 정한다.

「학교도서관진흥법시행령」(대통령령 제33343호)

제2조(기본계획 등의 수립절차) ① 교육부장관은 「학교도서관진흥법」(이하 "법"이라 한다) 제7조제1항에 따른 학교도서관진흥기본계획(이하 "기본계획"이라 한다)을 기본계획 시작연도의 전년도 11월 말까지 수립하고 그 내용을 교육감에게 지체 없이 알려야 한다.
② 교육감은 제1항의 기본계획에 따라 다음 각 호의 사항이 포함된 시행계획을 매년 1월 말까지 수립하고 시행하여야 한다.
1. 전년도 시행계획의 시행결과
2. 그 해 사업의 추진방향
3. 주요 사업별 추진방향 및 세부운영계획
4. 그밖에 도서관 발전을 위하여 필요한 사항

이를 근거로 교육청에서는 조례를 통하여 학교장이 단위 학교의 특성을 반영하여 학교도서관 운영계획을 매년 수립·시행하도록 정하고 있다.

「대전광역시교육청 학교도서관 개방 및 진흥조례」(대전광역시조례 제4406호)

제5조(운영계획) ① 학교의 장은 「학교도서관진흥법」 제9조 제1항의 시행계획에 따라 단위학교의 특성을 반영한 학교도서관 운영계획을 매년 수립·시행하여야 한다.
② 제1항의 운영계획에는 다음 각호의 사항을 포함하여야 한다.
1. 학교도서관 운영에 관한 추진 목표 및 계획
2. 학교도서관 행사 및 활동
3. 학교도서관 운영을 위한 예산확보 방안
4. 그 밖에 학교도서관 운영을 위하여 필요한 사항
③ 학교의 장은 제1항의 학교도서관 운영계획을 수립하는 경우 학부모 또는 지역사회의 의견을 수렴하기 위하여 공청회 등을 개최할 수 있다.

3.2 전략적 계획수립의 의미와 장점

조직의 계획은 사용 기준과 조직 계층에 따라 구분할 수 있다. 사용 기준에 따라서는 일시적 계획(single-use plans)과 상시적 계획(standing plans)으로 나눈다. 일시적 계획은 미래에 똑같이 반복될 가능성이 적은 구체적인 행동 과정을 담은 단용 계획이다. 반면에 상시적 계획은 일상적으로 계속 사용되는 행동 계획을 담은 상용 계획이다. 조직 계층에 따라서는 전략적 계획(strategic plans), 전술적 계획(tactical plans), 운영계획(operational plans)으로 나눈다. 전략적 계획은 조직의 최고 경영자가 참여하여 조직의 사명, 목표, 전략 및 자원의 할당에 관해 분석하고 결정하는 계획이다. 전술적 계획은 조직의 중간 경영자가 전략적 계획을 바탕으로 좀 더 구체적인 중기 목표를 달성하기 위해 수립화는 계획으로 마케팅 전술 계획, 인력 전술 계획, 예산 전술 계획 등이 포함된다. 운영계획은 조직의 일선 경영자가 전술적 계획을 효율적으로 달성하기 위한 단기적인 업무 계획으로 정책, 절차, 규칙, 예산 등의 영향을 받는다. 비영리 조직인 도서관 경영에서는 계획이 시작된 시기로부터 계획의 목표가 실제로 달성된 시기에 이르기까지를 기준으로 장기계획(long-range plan. 5년 이상)이나 전략적 계획(strategic plan) 그리고 단기계획(short-term plan. 1년 미만)이나 운영계획(operational plan)으로 나눌 수 있다 (Stueart and Moran, 1997, 65). 전략적 계획은 도서관의 기본적인 사명과 존재 목적을 정하고 이를 달성하기 위한 수단적 조치를 설정하는 미래 지향적인 장기계획이다(한국도서관협회 문헌정보학용어사전편찬위원회, 2010, 287).

학교도서관이 전략적 계획을 수립하면, 운영 현황에 대한 분명한 이해를 바탕으로 목적을 분명히 할 수 있고, 모체기관인 학교의 사명과 학교도서관의 관련성을 명확히 함으로써 미래 청사진을 마련하고 사서교사의 역할을 분명히 할 수 있다. 또한, 이용자에게 도서관 홍보자료로 활용할 수 있으며, 예산이나 보조금 신청, 평가와 보고서 작성 및 의사결정의 근거 자료로 활용할 수 있다. 전략적 계획수립의 장점을 정리하면 다음과 같다.

〈표 2-6〉 전략적 계획수립의 장점

① 학교도서관의 우선순위, 장점과 약점을 명확하게 가려낸다.
② 학교도서관의 목적을 분명히 한다.
③ 학교도서관과 학교 사명 간의 관련성을 설명한다.
④ 학교도서관의 장래 설계를 위한 청사진을 제공한다.
⑤ 사서교사가 수행해야 할 역할의 진행 과정을 알려준다.
⑥ 학교도서관이 운영하는 프로그램을 이용자에게 설명한다.
⑦ 예산 확보를 위한 근거 자료를 제공한다.
⑧ 정부나 지자체가 제공하는 보조금 신청에 필요한 근거를 제공한다.
⑨ 자체적인 학교도서관 운영 평가의 근거를 제공한다.
⑩ 학교도서관 운영과 관련된 의사결정을 내리는데 근거를 제공한다.
⑪ 외부에서 실시하는 학교도서관 평가에 필요한 문서나 보고서 작성에 필요한 근거를 제공한다.
(출처: Zilonis, Markuson and Fincke, 2002, xi)

계획을 수립할 때는 학교공동체 구성원이 많은 관심을 두고 참여할 수 있도록 충분히 홍보하고 다양한 계층의 의견을 수렴해야 한다. 왜냐하면, 계획수립에 참여하는 사람은 계획수립의 결과로 나타나는 도서관 운영의 목적과 목표에 동참하게 되고, 도서관 활성화의 필요성과 방향을 다른 이용자에게 설명하고 이를 지지해 주는 협력자가 될 수 있기 때문이다. 따라서 학교도서관 운영위원회나 학교운영위원회에서 전략적 계획을 수립하거나 별도의 계획수립팀을 구성하여 운영할 수도 있다. 학교도서관의 전략적 계획수립에 참여할 수 있는 인력의 범위는 학교 경영자(교장, 교감), 수석교사, 부장교사(교무, 연구, 학교도서관 주무부장), 학교도서관 운영위원, 사서교사, 교과교사, 학부모, 자원봉사자, 공공도서관 사서, 학생 등이다. 별도로 학교도서관의 전략적 계획수립팀을 구성할 때는 다음과 같은 조건을 갖춘 사람이 적당하다.

〈표 2-7〉 학교도서관의 전략적 계획수립팀원의 조건

① 계획에 대한 지지 ② 계획수립 과정에 대한 헌신 ③ 교육공동체 영향력 ④ 계획수립에 참여할 수 있는 시간 ⑤ 의사소통 능력과 문서 작성 능력 ⑥ 학교도서관 프로그램에 대한 지식 ⑦ 기꺼이 학교도서관을 이해하고 배우려는 자세 (출처: Markuson, Zilonis and Fincke, 2002, 7)

3.3 전략적 계획수립 절차

전략적 계획이 포함해야 하는 요소는 '계획의 개발 경과와 방법에 대한 간단한 소개, 학교도서관의 내외적 환경 분석 결과, 비전과 사명, 현재 상태, 목적과 목표, 실행계획, 실행 주체, 평가 및 실행계획의 수정 방안' 등이다(Markuson, Zilonis and Fincke, 1999, 10). 이를 위해 학교도서관의 전략적 계획수립에 적용할 수 있는 절차를 살펴보면 [그림 2-4]와 같다.

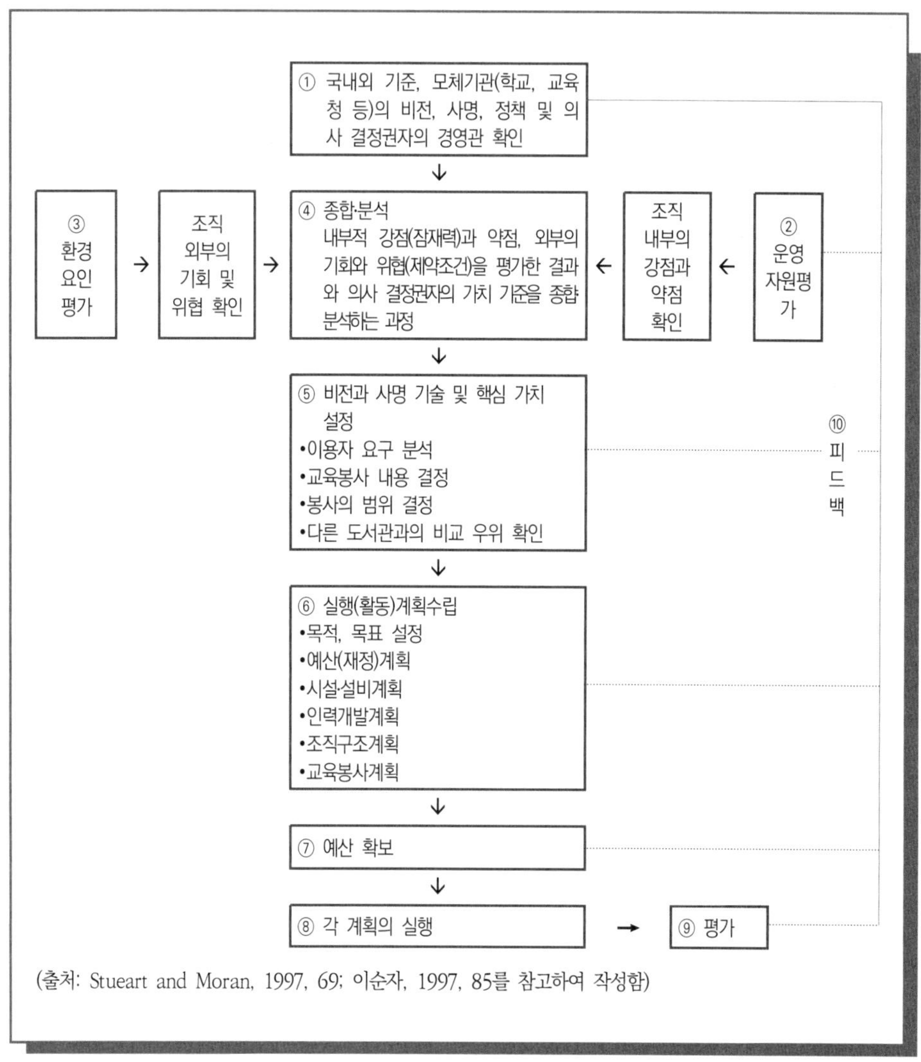

[그림 2-4] 학교도서관의 전략적 계획수립 과정

3.3.1 국내외 기준에 담긴 비전

비전(vision)은 조직이 장차 되고자 하는 모습으로 모든 구성원의 마음속에 자긍심으로 자리 잡고, 구성원을 하나로 아우를 수 있는 것이다. 비전은 조직이 수행할 탁월한 역량을 상상하도록 함으로써 조직을 한 단계 도약시키는 역할을 한다(Disher, 2010, 66). 학교도서관의 비전은 교육공동체가 바라는 학교도서관의 미래상이라고 할 수 있다. 따라서 비전은 학교도서관의 현재 상태를 고려하여 나아가야 할 방향을 교육공동체 내외에 알릴 수 있는 가장 좋은 방법이다.

우리나라 도서관의 국가 수준 비전은 『도서관발전종합계획』에서 찾아볼 수 있다. 그리고 학교도서관 비전을 담고 있는 국가 정책은 교육부가 2008년부터 5년 주기로 수립하고는 『학교도서관진흥기본계획』이다. 국가 수준의 학교도서관 비전 변화 추이를 보면, 구체적인 교육적 역할보다는 소통하는 공동체를 표방하고 있다.

OECD(Organization for Economic Cooperation and Development: 경제협력개발기구)는 정보통신기술의 보편화, 정보사회의 발전과 지식기반경제의 도래, 평생학습의 사회적 인식 확대 등으로 인하여 도서관은 더 이상 '도서관만은 아니다'라는 전제 아래 학교도서관의 비전을 다음과 같이 제시하고 있다.

> 학교도서관은 도서 창고(warehouse)에서 정보에 대한 통로(gateway), 전통적 도서 보관 기능의 컨테이너에서 실세계와 가상 세계의 다양한 정보를 연결하는 커넥터(connector)가 되어야 하며, 엄숙한 교육의 장에서 교사와 학생과 지역주민이 함께 어울리는 사교의 장 또는 휴게실 기능으로, 찾아오는 방문자를 위한 수동적인 정보 축적 및 제공의 장에서 적극적 지식 창출의 장으로 확충·전환되어야 한다. (출처: OECD, 2001, 120-130)

그리고 비전을 실현하기 위한 학교도서관 운영 지침을 '기능과 역할의 확대, 신 정보통신기술의 도입, 지역사회를 위한 봉사, 새로운 지식 창출과 정보이용 촉진, 도서관 네트워크 참여, 재원 확보의 다각화, 현실에 기반을 둔 점진적인 변화, 정보 평등을 위한 파트너십 구축' 등 8가지로 제시하였다.

IASL(International Association of School Librarianship)은 1993년에 발표한 『학교도서관정책 성명서』(Policy Statement on School Libraries)에서 학교도서관을 '아동의 사회화와 사회적 책임감 교육 그리고 정치, 경제, 사회, 문화적 역량 개발을 위해서 꼭 필요한 조직'으로 규정하였다. IFLA가 2025년에 개정한 『학교도서관 선언』(School Library Manifesto)에서는 비전을 '학교도서관 프로그램은 자격을 갖춘 학교 도서관 전문가 및 직원, 물리적 및 디지털 장서, 공간 및 설비, 서비스 그리고 활동을 통해 전체 학교공동체의 교육 및 학습을 개선하고 강화한다. 새로운 기회와 도전을 창출하는 공학기술의 등장으로 빠르게 진화하는 정보 환경에서 학교도서관의 역할은 포용적이고 공정한 교육에 필요한 리터러시, 비판적 사고, 창의성 그리고 세계 시민성을 위한 적극적인 협동에 있어서 그 어느 때보다 중요하다'라고 제시하였다.

3.3.2 국내외 기준에 담긴 사명

사명(mission)이란 비전을 달성하기 위하여 조직에 부여한 임무를 의미한다. 비전이 조직의 미래상이나 나아가야 할 방향을 제시한다면, 사명은 조직의 미래를 상상하고, 방향을 잃지 않고 나아가기 위해서 현재 할 수 있는 일이라고 할 수 있다. 학교도서관의 사명은 모체기관인 학교의 교육목적과 책무(commitment)의 일부로서 학교도서관의 성격, 목적 그리고 역할을 정의한 것이다(IFLA, 2015, 19). 우선, 한국도서관협회(2013)가 발행한 『한국도서관 기준』에서는 학교도서관의 사명을 다음과 같이 4가지로 설명하고 있다(145).

① 학교도서관은 지식정보사회와 평생학습사회에 능동적으로 대처하여 학교 교육목표의 달성에 이바지하고, 교육과정을 지원함과 동시에 교육과정에 직접 참여할 수 있는 종합적인 학습 환경을 조성한다.
② 학교도서관은 교수-학습활동에 필요한 인쇄자료, 영상자료, 전자자료 등 모든 형태의 정보자원에 대한 지적, 물리적 접근을 보장하여 지적 자유와 정보 평등의 이념을 구현한다.
③ 학교도서관은 교육과정과 밀접한 자료를 최대한 제공하여 자료중심교육 및 과정중심교육을 실현함으로써 열린교육과 자기주도적 학습을 지원하고, 과제해결능력을 육성하여 평생학습 기초를 마련한다.
④ 학교도서관은 정보자료의 활용 과정을 통하여 탐구능력 및 창의력을 신장하고, 상상력을 계발하며 책임 있는 시민의 삶을 영위할 수 있도록 지원한다.

IASL(1993)의 『학교도서관 정책 성명서』에서는 학교도서관을 학교 프로그램과 분리해서는 안 되는 교수-학습과정을 위한 필수 기관으로 규정하고, 학교도서관의 역할을 정보·교육·문화·여가 등 4가지로 제시하고 있다.

① 정보 기능(Informational Function)
신뢰할 만한 정보의 제공, 정보에 대한 신속한 접근성과 검색 및 전달을 위하여 지역과 국가 정보망에 참여해야 한다.
② 교육 기능(Educational Function)
학습을 위한 시설과 환경을 제공함으로써 평생교육에 기여한다. 교실수업과의 통합을 통해서 학습자료를 찾아서 선택하고 이용할 수 있는 정보활용능력과 지적 자유를 지도한다.
③ 문화 기능(Cultural Function)
심미적 경험, 예술 작품 감상, 창의성 및 건전한 인간관계 능력 신장을 통해 평생 삶의 질 향상에 기여한다.
④ 여가 기능(Recreational Function)
여가 관련 정보, 여가의 가치를 알려주는 자료와 프로그램 제공 그리고 여가 활용 지도를 통해서 여가를 의미 있게 보내도록 장려하고, 균형 잡힌 풍요로운 삶을 지원하고 장려한다.

IFLA(2015)가 발표한 『학교도서관 가이드라인』에서는 '학교 교육과정과 통합된 적극적인 교수 프로그램을 제공하는 교수학습센터' 로서 학교도서관이 수행해야 할 역할을 6가지 역량(capabilities)으로 설명하고 있다(17-18). 역량 중심의 역할을 종합하면 학교도서관은 학생이 자원을 활용한 탐구를 통해서 새로운 지식을 생산하고 표현할 수 있는 능력과 다양한 자료를 감상하고 학습과 의사소통에 적용할 수 있는 독서와 리터러시 역량을 길러주어야 한다. 또한, 탐구

학습에 필요한 개인 및 대인관계 역량과 학습 관리 역량을 신장하는데 기여해야 한다.

① 자원 기반 역량(Resource-based capabilities)
학교도서관은 인적자원과 문화 유물을 포함한 다양한 형태의 자원을 찾아서 접근하고 평가할 수 있는 능력과 성향을 길러준다. 자원 기반 역량은 또한 정보공학기술(information technology)을 이용해서 정보를 찾아 접근하고 평가할 수 있는 능력과 인쇄자료와 디지털자료 활용능력 신장을 포함한다.

② 사고 기반 역량(Thinking-based capabilities)
조사와 탐색 활동을 통해서 얻은 데이터와 정보를 깊은 지식과 이해를 보여주는 표현물(결과물)로 생산할 수 있는 고차원의 사고력과 비판적인 분석력을 길러준다.

③ 지식 기반 역량(Knowledge-based capabilities)
깊은 지식과 이해를 보여주는 표현물(결과물)을 생산, 제작하고 공유할 수 있는 조사, 탐구 역량과 성향을 길러준다.

④ 독서와 리터러시 역량(Reading and literacy capabilities)
다양한 유형의 자료(multiple platforms)는 물론 다양한 형태로 표현된 텍스트를 활용해서 독서의 즐거움을 얻고 오락 독서, 학습 독서에 적용하고 할 수 있는 능력과 자료가 담고 있는 텍스트를 변환하고 의사소통에 이용하거나 그 의미를 잘 파악하여 이해할 수 있는 능력을 길러준다.

⑤ 개인 역량과 대인관계 역량(Personal and interpersonal capabilities)
자원 기반 탐구학습에서 사회·문화적 참여와 관련된 조사자, 정보 이용자, 정보 생산자 그리고 책임감 있는 시민으로서의 역량과 성향을 길러준다.

⑥ 학습 관리 역량(Learning management capabilities)
학생들이 탐구 기반 프로젝트를 준비하고, 계획하고, 성공적으로 수행할 수 있는 역량과 성향을 길러준다.

AASL은 2018년 발표한 국가 수준의 학교도서관 기준인 『National School Library Standards for Learners, School Librarians, and School Libraries』를 통해서 학교도서관은 평생학습을 지원하기 위해 문해력과 교육 탐구 기술을 육성하는 데 중요한 역할을 한다고 밝혔다. 그리고 이를 위해 학교도서관이 제공하는 교육 및 서비스를 6가지 필수적인 공유 기반을 중심으로 제시했다(AASL, 2018a, 54-55).

① 탐구(Inquire)
탐구와 조사(investigation)는 학교도서관의 핵심이다. 학교도서관은 탐구기반학습 모델을 비계(scaffolding)로 활용하여 학습자에게 새로운 지식과 기존 지식을 통합할 수 있는 다양한 기회를 제공한다.

② 포용(Include)
효과적인 학교도서관은 모든 학습자의 요구를 충족할 수 있는 다양하고 포괄적인 자원, 프로그

램 및 서비스를 포함한다. 그리고 현재 및 역사적 문제에 대한 다양한 관점을 보여주고, 학습자가 자신을 인식할 기회와 함께 광범위한 관심 분야를 지원한다.

③ 협동(Collaborate)
효과적인 학교도서관은 협업을 통해 개인 지식을 넓히고 상호 연결된 학습 기회를 창출하도록 장려한다. 학교도서관 이용자는 책임감 있고 윤리적인 방식으로 아이디어와 정보를 공유하며 효과적으로 협업한다.

④ 제공(Curate)
효과적인 학교도서관은 권위, 최신성 및 자료 간 관련성을 고려하여 전문적으로 선정한 광범위한 장서를 제공한다. 학교도서관 이용자는 개인적 요구나 학습 문제해결에 필요한 자료를 맞춤 제공할 때 이 선택 모델을 사용하여 저자 또는 정보 제작자의 권위와 관점을 조사한다.

⑤ 탐색(Explore)
효과적인 학교도서관은 학습자에게 맞춤형 학습 기회와 개인의 호기심과 관심에서 발생하는 질문을 탐색할 수 있는 장소를 제공한다. 학교도서관은 독서 문화 향상에 중점을 두고 학습과 개인적 즐거움을 위한 독서를 지원하며 학습자에게 즐거움을 위해 읽을 기회를 제공한다. 모든 학습자의 요구를 충족하기 위해 학교도서관은 다양한 형식의 광범위한 자료를 제공한다.

⑥ 참여(Engage)
효과적인 학교도서관은 학습자가 안전하고 효과적인 정보기술의 원칙에 참여하도록 돕고 학습자가 정보를 공유하고 배포할 수 있는 공간에서 역량을 개발할 기회를 제공한다.

IFLA(2025)의 『학교도서관 선언』에서는 학교도서관이 제공하는 서비스와 교육 경험에 대한 공정한 접근성과 지적 자유 그리고 공공도서관 등과의 연계성 구축 등을 사명으로 제시하고 있다.

① 학교도서관 프로그램과 자격을 갖춘 학교도서관 전문가는 학습 경험과 자원에 대한 공정한 접근, 모든 학교공동체 구성원이 비판적 사고자, 효과적인 독자, 책임감 있는 사용자, 평가자, 다양한 형식의 정보 생성자가 될 수 있도록 하는 접근 가능하고 환영하는 통합 학습 공간을 제공함으로써 학생의 성장에 중점을 둔다.
② 유아, 초등, 중등 학교도서관 환경, 자원 그리고 모든 학습자의 요구와 능력에 맞는 차별화된 교육 기회인 학습 공유공간(learning commons)에 대한 공정한 접근은 나이, 인종, 성별, 종교, 성적 지향(sexual orientation) 또는 정체성, 장애, 국적, 언어, 직업, 경제 또는 전문적, 경제적, 문화적, 사회적 지위에 관계없이 보장되어야 한다. 주류 도서관 서비스와 자료를 이용할 수 없는 사람에게는 특별한 접근성(specific access)을 제공해야 한다.
③ 학교도서관 프로그램 서비스 및 장서에 대한 접근성은 유엔 세계인권선언, 유엔아동권리협약, 유엔 지속가능 발전 목적에 기반을 두어야 하며, 상업적 압력이나 어떤 형태의 이념적, 정치적, 경제적 압력 또는 종교적 검열의 대상이 되어서는 안 된다.
④ 학교도서관은 IFLA 공공도서관 선언에 따라 공공도서관, 고등교육기관 및 더 광범위한 정보네트워크에 연결된다.

학교도서관의 사명은 학교 교육활동의 중심지 역할 뿐만 아니라 평생학습사회가 요구하는 사회·문화적 역량을 길러주는 교육기관 역할을 포함하고 있다. 아울러 정보이용의 중심지, 정서 함양의 중심지 역할을 수행한다.

3.3.3 모체기관의 비전과 사명 확인

학교도서관은 학교 교육목적 달성을 위하여 존재하는 조직이다. 따라서 학교도서관은 교육부와 교육청 등 상위 기관의 정책 방향에 맞추어 경영 전략을 수립하여야 한다. 또한, 모체기관인 학교의 교육목적 및 교육과정과 연계성 갖추는 것이 중요하다. 전략적 계획수립 단계에서 사서교사가 모체기관의 비전과 의사 결정권자의 경영관 등을 파악하기 위하여 검토해야 할 자료는 '법령, 국가·시도교육청·학교 수준의 교육과정, 교육부나 교육청의 학교도서관 및 독서교육 관련 기준과 정책 그리고 학교장의 경영관, 학교 교육계획서' 등이다.

법령에서는 〈표 2-8〉에서 보는 바와 같이 학교도서관이 수행하는 업무(역할)를 명시하고 있다. 이 중 『도서관법』(법 제20834호)과 『학교도서관진흥법』(법률 제18547호)에서 제시한 교육적 역할은 '도서관 이용지도, 독서교육, 협동수업 등을 통한 정보활용교육, 지역사회 개방 및 지역주민을 위한 프로그램 개발 보급'이다.

〈표 2-8〉 법령에 담긴 학교도서관 업무 내용

도서관법(법률 제20834호)	학교도서관진흥법(법률 제18547호)
제38조(업무) 학교도서관은 학생 및 교원 등의 교수, 학습활동을 지원하기 위하여 다음 각호의 업무를 수행한다. 1. 학교 교육에 필요한 도서관 자료의 수집·정리·보존 및 이용서비스 제공 2. 학교 소장 교육자료의 통합관리 및 이용 제공 3. 시청각자료 및 멀티미디어 자료의 개발·제작 및 이용 제공 4. 정보관리시스템과 통신망을 이용한 정보공유체제의 구축 및 이용 제공 5. 도서관 이용의 지도 및 독서교육, 협동수업 등을 통한 정보 활용의 교육 6. 그 밖에 학교도서관으로서 해야 할 기능수행에 필요한 업무	제6조(학교도서관의 업무) ① 학교도서관은「도서관법」제38조에 따른 업무를 수행한다. ② 학교도서관은 제1항에 따른 업무 수행에 지장이 없는 범위 안에서 지역사회를 위하여 개방할 수 있다. ③ 학교도서관은 학교와 지역사회의 실정에 맞게 학부모·노인·장애인, 그 밖의 지역주민을 위한 프로그램을 개발·보급할 수 있다. ④ 학교의 장은 제1항부터 제3항까지의 규정에 따른 업무를 수행함에 있어서 「초·중등교육법」 제31조에 따른 학교운영위원회(이하 "학교운영위원회"라 한다)와 협의하여야 한다.

교육부의 학교도서관 정책은 사회환경과 교육과정 변화를 반영하여 『학교도서관진흥기본계획』으로 발표한다. 교육청은 이를 바탕으로 연간 『학교도서관진흥시행계획』을 마련하고 있다.

3.3.4 운영 자원 평가

성공적인 전략적 계획수립을 위해서는 도서관이 현재 가진 능력을 정확히 파악하여 운영 실태를 이해하고, 도서관이 장차 나아가야 할 방향을 설정해야 한다. 이를 위해서는 먼저 운영 자원을 평가할 필요가 있다. 운영 자원 평가는 시설, 자료, 직원, 예산, 교육정보서비스 등에 대한 종합적인 실태 분석을 통해서 이루어지며, 그 결과 조직(학교도서관) 내부가 지닌 강점(strengths)과 약점(weaknesses)을 파악할 수 있다.

운영 자원 평가 결과 나타날 수 있는 학교도서관의 강점으로는 편리한 접근성, 운영 인력의 높은 전문성, 시설(공간) 및 설비의 최신성, 양질의 교육정보서비스 등이다. 그리고 약점으로는 운영 인력의 전문성 부족, 시설(공간) 및 기교재의 노후화, 열악한 교육정보서비스 등이다. 약점이 무엇인지 안다는 것은 학교도서관의 비전과 사명을 가로막고 있는 주요 장애물을 안다는 것을 의미한다. 이러한 장애물은 운영자의 통제에 놓여있기 때문에 충분히 개선할 수 있다(Disher, 2010, 69). 학교도서관 운영 자원 평가에 적용할 수 있는 도구로는 『한국도서관 기준』에 포함된 학교도서관기준과 『전국도서관운영평가지표』에 포함된 학교도서관운영평가 지표 등이 있다. 또한, 〈표 2-9〉와 같이 학교도서관 운영 자원 평가용 체크리스트를 활용할 수 있다.

〈표 2-9〉 학교도서관 운영 자원 평가용 체크리스트(예)

구분	평가 요소	평가				
		5.탁월하다.	4.만족스럽다.	3.보통이다.	2.개선할 필요가 있다.	1.불만족스럽다.
인적 자원	전문인력과 적절한 보조 인력을 갖추고 있다.					
	전문성을 신장하고 계발한다.					
장서	현행 교육과정 주제를 반영하고 있으며, 탐구학습을 지원한다.					
	모든 학생의 독서 및 학습 요구사항을 반영하고 있다.					
	학교공동체 구성원의 언어, 문화 등을 반영하고 있다.					
	가상공간을 활용하여 상시 도서관 장서에 접근할 수 있다.					
	지적 자유를 보장한다.					
시설	학습에 적절한 시설을 갖추고 있다.					
예산	예산지원이 잘 이루어지고 있다.					
서비스	협동수업을 계획하고 지도한다.					
	학생의 개인 및 모둠 탐구과제를 지도한다.					
	교육과정과 연계하여 정보활용능력을 지도한다.					
홍보	의사소통과 도서관 프로그램 홍보가 이루어지고 있다.					
관계 기관 협력	공공도서관 등 관계기관과 협력한다.					

(출처: Markuson, Zilonis and Fincke, 2002, 26; National Library of New Zealand(2025. 04. 30.)의 내용을 일부 수정함)

3.3.5 환경요인 평가

학교도서관 계획수립 단계에서 살펴보아야 할 환경요인은 조직을 둘러싸고 있는 외부의 미시적 환경과 거시적 환경으로 나눌 수 있다. 미시적 환경은 이용자(교사, 학생, 학부모 등), 감독기관(학교, 지역교육지원청, 시도교육청, 교육부 등), 압력단체(도서관협회, 전문직 단체 등), 자료공급업자(출판사, 서점, D/B 생산자, 기기 및 소프트웨어 공급자 등), 경쟁자 및 동업자(다른 관종 도서관, 사회교육기관, 정규 교육기관 등) 등 도서관 운영에 직접적인 영향을 주는 업무 환경을 의미한다. 거시적 환경은 정치·경제적 환경(정치체제, 경제 수준 등), 사회·문화적 환경(교육수준, 문화 수준, 법적·윤리적 수준 등), 국제적 환경(국제표준, 국제법, 조약 등), 기술적 환경(사회간접자본 수준, 전자통신 산업 수준 등), 인구 변동 등 학교도서관 운영에 장기적이고 간접적으로 영향을 미치는 업무 환경이다.

따라서 환경요인 분석은 '도서관 바깥세상에서 무슨 일이 일어나고 있으며, 그것이 도서관에 어떤 영향을 미칠 것인가?'에 답을 찾는 과정이다. 외부환경 분석을 통해서 학교도서관에 영향을 끼칠 수 있는 기회(opportunities)와 위협(threats) 요소를 확인할 수 있다. 기회란 운영 성과와 목적 달성을 위한 학교도서관의 잠재력을 보여주는 긍정적인 요소이다. 예를 들면 지역사회 인구 증가, 최신 정보통신장비 구매 예산 지원, 평생교육의 중요성 증가 등은 기회 요소라고 할 수 있다. 위협을 식별한다는 것은 학교도서관에 부정적인 영향을 줄 수 있는 것이 무엇인지 찾아낸다는 의미이다. 학령 인구 감소, 경기 침체에 따른 예산 삭감, 최신 자료나 설비를 갖춘 서점이나 경쟁 기관의 등장은 위협 요소이다.

문제는 학교도서관의 운영에 영향을 끼칠 수 있는 잠재적인 위협 요소를 정확하게 예측하기 어렵다는 것이다. 또한, 기회와 위협 요소는 운영자의 통제 밖에 존재하기 때문에 기회를 살리고, 위협을 극복하기 위해서는 학교도서관의 비전과 사명을 공유한 교육공동체의 협력을 끌어내야 한다. 그럼에도 불구하고 환경 분석은 위협이 닥쳤을 때 이를 극복하기 위해서 현재 취해야 할 최선의 조치가 무엇인지 알 수 있는 활동이다(Disher, 2010, 69). 따라서 사서교사는 시스템적 사고를 바탕으로 학교도서관 및 교육학 분야 학술지, 전문가, 핵심 이해 당사자를 통해서 장차 도서관에 중대한 영향을 끼칠 수 있는 주요 쟁점과 최신 경향(trends)을 파악하는 데 노력을 기울여야 한다.

3.3.6 종합 · 분석

사서교사는 운영 자원 평가를 통해서 나타난 도서관의 강점(잠재력)과 약점 그리고 환경요인이 제공하는 기회와 위협 요소를 모체기관의 정책이나 도서관에 대한 인식(문화), 의사 결정권자(학교장 등)의 개인적 가치 기준과 함께 종합·분석한다. 이 과정에서 교육감이나 학교장의 학교도서관에 대한 인식과 활성화 의지 등이 전략적 계획수립과 운영 방향에 가장 중요한 요인으로 작용한다. 따라서 사서교사는 학교도서관의 운영 요소의 평가 결과 및 환경요인 평가 결과를 종합적으로 분석하여 현황과 발전 방안을 모체기관이나 의사 결정권자에게 제시할 수 있어야 한다.

3.3.7 비전과 사명 기술 및 핵심 가치 설정

학교도서관의 운영 자원과 환경요인의 평가 결과에 대한 종합·분석이 이루어지면, 사서교사는 관련 부서나 위원회 등의 협조를 얻어서 도서관의 비전, 사명, 핵심 가치를 분명히 기술한다. 비전과 사명, 핵심 가치는 이용자의 요구 분석, 교육봉사 내용 및 범위, 다른 도서관과의 비교 우위 확인을 통해서 구체화할 수 있다. 특히, 비전과 사명, 핵심 가치 등은 그림 조각 맞추기의 바깥 틀과 같이 '전략적 계획을 작성하는 데 필요한 틀(frame) 역할'을 한다(Disher, 2010, 66). 전략적 계획수립에서 사용하는 비전과 사명, 목적, 목표, 전략, 활동, 정책의 계층적 단계와 의미는 다음과 같다.

> 비전(vision): 조직의 미래 모습. 대외 지향적
> 사명(mission): 스스로 부과한 임무. 대외 지향적
> 목적(goal): 노력을 기울이기로 한 목표
> 목표(objective): 측정이 가능한 수행 대상 행동
> 전략(strategy): 의사결정을 내리기 위한 지침
> 활동(activity): 어떤 목표를 달성하기 위해서 미리 정해놓은 행동
> 정책(policy): 활동(행동)을 위한 명문화된 지침

비전의 기술은 일련의 단어로 전략적 계획의 달성 이후에 변하게 될 학교도서관의 모습을 표현하는 것이다. 비전은 '학교도서관이 누구에게 혜택을 주게 되는지, 어떤 혜택을 줄 것인지, 혜택의 결과가 무엇인지 그리고 혜택의 결과가 왜 중요한지'에 대한 설명이다.

사명은 현재 할 수 있는 것을 잘하면 이루고자 하는 미래를 상상할 수 있도록 해주는 것으로서 학교도서관의 존재 의의와 발전 방향을 제시하여 대내외에 천명한 것이다. 사명은 비전을 달성하기 위해서 학교도서관이 현재 무엇을 해야 하는지에 대한 기술이기 때문에 행위 동사를 사용하는 것이 효과적이다. 그리고 학교도서관은 '무엇을 하는 곳인가? 누구에게 봉사하는가? 어떻게 봉사하는가?'와 같은 질문에 답을 담아야 한다. 사명을 기술하거나 현재의 사명을 재평가할 때 고려해야 할 요소를 살펴보면 다음과 같다(Drecker, 2011, 31; Staff, 2012).

① 학교도서관의 존재 이유, 목적을 명확하게 규정한다. 학교도서관이 하는 가장 중요한 일을 기술한다.
② 최종적으로 학교도서관이 무엇으로 기억되고 싶은지를 서술한다.
③ 학교도서관 관련 공동체와 구성원의 헌신을 장려한다.
④ 간결하고 요점이 명확해야 한다. 가급적 한 문장으로 기술하고 최대 세 문장을 넘기지 않는다. 형용사와 부사 등 수식어 사용을 줄인다.
⑤ 수단을 명시하지 않는다.
⑥ 포괄적으로 기술한다.

⑦ '학교도서관'은 대신 '우리는'과 같이 의인화한다.
⑧ 우리의 사명은 이라고 시작하지 말고 바로 요점을 기술한다.
⑨ 학교도서관은 물론 모체기관, 지역사회에 적합한 어조로 기술한다.
⑩ 기억하기 쉽도록 3개 이내로 기술한다.

CILIPS(Chartered Institute of Library and Information Professionals Scotland)는 『학교도서관 정책』(School Library Policy)에서 학교도서관 사명에 포함할 내용 요소를 다음과 같이 제시했다.

〈표 2-10〉 학교도서관 사명에 포함할 내용 요소

• 학교도서관 환경 및 시설	• 교사와 협력적인 관계 구축
• 안전한 공간으로서의 학교도서관	• 수업에 적합한 정보자료 제공
• 공평한 자료 접근	• 자기주도 학습 장려
• 즐거움을 위한 독서	• 학교도서관의 효용성에 대한 연구 사례
• 학교 교육목표와 중점 정책 지원	

(출처: CILIPS (2025. 04. 09.). School Library Policy. Available: https://www.cilips.org.uk/slgs-school-library-policy/)

사명 기술은 장서개발, 마케팅이나 프로그램 계획수립을 돕는다. 또한, 사명을 학교도서관이 작성하는 문서, 기념품, 홈페이지 등에 사용하여 훌륭한 홍보 도구로 활용할 수 있다.

핵심 가치는 도서관 경영에 참여하는 인력이 개인적인 가치 판단을 하지 않고, 전략적 계획이 담고 있는 가치에 따라서 상황에 대처할 수 있도록 해주는 정확한 신념 체계이다. 따라서 핵심 가치는 자원봉사자나 보조 직원을 채용할 때 선발과 교육의 기준이 될 수 있다(Disher, 2010, 67). 도서관의 공통적인 핵심 가치로는 '접근성, 협동, 존중, 통합' 등이 있다.

조직의 성공과 지속적인 성장은 경영자와 이용자가 동일한 가치를 공유할 때 효과적으로 달성된다. 가치의 공유는 서비스의 질과 내용에 영향을 끼치고, 이를 개선하기 위한 정책과 제도의 정비를 가능하게 하기 때문이다. 따라서 학교도서관이 안고 있는 인식 부족 문제와 제도적·현실적인 성장의 한계를 극복하기 위해서는 무엇보다도 학교도서관의 가치를 공동체 구성원이 공유하는 활동이 필요하다. 가치를 공유함으로써 구성원 간의 갈등을 해소하고 신뢰를 형성하며, 행동을 통일하여 지속적인 성장에 필요한 구성원의 역량을 모을 수 있다. 그리고 교육공동체의 합의된 핵심 가치가 제도와 정책에 반영될 때, 시대 상황에 맞는 사명과 비전을 바탕으로 학교도서관의 역할이 확장될 수 있다. 주요 국제 학교도서관 기준에 나타난 학교도서관의 핵심 가치는 교육, 협동, 접근성, 문화적 소양, 민주시민 등이다.

〈표 2-11〉 학교도서관의 핵심 가치와 내용

유형	내용			
교육	• 평생학습능력	• 정보리터러시	• 창의력 신장	• 미래 직업 준비
협동	• 협동수업	• 통합교육과정		
접근성	• 물리적 접근성	• 지적 접근성	• 경제적 접근성	• 지역사회 연계
문화적 소양	• 문화생활	• 여가생활		
민주시민	• 지적 자유	• 정보 평등	• 사회적 책임감	• 디지털 시민성

(출처: 송기호, 2009a, 236의 내용을 일부 수정함)

3.3.8 실행계획수립

실행(활동)계획은 비전과 사명을 구체화할 수 있는 목적과 목표를 기술하는 활동에서 시작한다. 그리고 목적과 목표를 달성하기 위해서 업무의 추진 일정을 세우고, 업무 담당자를 지정한다. 목적은 목적 달성에 필요한 정확한 절차에 관한 기술 없이 필요성이나 결과를 설명한 것이다. 따라서 목적은 표현이 다소 추상적이다. IFLA(2025)의 『학교도서관 선언』에서는 공유학습공간(shared learning environment)인 학교도서관에서 사서교사(school librarian)가 교육공동체와 협동으로 가르치고 일하는 목적을 다음과 같이 제시하고 있다.

① 자격을 갖춘 도서관 전문가로서 모든 학습자에게 숙련된 교육과 안내를 보장한다.
② 학교의 사명과 교육과정에 명시된 대로 교육 목적을 지원하고 강화한다.
③ 탐구하는 지식을 존중하고 지원하며 개인정보가 보호받는 모든 학습자를 위한 안전한 학습 환경을 보장한다.
④ 학습자가 다양한 아이디어, 의견, 자극, 기회, 경험, 자원 및 도구에 노출되는 동안 모든 학습자의 요구와 능력을 충족하는 광범위한 관련성 있고 반응성 있는 학습자원, 교육용 게임 및 교육 전략을 선별하고 활용한다.
⑤ 물리적 공간과 가상공간에서 활동적인 탐구 및 발견 학습 경험을 공동으로 디자인한다.
⑥ 지식, 이해, 상상력 및 즐거움을 위한 독립 독서(independent reading)를 촉진한다.
⑦ 모든 연령대에서 소리 내어 읽기, 함께 읽기, 연중 자율 독서(free voluntary reading year-round)를 포함한 독서 전략을 통해서 독서 능력과 즐거움을 자극하고 향상한다.
⑧ 학교 일과 중은 물론 방과 후에도 서비스와 활동을 제공한다.
⑨ 학습자가 현용 및 신공학기술 탐색에 필요한 능력과 다중 리터러시 개발을 포함한 정보와 지식의 윤리적 이용자와 생산자가 되도록 지도한다.
⑩ 학습자가 평생 도서관을 사용하도록 영향을 준다.
⑪ 문화적, 사회적 인식과 감수성을 장려하는 학습활동을 조직한다.
⑫ 지역공동체와 협력하여 문화적 사회적 목적을 지원하고 강화한다.
⑬ 학교도서관 활동에 전체 학교공동체와 지역공동체의 참여를 촉진한다.
⑭ 효과적이고 책임감 있는 시민의식과 민주주의 참여에 필수적인 지적 자유와 정보 접근 개념을

적용하고 옹호한다.

⑮ 교직원에게 특별히 새로운 정보원 및 공학기술, 교육과정 그리고 교육 방법과 관련된 전문적인 학습 기회를 촉진한다.

⑯ 모든 학교도서관 프로그램의 목적과 활동의 지속적인 검토와 갱신에 참여한다.

⑰ 디지털 격차와 다른 유형의 소외(exclusion)를 극복한다.

반면에 목표는 한 학년이나 한 학기 내에 달성할 수 있는 측정 가능한 결과로 기술한다. 목표를 구체적으로 기술하는 방법은 개선 목표(improvement goals), 개발 목표(developmental goals), 성취 목표(achievement goals)를 활용하는 것이다. 개선 목표는 학교도서관 공간 리모델링과 같이 기존 상황의 발전적인 변화를 담는 것이다. 개발 목표는 이전에 하지 않았던 새로운 도서관 서비스나 프로그램의 제공과 같이 구체적인 변화를 담는 방법이다. 성취 목표는 전년 대비 15% 이상 진로 독서자료 구매와 같이 현재 상태를 벗어나는 목표를 담는 것이다. 비전, 사명, 목적 그리고 목표의 기술 사례를 살펴보면 다음과 같다.

- 비전: 행복한 꿈을 키우는 도서관
- 사명: 진로 독서를 활성화한다.
- 목적: 진로 독서환경을 정비한다.
- 목표: ① 학년말까지 진로 도서자료를 전년 대비 80% 이상 구매한다.
  ② 진로 유형별 모둠 독서 공간 2개를 신설한다.

실행계획은 목표 달성을 위한 학교도서관 각 운영 요소의 일상 업무 및 작업을 담기 때문에 현재 진행형의 성격을 가진다. 실행계획에 포함되는 내용은 예산(재정)계획, 시설·설비계획, 인력개발계획, 조직구조계획, 교육봉사계획 등이다. 이 단계에서 인력별 역할 분담과 함께 운영에 관련된 모든 사람이 지켜야 할 내용을 성문화한 정책을 개발한다. 정책에 따라서 도서관의 일상적인 업무 수행에 필요한 실무적, 기술적인 지침(예산 편성 지침)이나 업무 규정(직원직무규정, 장서관리규정, 상호대차 업무 규정 등), 그리고 규칙(연체자료 처리, 음식물 반입 금지 등) 등을 마련한다. 이러한 지침이나 규정 등은 현행 업무를 기준으로 볼 때 과거의 결정이 현재에 투영된 결과라고 할 수 있다. 학교도서관의 운영 규정이나 규칙 등은 업무의 일관성과 연속성을 위하여 공식화되고 성문화되어야 한다. 그리고 사명과 목적, 목표 등 상위 요소의 변화에 맞추어 융통성 있게 개정해야 한다. 운영 자원과 서비스별 규정은 개별적으로 관리하기보다는 다음 〈표 2-12〉에서와 같이 학교도서관 운영 규정으로 통합하고, 법정 조직인 학교도서관운영위원회 관련 규정은 학교 규정집에 포함하는 것이 바람직하다. 그리고 이 규정에서 다루는 학교도서관 개관이나 장서 열람 등 일상적인 업무는 연간운영계획에는 포함하지 않는다.

〈표 2-12〉 학교도서관 운영 규정의 내용

주요 항목	세부 내용	비고
총칙	학교도서관 설치	
	학교도서관 비전과 사명	
인력 및 조직	사서교사 직무	
	보조 직원 직무	
	자원봉사자(학부모, 학생) 조직 및 역할	
	학교도서관운영위원회 조직 및 역할	※ 법정 조직으로 운영 규정은 학교운영규정집에 포함
장서관리	일반원칙	
	장서관리정책	
교육 정보서비스	학교도서관 교육	
	학교도서관활용교육	
	프로그램 운영	
	지역사회 개방 및 연계	
평가 및 보고	학교도서관 통계 및 정보공시	
	학교도서관 성과 평가	
	연간 보고서 작성	
계획	전략적 계획수립	
	운영계획수립	
관내규율	소지품 관리	
	이용자 예절	
부칙	규정의 시행 시기	

그리고 학교도서관의 구체적인 활동(운영)계획은 사서교사의 주요 업무별 시행 시기와 학교 교육계획을 고려하여 수립한다. 사서교사의 주요 업무별 시행 시기(예)를 살펴보면 다음 〈표 2-13〉과 같다.

〈표 2-13〉 사서교사의 주요 업무별 시행 시기(예)

업무	주요 내용	세부추진사항	월별 업무 수행 시기											
			3	4	5	6	7	8	9	10	11	12	1	2
정	종합계획	◦ 전략적 계획수립											○	○
		◦ 연간운영계획수립	○											
		◦ 마케팅계획수립	○											
	예산관리	◦ 예산 출처 분석									○			
		◦ 예산안 편성										○		
		◦ 예산 집행	○	○	○	○	○	○	○	○	○	○		
		◦ 예산 결산											○	○
	인력 관리	◦ 교무분장조직											○	○
		◦ 도서관운영위원회 운영	○						○			○		
		◦ 도서반 운영	○	○	○	○	○	○	○	○	○	○	○	○
		◦ 자원봉사자 운영	○	○	○	○	○	○	○	○	○	○		
		◦ 교내 위원회 참석	○	○	○	○	○	○	○	○	○	○		

업무	주요 내용	세부추진사항	월별 업무 수행 시기											
			3	4	5	6	7	8	9	10	11	12	1	2
	시설 설비관리	◦ 공간 구성 및 관리	○	○	○	○	○	○	○	○	○	○	○	○
		◦ 비품 수리 및 폐기	○	○	○	○	○	○	○	○	○	○	○	○
		◦ 자산관리 - 점검	○											○
	공문처리	◦ 보고	○	○	○	○	○	○	○	○	○	○	○	○
장서관리	장서개발	◦ 자료수입	○	○	○	○	○	○	○	○	○	○	○	○
		◦ 장서점검						○					○	
		◦ 장서평가												○
		◦ 제적과 폐기					○	○						○
	자료조직	◦ 자료의 분류	○	○	○	○	○	○	○	○	○	○	○	○
		◦ 목록 데이터 작성·입력	○	○	○	○	○	○	○	○	○	○	○	○
		◦ 자료장비	○	○	○	○	○	○	○	○	○	○	○	○
	전산화	◦ 전산 목록 데이터 관리	○	○	○	○	○	○	○	○	○	○	○	○
교육정보서비스	독서교육	◦ 이용자 요구 및 교육과정 분석		○			○					○		
		◦ 북큐레이션		○										
		◦ 독서 프로그램 운영				○				○				
		◦ 독서로 활용 독서교육		○			○	○	○	○			○	○
	학교도서관교육	◦ 도서관 리터러시	○	○	○	○	○	○	○	○	○	○	○	○
		◦ 정보활용교육(학교별교육계획)												
	학교도서관 활용교육	◦ 계획수립 - 교과 협의회	○											
		◦ 도서관활용교육 운영	○	○	○	○	○		○	○	○	○		
		◦ 평가	○	○	○	○	○		○	○	○	○		
	참고 정보서비스	◦ 자료의 열람 봉사	○	○	○	○	○	○	○	○	○	○	○	○
		◦ 질문에 대한 참고서비스	○	○	○	○	○		○	○	○	○		
		◦ 정보검색에 관한 참고서비스	○	○	○	○	○		○	○	○	○		
	지역사회봉사	◦ 학교도서관 마케팅	○	○	○	○	○	○	○	○	○	○	○	○
		◦ 문화행사 운영		○					○	○				
		◦ 교육행사 운영					○	○					○	○
		◦ 공공도서관 등 연계 서비스		○					○					
디지털정보관리	디지털 교수-학습자료 개발	◦ 디지털 교수-학습자료 설계	○	○	○	○			○	○	○	○		
		◦ 자료개발 환경 구축					○	○					○	○
		◦ 교수-학습자료 제작	○	○	○	○			○	○	○	○		
	정보시스템 운영	◦ 디지털 정보시스템 설치	○										○	○
		◦ 디지털 정보시스템 관리	○	○	○	○	○	○	○	○	○	○	○	○
	네트워크에 의한 상호협력	◦ 도서관 홈페이지 관리	○	○	○	○	○	○	○	○	○	○	○	○
		◦ 도서관 네트워크 관리	○	○	○	○	○	○	○	○	○	○	○	○
전문성신장	전문단체 가입	◦ 도서관협회 등 전문단체 가입	○											
	자율연수	◦ 교육 및 조직 운영 역량 신장	○	○	○	○	○	○	○	○	○	○	○	○
	직무연수	◦ 도서관 운영 교직 실무 연수	○	○	○	○	○	○	○	○	○	○	○	○
	자기평가	◦ 자기평가 보고서 작성										○	○	○
평가	학교도서관평가	◦ 학교도서관 통계 및 정보공개		○	○									
		◦ 전국도서관운영평가			○	○								
	성과평가	◦ 학교 수준 서비스 영향력 평가										○	○	
		◦ 교육청 수준 서비스 영향력 평가										○	○	
	연간 보고서	◦ 연간 도서관 보고서 작성											○	○
	자기평가	◦ 자기평가 보고서 작성											○	○

3.3.9 예산 확보·계획실행·평가

수립된 전략적 계획을 구체적으로 달성하기 위해서는 예산 산출과 확보가 중요하다. 학교도서관 예산은 국가의 일반회계 또는 지방자치단체의 교육비특별회계에서 전입금으로 편성된 학교 운영비, 국가 또는 지방자치단체의 교부금 및 지원금 그리고 학교발전기금 전입금 등이다. 예산이 확보되면 계획은 학교 교육계획이나 업무별 추진 일정에 맞추어 실행된다. 학교도서관 환경은 항상 변하기 때문에 전략적 계획은 변화를 정확히 예측하고 미리 대비하는 것이 중요하다. 그리고 계획은 학교나 시도교육청 그리고 국가 수준의 교육과정이나 교육환경 등의 변화를 능동적으로 반영할 수 있는 융통성이 필요하다. 따라서 학교도서관의 환경 변화에 따라서 목적이나 목표가 수정되거나 추가될 수도 있다.

이러한 변화 내용을 반영하여 전략적 계획을 성공적으로 추진하기 위해서 연간 운영계획을 수립할 수 있다. 연간 운영계획은 비전과 사명을 달성하기 위한 당해 연도의 도서관 운영 목적과 목표 그리고 실천 전략을 담는다. 실천 전략은 도서관 운영 자원별로 제시하거나 프로그램 및 서비스의 실시 시기별로 기술할 수 있다.

〈표 2-14〉 연간 운영계획(예)

▶ 목적

- 학생의 독서 생활화에 기여한다.
- 도서관이용교육 및 정보활용교육을 통해 도서관 이용을 활성화한다.
- 교사의 학생 진로 교육 역량 신장에 기여한다.

▶ 목표

- 독서 생활화 프로그램을 4가지로 확대 운영한다.
- 독서 전용 시간 및 학교도서관활용교육을 연중 전 학년으로 확대 실시한다.
- 진로 교육용 자료를 전년 대비 50% 이상 구매한다.

▶ 추진 전략

① 독서 생활화 프로그램 및 교육활동

구분	추진 전략	시기	세부 추진 내용
독서생활화	독서 600운동	연중	• 학년별 추천 도서 목록, 인증 도서 목록 안내 • 학급문고 바구니 확충 600권 이상
	꿈꾸는 책 이야기	연중	• 1~2학년 대상 활용, 3~6학년 연습 문제집 형식 활용 • 창의적이고 다양한 독후활동으로 기록
	책사랑 독서 모임	연중	• 독서 모임, 도서관 봉사, 도서관 행사 협력
	아침 독서 시간	연중	• 독서 바구니 운영
	선배와 함께하는 스토리텔링	4~12월	• 매주 금요일 아침 독서 시간 활용 • 4~6학년이 1~3학년 교실에서 그림책을 읽어주는 스토리텔링
	주제별 책 읽기	방학	• 도서관 10개 주제(KDC)에 따라 독서하는 프로그램

	세계 책의 날	4월	• 전 학년 참가 독서프로그램 운영
	도서 교환전	5월	• 깨끗하고 좋은 책을 서로 교환하는 프로그램
교육	독서 축제	10월	• 전시마당, 체험마당, 창작마당으로 구성
	우리는 독서왕 내가 독서왕	12월	• 학년별 도서관 이용 우수반과 우수아동을 선정하여 시상
	독서록 우수상	12월	• 1~2학년 독서록을 성실히 작성한 학생에게 시상
	도서관 소식지	2회	• 책 소개, 다 대출 학생, 독서퀴즈, 도서관 소식
	전 학년 학교도서관활용교육	연중	• 전 학년 독서 전용시간 운영 • 사서교사 지원 학교도서관활용교육

② 독서 전용시간 및 학교도서관활용교육 시간표 운영

요일 / 시간	월		화		수		목		금	
1		3-4	1-3	3-1	1-6	4-1	2-2	4-4	2-5	5-2
2	1-1	3-6	1-4	3-2	1-7	4-2	2-3	4-5	2-6	5-1
3	1-2	3-5	1-5	3-3	2-1	4-3	2-4	4-6	2-7	5-4
4		5-3		5-5		5-6		6-1		6-2
5				6-3		6-5		6-4		

③ 진로 교육용 자료 구매
- 학생의 진로 희망 및 요구를 조사한다.
- 도서관 소재 진로 교육용 자료를 평가한다.
- 학교도서관운영위원회를 통해 진로 교육용 자료를 선정하고, 전년(100권) 대비 50% 이상 구매한다.

▶ 필요한 예산 : 학교도서관 운영 예산 6,500,000원
- 독서 프로그램 운영비: 4,000,000원
- 진로 독서자료 구매비: 2,500,000원

▶ 평가
- 독서 생활화 프로그램 평가: 참여자 만족도 조사
- 도서관활용수업: 참여 교사 면담

▶ 기대효과
- 학생의 학교도서관에 대한 옹호를 확대한다.
- 학교도서관 교육적 역할을 확대하여 교육과정 운영에 기여한다.

(출처: 서울 OO초등학교 연간 도서관 운영계획을 수정 보완함. 사서교사 양OO)

계획의 평가는 학교도서관을 이용하는 교사와 학생 등이 보여주는 도서관 봉사에 대한 만족도나 요구로 이루어진다. 목표의 달성 여부를 정확하게 평가하기 위해서는 투입과 산출 요소를 측정해야 한다. 투입 측정 요소는 장서의 적절성, 하드웨어의 이용 가능성과 신뢰성, 장서 선택과 수입 정책의 최신성, 상호대차와 외부 정보원에 대한 접근성, 장서 조직과 분류의 정확성, 경영 인력의 전문성, 재정 지원 그리고 학생 1인당 자료 구매비 등을 평가하는 것이다. 산출 측정

은 실행 결과 측정이라고도 하며, 양적 측정과 질적 측정이 이루어진다. 양적 측정은 대출, 참고 질문의 수, 학기 중 도서관 이용 학급수, 장서의 최신성, 운영 프로그램이나 행사 수와 같이 통계적인 방법으로 이루어진다. 반면에 질적 측정은 학교도서관이 제공한 다양한 서비스와 활동에 대한 만족도, 이용자 지원정도, 교수전략의 효율성, 이용자의 요구를 얼마나 잘 충족시켰는지와 관련된 이용자의 다양한 태도 등을 알아보는 것이다. 산출 측정은 설문이나 면담 등의 방법으로 진행할 수 있다.

〈표 2-15〉 목표 달성 여부 평가를 위한 투입 및 산출 측정 요소

투입 측정 요소	산출 측정 요소
• 장서의 적절성 -교육과정과의 연계성 -교수전략 및 학습주제와의 연계성 • 하드웨어의 이용 가능성과 신뢰성 • 선택과 수입 정책과 절차의 최신성 • 상호대차와 외부 정보원에 대한 접근성 • 장서 조직과 분류의 정확성 • 경영 인력의 전문성(최근 3년 이상) -사서교사 -사무직원(Clerical staff) -기술 보조원(Technical staff) • 재정 지원(최근 3년 이상) -학생 1인당 자료 구매비	• 양적 측정 요소 -대출량 -참고 질문의 수 -학기 중 도서관 이용 학급수 -장서의 최신성 -운영 프로그램이나 행사 수 • 질적 측정 -학교도서관이 제공한 다양한 서비스와 활동에 대한 만족도 -이용자 지원 정도 -교수전략의 효율성 -이용자의 요구를 얼마나 잘 충족시켰는지와 관련된 이용자의 다양한 태도

(출처: Markuson, Zilonis and Fincke, 1999, 49-50의 내용을 정리하여 도표화함)

특히, 증거기반업무를 통해서 업무 수행 전 과정에서 획득한 데이터를 바탕으로 학업성취도, 독서, 학습 경험의 불평등 해소 등에 끼친 영향력을 평가할 수 있다.

3.4 연간 보고서

학교도서관 운영 평가 결과는 연간 보고서(Annual Library Report)로 작성하여 구성원과 공유할 필요가 있다. 이를 통해 사서교사의 업무가 학교 교육과정 운영에 끼친 영향을 데이터로 공유하고, 학교도서관에 대한 관리자의 관심을 끌 수 있다. 또한, 사서교사가 교과교사만큼 학생의 학업성취도 향상과 효율적인 업무 수행을 위해 노력하고 있다는 점을 보여줄 수 있다. 따라서 연간 보고서는 중요한 증거기반 운영 전략이며 구성원의 옹호를 끌어내는 마케팅 도구이다.

좋은 연간 보고서 작성을 위해서는 우선 전달하려는 대상이 분명해야 한다. 보고서가 담고 있는 내용에 감동해야 할 사람이 누구인지 생각하고 작성한다. 만약에 연간 보고서를 통해 관리자에게 좋은 인상을 심어주어야 한다면, 관리자가 고민 중인 학교 현안이 무엇인지 파악한 다음 보고서에 해결 방안을 담는다. 특히, 업무 성과가 학생의 학업성취도나 교사의 전문성 개발에 어

떻게 이바지했는지 보여줄 수 있도록 작성하고, 수집한 데이터를 활용하여 학교도서관이 학생의 삶을 어떻게 변화시켰는지 들려줄 수 있는 이야기를 활용하는 것이 효과적이다. 그리고 숫자, 사진, 학생의 반응과 같은 정성적 데이터를 활용하여 5쪽 내외로 짧게 작성하는 것이 좋다. 연간 보고서 작성을 계획하고 있다면 업무 수행 중에 자료를 수집하고 관리할 필요가 있으며, 다른 학교도서관의 연간 보고서 사례를 참고하거나 사서교사 간 정보 공유를 통해 배우는 것이 좋다. 무엇보다도 중요한 것은 보고서가 사서교사의 훌륭한 업무 성과를 반영하는 거울이라는 점을 명심하고, 평소 보고서에 담아 전달할 수 있는 훌륭한 업무 수행이 이루어져야 한다는 점이다 (LaGarde, 2019). 연간 보고서 작성 양식(예)을 살펴보면 다음과 같다.

〈표 2-16〉 연간 보고서 작성 양식(예)

목표 (보여주고 싶은 것)	데이터 또는 수집 도구 (어떤 데이터를 분석하는가?)	증거/성과(예) (보고서에 들어갈 내용)
☐ 학교도서관 교육		
○학생이 모든 교과 과정 영역과 평생학습에 필요하고 사용하는 21세기 능력 지도	•표준화된 시험 결과 (특히, 독해 및 쓰기) •교육부 및 교육청 표준에 맞춘정보활용 교육과정 •학년별 목표 기술에 대한 숙달 수준을 보여주는 평가 도구	•읽기 데이터: 한 단원을 강조하고 정보활용능력 및 평가된 내용 표준을 제시함. 지난 몇 년간의 독해 시험 점수가 협력적인 교육을 통해서 향상되었음 •개인 데이터: 학생이 배우고 사용한 독해 기술에 대한 인용문 •웹사이트 링크: 정보활용교육 교육과정 또는 평가 도구
○학생의 학습 경험을 개선하기 위한 교사와의 교육적 파트너십	•협동수업 및 도서관 활동 기록	•시각 데이터: 과목 및 학년별로 지도한 통합 수업을 보여주는 차트 •개인 데이터: 학생이 발표하거나 완성한 프로젝트의 사진 또는 비디오
☐ 학교도서관 학습 환경 구축		
○교사 교육 및 학습 방법 개선 지원	•사서교사가 작성한 교육자료 •교사 교육에 소요된 시간 •테크놀로지 •참고자료	•읽기 데이터: 방과 후에 교사에게 가르친 주제 목록, 발표 자료 •개인 데이터: 사서교사가 지도하는 새로운 컴퓨터 프로그램을 배우는 교사 사진 •웹사이트 링크 자료: 교사와 사서가 제작한 웹 퀘스트, 위키 등
○학생의 독서 능력을 향상하고 즐겁게 읽고 배우는 습관을 길러주는 자료 개발	•장서 및 대출 데이터 •특별 독서 증진 활동	•읽기 데이터: 학생이 시험에서 낮은 성취를 보이는 특정 능력(skills)을 다루도록 설계된 새로운 단원에 대한 간략한 설명(예: 주요 요점 식별, 요약 등) •시각 데이터: 저자 방문 또는 독서 대회 사진 •웹사이트 링크: 게시된 최고의 독서목록

목표 (보여주고 싶은 것)	데이터 또는 수집 도구 (어떤 데이터를 분석하는가?)	증거/성과(예) (보고서에 들어갈 내용)
		및 학생 블로그
○학교와 학생의 요구 충족을 위한 예산의 경제적 사용	•예산 및 구매 자원 •요구사항 평가 데이터(학생, 교사, 교육과정 지도 등)	•읽기 데이터: 학생의 독서 흥미 조사 결과 요약 •시각 데이터: 자료 및 기술 사용 차트 또는 막대그래프 등
☐ 리터십을 통한 학습 강화		
○학교 및 도서관 사명을 구현하는 리더십	•사서교사의 위원회 업무 •기사 작성 •보조금 및 모금 활동	•읽기 데이터: 위원회 및 활동 목록 •웹사이트 링크: 사서교사가 학교 소식지 또는 지역 신문에 게재한 기사 링크
○목표 달성 평가 및 새로운 목표 설정	•도서관 이용 및 대출 데이터 •학생/교사/학부모 설문조사 또는 핵심 그룹 면담	•읽기 데이터: 필요성 및 프로그램 동향 평가, 목표가 얼마나 잘 충족되었는지 평가, 내년도 목표 기술

(출처: Kachel, 2012)

4. 학교도서관 마케팅

4.1 마케팅의 의미와 필요성

일반적으로 마케팅은 한 조직이 자신의 가치를 고객과 공유하기 위해 업무 전 과정에 걸쳐서 외부 환경 및 고객과 순환적으로 상호작용하는 활동을 의미한다(이용재, 2021, 20). 이러한 측면에서 도서관 마케팅이란 '도서관이 도서관 이용자가 원하는 가치를 창출하고 이용자가 이를 적극적으로 활용하도록 유도함으로써 이용자와의 강력한 관계 형성을 만들어내는 일련의 과정'이다(한국문헌정보학회, 2021, 254). 마케팅의 범주에는 광고(advertising), 홍보(publicity), 판촉(promotion), 선전(propagonda), 공동체 관계(community relations) 등이 있다. 광고란 조직의 기능을 알리고, 설득하고, 기억시키기 위한 유료 의사소통으로 적정 가격에 제품이나 서비스를 판매할 목적을 갖는다. 홍보는 조직이 만든 뉴스를 무료 미디어를 통해 알리는 것으로 저자 초청 강연회 등 행사를 알리기 위한 현수막이 대표적이다. 판축은 조직에 대한 대중의 태도 변화를 목적으로 정보를 제공하는 행위로 도서관이 책 이상의 것임을 알리기 위해 캠페인을 벌이거나 주민을 도서관에 초청하는 활동이 포함된다. 선전은 공중의 의견을 변화시키기 위한 기법으로 사실이나 연구에 기반을 선한 선전과 거짓으로 이익을 얻기 위한 나쁜 선전이 있을 수 있다. 공동체 관계는 공동체 문제에 참여함으로써 조직의 이미지를 변화시키려는 활동이다. 이들 개념은 상호작용에 초점을 맞춘 마케팅과 달리 일방적 의사소통으로 주로 조직의 정보를 알리거나 조직에 대한 대중의 인식, 태도, 이미지 등을 변화시키고자 하는 활동이다(Prentice, 2011, 157-158).

한편, 이용자의 요구를 듣고 평가한 후 요구를 충족할 수 있는 자원과 서비스를 선택하고 알리는 마케팅에 비해 조직의 비전과 사명에 대한 지원을 얻는 데 초점을 둔 맞춘 의사소통을 옹호(advocacy)라고 한다. AASL(2015)은 옹호를 '학생, 교사, 관리자, 학부모 및 지역사회 구성원과 맺는 관계의 질에 따라 결정되는 느리지만 지속적인 행동 과정'으로 정의하고 옹호의 목적을 '학교도서관의 가치에 대한 인식 개선과 공동체 구성원에 대한 서비스 능력 개선'이라고 밝히고 있다. 옹호는 학교도서관 평가와 공동체 구성원의 요구와 필요에 기반을 둔 계획이 필요하지만, 먼저 이용자에게 다가가 파트너십을 구축하는 일상적인 관계 형성이 중요하다. 결국, 학교도서관 마케팅은 이용자와의 상호작용을 기반으로 한 맞춤형 운영 전략이라고 할 수 있다. 성공적인 마케팅은 학교도서관이 교육공동체 구성원을 존중하고 있음을 보여줄 수 있고, 옹호를 끌어내 학교도서관의 가치를 높일 수 있다. 이를 통해 교육공동체 구성원이 학교도서관을 삶의 일부로 인식하도록 만들어 안정적이고 지속적인 성장을 도모할 수 있다.

4.2 고객관리와 고객 지도

4.2.1 고객관계관리

고객관계관리(Customer Relationship Management: CRM)란 고객을 일회적 상품 판매의 대상이 아닌 고객 자체를 가장 중요한 자산으로 인식하고, 고객의 관점을 포함한 조직과 고객 간 상호 간의 이익을 극대화하려는 개념이다. 고객관계관리의 배경에는 고객과의 우호적 관계 구축이 성공을 가져오기 때문에 고객 등 이해관계자와 강한 유대관계를 형성하고, 이를 유지해야 한다는 관계 마케팅(Relationship Marketing)이 자리 잡고 있다(김은정, 2023, 11). 고객관계관리의 등장 배경은 시장 세분화, 고객 확보 경쟁 심화 그리고 정보통신기술 발달에 따른 고객의 수준 및 협상 기술 향상 등이다. 고객관계관리를 통해서 고객의 요구(needs)를 정확하게 분석할 수 있고, 고객의 제품이나 서비스에 대한 평가를 활용하여 맞춤형 관리가 가능하다. 따라서 조직과 고객 상호 이익을 제공하고, 고객 참여를 확대하고, 고객 이탈을 방지할 수 있다. 또한, 불필요한 서비스를 제거함으로써 운영 비용을 절감하고 이윤 창출을 확대할 수 있다. 도서관에 고객관계관리가 필요한 이유는 이해관계자와 근본적인 관계 형성을 모색함으로써 도서관의 발전에 이로움을 줄 수 있는 정치적인 옹호자(advocate)를 확보, 유지하여 도서관 서비스를 지속시킬 수 있기 때문이다(김다해, 김기영, 2009). 고객관계관리 단계는 크게 지식관리(학습 과정)와 대응(상호작용) 과정으로 나누어 볼 수 있다. 지식관리 단계는 고객 정보를 수집하여 분석하는 과정이고, 대응은 고객 정보를 활용하여 고객 유인 및 자원 배정, 고객 반응 분석 및 결과 환류를 통한 지속 관리 과정이다(김해정, 2009, 108-110).

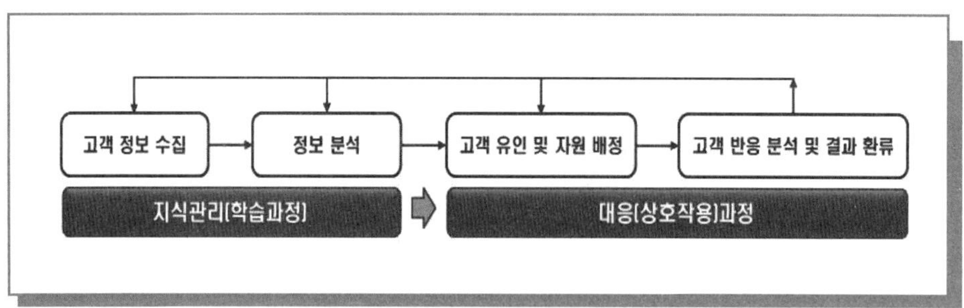

[그림 2-5] 고객관계관리 단계

① 고객 정보 수집

고객 정보는 내부 자료와 외부 자료를 활용해 수집할 수 있다. 내부 자료는 고객으로부터 직접 얻은 자료, 고객의 서비스 이용으로 얻게 된 자료 그리고 고객과의 접촉(접점) 과정에서 수집한 자료 등이다. 고객으로부터 직접 얻은 자료는 신뢰성이 낮아 정확한 고객 분석에 한계가 있고, 고객의 서비스 이용으로 얻은 자료는 고객의 서비스에 대한 선호나 이용 특성 등을 담고 있어서 고객 분석에 적합하다. 고객과의 접촉 과정에서 수집된 자료는 고객의 불만 사항이나 고충 등이며 실시간으로 정보를 얻을 수 있다. 조직 외부에서 수집한 자료는 정보의 질을 보장할 수 있지만, 개인정보보호로 수집에 한계가 있다.

② 고객 규명

수집한 고객 정보를 분석하여 고객을 규명한다. 우선, 누가 고객이고 어떤 고객이 조직에 가장 이로운지를 분석(identification)하여 이윤 창출 측면을 발견한다. 그리고 고객 선별(segmentation)을 통하여 전체 고객을 보다 작은 집단이나 부분으로 세분화한다.

③ 고객 유인 및 자원 배정

고객 정보를 활용해서 고객을 유인하고 자원을 배정한다. 고객과의 상호작용을 위해 우편이나 이메일 발송, 쿠폰, 전화 마케팅을 한다. 이 과정에서 고객을 보유하기 위한 서비스 제공이나 접점 관리가 이루어지며 충성도 프로그램 및 불만 관리 등을 하게 된다. 아울러 거래의 밀도, 거래의 가치, 개별 고객의 이윤 창출을 지속적으로 증대시키기 위한 고객개발 활동을 수행한다.

④ 고객 반응 분석 및 결과 환류

마지막으로 고객의 반응을 분석하고 결과를 환류한다. 그리고 지속적인 고객 관리를 통해 고객을 확대하고 충성도를 높인다.

4.2.2 고객경험관리와 고객 지도

학교도서관 이용자를 옹호자로 만들기 위해서는 고객경험관리(Customer Experience Management: CEM)를 활용해서 이용자가 도서관 이용 전 과정에서 보이는 인식, 감정, 감각 처리, 행동 등 경험을 관리할 필요가 있다. 고객경험관리란 조직이 고객에게 제공하는 서비스나 제품에 대한 경험을 체계적으로 관리하는 과정으로 조직이 고객의 상품 탐색부터 구매나 사용, 그 이후까지의 모든 과정에 대해 분석하고 개선함으로써 고객의 긍정적인 경험을 창출하는 것이다. 따라서 고객경험관리는 고객과의 관계를 잘 맺기 위해 고객이 중요하게 여기는 모든 접점(touch points)에서 긍정적인 경험을 할 수 있도록 물리적 실행력과 고객의 감정 모두를 관리한다. 고객경험관리의 핵심은 고객이 중요하게 생각하는 접점에서 조직과 고객이 긴밀하게 유대관계를 맺는 기회나 여건을 제공하는 것이며, 경쟁 조직보다 품질이 우수하고, 차별화된 경험을 제공해야만 고객과 지속적 관계를 형성하고 유지할 수 있다(이지현, 2025, 25-26). 성공적인 고객경험관리를 통해 도서관 이용, 옹호를 통한 재이용, 구전(口傳) 확산 등의 효과를 거둘 수 있다.

학교도서관과 이용자가 긴밀한 관계를 맺을 수 있는 접점(경험) 관리에 고객 경로(customer path)를 활용할 수 있다. 고객 경로는 고객이 브랜드나 다른 고객과의 다양한 직간접적인 상호작용인 접점을 통해서 브랜드를 구매하는 단계를 의미한다. 학교도서관의 경우 접점은 도서관의 서비스와 프로그램에 대한 소문, 이용이나 참여 경험, 사서교사와의 상호작용, 다른 이용자와의 대화 등이다. 고객 경로가 학교도서관 운영에 시사하는 점은 이용자의 도서관 이용이나 참여 선택이 개인적인 것처럼 보이지만 본래는 사회적인 결정이라는 것이다.

소셜 미디어로 연결성이 강화된 구매 환경에 적용할 수 있는 고객 경로는 5A(Aware-Appeal-Ask-Act-Advocate) 고객 경로이다(Kotler, Kartajaya and Setiawan, 2017, 114-118). 인지(Aware) 단계에서 고객에게 영향을 끼치는 요소는 고객의 경험, 광고, 입소문, 마케팅 커뮤니케이션, 다른 사람의 옹호 등이다. 과거에 브랜드를 접해본 경험이 있는 고객은 브랜드를 더 쉽게 떠올리고 인지할 가능성이 크다. 몇 가지 브랜드를 인지한 고객은 호감(Appeal) 단계를 거치면서 자신이 전달받은 모든 메시지를 처리하고 몇몇 브랜드에 끌리게 된다. 질문(Ask) 단계에서 고객은 호기심이 생긴 브랜드에 대한 더 많은 정보를 얻기 위하여 적극적으로 조사에 나선다. 이 단계에서 고객은 친구나 가족에게 전화 걸기, 온라인 제품 사용 후기 검색하기, 콜센터 문의하기, 매장 방문하기 등 다양한 채널(브랜드와 상호작용하기 위해서 고객이 사용하는 커뮤니케이션 플랫폼이나 미디어)을 통해서 제품을 살펴본다. 따라서 브랜드 제공 조직은 최소한 가장 인기 있는 채널에서 존재감을 확보할 필요가 있다. 질문 단계에서 고객 경로는 커뮤니티 구성원과의 대화를 통해서 얻은 정보를 기반으로 의사결정을 내리는 사회적 경로로 바뀐다. 고객이 브랜드에 대한 호감이 생긴 경우에도 다른 사람의 확인을 받아야 경로를 계속 따라갈 수 있다. 질문 단계에서 추가 정보를 얻고 호감을 재확인한 고객은 구매(Act)를 결정한다. 브랜드 구매보다 더 중요한 것은 구매 후에 고객이 브랜드와의 상호작용을 통해서 긍정적인 기억을 형성하도록 하는 것이다. 따라서 조직은 고객의 문제나 불만에 관심을 갖고 확실한 해결책을 제공해야 한다. 시간이 흐르면서 고객은 브랜드 유지, 재구매, 다른 사람에게 추천하기 등을 통해서 충성심을 형성하는 옹호(Advocate) 단계에 도달한다. 적극적인 옹호자는 외부의 요청이 없어도 자신이 사랑하는 브랜드를 자발적으로 추천하고, 긍정적인 이야기를 해주고, 브랜드의 전도사가 된다. 이러한 구매 경로는 일정하게 진행되지 않고, 특정 단계가 생략될 수도 있다. 이상에서 살펴본 고객 경로에서 나타나는 고객 행동과 의사결정에 영향을 주는 접점 그리고 각 경로 단계별 고객의 상황을 정리하면 다음 〈표 2-17〉과 같다.

〈표 2-17〉 5A 고객 경로 지도

구분	A1 인지(AWARE)	A2 호감(APPEAL)	A3 질문(ASK)	A4 행동(ACT)	A5 옹호(ADVOCATE)
고객 행동	고객은 과거 경험, 마케팅 커뮤니케이션 또는 다른 사람의 옹호를 통해 많은 브랜드에 수동적으로 노출된다.	고객은 여러 브랜드에서 전달받은 메시지를 처리하고 단기 기억을 만들거나 장기 기억을 보강하고 몇몇 브랜드에 끌린다.	호기심이 생긴 고객은 친구나 가족, 미디어 또는 브랜드를 통해 더 많은 정보를 찾기 위해서 직접 적극적인 조사에 착수한다.	추가 정보를 접하고 호감을 재확인한 고객은 특정 브랜드를 구매하기로 결정하고 구매, 사용, 사후 서비스 과정을 통해서 브랜드와 깊이 있게 상호작용한다.	시간이 흐르면서 고객은 브랜드에 강력한 충성심을 갖게 될 수 있다. 충성심은 유지, 재구매 그리고 긍정적으로 다른 사람들 앞에서 브랜드를 옹호하는 행동으로 나타난다.

구분	A1 인지(AWARE)	A2 호감(APPEAL)	A3 질문(ASK)	A4 행동(ACT)	A5 옹호(ADVOCATE)
가능한 고객 접점	•다른 사람을 통해 브랜드에 대해 알게 된다. •우연히 브랜드 광고에 노출된다. •과거 경험을 떠올린다.	•브랜드에 끌리게 된다. •브랜드에 대해 고려사항을 만든다.	•친구에게 연락해 조언을 듣는다. •온라인에서 제품사용 후기를 검색한다. •콜센터에 연락한다. •가격을 비교한다. •매장에서 제품을 써 본다.	•매장이나 온라인에서 산다. •처음으로 제품을 써본다. •문제에 대해 불평한다. •사후 서비스를 받는다.	•브랜드를 계속 사용한다. •브랜드를 재구매한다. •다른 사람에게 브랜드를 추천한다.
고객의 상황	안다	좋아한다	확신한다	구매한다	추천한다

(출처: Kotler, Kartajaya and Setiawan, 2017, 119)

4.3 마케팅 방법

4.3.1 몰입형 마케팅

마케팅은 제품 중심의 마켓 1.0에서 소비자 중심의 마켓 2.0 그리고 가치와 스토리를 기반으로 한 인간 중심의 마켓 3.0을 거쳐 디지털 마케팅 중심의 마켓 4.0, 휴머니티를 지향하는 기술을 활용하는 마켓 5.0 그리고 몰입형 고객 경험 창출을 강조하는 마켓 6.0으로 발전하고 있다. 마케팅 6.0은 Z세대와 알파 세대를 대상으로 한 몰입형 마케팅, 물리적 미디어와 디지털 미디어를 통해 몰입감 넘치는 경험을 전달하는 다양한 유형의 전략과 전술을 아우르는 메타 마케팅(Meta Marketing)을 의미한다. 마켓 6.0의 목표는 고객과 깊이 있는 상호작용을 통해 브랜드와 소비자 간 신뢰를 구축하는 것이다.

〈표 2-18〉 마케팅의 발전 과정

① Marketing 1.0
1950년대 미국에서 시작함. 베이비붐 세대(1946~1964년 출생)와 그들의 부모를 주 대상으로 한 '제품과 서비스를 통한 고객 만족' 중심의 마케팅으로 소비지상주의 문화를 만들어냄. 4Ps는 Product, Price, Place, Promotion임

② Marketing 2.0
1960~70년대 중반 대항문화와 반소비지상주의 운동의 영향을 받은 '소비자(고객) 중심' 마케팅으로 X세대(1965~1980년 출생)를 주 대상으로 함. 4Cs는 Consumer(소비자의 요구 또는 상품), Customer solution(고객 솔루션) 또는 Customer Value(소비자 가치), Customer cost(소비자 가격), Communication(커뮤니케이션), Convenience(유통의 편리성)임

③ Marketing 3.0
가치와 스토리 전략에 기반을 둔 '인간중심' 마케팅으로 Y세대(1981~1996년 출생)를 주 대상으로 사회와 환경문제 해결책 제시를 목표로 하는 마케팅. 4Cs는 Commodity(상품), Cost(비용), Communication(커뮤니케이션), Channel(유통 경로)임

④ Marketing 4.0
융복합, 초연결 디지털 환경에 대응하는 '디지털 마케팅'으로 Z세대(1997~2009년 출생)를 주 대상으로 함. 4차 산업혁명에서 마케팅은 기계 대 기계의 연결성을 인간 대 인간의 접촉으로 보완함으로써 인간의 가치를 수용하고 반영하는 제품과 서비스, 기업문화를 창출하는 것임을 강조함. 마케팅의 변화 요인은 '고객의 수평적 문화 지향성, 시장의 포용성 확대, 고객 구매에 끼치는 사회 집단의 영향력 확대, 소셜 미디어 등을 통한 초연결성'임. 콘텐츠 마케팅과 옴니채널 마케팅(omnichannel marketing: 소비자가 온라인, 오프라인, 모바일 등 다양한 경로를 넘나들며 상품을 검색하고 구매하도록 하는 마케팅) 같은 디지털 전략 채택

⑤ Marketing 5.0
'인간과 기술의 융합' (마켓 3.0과 마켓 4.0의 통합) 마켓팅으로 Z세대와 알파세대(2010년 이후 출생)를 주 대상으로 함. '세대 차이, 부의 양극화, 디지털 격차'라는 세 가지 주요 해결 과제를 배경으로 함. Market 5.0은 '고객 여정 내내 가치를 창출, 전달, 제공, 강화하기 위해 인간을 모방한 기술을 적용하는 것'을 의미함

⑥ Marketing 6.0
AI와 같은 첨단기술을 활용하여 몰입형 고객 경험을 창출하는 데 중점을 둠. 물리적 세계와 디지털 세계를 구분하지 않는 '피지털 네이티브(Phygital Native)'을 대상으로 한 메타 마케팅. 고객과의 깊이 있는 상호작용을 통한 브랜드와 소비자 간 신뢰를 구축하는 것이 마케팅 목표임. 몰입감 있는 경험을 만들어내기 위한 디지털 마케팅의 다섯 가지 필수 요소는 콘텐츠, 소셜 미디어, 전자상거래, 인공지능, 전자기기 등임

(출처: Kotler, Kartajaya and Setiawan, 2017; 2021; 2024)

마켓 6.0은 몰입감 넘치는 경험을 제공하기 위해 세 단계의 층으로 구성된 핵심 구성 요소를 기반으로 한다. 첫 번째 층은 물리적 경험과 디지털 경험을 통합하는 기술적 요인으로 구성되고, 두 번째 층은 이 기술을 기반으로 하는 확장 현실과 메타버스라는 두 가지 환경으로 구성된다. 그리고 세 번째 층은 다감각 참여, 공간적(3D) 디지털 경험, 메타버스 마케팅 등 고객 대면 경험으로 이루어진다.

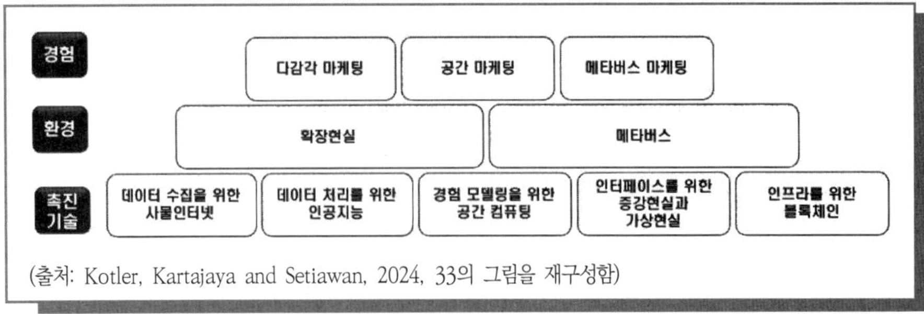

(출처: Kotler, Kartajaya and Setiawan, 2024, 33의 그림을 재구성함)

[그림 2-6] 마켓 6.0의 구성 요소

Z세대와 알파 세대의 가장 큰 특징은 인터넷을 일상생활의 필수 요소로 여기는 디지털 네이티브라는 점이다. 그리고 이 세대는 AI 기반 알고리즘을 탑재하고 있는 '초개인화'된 콘텐츠를 이용하는 인공지능 네이티브이다. 또한, 일상생활에서 물리적 세계와 디지털 세계 사이의 경계를 전혀 구분하지 않는 '피지털 네이티브(Phygital Native)이다. Z세대와 알파 세대의 소비 형태는 온라인에서 상품 정보를 습득한 후 오프라인에서 직접 체험하고 구매하는 웹루밍(webroorning)과 오프라인에서 정보를 습득한 후 온라인에서 저렴하게 구매하는 쇼루밍(showrooming)이 공존한다. 따라서 오프라인도, 온라인도 아닌 완전히 새로운 환경에 적응하며 살고 있는 Z세대와 알파 세대에게 몰입형 고객 경험을 제공할 필요가 있다.

몰입형 마케팅은 제품으로만 경쟁하는 것이 아니라 고객에게 특별한 경험을 전달해, 고객 하나하나를 브랜드의 충성 고객으로 만드는 일에 집중한다. 고객에게 특별한 경험을 전달하는 과정에서 몰입감을 조성하기 위한 5가지 요소는 '① 오감을 자극하는 다감각 경험 ② 양방향 대화를 포함하는 상호적 경험 ③ 적극적 참여를 요구하는 참여형 경험 ④ 주의 집중을 방해하는 요소를 최소화한 마찰 없는 경험 ⑤ 응집력 있는 이야기를 구성하는 스토리텔링 경험'이다(Kotler, Kartajaya and Setiawan, 2024, 93). 하지만 몰입감 있는 경험은 이들 다섯 가지 경험이 갖춰지기만 했다고 해서 달성되는 것이 아니다. 기술이 발전함에 따라 다음 [그림 2-7]에서와 같이 고객과의 물리적 접점과 디지털 접점의 장단점을 파악하고, 고객의 몰입을 깨뜨리지 않는 선에서 물리적 접점을 디지털 접점으로 대체할 수 있는 하이브리드 경험을 만들어내야 한다.

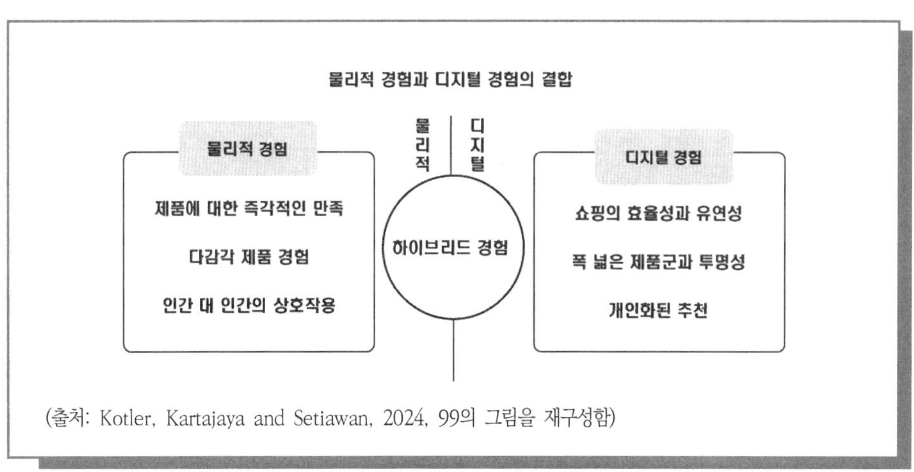

[그림 2-7] 온라인 경험과 오프라인 경험의 장점

몰입감 있는 경험을 만들기 위한 디지털 마케팅의 다섯 가지 필수 요소는 '콘텐츠, 소셜 미디어, 전자상거래, 인공지능, 전자기기'이다. 콘텐츠는 디지털 미디어 전반에서 생성, 소비, 공유되는 정보이고, 소셜 미디어는 콘텐츠를 배포하고 증폭하는 주요한 커뮤니케이션 채널 그리고 전자상거래는 판매 채널이다. 인공지능은 사용자의 행동과 관심을 분석하여 소셜 미디어로 개인화된 콘텐츠를 표적 집단에 도달하게 하고 사용자에게 적합한 제품을 추천한다. 스마트폰을 비롯한 태블릿 등의 전자기기는 소셜 미디어의 콘텐츠 및 전자상거래 앱을 이용할 수 있는 도구이다. 이 중에서 전자상거래와 전자기기는 디지털 마케팅의 근본적인 촉진 요인이다. 이들 마케팅 요소를 활용하여 고객에게 특별한 몰입을 제공하기 위한 메타 마케팅의 핵심 전략은 다음과 같다(Kotler, Kartajaya and Setiawan, 2024).

① 첫째, 다감각 마케팅(Multisensory Marketing)

주로 시각과 청각에만 의존하는 디지털 콘텐츠를 과도하게 소비하게 된 고객은 감각의 과부하로 인해 쉽게 피로감(digital fatigue)을 느낀다. 이러한 특정 감각의 부담을 완화하여 디지털 피로도를 해소해 주기 위해서는 오감을 일관성 있게 자극하는 다감각 경험을 제공할 필요가 있다. 그런데 온라인 환경에서는 몇 가지 감각적 자극을 모방할 순 있더라도 그 한계가 있기 때문에, 결국 온전한 다감각 경험의 제공은 오프라인 환경에서만 전달할 수 있다. 다감각 마케팅으로는 디지털 디톡스(digital detox), 레트로 운동(retro movement), 마음 챙김 운동(mindfulness movement), 오프그리드 여행(off grid travel) 등이 있다.

다감각 마케팅 관리 방법

【시각】
- 첫인상 형성
- 모양과 기능에 대한 인식 형성
- 추가 정보를 알아보도록 접촉 유발

【청각】
- 브랜드가 질 떠오르도록 소닉브랜딩(sonicbranding) 창출
- 시간 인식을 위해 음악 템포 적용
- 품질 인식을 위해 음악 장르 활용

【미각】
- 특유의 풍미로 만족감 형성
- 브랜드에 대한 강력한 충성도 구축
- 행복감 및 삶의 질 향상

【후각】
- 특유의 향기로 향수 유발
- 풋트래픽(foot trafic)을 늘리기 위한 향기 활용

【촉각】
- 제품 판매 확률 제고
- 무게와 감촉으로 품질에 대한 인식 형성
- 사교적 접촉으로 감정 공유

(출처: Kotler, Kartajaya and Setiawan, 2024, 214의 내용을 재구성함)

② 둘째, 공간 마케팅(Spatial Marketing)

공간이란 디지털 콘텐츠와의 상호작용을 통해 현실 세계를 증강하여 온라인과 오프라인 경험을 통합한 공간으로 기계와 상호작용 하는 공간 컴퓨팅(spatial computing)을 기반으로 한다. 예를 들면, 소매 경험에 공간 컴퓨팅을 적용하면, 매장에 들어서는 고객은 다양한 센서에 감지되고, 그 즉시 고객의 스마트폰에 인 앱 (In-app) 알림이 전달된다. 안면인식 카메라가 고객의 인구통계학적 프로필을 확인한 후 곧이어 LED 전광판에 불이 들어오고, 그날의 프로모션을 맞춤 추천받는 체험을 한다. 이처럼 디지털 환경에서 공간 마케팅의 핵심은 대면 경험에서 마케터가 행했

던 이런 상황 인식 능력을 어떻게 모방하여 자동화할 것인가에 달려있다. 이를 실현하기 위해서는 구체적으로 근접 마케팅, 맥락 마케팅, 증강 마케팅의 통합이 필요하다. 근접 마케팅을 통해 마케터는 물리적 위치에 있는 고객의 존재를 식별하고, 맥락 마케팅을 펼쳐 적절한 시점과 위치에서 적합한 콘텐츠를 전달하고, 증강 마케팅을 통해 가상 요소를 통합하여 실제 경험을 향상함으로써 전반적인 고객 경험을 더 매력적이고 몰입감 있게 만들 수 있다.

③ 셋째, 메타버스 마케팅(Metaverse Marketing)
메타버스는 특히나 브랜드의 미래 고객, 즉 Z세대와 알파 세대를 매혹할 만한 플랫폼이다. 이 세대는 메타버스를 재미있는 놀이 문화를 넘어 타인과의 관계를 돈독히 하는 소셜의 기능과 몰입형 전자상거래를 경험할 매체, 또한 창작자가 디지털 창작물로 수익을 창출하는 플랫폼 등으로 인식하고 있다. 따라서 조직(브랜드)은 미래 고객의 요구를 파악하여 메타버스 내에서 어떠한 방식으로 최적의 경험을 제공할 것인지를 고민해야 한다.

4.3.2 소셜 미디어 마케팅

소셜 미디어 마케팅(Social Media Marketing)은 이용자와 양방향 대화가 가능한 웹 기반의 소셜 미디어 플랫폼을 활용하는 마케팅 전략이다. 학교도서관의 소셜 미디어는 학교의 대중적 얼굴(public face)의 일부로 지역사회의 학교에 대한 긍정적인 인식을 구축하고 공동체를 구축하는 데 도움이 된다(National Library of New Zealand, 2025. 04. 29.). 또한, 아동과 청소년을 위한 최신 출판 정보나 도서를 소개하고, 책 리뷰, 장르별 인기도서 및 장서 공유, 독서 포스터 게시 등을 통해 학생의 독서를 장려하는 새로운 방법을 제공할 수 있다. 그리고 소셜 미디어를 활용하여 도서관에서 진행 중인 프로그램을 홍보하고, 이벤트 및 정보(도서관 이용 시간, 휴일 이벤트, 도서관 모임 정보, 기타 이용자 정보 등)를 공유할 수 있다. 아울러 학생이 작성한 서평이나 동아리 모임 등을 공유함으로써 학생의 혁신과 의견을 장려하는 공간으로 활용할 수 있고, 도서관에서 일어나고 있는 일(예: 도서 검열)이나 도서관에서 배우는 내용을 도서관을 떠난 후에도 계속해서 토론(대화)할 수 있도록 돕는다. 특히, 같은 관심사를 가진 다양한 분야 이용자와 네트워크를 구축하여 도서관 운영에 필요한 영감과 지원을 받을 수 있다(Alexandria, 2019). 소셜 미디어 마케팅은 다음 [그림 2-8]에서 보는 바와 같이 '목적과 목표 명료화, 이용자 분석, 경쟁 조직(기관) 성과평가, 소셜 존재감 강화, 콘텐츠 개발 요소 확인 및 콘텐츠 개발 그리고 성과 측정 및 개선'의 순으로 설계한다.

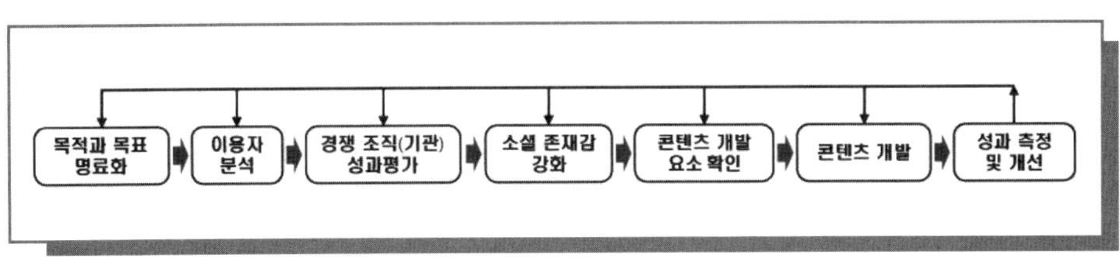

[그림 2-8] 소셜 미디어 마케팅 절차

각 단계별로 마케팅에 소셜 미디어를 활용하기 위한 전략은 다음과 같다(Newberry and Wood, 2025).

① 소셜 미디어를 통해 달성하고자 하는 도서관의 목표나 목적을 명확하게 정한다.
② 연령, 거주지, 관심사 등 이용자를 깊이 분석한다.
③ 경쟁 조직(기관)의 성과를 평가한다. 이를 통해 소셜 미디어를 활용하고 있는 학교도서관 경쟁 조직과 기관은 누구인지, 그들이 어떤 플랫폼을 활용하고 있으며, 잘하고 있는 것은 무엇인지 그리고 이용자가 제대로 서비스받지 못하는 소셜 미디어 플랫폼은 무엇인지 파악할 수 있다.
④ 소셜 존재감(Social Presence)을 강화한다. 소셜 존재감을 강화하는 방법은 현재 성과 검토하기, 가시성과 참여를 위해 프로필 최적화하기, 사기 계정(impostor accounts) 찾기 등이다. 현재 성과 검토하기는 어떤 플랫폼이 가장 많은 참여를 유도하고, 이용자가 가장 공감하는 콘텐츠는 무엇인지 확인하고, 이를 바탕으로 이용자가 가장 활동을 많이 하는 플랫폼으로 이동하거나 콘텐츠를 변경하는 것이다. 가시성과 참여를 위해 프로필을 최적화하기 위해서는 플로필 이미지(profile images)와 연락처 정보의 최신성을 유지하고, 키워드를 통해 설명을 검색할 수 있도록 검색 가시성을 개선해야 한다. 아울러 플랫폼 전반에 걸쳐 일관된 브랜드 정체성을 유지함으로써 잠재 이용자가 쉽게 브랜드를 찾고 신뢰를 형성할 수 있도록 한다. 사기 계정 찾기란 도서관 브랜드를 사용하고 있는 모방 계정을 찾아 조치함으로써 이용자의 신뢰를 높이는 활동이다. 도서관 브랜드 사칭을 예방하기 위해서는 플랫폼 인증을 받아야 한다. 도서관을 위한 소셜 미디어 플랫폼은 이용자가 사용하는 소셜 미디어 플랫폼과 용도에 따라 결정한다. 특히, 여러 플랫폼을 사용하면 여러 이용자 집단과 다양한 방식으로 소통할 수 있다. 예를 들면, 플랫폼 1(예: Facebook)을 사용하여 직원, 학부모 및 가족과 소통하고, 다른 플랫폼 2(예: Instagram)를 사용하여 학생 소통할 수 있다.
⑤ 콘텐츠 개발에 필요한 영감을 찾는다. 이를 위해서는 수상 경력이 있는 계정, 소셜 미디어에서 이용자가 팔로우하고 콘텐츠를 공유하도록 하는 요소 등을 확인할 필요가 있다. 또한, 기존 소셜 미디어 채널이 있는 경우 팔로워에게 무엇을 원하는지 물어볼 수 있다.
⑥ 매력적인 콘텐츠를 만든다. 우선, 콘텐츠 믹스 계획을 통해 다양한 유형의 콘텐츠를 균형 있게 조정하여 이용자의 참여를 유지한다. 콘텐츠 균형을 위한 믹스는 이용자에게 전달할 교육, 정보, 오락적 요소와 스토리 공유를 통한 참여 그리고 성공 사례 홍보 등을 혼합하는 것이다. 콘텐츠는 80~20 규칙을 적용하여 80%는 정보제공, 교육, 오락적 내용을 20%는 브랜드를 직접 홍보하는 내용을 담는 것이 바람직하다. 콘텐츠를 만들고 소셜 미디어 채널을 업데이트하는 데는 시간이 걸린다. 따라서 신속하게 콘텐츠로 전환할 수 있는 자료 은행(bank of materials)이나 콘텐츠 툴 박스(content toolbox)을 만들 필요가 있다.

자료 은행의 예

① 책 표지 사진 (예: 도서관의 새로운 소식, 비슷한 스타일의 책, 특정 작가의 책)
② 학생 의견 (예: 도서관 이용자의 한 줄짜리 글 예: 추천 도서나 도서관을 좋아하는 이유)
③ 인기 소설의 짧은 인용문, 비소설의 흥미로운 내용
④ 도서관 공간의 사진이나 짧은 영상(예: 독서, 공부 또는 사교를 위한 좋은 장소)
⑤ 다른 도서관의 게시물

매력적인 콘텐츠를 만들기 위해서는 콘텐츠 일관성을 유지하기 위한 콘텐츠 달력 만들기도 필요하다. 콘텐츠 달력을 사용하여 주제 및 형식(비디오, 인포그래픽, 회전형 배너 등), 각 플랫폼에 대한 게시 빈도, 도서관계 이벤트 또는 프로그램 운영일 및 캠페인 등을 계획할 수 있다. 특히, 게시 빈도의 경우 너무 자주 게시하면 이용자를 짜증 나게 할 위험이 있고, 너무 적게 게시하면 팔로우할 가치가 없는 것처럼 보일 위험이 있다. 따라서 인스타그램 주 3~7회, 페이스북 주 1~2회, 트위터 주 1~5회 정도의 권장 빈도에 맞추어 콘텐츠의 주제, 형식 그리고 게시 날짜를 콘텐츠 달력에 적어두는 것이 좋다. 매력적인 콘텐츠는 이용자 참여를 위한 최적화 방안을 담고 있어야 한다. 소셜 미디어는 단순히 게시하는 것이 아니라 이용자와 대화하고 의미 있는 관계를 형성하는 도구이기 때문이다. 이용자 참여(응답)를 장려하기 위해서는 콘텐츠에 응답을 장려하는 강력한 캡션(caption), 검색 가능성을 높이는 트렌드 해시태그, 투표, Q&A, 사용자 생성 콘텐츠와 같은 대화형 요소를 담을 필요가 있다. 또한, 메시지를 전달하는 것 보다 참여를 유도하는 콘텐츠를 만들거나 공유, 댓글을 장려하면 메시지의 도달 범위를 확장하는 데 도움이 된다.

⑦ 성과를 측정하고 개선한다. 소셜 미디어 마케팅 전략은 고정된 것이 아니다. 진행 상황을 문서화하고 개선하는 것이 중요하다. 성과측정을 위해 각 소셜 네트워크 내 분석 외에도 UTM(Urchin Tracking Module) 매개변수를 사용하여 어떤 소셜 미디어 게시물이 웹사이트로 트래픽을 유도하는지 정확히 확인할 수 있다. 또한, 경쟁 기관(조직)과 비교하거나 벤치마킹을 통해 성과를 평가할 수 있다. 팔로워, 이용자 증가율, 참여율, 클릭, 공유 등과 같은 데이터가 입수되면 소셜 미디어 마케팅 계획을 실시간으로 개선할 수 있다. 소셜 미디어의 성과를 일주일에 한 번 이상 확인하고 도서관과 이용자의 성장을 추적할 필요가 있다.

소셜 미디어 마케팅에서 고려할 점은 온라인 안전 및 개인 정보 보호 정책을 마련하는 것이다. 우선, 도서관의 소셜 미디어 계정을 개인 계정과 분리할 필요가 있다. 이를 통해 사생활을 비공개로 유지하고 일과 삶의 균형을 유지할 수 있으며, 사서교사가 바뀌어도 도서관의 소셜 미디어 계정을 계속 사용할 수 있다. 또한, 도서관의 소셜 미디어 계정에 접근이 가능한 사람을 위한 사용자 지침을 만들어야 한다. 사용자 지침은 학교의 소셜 미디어에 대한 전체 정책에 대한 링크, 계정 사용자와 학생 및 직원의 개인정보 보호 방법, 계정 사용자 자격 증명 및 사용자 변경을 포함한 기타 보안 정보, 다른 사람이 만들거나 보여주는 콘텐츠 사용(예: 학생 사진을 공유하거나 작업을 보여줄 수 있는 권한이 있는지 확인, 저작권으로 보호되는 자료의 윤리적 재사용 또는 공유, 도서관의 소셜 미디어 채널에 적합한 콘텐츠와 적합하지 않은 콘텐츠)에 대한 내용을 포함한다. 이 밖에

도 소셜 미디어 마케팅에서 개인정보를 보호하기 위해서 사서교사의 프로필 사진 대신 비트모지 캐릭터(Bitmoji Characters)를 사용하고, 이모티콘을 사용하여 도서관 이용자의 얼굴을 가리는 것이 좋다.

4.4 마케팅 계획

학교도서관 마케팅 계획은 도서관이 이용자와 강력한 관계를 형성하기 위한 방안을 마련하는 것으로 이용자의 요구를 언제 어떻게 도서관 운영에 반영하고, 그 결과를 어떻게 평가하고 공유할 것인가를 설계하는 것이다. 따라서 마케팅 계획은 다음 [그림 2-9]와 같이 도서관 환경 분석-이용자 분석-전략 수립-커뮤니케이션-평가 및 결과 공유 순으로 수립할 수 있으며 각 단계와 평가 결과는 서로 환류된다.

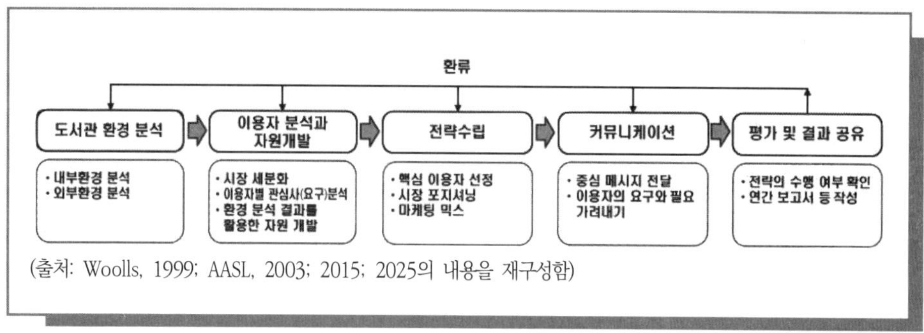

(출처: Woolls, 1999; AASL, 2003; 2015; 2025의 내용을 재구성함)

[그림 2-9] 마케팅 계획수립 절차

① 환경 분석
환경 분석은 학교도서관의 내외적 환경 평가를 바탕으로 비전과 사명 그리고 목적을 수립하는 활동이다. 내부환경 분석 대상은 장서, 직원, 시설, 설비, 예산 등이며, 외부환경은 정치, 경제, 사회 및 기술환경을 분석한다.

② 이용자 분석과 자원 개발
이용자 분석은 시장 세분화(market segmentation)를 통해 이루어지며, 환경 분석 결과를 토대로 구체적인 이용자 요구와 흥미를 가려내는 것이다. 이 과정에서 다른 학교나 공공도서관이 서비스 대상으로 삼고 있지 않은 틈새시장(niche market)을 발견할 수도 있다. 시장 세분화를 위한 전통적인 방법은 지리적 특성(거주지역, 관심 영역, 현재 위치)을 기준으로 하는 방법, 인구통계학적 특성(연령, 성별, 직업, 생활양식, 소득 등)에 따라 세분하는 하향식 방법이다. 그리고 시장을 쪼개지 않고 고객을 대상으로 실시한 설문 조사 결과를 바탕으로 선호도와 성향이 비슷한 고객을 하나의 집단으로 묶는 상향식 방법을 활용할 수 있다. 상향식 방법은 심리적 세분화와 행동적 세분화로 나눌 수 있다. 심리적 세분

화는 고객이 가진 관심과 동기뿐만 아니라 의사결정의 원동력이 되는 개인의 신념, 가치 및 태도에 따라서도 분류한다(예: 품질을 중시한다. 비용에 민감하다). 행동적 세분화는 고객이 과거에 실제로 했던 행동(구매 경로, 이용하는 미디어, 제품과 서비스 용도 등)을 분류 기준으로 삼는다. 따라서 첫 구매 고객, 충성 고객과 같이 보다 정확하게 고객의 충성도와 상호작용 수준을 파악할 수 있다. 실행 가능한 마케팅은 심리적, 행동적 세분화를 통해서 고객을 유의미한 그룹으로 묶은 뒤 지리적, 인구통계학적 특징을 추가하는 것이다(Kotler, Kartajaya and Setiawan, 2021, 242-244). 이용자 분석 결과를 토대로 이용자의 개인적 관심사와 학교도서관에 대한 요구를 확인할 수 있다. 학교도서관 주요 이용자별 요구(관심사)의 예를 살펴보면 다음과 같다(AASL, 2025).

【학생】
- 좋은 성적 받기
- 학업 스트레스
- 진학 및 진로
- 교우관계
- 안전한 장소/피난처

【교사】
- 업무 과중
- 시간 부족
- 학부모의 우려, 갈등
- 학생의 성공, 생활지도
- 교수법 차별화

【관리자】
- 학생의 성공
- 학부모의 행복
- 좋은 학교 만들기
- 예산

【학부모】
- 자녀 안전
- 자녀 건강
- 과제 알고 해결 돕기
- 진학, 진로 대비
- 자녀의 성공

【지역사회 구성원】
- 학교 이미지
- 지역개발
- 일자리

이용자 요구사항을 환경 분석 결과와 연계하면 요구 충족을 위해서 필요한 자원을 개발한다. 또한, 필요한 경우 현재 운영 중인 프로그램을 핵심 이용자의 우선 요구사항에 맞추어 조정한다. 이 과정에서 중요한 것은 이용자를 학교도서관에 맞추는 것이 아니라 이용자의 요구에 맞게 자원을 개발하고 프로그램을 조정하려는 노력이다.

③ 전략 수립

전략 수립은 학교도서관의 비전, 목적, 성과, 서비스를 발전시키기 위한 활동이다. 전략 수립은 도서관 환경 분석과 시장 세분화 결과를 바탕으로 핵심 이용자(target audiences)

선정, 시장 포지셔닝(market positioning), 마케팅 믹스(marketing mix)를 포함한다. 학교도서관의 자원을 집중할 핵심 이용자는 도서관 프로그램과 서비스 역량에 따라 그 범위가 달라질 수 있다. 학교도서관 핵심 이용자 범위에는 학생, 교사, 직원, 학부모, 지역사회 구성원 등이 있다.

시장 포지셔닝은 이용자의 요구를 근거로 차별적인 서비스를 개발하여 이용자가 서비스의 가치를 정확하게 인식하도록 알려주는 것이다. 시장 포지셔닝 방법에는 이용자가 중요하게 생각하는 도서관 서비스의 차별적인 가치를 강조하는 제품 중심 포지셔닝, 서비스가 핵심 이용자에게 적절하다는 것을 알리는 고객 중심 포지셔닝, 경쟁 기관(조직)의 서비스와의 차별성을 강조하는 경쟁사 중심 포지셔닝 그리고 서비스가 제공되는 상황과 효과를 다른 서비스와 연계시키는 상황 중심 포지셔닝 등이 있다.

마케팅 믹스는 마케팅 목표를 효과적으로 달성하기 위한 실행 전략으로 일정한 환경과 시점에서 여러 가지 마케팅 수단을 조직 경영자가 적절하게 결합하여 사용한다. 도서관과 같은 비영리 서비스 기관이 사용하는 마케팅 믹스의 전략 요소는 7Ps다. 7Ps는 우선 도서관이 제공하는 서비스나 기능, 브랜드에 해당하는 제품(Product), 서비스를 이용하는 데 이용자가 부담하는 가격(Price), 서비스를 이용하는 물리적 또는 가상공간과 유통을 의미하는 장소(Place), 이용자의 서비스 참여를 끌어내기 위한 촉진(Promotion) 등 4Ps를 포함한다. 그리고 서비스가 제공되는 도서관의 내부 장식, 컨셉과 이용자와 도서관이 상호작용하면서 만들어 내는 물리적 환경(Physical evidence), 서비스가 생산되어 이용자에게 전달되기까지의 과정(Process), 이용자에게 서비스가 전달되는 과정에 참여하는 인적요소(People) 등 3Ps를 포함한다. 이 중 4Ps는 조직과 이용자 간 상호작용의 초기 단계에서 인지도와 관심을 쌓는 데 유용하다.

정보통신기술의 융합과 지능화가 이루어지면서 제품을 소비자에게 전달하기 위한 전통적인 4Ps 마케팅 믹스는 4Cs 마케팅 믹스로 변화하고 있다. 우선, 공동 창조(Co-creation)는 신제품이나 서비스 구상 단계부터 이용자를 참여시켜 제품과 서비스의 맞춤화와 개인화를 통해서 가치 제안의 성공 확률을 높이는 전략이다. 통화(Currency)는 제품 가격 책정이 표준화 방식에서 시장 수요와 소비자 성향과 관련된 다양한 데이터 분석을 통해서 고객별로 유연하게 맞춤 가격을 책정하는 것이다. 공동체 활성화(Communal Activation)는 초연결 사회에서 고객은 실시간으로 제품을 구매하기를 원하는 데 이러한 요구는 가까이에 있는 개인에 의해서만 충족될 수 있다. 따라서 기계 대 기계의 연결성을 인간 대 인간의 접촉으로 보완하는 공동체 활성화 마케팅 전략이 필요하다는 것이다. 대화(Conversation)는 소셜 미디어의 확산으로 고객이 조직의 메시지에 대응할 수 있을 뿐만 아니라 다른 고객과도 대화할 수 있게 됨으로써 자신이 접하는 제품과 서비스에 대해 평가할 수 있다는 것이다. 결국, 4Cs는 조직과 이용자 간 밀접한 연계를 통해서 조직의 지속 가능하고 안정적인 발전을 추구하기 위한 경영 전략이라고 할 수 있다. 왜냐하면, 4Cs는 조직과 이용자의 상호작용이 프로그램과 서비스 개발과 이용 전 과정에 걸쳐서 진행됨으로써 이용자의 참여 확대와 조직의 투명성을 높일 수 있기 때문이다. 디지털에 기반을 둔 4Cs는 조직과 고객이 상호작용에 진전을 보이고, 더 친밀한 관계를 맺고자 할 때 유용하다.

④ 커뮤니케이션

사서교사가 제공하는 서비스와 프로그램을 촉진하기 위하여 중심 메시지(key message)를 전달하고, 이용자의 요구와 필요를 가려내기 위한 전략을 의미한다. 효과적인 커뮤니케이션 전략은 학교도서관이 변화하고 역동적인 장소이며, 학생의 성취도를 높이고 미래 사회에 대응하는 정보 이용자를 길러낼 수 있는 곳임을 보여줄 수 있어야 한다. 학교도서관 옹호를 위한 이용자별 커뮤니케이션 전략은 다음과 같다(AASL, 2015, 13-15).

【학생】

- 학생 대상 도서관 프로그램 개발과 홍보를 조언하고 지원하는 학생 자문 그룹을 운영한다.
- 학생 대표 1~2명을 학교도서관 자문 그룹에 참여시킨다.

【교사】

- 한 학기에 한 번 이상 모든 교사에게 연락한다.
- 교사와 함께 다양한 교내 위원회에 참여한다.
- 동료 교사로 인정받을 수 있도록 학생 활동 심사나 지도에 참여한다.
- 학교 교육계획에 맞추어 교사에게 적시에 도움을 줄 수 있는 협업 아이디어와 자원을 준비한다.
- 교사 개인을 위한 공간, 공유와 협업 그리고 연구 공간을 제공한다.
- 교사의 전문성 향상에 도움을 주는 장서를 개발한다.
- 교사를 위해 소프트웨어 프로그램 교육, 데이터베이스 탐색 방법 그리고 학술 기사 등을 제공한다.
- 교사의 관심사항을 해결하는 데 도움이 되는 자원을 제공한다.
- 도서관 운영과 관련한 피드백과 제안을 수용한다.
- 학습 환경 개선을 위한 파트너가 되는 것을 환영한다.

【관리자】

- 사사교사나 도서관을 옹호지 않고, 이용자를 옹호한다(학교장의 도서관 지원이 학생과 교사에게 좋은 변화를 가져온다는 점을 분명히 한다.)
- 학교도서관이 학교의 사명을 달성하기 위해 존재한다는 점을 분명히 한다.
- 관리자의 우선순위와 관심사항이 학교도서관의 관심 사항임을 알린다.
- 학교 교육과정에 도서관 프로그램을 포함한다.
- 정기적으로 공식적인 보고를 한다.
- 지지 의사는 공개적으로 표현하고, 의견 차이는 사적으로 전달한다.
- 불평하지 않는다.

【학부모(보호자)】
- 학무모위원회를 방문하여 도서관 프로그램을 알리고 초대한다.
- 도서관 행사에 학부모 도서관 견학 시간을 마련하고 환영 모임을 갖는다.
- 자녀의 특별한 학교도서관 경험을 담은 자료를 공유한다.
- 에듀테크 설명회를 열고 정책을 설명한다.
- 프로그램과 디지털 도구를 활용해 가족이 참여하는 활동을 마련하고 가족 단위 활동을 후원한다.
- 학무모 대상 직업, 취미, 문화, 예술 프로그램을 제공하고 학부모를 강사나 발표자로 섭외한다.
- 장서와 프로그램을 위한 기금을 조성한다.
- 학부모와 함께 학교도서관 친구 그룹(Friends of the School Library Group)을 시작한다.

【지역사회 구성원】
- 공공도서관 사서와 연락한다.
- 공공도서관 사서와 함께 프로젝트 학습자료 제공에 필요한 과제 알림 양식을 개발한다.
- 아동 청소년 프로그램을 함께 개발한다.
- 학생의 공공도서관 회원 가입을 돕는다.
- 박물관 등 유관기관이 주최하는 전시회 관련 프로젝트나 도서관 프로그램을 개발한다.
- 공무원, 기업가 등 지역주민을 수업을 위한 도서관 자원(사람책)으로 활용한다.
- 지역의 기관(기업)을 활용하여 지역 문제를 해결하는 탐구학습을 지원한다.
- 학교도서관의 역할 변화를 지역 언론이나 지역 단체에 알린다.
- 도서관 기금 모금에 지역 서비스 단체의 협조를 구하거나 자원봉사자 참여를 요청한다.
- 지역 기업에 분실 자료의 대체나 장서 확충을 위한 후원을 요청한다.

⑤ 평가 및 결과 공유

평가란 마케팅의 목적에 부합하는 성과 기준을 설정하여 실제 성과 측정 결과와 비교하는 지속적인 개선 노력을 의미한다. 평가에서는 분명한 목표가 평가 기준이 되며, 각 전략이 수행되거나 수행되지 않은 이유를 검토한다. 그리고 계획수립과 시행 과정에서의 장단점을 분석하여 다음 계획에 반영한다.

평가에서 중요한 것은 학교도서관과 교육의 연계성을 증명하는 것이다. 특히, 학생의 학업 성취도, 독서, 리터러시에 끼친 긍정적인 양적 질적 데이터를 수집하고 공유함으로써 이해 당사자의 옹호를 끌어내고 지속성장에 필요한 안정적인 예산을 확보할 수 있다. 학교도서관 운영 결과를 공유할 수 있는 좋은 방법은 연간 보고서를 작성하는 것이다. 학교도서관 마케팅의 성공을 증명하는 데 활용할 수 있는 자료는 다음과 같다.

- 수상
- 감사 편지
- 이용자 의견
- 인터뷰
- 설문 조사
- 언론에 실린 기사

- 학교도서관 이용 스토리, 일화
- 들리는 이야기(입소문, 평판)에 대한 반응
- 학교도서관 활용을 통한 학업성취도 변화 통계
- 이용자 수(대출자수, 웹 사이트 방문자수, 프로그램 참가자수)

마케팅 계획은 학교도서관이 개발하는 개별 프로그램에 적용할 수 있다. 예를 들면, 환경 분석은 프로그램의 운영 배경에 적용할 수 있고, 이용자 분석 및 마케팅 전략 수립의 내용은 프로그램 운영 목적과 운영 방법 그리고 행사 홍보에 반영할 수 있다. 그리고 마케팅 평가 계획은 프로그램의 평가 방법에 활용할 수 있다. 마케팅 계획을 적용한 학교도서관 프로그램 설계 사례를 살펴보면 다음과 같다.

〈표 2-19〉 마케팅 계획을 적용한 중학교도서관 프로그램(예)

구분	운영 내용	비고
프로그램명	나를 찾는 글쓰기	
운영 배경	•농촌 지역으로 다양한 교육 문화 시설이 부족함 •도서관 자료 부족과 시설 노후화로 이용률이 낮음 •자아 존중감이 낮음 •독서와 글쓰기 등 기초학습능력이 부족함 •정문 가까이에 교육청 소속 ○○공공도서관이 위치함 •사서교사의 독서 동아리 운영에 대한 교사와 학생 요구	•학생 실태 분석 자료 활용 •학습능력 및 학습태도 분석 자료 활용
운영 목적	① 자아정체성을 향상한다. ② 또래 관계를 형성한다. ③ 독서태도와 글쓰기 능력을 신장한다.	•참가자 관점
운영 방법	•독서와 자아성찰을 위한 글쓰기 접목 •공공도서관의 그림책 등 자료와 독서프로그램 연계 •운영 장소: 학교도서관 열람실 및 ○○도서관 소회의실 •운영 시간: 1학기 동아리 활동 시간을 활용한 9차시 운영 •참가가 모집 및 인원 - 14명을 선착순으로 모집하고, 희망 인원이 많으면 운영 횟수를 늘림 •독서와 자아성찰을 위한 글쓰기 접목 •공공도서관의 그림책 등 자료와 독서프로그램 연계 •운영 방법 - 도서반을 독서동아리로 운영함 - 차시별로 중학생의 문제 상황과 관련된 그림책, 동화책을 읽고, 글쓰기 노트를 작성함 - 공공도서관의 그림책 등 자료와 독서 프로그램을 연계함 - 모둠 활동을 통해 친구의 글에 댓글을 달아주고, 희망하는 학생은 작가석에 앉아 발표함 - 학생의 노트를 모아 문집으로 제작하여 도서관에 비치함 - 학부모를 초청하여 출판 기념회를 개최함 •운영 비용: 작가와의 대화 다과비, 문집 제작비는 ○○도서관에서 부담하고, 협의회비와 자료구입비는 학교도서관에서 부담함	•[붙임 1] 차시별 운영계획

구분	운영 내용	비고
홍보	•가정통신문 발송 •학교(도서관) 및 ○○도서관 홈페이지 게시 •학교와 공공도서관에 홍보 현수막 게시 •행사 안내 및 운영 결과 지역 신문 기사 제공	
평가	•검사지를 활용한 자아 존중감 변화 측정 •사서교사, ○○도서관 담당 사서의 평가회 운영	
기대효과	•학교도서관 공공도서관 연계를 통한 도서관 이용 활성화 •도서관의 교육적 역할에 대한 인식 개선 •학생의 요구에 맞는 도서관 자료 및 시설 확충	※ 사서교사 관점

[붙임 1]: 차시별 운영계획

차시	활동 주제	활동 내용		비고
		사전 활동	독서 활동	
1	글쓰기 활동 이해	▪도서관 소개 및 이용방법 안내 ▪모둠 구성 및 이름 정하기	▪글쓰기의 핵심목표 소개 - 인성, 재능 발견, 관계 맺음 용어 정리 및 이해 ▪자기소개 - 소개내용, 목소리 크기, 발표 자세 지도 및 발표 ▪독서의 역할 이해하기 - 인간다운 것, 내가 누구인지, 나는 무엇을 할 수 있는지 등 생각해 보기	
2	내 얼굴 표현하기	▪1차시 활동 복습 - 글쓰기 핵심목표, 독서의 역할 등	▪쉬운 글쓰기 방법 소개 ▪자신의 얼굴 특징 생각해 보기 ▪생각한 내용을 글로 표현하기	
3	내 몸의 특징 표현하기	▪2차시 활동 복습 - 자신의 글 발표하기	▪사회적 재난에 대해 이야기하기 - 사고원인, 문제점, 우리의 자세 등 ▪"내 몸"에 대한 또래 친구들의 글 읽기 ※ 참고도서:『눈물은 내 친구』(중학생 글모음) ▪얼굴 특징에서 몸의 특징을 관찰하고 글로 표현해 보기	
4	경험과 이성 차이	▪3차시 활동 복습 - 자신의 글 발표하기	▪관련 글 함께 읽기 ※ 참고도서:『피자보다 맛있는 이야기 철학』 ▪대표인 물 알아보기 ▪자신의 생각 글쓰기	
5	신은 존재해야만 하는가?	▪4차시 활동 복습 - 자신의 글 발표하기	▪관련 글 함께 읽기 ※ 참고도서:『피자보다 맛있는 이야기 철학』 ▪종교의 종류, 자신의 종교 알아보기 ▪자신의 생각 글쓰기	
6	작가초청 강연회 /홍○○ 작가	▪"타임캡슐 1985" 읽어오기 (3주 전에 모둠별 배부)	▪특강 및 사인회, 기념촬영 등 ※ 출판사 협찬: 작가 섭외, 기념 도서 제공	공공 도서관
7	도서관 및 사서에 대하여	▪공공도서관 시설 둘러보기	▪도서관의 기능 및 역할 ▪사서의 역할 이해 및 체험 - 자료 분류, 도서 장비, 대출 서비스 ▪정보검색 방법	공공 도서관

8	진정한 성공이란?	■ 7차시 활동에 대한 느낀 점 이야기	■ 예시 글 읽기 ※ 참고도서:『부모가 읽으면 무릎을 치는 옛글』 ■ 성공에 대한 자신의 생각 이야기 ■ 나의 인생 목표 - 나이별 구체적, 실질적 목표	
9	종강식	■ 7차시 활동 점검 - 나의 인생 목표 이야기	■ 문집 글 읽기 - 잘된 글, 재미있는 글, 개성 있는 글 발췌해서 읽어보기 ■ 독서회 활동 되돌아보기 ■ 설문 작성 및 다과회	

학교도서관 운영의 실제

03

사서교사

1. 사서교사의 중요성과 자격
2. 사서교사 선발과 배치 기준
3. 사서교사의 자질과 역할
4. 사서교사 평가
5. 사서교사 연수와 발전 방향

03 사서교사

1. 사서교사의 중요성과 자격

1.1 사서교사의 의미와 중요성

조직을 구성하는 자원 중 가장 중요한 것이 바로 운영 인력이다. 왜냐하면, 인력은 경쟁우위를 창출하는 원동력이며, 장기적인 성공을 위한 가장 중요한 원천인 문화와 기술을 창출하고 관리하는 근본적인 주체이기 때문이다(황안숙, 2002, 17). 특히, 조직의 경영 환경 변화와 미래 불확실성에 능동적으로 대처하기 위해서는 새로운 지식과 가치를 창출할 수 있는 창의적이고 경쟁력 있는 사람이 중요하다.

『도서관법』(법률 제20834호)를 보면, 사서란 '법에서 정한 자격요건을 갖추고 도서관 또는 대통령령으로 정한 시설에서 근무하는 사람'이다. 『학교도서관진흥법』(법률 제18547호)에서는 사서교사를 '『초·중등교육법』 제21조에 따른 사서교사 자격증을 지니고 학교도서관의 업무를 담당하는 사람'이라고 정의하고 있다. IASL(1993)의 『학교도서관 정책 성명서』에서는 학교도서관에 두는 직원의 자격 조건을 사서임과 동시에 교사이어야 한다고 강조하고 있다. IFLA(2015)의 『학교도서관 가이드라인』에서는 사서교사가 교수자, 독서와 리터러시 개발, 도서관 관리, 교사와의 협동, 교육공동체 참여 등 리더십과 전문성을 발휘해야 하는 복잡한 역할을 수행하기 위해서는 공식적인 교육을 통해서 사서의 자격과 교사의 자격을 갖출 필요가 있다고 밝히고 있다. IFLA(2025) 『학교도서관 선언』에 따르면, 사서교사는 정보 전문가로서 학교도서관 프로그램을 계획, 관리하고, 학교공동체의 모든 구성원과 일하는 데 헌신하며 공공도서관 및 더 넓은 공동체의 다른 사람과 협력을 책임지는 전문 자격과 동기를 갖춘 직원이다. 그리고 사서교사는 관련 도서관 단체의 회원이어야 한다.

사서교사는 도서관과 정보의 효과적인 운영과 평생학습인 양성에 기여할 수 있는 프로그램을 통하여 학교공동체의 비전을 지원하고 수행하는 전문가이다. 교사 중에서 유일하게 교육과 사서직에 걸친 폭넓은 분야의 자격을 갖추어야 하는 이유는 교육과정 운영과 교수법이 도서관의 정보관리지식 및 기술과 결합하고 있기 때문이다(Australian School Library Association: ASLA, 2000). 사서를 양성하는 문헌정보학의 입장에서 사서교사는 도서관 자료와 교사, 학생을 중재하는 교육주제 전문 사서의 성격을 갖는다. 그리고 학교 교육 측면에서는 학교도서관 서비스를 교육과정에 통합함으로써 교육목표 달성에 기여하는 교사이다.

1990년대 초반부터 미국, 영국, 캐나다 등을 중심으로 이루어진 학교도서관 자원과 학업성취도 관련 연구 결과를 보면, 학교도서관의 주요 자원 중 학생의 성적에 가장 크게 영향을 끼치는 요인은 사서교사 등 직원과 예산인 것으로 나타났다(Gretes, 2013; Scholastic, 2016). 특히, 사서교사는 국가 표준 학업성취도는 물론 학생의 독해와 쓰기 등 기초 학습능력 향상에 기여한다(Lance and Kachel, 2018). 학교도서관은 기본적으로 교사와 학생이 도서관 자원을 활용해서 상호작용하는 교육환경이다. 학교도서관에서 학생은 독서하고, 도서 자료와 비도서 자료, 공학적 정보원을 활용한다. 그리고 평생학습능력과 정보활용능력을 신장할 목적으로 프로젝트나 보고서에 필요한 정보를 효과적이고 효율적이며, 윤리적으로 이용하고 평가하는 방법을 배운다. 학교도서관에서는 교과교사와 사서교사가 협동수업을 운영하고, 서로의 교수 기법 계발을 지원한다(AASL, 2010a). 따라서 학교도서관에 교원의 자격과 사서의 전문성을 갖춘 사서교사를 두어야 한다. 그리고 사서교사는 『학교도서관 가이드라인』(IFLA, 2015)과 『학교도서관 선언』(IFLA, 2025)에서 제시한 것처럼 학교도서관 업무 절차에 대한 교육을 받은 적절한 사무직원의 지원과 잘 훈련된 자원봉사자의 도움을 받는 것이 바람직하다.

1.2 사서교사의 자격과 양성

우리나라 사서교사 자격 제도는 1963년에 개정된 『교육공무원법』(법률 제1463호)의 교사 자격 기준(제3조)에서 사서교사 자격 기준을 '대학을 졸업한 자로서 재학 중 도서관학과를 전공하고 소정의 교직을 이수한 자 또는 중등학교 준교사 이상의 유자격자로서 소정의 사서교사 양성 강습을 받은 자'로 규정하고, 1964년부터 사서교사 자격증을 교부하기 시작하면서부터이다(김종성, 2000, 100). 현재 사서교사의 자격에 대한 법적 기준은 『초 · 중등교육법』(법률 제20862호) 제21조(교원의 자격)에서 정하고 있으며, 2004년에 개정된 『초·중등교육법』(법률 제7120호)에 의하여 1급과 2급으로 자격이 구분되었다.

사서교사가 되고자 하는 사람은 먼저 대학의 관련 학과에서 교육이론 및 교과교육 그리고 교육실습을 이수하여 자격증을 취득하여야 하는데, 사서교사나 실기교사(사서)의 자격은 무시험검정에 의하여 취득할 수 있다. 사서교사나 실기교사(사서)의 자격을 얻기 위해서 이수하여야 할 교직과정의 과목과 이수학점은 『초·중등교육법』 제21조에 따른 『교원자격검정령』(대통령령 제34925호) 제4조(자격증 표시과목) 및 『교원자격검정령시행규칙』 (교육부령 제353호) 제2조(자격증의 서식 및 표시과목) 그리고 『유치원 및 초등·중등·특수학교 등의 교사 자격 취득을 위한 세부 기준』 (교육부 고시 제2025-10호) 등에서 정하고 있다.

이 고시에 따르면, 사서교사(2급) 자격을 취득하기 위해서는 '전공과목 50학점 내에 따른 기본이수 과목(또는 분야) 중 21학점 이상(7과목 이상)을 반드시 포함하여 이수하여야 하며, 교육대학원에서 자격을 취득하고자 하는 경우 기본이수 과목은 14학점 이상(5과목 이상)' 이수하여야 한다(제4조 제③항). 그리고 '복수전공에 의하여 둘 이상의 교사자격을 취득하고자 하는 경우, 또는 이미 2급 이상의 교사자격을 소지한 자가 대학(교육대학원 포함)에 신·편입학하여 타 교사

자격을 취득하고자 하는 경우 교직과목을 면제할 수 있으며, 교육실습 중 학교 현장실습은 1학점당 2주(또는 80시간 이상) 이수'하여야 한다(제6조 제③항). 다만, '사서교사(2급) 자격을 취득하고자 하는 사람이 『도서관법』에 따른 사서 자격증(43조)을 소지하고, 『초·중등교육법』 제2조에 따른 학교, 『고등교육법』 제2조에 따른 학교, 『평생교육법』 제31조 제2항에 따른 학력 인정 평생교육시설, 『도서관법』 제2조에 따른 도서관 중 어느 하나에 해당하는 기관에서 취득하고자 하는 교사 자격증과 관련된 업무 경력이 1년 이상 있는 경우 교육실습을 면제' 받을 수 있다(제6조 제⑥항). 사서교사(2급) 자격 취득을 위한 교직과목의 세부 이수 기준에 따르면, 교직이론(12학점 이상), 교직소양(6학점 이상), 교직실습(4학점 이상)을 이수해야 한다. 실기교사(사서)의 자격을 취득하기 위해서는 교육학 개론과 실기교육 방법론 등 교직이론 4학점(2과목 이상)을 이수해야 한다(제6조 제①항 별표 2). 사서교사의 자격 종별에 따른 표시는 '사서교사(2급) School Librarian Teacher'이며, 관련 학과 또는 학부는 '문헌정보교육, 문헌정보학, 도서관학 및 관련되는 학부(전공 · 학과)' 이다. 그리고 기본이수 과목(분야)은 '분류학, 목록학, 도서관 전산화, 독서지도론, 정보검색, 정보봉사론, 학교도서관운영, 정보매체론' 이다(제4조 제②항 별표 3). 이상에서 살펴본 사서교사 자격 취득 및 양성에 관해 법령에서 정하고 있는 내용을 정리하면 다음 〈표 3-1〉과 같다.

〈표 3-1〉 사서교사 자격 취득 및 양성 기준(발췌)

「초 · 중등교육법」(법률 제20862호)

제21조 (교원의 자격)

② 교사는 정교사(1급·2급), 준교사, 전문상담교사(1급·2급), 사서교사(1급·2급), 실기교사, 보건교사(1급·2급) 및 영양교사(1급·2급)로 나누되, **별표 2의 자격 기준**에 해당하는 사람으로서 대통령령으로 정하는 바에 따라 교육부장관이 검정·수여하는 자격증을 받은 사람이어야 한다.

[별표 2] 교사자격 기준에 포함된 사서교사의 자격 기준(초·중등교육법 제21조 ②항 관련)

학교별 \ 자격	사서교사 (1급)	사서교사 (2급)
고등학교 중학교 초등학교 유아원	1. 사서교사(2급) 자격증을 가진 사람으로서 3년 이상의 사서교사 경력을 가지고 자격연수를 받은 사람 2. 사서교사(2급) 자격증을 가지고 교육대학원 또는 교육부장관이 지정하는 대학원의 교육과에서 사서 교육과정을 전공하고 석사학위를 받은 사람으로서 1년 이상의 사서교사 경력이 있는 사람	1. 대학·산업대학을 졸업한 사람으로서 재학 중 문헌정보학 또는 도서관학을 전공하고 일정한 교직과정을 마친 사람 2. 준교사 이상의 자격증을 가진 사람으로서 일정한 사서교사 양성 강습을 받은 사람 3. 교육대학원 또는 교육부장관이 지정하는 대학원의 교육과에서 사서 교육과정을 전공하고 석사학위를 받은 사람 4. 사범대학을 졸업한 사람으로서 재학 중 문헌정보학 또는 도서관학을 전공한 사람

「교원자격검정령」(대통령령 제34925호)

제4조(자격증표시과목)
① 중등학교 및 특수학교의 정교사 및 준교사와, 실기교사의 자격증에 표시할 담당과목은 교육부령으로 정한다.
③ 제1항에 따라 자격증에 표시할 담당과목은 재학 중 전공과목을 50학점 이상 이수한 자에 한한다. 다만, 특수학교 교사자격증을 받으려는 자가 이수하여야 하는 전공과목의 학점은 교육부령으로 정한다.

「교원자격검정령시행규칙」(교육부령 제353호)

제12조(전공과목 및 교직과목의 이수기준과 학점 등) ① 검정령 제4조 제3항과 별표 1 제1호 가목 및 마목에 따른 자격종별 전공과목 및 교직과목의 세부 이수 분야 및 이수학점은 별표 3과 같다. 다만, 교사자격 종별 · 표시과목별 기본이수 과목 및 교직과목의 과목별 이수학점은 교육부장관이 정한다.

**[별표 3] 자격 종별 전공과목 및 교직과목의 무시험검정 합격기준
(교원자격검정령시행규칙 제12조 제①항 관련)**

자격 종별	전공과목	교직과목
사서교사 (2급)	50학점 이상 - 직무관련 영역 50학점 이상 - 기본이수 과목 21학점(7과목) 이상 포함	22학점 이상 - 교직이론 및 교직소양 18학점 이상(교직소양 6학점 이상 포함) - 교육실습: 4학점 이상(교육봉사활동 2학점 이내 포함 가능)
실기교사	50학점 이상 - 교과내용영역 50학점 이상	4학점(2과목) 이상 - 교직이론

「유치원 및 초등·중등·특수학교 등의 교사자격 취득을 위한 세부기준」(교육부고시 제2025-10호)

제3조(전공과목 세부 이수기준) ①「교원자격검정령」 제4조 제3항부터 제5항 및 「교원자격검정령 시행규칙」 제12조 제1항에 따른 교사자격 종별 전공과목 세부 이수기준은 [별표 1]과 같이 한다.
제4조(기본이수과목의 이수) ① 기본이수 과목(또는 분야)은 동일한 교사자격을 취득하기 위하여 모든 교원양성기관에서 기본적으로 이수하여야 할 과목(또는 분야)이다.
② 교사의 자격 종별 · 표시과목별 기본이수 과목(또는 분야)은 [별표 3]과 같다.
③ 2급 교사자격을 취득하기 위해서는 전공과목 50학점 내에 [별표 3]에 따른 "기본이수 과목(또는 분야)" 중 21학점 이상(7과목 이상)을 반드시 포함하여 이수하여야 한다. 단, 교육대학원에서 교사자격을 취득하고자 하는 경우 기본이수 과목은 14학점 이상(5과목 이상)으로 한다.

…(중략)…

제6조(교직과목 세부 이수기준) ①「교원자격검정령 시행규칙」 제12조 제1항에 따른 교사자격 종별 교직과목 세부 이수기준은 [별표 2]와 같이 한다.

…(중략)…

⑥ "사서교사(2급)" 자격을 취득하고자 하는 사람이 「도서관법」 제6조에 따른 사서 자격증을 소지하고, 다음 각호의 어느 하나에 해당하는 기관에서 취득하고자 하는 교사 자격증과 관련된 업무 경력이 1년 이상 있는 경우 "교육실습"을 면제할 수 있다.
1.「초 · 중등교육법」제2조에 따른 학교
2.「고등교육법」제2조에 따른 학교
3.「평생교육법」제31조 제2항에 따른 학력인정 평생교육시설
4.「도서관법」제2조에 따른 도서관

…(중략)…

제9조(교육대학원에서의 부전공 자격표시) ①「교원자격검정령」 제4조 제4항 제2호에 따른 교육대학원에서의 현직교원(기간제 교사 제외)에 대한 부전공 표시과목 부여의 기준은 전공과목 30학점 이상으로 한다.
② 제1항에 따른 전공과목에는 기본이수과목을 14학점 이상(5과목 이상) 포함하여야 하며, 교과교육영역 6학점 이상(2과목 이상)을 포함하여야 한다.
③ 표시과목이 없는 사서교사, 보건교사, 영양교사, 전문상담교사, 특수학교(유치원)교사, 특수학교(초등)교사가 무시험검정 기준일 현재 임용된 교사자격 외에 별도로 중등학교 및 특수학교(중등) 교사자격을 소지한 경우에는 중등학교 및 특수학교(중등) 교사 자격증에 해당 전공에 승인된 표시과목을 부전공 과목으로 표시할 수 있다.

[별표 1] 전공과목의 세부 이수기준

❑ 주전공 및 복수전공에 의한 자격 취득

자격 종별	전공과목	교직과목
보건교사/ 영양교사/ **사서교사/** 전문상담 교사(2급)	◦ 50학점 이상 - 직무관련 영역 50학점 이상 - 기본이수 과목 21학점(7과목) 이상 포함 ※ 보건교사의 경우 복수전공에 의한 자격취득 불가	◦ 22학점 이상 - 교직이론 및 교직소양 18학점 이상(교직소양 4학점 이상 포함) - 교육실습: 4학점 이상(교육봉사활동 2학점 이내 포함 가능)
실기교사	◦ 50학점 이상 - 교과내용영역 50학점 이상 -기본이수 과목 6학점(2과목) 이상 포함 ※ 복수전공 불가	◦ 4학점(2과목) 이상 - 교직이론

[별표 2] 교직과목의 세부 이수기준

구분	최저이수기준		
	정교사(2급) 및 교사(2급)	준교사	실기교사
교직이론	◦ 12학점 이상(6과목 이상) -교육학개론 -교육철학 및 교육사 -교육과정 -교육평가 -교육방법 및 교육공학 -교육심리 -교육사회 -교육행정 및 교육경영 -생활지도 및 상담 -그 밖의 교직이론에 관한 과목	◦ 10학점 이상(5과목 이상) -교육학개론 -교육철학 및 교육사 -교육과정 -교육평가 -교육방법 및 교육공학 -교육심리 -교육사회 -교육행정 및 교육경영 -생활지도 및 상담 -그 밖의 교직이론에 관한 과목	◦ 4학점 이상 (2과목 이상) - 교육학개론 - 실기교육방법론
교직소양	◦ 6학점 이상 -특수교육학 개론(2학점 이상, 영재교육 영역 포함) -교직실무(1~2학점 이상) -학교폭력예방 및 학생의 이해 (2학점 이상) -디지털 교육(1~2학점 이상, 인공지능 교육 포함)		
교육실습	◦ 4학점 이상 -학교현장실습(2학점 이상) -교육봉사활동(2학점 이내 포함 가능)		
합계	총 22학점	총 10학점	총 4학점

※ 비고
- "학교폭력예방 및 학생의 이해"는 "생활지도 및 상담" 과목으로 대체하여 교직소양영역으로 인정가능하다. 다만, 이 경우 "생활지도와 상담" 과목의 교수요목에 학교폭력예방교육, 인성교육 등의 내용을 50%이상 반영하여야 한다.

[별표 3] 교사자격 종별 및 표시과목별 기본이수 과목(또는 분야)

4. 유치원 교사, 초등학교 교사, 그 밖의 교사

자격 종별	관련 학과 또는 학부	기본이수 과목 또는 분야	비고
사서교사(2급) School Librarian Teacher	문헌정보교육, 문헌정보학, 도서관학 및 관련되는 학부(전공·학과)	분류학, 목록학, 도서관전산화, 독서지도론, 정보검색, 정보봉사론, 학교도서관운영, 정보매체론	

5. 실기교사

계열	표시과목	대학의 관련학과	기본이수 영역 또는 문야	비고
기타계	사서 Librarian	도서관과	도서분류실습, 도서목록실습	

사서교사 자격 취득을 위한 기본이수 과목(분야) 개선 방안은 2009년에 마련되었다. 교육부에서는 교육환경 변화에 따라 우수한 역량을 갖춘 사서교사 양성과 재교육을 위한 수준별 표준 교육과정을 제안하면서(표 〈3-2〉 참조), 기존 기본이수 과목(분야)의 명칭을 일부 변경하고, '정보활용교육론과 장서관리론' 과목을 추가하였다(교육부, 공주대학교 산학협력단, 2020, 113).

〈표 3-2〉 교육부의 사서교사 역량 개발을 위한 표준 교육과정(안)

구분	표준 교육과정				
현행 기본이수 과목	기본이수 과목 개선안	내역	역량 수준별 교육과정		
			수준 1 (필수)	수준 2 (선택)	수준 3 (심화)
분류학	분류학	기존 유지	학부, 교직과정 교육대학원 공통필수	교육과 메타데이터	
목록학	목록학	기존 유지	학부, 교직과정 교육대학원 공통필수		
도서관 전산화	디지털도서관론	명칭 변경	학부, 교직과정 교육대학원 공통필수	온라인학습 (E-클래스) 운영론	데이터 사이언스
독서지도론	독서교육론	명칭 변경	학부, 교직과정 교육대학원 공통필수	독서 프로그램론(초등)	독서치료론(초등)
				독서 프로그램론(중등)	독서치료론(중등)
정보검색	정보검색	기존 유지	학부, 교직과정 교육대학원 공통필수	-	
정보봉사론	정보서비스론	명칭 변경	학부, 교직과정 교육대학원 공통필수	학교도서관 서비스디자인(초등)	
				학교도서관 서비스디자인(중등)	

구분	표준 교육과정				
현행 기본이수 과목	기본이수 과목 개선안	내역	역량 수준별 교육과정		
			수준 1 (필수)	수준 2 (선택)	수준 3 (심화)
학교도서관 운영	학교도서관 경영론	명칭 변경	학부, 교직과정 교육대학원 공통필수	도서관 마케팅	메이커 교육서비스론
정보매체론	정보매체와 교수법	명칭 변경	학부, 교직과정 교육대학원 공통필수	디지털 교수학습도구 2.0	
(신설)	정보활용교육론	과목 추가	학부, 교직과정 교육대학원 공통필수	도서관활용교육(초등) 도서관활용교육(중등)	
(신설)	장서관리론	과목 추가	학부, 교직과정 교육대학원 공통필수	아동·청소년자료론	콘텐츠 큐레이션

사서교사 양성과 관련한 주요 논란은 자격증 취득을 위한 양성기관 및 교직과정 운영대학 부족으로 현장 수요를 충족시킬 수 있는 충분한 인력 배출이 어렵다는 점이다. 이를 해결하기 위한 방안과 관련하여 국가도서관위원회는 『사서교사 양성 체제 방안 연구』(박주현 외, 2022)를 통해 문헌정보학과가 설치된 대학의 모집 단위 입학정원의 교직이수 비율을 2030년까지 10%에서 50%까지 확대하는 방안, 시도교육청의 필요에 따라 준교사 이상의 자격을 가진 사람을 대상으로 사서교사 양성 과정을 운영하는 방안을 제안했다. 또한, 시도교육청별로 필요한 사서교사 자격증 취득자를 확보할 수 있도록 사서교사 양성기관이 없는 지역의 사범대학에 문헌정보교육과를 신설하고, 공무직 사서 등이 사서교사 자격증을 취득할 수 있도록 지역 소재 대학의 교육대학원에 사서교육 전공을 신설하는 방안도 제시했다. 아울러 전문상담교사 양성 사례와 같이 3년 이상의 교육경력을 가지고 2급 이상의 교사 자격증을 가진 사람이 사서교사 자격증을 취득할 수 있도록 사서교사(1급) 자격 기준을 개정할 것을 제안하였다. 특히, 사서교사의 교육적 역할이 드러날 수 있도록 사서교사 자격 기준(『초·중등교육법』 제21조 ②항 관련)에 명시된 '사서교육과정'을 '문헌정보과정'으로 개정할 것을 제시했다. 또한, 초등교육과정에서도 독서교육과 학교도서관 활용이 중요한 점을 고려하여 교육대학 교육과정에 문헌정보학의 일부 과목을 개설하고, 예비 사서교사가 교육대학 내 일부 과목을 수강하고 학점을 이수하는 방안을 마련할 것을 제안했다.

이 보고서에 담긴 사서교사 양성 인원 증원 방안은 학령인구 감소에 따라 교원 양성 인원을 감축하고 있는 교육부 정책(교원양성기관역량진단)과 상충한다. 따라서 '학생 정서·행동 지원 및 위기학생 긴급 지원'을 명분으로 『초·중등교육법』(법률 제20787호)(제19조의2)를 개정해 전문상담교사 배치 기준을 개선한 것처럼 사서교사 배치를 확대해야 한다는 당위성을 개발하고 사회적 공감대를 끌어내는 것이 급선무이다. 그리고 국립 및 공립의 학교도서관에 두는 사서교사 및 실기교사의 총정원이 정해져 있는 제도적 한계(『학교도서관진흥법시행령』(대통령령 제33343호)를 먼저 해결해야 한다. 또한, 일정한 교육경력을 가진 교과교사에게 자격연수 후 사서교사(1급)

자격을 부여하는 방안은 학교 현장의 과원 교사를 사서교사로 전과할 수 있도록 함으로써 기존 사서교사 양성기관과 교직 이수를 통한 양성 인원 감축을 초래하고, 신규 임용 인원도 줄어드는 문제를 내포하고 있다. 『초·중등교육법』(제21조 ②항)의 사서교사 자격 기준의 '사서교육과정'을 '문헌정보과정'으로 개정하는 문제는 표시과목이 정해지지 않은 상황과 학교도서관활성화사업 이후 일반화된 학교도서관활용수업(교육)을 고려하여 '학교도서관 교육과정'으로 하는 것이 타당하다. 현장 경험이 있는 공무직 사서의 사서교사 자격증을 취득 기회를 주는 방안, 사서교사 양성과정을 초등과 중등으로 구분하는 방안 등은 사서직의 전문성 신장과 학교도서관이 제공하는 교육 서비스 질 향상을 위해서 필요하다. 나가서 사서교사 양성을 위한 학교도서관 교육과정을 특수교육처럼 유아·초등·중등으로 구분할 필요가 있다.

사서교사의 교수자 역할은 학교 교육과정을 지원하고 개선하는 학교도서관 교육의 메타 교육과정 속성에 기반을 두고 교과교사와의 역할 차별성을 확대하는 방향으로 전개되어야 한다. 차별성 부족은 학령인구 감소 추세와 맞물려 교과교사가 학교도서관을 업무 분장으로 담당하고 보조인력을 배치하는 현상을 심화시킬 수 있다. 따라서 학습자 중심의 맞춤형 교육에 맞추어 국가 수준의 교육과정 편성 운영 기준에 범교과 학습주제로 '학교도서관 교육'이나 '도서관 리터러시'를 포함하거나, 교수-학습 요소로 '학교도서관 활용교육'을 담는 방안이 현실적이다. 그리고 사서교사의 승진 문제는 21대 국회에서 강득구 의원이 대표 발의한 『초·중등교육법』 일부 개정안(의안번호 제21011914호)처럼 '교감의 자격 기준에 정교사와 보건교사뿐만 아니라 전문상담교사, 사서교사, 영양교사를 포함하여 교과교사와 비교과 교사의 불평등을 개선하는 방향'으로 처리할 수 있다.

2. 사서교사 선발과 배치 기준

2.1 사서교사 선발

사서교사의 자격 요건을 갖추고 국공립학교의 사서교사로 임용되기 되기 위해서는 『교육공무원법』 (법률 제20783호) 제11조(교사의 신규채용 등)와 『교육공무원임용령』(대통령령 제34930호) 제9조(교사의 신규채용) 그리고 제11조(공개 전형의 방법 등) 제③항에 따른 『교육공무원임용후보자선정경쟁시험규칙』(교육부령 제278호)에 의해 공개 경쟁시험에 합격하고 신체검사를 통과해야 한다. 그리고 사립학교의 사서교사는 『사립학교법』(법률 제20784호) 제52조의 2(학교의 장이 아닌 교원의 임용)에 의해 '학교 법인 및 법인인 사립학교 경영자가 설치·경영하는 경우에는 당해 학교의 장의 제청으로 이사회의 의결을 거쳐서 임용되며, 사립학교 경영자가 설치·경영하는 사립학교는 학교장의 제청에 의해 임용' 된다(제①항). 또한, 사립학교도 고등학교 이하 각급 학교 교원의 신규채용은 공개 전형에 의하게 되어있으며(제⑩항), 『사립학교법시행령』(대통령령 제34931호) 제21조(교사의 신규채용) 제①항에 의해 '공개 전형은 교원의 임면권자가 이를 실시' 하되, '해당 학교가 소재하는 교육감에게 그 전형을 위탁하여 실시' 할 수 있게 되어있다. 그리고 제②에서는 공개 전형에 응시할 수 있는 자격은 국·공립학교와 마찬가지로 『교육공무원임용령』 제11조의 3을 준용하도록 하고 있다.

『교육공무원임용후보자선정경쟁시험규칙』에 따르면, 교사임용후보자선정경쟁시험의 단계를 제1차 시험 및 제2차 시험으로 구분하고 있으며, 제1차 시험에 합격하지 못하면, 제2차 시험에 응시할 수 없다(제6조 제①항). 그리고 제1차 시험은 교육학과 기입형·서술형 및 논술형 필기시험으로, 제2차 시험은 교직 적성 심층 면접과 실기·실험을 포함한 수업능력을 평가한다(제7조 제①항). 필기시험은 교육학과 전공(교과 내용학과 교과 교육학)에 대한 종합적인 이해와 교직 수행 능력을 평가하되, 각각 채용 예정직에 상응하는 학력과 능력을 평가한다(제7조 제③항). 그리고 제2차 시험 중 교직 적성 심층 면접시험은 교사로서의 적성, 교직관(教職觀), 인격 및 소양을 평가하며(제7조 제⑤항), 시험실시기관은 교직 부적격자를 확인할 수 있는 평가 지표를 개발하여 활용해야 한다(제7조 제⑦항). 수업능력 평가는 모의 수업 등을 통해서 교사로서의 의사소통 능력과 학습지도 능력을 중점적으로 평가한다(제7조 제⑥항).

이 규칙에서 정하고 있는 시험 과목과 그 배점 비율은 시험실시기관이 정하고, 제1차 시험에 한국사 과목을 포함하여야 한다(제8조 제①항). 다만, 한국사 과목의 시험은 국사편찬위원회에서 주관하여 시행하는 한국사 능력의 검정으로 대체한다(제8조 제②항). 또한, 이 규칙에 따르면 시험에 응시하려는 사람은 시험실시기관이 정하는 응시원서와 한국사 능력 검정과 관련된 사항을 기재하여 시험실시기관이 정하는 기한 내에 제출하여야 한다(제10조 제①). 그리고 교원자격증 사본이나 졸업예정증명서 또는 수료 예정 증명서, 출신학교(교육대학, 대학의 교육과를 포함한 사범대학 및 종합교원양성대학만 해당)의 모든 학년 성적증명서나 이수한 모든 학기의 성적증명서 그리고 가산점 부여 대상자임을 증명하는 서류를 제출하여야 한다(제10조 제②항).

『교육공무원임용후보자선정경쟁시험규칙』에 따르면, 제1차 시험의 합격자는 한국사 능력의 검정 결과가 3급 이상이고, 한국사 과목을 제외한 나머지 과목에서 각 과목 만점의 40퍼센트 이상을 득점한 응시자 중에서 한국사 과목을 제외한 나머지 과목의 성적(가산점을 포함한 점수)이 높은 사람부터 차례로 결정하되, 선발예정 인원의 1.5배수 이상으로 한다(제17조 제①항). 그리고 최종 합격자는 가산 점수를 제외한 제1차 시험 및 제2차 시험의 성적을 각각 100점 만점으로 환산하여 합산한 시험성적이 높은 사람부터 차례로 결정한다(제17조 ③항). 다만, 동점자는 '제2차 시험의 성적이 높은 사람, 병역의무를 마친 사람, 시험실시기관이 정하는 기준에 해당하는 사람' 순서에 따라 결정한다(제17조 제④항). 그러나 시험실시기관이 제2차 시험을 실시할 때 개발한 평가지표에 따라 부적격자로 확인된 사람(제7조 제⑦항)은 불합격으로 한다.

2024년부터 시험실시기관은 최종 합격자가 임용을 포기하거나 『교육공무원법』 제10조의 4에 따른 결격사유에 해당하는 등의 사정으로 결원을 보충할 필요가 있는 경우 합격자 발표일부터 6개월 이내에 불합격 기준에 해당하지 않는 사람 중에서 『교육공무원임용후보자선정경쟁시험규칙』 제3항 및 제4항의 기준에 따라 추가 합격자를 결정할 수 있다. 『교육공무원법』 제10조의 4에 따라 교육공무원으로 임용될 수 없는 사람은 '『국가공무원법』(법률 제20377호) 제33조의 각 호의 어느 하나에 해당하는 사람, 미성년자에 대한 성폭력범죄 행위, 아동·청소년대상 성범죄 행위, 성인에 대한 성폭력범죄 행위로 파면·해임되거나 100만원 이상의 벌금형이나 그 이상의 형 또는 치료감호를 선고받아 그 형 또는 치료감호가 확정된 사람, 마약·대마 또는 향정신성의약품 중독자'등 이다. 『교육공무원법』(법률 제20783호)에 따르면 임용권자는 교사의 신규채용을 위한 공개 전형에서는 일정한 조건에 해당하는 사람에게 제1차 시험성적의 100분의 10 이내의 범위에서 가산점을 부여할 수 있다(제11조 제①항). 또한, 원활한 결원 보충 및 학교 운영을 위하여 필요한 경우 근무 예정 지역 또는 근무 예정 학교를 미리 정하여 공개 전형으로 채용시험을 실시할 수 있다. 이 경우 임용권자는 그 시험에 따라 채용된 교사에 대하여 10년 이내의 범위에서 대통령령으로 정하는 기간 동안 다른 지역 또는 다른 학교로의 전보를 제한할 수 있다(제11조 제②항).

〈표 3-3〉 교육공무원법이 정한 가산점의 종류

[별표 2] 가산점의 종류(교육공무원법 제11조 제1항 관련)

1. 「고등교육법」 제41조 및 제43조에 따라 설치된 교육대학(종합교원양성대학 및 사범대학 초등교육과를 포함한다)을 졸업한 사람(졸업예정자를 포함한다. 다만, 교원경력자는 제외한다)으로서 임용권자가 정하는 지역에서 응시하는 사람
2. 「고등교육법」 제41조 및 제43조에 따라 설치된 사범대학(대학의 교육과를 포함한다) 및 종합교원양성대학(유아교육과 및 초등교육과는 제외한다)을 졸업한 사람(졸업예정자를 포함한다. 다만, 교원경력자는 제외한다)으로서 임용권자가 정하는 지역에서 응시하는 사람
3. 두 개 이상의 전공을 이수하여 전공과목과 부전공 과목이 함께 표시된 교원 자격을 취득한 사람

4. 두 개 이상의 전공을 이수하여 복수의 교원 자격을 취득한 사람
5. 어학 · 정보처리 · 체육 · 기술 분야에서 교원으로서의 직무 수행에 필요하다고 인정되는 능력 · 자격 또는 수상실적을 지닌 사람
6. 「도서 · 벽지 교육진흥법」제2조에 따른 도서 · 벽지 중 임용권자가 정하는 지역에서 일정 기간 근무할 것을 조건으로 응시하는 사람

공립(국·사립) 중등학교교사 임용후보자 선정경쟁시험은 시도교육청이 시행공고, 원서 교부·접수, 문답지 운송, 시험 실시, 합격자 발표를 담당하고, 한국교육과정평가원이 1차 시험 출제 및 채점, 2차 시험 출제를 관리한다. 사서교사의 1차 시험 과목은 교육학(1문항 20점)과 전공(A 12문항 40점, B 11문항 40점)이고, 2차 시험 과목은 교직 적성 심층 면접이다. 교직 적성 심층 면접의 시험 시간은 시도교육청이 결정한다.

2.2 사서교사 배치 기준

사서교사의 배치 기준은 법령에서 정한 기준과 전문단체에서 정한 기준으로 구분할 수 있다. 그리고 법령의 기준은 교육 관련 법과 학교도서관 및 도서관 관련 법으로 나누어 볼 수 있다. 우선, 1997년 제정된 『초·중등교육법』(법률 제5438호)에 따라 1998년에 제정된 『초·중등교육법시행령』(대통령령 제15664호)에서는 '초·중·고등학교 및 특수학교에 사서교사를 둘 수 있다.'는 임의 규정으로 정하였다(제33조, 제34조, 제35조, 제40조). 그러나 2013년에 개정된 『초·중등교육법』(법률 제13227)은 학교에 두는 교원과 직원의 정원은 대통령령으로 정하고, 학교 급별 구체적인 배치 기준은 교육감이 정하며, 교육부장관은 교원의 정원에 관한 사항을 매년 국회에 보고하도록 하였다. 따라서 『초·중등교육법시행령』에서 초·중·고등학교에 두는 교원의 배치에 관한 조항(제33조, 제34조, 제35조)이 폐지되었다(2013. 2. 15.), 다만, 2008년 5월 26일 개정된 『초·중등교육법시행령』(대통령령 제20790)부터 특수학교 등에 두는 사서교사의 배치 기준만 '사서교사를 둘 수 있다.'는 임의조항(제40조 제3항)으로 남아 있다.

「초·중등교육법시행령」(대통령령 제35211호)

제40조(특수학교 등의 교원) ① 특수학교에는 법 제19조에 따라 교장 및 교감을 둔다. 다만, 학급 수가 5학급 이하인 학교에는 교감을 두지 아니할 수 있으며, 3학급 이상인 분교장에는 따로 교감을 둘 수 있다.
② 특수학교 등에 두는 특수교육 담당 교사의 배치 기준은 따로 대통령령으로 정한다.
③ 특수학교에는 전문상담교사 및 사서교사를 둘 수 있다.

『영재교육진흥법』(법률 제15231호) 제12조 제②항에 따라 『영재교육진흥법시행령』(대통령령 제33915호)에서는 사서교사 배치를 의무 규정으로 정하고 있다.

『영재교육진흥법시행령』(대통령령 제33915호)
제29조 (영재교육기관에 두는 교원의 배치 기준) ① 영재학교에는 다음 각호의 기준에 따라 교원을 배치하여야 한다.
1. 교장 및 교감 각 1인
2. 학생 10인당 교사 1인 이상
3. **전문상담교사 및 사서교사 각 1인**

『독서문화진흥법』(법률 제19794호)에서는 학교의 독서 진흥을 위하여 사서교사나 독서교육을 전담하는 교사를 1명 이상 둘 수 있도록 규정하고 있다.

『독서문화진흥법』(법률 제19794호)
제10조(학교의 독서 진흥) ① 교육부장관은 학교 교육을 받는 동안 모든 국민이 독서 문화 진흥의 혜택을 누릴 수 있도록 그 교육과정의 전체를 통하여 읽기 능력, 쓰기 능력 등의 언어에 관한 능력을 향상하기 위하여 노력하여야 한다.
② 교육부장관은 학교의 독서 문화 진흥을 위하여 다음 각호의 사항을 포함하는 시책을 수립하여 시행하여야 한다.
1. 학교의 독서교육 활성화를 위한 계획의 수립 · 시행에 관한 사항
2. 학교도서관의 신설 · 확충 및 환경 개선에 관한 사항
3. 학교의 독서자료의 확보와 독서지도를 담당하는 교사의 배치에 관한 사항
4. 독서교육 관련 교육과정과 교육내용의 연구 · 개발 및 보급에 관한 사항
5. 그 밖에 학교의 독서 문화 진흥에 필요한 사항

③ 학교의 장은 학생이 독서를 생활화할 수 있도록 독서 모임의 운영 장려, 학교도서관의 설치 · 운영 등 필요한 여건을 조성하고 이를 지원하여야 한다.
④ 학교의 장은 독서 활동이 학교도서관 활동과 유기적으로 연계될 수 있도록 운영하여야 한다.
⑤ 학교의 장은 학교에서 독서를 생활화하기 위하여 사서교사나 독서교육을 전담하는 교사를 1명 이상 둘 수 있다.

다음으로 학교도서관 및 도서관 관련 법에서 정하고 있는 사서교사 배치 기준을 살펴보면, 2007년 제정된 『학교도서관진흥법』(법률 제8677호) 제12조 제②항에서는 "② 학교도서관에는 사서교사·실기교사나 사서직원(이하 "사서교사 등"이라 한다)을 둘 수 있다."라는 임의 규정이었다. 이후 이 조항은 2012년 2월 17일에 "② 학교도서관에는 사서교사 · 실기교사나 사서(이하 "사서교사 등"이라 한다)를 둘 수 있다." 로 개정되었다. '사서 직원' 이 '사서'로 된 것은 『도서관법』 제6조 제①항에서 '사서 직원' 이 '사서'로 개정되었기 때문이다.

〈표 3-4〉 학교도서관진흥법 제정 과정

2001년 4월 26일 학교도서관살리기국민연대가 주관한 학교도서관 관계 법령 제·개정을 위한 공청회를 통해서 학교도서관 관련 법의 개정과 『학교도서관진흥법』 제정의 필요성이 제기되었다. 이후 학교도서관살리기국민연대 부설 학교도서관연구소에서 학교도서관의 설치 운영과 국가 및 지방자치단체의 학교도서관 활성화에 대한 책임, 학교도서

관의 봉사 범위(지역사회 봉사 포함), 학교도서관진흥위원회 설치, 학교도서관 장학 체계 확립 등을 골자로 하는 『학교도서관진흥법(안)』을 마련하여 국회에 제출하였다. 그러나 이 법안은 여러 가지 정치 일정 때문에 16대 국회에서 제정되지 못하였다. 그 이후 2005년 3월 23일 일부 내용이 변경되어 『학교도서관진흥법(안)』(대표발의 김재윤 의원)이 다시 상정되었다.

그러나 김재윤 의원 안은 『도서관법』과 『초·중등교육법』에서 정한 사서교사와 실기교사(사서) 자격 제도를 무시하고 '12조 ②학교도서관에는 사서교사 · 실기교사 및 학교사서 중 1인 이상을 두어야 한다. 다만, 6학급 이하의 소규모 학교에서는 학교도서관 담당 교사로 이를 대신할 수 있다'라고 함으로써 사서교사는 물론 사서직의 전문성에 대한 뜨거운 논란을 초래했다.

결국, 한국도서관협회에서는 도서관계와 학교도서관 현장 그리고 학교도서관 관련 시민단체의 의견을 수렴하여 기존 법에서 정한 사서교사 양성과 자격 제도를 지키면서 동시에 계약직 사서들의 학교도서관 배치에 대한 경과조치를 두어 법의 시행과 동시에 발생할 수 있는 혼란을 막고, 자격 갱신에 필요한 충분한 시간을 주는 방향으로 『학교도서관진흥법(안)』을 수정 제안하였다. 그러나 김재윤 의원 안은 2007년 9월 17일 국회 교육위원회에서 전혀 예기치 않은 방향으로 수정 가결되어 현행 『학교도서관진흥법』 이 탄생하였다.

『학교도서관진흥법』 이 발의되고 처리되는 긴 과정에서 사서교사의 의무배치와 교육 전문직을 통한 장학 체계 확립 그리고 학교도서관의 교육 기능 강화 등은 점차 퇴색하였다. 대신 정책에 의해서 배치되고 있는 계약직 사서나 행정직 사서의 배치를 법제화하기 위한 행정 관료의 집요한 노력이 반영된 법안이 수정 가결되었다. 쟁점이 된 내용을 살펴보면, 우선 인력배치(수정 가결된 『학교도서관진흥법』 제12조)는 '사서교사·실기교사나 사서직원을 둘 수 있다'로 통과되었고, 학교도서관 지원비(11조), 전담부서 설치(12조), 등은 강제 조항에서 임의 규정으로 수정 통과되었다. 이에 도서관협회를 비롯한 교수 및 교사 학부모 단체 등 8개 단체가 결성한 학교도서관정상화를위한공동대책위원회는 국회교육위원회와 법사위원회 소속 의원들에게 수정 통과된 법의 문제점을 지적하는 우편을 내용 증명으로 발송하고, 항의 방문하였다. 또한, 도서관정보정책기획단이 주최한 학교도서관 관계자 정책간담회에서 논의된 쟁점 사항들에 대한 조정 의견(사서직원이라는 용어의 삭제, 학교도서관지원비와 전담부서 및 사서교사 등 배치, 학교도서관협력망 구축 등의 임의 규정 수용)을 당시 교육인적부에 제출하였다(문화관광부 제도개선팀-967 2007. 10. 26.). 그러나 교육부의 답변은 사서와 사서교사의 업무가 큰 차이가 없고 양성과정에서의 교육과정도 차별화가 안 되어 있기 때문에 사서직원을 둘 것인지, 사서교사를 둘 것인지는 시도교육감이 판단할 문제라는 취지의 입장을 밝혔다(지식정보기반과-6017 2007. 11. 01.).

(출처: 송기호, 2007)

이후 2018년 2월 21일자로 개정된 『학교도서관진흥법』 (법률 제15368호) 제12조에서는 "② 학교도서관에는 사서교사 · 실기교사나 사서(이하 "사서교사 등"이라 한다)를 둔다."와 같이 인력배치를 의무화했다. 그리고 『학교도서관진흥법』(법률 제15368호) 제12조 제③항에 따른 『학교도서관진흥법시행령』(대통령령 제29099호) 제7조에서 사서교사 등의 정원과 배치 기준을 정하고 있다. 특히, 사서교사 등의 총 정원은 『학교도서관진흥법시행령』이 제정되면서 '학생 1,500명마다 1명을 기준으로 산정한다.'에서 2018년 8월 21일 '학교당 1명 이상으로 한다.'로 개정되었다. 그리고 국립 및 공립의 학교도서관에 두는 사서교사 및 실기교사의 총정원은 「국립의 각급 학교에 두는 공무원의 정원에 관한 규정」 별표[1] 및 「지방교육행정기관 및 공립의 각급 학

---

1) 2025년에 개정된 『국립의 각급 학교에 두는 공무원의 정원에 관한 규정』(대통령령 제35289호) 제2조 제①항 〈별표 1〉에 따르면, 사서교사의 정원은 12명이고, 보건교사는 41명, 영양교사는 30명, 전문상담교사는 3명이다. 그리고 2025년에 개정된 『지방교육행정기관 및 공립의 각급 학교에 두는 국가공무원의 정원에 관한 규정』(대통령령 제35290호) 제2조 제②항 〈별표 2〉에 따르면, 사서교사 총정원은 1,600명이다. 반면에 보건교사는 9,075명, 영양교사는 6,880명, 전문상담교사는 4,220명이다.

교에 두는 국가공무원의 정원에 관한 규정」 별표 2에 따르도록 하였다. 즉 사서교사 등의 배치를 공무원 총정원 내에서 하고 있으며, 사서교사 수요가 없는 경우 총정원에 결원이 발생하는 경우에만 충원이 이루어질 수 있다.

『학교도서관진흥법』(법률 제18547호)

제12조(전담부서의 설치 등)

② 학교도서관에는 사서교사·실기교사나 사서(이하 "사서교사 등"이라 한다)를 둔다.

③ 제1항에 따른 전담부서의 구성과 제2항에 따른 사서교사 등의 정원·배치 기준·업무 범위 등은 대통령령으로 정한다. 다만, **사서교사 등의 정원·배치 기준·업무 범위 등은 학교 규모와 사서교사 등의 자격 유형을 고려하여 정한다.**

『학교도서관진흥법시행령』(대통령령 제33343호)

제7조(사서교사 등) ① 법 제12조 제2항에 따라 **학교도서관에 두는 사서교사·실기교사나 사서(이하 "사서교사 등"이라 한다)의 정원은 학교당 1명 이상으로 한다.** 다만, **국립 및 공립의 학교도서관에 두는 사서교사 및 실기교사의 총정원은「국립의 각급 학교에 두는 공무원의 정원에 관한 규정」 별표 및 「지방교육행정기관 및 공립의 각급 학교에 두는 국가공무원의 정원에 관한 규정」 별표 2에 따른다.**

② 법 제12조 제2항에 따라 학교도서관에 사서교사 등을 두는 경우에는 다음 각 호의 사항을 고려하여 배치한다.

1. 학교의 재학생수
2. 학교도서관의 규모·자료수 등 운영 현황
3. 학교도서관의 이용자수

한편, 『도서관법』(법률 제20834호) 제45조 제①항에서는 '도서관은 대통령령으로 정하는 바에 따라 도서관 운영에 필요한 사서, 「초·중등교육법」 제21조 제2항에 따른 사서교사 및 실기교사를 두어야 하며, 도서관 운영에 필요한 전산직원 등 전문직원을 둘 수 있다.'고 정하고 있다. 도서관 전문단체인 한국도서관협회에서 발표한 『한국도서관 기준』에서는 학교도서관 운영 인력을 사서교사와 지원인력(실기교사(사서), 사서)로 구분하고 학생수를 기준으로 배치 기준을 제시하고 있다.

〈표 3-5〉 한국도서관기준에서 정한 직원의 배치 기준

학교 규모	사서교사(인)	실기교사(사서)(인)
600 미만	사서교사 1	-
600~1,500	사서교사 1	2
1,500 이상	사서교사 2	2

(출처: 한국도서관협회 도서관기준특별위원회, 2013, 147)

이 기준은 『학교도서관 가이드라인』(IFLA, 2015)과 『학교도서관 선언』(IFLA, 2025) 등에서 사서교사가 관계기관 연계 및 교육정보서비스 수행을 위해서 보조 직원의 지원을 받도록 규정하

고 있음을 고려할 때, 학생수에 따른 지원인력 배치를 상세하게 규정하고 있다는 점에서 의미가 있다. 그러나 학생수 감소에 따른 인력 감축의 위험성도 있다. 이상에서 살펴본 사서교사의 배치 기준을 정리하면 다음 〈표 3-6〉과 같다.

〈표 3-6〉 법령 및 전문단체의 사서교사 배치 기준

법령 및 전문단체	사서교사 배치 관련 조항 및 기준	특징
초·중등교육법시행령	제40조 (특수학교 등의 교원) ③ 특수학교에는 전문상담교사 및 사서교사를 둘 수 있다.	임의 규정
영재교육진흥법시행령	제29조 (영재교육기관에 두는 교원의 배치 기준) ① 영재학교에는 다음 각호의 기준에 따라 교원을 배치하여야 한다. 3. 전문상담교사 및 사서교사 각 1인	의무 규정
독서문화진흥법	제10조(학교의 독서 진흥) ⑤ 학교의 장은 학교에서 독서를 생활화하기 위하여 사서교사나 독서교육을 전담하는 교사를 1명 이상 둘 수 있다.	임의 규정
학교도서관진흥법	제12조(전담부서의 설치 등) ② 학교도서관에는 사서교사·실기교사나 사서(이하 "사서교사 등"이라 한다)를 둔다.	의무 규정 -사서교사 자격 발급: 교육부장관 -사서 자격 발급: 문화체육관광부장관
학교도서관진흥법시행령	제7조(사서교사 등) ① 법 제12조 제2항에 따라 학교도서관에 두는 사서교사·실기교사나 사서(이하 "사서교사 등"이라 한다)의 정원은 학교당 1명 이상으로 한다. 다만, 국립 및 공립의 학교도서관에 두는 사서교사 및 실기교사의 총 정원은 『국립의 각급 학교에 두는 공무원의 정원에 관한 규정』 별표 및 『지방교육행정기관 및 공립의 각급 학교에 두는 국가공무원의 정원에 관한 규정』 별표 2에 따른다. ② 법 제12조 제2항에 따라 학교도서관에 사서교사 등을 두는 경우에는 다음 각호의 사항을 고려하여 배치한다. 1. 학교의 재학생수 2. 학교도서관의 규모·자료수 등 운영 현황 3. 학교도서관의 이용자수	공무원 총정원에 포함됨
도서관법	제45조(도서관 인력·시설 및 도서관자료 등) ① 도서관은 대통령령이 정하는 바에 따라 도서관 운영에 필요한 사서, 「초·중등교육법」 제21조 제2항의 규정에 따른 사서교사 및 실기교사를 두어야 하며, 도서관 운영에 필요한 전산직원 등을 둘 수 있다.	-사서의 자격 기준은 『도서관법시행령』 제32조 제①항 〈별표 4〉에서 규정
한국도서관협회 (한국도서관기준)	학교 규모 600 미만: 사서교사 1인 학교 규모 600~1,500: 사서교사 1인, 지원인력 2인 학교 규모 1,500 이상: 사서교사 2인, 지원인력 2인	-지원인력 배치 기준 제시

3. 사서교사의 자질과 역할

3.1 교사의 자질과 역할

자질(資質)이란 타고난 성품이나 소질 또는 어떤 분야의 일에 대한 능력이나 실력의 정도를 의미한다. 그리고 역량(力量)이란 어떤 일을 해낼 수 있는 힘을 의미한다. 『교육기본법』(법률 제20663호)에 따르면, 학교 교육에서 교원(教員)의 전문성은 존중되며, 교원의 경제적·사회적 지위는 우대되고 그 신분은 보장된다(제①항). 그리고 학교 교육에서 교원의 교육활동과 학생생활지도 권한은 법령으로 정하는 바에 따라 보장되며(제②항), 교원은 교육자로서 갖추어야 할 품성(品性)과 자질(資質)을 향상시키기 위하여 노력하여야 한다(제③항). 또한, 교원은 교육자로서 지녀야 할 윤리의식을 확립하고, 이를 바탕으로 학생에게 학습윤리를 지도하고 지식을 습득하게 하며, 학생 개개인의 적성을 계발할 수 있도록 노력하여야 한다(제④항). 법에서 정한 교사의 품성(品性)과 자질은 올바른 교사상을 통해서 구체화 된다. 교사상이란 교사가 마땅히 지녀야 할 이념적이고 현실적인 이상형을 말하는 것으로, 현재보다 미래, 실제보다 당위에 바탕을 두고 실현해 보고자 하는 실현 가능한 미래상이다. 교사상은 사회·문화적 환경 변화에 따른 교육이념과 교육목적 그리고 교육내용에 따라서 달라진다. 지식기반사회가 요구하는 교사상을 품성과 교직윤리 측면, 교육과정 측면 그리고 교육 방법 측면에서 살펴보면 다음과 같다(임동권, 1999; 김영미, 2004).

【품성】

① 도덕성
② 겸손한 봉사 정신과 인간 존중
③ 학생에 대한 바른 이해와 사랑

【교직 윤리 측면】

① 교사 상호 간의 이해와 자율성
② 원만하고 조화로운 동료 관계
③ 공동체 문제해결과 윤리 지도
④ 평생 학습자
⑤ 사회적 요청을 수용하고 학생을 이끌 수 있는 안목과 능력

【교육과정 측면】

① 고정 관념을 탈피하고, 다양한 교육 경험을 제공함으로써 언제 어디서나 누구나 교육받을 수 있는 체제 구축
② 통합된 학제간 교육과정으로 상호 연결된 지식 지도
③ 교사, 학생, 교과, 교수-학습 환경과 관계를 맺는 연계자 역할 수행

④ 지식기반사회에 필요한 핵심 직업능력 학습을 교육과정 운영에서 중시
⑤ 다양한 요구와 맥락을 교육과정에 투입하여 지도할 수 있는 능력과 소양

【교육 방법 측면】
① 자율적이며 자기주도적인 학습 등 학습방법 개혁
② 책임감 있고 자율적인 학습자가 되도록 고무하는 조언자 및 학습과정 중재자
③ 탐구학습이 가능하도록 스스로 지식을 탐구하고 생산하는 지식생산자
④ 새로운 교육이론과 정보, 아이디어를 알고 이를 학생의 개인차에 맞게 조율하는 의사결정자
⑤ 교육공학을 활용하고 정보처리 방법을 익혀 미래사회에 대처할 수 있는 능력

따라서 훌륭한 교사가 갖추어야 할 자질이란 학생에 대한 존중과 사랑, 가르치는 내용에 대한 전문지식과 지도능력 그리고 교육에 대한 투철한 철학과 사명감이라고 할 수 있다. 특히, 디지털 네이티브(Digital Native)를 지도하는 교사의 가장 중요한 자질은 맥락(context) 전문가이다. 맥락 전문가는 수업을 학생의 세계와 관련지어 배우고 싶어 하고 계속해서 학습에 몰두하도록 만든다. 따라서 교사의 역할은 학생이 타고난 재능을 발견하도록 돕는 학습 조력자이다. 교사는 확장 가능한 질문을 던지고 확장 가능한 활동을 통해 학생을 지도하며, 개인 맞춤형 피드백을 제공한다. 그리고 학생에게 관련성이 있으면서 마음을 끄는 수업을 하며, 현실에 존재하는 사례와 가상의 사례를 제시하고, 협력과 창의성을 촉진한다. 또한, 문제해결 행동의 모범을 보여주고 학생이 학습에 적극적으로 참여하도록 한다(Couch and Towne, 2020, 234-236).

교사의 직무에 대한 법적 규정은 『헌법』 제31조 제6항에 바탕을 둔 『교육기본법』(법률 제20663호) 제14조(교원), 『초·중등교육법』(법률 제20862호) 제20조(교직원의 임무)이다. 그리고 교사의 공통적인 직무 영역은 수업, 학습지도, 학생생활지도, 학급 및 학교 경영, 학부모 및 대외관계, 교무행정, 전문성 개발 등이다. 한국교육개발원의 교육여론조사(KEDI POLL) 결과를 보면, 교사에게 우선적으로 필요한 능력은 초·중·고 전반적으로 생활지도·제언(코칭) 역량, 학습지도·제언(코칭) 역량 순으로 나타났다. 학교 급별로는 초등학교는 생활지도·제언(코칭) 역량, 중학교는 학습지도·제언(코칭) 역량, 고등학교는 진로·진학지도 제언(코칭) 역량을 더 중요한 교사 역량으로 생각하는 것으로 나타났다(한국교육개발원, 2023, 109).

3.2 사서의 자질

책으로 대변되는 과거의 도서관에서 과학기술의 발달로 인하여 새롭게 등장한 많은 전자매체와 통신기술은 사서가 전통적으로 유지해 왔던 전문성에 많은 위협을 가하고 있다. 이러한 사회환경에서 M. Gorman(2015)은 사서직이 갖는 중요한 핵심 가치를 다음과 같이 제시하였다.

① 관리자 정신(Stewardship)

- 사서는 우리가 알고 있는 것을 다음 세대도 알게 하려고 인류의 기록을 보존한다.
- 이러한 중요한 책무를 수행하기 위하여 사서직을 위한 교육을 배려하고 육성하여 우리의 가장 훌륭한 전문가적 가치와 실무 경험을 이용한다.
- 전문적이고 훌륭한 도서관 관리자가 되어 지역사회의 존경을 받는다.

② 봉사(Service)

- 사서의 모든 정책과 절차는 개인, 집단, 사회 및 후세에 대한 봉사의 윤리에 의해 생명력을 갖는다.
- 사서의 정책과 절차는 봉사를 하나의 기준으로 삼아 평가한다.

③ 지적 자유(Intellectual Freedom)

- 자유 사회의 모든 시민이 읽고 보기를 원하는 것은 무엇이든지 읽고 볼 수 있어야 한다는 신념을 고수한다.
- 지역사회 모든 구성원의 지적 자유를 수호한다. 소수 의견의 자유로운 표현을 수호한다.
- 도서관 시설과 프로그램을 모든 사람이 이용할 수 있도록 한다.

④ 합리주의(Rationalism)

- 도서관 봉사를 합리적인 방식으로 조직하고 관리하며, 모든 도서관 절차와 프로그램에 합리주의와 과학적인 방법을 적용한다.

⑤ 리터러시와 학습(Literacy and Learning)

- 문해력과 학습에 대한 열정을 장려한다.
- 평생 독서를 장려한다.
- 도서관을 문해력 교육의 중심으로 삼는다.

⑥ 평등한 접근성(Equity of Access to Recorded Knowledge and Information)

- 모든 도서관 자료와 프로그램에 누구나 접근할 수 있도록 보장한다.
- 접근을 위한 기술적, 재정적 장벽을 극복한다.

⑦ 이용자의 사생활 보호(Privacy)

- 도서관 이용 기록의 기밀성을 보장한다.
- 도서관 이용에 대한 기술상의 침해를 극복한다.

⑧ 민주주의(Democracy)

- 민주 사회의 가치를 유지하는 데 기여한다.
- 민주주의에 필수적인 교육받은 시민성을 확보하기 위한 교육과정에 참여한다.
- 도서관을 민주적으로 운영한다.

⑨ 더 큰 선(The Greater Good)

- 모든 정책과 관행을 통해 모든 도서관 이용자와 그들이 살고 있는 커뮤니티 및 사회의 이익을 위해 노력한다.

한편, 한국도서관협회에서는 1997년 10월 30일에 『도서관인 윤리선언』을 제정하고, 사서가 지켜야 할 7가지 윤리적 지표를 '사회적 책무, 자아성장, 전문성, 협력, 봉사, 자료, 품위' 등으로 천명하였다. 이후 이 선언은 일부 시민단체나 정부 부처에서 제기한 도서관의 자료 및 추천도서 선정 문제(송현경, 2015)를 사서의 전문성과 수서의 자율성 측면에서 방어하는 근거로도 활용되었다. 이 선언은 2019년 2월 28일에 개정되었으며, 평등한 접근성 보장, 사서 개인의 편견과 검열 반대, 개인정보 보호, 전문성 신장, 지식재산권 존중, 도서관 발전 노력' 등을 사서직의 윤리 지표로 제시하였다.

〈표 3-7〉 도서관인 윤리선언(한국도서관협회)

도서관인 윤리선언

도서관인은 인류의 기억을 전승하여 사회발전에 기여하는 도서관 활동의 주체로서 국민의 자유롭고 평등한 정보 접근과 알 권리를 보장하는 사회적 책무를 갖는다. 이에 우리 도서관인은 스스로의 직업적 소명을 다짐하고 전문직의 긍지를 튼튼히 하고자 우리가 실천해야 할 윤리 지표를 세워 다음과 같이 선언한다.

1. 도서관인은 도서관 이용자의 신념, 성별, 연령, 장애, 인종, 사회적 지위 등을 이유로 그 이용을 차별하지 아니한다.
2. 도서관인은 도서관 서비스를 제공함에 있어서 자신의 편견을 배제하고 정보 접근을 저해하는 일체의 검열에 반대한다.
3. 도서관인은 도서관 서비스 과정에서 수집되는 이용자의 프라이버시와 개인정보를 적극 보호한다.
4. 도서관인은 직업적 책무를 수행하는 데 필요한 전문지식과 기술을 습득하고 응용하기 위해 노력한다.
5. 도서관인은 지식재산권을 존중하여 도서관 서비스에 있어서 이용자와 권리자 간 이해의 균형을 추구한다.
6. 도서관인은 직업적 행위를 함에 있어서 개인의 관심에 우선하여 도서관 발전을 위해 노력한다.

1997. 10. 30. 제정
2019. 02. 28. 개정

한국도서관협회

3.3 사서교사의 자질

사서교사는 도서관 관리와 자료 운영은 물론 직접 학생들을 지도해야 하는 교사의 역할을 수행해야 하므로 특히 다른 어떤 교사보다도 높은 자질이 필요하다. L. F. Fargo는 1947년에 발표한 저서 『The Library in the School』에서 사서교사의 자질을 다음과 같이 제시하였다(김기태, 이만수, 1988, 21).

① 대학 교육을 받고 높은 교양이 있는 자
② 인정이 많고 아동들을 충분히 이해할 수 있는 자
③ 열의를 가지고 맡은 일을 할 줄 아는 자
④ 겸손할 줄 아는 자
⑤ 학교 교육의 목적과 교과를 이해하고 있는 자
⑥ 도서와 도서관의 모든 시설을 애호하는 자
⑦ 교수능력과 지도능력이 있는 자

⑧ 도서관이 가지고 있는 사회적 가치와 지적 가치를 알고 있는 자
⑨ 도서관의 기술과 사무를 처리할 수 있는 자
⑩ 도서관과 도서에 관한 광범위한 지식이 있는 자
⑪ 독창성이 있고 계획적인 능력이 풍부한 자

그리고 김기태와 이만수(1988)는 사서교사의 자질을 다음과 같이 제시하였다(21).

① 아동이나 청소년에 대한 이해
② 전문적인 방법을 사용해서 도서관을 관리하고 조직하는 능력
③ 모든 종류의 자료에 관한 지식
④ 모든 형태의 교수-학습자료에 관한 지식
⑤ 교수법, 학습지도 요령에 관한 지식
⑥ 자료 이용에 있어서 아동과 청소년의 흥미를 돋워주는 능력
⑦ 도서관 시설 및 각종 자료의 이용에 있어서 지도력
⑧ 문화에 대한 고찰과 넓은 시야, 이해력, 포용력
⑨ 도서와 독서생활의 애호와 건전한 독서인
⑩ 봉사 정신의 발휘

한편, K. Haycock(1999)은 사서교사가 갖추어야 할 역량을 전문적 능력과 개인적 능력으로 나누어 설명하였는데 특히, 리더십과 협동심 그리고 이용자의 요구 분석과 사회변화에 따른 프로그램 개발능력을 강조하고 있다.

〈표 3-8〉 사서교사의 역량

구분	내용
전문 역량 (professional competences)	① 직원 간의 상호관계에 우선순위를 두고 변화의 실행에 있어서 리더십을 발휘한다. ② 통합프로그램 계획에서 리더십을 발휘하고, 정보에 대한 물리적·지적 접근과 자발적인 독서 수행을 강화하기 위해서 교육을 실시한다. ③ 국가, 지역, 학교 수준의 교육과정 프로그램에 대해서 알고 있다. ④ 학생과 그들의 사회적, 정서적, 지적 요구를 이해한다. ⑤ 교수 프로그램을 지원하기 위해서 교내·외에 존재하는 각기 다른 형태의 학습자원과 매체를 평가하는데 전문지식을 가지고 있다. ⑥ 상호 협조적인 전문성 발휘를 통해서 모든 유형의 학습자원과 정보의 효과적인 사용을 촉진하고 개발한다. ⑦ 개인과 집단의 요구를 충족시킬 수 있는 정보, 자원을 제공하고 지도한다. ⑧ 정보를 획득하고, 조직하고, 전달하는 데 필요한 적절한 정보기술을 사용한다. ⑨ 학교 교육목적을 지원하기 위해서 도서관 프로그램, 봉사 그리고 직원을 관리한다. ⑩ (도서관) 프로그램과 봉사를 평가한다.

구분	내용
개인 역량 (personal competences)	① 프로그램 수월성(program excellence)에 전념한다. ② 변화를 추구하고 도서관 내·외의 새로운 기회를 알아낸다. ③ 사회변화 추세를 예견하고 도서관과 정보서비스를 재조정한다. ④ 파트너십과 협력(alliances)을 추구한다. ⑤ 상호존중과 신뢰의 환경을 조성한다. ⑥ 효과적인 의사소통 능력을 갖춘다. ⑦ 팀 내에서 다른 사람과 일을 잘한다. ⑧ 리더십을 발휘한다. ⑨ 계획을 수립하고 우선순위를 결정하고, 중요한 것에 집중한다. ⑩ 평생학습에 전념한다. ⑪ 계속되는 변화의 시간 안에서 유연하고 긍정적이다.

(출처: Haycock, 1999, 17-23의 내용을 정리하여 도표화함)

IFLA(2015)가 발표한 『학교도서관 가이드라인』에서는 교육과 도서관 관리 및 아동과 청소년 문학에 대한 전문성 그리고 매체 활용 기술, 의사소통과 협동 기술, 사회적 책임감, 전문성 신장은 물론 사서교사의 가치에 대한 사회적 인식 재고 노력도 사서교사의 역량에 포함하고 있다. 이 기준에서 제시하고 있는 사서교사가 학교도서관 프로그램을 제공하기 위해서 갖추어야 할 역량을 살펴보면 다음과 같다(27).

- 교수-학습, 교육과정, 교수설계와 운영
- 프로그램 관리: 계획, 개발/설계, 실행
- 장서개발, 축적, 조직, 검색
- 정보처리 및 정보이용 행태: 리터러시, 정보활용능력, 디지털 리터러시
- 독서 몰입
- 아동과 청소년 문학에 관한 지식
- 독서에 영향을 끼치는 장애 요인에 관한 지식
- 의사소통과 협동 능력
- 디지털과 매체 활용 능력
- 윤리적 사회적 책임감
- 공익의 제공: 대중과 사회에 대한 책임감
- 지속적인 전문성 신장을 통한 평생학습 전념
- 사서교사와 사서교사직의 역사와 가치에 대한 사회적 인식 재고를 위한 노력

특히, 사서교사와 자원봉사자 등 학교도서관에 근무하는 직원이 지켜야 할 윤리 기준(ethical standards)을 다음과 같이 제시하고 있다(IFLA, 2015, 31).

- 자원봉사자를 포함해서 학교도서관에 근무하는 모든 사람은 상호 간에는 물론 학교공동체 모든 구성원을 대하는 데 있어서 높은 수준의 윤리 기준(ethical standards)을 준수할 책임이 있다.
- 학교도서관에 근무하는 사람은 자신의 편안함과 안위에 앞서 도서관 이용자의 권리를 우선시해야 한다. 그리고 도서관 서비스를 제공하는 데 있어서 개인적인 태도와 신념에 의해서 편견을 가져서는 안 된다.
- 모든 아동과 청소년 그리고 성인을 그들의 능력이나 배경에 상관없이 동등하게 대해야 하며, 이용자의 사생활에 대한 권리와 알 권리를 지켜주어야 한다.
- 자원봉사자를 포함한 모든 학교도서관 근무자는 사서직의 핵심 가치인 조직관리, 서비스, 지적 자유, 합리주의, 리터러시와 학습, 기록된 지식과 정보에 대한 평등한 접근성, 사생활 보호, 민주주의를 실현하기 위해서 노력해야 한다.
- 기록된 지식과 정보에 대한 평등한 접근성, 지적 자유와 관련된 핵심 가치는 세계인권선언 제19조[2)]와 IFLA의 가치에도 포함되어 있다.

사서교사는 교사와 학생의 다양한 요구를 수용하여 학교도서관 운영과 프로그램 개발에 반영하고, 도서관의 비전과 사명을 확산시킴으로써 교육공동체 구성원과 협력해야 한다. 따라서 다른 어떤 능력보다도 리더십을 갖추어야 한다. C. Kearney(2000)는 사서교사의 리더십을 '개인마다 아이디어와 목적 또는 비전을 갖는 과정이며, 그것을 다른 사람과 공유하는 것' 이라고 정의했다. 그리고 사서교사가 리더가 되어야하는 이유를 교수팀의 완전한 구성원 즉 교육과정의 동반자가 되기 위해서라고 설명했다. 따라서 사서교사의 러더십은 교육공동체 구성원과 함께 학교도서관을 기반으로 교육적 비전과 목표를 달성함으로써 다 함께 성공하도록 돕는 자질이라고 할 수 있다. 리더십을 갖춘 사서교사의 특징과 리더십을 발휘하는 과정을 살펴보면 다음과 같다.

① 비전을 고취한다.

사서교사 (Original Leader)	• 비전과 이루고자 하는 것에 대한 꿈을 가지고, 이것을 공유하기 위해서 다른 사람을 설득한다. • 비전을 가지려고 끊임없이 읽고, 배우고, 새로운 아이디어를 만들어낸다. • 다른 사람과 비전을 공유하기 전에 문헌을 통해서 재검토하고, 비전의 긍정적인 측면과 부정적인 측면 모두를 고려하고, 그 장점을 가려내고, 비전에 의해서 학교도서관을 성공적으로 운영한 사람들의 의견을 듣는다. • 비전을 다른 사람의 유의미한 목적 및 역할과 관련지어준다.

↓

새로운 리더 (New Leader)	• 사서교사의 비전을 이해하고 동의하며, 자신의 기여가 변화를 만드는 것을 보고, 자신만의 새로운 비전을 만든다. • 다른 사람과 비전을 공유한다. • 다른 사람들에게 비전을 확산하여, 이들이 자신의 목적과 역할에 맞추어 비전을 수용하도록 한다.

(출처: Kearney, 2000, 2-5의 내용을 정리하여 도표화함)

2) 19조 : 모든 사람은 의사표현의 자유를 누릴 권리를 가진다. 이 권리에는 남의 간섭을 받지 않고 자기 의견을 가질 수 있는 자유와 모든 매체를 통하여 국경을 뛰어넘어 정보와 사상을 모색하고 받아들이고 전파할 수 있는 자유가 포함된다(Universal Declaration of Human Rights. 1948. 12. 10. 국제연합 총회에서 채택).

- 비전에 고무된 사람은 비전의 열렬한 옹호자가 되어 함께 "미래를 창조"해 나간다.
- 리더는 비전을 수용한 사람들의 성취를 축하해주는 방법을 발견한다.

② 훌륭한 의사소통과 의사결정능력을 발휘한다.

- 리더는 다른 사람과 비전을 공유하기 위해서 효과적이고 경제적인 의사소통 기술을 갖고 있어야 한다.
- 좋은 의사소통을 하기 위해서는 먼저 자신의 의사소통 유형을 파악해야 한다.
  : 직관적인가? / 사색적인가? / 민감한가?
- 가장 일반적이고 중요한 의사소통은 서로 대면하여 말로 이루어진다. 따라서 듣고 대답하는 훈련을 통해서 적극적으로 듣는 기술을 개발해야 한다.
- 집단 의사결정능력은 의사소통 능력의 핵심이다.
- 의사결정능력은 다양한 의견을 가진 사람들과 서로 교감하고, 문제를 해결하여 목적 달성에 가장 적합한 결론을 내리는 과정이다.

③ 믿음을 보여준다.

- 비전을 확산시키기 위해서 리더는 다른 사람에게 믿음을 보여주어야 한다.
- 믿음은 다른 사람과 지속해서 정직하게 상호작용을 함으로써 생겨난다.
- 일관성, 자존, 그리고 성실함을 보여주면 다른 사람이 신뢰하게 되고, 사서교사를 열려있고, 믿을만하고, 사려 깊은 사람으로 여기게 된다.

④ 실력을 키우기 위해 공부한다.

- 리더는 다른 사람과 일할 때 능력과 전문지식을 보여주어야 한다.
- 리더는 일을 마무리할 때 결단력과 인내력을 보여주어야 한다.
- 다른 사람에게 인정받는 유능한 리더가 되기 위해서는 지속해서 배워야 한다.

⑤ 효과적인 개인 능력을 개발한다.

- 리더는 친소 관계나 편견 없이 모든 사람을 초지일관 공평하게 대해야 한다.
- 다른 사람과 친목을 유지하고 파벌에 참여하지 않는다.
- 교직원의 요구에 딱 맞는 서비스를 제공할 수 있도록 근무하는 학교의 교직원과 경영에 대해서 알아야 한다.
- 사서교사의 존재가 편안하고 환영할 만하다고 모두가 느낄 수 있도록 문제를 건설적으로 해결한다.
- 유머 감각이 있어야 하며, 하는 일에 대한 열정과 낙관적인 태도 그리고 선견지명으로 다른 사람에게 활력을 불어넣는다.
- 자신의 능력에 대한 자신감과 다른 사람을 포용할 수 있는 강한 자존심을 가져야 한다.
- 자신의 장점과 재능을 찾아내어 자신의 역량을 키우고, 자기 일을 통해서 자아 존중감을 강화한다.
- 다른 사람의 성향을 인정하고, 성취에 대해서 적절히 보상해 줌으로써 다른 구성원과 함께 신뢰와 인식을 공유하고, "모두 영웅 만들기(making everyone a hero)"를 한다.

사서교사가 학교도서관의 가치를 교육공동체 구성원과 공유하고 지속적인 발전을 이루기 위해서는 '학습공동체'(learning community)를 구축하여야 한다. 학습공동체란 '조직의 미래를 창조하기 위하여 조직의 능력을 지속해서 확장하는 것'으로 신속한 학습능력은 경쟁력 있는 장점 가운데 하나이다. 개인의 발전과 조직의 발전이 별개의 것이 아니라는 것을 인식하고 배우는 조직, 조직을 위해서 배우는 개인, 동시에 개인의 성장을 도와주는 조직이야말로 불안한 미래에 대처할 수 있는 도구를 갖추는 것이다(Prentice, 2011, 154-155). 학교 현장에서 학습공동체는 학교 교육의 주체인 교사를 중심으로 교육 개혁과 전문성 향상을 목적으로 학교 내, 학교 간,

학교 밖에 걸쳐서 교사 학습공동체와 전문적 학습공동체 그리고 지역 학습공동체로 발전하고 있다. P. Senge(2014)에 따르면 조직과 조직의 경영에 참여한 개인이 함께 발전하기 위해서는 다음과 같은 5가지 경영 원칙(The Fifth Discipline)이 필요하다.

① 시스템적 사고(systems thinking). 한 측면만을 보지 말고 조직 전체를 본다. 미래를 창조하는데 가장 유용한 태도이다.
② 자아 완성(personal mastery). 개인의 비전을 분명히 한다.
③ 가치관 정립(mental models). 세상사를 생각하는 방법을 분명히 한다.
④ 비전의 공유(shared vision). 조직의 길잡이가 되는 비전을 공유한다.
⑤ 팀학습(team learning). 기초 학습 단위인 팀(team)을 조직한다.

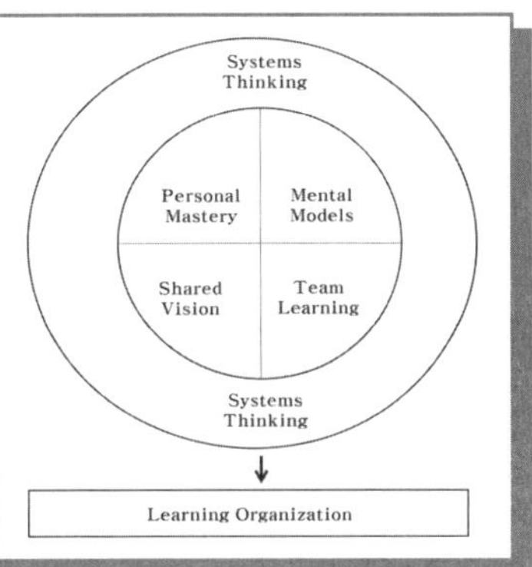

[그림 3-1] Senge의 경영 원칙

이상의 내용을 종합하면, 사서교사에게 요구되는 자질은 크게 지적, 정의적, 신체적 영역으로 나누어 볼 수 있다. 사서교사는 지적인 측면에서 무엇보다도 유능한 교사의 자질과 사서의 자질을 갖추어야 한다. 정의적 측면에서는 봉사 정신, 학생 및 교사와의 친화력, 리더십(지도력), 계획성 등이 필요하다. 특히, 감성지능(Emotional Intelligence: EQ)을 신장함으로써 아동과 청소년을 존중하고 소통할 수 있어야 한다. 신체적으로는 건강과 이용자 친화적인 이미지가 필요하다.

〈표 3-9〉 사서교사의 자질

영역	지적인 영역	정의적 영역	신체적 영역
내용	• 유능한 교사로서 자질 - 교수학습 이론과 방법에 대한 지식 - 학교 교육 과정에 대한 이해 - 교수능력과 학생지도능력 • 유능한 사서로서 자질 - 다양한 교수매체에 대한 지식 - 경영과 마케팅 능력 - 정보공학기술 - 정보활용능력 - 아동·청소년 문학에 대한 이해 - 매체 기술에 대한 이해 - 도서관의 사회적 역할과 가치에 대한 이해 - 사회, 문화, 경제적 맥락에 대한 이해 • 전문성 신장을 위한 계속 교육 - 평생학습자로서의 모범 • 의사소통 능력과 협동심 • 아동과 청소년에 대한 이해	• 투철한 봉사 정신 • 학생에 대한 충분한 이해 • 책임감과 자율성 • 겸손과 협조적 성격 • 사교성과 친화력: 원만한 인간관계 (사회적 기술) • 리더십(지도력) • 창의성과 계획성 • 학교도서관과 사서교사직에 대한 애정과 교육적 가치 이해 • 윤리의식 • 유머 감각 • 공명정대함 • 공감 능력과 존중 • 합리성과 객관성 • 여유와 융통성 • 민주적 소양 • 이용자의 사생활 보호 • 긍정적인 태도	• 건강 • 친화적 이미지

3.4 사서교사의 역할

3.4.1 국제기준에 담긴 사서교사의 역할

IFLA(2015)의 『학교도서관 가이드라인』에서는 사서교사의 핵심 역할을 교수, 관리, 리더십과 협동, 공동체 참여, 도서관 프로그램과 서비스 홍보 등으로 설명하고 있다. 각 역할의 구체적인 내용을 살펴보면 다음 〈표 3-10〉과 같다.

〈표 3-10〉 사서교사의 핵심 역할

핵심 역할	세부 내용
교수 (instruction)	• 리터러시와 독서 활성화 • 정보활용능력(정보활용기술, 정보역량, 정보 유창성, 미디어 리터러시, 트랜스리터리시(transliteracy) • 탐구기반학습(문제기반학습, 비판적 사고력) • 공학기술(technology)의 (교육과정) 통합지도 • 교사로서의 전문성 신장
관리 (management)	• 최적의 이용을 위하여 도서관의 장서관리시스템(documentation systems)과 절차 조직 • 도서관의 설비(물리적 디지털 환경을 포함한), 자료(물리적 디지털 자료를 포함한), 교수 프로그램과 서비스(물리적 디지털을 포함한) 관리 • 인력 관리: 도서관 직원의 채용, 선발, 훈련, 감독, 평가
리더십과 협동 (leadership and collaboration)	• 학교의 사명과 목적 달성에 기여하기 위하여 학교 경영자 및 교사와의 협동을 통해서 교수-학습을 지원하는 교육과정 기반 도서관 서비스 개발 및 운영 • 탐구와 프로젝트 학습, 문제기반학습, 리터러시 활동, 독서활동, 문화활동과 같은 교수-학습활동에 필요한 정보와 자료의 활용과 관련된 지식과 기술 제공 • 개별적으로 또는 학교의 전문가와 협력하여 교육공학을 통합하고, 교사와 경영자의 전문성 신장에 기여 • 학교의 사명과 목적 달성에 대한 학교도서관의 기여도를 이해시키고 지원을 끌어내기 위한 학교 경영자와의 협동 • 교장, 교감, 수석교사, 부장교사 등에게 직접 보고하고, 범 학교 차원의 계획과 기타 리더십이 필요한 협동 작업에 참여 • 범교과 탐구 프로젝트와 간 학문적인 학습 단원 운영을 통해서 학교공동체의 연속성과 응집력 신장 • 지속적으로 전문성을 개발하고 배우기 위해 다른 학교 사서교사와 협동
공동체 참여 (community engagement)	• 공공도서관, 도서관 단체를 포함한 지역공동체의 다른 도서관과 문화기관과의 협력 • 지역사회 아동과 청소년에 대한 도서관 서비스의 개선을 위하여 공공도서관 사서와의 협력을 위한 노력 - 업무협정서에 포함할 내용: 공동의 협력 방법, 구체적이고 명료한 협력 영역, 경제적 함의에 대한 설명, 비용 분담 방법, 협력 기간 - 협력의 영역(예): 직원훈련, 협력 장서개발과 협동 프로그램 운영, 전자정보원 서비스 협력과 네트워크 구축, 학급의 공공도서관 방문, 독서와 리터러시 프로그램 공동 운영, 아동과 청소년에 대한 도서관 서비스 공동 마케팅

핵심 역할	세부 내용
도서관 프로그램과 서비스 홍보 (promoting library programs and services)	• 이용자의 요구와 선호에 맞추어 프로그램과 서비스 제공하기 위하여 이용자와 의사소통하기 • 학교도서관이 제공하는 프로그램, 서비스, 시설을 핵심 이용자 집단에 적극적으로 홍보하여 도서관의 학습 파트너의 역할, 프로그램과 서비스, 자원 제공자의 역할 알리기 - 학교도서관 서비스를 홍보하기 위한 핵심 이용자 집단: 학교장, 교감, 부장교사, 행정실장, 교사, 학생, 학부모 • 학교의 특징과 핵심 이용자 집단의 차이를 고려하여 적절한 의사소통 전략 마련하기 • 학교장 및 교사와 협력하여 홍보 계획 세우기 - 홍보 계획의 내용: 목표, 목표 달성 방법을 담은 실행계획, 실행계획의 성공 여부를 측정할 수 있는 평가 방법

(출처: IFLA, 2015, 28-30의 내용을 정리하여 도표화함)

3.4.2 법률과 정책에 담긴 직무 범위

학교도서관의 비전과 사명을 달성하기 위하여 사서교사가 마땅히 수행해야 할 역할(役割)[3]에 관한 법적 규정은 『초·중등교육법』(법률 제20862호)과 『학교도서관진흥법시행령』(대통령령 제29099호)에서 찾아볼 수 있다. 『초·중등교육법』 제20조 제4항에 따르면, '교사는 법령에서 정하는 바에 따라 학생을 교육한다.'와 같이 학생 교육 임무를 명시하고 있다. 그리고 『학교도서관진흥법시행령』(대통령령 제33343호)에서는 사서교사 등의 업무 범위를 '학교도서관 운영, 교육, 교수-학습지원'으로 정하고 있다.

〈표 3-11〉 법령이 정한 사서교사 등의 업무 범위

『초·중등교육법』 제20조(교직원의 임무) ① 교장은 교무를 통할(統轄)하고, 소속 교직원을 지도·감독하며, 학생을 교육한다.
② 교감은 교장을 보좌하여 교무를 관리하고 학생을 교육하며, 교장이 부득이한 사유로 직무를 수행할 수 없을 때는 교장의 직무를 대행한다. 다만, 교감이 없는 학교에서는 교장이 미리 지명한 교사(수석교사를 포함한다)가 교장의 직무를 대행한다.
③ 수석교사는 교사의 교수 · 연구 활동을 지원하며, 학생을 교육한다.
④ 교사는 법령에서 정하는 바에 따라 학생을 교육한다.
⑤ 행정직원 등 직원은 법령에서 정하는 바에 따라 학교의 행정사무와 그 밖의 사무를 담당한다.

『학교도서관진흥법시행령』 제7조(사서교사 등)
③ 사서교사 등의 업무 범위는 다음과 같다.
1. 학교도서관 운영계획의 수립에 관한 업무

3) 직무란 "직책이나 직업상에서 책임을 지고 담당하여 맡은 사무"를 의미하고, 업무(業務)란 "직장 같은 곳에서 맡아서 하는 일"을 의미하고, 역할(役割)이란 "자기가 마땅히 하여야 할 맡은 바 직책이나 임무"를 의미함 또한 임무(任務)란 "맡은 일 또는 맡겨진 일"을 의미함(국립국어원표준국어대사전 (2025. 04. 17.). https://stdict.korean.go.kr)

> 2. 자료의 수집, 정리, 이용 및 예산 편성 등 학교도서관 운영에 관한 업무
> 3. 독서지도 및 학교도서관 이용방법 등에 대한 교육과 안내
> 4. 학교도서관을 이용하는 교사의 교수·학습지원

그러나 『학교도서관진흥법시행령』은 『초·중등교육법』과 달리 교원인 사서교사와 직원인 사서의 자격 유형에 따른 업무 구분이 없다는 한계를 안고 있다. 이것은 학교도서관이라는 교육환경을 이용하여 학생의 자기주도 학습능력 신장에 필요한 방법적 지식인 도서관 자료의 활용능력(정보활용능력)을 교과와 연계하여 지도하는 사서교사의 교육적 역할을 교과 권위주의 관점에서 평가한 결과이다. 따라서 통합(융합)교육과정 운영과 교수-학습방법 개선을 통한 학교 교육과정 혁신에 교원인 사서교사가 적극적으로 참여할 수 있도록 교수자의 역할을 제시하여야 한다. 이 경우 <표 3-12>에서와 같이 『도서관법』(법률 제20834호) 제40조 제②항과 『학교도서관진흥법』(법률 제18547호) 제6조에서 정한 학교도서관 업무 및 사서교사 직무에 대한 연구 성과 등을 기준으로 『학교도서관진흥법시행령』 개정을 통해서 사서교사 등의 공통 업무와 사서교사의 교원으로서의 업무를 구분할 수 있다.

〈표 3-12〉 학교도서관진흥법시행령의 사서교사 등의 업무 개정(안)

> 제7조(사서교사 등)
> ③ 사서교사 등의 공통 업무 범위는 다음과 같다.
> 1. 학교도서관 운영계획의 수립에 관한 업무
> 2. 학교 교육에 필요한 도서관 자료의 수집·정리·보존 및 이용서비스 제공
> 3. 시청각자료 및 멀티미디어 자료의 개발·제작 및 이용 제공
> 4. 정보관리시스템과 통신망을 이용한 정보공유체제의 구축 및 이용 제공
> 5. 학교도서관을 이용하는 교사의 교수·학습지원
> 6. 도서관 이용 지도 및 독서 활성화
> 7. 지역사회 개방 및 지역사회 실정에 맞는 학부모·노인·장애인, 그 밖의 지역주민을 위한 프로그램을 개발·보급
> 8. 그밖에 학교도서관으로서 해야 할 기능수행에 필요한 업무
>
> ④ 사서교사는 학교도서관을 활용한 교육과정 운영에 기여하기 위하여 다음과 같은 업무를 수행한다.
> 1. 도서관활용교육을 통한 교수-학습방법 개선
> 2. 도서관 자료 활용 및 미디어 정보 리터러시 교육
> 3. 독서교육, 협동수업 등을 통한 정보활용교육
> 4. 정보윤리와 저작권 교육
> 5. 기타 학교 교육과정 운영에 필요한 교육

3.4.3 사서교사의 역할 변화

4차 산업혁명 시대 사서의 역할 변화에 연구(박태연 등, 2018)에 따르면, 사서의 55가지 업무 중 78%에 해당하는 43가지가 1개 이상의 신기술의 영향을 받을 것으로 보인다. 특히, 분류하기, 목록 작성하기, 메타데이터 작성하기, 이용자 정보요구 분석하기, 문헌정보 시스템 구축하

기, 수집 자료 관리하기, 프로그램 요구 분석하기 등 7가지 직무의 경우, 6개 신기술(사물인터넷, 클라우드 컴퓨팅, 빅데이터, 인공지능·인지 컴퓨팅, 인터렉션·스마트콘텐츠, ICT 융복합 디바이스 등) 중 4개 기술이 적용되어 사서 업무를 지원하거나 대체할 수 있는 것으로 나타났다. 반면에 독서활동 서비스를 위한 프로그램 설계, 운영, 평가 그리고 정보리터러시를 포함한 문화평생교육 서비스 등은 신기술의 영향이 상대적으로 적을 것으로 예상된다.

사서교사의 역할도 사회적·시대적 환경의 변화에 맞추어 학교도서관의 기능이 변함에 따라서 달라진다. 미국의 경우 사서교사의 역할이 도서관리자(1950년대), 교사(1960년대), 교육자료전문가(1970년대), 정보 전문가(1980년대)로 변화되었다(김정소, 1993, 91-100). 이후 사서교사와 교과교사의 협동수업의 필요성을 강조한 새로운 학교도서관 기준인 『Information Power: Building Partnerships for Learning』의 발표를 계기로 사서교사의 역할이 교사, 교수 파트너, 정보 전문가, 프로그램 관리자로 확대되었다(AASL and AECT, 1998b, 4-5). 이러한 변화를 반영하여 AASL(2010b)이 발표한 『사서교사 직무 분석』(Sample Job Description Title: School librarian)에서는 사서교사의 역할과 책무를 '리더(leader), 교수 파트너(Instructional partner), 정보 전문가(Information specialist), 교사(Teacher), 프로그램 관리자(program administrator) 등 4가지로 제시했다.

첫째, 리더(leader)

리더로서 사서교사는 협동과 창의적인 문제해결에 필요한 도서관 환경을 구축하고, 교육공동체 구성원들이 도서관의 중요한 구성원이라고 느끼고 헌신할 수 있도록 만들 수 있는 뛰어난 의사소통 능력을 발휘하는 사람이다. 리더로서 사서교사가 수행하는 역할은 다음과 같다.

- 학교의 주요 의사결정 과정 참여한다.
- 학교 개선 사업과 승인 활동에 적극적으로 참여한다.
- 학교, 주, 국가의 프로그램 기준을 학교도서관 프로그램에 적용한다.
- 교무회의, 학부모회의, 학교운영위원회 등에 참석하여 전문지식을 공유한다.
- 역동적인 학습, 참여형 학습, 자원기반교수 및 교사와의 협동수업을 위한 도서관 환경을 구축한다.
- 장서 선정, 열람, 평가, 저작권, 이용자 개인정보 보호, 자료의 적법한 이용과 관련된 교육청의 정책을 개발하고 개선하는 데 학습공동체와 함께 협력한다.
- 학생의 학습능력 신장을 위하여 교수매체의 활용을 장려하고, 전체 학습공동체를 위하여 디지털 정보원을 항상 이용할 수 있도록 한다.
- 교수 활동 및 학교도서관 프로그램과 학업성취도 간의 상관관계를 입증할 수 있는 다양한 자료를 수집하고 분석한다.
- 학교도서관 및 사서교사와 관련된 전문가 집단에 적극적으로 참여한다.
- 최신 업무 수행능력과 정보기술, 교수법 등에 대한 전문성을 계발한다.

한편, 사서교사는 리더로서 학교도서관과 학교도서관 프로그램에서 전문성을 선도한다. 이러한 전문성을 발휘하는 방법은 다음과 같다.

- 전문성 향상을 위한 기회를 지지하고, 알리고, 촉진한다.
- 학교와 도서관 홈페이지, 가정통신문, 전자우편, 지역 케이블방송, 동영상 스트림, 팟캐스트 등의 방법을 통해서 학교도서관과 관련된 사람과 빈번하고 시의적절하게 의사소통한다.
- 교수-학습활동을 지원하기 위해서 지역, 국가, 국제 수준의 학교도서관 관련 자료를 조사하고 활용한다.
- 학교도서관과 사서교사 21세기에 적합한 학습자를 만들기 위해서 무엇을 하고 있는가를 증명할 수 있도록 논문을 작성하고 정기적으로 보고서를 제출한다.
- 효과적인 홍보 프로그램을 관리한다.
- 지적 자유를 지키려고 노력하는 모습을 보여준다.
- 정보의 윤리적인 이용을 촉진한다.

둘째, 교수 파트너(Instructional partner)

교수 파트너로서 사서교사는 교사 및 다른 교수자와 협력하여 학생 정보를 공유하고 연구 요구, 교육과정, 학습 성과 등과 정보원과의 연계를 구축하고 강화한다. 사서교사가 교육과정 운영에서 꼭 필요한 교수 파트너로서 수행하는 역할은 다음과 같다.

- 광범위한 정보활용능력(정보, 매체, 시청각자료, 디지털자료, 정보기술 등)을 지도할 수 있는 학교 및 지역교육청 수준의 교육과정 개발 및 설계 과정에 참여한다.
- 다중 정보활용능력과 창의적 사고력을 길러줄 수 있는 탐구학습과 학습 경험, 평가 방법을 설계하고 지도하기 위하여 교과교사와 협력한다.
- 협동수업 운영에 참여하여 집단 학습이나 개별학습을 실시하고, 학생들의 학습과정 평가 및 학업성취도를 측정한다.
- 교과교사 및 다른 공동체 구성원과 함께 학생들의 독서흥미와 평생학습능력을 길러줄 수 있는 유의미한 경험을 설계하고 운영한다.
- 학교와 다른 학교 사서교사를 포함해서 관내 모든 직원의 전문성 신장을 위한 프로그램을 설계하고 운영한다.

셋째, 정보 전문가(Information specialist)

정보 전문가로서 사서교사는 다양한 유형의 정보원과 교수매체를 선정, 수집, 평가, 조직하고 윤리적으로 이용하는데 리더십과 전문지식을 발휘한다. 정보 전문가인 사서교사는 정보의 책임감 있는 이용과 평등한 접근성을 제공하기 위하여 다음과 같은 역할을 수행한다.

- 교육청의 정책에 따라서 교육과정과 학습자 그리고 학교공동체에서 사용하는 교수법과 교수전략과 연계된 장서를 개발하여 관리한다.
- 교외 정보원에 대한 접근성을 제공하기 위하여 다른 도서관 및 사서, 관계기관과 협력하고 네트워크를 구축한다.
- 다중 정보활용능력 신장에 필요한 효과적인 전략을 개발한다.
- 교수-학습을 지원하고, 학교와 지구촌 학습공동체를 연계하고, 교사 및 학생과 의사소통하고, 도서관 서비스를 24시간 제공하기 위해서 현존하는 정보기술과 새롭게 출현하고 있는 정보기술을 평가하고, 이용을 촉진하고 활용하며, 학교 정보원으로 수용한다.
- 하드웨어와 소프트웨어 평가 기준을 제공하고, 평가 절차를 개발한다.

- 저작권, 공정 이용, 지식재산의 사용권을 이해하고, 이용자들 역시 이를 이해하고 준수할 수 있도록 지원한다.
- 장서를 최대한 효과적으로 이용할 수 있도록 조직한다.

넷째, 교사(Teacher)

교사로서 사서교사는 학생들이 창의적인 사고력을 갖추고 열정적인 독자, 숙련된 연구자, 정보의 윤리적인 사용자가 될 수 있도록 노력하는 사람이다. 사서교사가 교사로서 학생의 성공을 위해서 수행하는 역할은 다음과 같다.

- 독해를 위한 독서, 다양한 관점 형성을 위한 독서, 다양한 장르에 대한 독서, 오락 독서를 지도한다.
- 학습과제나 개인의 정보요구에 필요한 정보의 활용법을 지도한다.
- 선행지식을 형성하고 새로운 지식을 구성하는 방법을 지도한다.
- 정보 세계와 다양한 유형의 정보 매체를 수용하는 방법을 지도한다.
- 개별학습과 모둠학습을 건설적으로 평가하는 방법을 지도한다.
- 학생 스스로 최고의 비평가가 될 수 있도록 지도한다.

다섯째, 프로그램 관리자(program administrator)

프로그램 관리자로서 사서교사는 학교도서관 프로그램의 정책을 결정하기 위해서 학습공동체 구성원과 협력하고 학교도서관 프로그램과 관련된 모든 활동의 방향을 제시하고 안내한다. 사서교사가 프로그램 관리자로서 학교도서관 프로그램을 효율적이고 효과적으로 운영하기 위해서 수행하는 역할은 다음과 같다.

- 프로그램의 지속적인 개선을 위하여 전략적 계획을 활용한다.
- 학교도서관 프로그램의 목적과 목표는 학교와 교육청의 장기 전략적 계획과 일치한다는 점을 확실하게 한다.
- 프로그램의 목적과 목표를 개발하고 실행하는데 직원, 자원, 시설을 감독하는 것을 포함해서 효과적인 관리 정책을 활용한다.
- 프로그램의 목적과 계획을 지원하기 위해서 학습 성과물과 같은 실행 증거를 활용한다.
- 학교도서관 교육 프로그램과의 관련성과 효과를 보여줄 수 있는 실행 증거를 생산한다.
- 진행 중인 프로그램에 대한 실천연구를 실시하고, 지속적인 프로그램 개선에 유용한 데이터를 평가한다.
- 교수 도우미, 컴퓨터 교육 도우미, 자원봉사자 및 도우미 학생을 포함한 보조 직원을 감독하고 평가한다.
- 구체적인 프로그램 목적을 달성하기 위하여 학교도서관 프로그램 예산을 준비하고, 편성하고, 관리한다.
- 요구가 있을 때 적절한 자원을 이용할 수 있도록 자원의 선정, 수입, 대출, 공유에 필요한 과정과 절차를 만든다.
- 도서관 내에 학생의 학습에 매력적이고 안전하고 유연하고 건설적인 교수-학습 환경을 만들고 관리한다.
- 학교도서관 관리에 필요한 효과적인 정보기술을 선택하여 활용한다.
- 도서관 보조 직원, 자원봉사자, 도우미 학생의 선발, 채용, 훈련에 참여한다.
- 학생이 필요할 때 도서관 직원과 자료를 이용할 수 있도록 학교도서관의 탄력 시간표를 편성한다.
- 장애물이 없는 보편적으로 설계된 환경을 제공함으로써 학교도서관 시설에 대한 평등한 물리적 접근성을 보장한다.

CILIPS(2011)는 『학교도서관 권리』(School Library-A Right)에서는 학교도서관을 경영하는 전문가의 역할을 '교육과정에 대한 이해와 자원 관리를 통한 교수활동 지원, 교사와의 협동을 통한 교육과정 계획 및 개발과 수업 참여, 교내·외 관계기관과의 협력관계 구축' 등으로 제시하였다. 오스트레일리아는 『사서교사에 대한 성명서』(ALIA-ASLA statement on teacher librarians in Australia)(2016)에서 사서교사를 효과적인 도서관 정보서비스와 프로그램의 개발과 옹호를 통해서 교육공동체의 비전을 지원하고 구현하는 존재로 규정하고, 핵심 역할을 학습과 교육, 관리, 리더십, 협력과 커뮤니티 참여로 설정하였다.

① 학습과 교육(learning and teaching)
문학 및 독서 진흥, 문해력, 디지털 및 정보 활용 능력, 탐구 기반 학습, 정보통신기술(ICT) 통합 및 커리큘럼 자원화에 중점을 둔 활동 제공

② 관리(management)
도서관의 시설, 자료 그리고 교육학 프로그램을 포함한 물리적 지적 접근성과 물리적 디지털 서비스 제공, 읽기, 탐구, 연구, 사고, 상상력, 창의력이 학습과 교육의 중심이 되는 학교의 물리적 및 디지털 학습공간 운영 책임

③ 리더십과 협동(leadership and collaboration)
교내 직원의 전문성 개발을 포함하여 교장, 교육과정 리더, 동료 교사 그리고 문화, 언어, 원주민 및 기타 고유한 집단과 협력하여 개발한 서비스와 프로그램의 선도와 제공, 교육, 과학기술, 사서직 분야의 최신 경향(trends) 인식

④ 공동체 참여(community engagement)
다양한 문화, 언어, 원주민 및 기타 고유한 그룹을 위한 프로그램, 장서개발 및 확장 서비스 제공, 자녀 교육에서 가족의 중요성과 세대 간 지식 이전의 가치 인식, 교외 다른 도서관 조직과의 관계 구축

국내에서도 교육 정보화에 따른 교육환경의 변화에 발맞추어 요구되는 사서교사의 역할 설정에 대한 논의가 진행되고 있다. 우선, 김효정(1997)은 사서교사의 역할을 '매체 전문가, 교사, 교수-학습활동의 협의자'로 구분하였다. 교육부는 사서교사를 위한 표준 교육과정 개발에 대한 연구를 통해서 직무 영역을 '정보 전문가, 교사, 경영자, 협력적 리더'로 구분하고, 영역별 직무 수행에 필요한 역량을 다음 〈표 3-13〉과 같이 제시하였다.

〈표 3-13〉 교육부의 사서교사 직무 영역 및 역량

직무 영역	역량	직무 영역	역량
정보 전문가	• 장서개발·관리·보존 • 정보자료 조직 • 정보서비스 • 콘텐츠 큐레이션 • 정보시스템 운영 • 교수-학습매체 제작 • 4차 산업혁명기술 적용	경영자	• 학교도서관 경영 계획 • 예산관리 • 시설관리 • 인사조직관리 • 도서관 행사 • 학교도서관 평가 • 홍보·마케팅
교사	• 오리엔테이션·도서관이용지도 • 독서교육 • 정보활용교육 • 디지털·미디어 리터러시 교육 • 학생 독서활동 관리 • 교수설계구현 • 정보윤리와 저작권 교육	협력적 리더	• 도서관활용교육 • 도서관협력수업 • 전문적 학습공동체 참여 • 지역사회 협력 네트워크

(출처: 교육부, 공주대학교 산학협력단, 2020, 95)

이상에서 살펴본 사서교사의 역할에 대한 논의의 공통점은 학교도서관과 교육과정과의 연계와 융합 그리고 교육공동체 구축이 강조되면서 교사뿐만 아니라 리더, 교수 파트너 그리고 공동체 설계자(Community Designer) 역할이 강조되고 있다는 것이다. 사서교사의 리더십은 교과교사와의 협동을 통해서 학교도서관활용교육과 같은 자원기반 교육과정을 설계하고 운영하는 교수 파트너 역할을 수행하는 데 중요하다. 이를 위해 사서교사는 학교 교육과정 관련 회의에 참석하고, 도서관 프로그램을 제공하고, 교사와 학생이 정보기술을 교과에 적용할 수 있도록 지원해야 한다. 그리고 공동체 설계자로서 사서교사는 학습공동체인 학교서관을 기반으로 교수-학습 경험을 제공하는 다양한 교내외 인적 물적자원을 연계한다. 이를 통하여 학교공동체는 물론 지역공동체의 지속 성장에 이바지할 수 있다.

4. 사서교사 평가

4.1 평가의 목적과 중요성

교원 평가는 전문성 신장과 교육활동의 책무성 강화를 목적으로 교사의 능력과 수준을 측정하는 일련의 활동이다. 전문성 신장을 위해서는 교수-학습활동에서 교사의 능력을 정확히 진단하고, 취약점이 무엇인지 찾아서 이를 개선할 수 있도록 도울 필요가 있다. 책무성은 교사의 업무 내용과 실행 과정을 분석하여 업무의 효율성을 높이고, 나아가 학교 행정 및 학교 조직의 개선을 추구하는 것이 목적이다. 따라서 전문성 신장 평가 결과는 교사의 현재 상태 진단과 교수의 기술 개선에 도움을 주고, 책무성 수준을 평가한 결과는 임용, 승진, 상벌 등 인사 행정의 자료로 활용된다.

교원 평가는 평가 목적에 따라서 평가의 준거와 절차 그리고 방법 등이 달라진다. 따라서 평가가 원활하게 이루어져서 성과를 거두기 위해서는 목적에 대해 평가자와 평가 대상자 모두가 공감해야 한다(정진환, 2004, 56). 사서교사 평가와 관련한 문제는 학교장의 사서교사에 대한 책무성 평가 요구 증가, 일반교사 평가 도구로 사서교사를 평가하려는 경향, 사서교사의 획기적인 직무 변화 등이다(Bryant, 2002, 86). 특히, 사서교사의 역할이 정보매체 전문가, 프로그램 관리자 등에서 교사, 교수 파트너로 확장되면서 일반교사용 평가 도구로 사서교사를 평가하는 경향이 늘어나고 있다. 그러나 사서교사의 교사 역할은 통합교육과정 운영과 협동수업 등 일반교사와의 협력관계를 기반으로 이루어지기 때문에 평가에 앞서 사서교사의 역할에 대한 분명한 합의가 이루어져야 한다. 사서교사 평가는 교수-학습활동의 변화 속에서 학교 교육목적 달성을 위해서 어떠한 역할을 하느냐에 맞추어져야 한다. 따라서 사서교사 평가 도구에 포함되어야 할 일반적인 지침은 학교도서관 교육과 협동수업에 필요한 사서교사의 역할이라고 볼 수 있다.

사서교사의 역할에 맞지 않은 부정확한 평가는 사서교사에게 불공평할 뿐만 아니라 학교장을 비롯한 교육공동체 구성원에게 잘못된 인상을 심어준다. 또한, 사서교사 평가가 실제적인 현상을 제공하지 못하고, 사서교사의 역할과 기여도를 측정하지 못한다면, 학교도서관 운영에 필요한 적절한 인원, 자원을 지원받을 수 없으므로 교육과정에 참여하는 데 지장을 초래하게 된다(Bryant, 2002, 85). 따라서 사서교사의 역할에 대한 오해를 해소할 수 있는 적절한 평가 도구를 개발하고 다양한 평가 방법이 적용되어야 한다.

4.2 평가 방법

4.2.1 교원업적평가

『국가공무원법』(법률 제20627호)에 따르면, 각 기관의 장은 정기 또는 수시로 소속 공무원의 근무 성적을 객관적이고 엄정하게 평정하여 인사관리에 반영하여야 하며, 근무성적평정 결과 근무 성적이 우수한 자에 대하여는 상여금을 지급하거나 특별승급시킬 수 있다(제51조). 이에 따라 교원업적평가는 승진 · 전보 등 인사에 반영하는 근무성적평정과 성과에 따른 수당 지급에 반영하는 성과상여금평가로 이루어진다.

교원의 근무성적평정은 인사 행정의 공정성을 목적으로 『교육공무원법』(법률 제20783호) 제13조(승진) 및 제14조(승진후보자명부)와 『교육공무원승진규정』(대통령령 제33528호)에 따라서 이루어진다. 『공무원수당 등에 관한 규정』(대통령령 제35182호)에 따르면, 소속 장관은 공무원 중 근무성적, 업무실적 등이 우수한 사람에게는 예산의 범위에서 성과상여금을 지급하도록 정하고 있다(제7조의2 제①항).

『교육공무원승진규정』을 보면, 교사의 근무성적 평가는 매 학년도 종료일(2월 말)을 기준으로 하여 '근무실적·근무 수행능력 및 근무 수행 태도'에 관하여 근무성적평정과 다면평가를 정기적으로 실시하고, 각각의 결과를 합산하도록 하고 있다(제28조의 2 제①항). 그리고 교사 근무평정의 평가 기준을 보면, 근무성적 평정자는 근무성적평정 시 평정 대상자가 작성하여 제출한 자기 실적평가서를 참작하여 평가하여야 한다(16조 제②항). 교사에 대한 평정 채점은 평정자(교감) 20%, 확인자(교장) 40%를 합산하여 60점 만점으로 산출하고, 다면평가자가 정성평가 32%, 정량평가 8%를 합산하여 40점 만점으로 산출하여 총 100점 만점으로 산출한다.

〈표 3-14〉 교원업적평가 방식

구 분		교원업적평가	
		근무성적평정	성과 상여금 평가
근거	법률	교육공무원법	국가공무원법
	대통령령	교육공무원 승진 규정	공무원 수당에 관한 규정
	행정규칙	-	-
목 적		승진 · 전보 등 인사 반영	성과에 따른 수당 지급
평 가 방 식		다면평가(40%) +관리자평가 (교감 20%+교장 40%)	다면평가(100%) ※ 학교별로 다름 (예시) 정성 20% + 정량 80%
평 가 요 소		교육공무원으로서의 태도, 학습지도, 생활지도, 전문성 개발, 담당업무 등 ※ 다면평가 정성지표 기준	
관 련 위원회		다면평가위원회	
		교원인사위원회	성과 상여금 심사위원회
시 기		12월	12월

(출처: 교육부, 2024a, 7)

『교육공무원승진규정』에 따르면, 교사에 대한 근무성적평정표, 다면평가표 및 근무성적평정과 다면평가 합산표는 별지 서식에 따르도록 하고 있다(제28조의 3 제①항). 근무성적의 평정자 및 확인자는 승진후보자명부작성권자가 정하고, 근무성적의 확인자는 근무성적의 평정자를 위원장으로 하며, 평가대상자의 동료 교사 중 3명 이상 7명 이하를 위원으로 하는 다면평가관리위원회를 구성 · 운영한다. 이 경우 다면평가자 구성에 관한 기준 및 절차 등에 관하여 필요한 사항은 승진후보자명부작성권자가 정한다. 다면평가관리위원회는 '영양·보건·전문상담 또는 사서교사 등 학생에 대한 수업이 주된 업무가 아닌 평가 대상자에 대한 정성(定性)평가에 따른 다면평가 평가지표의 추가 · 삭제 및 수정의 업무' 를 담당한다(제28조의 4 제④항). 교사 다면평가 중 정성평가 사항은 태도와 근무실적 및 근무수행능력이다. 태도의 평가 요소는 교육공무원으로서의 태도(10점)이고, 근무실적 및 근무수행능력의 요소는 학습지도(40점), 생활지도(30점), 전문성 개발(5점), 담당업무(15점)이다. 교사 다면평가 중 정량평가 사항은 근무실적 및 근무수행능력으로 평가 요소는 학습지도(30점), 생활지도(30점), 전문성 개발(10점), 담당업무(30점)이다(『교육공무원승진규정』. 별지 제4호의 2. 서식 참조).

논란은 성과 상여금 지급을 위한 다면평가 기준이 교과교사와 사서교사에게 동일하게 적용되어 학습지도를 담당하지 않은 사서교사에게 불리하다는 것이다. 이 문제를 해결하기 위해 학생에 대한 수업이 주된 업무가 아닌 평가 대상자(영양·보건·전문상담·사서교사)를 분리 평가하는 교육청이 늘고 있다. 이 경우 초등학교와 중학교에 근무하는 사서교사 등의 평가는 지역교육지원청에서 고등학교에 근무하는 사서교사 등의 평가는 교육청에서 하나의 그룹으로 통합하여 평가하며, 소속 학교의 다면평가 결과(정량평가, 정성평가)에 따른 등수를 백분위로 환산하여 순위를 결정한다. 대전광역시교육청이 개발한 사서교사 다면평가(정성평가 20%) 기준을 살펴보면 다음 〈표 3-15〉와 같다.

〈표 3-15〉 사서교사 다면평가(정성평가) 기준(예)

구분	평가 사항	평가 요소	평가 지표
교사	1. 근무 수행 태도	교육공무원으로서의 태도(10점)	1) 교육자로서 품성을 갖추고 직무에 충실한가?
			2) 공직자로서 사명감과 직무에 관한 책임감을 갖고 솔선수범하는가?
	2. 근무 실적 및 근무 수행 능력	가. 학습지도 (40점)	1) 도서관 운영과 독서교육에 대한 연구를 충실히 하는가?
			2) 학생 수준에 적합한 도서관 운영계획을 수립하는가?
			3) 학생들이 적극적으로 도서관을 이용할 수 있도록 분위기를 조성하는가?
			4) 학생의 능력과 수준에 적합한 도서를 선정하여 제공하는가?
			5) 도서관 이용 및 독서 활동에 적절히 참여시키는가?
			6) 도서관 이용 및 독서교육 시 적절한 자료를 활용하는가?
			7) 학생들의 독서활동 상황을 수시로 점검하는가?
			8) 학생들의 요구사항을 파악하기 위하여 노력하는가?

구분	평가 사항	평가 요소	평가 지표
		나. 생활지도 (30점)	1) 학생 개개인의 특성을 파악하기 위하여 노력하는가?
			2) 상담을 통해 학생이 당면한 문제를 원만히 해결할 수 있도록 지원하는가?
			3) 학생의 적성과 특기를 고려하여 진로·진학 정보를 제공하는가?
			4) 학생들이 학급에서 친구들과 잘 어울려 생활하도록 지도하는가?
			5) 안전사고 및 학교폭력을 예방하기 위한 교육을 실시하는가?
			6) 학생들이 올바른 기본 생활 습관(언어, 행동, 예절, 질서 등)을 기르도록 지도하는가?
			7) 학생들이 건전한 가치관과 도덕성을 갖추도록 지도하는가?
		다. 전문성 개발(5점)	1) 전문성을 높이기 위한 연구 활동에 적극적인가?
			2) 전문성을 높이기 위한 연수 활동에 적극적인가?
		라. 담당업무(15점)	1) 담당업무를 정확하고 합리적으로 처리하는가?
			2) 담당업무를 창의적으로 개선하고 조정하는가?

(출처: 대전광역시교육청, 2024)

울산광역시교육청이 마련한 사서교사 다면평가(정량평가 80%) 기준을 살펴보면 다음 〈표 3-16〉과 같다. 학교 다면평가위원회에서는 사서교사 다면평가(정량평가) 요소 중 학습지도의 평가 내용을 대출 횟수나, 협동수업 또는 학교도서관활용교육 운영 시수 등으로 정할 수 있다.

〈표 3-16〉 사서교사 다면평가(정량평가) 기준(예)

평가 사항	평가 요소	평가 내용	세부 내용	점수	비고
근무 실적 및 근무 수행 능력	학습 지도 (30점)	연간 수업시수 (20점)	① 60시간 이상(20점) ② 40시간 이상(19.9점) ③ 기본 (19.8점)		※ 기안문, 증빙 서류 등
		수업 공개 및 행사(10점)	① 공개 행사 3회 이상(10점) ② 공개 행사 2회~1회(9.8점) ③ 기본(9.5점)		
		소계 (만점: 30점)		○○점	
	생활 지도 (30점)	생활지도 곤란도(20점)	① 전교생 600명 이상(20점) ② 전교생 400~599점(19.5점) ③ 전교생 399명 이하		
		학생 학부모 상담실적(10점)	① 30회 이상(10점) ② 30회 미만(9.8점)		※ 나이스 및 기타 증빙서류 기록 내용

평가 사항	평가 요소	평가 내용	세부 내용	점수	비고
		소계 (만점: 30점)		○○점	
	전문성 개발 (10점)	연수 이수 실적(10점)	① 60시간 이상(10점) ② 30시간 이상~60시간 미만(9.5점) ③ 30시간 미만(9점)		※ 나이스 및 기타 증빙서류 기록 내용
		소계 (만점: 10점)		○○점	
	담당 업무 (30점)	업무 곤란도 (24.5점)	-추진 실적- 신설교 혹은 전년도 사서교사 미배치교, 리모델링, 서가교체, 장서점검, 도서폐기·불용처리, 도서관이용교육, 도서관·독서 프로그램, 도서관 학부모 자원봉사자 운영 ① 4개 이상(24.5점) ② 3개(24.4점) ③ 2개(24.3점) ④ 기본(24점)		※ 기안문, 증빙 서류 등
		근무 개월(5점)	① 12개월(5점) ② 10개월 이상~12개월 미만(4.5점) ③ 8개월 이상~10개월 미만(4.0점) ④ 6개월 이상~8개월 미만(3.5점) ⑤ 6개월 미만(3점)		※ 각종 휴가는 근무 개월에 포함 ※ 1개월: 15일 이상 근무
		학교 기여(0.5점)	기관 표창, 공모사업 운영, 위원회 활동, 학생지도실적(동아리 운영 등)		※ 기안문, 증빙서류 등
		소계(만점: 30점)		○○점	
전체 합계(만점: 100점)				○○점	

※ 동점자일 경우는 학습지도, 생활지도, 담당업무, 전문성 개발 점수가 높은 순, 경력이 많은 순, 생년월일 빠른 순으로 한다.

(출처: 울산광역시교육청, 2025)

문제는 사서교사의 근무성적평정이 현행 『초·중등교육법』(법률 제208625호) 제21조(교원의 자격) 제①항 〈별표 1〉에서 정하고 있는 교장과 교감의 자격 기준에 따라 승진에 반영되지 못한다는 것이다. 이 문제를 해결하고자 2021년 8월 4일에 교감의 자격 기준에 '전문상담교사, 사서교사, 영양교사'를 추가하는 『초·중등교육법』 일부개정법률안(강득구 의원 대표 발의. 의안번호 제21011914호)이 발의되었다. 이 개정안은 2013년 12월 30일 개정된 『초·중등교육법』에서 보건교사가 교감의 자격 기준에 추가된 것과 형평을 맞추려는 시도였다. 그러나 교과교사의 반발과 일부 교사노동조합의 반대로 무산되었다(교육위원회, 2021).

4.2.2 교원역량개발지원제

2010년부터 2023년까지 실시된 교원능력개발평가는 다면평가(동료 교원 평가, 학생과 학부모 만족도 조사)로 이루어졌으나 교권 침해 논란 끝에 2024년 폐지되고, 2026년부터 교원의 자기주도적 성장을 지원하는 교원역량개발지원제로 대체되었다. 교원능력개발평가에서 사서교사의 평가 지표는 '① 도서관 이용의 활성화 ② 경영계획 및 관리 ③ 인적자원 관리 ④ 정보서비스 ⑤ 자료조직 및 장서관리 ⑥ 정보시스템 운영 및 활용 ⑦ 도서관 이용자 교육 ⑧ 도서관 활용 수업 및 협동수업 ⑨ 독서교육 ⑩ 정보활용교육(정규수업인 경우)' 등이었다(『교원능력개발평가 실시에 관한 훈령』(교육부훈령 제320호). 제8조 제①항 〈별표 1〉).

교원역량개발지원제는 '다면평가(정성평가), 학생성장인식조사, 자기역량진단' 등을 중심으로 한다. 교원능력개발평가와 달라진 점은 교사에 대한 학생 만족도 조사가 학생의 성장과 변화 정보를 제공하는 학생 인식 조사로 대체되면서 서술형은 폐지되었다. 교사 대상 학부모 만족도 조사가 학교 평가로 대체되었고, 교원평가 결과로 부과되는 능력향상연수가 교사의 자기주도적 성장 지원을 위한 자기역량진단으로 대체되었다.

〈표 3-17〉 교원의 역량 진단 방식

동료 교원	학생	자가 진단
• 교원업적평가 다면평가의 정성평가 영역(학습지도, 생활지도, 전문성 개)활용 • 과정 중심, 역량개발 지원 중심 다면평가로 개선	• 학생 인식 조사 신설 ※ 교원의 학습, 생활지도 결과로 나타나는 학생의 변화 정보제공	• 자기 역량 진단 시스템 도입 ※ 경력단계 · 학교급(유치원 포함) 등을 고려한 역량 지표를 기준으로 자발적 역량 진단 지원
▸(효과) 교원업적평가와 중복 개선, 교사학습공동체 활성화	▸(효과) 교원의 교육활동에 대한 학생의 배움과 성장 확인	▸(효과) 교육활동에 대한 자아성찰
진단 결과 제공		
교육활동 개선에 참고, 활용할 수 있도록 평가 영역 · 요소별 결과, 연도별 변화 추이 등 역량 진단 결과를 최근 5개년 누적 제공 (나이스(NEIS), 유아 나이스(NEIS))		

(출처: 교육부, 2024a, 2)

Mississippi Department of Education(2015)이 제시한 사서교사 평가 기록표를 보면, 비공식 평가 2회, 공식 평가 1회를 포함하여 최소 3회의 평가를 실시하고 그 결과를 환류한다. 그리고 공식 평가 후에는 협의를 통해 다음 해 도서관 프로그램의 목표, 예산 및 요구사항에 대해 논의한다.

〈표 3-18〉 사서교사 비공식 평가표(예)

- 사서교사:
- 평 가 자:
- 비공식 평가일:
- 사후 조치: ☐ 예 ☐ 아니오
- 평가 유형:
  ☐ 개별지도 ☐ 소집단 지도 ☐ 전체 집단 지도 ☐ 협동 ☐ 도서관 관리 ☐ 교사 현직연수
- 근무학교:
- 학 군:
- 비공식 관찰 번호:

평가 영역	관찰 결과	증거/의견
1 계획		
① 학교의 교육 프로그램을 지원하기 위해 교사 및 관리자와 협의하여 장기 및 단기 도서관 계획을 수립한다.	☐ 예 ☐ 아니오	
② 효과적인 도서관 이용을 위한 도서관 정책 및 절차를 개발하고 구현한다.	☐ 예 ☐ 아니오	
③ MS 도서관 표준(MS library standards) 및 커리큘럼 목표에 맞춰 필요한 자원, 공학기술 및 교육 서비스를 계획하고 제공한다.	☐ 예 ☐ 아니오	
④ 학생의 다양한 배경, 문화, 기술, 학습 수준, 언어 능력, 관심사 및 특수 요구사항 충족을 위한 교육을 계획한다.	☐ 예 ☐ 아니오	
⑤ 학교/지역기관과 협의하여 학교의 교육 프로그램을 지원하기 위한 도서관 예산을 개발하고 모니터링한다.	☐ 예 ☐ 아니오	
2 관리		
⑥ 교육구 자원의 범주 안에서 학교의 교육 프로그램을 지원하기 위해 균형 잡히고 포괄적이며 최신의 인쇄 및 비인쇄 자료를 제공한다.	☐ 예 ☐ 아니오	
⑦ 표준 분류 시스템에 따라 자료를 분류, 목록 및 정리하여 쉽게 접근할 수 있도록 한다.	☐ 예 ☐ 아니오	
⑧ 자료 이용에 대한 정확한 도서관 기록 및 통계를 유지한다.	☐ 예 ☐ 아니오	
⑨ 연간 장서점검를 통해 자료를 관리하고 부적절하거나 낡거나 오래된 자료를 폐기한다.	☐ 예 ☐ 아니오	
3 협동과 서비스		
⑩ 학생의 독서 관심사를 인지하고 적절한 자료선택에 대한 지침을 제공하여 다양한 형태의 문학 작품을 읽도록 장려한다.	☐ 예 ☐ 아니오	
⑪ 교직원 및 학생과 효과적으로 소통하여 새로운 취득 자료와 도서관 서비스에 대해 알린다.	☐ 예 ☐ 아니오	

평가 영역	관찰 결과	증거/의견
⑫ 도서관운영위원회와 협의하여 도서관 프로그램 내에서 교육적 요구를 결정한다.	☐ 예 ☐ 아니오	
⑬ 교육과정의 필수적인 부분으로 정보와 디지털 리터러시를 협력하여 지도한다.	☐ 예 ☐ 아니오	
⑭ 학생과 교사에게 자원, 공학기술 및 장비 사용법 등을 교육한다	☐ 예 ☐ 아니오	
⑮ 학생과 교사가 연구를 위한 정보와 자료를 찾도록 돕는다.	☐ 예 ☐ 아니오	
4 도서관 환경 및 시설		
⑯ 학생과 교사에게 최적의 용도로 도서관을 구성한다.	☐ 예 ☐ 아니오	
⑰ 모든 학생에게 높은 기대를 보이고 모든 학생과 교사에게 학습 기회를 제공하는 긍정적인 도서관 환경을 유지한다.	☐ 예 ☐ 아니오	
5 전문적 책임		
⑱ 적절한 전문적 학습 기회에 참여하고/또는 전문도서관 조직에 참여한다. 학생과 교사에게 도움이 되는 전문적 학습을 적용한다.	☐ 예 ☐ 아니요	
⑲ 교사, 학생 및 가족과 도서관 프로그램 및 이용할 수 있는 자원에 대해 효과적으로 의사소통한다. 학교와 지역사회에서 도서관 프로그램을 옹호한다.	☐ 예 ☐ 아니오	
⑳ 도서관 권리장전과 지적 자유를 증진한다.	☐ 예 ☐ 아니오	
• 의견		

(출처: Mississippi Department of Education (2015). SCHOOL LIBRARIAN EVALUATION Available: https://www.mdek12.org/sites/default/files/Offices/MDE/OA/OEER/Library%20Services/Section%206/Librarian%20Growth%20Rubric%20Informal%20Evaluation%20Form%20(Optional).pdf)

4.2.3 자기평가

교사의 자기평가는 전문성 평가 모델에서 적극적으로 활용된다. 전문성 신장 평가에 있어서 자기평가는 대체로 교사 평가 초기에 교사가 스스로 전문성 신장 영역과 구체적인 목표를 설정하고 그러한 목표 달성 여부를 검토하기 때문에 자기진단과 반성적 경험을 보여줄 수 있는 중요한 평가자료이다(김이경 외, 2004, 61). 사서교사는 자기평가를 통해서 업무 수행에서 드러난 긍정적, 부정적 측면을 확인할 수 있다. 또한, 가장 어려움을 겪는 업무를 해결하기 위해 연수 프로그램에 참여하거나 주변에 도움을 요청하는 등 자기 발전의 계기로 활용할 수 있다. 정보매체 전문가인 사서교사의 평가 영역은 복합적 역할과 경영상의 핵심 가치 측면에서 도서관 경영, 교육과정 기여, 전문성 신장, 협동적 인간관계, 자아 존중감, 업무 수행능력 등으로 구분할 수 있다. 이들 영역에 대한 평가 기준은 다음과 같다.

〈표 3-19〉 사서교사 자기평가 영역 및 기준(안)

평가 영역	자기평가 기준	척도				
		매우 그렇다	그렇다	보통 이다	아니다	전혀 아니다
도서관 경영	도서관에 대한 사명과 비전이 분명하다.					
	도서관에 대한 이용자의 물리적, 지적, 경제적 접근성을 강화하고 있다.					
	개인과 집단의 요구를 충족시킬 수 있는 정보, 자원을 제공하고 지도한다.					
	학교 교육목적을 지원하기 위해서 도서관 프로그램, 봉사 그리고 직원을 관리한다.					
	사회변화 추세를 예견하고 도서관과 정보서비스를 재조정한다.					
	전략적 계획을 수립하고 실행한다.					
	도서관 역할의 확장을 위한 협동적 네트워크를 구축하고 있다.					
	도서관 활성화를 위한 홍보와 마케팅 전략을 수립하고 실천한다.					
	학부모 및 지역사회와 협력하고 봉사한다.					
교육 과정 기여	학교도서관 교육을 위한 범위를 선정할 수 있다.					
	협동수업을 위한 통합교육과정을 개발할 수 있다.					
	협동수업을 위한 교수설계 능력이 있다.					
	협동수업을 운영하고 평가하는 데 필요한 학습 전략을 개발할 수 있다.					
	평생학습능력 신장을 위한 교육 프로그램을 설계하고 운영할 수 있다.					
	도서관 이용자에게 정보활용능력의 모범을 보인다.					
전문성 신장	국가, 지역, 학교 수준의 교육과정에 대해서 잘 알고 있다.					
	교수 프로그램을 지원하기 위해서 다양한 형태의 매체를 평가할 수 있다.					
	교육과 관련된 최근 법령 및 지식과 이론을 갖고 있다.					
	전문 능력향상을 위한 재교육과 연수에 참여한다.					
협동적 인간 관계	학생의 교육적 잠재력에 대한 확신을 갖고 건설적인 관계를 형성한다.					
	학생의 사회적, 정서적, 지적 요구를 이해한다.					
	학생을 차별하지 않고 공평하고 따뜻하게 대한다.					
	학교도서관 운영과 교육과정 통합에서 리더십을 발휘한다.					
	공동체 구성원과 파트너십과 협력을 추구한다.					
	상호존중과 신뢰의 환경을 조성한다.					
	효과적인 의사소통 능력을 갖추고 있다.					

평가 영역	자기평가 기준	척도				
		매우 그렇다	그렇다	보통 이다	아니다	전혀 아니다
자아 존중감	자신이 유능하고 성공할 수 있다는 믿음이 있다.					
	자신과 환경 간의 관계에 대해서 평가할 수 있다.					
	도전적인 일을 경험과 전문지식을 통하여 성공적으로 처리할 수 있다.					
	우울함, 불안함, 분노 등 불쾌한 정서를 통제할 수 있다.					
	문제를 객관적이고 합리적으로 생각하려 애쓴다.					
업무 수행 능력	교육청이나 외부 기관의 활동에 적극적으로 참여한다.					
	학교 행사에 적극적으로 참여한다.					
	조직의 효율성이나 혁신을 위한 활동에 참여한다.					

(출처: 송기호, 2010, 130-131의 내용을 보완함)

5. 사서교사 연수와 발전 방향

5.1 교원연수의 필요성 및 종류

교원연수란 교직연수, 현직연수, 재교육, 직원개발, 계속 교육 등과 같은 의미로 사용된다. 교원연수란 일반적으로는 일정한 자격을 가지고 임용된 교원에게 해당 직무에 대한 적응능력을 길러주기 위해 의무적으로 부과되는 교육·훈련과 재직 중 교원의 전문적 능력을 배양하고 일반적 자질을 함양시키기 위해 자발적 또는 의무적으로 이루어지는 제반 교육·훈련 활동을 의미한다.

훌륭한 교원은 타고난 성품과 자질도 있겠지만, 끊임없는 연찬과 노력을 통하여 만들어지는 것이다. 즉 우선 좋은 학생을 선발해야 하고, 교원양성기관에서 잘 교육되어야 하고, 철저한 검증을 거쳐 자격을 주어 임용하고, 현직에 근무하면서도 계속적인 연수와 자기 계발을 통하여 성취되어 간다. 이처럼 선발, 직전 교육, 자격과 임용, 그리고 현직연수가 밀접한 상호연계 속에 이루어질 때 교사의 질이 확보될 수 있다(강원근, 2000).

『교육기본법』(법률 제20663호)에서는 "교원은 교육자로서 갖추어야 할 품성과 자질을 향상시키기 위하여 노력하여야 한다."라고 규정하고 있다(제14조 제③항). 그리고 1982년 한국교원단체총연합회가 제정한 『사도헌장』에서는, "교원은 폭넓은 교양과 부단한 연찬으로 교직의 전문성을 높여 국민의 사표가 되며, 원대하고 치밀한 교육계획의 수립과 성실한 실천으로 맡은 바 책임을 완수한다."고 규정함으로써 교원의 전문성 함양을 위한 노력과 책임 의식을 강조하고 있다.

이뿐만 아니라 1966년에 유네스코와 국제노동기구(UNESCO/ILO)는 교원의 지위에 관하여 일련의 공통적인 기준과 척도를 설정하기 위한 목적으로 『교원의 지위에 관한 권고』(Recommendation Concerning the Status of Teachers)를 선포하였다. 권고의 기본 원칙으로서 제6항에 '교직은 전문직으로 간주하여야 한다(Teaching should be regarded as a profession)'라고 천명하였다. 그리고 교직이 전문직으로 이해되어야 하는 근거를 '교직은 엄격하고도 지속적인 연구를 통하여 습득 유지되는 전문적 지식과 전문화된 기술이 있어야 하는 공공적 업무의 하나' 이며, 또한, '교원에 대하여 그들이 담당하고 있는 학생의 교육과 복지를 위하여 개인적, 집단적인 책임감을 요구'하기 때문이라고 제시하였다(UNESCO and ILO, 1966, 3).

교원연수는 연수가 이루어지는 단위를 중심으로 하여 기관 중심 연수, 학교 중심 연수, 그리고 개인 중심 연수로 분류할 수 있다. 교원연수기관에서 실시하는 교원연수의 종류는 대체로 자격연수, 일반연수, 직무연수, 그리고 특별연수 등으로 구분할 수 있으며, 필요한 경우에는 국가에서 지정한 연수기관 이외의 기관에서 위탁 연수와 지정 연수도 실시할 수 있다. 각급 학교장의 책임하에 실시하고 있는 학교 중심 교사 연수는 학교별 연간교육활동 계획에 따라 차이가 있으며, 연구지정학교 또는 특수 목적 학교는 일반 학교와 다른 교사 연수계획도 추가할 수 있다. 개인 중심 교사 연수는 교사 각자가 자신의 전문성 신장과 자기 계발을 위해서 실시하는 자율연수이다. 개인 중심 교사 연수로는 대학원 진학, 자격 및 직무연수, 그리고 컴퓨터·영어·서예·취미생활 등을 위하여 각종 교원 연수기관을 비롯한 학원 및 사회 교육기관 등에서의 연수를 포함한다.

사서교사는 다양한 자료를 개발하여 교수-학습을 지원하고 개선하는 데 참여할 뿐만이니라 학생의 독서지도, 정보활용교육 등을 담당하기 때문에 그 어느 교과교사보다도 새로운 지식과 기술 습득이 필요하다. 특히, 지속적인 전문성 신장 노력을 통하여 평생학습사회에서 모범이 되어야 한다.

5.2. 사서교사 연수

『교원등의연수에관한규정』(대통령령 제31359호)에서는 연수의 종류를 '교육의 이론·방법 및 직무 수행에 필요한 능력 배양을 위한 직무연수와 유아, 초등, 중등 교원의 자격을 취득하기 위한 자격연수로 구분하고 직무연수의 연수 과정과 내용은 연수원장이 정하도록 하고 있다. 그리고 자격연수의 종류를 정교사(1급)과정, 정교사(2급)과정, 준교사과정(특수학교 실기교사를 대상으로 하는 과정), 전문상담교사(1급)과정, 사서교사(1급)과정, 보건교사(1급)과정, 영양교사(1급)과정, 수석교사과정, 원감과정, 원장과정, 교감과정 및 교장과정으로 구분하고, 연수할 사람의 선발에 관한 사항 및 연수의 내용은 교육부령(『교원 등의 연수에 관한 규정 시행규칙』)으로 정하도록 하고 있다(제6조).

『교원등의연수에관한규정시행규칙』(교육부령 제265호)에 따르면, 직무연수 대상자는 관할 교육감 또는 국립학교 등의 장이 지명하되, 교육감은 연수 과정별로 필요하다고 인정하는 경우에는 교육장 또는 학교의 장이 연수 대상자를 지명하게 할 수 있다. 이 경우 지명을 받은 연수 대상자는 특별한 사유가 없으면 연수를 받아야 한다(제4조 제①항). 사서교사(1급) 자격연수 대상자는 사서교사(2급)에 따른 교육경력이 있는 사람 중에서 관할 교육장 또는 학교장의 추천을 받아 교육감이 지명하고, 국립학교 등에 근무하는 사람에 대해서는 그 소속 기관의 장이 지명한다(제4조 제②항). 그리고 직무연수와 자격연수 대상자를 지명할 때에는 교원 및 교원이 아닌 교육공무원에게 연수의 기회가 균등하게 주어지도록 하고, 자격연수 과정의 연수 대상자를 지명할 때에는 기간제 교원과 기간제 교원 외의 교원으로 구분하고, 근무한 기간이 오래된 사람 순으로 각각 지명한다(제4조 제③항). 사서교사(1급) 자격연수의 내용은 '기본역량과 전문역량'으로 구성한다(제7조 제①항).

〈표 3-20〉 사서교사(2급) 자격연수의 연수과정표

전문상담교사(1급)과정 사서교사(1급)과정 보건교사(1급)과정 영양교사(1급)과정	
영역	이수 시간 배당 비율(%)
가. 기본역량: 교원으로서 요구되는 교육관 · 교직관 등 기본적인 소양 및 자질	30-50
나. 전문역량: 전문상담교사(1급) · 사서교사(1급) · 보건교사(1급) · 영양교사(1급)로서 전문적인 직무 수행에 필요한 지식이나 기술	50-70
합계	100

(출처: 『교원등의연수에관한규정시행규칙』(교육부령 제265호) 제7조 제①항 〈별표 2〉)

사서교사(1급) 자격연수 과정은 2005년에 국립공주대학교 사범대학 교육연수원이 처음으로 개설하였다. 이후 전공 분야 전문 영역의 내용은 자원 관리 중심에서 독서요법, 독서 프로그램 운영, 도서관 성과측정과 품질관리, 정보활용교육, 도서관활용교육, 협동수업, 에듀테크 활용 등 현장 맞춤형으로 다변화되고 있다.

사서교사 임용 전 직무연수는 학교 문화와 소속 교육청의 교육정책을 이해하고, 성공적으로 교직을 수행할 수 있는 실무 역량을 길러주는데 주안점을 두고 있다. 이 밖에도 사서교사를 대상으로 하는 직무연수는 교육부, 교육청, 교과 연구단체, 국립중앙도서관 등이 운영하고 있다.

5.3 사서교사 연수의 발전 방향

수적 한계와 자격 구분 및 직무 분석에 맞는 역할 수행 미비 등은 사서교사를 위한 연수 프로그램의 체계적인 발전을 저해하고 있으며, 교원 전체의 연수제도 틀 속에서 제대로 된 위상을 갖추지 못한 실정이다. 이제 교원 연수제도의 발전 선상에서 사서교사 연수 프로그램을 고찰하고 직무 유형에 적합한 다양한 연수 과정과 내용을 개발할 때이다. 이를 위해서는 다음과 같은 교원연수제도의 발전 방안을 참고로 할 필요가 있다(이윤식, 2000).

- 교직 전 기간에 걸쳐 교원의 교직 전문성을 계속해서 성장·유지하기 위해서 주기적으로 체계적인 연수가 제공되어야 한다.
- 직전교육과 현직연수 간에, 그리고 교직 생활 중 받게 되는 계속적인 현직연수 간에 교육내용·교육과정에 있어서 연계성과 체계성이 있어야 한다.
- 교원연수제도의 운영에 있어서 학교의 조직적 요구뿐만 아니라 교원의 개인적 요구와 성인 학습자로서의 특성과 요구가 적절히 반영되어야 한다.
- 교원연수제도의 운영에 있어서 각 지역의 교육적 지역적 필요와 특성이 적절히 반영되어야 한다.
- 교원이 연수에 더 적극적으로 참여할 수 있도록 유인 체제가 마련되어야 한다.
- 시대적·사회적 변화 발전에 부응할 수 있도록 교원에게 적절한 연수가 제공되어야 한다.
- 교원연수의 기회가 공립학교 교원과 사립학교 교원 간에 균등하게 제공되어야 한다.
- 교육행정기관, 교원 연수기관, 학교의 교원이 높은 책임의식과 참여의식을 느끼고 교원연수의 발전을 위해 함께 노력하는 분위기가 조성되어야 한다.

특히, 교원 연수는 디지털 대전환에 따른 교원 혁신 역량을 강화하고, 배움누리터가상연수원 같은 디지털 기술을 활용한 미래형 연수 체제를 마련하는 방향으로 전환하고 있다. 또한, 자기주도성을 기반으로 성장·발전할 수 있도록 AI 기반 학습 추천, 이력 관리 등의 개인 맞춤형 지원 체제가 더욱 강화되고 있다(교육부, 2024a). 사서교사도 학습자의 성공을 위해서 디지털 신기술에 대한 지식을 지속적으로 습득하여 교육과정과 통합 운영할 수 있는 재교육 연수 기회를 갖는 것이 필수적이다. 이를 바탕으로 학습자와 교사가 이를 잘 사용할 수 있는 교육을 해야 한다(AASL, 2018a, 56). 이를 토대로 사서교사 연수의 발전 방안을 제시하면 다음과 같다.

① 사서교사와 교과교사 합동 연수

사서교사의 업무 성과는 궁극적으로 교사의 교과교육활동과 연계될 때 나타나게 된다. 따라서 자원기반학습, 도서관이용교육, 정보활용교육 등은 교과교사와 합동으로 연수 프로그램을 운영하는 것이 바람직하다. 또한, 사서교사와 학교도서관 담당 교사 통합 연수, 사서교사와 사서 간 합동 연수, 사서교사와 특별실 담당 교사 합동 연수 등을 통해 사서교사의 교육공동체 참여기회를 확대하고, 리더십과 파트너십을 강화할 필요가 있다.

② 교사의 발달단계를 고려한 맞춤형 연수

연수는 교직 생활 전체 기간에 대체적인 교사의 발달단계에 따라 자격연수와 직무연수를 혼합하여 연수 과정을 체계화하고, 연수 과정은 필수과정과 선택과정으로 구분하여 운영하는 것이 필요하다. 교사의 교직 생활을 기초과정, 정착과정, 발전과정, 심화과정, 고급과정 등으로 5단계(〈표 3-21〉 참조)로 나누어 이를 모든 교사가 교직 생활 중에 필수적으로 이수하도록 하고 연수비용은 국가 또는 교육청이 전액 부담하도록 해야 한다. 선택과정은 교사 대상 희망 연수 조사(교사가 희망하는 연수 내용, 시기, 시간 등)를 토대로 하여 맞춤형 연수 과정을 제공하고, 자율연수 형태로 교사가 선택하여 이수하도록 한다. 선택과정은 원칙적으로 교원 자비 부담으로 이수하도록 하되, 최소한 3년마다 1회의 직무연수는 교육청이 경비를 지원하도록 한다(이윤식, 2000).

〈표 3-21〉 교사의 발달단계를 고려한 교원 필수연수 과정

연수 과정 명칭	성격	연수 이수 시기
기초과정	신규교사에게 교사로서 원활히 교직에 적응하도록 도와주는 과정	신규교사 교직 적응 연수, 향후 신규교사 수습과정으로 발전시킴
정착과정	안정기에 접어든 교사의 전문적 교육능력을 정착·발달시키는 과정	교직 경력 5년 경과 시 1급 정교사 자격연수
발전과정	성숙기에 접어든 교사가 중견 교사로서 교내·외적인 지도성을 개발시키는 과정	교직 경력 10년 경과 시 보직교사 기초직무연수
심화 과정	원숙기에 접어든 교사의 전문적 능력(교육전문가로서의 지도적 역량과 자질)을 함양시키는 과정	교직 경력 15년 경과 시 보직교사 심화 직무연수, 향후 선임교사 자격연수로 발전시킴
고급과정	교육활동에 수월성을 발휘하고, 교육전문가로서의 다른 교사에 대하여 지도적 역량을 발휘할 수 있는 능력과 자질을 함양시키는 과정	향후 교직 경력 20~25년 지난 교사를 대상으로 수석교사 자격연수로 발전시킴

③ 원격연수의 확대

원격연수는 교원들이 원하는 분야의 현직연수를 공간적, 시간적, 방법적 계약에서 벗어나 탄력적으로 받을 수 있다는 장점을 갖고 있다. 원격연수를 위해서는 연수 자료를 연수기관 간에 공동으로 개발하여 활용할 수 있는 네트워크 체제가 마련되어야 한다. 원격연수는 불필요한 중복투자 방지와 기관별 프로그램 특성화를 통한 경쟁력 확보, 그리고 상호 정보교류를 통한 시너지 효과를 극대화할 수 있다.

사서교사의 경우에는 배치된 인력이 수적으로 제한되어 있을 뿐만 아니라 전국에 걸쳐서 산발적으로 배치되어 있다. 따라서 시도교육청별로 독립적인 연수 과정을 운영하기에는 부담이 있다. 사서교사를 위한 원격연수는 (가칭)사이버학교도서관을 설립하거나 기존에 인가받은 대학 부설 원격교육연수원에서 사서교사 과정을 운영하는 방안 그리고 교육연수 플랫폼(배움누리터가상연수원)에 사서교사 과정을 개설하는 방안을 고려해 볼 수 있다. 그리고 사서교사와 도서관 담당 교사 및 일반 교과교사가 역할과 수준에 따라서 선택할 수 있도록 도서관 운영과정, 도서관 이용교육과정, 독서교육과정, 정보활용교육과정, 도서관 활용교육과정, 협동수업과정 등으로 세분화할 필요가 있다.

④ 단위 학교 중심 자율장학 확대

학교도서관 운영과 교육 서비스는 단위 학교의 교육과정 특징을 반영하며 학생의 수준과 요구에 따라 다양하다. 따라서 사서교사가 수요자 중심의 교육정보서비스를 바탕으로 교육과정을 지원하고 개선하는 데 기여할 수 있는 현장 맞춤형 연수 기회를 확대하는 것이 중요하다. 또한, 사서교사가 증거기반업무를 실천하고, 교육적 영향력을 평가하여 환류함으로써 학교도서관이 중요한 교육환경으로 자리매김할 수 있도록 지원할 필요가 있다. 이를 위해서는 컨설팅 장학과 교내 자율장학이 확대되어야 한다. 더불어 교육부와 교육청의 학교도서관 장학체계를 정립하고, 컨설팅과 자율장학을 지원할 수 있도록 학교도서관지원센터의 전문성을 강화해야 한다.

04

학교도서관 인력과 조직

1. 인간관계 형성과 인력 관리
2. 학교장
3. 교사
4. 도서반
5. 자원봉사자
6. 보조 직원
7. 교무분장 및 위원회 조직
8. 학교도서관 장학 체계

04 학교도서관 인력과 조직

1. 인간관계 형성과 인력 관리

1.1 인간관계 형성

인간은 기본적으로 다른 사람과의 관계 속에서 살아가는 사회적 존재이며 상호 의존성을 갖는다. 교사의 인간관계는 다층적으로 이루어지며, 자신이 원하는 삶을 살아가기 위해서는 동료에 대한 이해와 통찰은 물론 좋은 관계를 맺어야 한다. 인간관계 형성은 5C 즉, 관심(concern) 소통(communication), 이해(comprehension), 배려(consideration), 사랑(charity)의 과정으로 설명할 수 있다(김도기 외, 2018). 관심은 인간관계의 출발점이고, 소통은 자신의 심리적 관심을 상대방이 알 수 있도록 표현하는 과정이다. 이해는 관심 있는 상대와 소통하거나 경험하면서 얻은 지식을 통해 상대의 본질을 파악하고, 상대방의 감정을 더 정확하게 인지하고 깊이 있게 공감하는 것이다. 배려는 상호 존중을 바탕으로 이루어지며, 인간관계의 발전을 위한 중요한 사회적 덕목이다. 마지막으로 사랑은 상대방이 기대하고 원하는 행동을 하며, 상대방을 즐겁게 하고, 상대방을 소중히 여김으로써 행복감을 느끼는 것으로 인간관계의 완성이다.

좋은 관계란 전문성과 신뢰를 바탕으로 시간의 공유와 상호 정보제공을 통해서 형성된다. 좋은 관계 맺기를 통해서 혼자가 아니라는 기쁨과 내적 기쁨을 느낄 수 있고, 일에 대한 기쁨과 외적 기쁨을 얻을 수 있다(Attali, 2005). 그리고 이러한 기쁨이 성공으로 이어진다. 학교공동체에서 사서교사는 학교장, 교사, 학생, 학부모, 직원, 지역주민, 관계기관 종사자 등과 다양한 관계를 형성한다. 그러나 교육과정에 대한 기여도가 낮을 것이라는 인식이 사서교사의 좋은 관계 형성을 저해한다. 이러한 인식은 사서교사의 표시 과목이 없다는 제도적 한계에서 비롯되는 경우가 많으며, 사서교사를 단순히 교육과정 운영의 보조자나 수동적인 도서관 관리자로 보는 것이다.

사서교사가 좋은 관계를 맺기 위해서는 제도적 한계와 인식 부족에 불만을 품고 투덜대기보다는 자신에 대한 믿음과 자기 일에 대한 믿음을 갖는 것이 중요하다. 전문가로서 실력을 기르고 학교도서관에 대한 비전을 설정하여 의사소통 능력과 의사결정능력을 통해서 이를 공유함으로써 구성원의 인식 개선과 참여를 선도할 수 있는 리더십을 발휘해야 한다. 전문성, 리더십과 함께 구성원과의 감성적 교감과 신뢰 형성이 교육과정 동반자로서의 자존감을 높이고 성공하는 사서교사를 만든다.

1.2 인력 관리

인력 관리에서 관리 대상인 조직 구성원을 보는 시각은 비용 절감을 위한 생산요소로 보는 입장에서 경제적 부가 가치를 가져오는 인적 자본으로 변화였고, 이후 경쟁우위 달성을 위한 전략적 자원으로 변하였다. 사람 중심 경영(human-oriented management)에서는 조직의 성공이 구성원의 질에 달려 있다고 보고, 경영자가 구성원을 인간으로서 존엄성을 가진 존재로 존중하고, 조직 공동체의 발전에 기여할 수 있다는 믿음을 가지고 조직을 경영한다(양동현, 2008, 33). 인력 관리란 구성원이 잠재능력을 최대한 발휘하여 조직의 효율성을 극대화하고, 자신이 수행한 활동에 만족감을 가지도록 잠재력을 육성·발전시키는 것이다. 인력 관리에서 중요한 것은 존엄성, 능동성, 개발성, 전략성 등 인력의 속성을 이해하고 실천하는 것이다. 존엄성이란 인력을 조직의 성과 달성에 필요한 수단으로 여기지 않고, 인격과 양심, 자존심을 존중해야 한다는 것이다. 능동성은 불확실한 경영 환경에서 조직 구성원이 스스로의 판단과 의지에 따라 자율적으로 행동할 수 있어야 한다는 의미이다. 개발성이란 인력이 학습과 경험을 통해서 스스로 성숙해 가는 존재이기 때문에 훈련을 통해서 잠재능력과 자질을 길러주는 노력이 필요함을 뜻한다. 전략성은 조직의 전략적 경영의 출발이 인력이기 때문에 능동성과 점재적 개발성을 발휘하여 성과를 거둘 수 있도록 조직 기능 개선을 위한 전략 개발이 중요하다는 것이다(신철우 외, 2018, 19-21).

인력 관리는 인간이해를 바탕으로 일관성, 공정성, 합리성에 기반을 두면서 공감, 지식공유, 의사소통 및 협력적 업무 수행이 이루어지도록 해야 한다(정동섭, 2018, 26; 정수진, 고종식, 2019, 22-23). 이를 위해서 경영자는 계획수립(planning)에 구성원의 참여기회를 확대하고, 지식과 정보를 공유할 필요가 있다. 그리고 의사소통 활성화와 능력에 따라서 역할과 권한을 부여하는 조직화(organizing)가 이루어져야 한다. 또한, 지휘(leading)를 통해서 조직의 목표를 분명히 인식할 수 있도록 하고, 업무 수행에 필요한 충분한 정보와 지식을 제공해야 한다. 아울러 적극적인 경청, 권한 이양, 참여기회 확대를 통해서 동기부여(motivation)가 이루어져야 한다. 특히, 하위 조직이나 구성원 간 업무 및 이용자와의 관계를 조정하고, 목표(계획) 달성 정도와 자기평가를 할 수 있도록 통제(controlling)해야 한다.

한편, 조직이 목표를 달성하기 위해서는 조직을 합리적이고 능률적으로 관리할 수 있는 조직 원리가 필요하다. 조직 원리는 행정의 과학화에 기여한 L. H. Gulick과 R. F. Urwick이 제시한 것으로 크게 분업의 원리와 조정의 원리로 구분되며, 세부적으로는 전문화의 원리, 부처 편성의 원리, 조정의 원리, 계층제의 원리, 명령통일의 원리, 통솔 범위의 원리 등으로 나눌 수 있다(현대도서관학총서편찬위원회, 1982, 137-140; 박응격, 1984; 조철현, 2020).

① 분업(division of work)의 원리

전문화(specialization)의 원리라고도 한다. 업무를 성질별로 나눈 후 한 사람에게 한 가지의 주된 업무만 분담하도록 하는 것으로 업무를 세분화할수록 능률적 경제적 성과를 얻을 수 있고 각 업무 분야별로 전문가를 양성하는 데 유리하다. 그러나 부여받은 업무는 잘

하지만, 그 외 업무에 대해서는 무능해지는 훈련된 무능, 내 업무나 내 부서만 중요하고 다른 부서를 배척하는 할거주의(sectionalism; 부처이기주의)와 같은 문제점이 발생할 수 있다. 성질에 따른 업무의 구분은 범위와 권한을 나누는 것이다. 범위를 나누는 것을 수평적 전문화, 권한을 나눈다는 것을 수직적 전문화라고 한다. 수평적 전문화 수준이 높다는 것은 조직 구성원 1명에게 1가지의 주된 업무만 부여하는 것을 의미하고, 반대로 수평적 전문화 수준이 낮다는 것은 1명이 여러 업무를 담당하기 때문에 일의 단조로움을 덜어준다는 의미이다. 수직적 전문화가 높다는 것은 일의 계층이 세분화되어 있고, 그에 따라 권한이 나뉘어져 있음을 뜻한다. 반대로 수직적 전문화가 낮다는 것은 계층의 수가 적고 그만큼 일의 권한을 부여한다는 의미이다.

② 부문화(departmentation)의 원리
분업의 원리 중 하나로 부처 편성의 원리라고도 한다. 조직을 목적과 기능(예: 교육부, 법무부), 과정과 절차(예: 기상청, 통계청), 취급 대상과 수혜자(고용노동부), 그리고 지역(예: 경찰서)을 기준으로 편성하면 행정의 효율성이 증가한다고 보는 원리이다. 대표적으로 정부 조직이 여기에 해당하며 조직의 책임과 권한이 명확하지만, 내 부서만 중요하다는 할거주의를 초래할 수 있다.

③ 명령 통일(unity of command)의 원리
조직의 각 구성원은 누구나 한 사람의 직속상관에게 보고하고, 명령을 받아야 한다는 원리이다. 조직 내 혼란을 방지하고 책임 소재를 분명히 할 수 있다.

④ 계층(hierarchy)의 원리
권한과 책임의 정도에 따라 직무를 등급화하고, 조직 단위를 직무상의 지휘, 감독 관계로 만들어 조직 내 권한 체제를 계층화해야 한다는 조직 설계 원리이다. 이 원리는 책임의 경중을 따져서 상하 간에 분업하는 등급화의 원리(scaler principle)와 유사하며, 계층의 수가 적을수록 효율적이다.

⑤ 통솔 범위(span of control)의 원리
한 사람의 상관이 감독하는 부하의 수는 그 상관의 통제 가능한 범위에 한정되어야 한다는 원리이다. 조직의 능률성을 확보하기 위해서는 상관이 부하를 효율적으로 통솔할 수 있도록 부하의 수를 제한할 필요가 있다. 따라서 통솔의 범위는 좁게 잡을수록 효율적이다.

⑥ 조정(coordination)의 원리
조직의 공동 목표를 달성하기 위하여 하위 체계 사이의 노력을 통합하고 조정하는 원리이다. 조직에서 분업, 전문화된 각 구성원의 개별 노력을 조직의 공동 목표를 달성하기 위한 공동의 노력이 되도록 통합할 필요가 있다. 이를 위해서는 조정 기구를 설치하거나 의사전달을 촉진하는 등 동기부여, 일체감 조성 등 리더십을 통한 조정이 중요하다. 그러나 할거주의, 정치적 사회적 요인, 행정 내재적 요인 등이 조정을 저해한다.

2. 학교장

2.1 학교 경영자

시대 변화에 맞추어 학교의 변화와 개선을 유도하고, 학교 교육의 질을 향상하는 데 있어서 학교장의 핵심 역할은 변화를 선도하고, 문제를 해결하는 것이다. 학교장이 변화를 선도하기 위해서는 학교 교육의 비전을 뒷받침하는 핵심 가치를 중심으로 학교공동체 구성원 간 신뢰를 구축할 수 있는 협력적 학습 문화를 구축해야 한다. 교장이 갖는 교육 리더십의 핵심은 학교에서 발생하는 문제를 식별, 분석 및 해결하는 역할이다. 성공적인 문제해결을 위해 교장은 '큰 그림'을 보고 다른 사람이 해결책에 도달하는 과정에서 학생의 필요나 관심사가 첫 번째 고려 사항이라는 것을 설득해야 한다(New Zealand Ministry of Education, 2025).

특히, 우리나라와 같이 사교육 의존도가 높은 상황에서 학교 교육에 대한 교육 주체들의 불신과 불만을 해소하고, 교육을 개혁하기 위해서는 무엇보다도 학교장의 리더십과 지도력이 중요하다(문성윤, 2010, 8, 13). 교육개혁의 목표는 학습자의 다양한 개성을 존중하고, 인성 및 창의성을 최대한 신장시키는 교육체제를 갖춤으로써 모든 학습자의 잠재 능력이 최대한 계발되도록 하는 데 있다. 이는 과거 제도와 정책을 바탕으로 한 공급자 중심의 교육개혁이 아닌 학교 현장의 변화에 초점을 맞춘 수요자 중심의 개혁일 때 가능하다. 수요자 중심의 교육개혁을 위해서는 학교와 교육과정의 선택을 다양화하여 학생의 선택 폭을 넓히고, 교원의 전문성과 자율성을 신장시켜야 한다. 그리고 학교공동체를 구성하여 학부모와 교직원이 자율적으로 학교 운영에 참여할 수 있도록 하고, 첨단 정보통신기술을 활용할 수 있는 학습 환경을 조성하여 교육의 질을 향상해야 한다. 따라서 학교 최고 경영자인 학교장은 학교 조직의 운영 체제를 이러한 교육목표 달성에 적합한 방향으로 변화시켜야 한다. 우선 학교 경영의 자율성 측면에서는 학생 우선 체제로, 교육과정 운영 측면에서는 개별학습 중심 체제로, 그리고 학교 경영 면에서는 자율경영 중심 체제로 변화해야 한다(정태범, 1999, 615-619). 이러한 측면에서 학교장의 학교도서관 활성화에 대한 당위성을 살펴보면 다음과 같다.

첫째, 학생 우선 행정체제 운영 측면에서

학생의 개성과 창의성을 존중하는 학교 교육에서 학교 경영은 학생이 중심이 되어야 한다. 그러나 우리의 교육 현실에서는 아직도 '교사가 먼저 있고, 다음에 학생이 있다' 라는 교육 풍토를 쉽게 발견할 수 있다. '교육 조건과 교육과정이 있고, 다음에 교사가 있고, 그다음에 학생이 있다'라는 사고는 교육의 관료주의를 낳고 교육의 실천을 경시하는 결과를 초래함으로써 결국 교육개혁을 실패로 몰고 갈 것이다. 이제 교육개혁과 함께 추진 중인 다양한 교육과정의 개설, 교과 교실제, 학생들의 교과 선택권 등 수요자 중심의 교육과정 운영은 학생 우선의 행정체제가 강조되고 있음을 보여주는 실증적인 사례이다. 학생이 있는 곳이면 그들의 능력과 적성을 기르기 위하여 교육 프로그램이 따라가야 하고, 그 프로그램 운영을 위한 교육 조건이 마련되어야 한다. 그리고 학교장은 학생의 개성과 창의성을 무엇으로 길러줄 수 있는지를 생각하고 그 기본 환경을 조성하는데 학교 경영의 최우선 목표를 두어야 한다. 학교도서관은 학생이 학교생활 중에 읽고, 보고, 듣고, 느끼고, 생각하고, 소통할 수 있는 다양한 물적·인적자원을 제공할 수 있는 교육복지 환경이다. 따라서 누구나 공평하게 접근하여 즐길 수 있는 학교도서관을 조성하는 것은 학교장에게 주어진 시대적 사명이라고 할 수 있다.

둘째, 개별학습 중심의 교육구조 운영 측면에서

교육은 가르치고 배우는 교수-학습을 통해서 이루어진다. 따라서 학교 행정은 학교의 가장 중요한 기능인 교수와 학습의 효율화를 기하는 데 필요한 제반 조건을 정비하며 지원하는 지원 중심 체제가 되어야 한다. 그러므로 교수-학습이 주가 되고, 그 외의 학교 조직은 이러한 활동을 지원하는 역할을 해야 한다. 그러나 지금까지의 학교 교육은 학습 중심 체제라기보다는 교수 중심 체제였다. 학교 교육에서는 학생이 어떻게 배우느냐보다 교사가 어떻게 가르치느냐에 관심이 집중되었다. 따라서 교사의 가르침은 교과의 지식 전달에 급급하였으며, 결과적으로 학교 교육이 교사의 교수에 집중되어 학생들의 개별학습은 거의 이루어지지 않았다.

교실에서 교사의 교수가 극히 일부의 학생에게 영향을 미쳤을 뿐 대다수 학생에게는 영향을 미치지 못하였다. 극히 일부의 학생만이 교수-학습활동에 참여하고 대다수 학생은 소외되는 지금과 같은 학교 교육의 현실은 자기주도적인 창의적인 학습능력의 신장이라고 하는 교육목표 달성에 적합하지 않은 운영 체제이다. 따라서 개별학습이 중심이 되는 교육체제로 전환되어야 한다. 교과서라는 단일 학습자료에 의존한 강의 중심의 주입식 교육은 교육의 소외지대를 낳을 뿐이다. 교육활동에서는 우선적으로 학생 수준에 맞는 다양한 학습자료를 개발하여 그것을 중심으로 개별지도가 이루어져야 한다.

학생의 개별성과 자율성을 존중하는 수업을 하는 데 꼭 필요한 것은 충분한 학습자료를 제공하는 일이다. 이 일은 교사 개개인의 힘으로는 한계가 있기 때문에 학교 협의체를 통하여 학년별, 교과별, 단원별, 주제별로 다양한 교수-학습자료를 갖춘 교수-학습지원센터를 조성할 필요가 있다. 그리고 교수-학습방법의 개선과 학생의 자기주도 학습능력 신장을 위하여 교육과정과 연계한 체계적인 학교도서관교육이 실시될 수 있도록 교육과정을 편성하여야 한다.

2.2 학교도서관 활성화를 위한 학교장의 역할

학교도서관의 실질적인 관장으로서 학교장의 식견과 능력이 학교도서관 운영의 성패를 결정한다. 특히, 학교도서관의 교육적 역할이 사서교사와 교과교사의 협동을 통해서 운영되면서 학교장의 역할은 더욱 중요해지고 있다. S. Farwell(1998)과 S. Russell(2002)에 따르면, 학교장은 자원기반학습에 가치를 부여하고, 학교도서관이 학교 교육과정의 중심이라는 신념을 확산시키고, 교사와 사서교사 간의 협동 단계를 설정하는 중요한 역할을 수행한다. 또한, 학교장은 학교도서관의 자원기반학습 환경 구축을 위한 재정과 인력을 지원하고 도서관활용교육과 같은 협동수업 시간표 편성에도 도움을 줄 수 있다. 박종희(1989)는 학교장의 학교도서관에 대한 역할을 학교도서관 최고 경영자, 교육과정 조정자, 지도·감독자, 대외적인 역할 그리고 모범 이용자 측면에서 제시하였다. 각각의 역할에 대한 구체적인 내용을 살펴보면 다음과 같다.

① 학교도서관 최고 경영자 역할
학교도서관 발전을 위한 단계적인 계획수립과 충분한 예산을 편성하고 도서관 업무의 특수성과 전문성을 이해한다.

② 학교도서관과 교육과정과의 조정자 역할
전 교직원들에게 학교도서관에 대한 이해와 협력의 태도를 갖게 한다.

③ 사서교사에 대한 지도·감독자 역할
사서교사가 교육과정 계획을 수립하는 데 참여하게 하고, 사서교사의 보고와 의견을 들어 필요한 사항을 지시한다.

④ 대외적인 역할
다른 학교장들과 서로 문제를 협의하고 도서관에 대한 것을 학부모나 지역사회에 알리고 학교도서관 운영에 필요한 기금 마련 등의 협조를 구한다.

⑤ 학교도서관 모범 이용자 역할
학교장 스스로 도서관 이용을 실천하여, 교직원이나 학생의 모범(role model)이 된다.

김정소(1993)는 학교도서관에 대한 학교장의 역할을 본질적인 문제에 관련된 역할, 교육프로그램에 관한 역할, 매체 전문가(사서교사)에 대한 역할로 나누어 〈표 4-1〉과 같이 제시하였다.

〈표 4-1〉 학교도서관에 대한 학교장의 역할

영 역	학교장의 역할
본질적인 문제에 대한 역할	• 학교도서관의 교육적 의의와 중요성을 인식한다. • 학교도서관 발전을 위한 연차 계획의 수립과 재정적 뒷받침을 강구한다. • 학교도서관 운영의 종합적인 문제점과 개선점을 분석 평가하기 위한 협의체를 구성하고 지속적인 발전 방안을 모색한다.
교육프로그램에 대한 역할	• 학교도서관의 교육 프로그램과 학교 교육 프로그램이 동일함을 인식하고, 교과별 교육 프로그램과 학교도서관 사이에 상호 연관성을 갖도록 교사를 지도한다. • 교육 프로그램의 전 분야에서 학교 내의 다른 분야와의 밀접한 관련을 고려하여 학교도서관의 위치(위상)를 설정한다. • 학생들의 개별화 교육을 성취하기 위한 학교도서관 프로그램을 준비한다.
매체 전문가(사서교사)에 대한 역할	• 매체 전문가가 수행하는 업무의 중요성을 인식하여 일반 교과목 교사 이상의 인사원칙이 적용되도록 한다. • 매체 전문가가 그 직책을 원만히 수행할 수 있는 전문직으로 성장할 수 있도록 돕기 위한 제 방안을 강구한다. • 전 교직원이 학교도서관과 매체 전문가에 대해 이해와 협력을 가질 수 있도록 리더십을 제공한다.

(출처: 김정소, 1993, 89-90)

이상의 논의를 종합하면 〈표 4-2〉에서 보는 바와 같이 학교장은 학교도서관의 교육적 가치와 역할을 신장하고, 사서교사의 전문성을 이해하고 교육과정 참여를 지원하는 역할을 통해서 학교도서관과 교육과정의 연계성을 강화할 수 있다. 그리고 학교도서관 활성화 계획을 수립하고 예산, 인력 등 구체적인 지원전략을 수립하는 역할을 수행할 수 있다.

〈표 4-2〉 학교도서관 활성화를 위한 학교장의 역할(종합)

구분 역할(종합)	Farwell(1998)과 Russell(2002)	박종희(1989)	김정소(1993)
학교도서관의 교육적 가치 및 역할 신장	•자원기반학습에 가치를 부여함 •학교도서관이 학교 교육과정의 중심이라는 신념을 확산시킴	•전 교직원에게 학교도서관에 대한 이해와 협력의 태도를 갖게 함 •도서관에 대한 것을 학부모나 지역사회에 알림 •도서관 업무의 특수성과 전문성을 이해함 •학교도서관 이용의 모범을 보임	•학교도서관의 교육적 의의와 중요성을 인식함 •학교도서관의 교육적 위상을 정립함 •교과별 교육 프로그램과 학교도서관 사이에 상호 연관성을 갖도록 교사를 장학함 •학생의 개별화 교육을 위한 프로그램을 준비함
사서교사의 전문성 이해 및 교육과정 참여 지원	•협동수업 시간표 편성에 도움을 줌 •교사와 사서교사 간의 협동 단계를 설정함	•사서교사가 교육과정 계획을 수립하는데 참여하도록 함	•사서교사의 업무 중요성에 맞는 인사원칙을 적용함 •사서교사의 전문직으로의 성장 방안을 강구함 •교직원이 학교도서관과 사서교사를 이해하고, 협력할 수 있도록 리더십을 제공함
학교도서관 활성화계획수립 및 지원전략 수립	•재정과 인력을 지원함	•학교도서관 발전을 위한 단계적인 계획을 수립함 •(학교도서관) 예산 편성 •다른 학교장과 서로 문제를 협의함 •학교도서관 운영에 필요한 기금 마련 등의 협조를 구함	•학교도서관 발전을 위한 연차 계획수립을 지원함 •재정을 지원함 •학교도서관의 문제해결 및 지속적인 발전 방안을 강구함

2.3 학교장의 인식 개선과 변화 이끌기

학교 교육의 리더로서 학교장은 '포용성, 협업, 공정한 정보 접근, 새로운 지식의 생산에 필요한 사고능력'을 중시하는 교육 경험을 학생에게 제공해야 한다. 학교장은 학교도서관의 잠재력을 활용해 학습 경험을 조직하고 학생의 일상생활과 학교생활을 연계할 수 있다. 우선, 성찰적 질문을 활용하면 학교장이 학교도서관을 어떻게 생각하고 있는지 확인할 수 있다.

〈표 4-3〉 학교장의 학교도서관 인식 확인을 위한 성찰적 질문

① 학교 리더십 팀에 사서교사를 포함하고 있습니까?
② 학교도서관에 대한 비전은 무엇입니까?
③ 학교도서관 또는(및) 사서교사에 대해 어떤 선입견과 오해가 있습니까?
이러한 선입견/오해가 학교도서관의 효과를 어떻게 제한하고 있습니까?
④ 학교도서관 인력과 예산 지원을 늘리기 위해 어떻게 옹호하고 있습니까?
⑤ 사서교사가 단순한 사무직이 아닌 혁신적인 업무를 하도록 어떻게 지원하고 있습니까?
⑥ 학교도서관은 학생이 있고 싶어 하는 곳입니까? 어떻게 그렇게 만들 수 있습니까?
(출처: Beck, 2020)

학교장의 변화를 이끌어내기 위해서 사서교사는 학교장의 교육철학을 파악하여 학교도서관 운영에 반영하고, 원활한 의사소통과 마케팅을 통하여 학교도서관활성화가 학교 교육목표 달성은 물론 학교장의 교육철학을 실현하는 데 기여할 수 있음을 인식시켜야 한다. 이를 위해서 학교장이 교육공동체 구성원과 공유할 수 있는 학교도서관에 대한 비전을 만들 수 있도록 도와주어야 한다. National Library of New Zealand(2025. 04. 06.)에 따르면, 공유 비전은 다음과 같은 학교도서관이 수행하기를 바라는 역할을 활용해서 만들 수 있다.

① 학교도서관은 학습자에게 동기를 부여하고 지원한다.
② 학교도서관은 학습을 촉진한다.
③ 학교도서관은 물리적 공간과 가상공간에 대한 접근성을 지원한다.
④ 학교도서관은 협력적이고 공식적인 업무 실행을 지원한다.
⑤ 학교도서관은 개별화되고 포괄적인 환경을 제공한다.
⑥ 학교도서관은 변화하는 학교공동체의 요구에 대응한다.
⑦ 학교도서관은 학생과 교직원의 디지털 리터러시 기술과 디지털 시민권 교육 및 공유을 촉진한다.

3. 교사

학생의 자기주도 학습능력 신장을 위한 교수-학습방법의 개선이 요구되면서 교과교사와 사서교사의 관계가 더욱 중요해지고 있다. 교사는 교과 주제 전문가로 학교도서관을 활용해서 교육과정을 운영하는 최대 협력자이며 주된 이용자이다. 또한, 학교도서관 운영이 대부분 1인 운영체제인 현실에서 학교도서관이 기초적인 교육환경으로 자리 잡기 위해서는 도서관활용교육, 협동수업, 독서지도, 생활지도, 진로지도 등 다양한 교육활동에서 사서교사와 교사의 연계와 협력이 꼭 필요하다.

특히, 교사는 꾸준히 교재를 연구하고 학습자료를 수집·개발하여 새로운 교수법으로 학생을 지도하기 위해서 노력함으로써 학생에게 영향력을 발휘한다. 교사의 학생에 대한 영향력은 학생에게 존경하는 교사의 담당 과목에 대해서 보다 많은 관심을 갖도록 하고, 다양한 자료의 활용과 도서관 이용도를 좌우할 수 있다. 일반교사가 학교도서관 운영에 직·간접적으로 참여하는 방법을 살펴보면 다음과 같다.

첫째, 학교도서관 운영자. 학교도서관운영위원회에 참여하거나 사서교사 미배치 학교에서는 도서관 업무를 담당하기도 한다. 호주의 경우 학교도서관 운영에 참여하는 인력의 하나로 사서자격만을 갖춘 '학교 사서(school librarian)'와 함께 사서의 자격을 갖추고 있지 않지만, 교사의 자격을 갖춘 '교사' 를 포함하고 있다(ALIA and VCTL, 2017, 6). 실제로 학교도서관을 운영하는 어떤 교사의 말처럼 교사만이 여전히 학교도서관의 희망인 상황이다.

> ……학교도서관의 문제점과 그 개선 방향에 대한 처방전 역시 이미 여기저기 많이 쏟아져 나와 있고, 또 최근 교육부에서도 많은 예산을 확보하여 그 어느 때보다도 학교도서관 살리기에 대한 의지를 보이고 있습니다. 그러나 아직도 과연 누가 그 처방전을 들고 약초를 캐내고, 정성스럽게 약을 짓느냐는 문제는 해결되지 않았습니다. 말하자면, 여전히 전문 사서교사를 확보하지 못한 상태에서는 앞으로도 계속 도서담당 교사의 의지와 헌신을 기대할 수밖에 없을 것 같습니다. ……(여태전, 2003, 48).

둘째, 도서관 이용방법 지도. 사서교사가 배치되어 있지 않거나 사서교사의 교육과정 참여가 제한된 경우에 자료활용수업에 필요한 도서관 이용법과 이용예절 등을 교과수업 시간을 활용하여 지도한다.

셋째, 자료 추천. 교사는 담임 업무와 생활지도, 진학지도, 교과 지도 등을 통해서 학생의 지적, 정의적, 신체적 특징을 잘 파악하고 있으므로, 학생의 수준에 맞는 자료를 추천할 수 있는 적임자이다.

넷째, 도서관 이용의 모범자. 교사 스스로 학생 교육과 자기 계발을 위하여 학교도서관을 이용하고 학생들에게 권장함으로써, 학생의 도서관 이용에 영향을 끼친다. 따라서 사서교사는 교사가 학교도서관을 활용함으로써 학생의 학습에 대한 흥미와 학업성취도를 높이는 데 기여하고, 궁극적으로는 교과 교육목표를 달성할 수 있도록 도서관 이용계획을 수립하고, 교과교육과 도서관 자료를 연결하는 데 노력을 기울여야 한다. 이를 위해서 교사가 도서관활용교육을 채택할 수 있도록 자료 구성과 이용에 교사의 의견을 폭넓게 구할 필요가 있다. 그리고 공식·비공식 모임에 참여하여 돈독한 인간관계를 형성하여 교사를 학교도서관 활용의 옹호자로 만들어야 한다.

다섯째, 협동수업 동반자. 사서교사의 교육정보봉사는 교사와의 연계와 협동을 통해서 완성된다. 따라서 교사가 사서교사와의 협동이 주는 장점을 이해하고 교육과정 운영에서 동반자 관계(partnership)를 구축할 수 있도록 해야 한다. P. Milbury(2005)에 따르면 교육과정 운영에서 사서교사와 교과교사의 협동은 교과교사로 하여금 학생이 진정으로 관심을 갖고 필요로 하는 학습능력이 무엇인가를 파악하여 학생을 능동적인 학습자로 만들 수 있도록 돕는다. 그리고 교사와 사서교사의 전문지식과 집중적인 시간 투자를 통해서 수업이 진행되기 때문에 교과수업 목표 달성은 물론 유능하고 존경받는 스승의 자리를 확보할 수 있도록 한다.

4. 도서반

4.1 도서반 선발

도서반은 사서교사를 도와 학교도서관 운영에 참여하는 학생 사서(Student librarians) 조직이다. 따라서 도서반의 기본적인 역할은 사서교사의 업무를 보조하여 도서관의 원활한 운영을 돕는 것이다. 또한, 학교도서관 입장에서 도서반은 도서관 운영에 필요한 의견을 제시하고, 학생의 도서관에 대한 인식을 개선하여 위상을 높이는데 기여한다. 아울러 다른 학생에게 도서관 이용의 긍정적인 모범(role model)을 보이고, 도서관에 대한 주인의식(sense of ownership)을 갖도록 돕는다. 도서반 학생 입장에서는 도서관 이용능력을 기를 수 있고, 정보매체의 유통 과정을 파악하고 자신의 학습활동에 응용할 수 있다. 그리고 봉사 정신을 기를 수 있으며, 공동체 구성원으로 함께 일하는 법을 배울 수 있다. 특히, 봉사에 참여하고 다른 학생의 정보요구를 도와주는 데서 얻는 경험과 보람이 정서와 인성 발달에 도움을 준다.

도서반 학생의 공개 모집은 선발의 공정성을 보장하고, 학교도서관에 대한 관심을 높일 수 있을 뿐만 아니라 학생에게 취업 지원 절차에 대한 경험을 제공할 수 있는 방안이다. 도서반 학생을 모집하기 전에 사서교사는 필요한 학생 수와 적합한 학년, 업무 및 책임, 선발 기준(필요한 기술, 자질 및 태도), 교육 및 감독을 담당할 사람, 학교 일과 중 어느 시간대에 배치할지 등을 고려할 필요가 있다. 아울러 도서반 학생에게 제공할 보상 방안을 마련해야 한다. 그리고 도서반 학생의 직무 설명서(Job Description)와 지원서를 교사와 학생에게 제공하여 홍보한다.

〈표 4-4〉 도서반 직무 설명서(예)

학년		반		이름		날짜	

『해야 할 일』 ☞ 예) 점심시간 책상 근무 ① 자료 대출 및 반납 ② 도서 전시 및 홍보 ③ 서가 정리 ④ 이용자 정보 찾기 지원 ⑤ 자료 검색 및 ICT 지원 ⑥ 새로 들어온 자료정리 지원	
『근무 시간』 (요일 및 시간) ☞ 예) 월요일, 수요일, 금요일 점심시간 오후 12:00~1:00	

『필요한 능력 및 태도』 ☞ 예) ① 좋은 의사소통능력 ② 규칙, 절차를 따를 수 있는 능력 ③ 리터러시, 수리능력, ICT 기술 ④ 신뢰성, 시간 준수, 신중함, 친절, 자기주도성 ⑤ 독서를 좋아함	
『기대효과』 ☞ 예) ① 편안한 도서관 환경 조성 ② 원활한 도서관 자료 대출 및 대출량 증가 ③ 도서관 장서 전시 ④ 이용자의 자료 검색 도움	

(출처: National Library of New Zealand (2025. 04. 04.) Student librarians. Available: https://natlib.govt.nz/schools/school-libraries/leading-and-managing/managing-your-school-library-staff/student-librarians의 내용을 일부 수정함)

도서반 학생 모집에 활용할 수 있는 지원신청서는 〈표 4-5〉에서 보는 바와 같이 도서반이 하는 일, 자질 그리고 혜택을 담는 것이 좋다. 그리고 지원동기, 봉사 경험, 관심 분야, 추천 여부와 봉사 가능 시간을 적도록 한다.

〈표 4-5〉 도서반 지원 신청서(예)

학년		반		이름	(서명)	지원일	
【하는 일】 학교도서관 운영 참여 ○ 자료 대출, 반납, 서가 정리, 이용자 지원, 도서관과 자료 홍보 및 전시 등 【자질】 ○ 우리 도서관은 신뢰할 수 있고, 친절하고, 근면하며 독서를 좋아하는 학생을 모집합니다. ○ 우리 도서관은 리터러시와 컴퓨터사용능력, 의사소통능력을 갖춘 학생이 필요합니다. ○ 우리 도서관은 다른 사람을 돕는 것을 좋아하는 학생을 찾고 있습니다. ○ 우리 도서관은 자기 스스로 일할 수 있고, 의사소통 능력을 갖춘 학생이 필요합니다. 【혜택】 ○ 업무 경험 및 새로운 능력 습득, 도서관 교육 및 봉사상, 책임감 향상, 새 책 미리보기, 봉사를 통한 만족함							
【지원동기】							
【봉사 경험】 (※ 반드시 도서관이 아니어도 됨)							

【특별한 관심 분야】
【담임 선생님이 추천하셨나요?】 ☐ 예 ☐ 아니오 ☞ 담임 선생님 서명 :
【추천한 사람인】 (※ 친구, 부모님 또는 교과 선생님께 추천을 요청할 수 있습니다)
【봉사 가능 시간】 (※예: 점심시간, 수업 후 등) :
이 신청서를 ○○○에게 ○○○까지 제출해 주시기 바랍니다. 지원에 감사드립니다. ☞ 문의 사항이 있으면 연락해 주세요. ☏ 학교도서관 : 000-000-0000 / Email: schoollibrary@libraryschool.go.kr

(출처: National Library of New Zealand (2025. 04. 04.) Student librarians. Available: https://natlib.govt.nz/schools/school-libraries/leading-and-managing/managing-your-school-library-staff/student-librarians의 내용을 일부 수정함)

4.2 도서반 교육

도서반 학생 교육은 도서관 체험을 통해 본인과 잘 맞는 일을 찾아보고 계속할지를 결정한 후에 이루어지는 것이 바람직하다. 교육 프로그램은 영역별로 설계하고, 각 영역에서 학생의 수준과 성취도를 측정할 수 있도록 적절한 활동을 중심으로 구성한다. 그리고 도서반 학생 교육 프로그램은 책자로 제작하여 업무 매뉴얼로 활용하도록 한다. 도서반 학생 교육 프로그램의 내용은 다음과 같다.

〈표 4-6〉 도서반 교육 프로그램 매뉴얼(예)

구분	내용
도서반의 역할	○ 사서교사 업무 보조 ○ 도서관 이용자 지원 ○ 도서관 이용 촉진 및 홍보
도서반의 일상 업무	○ 서가 정리 ○ 대출 반납 ○ 자료정리 ○ 도서관 환경 관리 ○ 이용자 돕기

	○ 홍보 ○ 장서개발 ○ 기술 작업
시상 프로그램	※ 업무 수행 정도에 따른 시상자 선발 기준 제시
이용자와 긍정적으로 상호작용하는 방법	○ 경청 ○ 열린 질문 사용 ○ 눈을 마주치고 미소 짓기 ○ 도움을 주기 위해 주도권 잡기
업무	**내용**
서가 정리	○ 도서관 공간 구조와 서가의 위치를 파악하고, 장서를 정리 표준 시스템을 사용한다. ○ 서가의 책을 왼쪽에서 오른쪽으로, 위에서 아래로 정리한다. ○ 주제별로 청구번호순으로 정리한다. ○ 서가를 3/4까지 채우고 매력적인 책을 밖으로 보이게 진열한다. ○ 서가를 하루 종일 깔끔하게 유지한다.
대출 반납	○ 도서관 자료를 대출하고 반납한다, ○ 예약, 연체자료, 대출 한도를 처리하는 방법을 안다. ○ 수리해야 할 자료는 따로 보관하여 수선하다.
정리 업무	○ 장서인, 부장서인 등을 날인한다. ○ 적절한 위치에 라벨을 부착한다(예: 바코드, 책등라벨, 띠라벨 등) ○ 라벨 보호용 필름을 사용한다.
환경 관리	○ 책상, 의자, 쿠션을 깔끔하게 정리한다. ○ 전등. 냉난방기, 컴퓨터를 켜고 끈다. ○ 창문, 커튼, 블라인드를 여닫는다. ○ 선반, 책, 컴퓨터, 가구를 적절한 방법으로 청소한다. ○ 식물을 돌본다.
도서관 이용자 돕기	○ 도서관 검색용 컴퓨터를 활용한 자료 찾기를 돕는다. ○ 청구번호를 이용하여 서가에서 자료 찾기를 돕는다. ○ 검색엔진을 이용한 적합한 웹사이트 찾기를 돕는다.
홍보	○ 저자, 주제 또는 이벤트에 따라 자료를 전시한다. ○ 뉴스레터, 블로그 또는 도서관 웹페이지에 후기를 달고 추천한다. ○ 수업 중, 도서관 방문 중 또는 모임에서 좋은 자료에 대해 이야기한다. ○ 동료 또는 후배와 함께 버디 리딩(Buddy Reading)을 한다. ○ 북 트레일러, 슬라이드쇼, 책 관련 이미지나 비디오를 제작한다. ○ 퀴즈, 작가 방문, 도서 주간이나 도서 박람회 같은 도서관 행사에 도움을 준다. ○ 학교 방문객을 위해 도서관 가이드 역할을 한다.

장서 개발	○ 책과 잡지 추천 ○ 추천 도서 보관 ○ 장서 개발을 위한 이용자 설문 조사
기술 작업 (Technical work)	○ 학생의 요구를 충족하는 데 적합한 웹사이트를 찾는다. ○ 학교의 인터넷 사용 정책에 대한 지식을 포함하여 디지털 발자국을 관리한다. ○ 컴퓨터, 복사기, 프린터 및 기타 하드웨어를 사용한다. ○ 저작권 및 복사 제한 사항을 준수한다.

(출처: National Library of New Zealand (2025. 04. 02.) Student librarians. Available: https://natlib.govt.nz/schools/school-libraries/leading-and-managing/managing-your-school-library-staff/student-librarians의 내용을 일부 수정함)

도서반은 이용자에게 학교도서관이 환영받는 분위기, 접근하기 쉬운 장소라는 인상을 줄 수 있도록 밝고 친절한 태도를 보이는 것이 중요하다. 그러나 교육과 업무 수행 내용은 학교 급별로 차이를 보일 수 있다. 예를 들면 초등학교 도서반은 주로 점심시간에 반납 도서 서가 정리, 수리가 필요한 자료 작업실로 옮기기, 유형별 이용자별로 자료 정리하기, 청구번호순으로 서가 정리하기 업무를 수행한다. 그리고 도서관 이용 학생에게 종료 예정 시간을 알리고, 의자 정리나 쓰레기를 수거하는 활동을 한다. 중등학교 도서반은 서가 정리 이외에 대출 반납 업무, 자료정리 업무에 참여할 수 있다. 또한, 이용자의 자료 검색, 복사기나 프린터 등 기기 이용을 지원하고, 도서관 홍보를 위한 도서관 블로그 관리, 소식지 발간, 전시 공간 관리 등의 업무를 수행할 수 있다.

4.3 도서반 활동 및 보상

도서반 활동은 사서교사 1인에 의한 도서관 운영 상황에서 업무 지원의 성격을 띠는 경우가 많다. 따라서 학생이 자신의 역할을 분명히 이해하고 책임감을 갖고 지속적이고 체계적으로 봉사활동을 수행할 수 있도록 지도해야 한다. 도서반은 전적으로 사서교사의 감독하에 운영되지만, 활동은 학생의 자율적인 참여를 통해 운영되도록 배려하는 것이 바람직하다. 특히, 학생의 나이와 능력 그리고 흥미를 고려해 역할을 동등하게 부여하고, 책임이 뒤따르거나 전문적인 지식이 필요한 일은 맡기지 말아야 한다. 사서교사는 도서관 학생 선발과 교육 프로그램을 정기적으로 검토하고, 관련 문서를 체계적으로 관리해야 한다.

사서교사는 봉사에 참여한 도서반 학생이 자긍심을 갖고 지속적인 도서관 옹호자가 될 수 있도록 적절한 보상 방안을 마련해야 한다. 우선, 자료 대출 권수와 기간 등에 혜택을 주고, 봉사시간 부여 장학금 지급 및 봉사상을 수여하는 등 직접적인 보상을 할 수 있다. 도서반 학생에 대한 보상은 학교 교육 시스템 내에서 이루어지는 것이 바람직하며, 이를 위해서는 보상 내용과 방법이 도서관 운영계획과 학교 교육계획에 반영되어야 한다. 이러한 직접적인 보상 이외에도 동아리방을 겸할 수 있는 휴게 공간을 마련해 줄 수 있다. 아울러 도서관 탐방하기, 자체 행사 기획하기와 같은 자율 활동을 보장하고 단체복 맞추기, 기수별 단체 사진 게시를 통해 소속감을 높일 수 있다.

5. 자원봉사자

5.1 자원봉사자 정책 및 현황

교육부는 자원봉사자를 도서관 담당 교사 및 계약직 사서와 함께 학교도서관의 중요한 운영 인력으로 규정하고 있다. 특히, 학부모 자원봉사자를 대상으로 이용교육, 학부모 참여 프로그램에 대한 연수를 실시함으로써 부족한 사서교사를 대체하고, 학교도서관과 지역사회 연계 체제를 구축하려는 정책을 시행했다(교육과학기술부, 2008, 14-15). 일부 교육청에서는 자원봉사자 운영과 이에 필요한 경비 지원을 조례로 규정하고 있다.

> **「세종특별자치시교육청 학교도서관 및 학교독서교육 활성화 조례」**
> (세종특별자치시조례 제2737호)
> **제9조(자원봉사자 모집·운영)** ① 교육감과 학교의 장은 학교도서관 및 학교독서교육 진흥을 위하여 자원봉사자를 모집·운영할 수 있다.
> ② 교육감과 학교의 장은 제9조 제1항에 따른 자원봉사자에 대하여 예산의 범위에서 필요한 실비를 지원할 수 있다.

학부모는 학교도서관에서 학생이 즐겁게 지낼 수 있도록 동기를 부여하고, 학교도서관이 필요로 하는 각종 자료, 비품 등을 기증하거나 운영에 참여하는 중요한 협력자이다. 특히, 학부모의 사회·경제적, 문화적 배경이나 교육 정도 등은 학생 교육에 대한 관심은 물론 도서관의 장서 구성이나 봉사 내용 등에도 영향을 끼친다. 따라서 사서교사는 교과교사와의 협력을 통해서 학부모의 학교 교육에 대한 관심을 파악하고, 학교도서관 운영에 학부모의 자발적인 참여를 유도하기 위해서 추천도서 목록 발송, 학습 정보 및 상담 정보의 제공, 학교도서관 소식지 배부, 자료의 열람봉사, 학부모 독서교실 운영 등의 활동을 전개할 필요가 있다.

학교도서관운영위원회나 학교운영위원회를 통해서 학부모가 학교도서관 운영에 참여할 수 있는 길이 열려있으므로 사서교사는 학교도서관 활성화가 곧 학생의 학습능력 향상과 직결된다는 사실을 이해시키고 적극적인 협조를 얻어낼 수 있어야 한다. 학부모의 도서관 운영에 대한 직접적인 참여는 학부모 명예 사서나 도우미 활동 등 자원봉사를 통해서 이루어지고 있으며, 성공적인 학부모 자원봉사자 운영은 학교는 물론 지역사회에 학교도서관을 알릴 수 있는 좋은 수단이다.

또한, 학부모의 학교 참여는 학교도서관의 경영 확대에 영향을 끼치는 학부모의 교육 수준, 소득 수준, 직업, 자녀의 학년, 자녀의 학교생활 성공 여부 등을 더 쉽게 파악하여 성공적인 프로그램을 제공하는데 기여한다. 그리고 [그림 4-1]에서 보는 바와 같이 학생의 자아 탄력성과 관련한 사서교사와 학부모의 주요 협력 경험은 자녀의 학습상담, 독서상담, 진로상담, 생활지도 그리고 담임교사와의 갈등 중재 등 다양하게 나타난다. 사서교사와 학부모의 공식 의사소통 수단은 주로 학부모와 함께 참여하는 독서 관련 프로그램과 학부모 자원봉사자 모임이며, 이를 통해서 학부모는 학교도서관 운영과 학생을 위한 학교 교육활동에 직접 참여하는 것으로 나타났다. 또한, 학부모의 비공식적인 도서관 방문은 학교가 주관하는 학부모 모임이나 독서 관련 연수 및 프로그램을 통해서 이루어지고 있다. 사서교사는 학부모의 비공식적인 만남을 통해서 학생의 학교생활 및 독서습관 상담은 물론 학부모를 위한 도서관 이용 안내 및 독서자료 추천 등의 활동을 전개하고 있는 것으로 나타났다(송기호, 2012).

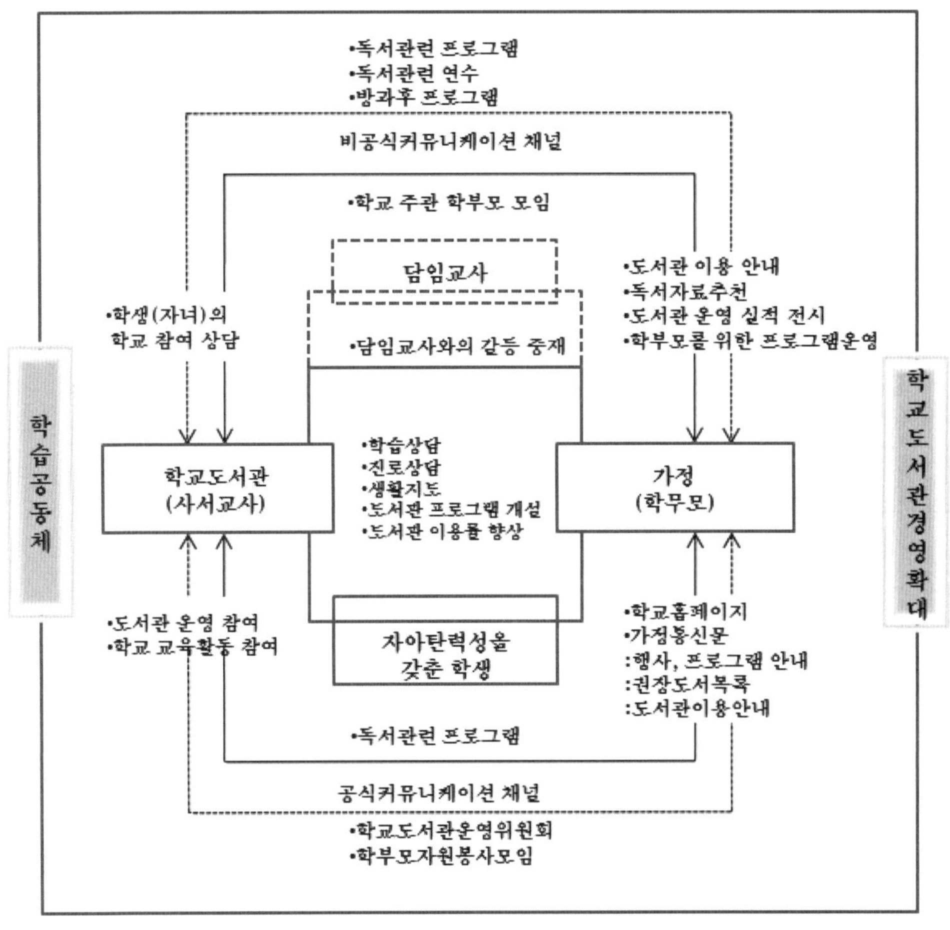

(출처: 송기호, 2012, 80)

[그림 4-1] 학생의 자아 탄력성 신장을 위한 사서교사와 학부모의 협력 방법과 내용

5.2 자원봉사자 운영 절차

자원봉사자 운영은 '계획-모집-오리엔테이션 및 활동 촉진-배치-훈련 및 감독-감사 표시-평가' 순으로 이루어진다.

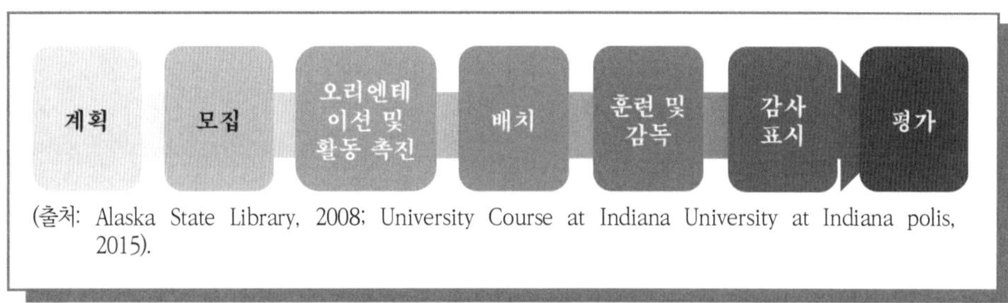

(출처: Alaska State Library, 2008; University Course at Indiana University at Indiana polis, 2015).

[그림 4-2] 자원봉사자 운영 절차

5.2.1 계획

계획(planning) 단계는 도서관 이용자의 요구 중에서 자원봉사자의 도움으로 해결할 수 있는 것이 무엇인가를 확인하는 단계이다. 그리고 이용자의 요구 충족에 필요한 자원봉사자의 봉사 기간을 산정한다.

5.2.2 모집

모집(recruitment)은 이용자의 요구를 충족시킬 수 있는 능력과 봉사 자세를 가진 자원봉사자를 선발하는 단계이다. 자원봉사자를 모집할 때는 지원자의 경력이나 능력이 이용자의 요구 충족에 도움이 될 수 있을 것인가를 우선으로 고려해야 하며, 필요한 경우에는 전화나 대면 면접을 한다. 자원봉사자의 모집 방법은 다음과 같다.

〈표 4-7〉 자원봉사자 모집 방법

- 학교도서관 자원봉사의 필요성을 알고 자발적으로 신청하는 경우
- 학부모 모임을 통해서 홍보하여 모집하는 방법
- 교사의 추천을 받는 방법
- 가정통신문을 통한 홍보를 통해서 모집하는 방법

(출처: Patricia and Copeland, 2012, 31)

그리고 자원봉사자 모집을 위한 가정통신문(예)은 다음 〈표 4-8〉과 같다.

〈표 4-8〉 자원봉사자 모집을 위한 가정통신문(예)

학부모님께
새 학년을 맞이하여 도서관은 서가 배열과 업무에 도움을 주실 학부모님이 필요합니다. 자원봉사로 참여하시면 학교 일과 중에 도서관 운영에 큰 도움을 주실 수 있습니다. 매주 일정한 시간을 정하신 후 봉사에 참여하면 됩니다. 도서관 자원봉사자로 참여하시길 원하신다면, 아래 신청서를 작성하시어 회신해 주시기 바랍니다. 학부모님의 도움에 진심으로 감사드립니다.

○○○○년 ○○월 ○○일

○○학교 사서교사 ○○○드림

자원봉사 신청서

· 성명:
· 전화번호:
· 자원봉사 참여 가능 요일 ☐ 월요일 ☐ 화요일 ☐ 수요일 ☐ 목요일 ☐ 금요일
· 자원봉사 참여 가능 시간대 ☐ 오전 ☐ 오후
· 시간 여유가 있을 때 행사에 도움을 줄 수 있으며, 전화 목록에 연락처를 올려놓는 것에 동의합니다.
☐ 예 ☐ 아니오

(출처: Patricia and Copeland, 2012, 33의 내용을 일부 수정함)

자원봉사 지원자가 이용자의 요구 충족과 학교도서관 운영에 도움을 줄 수 있을 것인가를 확인하기 위한 전화 면접은 가장 편리한 방법으로 사전에 학부모의 이름, 전화번호, 주소, 현재 직업이나 퇴직 전 직업 등을 알아야 한다. 대면 면접은 학교도서관 시설을 둘러볼 기회를 제공할 수 있다. 면접 중에는 자원봉사 관심 분야를 질문하고, 도서관을 돕기 위해서 하고 싶은 일에 대해서 협의한다. 특히, 도서관 봉사 내용을 잘 모를 때에는 봉사 영역을 선택할 수 있도록 업무 내용을 설명할 필요가 있다. 그리고 도움이 필요한 시간을 협의한다. 자원봉사자에 대한 면접 질문은 다음 〈표 4-9〉와 같다.

〈표 4-9〉 자원봉사자에 대한 면접 질문(예)

- 현직 또는 전직은 무엇인가요?
- 자원봉사 하고 싶은 분야는 무엇인가요?
- 자원봉사 가능 시간은 언제인가요?
- 본교에 재학 중인 자녀가 있나요? 있다면 자녀의 도서관 이용 시간에 맞추어 자원봉사 하길 원하나요?
- 학교도서관에 제공할 수 있는 재능이 있나요?

(출처: Patricia and Copeland, 2012, 36)

5.2.3 오리엔테이션 및 활동 촉진

오리엔테이션 및 활동 촉진(orientation and promotion)은 자원봉사자에게 역할과 책임, 도서관 운영에 대한 기여도 등을 설명함으로써 이용자와의 상호작용에 능동적으로 참여할 수 있도록 준비하는 단계이다. 오리엔테이션의 내용은 도서관의 공간 및 장서구성에 대한 이해, 서가배열 방법, DLS(Digital Library System, 학교도서관정보관리시스템) 활용법 등이 포함될 수 있다. 그리고 학교도서관 이용자의 이용요구와 문제 상황을 가정하여 봉사활동을 미리 실습할 수도 있다. 자원봉사활동에 적극적으로 참여할 수 있도록 촉진하는 방법은 다음과 같다.

- 봉사활동의 목적과 봉사자로서의 정체성을 심어준다.
- 자원봉사자 모임을 조직하고 모임의 명칭을 정한다.
- 자원봉사자에게 티셔츠나 배지 등을 맞추어준다.

5.2.4 배치

배치(placement)는 자원봉사자의 능력이나 경험 그리고 개인적인 성격에 맞추어 적절한 업무를 배정하는 단계이다. 자원봉사자에게 봉사활동을 배정할 때 유의할 사항은 다음과 같다(Patricia and Copeland, 2012, 37).

- 적절한 봉사자수를 유지한다.
- 봉사 시간이 몰리지 않도록 시간 계획을 마련한다.
- 자원봉사자의 임무목록 및 활동 시간표를 작성하고 유지한다.
- 학생과 사서교사의 개인기록에 접근할 수 없도록 별도의 아이디와 비밀번호를 발급한다.

체계적인 봉사활동을 위하여 봉사자별 봉사일, 봉사시간 그리고 봉사활동 내용을 담은 시간표를 활용하는 것이 좋다.

〈표 4-10〉 자원봉사자의 봉사 시간표

□ 봉사활동 주:

봉사자 성명	봉사일	봉사 시간	봉사활동 내용					
			자료 오리기	게시판 관리	책 표지 싸기	독서 자료 정리	책 보수	논문 복사

(출처: Patricia and Copeland, 2012, 42)

5.2.5 훈련 및 감독

훈련 및 감독(training and supervision)은 대출·반납, 데이터베이스 이용 등과 같은 기초적인 도서관 운영 기술과 개별 자원봉사자가 담당하는 구체적인 업무 수행에 필요한 기능을 교육하고, 성공적인 봉사활동이 이루어지도록 지원하는 단계이다. 자원봉사자가 담당하는 업무 수행과 관련한 참고자료를 매뉴얼이나 점검표 형태로 제공하여 스스로 학습할 수 있도록 하는 것이 효과적이다. 아울러 도서관 모임, 회의 등에 참여하여 소속감을 느끼도록 하고, 봉사활동이 잘 이루어지도록 고민이나 문제점을 해결해 주어야 한다.

5.2.6 감사 표시

감사 표시(appreciation)는 자원봉사활동이 학교도서관 운영에 꼭 필요한 활동으로 도움이 되었음을 알리고 친밀감을 형성하는 단계이다. 감사를 표시하는 가장 좋은 방법은 자원봉사활동이 이루어지는 기간에 자원봉사자를 볼 때마다 고마움을 표시하는 것이다. 또한, 자원봉사활동이 종료될 때 기념식을 하고 자원봉사자가 학교도서관의 일원이었음을 느끼도록 하는 것이다.

학교도서관의 목적 달성을 위해 함께 일한 것에 대한 감사 표시는 효과적인 도서관 홍보 수단이라는 측면에서 중요한 활동이다. 또한, 도서관 프로그램과 다음 연도 도서관 봉사활동에 대한 자원봉사자의 관심을 높일 수 있다(Patricia and Copeland, 2012, 43). 학부모 자원봉사자에 대한 감사 표시 방법은 다음과 같다.

- 특별한 기념일에 맛있는 음식 바구니를 준비한다.
- 다과나 문구류를 선물용 가방이나 상자에 담아 감사 편지와 함께 전달한다.
- 학기 말이나 연말에 식사 시간을 마련한다.
- 화분을 예쁜 포장지로 싸고 학생이 꾸민 감사 카드를 함께 넣어서 전달한다.
- 봉사활동 인증서나 감사패를 전달한다.

〈표 4-11〉 도서관 봉사활동 인증서 양식

○○○ 께서는 지난 ○년 동안 학교도서관 자원봉사자로서 주어진 역할을 성공적으로 수행하였기에 이 증서를 수여합니다. ○○○○년 ○○월 ○○일 ○○○ 학교 교육 가족 일동 (출처: Patricia and Copeland, 2012, 44의 내용을 수정함)

5.2.7 평가

평가(evaluation) 단계에서는 자원봉사자에 대한 평가와 도서관의 자원봉사자 운영 프로그램에 대해 평가한다.

5.3 자원봉사자 역할

자원봉사자가 수행하는 역할은 사서교사의 업무를 보조하는 것이다. 사서교사의 감독 아래에 자원봉사자가 수행하는 역할은 대출 반납, 서가 관리, 새로 들어온 자료정리, 수업에 필요한 자료와 기기의 준비 및 점검, 게시판 관리, 학생과 사서교사 간 의사소통 창구 등이다(Morris, 2004, 219). 초등학교도서관 자원봉사가 수행하는 업무 내용을 살펴보면 다음과 같다.

〈표 4-12〉 초등학교도서관 자원봉사자 업무(예)

① 서가의 청구번호순 정리	⑥ 도서관 행사, 전시 등 도서관 홍보
② 대출 및 반납	⑦ 도서, 잡지, 참고자료 등의 위치 안내
③ 분실, 연체자료 관리	⑧ 신간 자료 안내
④ 책상 및 의자 정리	⑨ 새로 들어온 자료의 장비
⑤ 시청각 기교재 청소	⑩ 교사 요구 자료의 배달

(출처; Clay Elementary School Library Media Center, 2014, 2-3)

학부모의 학교도서관 운영 참여는 자신이 담당한 과업을 달성하기 위해서 봉사하는 것이다. 따라서 봉사 내용과 시간 등을 사전에 명확히 협의하고, 그 이상의 업무 수행을 기대하지 않는 것이 바람직하다. 특히, 자원봉사활동을 사서교사 미배치를 위한 정책적 수단으로 활용해서는 곤란하다.

5.4 자원봉사자의 효과적인 운영 방안

자원봉사자의 효과적인 운영 방안을 살펴보면 다음과 같다(Woolls, 1999, 149-150, 307-308).

① 학교장에게 자원봉사자 프로그램과 자원봉사자의 책임 범위를 알린다.
② 자원봉사자의 업무 명세서를 작성하여 자원봉사자가 도서관 봉사활동에 흥미를 갖도록 하고, 자원봉사자 훈련 계획에 활용한다.
③ 교내 학부모 조직, 가정통신문, 지역사회 서비스센터, 기타 다양한 방법으로 자원봉사자를 모집한다.

④ 자원봉사자 중 대표자(volunteer chairperson)를 선발하여 자원봉사자의 봉사 시간 계획, 봉사 당일에 빠지는 자원봉사자 대체 문제해결 등을 맡긴다.

⑤ 주소, 연락처, 봉사 희망 요일 및 시간, 희망하는 봉사활동 내용 등을 포함하고 있는 자원봉사자 카드를 작성한다.

⑥ 오리엔테이션 시간에 사서교사가 자원봉사자에게 바라는 것을 설명한다. 그리고 자원봉사자가 도서관에서 자원봉사 중에 알게 된 학교나 교사 그리고 학생 및 프로그램 등에 대한 정보를 외부에 유출하지 않도록 한다. 또한, 도서관 내에서 친구나 이웃 주민 등과 함께 사적인 모임을 하지 않도록 하고, 부득이하게 자원봉사 시간에 빠질 때는 회장에게 연락하여 다른 봉사자가 대신할 수 있도록 한다. 특히, 도서관 내에서는 사서교사와 같은 전문가 역할을 수행한다는 점을 인식하고, 복장이나 언행에 특히 신경 쓰도록 한다.

⑦ 자원봉사자의 봉사활동 참석 여부, 활동 내용, 의견 등을 세심하게 기록하여 봉사활동 개선과 자원봉사자 오리엔테이션 및 선발 등에 활용한다.

⑧ 자원봉사자의 노력에 고마움을 전달하고, 자녀가 졸업한 후에도 지속해서 봉사활동에 참여할 수 있는 보상계획을 마련한다.

⑨ 자원봉사자는 학교 당국과 직접 연계되어 있고, 학교도서관을 지원할 수 있으며, 도서관 자원 및 서비스 활용을 촉진할 수 있는 중요한 인력임을 늘 명심한다. 따라서 사서교사는 자원봉사자가 학생 사안을 협의하고자 찾아오는 경우 의견을 경청해야 한다. 자원봉사자는 도서관 프로그램 지원, 다음 연도 예산 확보를 위한 노력 그리고 낡은 도서관 시설과 설비 개선 등에 관심을 두고 도움을 줄 수 있다.

⑩ 학생지도의 법률적 책임은 사서교사에게 있다. 따라서 사서교사가 없는 상태에서 자원봉사자가 학생을 지도하는 경우 안전사고 예방에 유의해야 한다.

⑪ 공연 관람이나 박물관 견학과 같은 사회·교육적 활동 기회를 제공한다.

6. 보조 직원

사서교사가 교과교사와의 협동수업 설계나 정보활용교육 등에서 리더십을 발휘하기 위해서는 학교도서관 운영 절차에 숙련된 적절한 사무직원(clerical staff)이 일상적인 업무를 지원해야 한다(IFLA, 2022). 『도서관법』(법률 제20834호)에 따르면, '도서관은 대통령령으로 정하는 바에 따라 도서관 운영에 필요한 사서 『초·중등교육법』 제21조 제2항에 따른 사서교사 및 실기교사를 두어야 하며, 도서관 운영에 필요한 전산직원 등 전문직원을 둘 수 있다.'(제45조 제①항). 학교도서관의 교육적 영향력에 대한 연구에서도 사서교사가 교육활동에 전념할 수 있도록 보조 직원을 두고 있느냐가 중요한 요소로 인식되고 있다.

보조 직원은 다양한 이용자와의 상호작용이 필요하므로 긍정적인 태도와 협조적인 대인관계 능력을 갖추어야 한다. 그리고 도서관 업무 수행에 필요한 자료 주문 절차, 분류법, 장서 점검 방법, 장서 배가 방법, 컴퓨터활용능력과 같은 기초 능력을 갖추어야 한다. 사서교사는 사전에 면접에서 이러한 자질과 능력을 파악할 수 있는 질문을 준비하여야 한다.

도서관에 둘 수 있는 보조 직원의 유형은 준전문가(paraprofessional staff), 사무 보조원, 기술 보조원(technical staff) 등이다. 준전문가의 경우 대개 전문대학 졸업자로서 사무 보조업무 이상의 기술적인 실무능력을 갖춘 인력이다. 국내의 경우 실기교사의 자격에 해당한다고 볼 수 있다. 준전문가는 컴퓨터를 활용하는 업무 지원, 개별 교수지원, 기타 특별한 도서관 업무를 지원한다. 사무 보조원은 상업이나 비서업무 경력을 가진 사람이 많다. 사무직원은 컴퓨터에 데이터를 입력하거나, 자료의 서가 정리와 대출 반납 업무를 지원한다. 기술 보조원은 학사 학위나 정보기술, 멀티미디어 분야 자격을 갖춘 직원이다. 따라서 학교도서관의 전자통신장비와 소프트웨어를 관리하고, 사진이나 그래픽 자료를 생산할 수 있다. 디지털정보원의 확충에 따라서 기술 보조원이 학교도서관의 일상적인 업무에 더 적합한 직원이라고 할 수 있다(Stein and Brown, 2002).

학교도서관에 채용된 보조 직원이 업무를 잘 수행하도록 하기 위해서는 담당해야 할 업무의 필요성을 잘 설명해 주고, 초기에는 적절히 도와주면서 일단 수행한 업무에 대해서 즉시 평가하는 것이 바람직하다. 그리고 차츰 혼자서 업무를 수행하도록 하고 추가 교육 여부를 판단한다(Stein and Brown, 2002, 83). 학교도서관이 여러 명의 보조 직원을 채용하기 어려운 상황에서 전문기술을 필요로 하지 않는 대부분의 보조 직원은 사서교사의 지시하에 다음과 같은 업무를 수행한다.

〈표 4-13〉 학교도서관 보조 직원의 업무 내용

• 사무보조 업무 수행	• 장서점검 지원
• 보고서 등 문서 작성	• 통계 작성 지원
• 사무용품 관리	• 장서 및 비품 관리
• 온라인 목록 데이터 입·출력	• 대출 반납 업무
• 자료 선정에 필요한 자료선택 보조도구 관리	• 서가 정리 및 교구 설비 이용 지원
• 서지 작성 및 수정	• 인터넷 사용 이용자 지원
• 자료 선정을 위한 검토용 자료관리	• 대출용 자료 준비
• 안내문, 반납 독촉장, 게시문 등 작성	• 홍보를 위한 전시 계획 및 준비
• 정기간행물의 수령증 관리	• 일상적이고 간단한 인쇄자료 구매 업무
• 자료 제적 폐기 및 추가 관련 자료관리	• 예산지출 관련 서류 정리
	• 도서관 상호대차 요구 처리

(출처: Morris, 2004, 218-219)

7. 교무분장 및 위원회 조직

7.1 단위 학교의 교무분장 조직

교무분장 조직은 교육과정 운영을 간접적으로 지원하는 조직으로, 학교장-교감-부장교사-계원교사로 구성된다. 학교 교무분장상 학교도서관은 역할과 운영 예산의 독립 편성 등을 고려할 때 독립부서로 조직되는 것이 바람직하다. 그러나 학교도서관을 운영할 사서교사의 부족과 담당교사가 업무 분담의 하나로 맡는 현실을 고려할 때, 도서관 업무 담당 교사를 교수-학습활동을 지원하는 부서나 교수-학습 매체를 담당하는 부서에 배치하는 것이 일반적이다.

사서교사 등 도서관 업무 담당자의 교무 분장표상 배치는 자료의 형태별 분산 관리와 교과별 분산 관리를 막고 효율적인 관리와 활용을 기할 수 있도록 배려해야 한다. 따라서 자료 및 기교재를 담당하는 교사를 하나의 부서에 배치하여 상호협력할 수 있도록 하는 것이 바람직하다. 교육 정보화의 영향으로 학교도서관과 시청각실 그리고 컴퓨터실 등의 특별실 등이 하나의 독립 건물에 통합된 교육정보관이 등장하고, 자원기반학습과 도서관활용교육에 대한 관심이 높아지면서 학교도서관을 교수-학습지원부와 같은 독립부서로 조직하거나 교수-학습매체를 관리 운영하는 특별실을 하나의 부서로 통합 운영하는 경우도 있다.

이러한 형태는 교수-학습활동을 지원하는 모든 부서가 단일 부서에 통합 운영되는 중앙집중식 조직으로서, 단위 조직 간에 더욱 긴밀한 상호협력이 가능하다. 특히, 교수-학습자료와 기기의 구매·조직·관리·활용이 체계화됨으로써 자료의 중복구매에 따른 경제적 손실을 줄일 수 있고, 신속한 교수-학습지원에 따른 학습 효율성 증대 등의 효과를 거둘 수 있다. 또한, 지역주민이나 학부모에 대한 평생학습 활동 지원이나 봉사활동을 학교 교육 차원에서 계획하고 운영하기가 쉽다. (가칭)교수-학습지원부와 같은 연합운영체제는 단순히 업무 담당자의 동일 부서 배치만으로는 최대의 성과를 기대하기 어렵고, 각 실이 공간적으로 통합되거나 근접 배치되는 것이 중요하다.

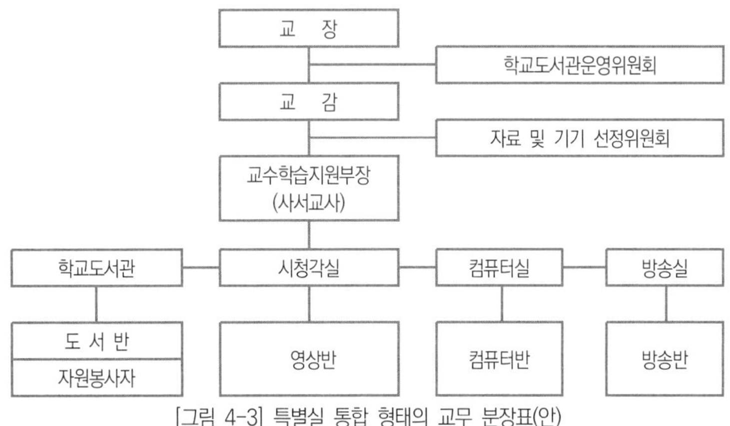

[그림 4-3] 특별실 통합 형태의 교무 분장표(안)

7.2 시도교육청과 연계한 교수-학습지원 조직

DLS를 활용해서 교수-학습자료를 관리하는 목적은 단위 학교의 교수-학습 정보의 통합 운영 및 공동 활용과 교육청 또는 국가 수준에서 생산되는 교수-학습 또는 학술정보의 통합과 공유 및 활용을 통해 맞춤형 교육에 기여하는 것이다. 자기주도학습을 위한 공정한 학습 경험 제공 측면에서 각 시도교육청에 교수-학습지원센터가 설치되고 DLS를 통한 교육정보의 통합 검색 시스템 확산과 다양한 교육용 콘텐츠 공급이 일반화되면, 학교도서관은 다른 학교도서관은 물론 지역사회의 공공도서관, 미술관, 박물관 등 주요 문화기관과의 연계가 불가피하다. 이 경우에는 다음 [그림 4-4]에서 보는 바와 같이 단위 학교 중심의 특별실 연합체제(교수-학습지원부)를 기반으로 시도교육청의 교수-학습지원센터 및 지역사회의 문화기관과의 연계 운영 체제를 구축하여야 한다.

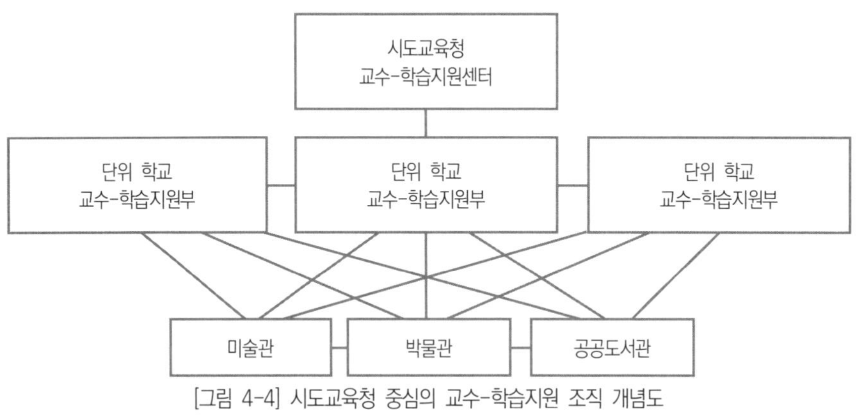

[그림 4-4] 시도교육청 중심의 교수-학습지원 조직 개념도

7.3 학교도서관운영위원회

학교도서관을 체계적이고 지속해서 발전시키고 일관성 있는 운영을 통해서 교육목표 달성에 확실히 이바지하기 위해서는 학교도서관운영위원회와 같은 운영 협의체가 필요하다. 현행 『학교도서관진흥법』(법률 제18547호)에서는 교육부장관 소속으로 학교도서관진흥위원회(제8조)를 시도교육감 소속으로 학교도서관발전위원회(제9조)를 두도록 하고 있다. 그리고 단위 학교에는 학교도서관운영위원회를 두도록 하고 있으며(제10조 제①항), 학교장은 '학교운영위원회의 동의를 얻어 학교도서관운영위원회의 업무를 학교운영위원회에서 수행하게 할 수 있다'(제10조 제②항). 『학교도서관진흥법』과 『학교도서관진흥법시행령』에서 정한 학교도서관 관련 위원회의 심의 사항은 다음 〈표 4-14〉와 같다.

〈표 4-14〉 학교도서관 관련 위원회의 심의사항

구분	학교도서관진흥위원회	학교도서관발전위원회	학교도서관운영위원회
근거	학교도서관진흥법 제8조 ②항	학교도서관진흥법 제9조 제②항 학교도서관진흥법시행령 제4조 제④항	학교도서관진흥법 제10조 제②항
설치	교육부장관	교육감	학교(장)
심의 사항	1. 기본계획의 수립·시행에 대한 평가 2. 학교도서관과 관련하여 관계 중앙행정기관과 방자치단체의 장이 요청하는 사항 3. 학교도서관과 관련하여 교육감, 제10조에 따른 학교도서관운영위원회, 전문단체와 전문가가 요청하는 사항 4. 그 밖에 학교도서관의 진흥을 위하여 필요한 사항	1. 학교도서관 발전 시행계획의 수립·시행에 관한 사항 2. 학교도서관 자료의 폐기·제적에 관한 사항 3. 그 밖에 학교도서관과 관련하여 해당 지방자치단체의 장, 학교의 장, 법 제10조에 따른 학교도서관운영위원회, 전문단체 및 전문가가 심의를 요청하는 사항 등으로서 학교도서관 발전을 위하여 필요하다고 인정하여 위원장이 심의에 부치는 사항	1. 학교도서관 운영계획 2. 자료의 수집·제작·개발 등과 관련된 예산의 책정 3. 자료의 폐기·제적 4. 학교도서관의 행사와 활동 5. 그 밖의 학교도서관 운영에 필요한 사항

학교도서관운영위원회의 참여 범위는 교장, 교감 등 학교 관리자와 교사(사사교사, 교과교사, 부장교사), 행정실장, 학부모, 지역사회 인사 등이다. 그리고 학생 대표를 참여시켜 도서관 운영과 봉사에 대한 의견을 반영하는 것이 바람직하다. 학교도서관 운영위원회의 조직도(안)를 살펴보면 다음과 같다.

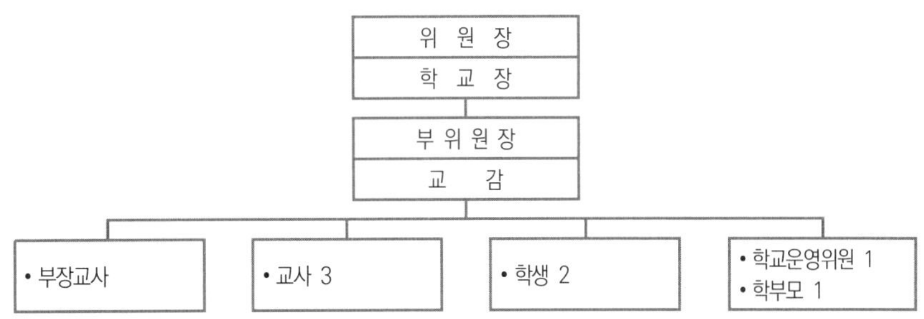

※ 위원회의 규모와 역할 운영 등은 학교의 특성에 따라 달라질 수 있다.
(출처: 경상북도교육청, 2002, 135)

[그림 4-5] 학교도서관운영위원회의 조직도(안)

사서교사는 학교도서관운영위원회의 설치, 참여 인력의 범위와 임기, 운영 방법, 회의 등에 대한 사항을 담은 규정을 제정할 필요가 있다. 학교도서관운영위원회는 법에서 정한 조직이기 때문에 『초·중등교육법시행령』(대통령령 제35211호)에 따라 회의 일시, 장소, 참석자, 안건, 발언 요지, 결정사항 등이 포함된 회의록을 작성하고, 학교 홈페이지를 통해 공개하여야 한다.

〈표 4-15〉 학교도서관운영위원회 운영 규정(예)

○○학교 「학교도서관운영위원회」 운영 규정

제정 ○○학교-2995(○○○○. ○○. ○○.)

제1조(목적) 이 규정은 『학교도서관진흥법』 제10조에 의한 학교도서관운영위원회의 세부 운영에 필요한 사항을 정함을 목적으로 한다.

제2조(설치) 학교장은 학교도서관 운영과 관련한 주요 내용을 심의하기 위하여 학교도서관운영위원회(이하 '위원회'라고 한다.)를 설치한다.

제3조(구성) ① 위원회는 위원장 1인을 포함한 12명 이내의 당연직 위원, 내부 및 외부위원으로 구성하며, 위원장은 학교장이 맡는다.

② 위원은 다음 각호의 자 중 학교장이 임명 또는 위촉한다.

1. 당연직 위원: 학교장, 교감, 행정실장, 사서교사, 연구부장교사
2. 내부 위원: 교무부장교사, 학년 부장교사, 학생회 대표
3. 외부위원: 공공도서관 관장, 학교운영위원회 위원장, 자원봉사자, 관내 사서교사, 기타 학교도서관 발전에 관심이 있는 학부모 및 지역사회 인사 중에서 학교장이 위촉한 자

③ 위원장은 위원회의 원활한 운영을 위하여 부위원장 및 간사를 지명하고, 외부위원에게는 예산의 범위 내에서 여비를 지급할 수 있다.

④ 위원회의 제반 사무 업무는 사서교사가 담당한다.

⑤ 다음 각호의 어느 하나에 해당하는 경우에는 해당 위원을 해임하거나 해촉할 수 있다

1. 심신장애로 인하여 직무를 수행할 수 없게 된 경우
2. 직무와 관련된 비위 사실이 있는 경우
3. 직무 태만, 품위손상이나 그 밖의 사유로 인하여 위원으로 적합하지 아니하다고 인정되는 경우
4. 위원 스스로 직무를 수행하는 것이 곤란하다고 의사를 밝히는 경우

제4조(임기) ① 당연직 위원 및 교내 위원의 임기는 당해 직위에 재직하는 기간으로 한다.

② 외부위원의 임기는 2년으로 하되 연임할 수 있다.

③ 위원의 교체로 인하여 새로 위촉된 위원의 임기는 전임자의 잔여기간으로 한다.

제5조(기능) 위원회는 다음 사항을 심의한다.

① 학교도서관 운영계획
② 자료의 수집·제작·개발 등과 관련된 예산의 책정
③ 자료의 폐기·제적
④ 학교도서관의 행사와 활동
⑤ 이의신청자료 심의
⑥ 학교도서관 평가
⑦ 그 밖의 학교도서관 운영에 필요한 사항

제6조(회의 운영) ① 도원회의 회의는 정기회의와 임시회의로 구분한다.

② 정기회의는 학기별로 2회 개최하는 것을 원칙으로 한다.

③ 임시 회의는 다음 각호의 경우에 소집한다.

1. 위원장의 소집 요구가 있는 경우
2. 재적 위원 3분의 1 이상의 소집 요구가 있는 경우

④ 위원장은 회의 개최 1주일 전까지 회의 일시, 장소, 안건을 명시하여 각 위원에게 통보하여야 한다.
⑤ 심의 안건은 재적 위원 과반수의 출석과 출석 위원 과반수의 찬성으로 결정한다.
제7조(서면심의) 위원회 심의사항으로 사안이 대수롭지 않거나 기타 부득이한 사유가 있는 경우에는 서면으로 심의할 수 있다.
제8조(회의록 작성) ①『초·중등교육법시행령』제59조의3(회의록 작성 및 공개)에 따라 회의 일시, 장소, 참석자, 안건, 발언 요지, 결정사항 등이 포함된 회의록을 작성하여야 한다.
② 제1항에 따라 작성한 회의록은 학교 홈페이지 등을 통해 공개하여야 한다. 다만, 다음 각호의 어느 하나에 해당하는 사항은 운영위원회의 의결로 공개하지 아니할 수 있다.
1. 회의록에 포함된 이름, 주민등록번호 등 개인에 관한 사항으로서 공개될 경우 개인의 사생활의 비밀 또는 자유를 침해할 우려가 있다고 인정하는 사항
2. 공개될 경우 운영위원회 심의의 공정성을 크게 저해할 우려가 있다고 인정하는 사항
3. 학생 교육 또는 교권 보호를 위하여 공개하기에 적당하지 아니하다고 인정하는 사항
제9조(집행) 위원회에서 심의 의결한 사항은 학교장의 승인을 받아 학교 교육계획에 반영하여 시행한다.
제10조(위임) 이 규정이 정한 사항 이외의 위원회 규정에 관한 사항은 위원장이 정한다.
제11조(운영 규정의 개정) 본 운영 규정은 운영위원의 2/3 이상의 승인을 받아 개정할 수 있다.
제12조(심의사항 위임을 위한 별도 조직의 설치) ① 위원회의 심의사항에 대한 시의적절한 의사결정을 위하여 필요한 경우에 별도의 조직을 설치하여 심의사항을 위임할 수 있다.
② 제1항에 의하여 별도의 조직을 설치할 때에는 제9조에 따른다.
③ 제1항에 의하여 위원회가 설치하는 조직은 다음과 같다.
1. 자료선정위원회
2. 학교도서관 발전계획수립위원회
3. 기타 위원회 및 학교장이 요청하는 조직

부칙

제1조(시행) 이 규정은 학교장의 승인을 받은 날부터 시행한다.

별도의 학교도서관운영위원회를 조직하거나 실질적으로 운영하기 어려운 경우에는『학교도서관진흥법』(제10조 제②항)에 따라서 학교 운영 전반을 심의(국·공립학교의 경우)하거나 자문(사립학교의 경우)하는 학교운영위원회에서 그 역할을 대신할 수 있다. 이 경우에는 학교도서관운영위원회를 별도로 설치하지 못하는 이유와 함께 학교운영위원회의 동의를 받아『학교도서관진흥법』에서 정한 학교도서관운영위원회의 역할을 대신하도록 한다는 내용의 내부 문건을 마련해 두어야 한다.

학교도서관운영위원회의 역할을 학교운영위원회에 위임하는 방법

- 근거: 『학교도서관진흥법』 제10조 제②항 "학교의 장은 제①항의 학교도서관운영위원회의 업무를 학교운영위원회의 동의를 받아 학교운영위원회가 수행하게 할 수 있다.
- 주요 사유
  1. 연간 학교 교육계획에 포함하는 학교도서관 운영계획, 행사 및 자료구매 계획, 시설·설비 운영계획 등을 학교운영위원회가 이미 심의하고 있음
  2. 별도의 위원회 운영에 필요한 시간적 경제적 비용을 절감할 수 있음

학교운영위원회에서 학교도서관운영위원회의 심의사항을 처리하는 경우, 사서교사가 학교도서관 운영에 대한 제안이나 건의서를 작성하여 미리 교사 위원 등과 협의하고, 학교운영위원회 안건으로 제출하여 심의할 수 있다. 따라서 별도의 학교도서관운영위원회를 두는 경우보다 예산이나 학사 운영 등 학교 교육과정 전반과 연계하여 학교도서관에 대한 안건을 다룰 수 있어서 보다 실질적인 협의·운영이 가능하다. 그러나 학교도서관 현안에 대한 좀 더 심도 있는 협의를 할 기회가 줄어들고, 다양한 이용자의 요구를 수렴하여 경영과 서비스 개선에 반영하는 것이 어려울 수 있다.

8. 학교도서관 장학 체계

8.1 학교도서관 장학의 내용

장학(supervision)이란 교수-학습이나 수업의 질을 개선하기 위하여 교육과정을 개발하고 교수 기술을 향상시키며 학습 환경의 개선에 관한 지식과 기술 그리고 정보를 제공하는 전문적인 지원 및 조력 활동이다. 오늘날 국내외적인 장학의 흐름은 교육이 평생학습사회에서 갖는 중요성을 고려하여 '교육 행위에 근접한 조력적 방식에 의한 교사의 수업 개선과 학교 교육의 질 관리'에서 찾으려는 경향이 강하다(김병주, 김태완, 홍준영, 2010, 52). 따라서 교사에 대한 조력이 교육 행위에 대한 관리 행정의 범주에서 이루어지거나, 비전문가에 의한 관리와 통제의 형태를 취하거나, 사무처리 방식으로 이루어지는 것은 교사의 교수-학습활동을 오히려 방해한다(허병기, 1997, 185). 이러한 측면에서 장학은 지침에 의한 관료적이고 권위적인 행태를 벗어나 교원의 전문성을 기반으로 단위 학교 중심의 자율적인 교육활동을 지원하는 컨설팅 장학으로 발전하고 있다.

〈표 4-16〉 관리 행정과 장학 행정의 구분

구분	관리 행정	장학 행정
목표	•교육 제도와 여건 형성 및 운영 -인사, 시설, 재정	•교원의 자질향상 -교육과정, 학습지도, 생활지도
기능	•감독	•지도, 조언
원리	•집행, 지시, 명령, 권위	•충고, 자극, 지도, 봉사

(출처: 이행자, 2000, 14-16의 내용을 정리하여 도표화함)

『초·중등교육법』(법률 제20862호) 제7조에서는 장학의 내용을 '교육과정 운영 및 교수-학습방법 등'에 관한 것으로 규정하고 있다(제7조). 장학의 범위를 학교 자율화를 신장시키기 위한 장학 담당자의 역할 측면에서 살펴보면, 학교 교육의 범위와 한계를 규정하는 투입 차원의 기획 및 관리 기능, 학교 교육이 원활하게 이루어지도록 하는 과정 차원의 지원 기능, 그리고 학교 교육의 질과 성과를 확인하는 산출 차원의 평가 기능으로 나눌 수 있다.

〈표 4-17〉 학교 자율화 신장을 위한 장학의 영역과 내용

영역		내용
기획과 관리	기획	• 국가 및 지방 수준의 교육과정 개발 및 편성 • 사회적 변화와 이론적 성과를 반영한 교육정책 개발 및 보급
	관리	• 인력관리: 교원의 충원, 선발, 배치 • 물적자원관리: 교육 시설 및 재정
지원	수업 개선	• 수업 관찰과 협의
	전문적 지원	• 교사의 전문성 개발 지원: 연수, 워크숍, 세미나 운영 • 교육 프로그램과 정부 정책의 운영 지원 • 학교 실정에 맞는 목표 설정과 전략 개발 지원
	연구 개발	• 효과적인 수업 방법과 교육 프로그램 연구 개발
평가		• 상호작용과 의사소통을 통한 학교 교육과정과 결과 확인 및 평가 - 수업 참관 - 교장의 리더십 점검 - 기록물 점검과 관계자 면담 자료 분석 • 학교 교육의 질 개선을 위한 컨설팅

(출처: 오영재, 1999, 31; 홍창남, 2010, 223-225의 내용을 정리하여 도표화함)

이상에서 살펴본 장학의 본질과 범위를 기준으로 학교도서관의 교육적 역할 신장에 필요한 장학 내용을 정리하면 다음과 같다.

〈표 4-18〉 학교도서관 장학의 내용

영역		내용	
기획과 관리	기획	• 학교도서관 교육과정 개발 및 편성 • 학교도서관 활성화 정책개발 및 보급	
	관리	• 사서교사의 선발 및 배치 • 사서 선발 및 배치 • 학교도서관 시설 설비 개선 • 디지털자료실지원센터 운영	• 실기교사(사서) 선발 및 배치 • 위원회 및 자문단 운영 • 학교도서관 예산 확보
지원	수업 개선	• 도서관 이용교육 개선 • 협동수업 개선	• 도서관활용교육 개선
	전문적 지원	• 사서교사 등 연수 운영 • 학교도서관 운영 목표 및 전략 개발 지원	• 학교도서관 활용 프로그램 지원
	연구 개발	• 정보활용교육 방법 개발 • 학교도서관 활용 프로그램 연구 개발	• 학교도서관활용교육 활성화 전략 개발
평가		• 학교도서관 평가	• 학교도서관 컨설팅

(출처: 송기호, 2011, 54)

8.2 현황 및 문제점

우리나라에서는 2001년에서야 당시 교육인적자원부의 인적자원정책국 조정 2과에서 '대학 및 초·중·고등학교도서관의 운영 지원' 업무를 담당하였다(「교육인적자원부와 그 소속 기관 직제 시행규칙」. 부령 제779호). 2003년부터는 교육인적자원부 국제교육정보화국의 교육정보화지원과에서 그리고 2005년 9월부터는 지식정보기반과에서 사서직 사무관이 대학 및 초·중등학교도서관 업무를 담당하도록 하고, 행정직 사서 1인으로 하여금 학교도서관 정보화 업무와 초·중등학교도서관 활성화 업무를 담당하도록 하였다. 이러한 직제는 학교도서관 정보화 사업과 활성화 사업 등을 통해서 학교도서관의 여건을 개선하는 데 역량을 집중하기 위한 불가피한 측면이 있었다. 그리고 학교도서관에 대한 사업을 일단 하나의 부서로 묶음으로써 교육부 내에서의 학교도서관 관련 업무를 통합했다는 데 의의가 있다. 이후 거듭된 직제 개편 과정에서 학교도서관과 독서교육 업무는 일원화되었지만, 전담부서 없이 파견 교사가 그 업무를 담당하는 등 국가 수준에서 교육 전문직에 의한 학교도서관 장학은 여전히 이루어지지 않고 있다.

특히, 학교도서관살리기국민연대와 도서관계가 『학교도서관진흥법』 제정 단계에서부터 교육부와 시도교육청에 학교도서관 전담부서 설치 의무화를 위해서 노력했음에도 불구하고, 『학교도서관진흥법』에 학교도서관 장학을 위한 전담부서의 설치는 임의조항(제12조 제①항)이었다. 그리고 『학교도서관진흥법시행령』(대통령령 제29099호)에서는 '학교도서관 진흥업무에 관하여 전문지식이 있는 직원을 두어야 한다'고 명시하였다(제6조). 2008년 6월 15일 『학교도서관진흥법』의 시행으로 학교도서관은 장학 체계가 아닌 위원회에 의해서 운영에 필요한 사항을 지도·감독받게 되어있다.

시도교육청의 학교도서관 담당 부서를 과(課) 수준에서 분석한 결과(송기호, 2011)를 보면, 학교도서관은 독서교육과 공공도서관 업무와 밀접하게 연계된 것으로 나타났다. 따라서 학교도서관의 장학 체계는 이들 3개의 업무(학교도서관, 독서교육, 공공도서관)를 각각 다른 과에서 담당하는 경우(독립형)와 2개의 업무를 하나의 과에서 담당하는 경우(통합형)로 구분할 수 있다. 통합형은 다시 학교도서관과 독서교육을 동일한 과에서 담당하는 학교도서관-독서 통합형과 학교도서관과 공공도서관을 동일한 과에서 담당하는 학교·공공도서관 통합형으로 나눌 수 있다.

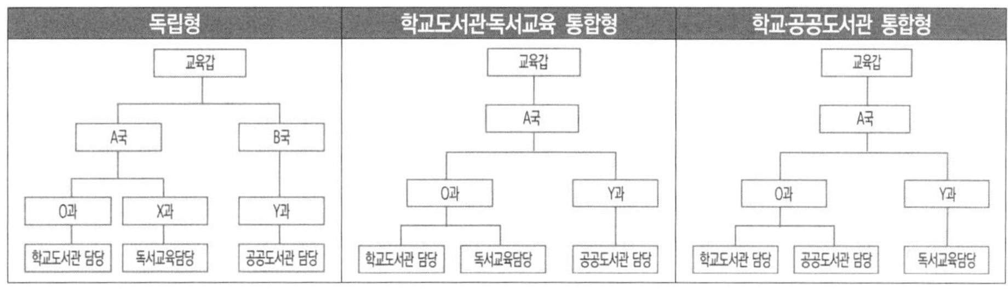

(출처: 송기호, 2011, 55)

[그림 4-6] 시도교육청의 독서·도서관 관련 장학 체계 유형

학교도서관 전담부서의 부재와 함께 행정직원에게 학교도서관 업무를 담당하도록 하는 것은, 학교 교육의 특수성과 사서교사의 전문성을 고려하지 않은 것이다. 공공도서관과 행정직 사서에 의한 학교도서관 지원은 정보활용교육이나 학교도서관활용교육 등 교육적 역할 신장에는 한계를 보일 수밖에 없다. 따라서 교육청에 학교도서관 담당자를 배치하는 경우 사서직이 아닌 사서교사직으로 배치하고 장기적으로는 사서교사 출신의 교육연구사나 장학사를 배치하여 장학 체계를 강화해야 한다(이용남, 2007).

학교도서관 전담 부서 대신에 『학교도서관진흥법』(법률 제18547호)에 따라 시도교육감이 학교도서관지원센터를 설치 운영하고 있다(제14조 제②항). 학교도서관지원센터는 교육감이 교육청 소속 공공도서관을 권역별 지원센터로 지정하는 형태로 단위 학교도서관의 어려움을 구성원 스스로 해결하도록 도와주는 것이 아니라 운영 인력 관리와 프로그램을 대행하는 역할을 하고 있다. 따라서 학교도서관의 교육적 역할을 신장하는 데 한계가 있다.

〈표 4-19〉 학교도서관지원센터의 학교도서관 지원 업무 사례

학교도서관지원센터	지원 업무
경상남도교육청 창원도서관 (https://cwlib.gne.go.kr/)	• 학교도서관 설치 및 운영을 위한 컨설팅 • 학교도서관 담당자 및 도우미를 위한 맞춤 연수 • 학교도서관 업무의 전반적 이해 및 실무 • 도서관리 프로그램(DLS) 사용 안내 • 독서 문화 프로그램 지원 • 자료 분류 및 정리 업무 지원 • 수서업무 지원 및 각종 권장도서목록 제공 • 책 읽어주기 도움 자료 제공 • 신간구입을 위한 추천도서 목록 제공 • 장서관리 업무 지원 • 바람직한 장서구성 방안 • 장서 배열에 관한 사항 • 장서점검 교육 및 장서점검기 지원 • 폐기 및 제적에 관한 사항
대전학생교육문화원 (https://dsecc.djsch.kr/)	• 학교도서관 실무 컨설팅(상담) • 학교도서관 관계자 연수 • 학교도서관 추천도서목록 제공 • 우리 지역 작가 특강 • 학교도서관 뉴스레터 • 학교도서관 e-라운지 운영 • 독서 콘텐츠 제작 프로그램 • 즐거운 책·글·말 • 학교도서관 연합 독서캠프
전라남도교육청 목포도서관 (https://www.jne.go.kr/)	• 서부권역 독서인문교육 네트워크 협의체 구축 운영 • 서부권역 학교도서관 담당자 교육 • 서부권역 학교도서관 자원봉사자 교육 • 학교(도서관) 연계 독서프로그램 운영 • 학교도서관 관계자 연수(사서교사, 사서, 순회사서)[개별]

8.3 대책

학교도서관 장학 체계는 『학교도서관진흥법』과 『학교도서관진흥법시행령』을 개정하여 학교도서관 전담부서 설치를 의무화하고, 사서교사직 장학사(관)를 배치함으로써 교육적 역할을 뒷받침하여야 한다. 그리고 기존 부서에서 학교도서관 업무를 담당하는 경우에도 학교도서관과 사서교사의 교육적 역할과 학교 교육과정과의 연계성을 고려하여 장학 담당 부서에서 사서교사 출신의 장학사(관)가 업무를 담당하도록 해야 한다.

8.3.1 기존 부서에서 학교도서관 업무를 담당하는 방법

이 방법은 새로운 직제의 신설이나 개편 없이 학교도서관 장학 체계를 구축할 수 있다. 이 방법을 택하는 경우에는 학교도서관의 교육적 역할과 업무의 연계성, 사서교사 자격의 특수성 그리고 사서교사의 교육적 역할 등을 고려해야 한다.

첫째, 학교도서관의 교육적 역할과 업무의 연계성 측면에서

학교도서관의 정보화나 활성화의 궁극적인 목적은 교육과정 운영과 지원을 통한 교육목표 달성에 있으므로, 될 수 있으면 학교 교육과정의 편성과 운영을 담당하는 부서에서 학교도서관 업무를 담당하는 것이 바람직하다. 이 경우에도 학교도서관 업무는 사서교사직 장학사(관)이 담당하도록 한다.

둘째, 사서교사 자격의 특수성 측면에서

현실적으로 사서교사의 자격은 초등과 중등의 구분이 없다. 학교 급별에 따른 자격 구분이 없는 것은 학교도서관과 사서교사의 교육적 역할과 학교 교육의 특징을 고려할 때 시급히 해결해야 할 과제이다.

셋째, 사서교사의 교육적 역할 측면에서

사서교사는 다른 관종의 사서와는 달리 독서지도나 정보활용교육 그리고 도서관활용교육 등 학교 교육과정 운영과 개선을 주된 업무로 하는 교사의 역할이 강하다는 점을 고려하여야 한다. 따라서 사서교사직 장학사(관)에게 학교도서관 업무를 담당하도록 하여야 한다.

앞서 살펴본 학교도서관의 교육적 역할과 사서교사의 자격의 특수성 및 학교와 공공도서관의 연계성 등을 고려할 때, 기존의 부서에서 학교도서관을 담당하는 방안은 다음과 같이 두 가지로 나누어 살펴볼 수 있다.

첫째, 사서교사직 장학사(관)에게 학교도서관 업무를 담당하도록 하는 방안

이 방안은 학교도서관 담당 인력의 자격 유형을 사서교사직 장학사(관)로 대체하는 것이다. 따라서 조직의 개편 없이 안정적으로 업무를 수행할 수 있다는 장점이 있다. 또한, 현장 경험을 바탕으로 장학 업무를 수행하기 때문에 교원 인사나 연수 및 교육과정 운영 부서와의 협력관계 구축이 쉽다. 이 경우에 장학 담당자의 업무를 독서교육이나 사서교사 관련 사항까지 포함하여 학교도서관에 대한 종합적인 장학활동이 이루어지도록 하는 것이 중요하다.

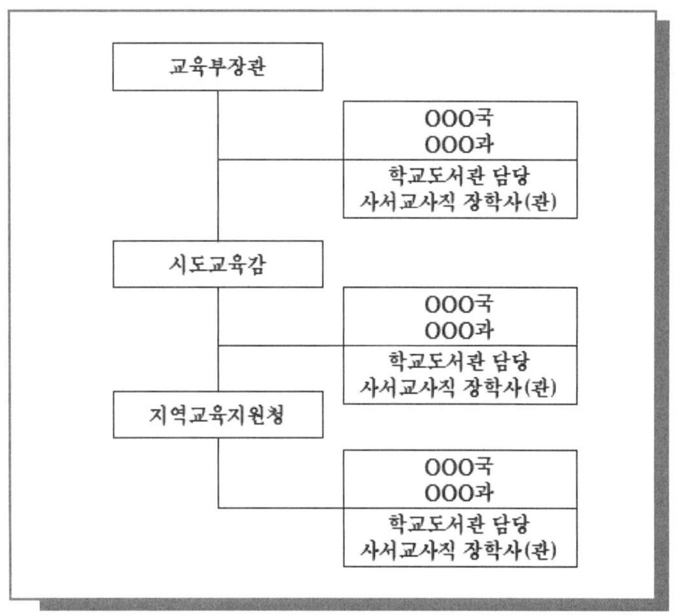

[그림 4-7] 기존 부서를 이용한 학교도서관 장학 체계도(안)

둘째, 평생교육과에 학교도서관 담당 장학사(관)와 공공도서관 담당 직원을 두는 방안

학교도서관과 공공도서관의 상호 협력과 평생교육 차원에서 이루어지는 학교도서관의 지역 주민에 대한 봉사 등 점진적인 경영 확대를 고려할 때는 평생교육 담당과에 교육청 소속 공공도서관을 담당하는 사서직 공무원과 학교도서관을 담당하는 사서교사직 장학사(관)를 배치하여 상호 협력하도록 하는 방안도 있을 수 있다. 이 경우에는 교육부의 평생교육 담당 부서와 시도교육청 그리고 각 지역교육지원청의 평생교육 담당 부서로 이어지는 단일한 장학 체계를 가질 수 있다. 학교도서관 담당 장학사(관)의 주요 업무는 학교도서관 활성화, 학교도서관 운영 지도 및 감독, 학교도서관 실태조사 및 분석, 학교도서관 교육및 학교도서관활용교육 장학으로 정할 수 있다.

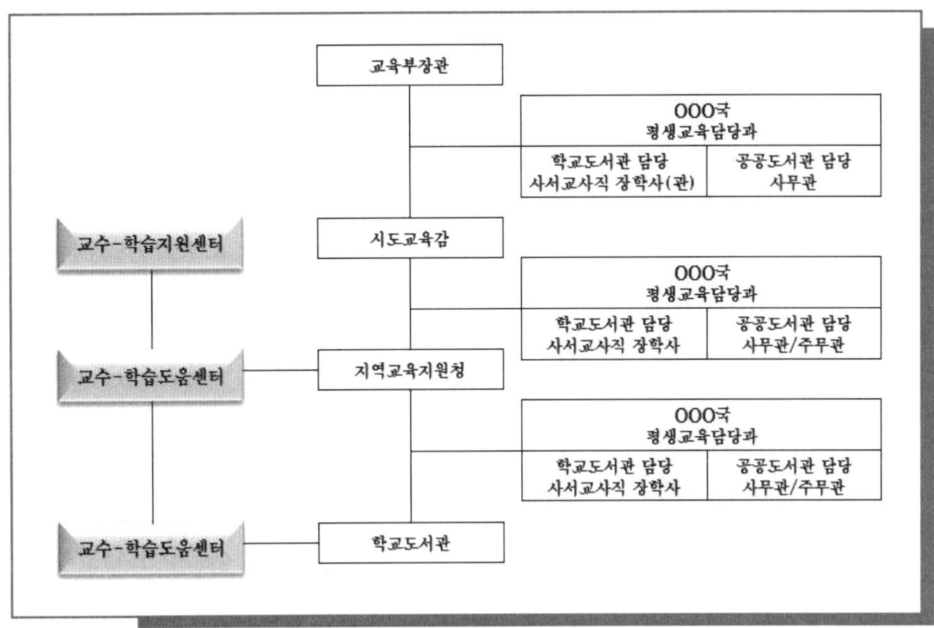

[그림 4-8] 평생교육 차원에서 학교도서관과 공공도서관 통합 장학 체계도(안)

8.3.2 학교도서관 전담부서를 의무적으로 설치하는 방안

전담부서를 설치하는 경우에는 학교도서관만을 담당하는 전담부서를 설치하는 방안과 하나의 부서에 학교도서관과 공공도서관 그리고 독서교육 업무를 통합 관장하는 방안이 있다.

첫째, 학교도서관 전담부서 설치 방안

학교도서관 전담부서 설치는 학교도서관 활성화를 위한 가장 근본적인 제도적·행정적 장치 중의 하나이다. 학교도서관 전담부서 설치에 대한 구체적인 논의가 시작된 것은 학교도서관살리기국민연대가 학교도서관 관계 법령 제·개정을 위한 공청회를 열고, 『학교도서관진흥법(안)』을 마련하면서부터이다(학교도서관살리기국민연대, 2001). 국민연대가 마련한 『학교도서관진흥법(안)』에서는 "제9조(교육행정기관 직제 및 교육 전문직) ①교육인적자원부와 특별시·광역시 및 도교육청(이하 "시도교육청" 이라한다)에는 학교도서관 전담부서를 둔다. ② 학교도서관 전담부서에는 사서교사직 장학사(관), 교육연구사(관)를 둔다."라고 규정하면서 학교도서관 전담부서의 설치를 의무화하는 방안을 제시하였다. 전담부서를 설치하는 경우에는 교육부의 학교 장학 담당국이나 실에, 시도교육청의 교육정책국에 그리고 각 지역교육지원청의 학무국에 (가칭)학교도서관 지원과를 두는 방안을 생각해 볼 수 있다. (가칭)학교도서관 지원과가 수행하는 업무는 다음과 같다.

〈표 4-20〉 (가칭)학교도서관 지원과의 업무

- 초·중·고등학교도서관에 관한 기본정책의 수립
- 학교도서관의 시설 및 설비 확충 지원
- 학교도서관 운영 재원의 확보
- 사서교사, 실기교사(사서)의 수급 및 배치
- 학교도서관 운영 지도 감독
- 학교도서관 운영 실태조사 및 분석
- 학교도서관 기준 제정 및 시행
- 독서 및 정보교육 강화

(출처: 학교도서관살리기국민연대, 2001, 24)

전담부서 설치와 사서교사의 장학사(관) 임용은 학교도서관 현장과 정책의 연계성을 강화하고 정책 집행력을 확보할 수 있는 지름길이다. 또한, 학교도서관의 인식을 단순한 행정 관리의 대상이 아닌 장학의 대상으로 전환함으로써 교육과정과 연계한 자율적이고 창의적인 학교도서관 운영을 도모할 수 있다.

둘째, 학교도서관·공공도서관·독서교육을 통합하여 새로운 부서를 설치하는 방안

이 방법은 기존 부서에서 수행하던 유사 업무를 통합하여 새로운 부서 명칭을 부여하고, 해당 업무의 전문가를 배치하는 현실적인 접근 방법이다. 이 경우 장학 행정과 지원 행정을 구분하고, 학교도서관과 공공도서관이 평생교육 차원에서 연계 서비스를 강화할 수 있도록 〈독서·도서관과〉와 같은 통합 부서를 설치하는 방안이 바람직하다. 통합 부서는 기획과 수업 개선 그리고 연구 개발 및 평가를 담당하는 장학행정팀과 시설관리, 인력 관리 그리고 정보화 및 예산을 담당하는 지원 행정팀으로 구분함으로써 사서교사의 교수자로서의 역할을 강화할 필요가 있다. 이를 통해서 도서관 형편에 맞는 평생교육과정 개발이 활성화되고, 자원과 교육프로그램의 공유와 연계를 위한 학교도서관과 공공도서관의 협력적 관계가 강화될 것으로 기대된다. 〈독서·도서관과〉에는 독서교육 전문 장학사와 함께 학교도서관과 사서교사의 교육적 역할 신장에 필요한 비전 제시와 컨설팅을 할 수 있는 사서교사 출신의 교육 전문직을 배치하여야 한다.

〈표 4-21〉 독서 · 도서관과의 업무 분장표(안)

팀별	영역	업무 내용
장학 행정팀 담당 장학관 (장학 업무)	기획 담당 장학사	• 독서교육, 도서관, 평생교육진흥계획수립 • 독서교육, 도서관 교육, 평생교육과정 개발 및 편성 • 독서교육, 도서관, 평생교육 연계 사업 및 정책개발
	수업 개선 담당 장학사	• 독서교육, 도서관 이용교육 컨설팅 • 학습독서, 도서관활용교육, 협동수업 등 컨설팅 • 평생교육 컨설팅

팀별	영역	업무 내용
	연구 개발 및 평가 담당 장학사	• 독서교육, 도서관 교육, 평생교육 프로그램 개발 및 보급 • 독서교육, 도서관 교육, 평생교육 우수 프로그램 발굴 및 일반화 • 독서교육, 도서관 교육, 평생교육기관 평가 및 통계조사
지원 행정팀 담당 사무관 (행정 지원 업무)	시설관리 담당 주무관	• 도서관 및 평생학습관(교육관) 설치 및 지정 • 도서관 및 평생학습관(교육관)시설 설비 등 환경 개선 사업
	인력관리 담당 주무관	• 각종 위원회 및 자문단 구성 및 운영 • 사서교사, 사서직원 등의 선발 배치 • 사서교사, 사서직원 등의 연수
	정보화 및 예산관리 담당 주무관	• 독서로 운영 • 독서교육, 학교도서관 교육 예산 확보 및 지원

(출처: 송기호, 2011, 64의 내용을 일부 수정함)

어떠한 형태의 장학 체계를 마련하던지 행정이 아닌 장학 부서에서 학교도서관과 사서교사 관련 업무를 담당해야 한다. 그리고 장학담당자는 현장 경험과 전문성을 갖춘 사서교사직이 바람직하다. 『교육공무원법』(법률 제20783호) 제9조 〈별표 1〉에 따르면 사서교사가 교육 전문직으로 임용되는 데에는 법률적인 제약이 없다.

〈표 4-22〉 교육 전문직의 자격 기준

기준 / 직명	자격 기준
장학관 교육연구관	1. 대학·사범대학·교육대학 졸업자로서 7년 이상의 교육경력이나 2년 이상의 교육경력을 포함한 7년 이상의 교육행정 경력 또는 교육 연구경력이 있는 사람 2. 2년제 교육대학 또는 전문대학 졸업자로서 9년 이상의 교육경력이나 2년 이상의 교육경력을 포함한 9년 이상의 교육행정 경력 또는 교육 연구경력이 있는 사람 3. 행정고등고시 합격자로서 4년 이상의 교육경력이나 교육행정 경력 또는 교육 연구경력이 있는 사람 4. 2년 이상의 장학사 · 교육연구사의 경력이 있는 사람 5. 11년 이상의 교육경력이나 2년 이상의 교육경력을 포함한 11년 이상의 교육 연구경력이 있는 사람 6. 박사학위를 소지한 사람
장학사 교육연구사	1. 대학·사범대학·교육대학 졸업자로서 5년 이상의 교육경력이나 2년 이상의 교육경력을 포함한 5년 이상의 교육행정 경력 또는 교육 연구경력이 있는 사람 2. 9년 이상의 교육경력이나 2년 이상의 교육경력을 포함한 9년 이상의 교육행정 경력 또는 교육 연구경력이 있는 사람

05

학교도서관 시설과 설비

1. 학교도서관 시설의 가치와 기준
2. 학교도서관의 위치
3. 학교도서관 공간 구성 유형
4. 학교도서관 공간 구성 방법
5. 리모델링과 실내 환경 디자인 평가
6. 학교도서관 교구 설비

05 학교도서관 시설과 설비

1. 학교도서관 시설의 가치와 기준

1.1 학교도서관 시설의 가치

『학교시설사업촉진법』(법률 제19117호)에 따르면, 학교 시설이란 '교사 대지(校舍 垈地), 체육장 및 실습지, 교사, 체육관, 기숙사 및 급식시설, 그밖에 학습 지원을 주된 목적으로 하는 시설'을 의미한다(제2조). 학교도서관은 '학교에서 학생과 교원의 학습 · 교수활동을 지원함을 주된 목적으로 하는 도서관이나 도서실'(학교도서관진흥법, 제2조)로 학교 시설에 해당한다.

공간이 인간 행동에 끼친 영향에 대한 연구를 보면, 밖이 내다보이는 조망은 업무에 대한 집중도를 높이고 직장에 대한 충성도를 향상하는 것으로 나타났다. 또한, 환자도 나무가 내려다보이는 병실을 배정받은 외과 수술 환자일수록 진통제 투약과 병원 입원 횟수가 줄어든다는 사실이 밝혀졌다(Friedman, 2015, 67-68). 집보다 편하고 좋은 학교 시설은 학생을 위한 배움의 장소이자 놀이터로서 교육 경쟁력을 높이는 중요한 요소이다. 좋은 학교 시설에서 생활하는 학생은 학교를 경쟁이 아닌 협동을 배우는 장으로 생각한다. 따라서 학교 시설은 학업성취도는 물론 삶의 질과 밀접한 관련성을 갖는다(김경인, 2014, 43-44).

학교도서관은 혼자서 또는 누군가와 함께 있을 수 있고, 의도적으로나 우연히 시간을 보낼 수 있는 곳이다. 또한, 상념에 잠기거나 휴식을 취하거나 무엇인가에 대처할 수 있는 곳이다(Prentice, 2011, 66). L. Vygotsky의 근접발달영역(Zone of Proximal Development: ZDP) 측면에서 보면, 학교도서관은 학습에 필요한 만남과 자유 그리고 경험이 가능한 곳이다. 학생은 사회적 상호작용은 물론 자신의 수준과 요구에 맞는 다양한 자료와의 상호작용 그리고 내면적 상호작용을 통해서 협력적 지식을 만들 수 있다. 협동과 소통은 창의력을 발휘하는 가장 좋은 방법이고, 협동과 소통을 가능하게 하는 것이 바로 공간이다. 혼자 배우는 것이 아니라 토론과 논쟁을 통해 소통으로 배우는 유대인의 도서관 '예시바'(Yeshiva)가 좋은 예이다(김경인, 2014, 228). 불확실한 미래 사회는 정형화된 사고로는 대처할 수 없다. 개성과 창의성을 길러줄 수 있는 배움의 공간이 필요하다.

따라서 학교도서관은 개인적인 지식 관습을 지원하는 개인 학습활동 공간과 사회적 지식 관습을 지원하는 협력 학습공간을 통합할 필요가 있다. 그리고 인지과정에 영향을 주는 학생의 긍정적 정서를 활성화하고, 흥미와 내적 동기를 유발할 수 있어야 한다(Lonka, 2020). 또한, 디지털 학습 도구와 물리적 학습공간의 통합은 학교도서관을 소통과 협업 등 시민의식을 바탕으로 자기주도적인 지식 생산을 경험할 수 있는 공유 및 창작 공간으로 만들 수 있다.

사서교사 입장에서 이용자가 깨끗하고 평안한 도서관에서 자유롭고 공정하게 학습 경험을 제공받을 수 있도록 도서관 시설을 갖추는 것은 이용자 서비스에 대한 긍정적인 태도를 보여주는 것이다. 또한, 이용자가 도서관에 대한 자부심과 주인의식을 갖도록 만든다. 그리고 다양한 공동체(community)를 만들고, 유지하는 데 기여함으로써 지속 가능하고 안정적인 학교도서관 발전 토대를 마련할 수 있다.

M. Gorman(2015)에 따르면, 도서관은 학문, 문화, 그리고 다른 중요한 세속적 가치와 공동선의 발현을 구현하는 장소이며, 디지털 환경 속에서도 인간적인 접촉과 모일 수 있는 적절한 건물이 필요한 사람에게 중요하다. 그리고 디지털도서관뿐만 아니라 도서관의 물리적 공간이 필요한 이유는 다음과 같다.

- 과거의 자료뿐만 아니라 미래에 생성될 자료까지, 인쇄 및 기타 유형의 정서를 보관하기 위해
- 기술 자원(technological resources)과 서비스 그리고 전통적인 자원과 서비스를 통합기 위해
- 사람들이 공부하고, 연구하고, 읽고, 보고, 들을 수 있도록 하기 위해
- 모든 사람 특히, 디지털 소외 계층이 모든 종류의 전자자료에 온라인으로 접근하고 사용에 대한 지원을 받을 수 있도록 하기 위해
- 녹음 및 비디오 도서관, 희귀본 자료실, 사본 자료실 및 아카이브 등 특별한 장서와 도서관 연계 서비스를 제공하기 위해
- 도서관이 서비스를 제공하는 지역사회 내에 만남의 장소를 제공하기 위해
- 도서관 이용자가 전문가의 도움을 받기 위해
- 도서관 공동체 구성원의 역량 강화에 필요한 교육(도서관 교육, 문해 교육, 정보 역량 강화)을 제공하기 위해
- 고집중 상호작용(예: 회의)과 저집중 상호작용(예: 대화) 등 사회적 상호작용을 위해

1.2 학교도서관 시설 기준

학교도서관이 단순한 자료의 보관소에서 학생의 지식 생산을 도와주는 교육 시설의 역할을 성공적으로 수행하기 위해서는 적절한 위치에 충분한 공간을 갖추어야 한다. 학교도서관 시설에 대한 기준과 관리 내용은 어떤 조건을 갖춘 곳에 위치시킬 것인가? (위치), 어느 정도의 면적을 갖추도록 할 것인가? (규모), 어떤 공간으로 구성할 것인가? (공간 구성), 공간의 물리적 환경은 어떻게 구축할 것인가? (물리적 환경), 그리고 공간에 어떤 설비와 교구를 갖출 것인가? (교구·설비) 등으로 나눌 수 있다.

1.2.1 법률상의 기준

학교의 시설·설비를 규정하는 법률로는 『학교시설·설비기준령』[5]과 『특수학교시설·설비기준령』이 있었으나, 1997년에 『고등학교이하각급학교설립·운영규정』이 제정되면서 『학교시설·설비기준령』은 폐기되고, 『특수학교시설·설비기준령』만 남게 되었다. 그리고 『학교도서관진흥법』과 『학교도서관진흥법시행령』(2008년 제정)이 제정되면서 위치와 규모(면적) 기준을 제시하였다.

① 고등학교이하각급학교설립·운영규정

『고등학교이하각급학교설립·운영규정』(대통령령 제32956호)에서 규정하고 있는 학교도서관 시설·교구 기준 관련 조항을 발췌하면 다음과 같다.

『고등학교이하각급학교설립·운영규정』(대통령령 제32956호)

제3조(교사) ① 각급 학교의 교사(교실, 도서실 등 교수 학습활동에 직·간접적으로 필요한 시설물을 말한다)는 교수-학습에 적합하여야 하고, 그 내부환경은 『학교보건법』 제4조의 규정에 의한 환경위생 및 식품위생의 유지·관리에 관한 기준에 적합하여야 한다.

제3조의2(복합시설) 교육부장관 또는 시·도교육감은 국·공립학교에 교육상 지장이 없는 범위 안에서 문화 및 복지시설, 생활체육시설, 평생교육시설 등의 복합시설을 둘 수 있다.

제8조(교구) ① 각급 학교에는 학과 또는 교과별로 필요한 도서·기계·기구 등의 교구를 갖추어야 한다.

② 제1항의 규정에 의한 교구의 종목 및 기준은 시·도교육감이 정하여 고시한다.

『고등학교이하각급학교설립·운영규정』 중 교사(校舍)의 면적 기준을 정한 [별표 1]에서는 학교 전 학년의 학생 정원을 기준으로 한 총규모(단위 : ㎡)만 규정되어 있을 뿐, 도서관을 포함한 각 실에 대한 실수(室數)나 면적 기준은 따로 없다. 다만, 제8조 ②항의 규정에 따라 시도교육감이 고시하게 되어있다.

② 학교도서관진흥법 및 시행령

『학교도서관진흥법』(법률 제18547호) 제13조(시설·자료 등)를 보면, '① 학교도서관은 해당

---

5) 『학교시설·설비기준령』(대통령령 제14920호. 1996. 2. 22. 개정) 제5조(교사 및 원사) 〈별표 3〉에서는 도서실의 기준을 열람좌석수 및 소장 도서수 만으로 규정함

구분	열람좌석수	도서수
국민학교	보통교실 겸용	학급당 단행본 100권 이상
중학교	1학급당 3석 다만, 학교마다 20석 이상이어야 한다.	학급당 단행본 120권 이상 다만, 학교마다 500권 이상이어야 한다.
고등학교	1학급당 5석 다만, 학교마다 20석 이상이어야 한다.	학급당 단행본 150권 이상 다만, 학교마다 600권 이상이어야 한다.

학교의 특성과 사용자 요구에 적합한 시설 · 자료를 갖추어야 한다. ② 학교도서관은 자료의 효율적 이용을 위하여 이용 가치가 없거나 파손된 자료를 폐기하거나 제적할 수 있다. ③ 제1항에 따른 학교도서관 시설·자료의 기준과 제2항에 따른 폐기 · 제적의 기준과 범위에 필요한 사항은 대통령령으로 정한다.'로 하고 있다. 그리고 『학교도서관진흥법시행령』(대통령령 제33343호) 제8조(시설·자료의 기준 등)에서는 학교도서관의 시설 규모를 100㎡(일반교실 1.5칸 규모) 이상으로 규정하고 있으며, 교육감이 구체적인 기준을 정하도록 위임하고 있다. 한편, '1. 위치는 학교의 주 출입구 등과 근접하여 접근이 쉬운 곳에 설치한다.'라는 조항은 2023년 시행령이 개정되면서 삭제되었다.

『학교도서관진흥법시행령』(대통령령 제33343호)

제8조(시설·자료의 기준 등) ① 법 제13조 제3항에 따라 학교도서관이 갖추어야 하는 시설·자료의 기준은 다음 각호와 같다.

1. 삭제 〈2023. 3. 28.〉
2. 면적은 100제곱미터 이상으로 한다. 다만, 교육감은 학생수 등을 고려하여 학생 및 교직원의 교수 · 학습에 지장이 없는 범위에서 그 면적을 조정할 수 있다.
3. 각각의 학교는 1,000종 이상의 자료를 갖추어야 하고, 연간 100종 이상의 자료를 추가로 확보하여야 한다.

② 제1항에 따라 학교도서관에 갖추어야 하는 시설 및 자료의 구체적인 기준은 교육감이 정한다.

③ 특수학교시설 · 설비기준령

특수학교와 특수학급의 시설 및 설비를 규정하고 있는 『특수학교시설·설비기준령』(대통령령 제29950호)에서는 특수학교도서관의 설치와 면적을 다음과 같이 규정하고 있다.

『특수학교시설·설비기준령』(대통령령 제29950호)

제4조(교육 관련 시설의 종류 및 기준) ① 학교가 학생의 교육을 위하여 설치하여야 하는 시설의 종류 및 그 기준은 별표 1과 같다. 다만, 지역의 여건 및 학생의 장애 유형 등을 고려하여 시설의 종류별 면적 기준을 3분의 1의 범위에서 시도 조례로 정하는 바에 따라 완화하거나 강화하여 적용할 수 있다.
② 제1항의 각 시설에 두어야 할 설비 · 비품 등의 품목 · 수량 등은 시 · 도교육감이 따로 정한다.

[별표 1] 교육 관련 시설의 종류 및 기준(제4조 1항 관련) 중 도서실 내용(발췌)

시설의 종류	설치기준
도서실	학교 특성에 따라 설치하되, 보통교실과 겸용하는 형태로 설치할 수 있다. 다만, 총열람 좌석은 20석 이상이어야 한다.

1.2.2 교육부 및 시도교육청의 시설 기준

2003년부터 시행된 『학교도서관활성화사업』에 맞추어 당시 교육인적자원부(2002)는 학교도서관의 적정 규모를 학급 및 학생수를 기준으로 신축 및 개·보수 모형 6가지와 증축모형 2가지 등 모두 8가지의 모형별 기준을 제시하였다. 그리고 학교도서관 리모델링을 위한 최소 시설기준을 교실 2칸 규모(126㎡)로 정하였다.

〈표 5-1〉 교육부가 제시한 모형별 학교도서관 적정 규모

구 분	모형_1 (1실)	모형_2 (1.5실)	모형_3 (2실)	모형_4 (2.5실)	모형_5 (3실)	모형_6 (3.5실)	비 고
학 급 수	6학급 미만	6~12학급 미만	12~18학급 미만	18~24학급 미만	24~30학급 미만	30~48학급 미만	
학생수(명)	210	420	630	840	1,050	1,260	
수용 학생수(명)	24	36	41	57	84	90	PC이용 학생수 포함
실면적(㎡)	63	94.5	126	157.5	189	220	

※ 신축 및 개·보수 모형(모형 1~6)
※ 증축 모형(모형 7, 8) : 모형 7은 2.5실, 모형 8은 1.5실 복층 규모임
※ 위 시설 규모는 학교 여건 및 예산 규모에 따라 조정 가능
※ 교실 수는 일반교실(1실 단위면적: 63㎡)

그리고 '문헌자료, 영상자료, 인터넷, 모둠학습, 안내·관리공간'을 기본공간으로 제시했다. 학교도서관 기본 공간은 『전국도서관운영평가지표』의 시설 영역에 반영되어 '대출·반납 공간, 영상 및 전자자료 열람 공간, 학생 자료열람 공간, 정보활용교육 공간, 사무 공간, 교수-학습자료 제작 공간' 등의 설치 정도 평가에 활용되었다. 이후 도서관 평가 개선 연구에 따르면, 사서교사는 '한 학급 이상 모둠학습 공간, 자기주도적 개별학습 공간, 별도의 독서토론 공간, 교사를 위한 교수-학습자료 제작 공간, 또래 활동 전용 공간'을 기본 공간으로 인식하고 있는 것으로 나타났다(이지연 외, 2020, 413). 한편, 교육부 등은 디퍼러닝(Deeper Learning), 플립러닝(Flipped Learning) 등 테크놀로지 기반 맞춤형 학습 방법별 학습 환경 요소를 제시했다

〈표 5-2〉 테크놀로지 기반 학습 방법별 학습 환경

학습 방법	학습 환경
디퍼러닝	• 온라인 정보검색 공간 • 관련 자료 비치 공간 • 발표할 수 있는 공간 • 개별학습 또는 소그룹 학습이 가능한 공간 • 제작 및 거치 공간 • 전시 공간

학습 방법	학습 환경
플립러닝	• 온라인 개별학습 공간: 무선 인터넷 연결 공간, 개별학습 공간 • 오프라인 협력적 지식 구성 공간: 온라인 정보검색 공간, 관련 자료 비치 공간, 발표 공간, 다양한 규모의 그룹 활동 공간, 제작 및 거치 공간, 전시 공간
협력학습	• 다양한 규모의 그룹 학습이 가능한 공간 • 일대일 동료 학습이 가능한 공간 • 토의·토론 좌석 배치가 가능한 공간 • 발표할 수 있는 공간 • 다양한 유형의 공간구성 요구
다양한 온라인 학습 활동	• 무선 인터넷 연결 공간 • 온라인 정보검색 공간 • 다양한 규모의 학습공간 • (E-스포츠) 인터넷이 연결된 수행 공간과 각종 필요 기구 및 장비 보관 공간
몰입학습	• 학습의 내용으로서의 교실(space as content), 즉 공간 자체가 학습 대상이 되는 공간으로의 구성 요구 • XR 테크놀로지가 제시하는 시뮬레이션 상황 속에서 학습자들이 탐구활동에 몰입하도록 스크린이 바닥과 벽 등에 내재되어 있는 환경 구축 • 또는 XR 테크놀로지 글라스의 진화와 발전에 따라 수행 기반 학습이나 놀이학습을 위한 공간으로 구성
맞춤형 학습	• 온라인 공간과 물리적 공간을 연계하여 테크놀로지를 기반으로 학습하는 유연한 학습 환경으로의 변화 요구 • 학생이 자신의 기기(device)를 가지고 학교의 모든 공간에서 무선 인터넷에 연결이 가능한 학교 환경 • 무선 인터넷이 연결된 공간 • 개별학습 공간 • 각종 전자기기 거치 및 충전 공간

(출처: 교육부, 17개 시도교육청, 한국교육시설안전원, 2021의 내용을 정리함)

또한, 교육부와 한국교육학술정보원(2022)은 『학교도서관 공간 혁신 매뉴얼』에서 '출입공간, 관리공간, 자료공간, 열람공간, 수업공간, 기타공간(독서 동아리 모임공간, 소그룹 토론실, 창작공간, 작품 전시공간, 놀이공간)'을 학교도서관 공간 구성 요소로 제시했다. 이러한 공간 구성의 특징은 학교도서관을 '맞춤형 경험을 통해 자기주도학습이 이루어지는 공간'으로 인식하고 있다는 점이다.

각 시도교육청의 학교도서관 시설기준은 『학교도서관진흥법시행령』(대통령령 제33343호)에 따라서 고시하고 있다. 『경기도교육청 학교도서관 운영 및 독서교육 진흥 조례』(경기도 조례 제8170호)를 보면, '제11조(시설·자료 등) ① 『학교도서관진흥법시행령』 제8조에 따라 경기도교육청 시설 및 자료기준을 정하고, 학교의 장은 그 기준에 따라 시설과 자료를 구비한다.'고 정하고 있다. 그리고 이 조항을 근거로 경기도교육청(2022)이 발표한 『경기도교육청 학교도서관 시설 및 자료 기준』에서는 학교도서관 시설의 일반원칙과 기준(공간 구성 분류, 규모, 환경, 비품), 자료의 일반원칙과 구성 및 기준을 제시하고 있다. 이 중 학교도서관 공간 구성 분류를 보면, '자료 공간, 열람 공간, 교수-학습공간, 대출 반납 공간, 업무관리공간'으로 나누고 있다. 그리고 공간의 면적 배분 비율을 '이용자 공간 60%, 자료 공간 25%, 직원 공간 15%'로 정하고, 학교 급별 학급수에 따라 교실을 기준으로 학교도서관 규모를 제시하고 있다.

〈표 5-3〉 학교 급별 학급수에 따른 학교도서관 최소 면적(경기도교육청)

구분		12 학급 미만	12~18 학급 미만	18~24 학급 미만	24~30 학급 미만	30 학급 이상
면적	초등학교	2실 이상	3실 이상	3.5실 이상	4실 이상	5실 이상
	중고등학교	2.5실 이상	3.5실 이상	4실 이상	4.5실 이상	5실 이상
수용 학생수(명)		36	41	57	84	90

(출처: 경기도교육청, 2022. 3)

1.2.3 한국도서관협회의 학교도서관 시설 기준

한국도서관협회가 제시한 학교도서관 시설 기준의 특징은 학교 급별 학교 규모별 총면적이 아니라, 복합 건물과 독립 건물로 나누어 학생 1인당 최소 면적 기준을 제시하고 있다는 것이다. 또한, 학교도서관의 공간을 자료 공간, 이용자 공간, 직원 공간, 공유공간으로 나누어 각 공간 요소별로 적정 면적을 제시하고 있다. 한국도서관협회가 제시한 학교도서관 시설기준을 살펴보면 다음과 같다(한국도서관협회 도서관기준특별위원회, 2013, 151-155).

1. 학교도서관은 다음과 같은 활동을 전개할 수 있는 공간을 확보하여야 한다.
   - 학생의 학습활동과 독서활동을 위한 자료열람 공간
   - 교사의 교재연구 및 조사를 위한 교직원 자료열람 공간
   - 자료의 대출 및 반납, 이용 상담 등을 위한 대출 공간
   - 자료의 특성에 따라 효율적으로 관리할 수 있는 자료수장 공간
   - 각종 정보원의 검색·열람과 컴퓨터를 이용한 개별학습을 위한 공간
   - 교사와 학생의 소집단별 학습활동 또는 세미나 등을 위한 모둠학습 공간
   - 시청각 기기를 활용하는 자료의 시청을 위한 공간
   - 전자자료를 이용하는 교수-학습을 위한 공간
   - 휴식을 겸하는 경독서 공간(browsing area)
   - 포스터, 문집, 신간 도서 등의 게시 또는 전시를 위한 공간
   - 사서교사 등의 업무 수행을 위한 사무 공간
   - 학생들의 각종 자치활동을 위한 전용공간
   - 호스트 컴퓨터와 통신기기의 관리·유지를 위한 조정 공간

2. 학교도서관의 최소 면적 기준은 다음과 같다.

[표 4] 한국도서관협회의 학교도서관 최소 면적 기준

구분	최소 면적(학생 1명당, ㎡)		비고
	복합 건물	독립 건물	
초등학교	0.89	0.96	학생 1인당 면적은 재적 학생을 기준으로 한 면적을 말한다.
중학교	1.1.9	1.29	
고등학교	1.32	1.44	

3. 학교도서관의 공간은 자료 공간, 이용자 공간, 직원 공간, 공유공간으로 나누어 계획하되, 공간 요소별 적정 면적의 배분 기준은 다음과 같다.

[표 5] 한국도서관협회의 학교도서관 면적 배분 기준

구분 / 공간 요소	초등학교		중학교		고등학교	
	복합 건물(%)	독립 건물(%)	복합 건물(%)	독립 건물(%)	복합 건물(%)	독립 건물(%)
자료 공간	55	51	46	42	41	38
이용자 공간	16	15	20	18	27	24
직원 공간	16	14	21	20	19	18
공유공간	13	20	13	20	13	20

4. 학교도서관의 자료 공간은 개가제로 운영되어야 하므로 서가 및 자료(시청각자료, 전자자료) 보관함 1개당 면적을 3.92-5.4㎡로 계획하면 무리가 없다.
5. 학교도서관의 열람석수는 재적 학생수의 20% 이상으로 설정하여야 하며, 열람석 당 면적은 초등학교의 경우 1.89㎡, 중·고등학교는 2㎡를, 특수학교는 2~2.5㎡, 시청각자료의 시청용 및 정보검색 위주의 PC용 테이블은 좌석당 3.5㎡를, 정보이용교육 위주의 PC용 테이블은 좌석당 2㎡가 적절하다.
6. 학교도서관 직원 1인당 면적은 사서교사의 경우 22㎡ 내외, 실기교사(사서)는 10㎡ 내외가 적절하며, 이밖에 최소한 20㎡를 서버 운용 및 작업공간으로 배분하는 것이 바람직하다.
7. 학교도서관의 공유공간(이용자·자료·직원 공간을 제외한 복도, 계단, 현관홀, 로비, 화장실, 휴게실, 기계실 등 부대시설 공간)은 독립 건물의 경우에는 연 면적의 20%(이용자·자료·직원 공간을 합한 면적의 25%)를, 복합건물의 경우에는 연 면적의 13%(이용자·자료·직원 공간을 합한 면적의 15%)를 기준으로 배분하는 것이 바람직하다.

1.2.4 IFLA의 학교도서관 시설 기준

국내 학교도서관 미디어센터 구축에 영향을 끼친 AASL과 AECT(1998b)의 학교도서관 기준(Information Power: Building Partnerships for Learning)에서는 학교도서관이 갖추어야 할 공간을 소장 정보에 대한 접근 및 활용 공간, 교수-학습공간, 상담 및 교수-학습 설계 공간으로 제시하였다. 그리고 학교도서관 시설이 갖추어야 할 조건으로 접근성, 안전성, 다양성, 편의성, 쾌적성 등을 제시하였다.

IFLA(2015)가 발표한 『학교도서관 가이드라인』에 따르면, 학교도서관 설계는 이용자의 역할이 단순한 정보 소비자에서 정보 생산자로 확산하고 있는 참여 문화(participatory culture)에 기여할 수 있도록 학습 공유공간(learning commons) 측면에서 이루어져야 한다. 그리고 전통적인 학습 및 연구 공간 이외에 정보 생산에 필요한 시설(facilities)과 설비(equipment)를 갖추어야 한다. 이 기준에서 제시하고 있는 학교도서관의 위치와 공간 기준을 살펴보면 다음과 같다(33-34).

위치와 공간(Location and Space)

학교도서관의 규모와 시설에 대한 일반적인 기준이란 존재하지 않는다. 그러나 학교도서관을 설계하는 단계에서 시설에 대한 기준을 갖는 것은 매우 유용하다. 일반적으로 도서관은 자원중심모형(resource-centered model)에서 학습자중심모형(learner-centered model)로 전환되고 있다. 따라서 학교도서관을 설계할 때는 학습 공유공간으로 설계하는 것이 일반적이다. 학교도서관 시설 설계 시 고려해야 할 요소는 다음과 같다.

- 중심부에, 될 수 있으면 1층에 설치한다.
- 접근성과 모든 교수 영역(teaching areas)과의 근접성(proximity)을 고려한다.
- 소음 요소: 교내에서 외부 소음이 가장 작은 곳에 설치한다.
- 채광과 조명을 통해서 충분하고 적당한 조도를 갖추도록 설계한다.
- 장서의 보존과 쾌적한 작업 조건을 위한 적당한 실내 온도(예: 냉·난방설비)를 고려한다.
- 특별한 요구를 지닌 이용자를 충족시킬 수 있도록 설계한다.
- 자료의 유형과 열람 목적에 적당한 규모의 공간을 확보한다.

▪ 도서, 소설, 비소설, 하드백(hardback), 페이퍼백(paperback), 신문, 잡지, 비인쇄 자료별 공간
▪ 자료의 축적 공간
▪ 독서 공간
▪ 전시공간
▪ 학습공간
▪ 컴퓨터 워크스테이션
▪ 직원 작업공간

- 다양한 활동이 가능하고, 장래의 교육과정과 기술의 변화에 적응할 수 있도록 공간을 융통성 있게 설계한다.

공간 구성(Organization of space)

학교도서관은 다음과 같은 기능을 수행하는 공간을 갖추어야 한다.

- 학습연구 영역(study and research area)
  정보데스크, 목록, 온라인 설비(on-line stations), 학습과 연구용 책상, 참고자료와 기본 장서 등을 갖춘 공간
- 자유 독서 영역(informal reading area)
  정보능력, 평생학습 그리고 오락 독서(reading for pleasure)에 필요한 도서와 정기간행물을 갖춘 공간
- 교수 영역(instructional area)
  소집단, 대집단 그리고 한 학급이 정규수업을 할 수 있을 정도의 좌석과 적절한 기교재와 전시공간을 갖춘 공간(재학생의 10%를 수용할 수 있는 좌석을 갖춘 공간)
- 매체 제작·집단 프로젝트 영역(production and group project area)
  개인이나 팀 그리고 학급 단위로 매체를 제작하거나 프로젝트를 할 수 있는 공간(실습실 또는 매체제작실)
- 관리 영역(administrative area space)
  대출·반납 공간, 사무 공간, 도서관 자료의 정리와 시청각 기교재의 보관 공간, 비품과 교구의 보관 공간

물리적 접근성과 디지털 접근성(Physical and digital access)

도서관에 대한 물리적, 디지털 접근성은 극대화될 것이다. 정보기술을 갖춤으로써 학교도서관이 소장한 정보원에 대한 디지털 접근성은 교내·외에 걸쳐서 항상 가능하게 될 것이다. 인력이 부족한 학교도서관은 훈련받은 학생과 성인 자원봉사의 활용을 포함한 장학 체계(supervisory systems)를 고려해야 한다.

2. 학교도서관의 위치

2.1 학교도서관의 위치 선정 기준

학교도서관은 다양한 자원을 활용하여 교사와 학생이 교수-학습활동을 전개하고, 독서와 다양한 문화 활동이 이루어지는 공간이다. 학교도서관이 미디어센터 및 공동 학습환경으로서 갖는 위상은 학교의 어떤 위치에 설치하느냐에 잘 나타난다. 학교도서관의 위치(location)를 선정할 때 먼저 고려해야 할 사항은 접근성, 쾌적성, 공간 확장의 용이성 등이다(김기태, 이만수, 1988, 32-33).

학교도서관이 효과적으로 그 기능을 수행하기 위해서는 무엇보다도 교사와 학생들이 쉽게 접근할 수 있는 곳에 있어야 한다. 따라서 학교도서관이 독립 건물이 아니라 일반교실과 함께 있는 경우에는 학교 건물의 양 날개 부분이나 길고 좁은 골마루의 끝부분 그리고 접근하기 어려운 3층이나 4층은 피해서 위치하는 것이 좋다. 2023년 개정 전 『학교도서관진흥법시행령』(대통령령 제29099호) 제8조에서는 '학교의 주 출입구 등과 근접하여 접근이 쉬운 곳에 설치한다.'고 정하고 있었다.

학교도서관은 또한 쾌적하고 안락한 분위기를 느낄 수 있는 곳에 있어야 하는데, 이를 위해서는 체육관이나 음악실, 기계실(보일러실, 변전실) 등 소음이 심한 곳과, 운동장 옆 부분이나 교통이 빈번한 도로 옆은 피해야 한다. 그리고 가축의 우리나 쓰레기장, 소각장 근처와 같이 오물이나 연기, 먼지 등이 많은 곳도 피해야 하며 채광과 통풍이 잘되고, 장래에 공간 확장이 가능한 곳이어야 한다. 또한, 교수-학습활동을 지원하는 컴퓨터실, 시청각실 등과 근접 배치하여 자원기반학습 활동을 효과적으로 지원할 수 있도록 하여야 한다.

왼쪽 사진은 호주 Narraweena 초등학교도서관(Resource Center) 전경
오른쪽 사진은 뉴질랜드 Birkdale 초등학교도서관 전경

[그림 5-1] 독립 건물 형태로 학교 중심부에 자리 잡은 학교도서관 모습

2.2 일반교실을 이용한 학교도서관의 배치 형태

일반교실을 도서관으로 활용하는 경우에는 그 평면 위치에 따라서 교사(校舍)의 끝부분에 배치된 단부형(端部形), 중앙 부분에 배치된 중앙형(中央形), 끝부분과 중앙부 사이에 배치된 사이형 등으로 배치 형태를 구분할 수 있다. 도서관의 층별 배치가 교무실이나 행정실이 있는 1층인 경우에는 관리에 편리하고 외부에서 접근이 쉽다. 2층을 교사(校舍)의 중심부로 인식하여 배치하는 경우도 있으나, 일반적으로는 층별 학년 분포나 관리상의 편의 등을 고려하기보다는 교실수를 고려하여 여유 교실이 있는 층에 도서관을 배치하는 경우가 많다. 각 유형의 특징을 살펴보면 다음과 같다(허영환, 김승근, 2003, 20-21).

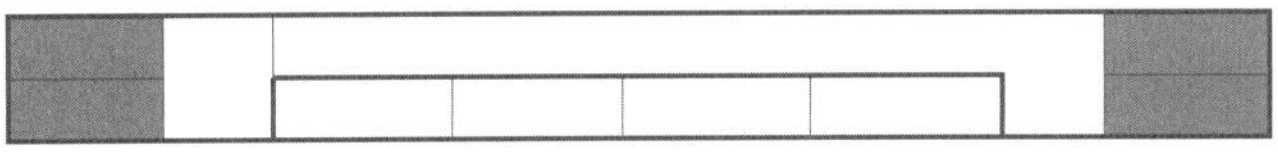

• 색칠된 교사(校舍)의 끝부분에 도서관 배치

[장점]

• 복도를 도서관 공간으로 활용할 수 있음
 : 복도와 접한 벽을 개방하여 도서관 공간을 확장할 수 있음
 : 벽을 그대로 사용하는 경우에도 다양한 용도의 공간 구성이 가능함
 : 열람실, 정보검색실, 서고, 대출반납대, 멀티미디어 코너, 브라우징 코너, 식수대, 소지품 보관함, 소파 등의 비품을 둘 수 있음

•기존 교사(校舍)에 새로운 도서관을 설치하는 경우 교실 간의 이동이 쉬움

[단점]

•층별, 평면별 동선이 가장 김: 도서관에 대한 접근성이 떨어짐

[그림 5-2] 단부형 도서관의 평면 배치와 특징

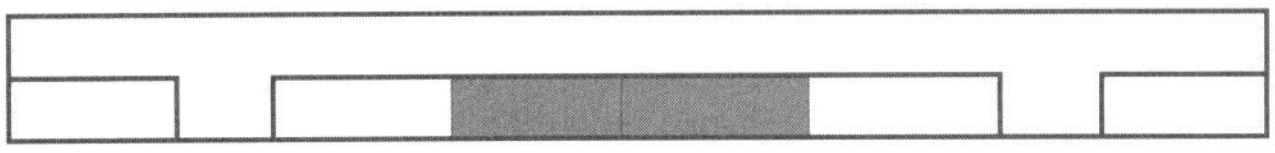

• 색칠된 교사(校舍)의 중앙에 현관 축을 중심으로 도서관 배치

[장점]

• 이용자의 접근성이 좋음
• 관리 운영에 유리함

[단점]

• 도서관 이용 시 복도의 혼잡도와 소음으로 인한 타 교실수업 방해
• 지역사회 개방 시 관리 통제상의 어려움이 우려됨

[그림 5-3] 중앙형 도서관의 평면 배치와 특징

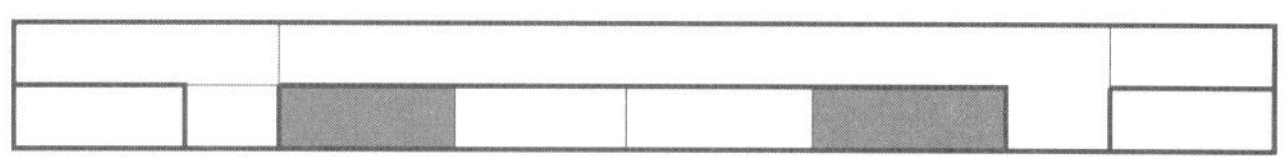

- 교사(校舍)의 중앙과 끝부분 사이 색칠 부분에 도서관 배치
- 도서관의 한쪽 또는 양쪽에 계단이나 통로가 설치된 경우
- 원래 끝부분에 도서실이 자리 잡고 있었으나, 교사(校舍)의 증축으로 중앙부와 끝부분에 위치하게 된 경우

[장점]
- 이용자의 접근성이 가장 좋음
- 도서관을 통과하는 이동 동선이 없는 경우 복도 공간을 도서관 공간으로 넓게 사용할 수 있음

[단점]
- 지역사회 개방 시 관리 통제가 어려움

[그림 5-4] 사이형 도서관의 평면 배치와 특징

일반교실을 이용하여 도서관을 설치할 때는 학교의 규모와 이용자 분포도를 고려하여 평면배치를 결정하여야 한다. 도서관 규모 면에서는 복도 부분을 활용할 수 있는 단부형이 가장 유리하나 동선이 길어지는 단점이 있어서 해당 학교의 도서관 정책이나 이용자의 접근성을 고려하여 중앙형이나 사이형을 적용할 수 있다. 층별 배치 역시 수평 동선과 수직 동선을 분석하여 단독 교사(校舍)는 각 층과 외부에서 이용자나 관리자가 접근하기 편리한 아래층에 배치하는 것이 좋다. 반면에 몇 개의 교사(校舍)로 이루어진 경우에는 중심이 되는 교사(校舍)의 아래층에 배치하여 분산된 이용자의 접근을 손쉽게 해야 한다.

3. 학교도서관 공간 구성 유형

3.1 학습유형별 공간 구성

Thornburg(2007)는 학습공간을 일대 다수 교육을 위한 모닥불형(The Campfire), 다수 대 다수 교육을 위한 물웅덩이형(The Watering Hole), 일대일 교육을 위한 동굴형(The Cave)으로 제시하였다. J. Couch와 J. Towne(2020)은 여기에 산꼭대기형(The Mountaintop)을 추가하였다. 모든 유형의 학습공간은 물리적 공간과 디지털 공간을 포함하며 공존해야 효과적이다. 즉 모닥불형 공간에서 이야기를 통해 학습 내용에 흥미를 느끼고, 물웅덩이형 공간에서 친구와 학습 내용을 기반으로 이야기를 나눈다면, 동굴형 공간에서 보내는 시간을 이용해 그 내용을 적극적으로 되새기게 될 가능성이 높아진다. 사서교사는 학습공간을 독립적으로 구성하기보다는 도서관이라는 하나의 공간에서 교사의 수업 공간(대집단 학습공간), 또래 상호학습 공간(모둠 학습공간), 홀로 작업공간(개별학습공간 및 스튜디오), 창작공간(Makerspaces)을 구성할 수 있다.

〈표 5-4〉 학습공간의 유형별 특징

학습공간	정의	운영 방법 및 특징
모닥불형	전문가 한 사람이 동시에 다양한 학습자와 정보를 공유하는 일대 다 학습공간	▪ 능수능란한 이야기로 정보를 전달해야 효과적임 ▪ 모두 볼 수 있도록 책상 배열을 원형으로 하면 효과적임 ▪ 흥미유발 한계와 다양한 생각 허용 곤란 ▪ 실시간 화상 교육(회의)
물웅덩이형	함께 모여 다수 대 다수 방식으로 정보를 공유하고 협력하는 학습공간	▪ 다양한 배경, 관점, 일화를 가진 사람이 자신의 발상과 생각을 공유함으로써 다양한 생각을 허용할 수 있음 ▪ 공식 비공식 학습공간에 적용 가능 예) 휴게실, 복사기 주변 ▪ 협력과 공유를 통한 학습 가능 ▪ 여러 명이 동시에 참여하는 온라인 게임
동굴형	학습자가 초인지를 활용하여 내면적 상호작용을 도와주는 학습공간	▪ 학습자 혼자 시간을 보내며 쓰기, 조사하기, 검토하기, 생각하기, 계획하기, 정보 되새기기 등을 수행함 ▪ 도서관의 개인 열람공간, 쉬면서 생각을 정리할 수 있는 공간 예) 공원, 오솔길, 해변, 호수가, 교실 안 텐트 ▪ 대화형 북, 코딩 등 활용
산꼭대기형	어떤 주제를 근본적으로 이해하기 위해 실제 해보면서 배우는 최종적인 학습공간	▪ 산을 오르는 동안 실수가 장려되고, 실수를 귀중한 피드백 기회로 활용 ▪ 창작공간(메이커스페이스) ▪ 직접 코딩하면서 실수와 오류 경험

(출처: Couch and Towne, 2020, 119-132의 내용을 정리하여 도표화함)

3.2 자료관리 방법별 공간 구성

3.2.1 집중화

집중화는 학교도서관이 미디어센터로 존재하는 형태이다. 교수-학습자료가 학교도서관을 중심으로 집중화된 계기는 과학기술의 발달에 따른 교육정보화와 지식관의 변화이다. 지식의 팽창으로 교과서 중심의 절대적 지식관이 학생의 창의성 신장을 위한 상대적 지식관으로 변화하면서 도서자료 이외에 다양한 교수-학습자료가 교수-학습방법 개선을 위한 도구로 활용되었다.

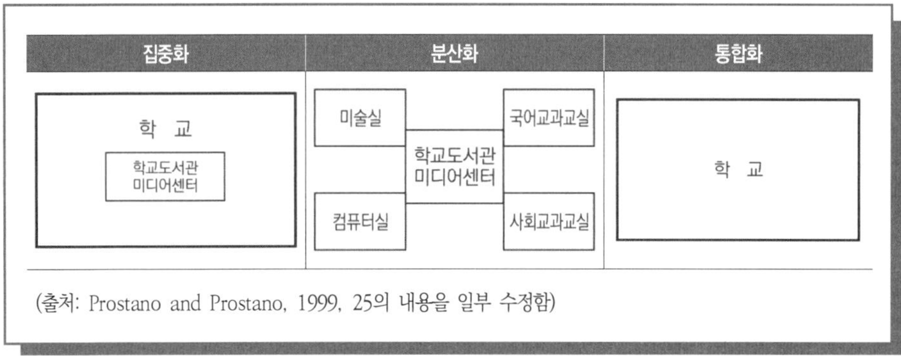

(출처: Prostano and Prostano, 1999, 25의 내용을 일부 수정함)

[그림 5-5] 자료관리 방법에 따른 학교도서관 공간 유형

이 과정에서 자습실, 도서자료 열람실 중심의 학교도서관이 학생의 참여와 소통 그리고 자기주도적인 학습이 가능한 미디어센터로 존재할 수 있게 되었다. 학교도서관 미디어센터는 물리적 공간 운영 측면에서 자원중심모형(resource-centered model)에 해당하며, 교수-학습자료 운영 측면에서 교수-학습 방법 개선을 위한 새로운 교실로서의 위상을 갖는다.

교사와 교과서 중심의 절대적 지식관을 기반으로 한 교육체제에서 학교도서관은 자습실, 도서자료 열람실 수준의 공간으로 존재했다.

학생의 창의성을 중시하는 상대적 지식관을 기반으로 한 교육체제에서 학교도서관은 교수-학습자료를 체계적으로 관리하는 미디어센터로 존재한다.

[그림 5-6] 지식관의 변화에 따른 학교도서관 공간 변화(예)

1980년대 이후 본격화된 학교도서관 운영 체제 개선과 미디어센터화에 대한 이론적 고찰은 1995년에 공주중학교에 교육정보관(Educational Media Center)이 설치되면서 현실화하였다. 교육정보관의 등장은 학교도서관의 위상을 자습이나 열람공간에서 교수-학습공간으로 변화시키는 계기를 마련하였다. 미국의 미디어센터를 한국적 교육환경에 이상적으로 접목한 김용철(2003)은 『공주중학교 교육정보관 설치 계획안』에서 교육정보관이라는 명칭을 사용한 이유를 다음과 같이 밝히고 있다.

> 그동안 단순히 도서나 잡지 등 인쇄매체만을 소장하고 운영하여왔기 때문에 도서관이란 명칭을 사용하는 데 별로 이견이 없었으나 오늘날에는 도서뿐만 아니라 비디오 테이프나 오디오 테이프 등의 자료를 이용하는 매체·어학 학습실, 컴퓨터 학습 프로그램과 인터넷 등을 이용할 수 있는 멀티미디어실, 투시화(transparency), 실물화상기와 같은 기교재를 사용하는 시청각실, 교내외 방송을 담당하는 교육방송실 등을 갖추어서 종합적으로 운영하고 있기 때문에 도서관이란 명칭을 사용하는 것보다 교육정보관이란 명칭을 사용하는 것이 합당하다. 이와 같이 교육에 관련된 모든 정보와 정보통신 장비를 총괄적으로 운용하기 때문에 교육정보관이란 명칭을 사용하였다.

공주중학교 교육정보관은 1994년에 제정된 『도서관 및 독서진흥법』(법률 제4746호, 1994. 3. 24. 제정, 제2조 3항)에서 도서관 자료의 범위가 인쇄자료는 물론 시청각자료, 전산화자료, 행정자료, 향토자료 등으로 확대되고 이루어진 첫 산물이다. 공주중학교 교육정보관은 10억 원의 예산을 들여 1995년에 준공되었으며, 연건평 1,653㎡(500여 평)의 3층 독립 건물로 1층에는 교양도서와 참고도서 및 학술잡지 등을 소장하고 활용하는 전통적인 도서실과 각종 시청각 기교재를 활용하여 수업할 수 있는 시청각실 및 사서교사실로 구성되었다.

학교 지식의 증가로 교수-학습자료의 활용이 중요해짐에 따라 이를 전문적으로 선정·구매·정리·관리하여 학생의 창의적인 학습활동을 지원하기 위한 미디어센터가 등장하였다.

[그림 5-7] 공주중학교 교육정보관 전경

교육정보관의 2층에는 컴퓨터 학습자료를 활용할 수 있는 컴퓨터 학습실과 비디오와 녹음기를 활용하여 학습할 수 있는 어학·영상 실습실 그리고 교내 홍보와 녹화, 편집 및 교육프로그램을 송출할 수 있는 교육방송실, 교사가 필요한 도서와 잡지 및 각종 시청각 기교재를 활용하고, 인터넷을 통해 정보를 입수할 수 있는 교직원 열람실이 설치되었다. 그리고 3층에는 과학 실험 실습을 할 수 있는 과학 실험 실습실과 시청각 기교재를 활용할 수 있는 시청각 기자재실 및 관리실이 배치되었다.

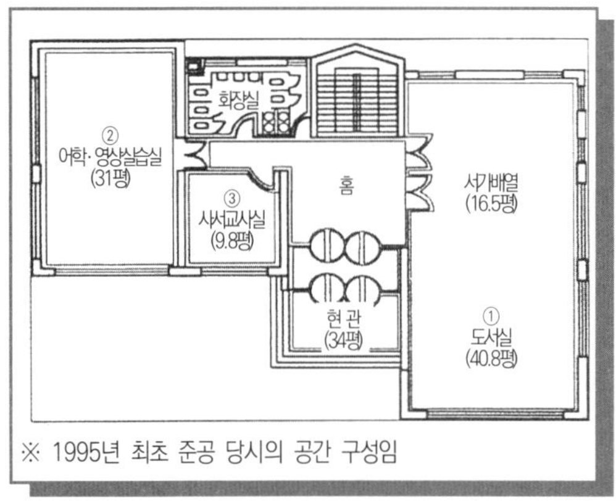

[그림 5-8] 공주중학교 교육정보관 1층 평면도

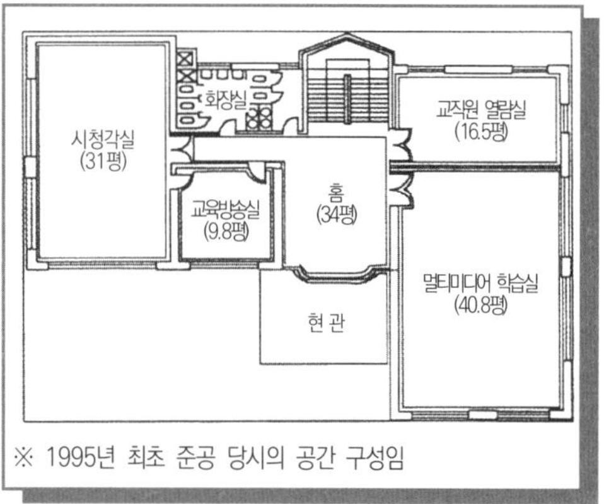

[그림 5-9] 공주중학교 교육정보관 2층 평면도

공주중학교 디지털 도서관의 입구(사진 왼쪽)와 모둠학습 공간(사진 오른쪽) 모습이다. 공주중학교 교육정보관은 리모델링을 거쳐 1층에 디지털 도서관과 사서교사실, 스마트 교육 홍보실(구. 어학·영상 실습실)을 갖추고 있으며, 2층에는 영어교실, 영어 교사실, 컴퓨터실, 화상 수업실을 갖추고 있다. 그리고 3층에는 종합 교과실, 과학 교사실, 과학 실험실, 과학 준비실이 배치되어 있다.

[그림 5-10] 공주중학교 교육정보관 1층 디지털 도서관 내부 모습

공주중학교 교육정보관 설립 후 당시 교육인적자원부가 학교도서관 멀티미디어화 사업 계획을 발표함으로써 멀티미디어화된 학교도서관의 유형이 독립 건물 형태의 교육정보관과 일반교과 교실을 활용한 교육정보실로 구분되었다(김용철, 1997). 교육정보실은 단위 학교에 독립된 교육정보관을 모두 세울 수 없는 현실을 고려하여, 학생수 1,000명 미만의 학교는 복도를 포함한 교실 2칸 규모로, 학생수 1,000에서 2,000명 규모의 학교에서는 복도를 포함하여 교실 3칸 규모로 멀티미디어화된 학교도서관을 설치하는 방안이다.

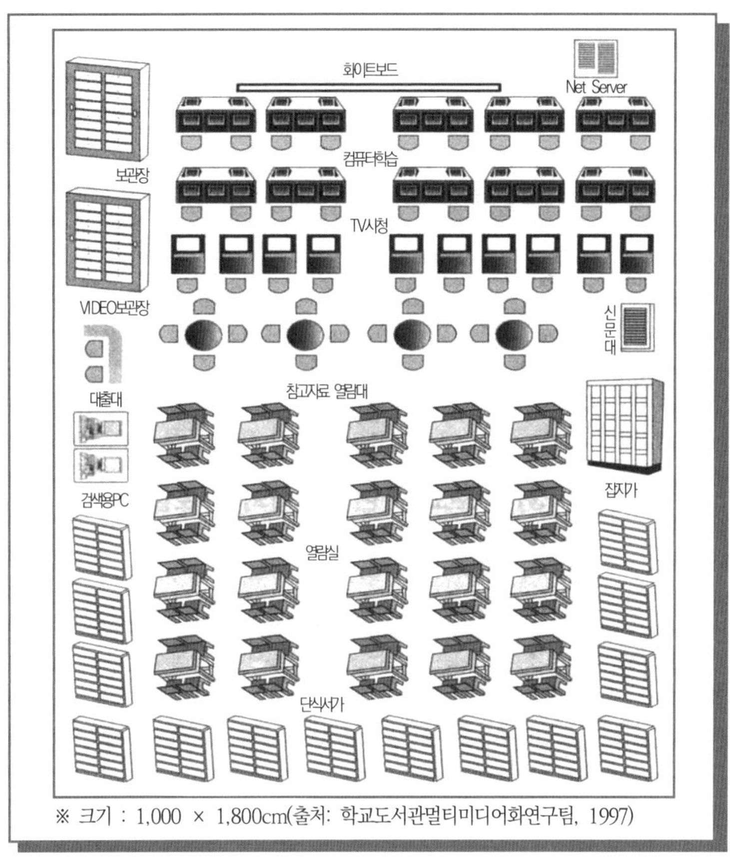

※ 크기 : 1,000 × 1,800cm(출처: 학교도서관멀티미디어화연구팀, 1997)

[그림 5-11] 교실 3칸 규모의 교육정보실 평면도(예)

집중화의 산물인 학교도서관 미디어센터는 교수 - 학습에 필요한 다양한 학습자료가 도서관을 중심으로 상호 유기적으로 운영되기 때문에 교사와 학생의 자료 접근성을 강화할 수 있다. 학생은 학교도서관이 제공하는 다양한 교수매체를 자신의 요구와 수준에 맞추어 이용하고, 사서교사와 교사교사의 협동수업에 참여함으로써 수업에 흥미와 학업성취도를 높일 수 있다. 특히, 다양한 자료를 기반으로 학생 스스로 학습과제나 정보문제를 해결함으로써 정보활용능력을 기를 수 있다(ASLA, 2018). 미디어센터는 학생의 신체적 지적 발달단계에 적합한 다양한 자료를 제공함으로써 학생을 유해 매체로부터 보호하고 미디어 향유 기회를 확대할 수 있다. 미디어센터는 교수 - 학습활동을 지원하는 인력과 자료, 시설을 한곳에 모으고 상호 연계성을 강화한다. 따라서 학교 차원에서 자료와 공간을 체계적이고 일관성 있게 운영할 수 있고, 자료의 중복 구매를 예방할 수 있다. 학교도서관 서비스 측면에서 미디어센터는 이용자와의 상호작용이 물리적 공간과 가상공간을 통해서 이루어지기 때문에 이용자의 요구와 수준에 맞는 프로그램과 서비스 개발이 활성화된다. 또한, 미디어센터의 새로운 정책과 서비스를 시의적절하게 안내하고 참여를 촉진함으로써 자원 활용의 효율성과 만족도를 높일 수 있다.

3.2.2 분산화

분산화는 학교도서관 미디어센터를 중심으로 교내 특별실과 교과 교실 등이 연계하여 교수-학습자료를 관리하는 방식이다. 분산화는 학교도서관의 공간과 예산의 부족 문제에 대응하면서 학습자의 다양한 요구와 수준에 맞추어 교육 경험을 제공할 수 있는 현실적인 방안이다. 분산화는 학교도서관의 디지털 접근성 신장과 밀접한 관련이 있으며, 물리적 공간 운영 측면에서 학습자 중심모형(learner-centered model)에 해당한다.

디지털자료실설치사업(2001~2004)과 학교도서관활성화사업(2003~2007)은 독립 건물로 미디어센터를 구축할 수 없는 현실을 고려하여 DLS(Digital Library System)를 활용한 교수-학습자료 통합 관리와 도서관(실)과 특별실 기능의 부분 통합 및 근접 배치를 추진했다. 즉 학교도서관이 DLS를 통해서 교수-학습자료에 대한 접근성을 확보하고, 개별 수업 공간에서 자료를 활용하는 분산화 형태이다.

DLS는 체계적으로 자료를 전산관리하고, 학교도서관 상호 간 자료 공유 체제를 구축함으로써 독서교육과 도서관활용교육을 활성화하기 위하여 등장하였다. DLS 개발 과정을 보면, 2001년 5월 당시 교육인적자원부가 디지털자료실지원센터 구축 운영계획을 수립하여, 한국교육학술정보원에 전국디지털자료실지원센터를 설치하고, 부산시교육청에 DLS I을 기반으로 하는 디지털자료실지원센터를 구축하였다. 그리고 2002년에는 충청북도교육청에 DLS II를 기반으로 하는 디지털자료실지원센터가 구축되었으며, 2004년까지 광주광역시교육청을 제외한 전국 15개 시도교육청에 디지털자료실지원센터가 구축되었다. 2006년에는 DLS V.2.0이 인천광역시교육청에 시범 보급되었고, 2008년부터 모든 교육청으로 확산 보급되었다. DLS는 2011년 3월부터 교사, 학부모, 학생이 참여하는 개인별 독서이력관리와 독후 감상 활동에 초점을 둔 독서교육종합지원시스템에 통합되었다. 그리고 2024년 3월 독서교육종합지원시스템이 온라인 독서활동(독서퀴즈, 독서골든벨, 독서마라톤, 독서토론 등)과 독서 상담 그리고 맞춤형 독서자료 제공 기능(추천 도서, 내 취향 도서 찾기)을 강화한 독서로로 개편됨에 따라 독서로 DLS로 변경되었다.

분산화는 정보제공과 문화 그리고 교육이 공존하는 커뮤니티 공간인 정보 공유공간(information commons)이나 창작공간(maker space)과 연계할 수 있다. 즉 DLS를 기반으로 특별실에 교수-학습자료를 분산 배치함으로써 학교도서관과 연계된 물리적 공간은 교실뿐만 아니라 여가와 휴식 공간, 전시공간, 독서 공간, 창작 공간 등으로 확장되며, 각 공간이 교육과정 운영에 필요한 하나의 정거장(station) 역할을 수행하는 것이다. 미래 교실 구축 과정에서는 스마트 교육을 위해 기존의 도서실, 컴퓨터실, 방송실, 스튜디오가 연계된 열린 미디어 제작실(그림 5-26 참조)로 새롭게 분산화될 수 있다.

3.2.3 통합화

통합화는 교수-학습의 장이 전통적인 학교공동체를 벗어나서 가상 학습공동체로 확대되는 경우이다. 전자교과서 등 디지털 교수-학습도구의 확대 보급과 일반교실, 전시 무대 공간, 감성·도서 공간, 상담·연구 공간, 창의체험 공간, 모둠 활동 공간이 통합된 미래형 교실(그림 5-27 참조)이나 미래 학교의 등장으로 통합화가 진행될 수 있다.

통합화 과정에서 학교도서관이 가상 학습공동체(virtual learning community)의 핵심 요소가 되기 위해서는 교수-학습자료를 통합한 물리적 공간과 이들 물리적 자료에 대한 표준 전산관리 및 디지털 접근성을 지원하는 DLS를 기반으로 교수-학습센터와 연계되어야 한다. 교수-학습센터는 '언제 어디서나 교사와 학생 나아가 지역의 학습공동체에 필요한 교수-학습 정보와 자원을 체계적으로 서비스하기 위하여 인적 물적 조직체계에 의해 운영되는 형태'이다(교육인적자원부, 한국교육학술정보원, 2003, 3-5).

교수-학습센터는 교수-학습지원체제의 구축을 위해서 중앙 단위(교육부)에는 '교수-학습개발센터'를 시도교육청에는 '교수-학습지원센터'를 그리고 지역교육지원청과 단위 학교에 '교수-학습도움센터'를 운영하는 것을 권장하고 있다. 결국, 교수-학습센터는 개별적으로 존재하는 교수-학습자원이 유기적으로 연계되어 교사와 학생 등 수요자에게 원활하게 제공되도록 하기 위한 서비스 체계이다. 학교도서관이 가상학습 공동체 구축의 중심이 되기 위해서는 DLS가 물리적 자료와 에듀테크 등 디지털 도구를 활용한 학교도서관활용교육을 뒷받침할 수 있는 플랫폼으로 개편될 필요가 있다. 그리고 학교-공공-대학도서관 시스템 간 연계성을 갖추어야 한다.

IFLA(2025)의 『학교도서관 가이드라인』은 '학교도서관 프로그램은 지역, 국가 및 국제 도서관 그리고 정보네트워크에서 필수적인 파트너'임을 명시하고 있고, 『학교도서관진흥법』(법률 제18547호)은 '교육청, 한국교육학술정보원, 공공도서관 등 관계기관과 연계한 학교도서관 정보의 효율적 활용에 필요한 학교도서관 협력망 구축에 대한 책임'을 교육부장관이 갖도록 하고 있다(제14조 제①항). 그러나 대통령령으로 정하도록 한 '협력망의 구축·운영, 교육감이 설치하는 지원센터의 설치·운영에 필요한 사항'(제14조 제④항)이 제도적으로 마련되어 있지 않은 실정이다.

3.3 학교도서관활성화사업과 공간 구성

학교도서관활성화사업은 2003년~2007년에 걸쳐서 교육부가 진행한 학교도서관 리모델링 사업이다. 이를 위해 당시 교육인적자원부의 교육시설담당관실(2002)에서는 『학교도서관 시설·설비 모형 계획(안)』을 마련하고, 학급수를 기준으로 6가지의 학교도서관 시설기준 모형(신축 및 개·보수 모형)을 제시하였으며, 교실 2칸을 최소 학교도서관 면적 기준으로 삼았다. 각 모형의 학생 수용능력은 교실 1칸 규모를 제외하고는 약 6.5%~8.6% 정도 수준이다. 그리고 학교도서관을 설치할 때 갖추어야 할 기본적인 공간은 문헌자료 공간, 영상자료 공간, 인터넷 공간, 모둠학습 공간, 그리고 안내·관리공간 등 5개이다.

① 일반교실 1칸 모형(모형 1)

일반교실 1칸 규모의 설계 개요와 모형은 다음과 같다.

[설계 개요]

- 적용 가능 학급수: 6학급 이내(소규모 학교)
- 목표 수용 인원: 24명
- 최대 장서량: 2,400권
- 총면적: 67.5㎡
- 자료 검색용 PC: 9대

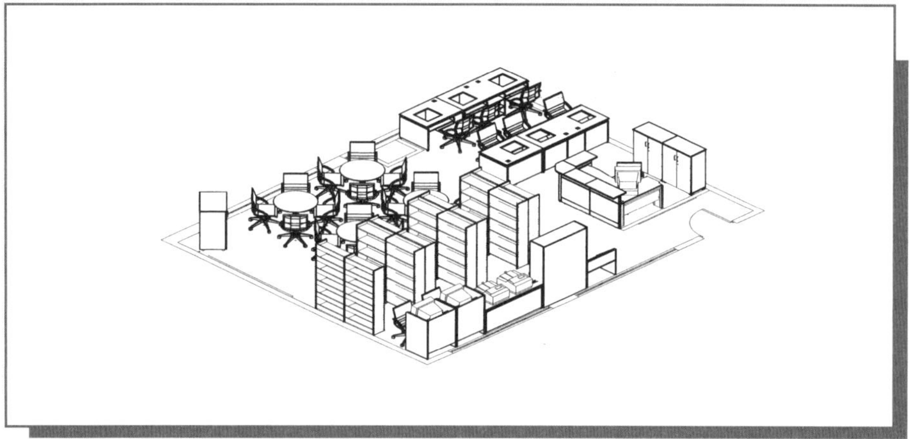

[그림 5-12] 교실 1칸 규모의 학교도서관 입체도(모형 1)

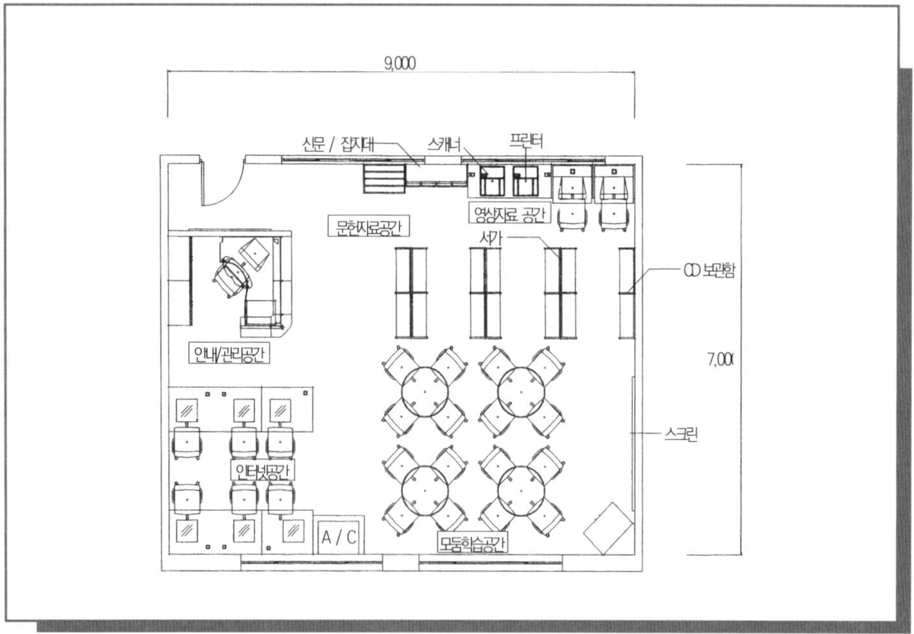

[그림 5-13] 교실 1칸 규모의 학교도서관 평면도(모형 1)

② 일반교실 1.5칸 모형(모형 2)

일반교실 1.5칸 규모의 설계 개요와 모형은 다음과 같다.

[설계 개요]

- 적용 가능 학급수: 12학급 이내
- 목표 수용 인원: 36명
- 최대 장서량: 4,000권
- 총면적: 101㎡
- 자료 검색용 PC: 9대

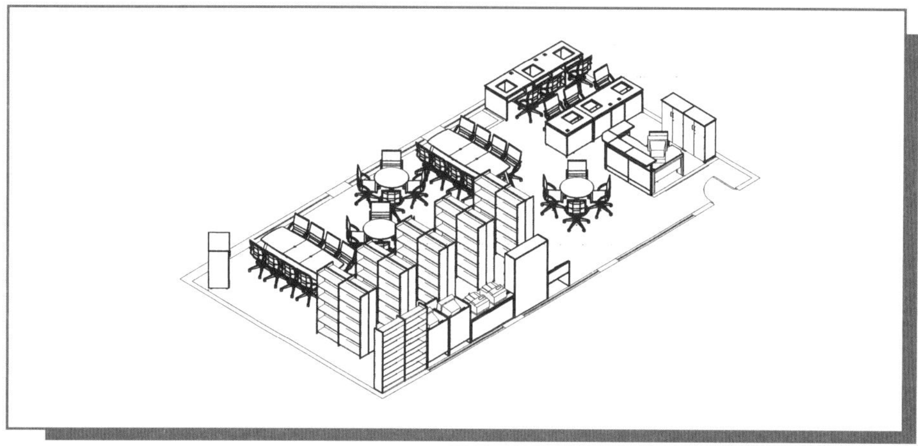

[그림 5-14] 교실 1.5칸 규모의 학교도서관 입체도(모형 2)

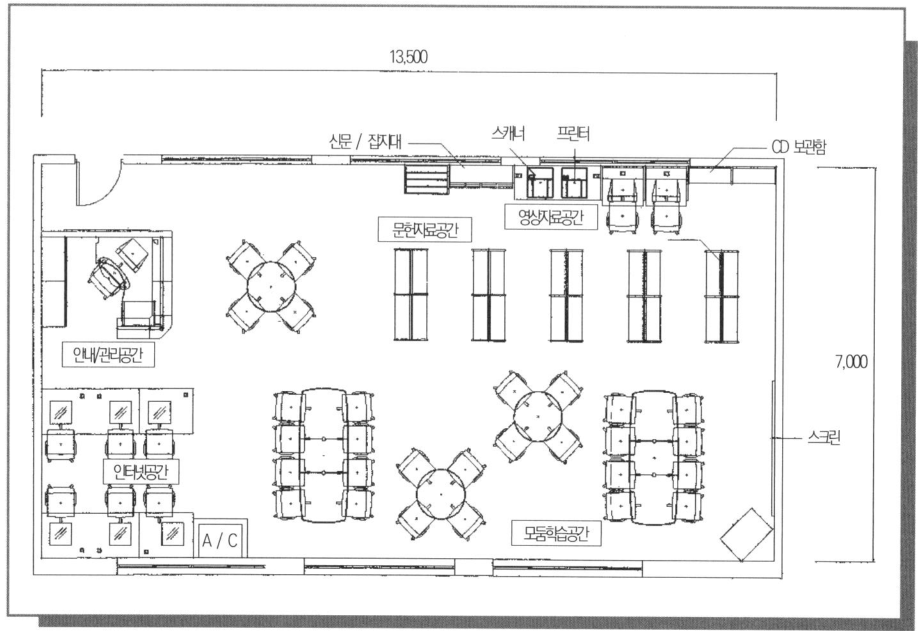

[그림 5-15] 교실 1.5칸 규모의 학교도서관 평면도(모형 2)

③ 일반교실 2칸 모형(모형 3)

일반교실 2칸 규모의 설계 개요와 모형은 다음과 같다.

[설계 개요]

- 적용 가능 학급수: 18학급 이내
- 목표 수용 인원: 41명
- 최대 장서량: 6,400권
- 총면적: 135㎡
- 자료 검색용 PC: 12대

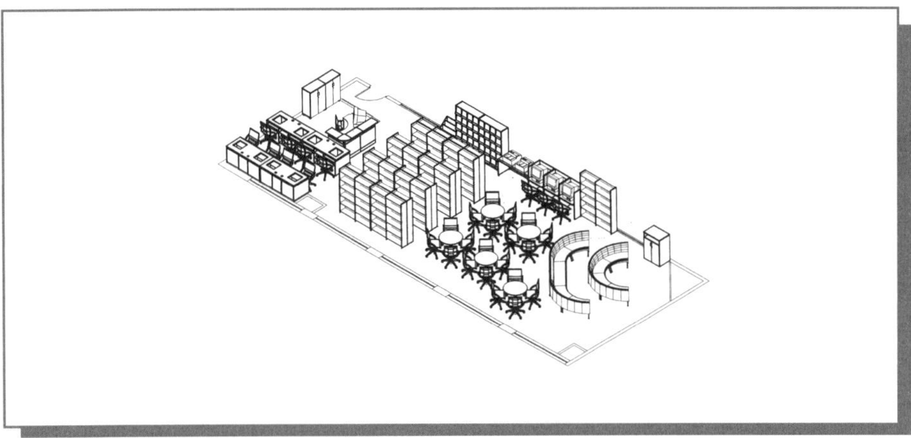

[그림 5-16] 교실 2칸 규모의 학교도서관 입체도(모형 3)

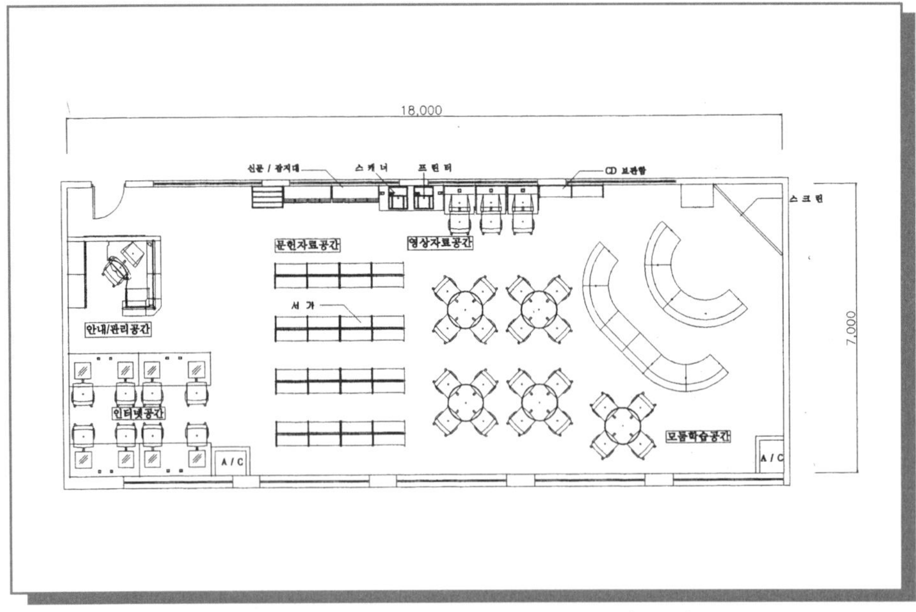

[그림 5-17] 교실 2칸 규모의 학교도서관 평면도(모형 3)

④ 일반교실 2.5칸 모형(모형 4)

일반교실 2.5칸 규모의 학교도서관 설계 개요와 모형은 다음과 같다.

[설계 개요]

- 적용 가능 학급수: 24학급 이내
- 총면적: 169㎡
- 목표 수용 인원: 57명
- 자료 검색용 PC: 12대
- 장서량: 8,000권

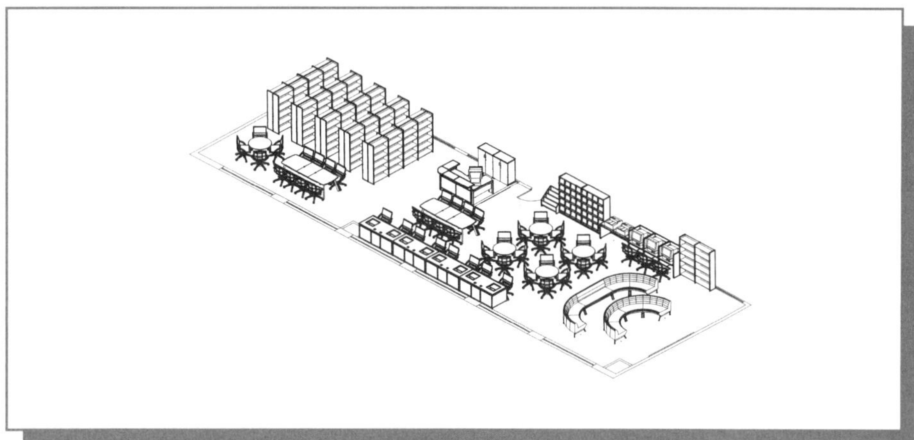

[그림 5-18] 교실 2.5칸 규모의 학교도서관 입체도(모형 4)

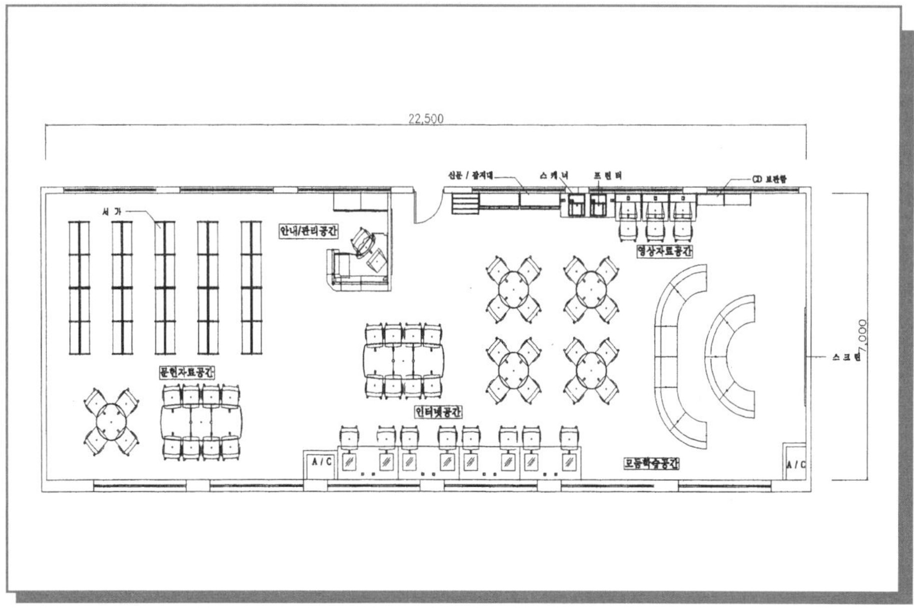

[그림 5-19] 교실 2.5칸 규모의 학교도서관 평면도(모형 4)

⑤ 일반교실 3칸 모형(모형 5)

일반교실 3칸 규모의 설계 개요와 모형은 다음과 같다.

[설계 개요]

- 적용 가능 학급수: 30학급 이내
- 목표 수용 인원: 84명
- 최대 장서량: 9,600권
- 총면적: 202㎡
- 자료 검색용 PC: 16대

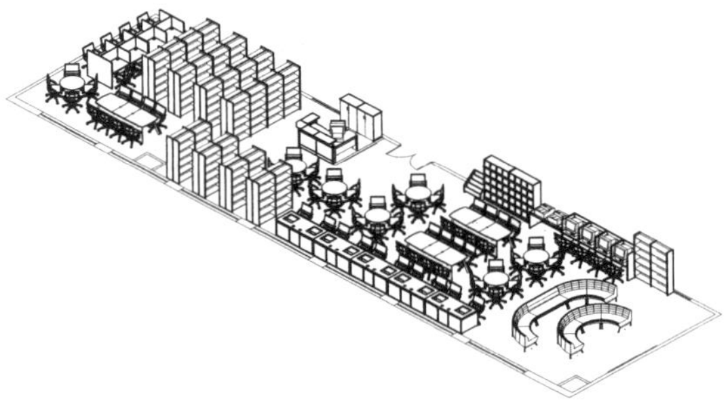

[그림 5-20] 교실 3칸 규모의 학교도서관 입체도(모형 5)

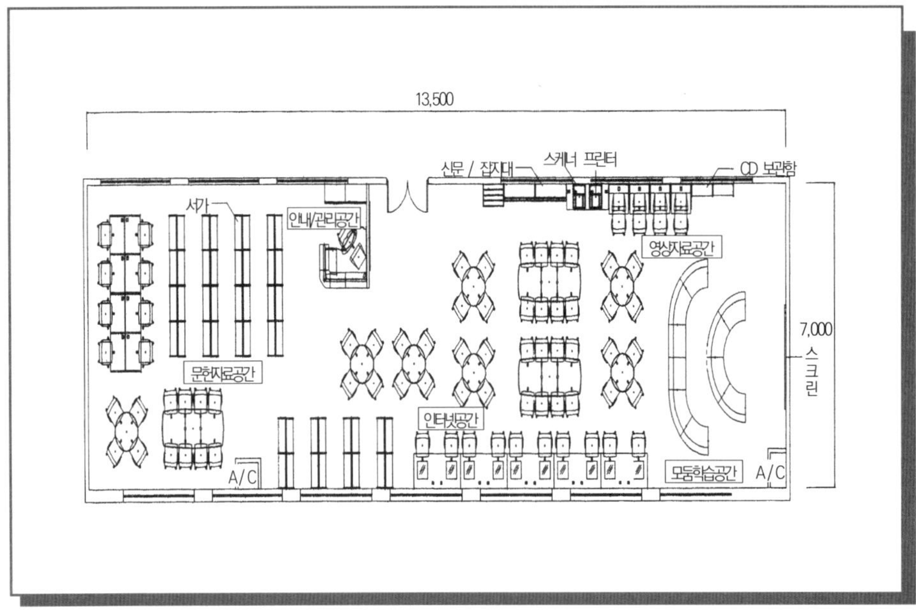

[그림 5-21] 교실 3칸 규모의 학교도서관 평면도(모형 5)

⑥ 일반교실 3.5칸 모형(모형 6)

일반교실 3.5칸 규모의 설계 개요와 모형은 다음과 같다.

[설계 개요]

- 적용 가능 학급수: 30학급~48학급 이내
- 목표 수용 인원: 90명
- 장서량: 11,200권
- 총면적: 236㎡
- 자료 검색용 PC: 18대

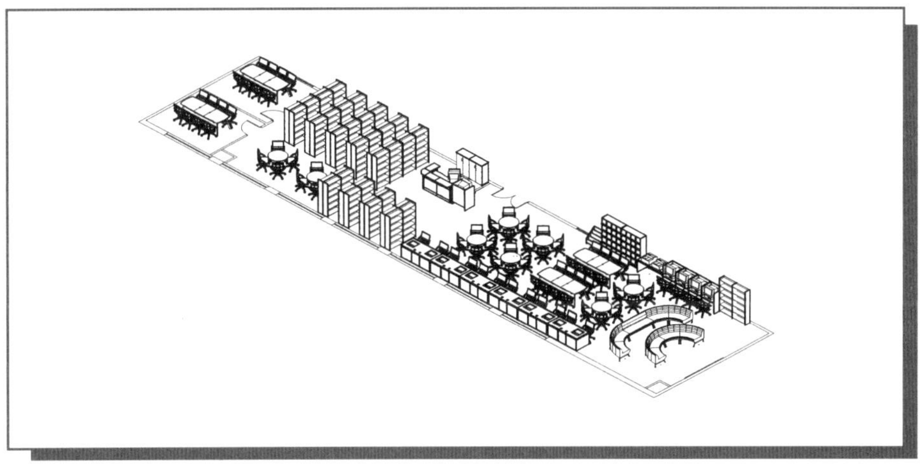

[그림 5-22] 교실 3.5칸 규모의 학교도서관 입체도(모형 6)

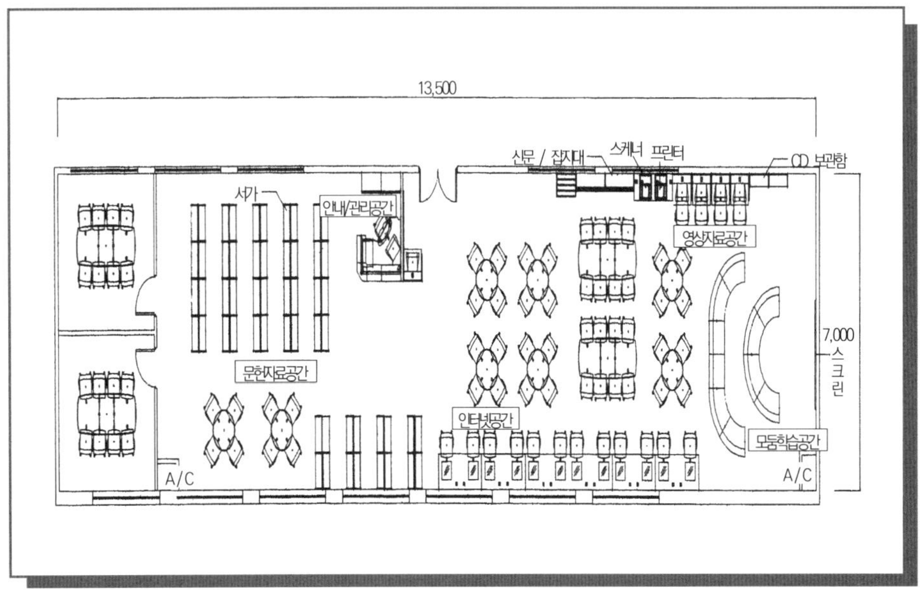

[그림 5-23] 교실 3.5칸 규모의 학교도서관 평면도(모형 6)

3.4 학교 공간 혁신 사업과 공간 구성

교육부는 2019년부터 미래 교육 대응, 민주시민 교육, 자치공동체 실현을 목표로 학교 공간 혁신 사업을 추진하고 있다. 미래 교육이란 학생이 중심이 된 협동 학습과 창의적 융복합 교육을 말한다. 따라서 공간 역시 미래 혁신 교육에 필요한 다양하고 유연한 공간을 조성해야 할 필요가 있다. 사용자 참여형 공간 구성을 통해 민주시민 교육이 가능하고, 자치공동체 실현을 통해 지역사회의 문화 형성 및 삶의 중심 공간으로서의 학교 역할이 강화될 수 있다. 교육부에서는 2022~2023년 이후 모든 학교에 전면 적용을 목표로 교육부와 시도교육청에 학교 공간 혁신 추진단을 단위 학교에는 학교 공간 혁신 추진 협의회를 구성하였다(교육부, 2019a). 디지털자료실설치사업과 학교도서관활성화사업이 공급자 중심, 자료 중심의 공간 구성에 초점을 맞춘 것과는 달리 학교 공간 혁신 사업을 통해서 구축되는 학교도서관은 이용자 중심, 활동 중심이라고 할 수 있다. 따라서 혁신 학교도서관 공간은 공정성, 동일성, 신속성 중심의 시설에서 효과성, 소통과 참여를 기반으로 한 맞춤형 교육 시설로 거듭나게 된다.

경남교육청이 학교 공간 혁신 사업을 통해 새롭게 조성한 밀양 산외초등학교 도서관 모습이다. 도서관의 학습 기능과 함께 교육공동체의 쉼과 소통, 다양한 활동이 가능한 복합문화공간, 입체감 있고 머물고 싶은 도서관이 있는 학교 공간으로 개선하였다(경상남도교육청, 2023, 69-71).

[그림 5-24] 학교도서관 공간 혁신 사례

충남 청양군 정산면에 있는 정산중학교는 학생수 감소로 장평중학교와 청남중학교를 통폐합한 농촌 지역 학교이다. 2020년 3월 통폐합 후 새로 단장한 정산중학교 라온도서관의 자유 열람 공간(왼쪽)과 서가 열람 공간(오른쪽) 모습이다. 순우리말 라온은 '즐거운'이라는 의미이며, 도서관 이름은 학생과 교직원의 투표로 결정하였다(양지선, 2021).

[그림 5-25] 정산중학교 라온 도서관 모습

3.5 미래 학교와 공간 구성

미래 학교는 스마트 교육을 위한 첨단기술을 도입한 미래 교실 구축을 기반으로 한다. 한국교육학술정보원(2013)이 스마트 교육에 필요한 미래 학교 환경을 구축하기 위해 발표한 가이드라인을 보면, 미래 교실은 크게 일반교실과 특별교실로 재구성된다. 이 중 특별실은 다시 미디어 제작실, 커뮤니티, 체험학습실로 구성되는 데 도서실은 기존의 컴퓨터실, 방송실, 스튜디오를 융합한 미디어 제작실에 포함된다. 미디어 제작실의 공간 규모는 1.5칸 이상이며, 도서실의 도서와 디지털미디어의 정보를 활용하여 창의적인 결과물을 만들어내는 곳이다. 미디어 제작실에 속하는 도서실은 도서 검색 및 자료 스캔과 온라인 정보검색, 협업 테이블에서 제작 회의, 스튜디오에서 영상 촬영, 그리고 컴퓨터실에서 영상을 편집하는 일련의 과정을 통하여 창의적 결과물을 만들 수 있는 공간이다. 도서실은 개방형이며 관리 부분, 서가, 그리고 개인 독서공간은 조용한 공간으로 조성하고, 편안한 가구와 협업 테이블 등을 배치하여 북 카페 분위기의 창의적인 공간도 구성한다. 따라서 미디어 제작실은 기존의 도서실, 컴퓨터실, 방송실의 근접 배치를 통해서 창작 공간을 구축하는 분산화 형태라고 볼 수 있으며, 휴식과 놀이를 통하여 학생의 건전한 교우관계 형성을 돕는 정보 공유공간의 역할은 커뮤니티 공간이 수행한다.

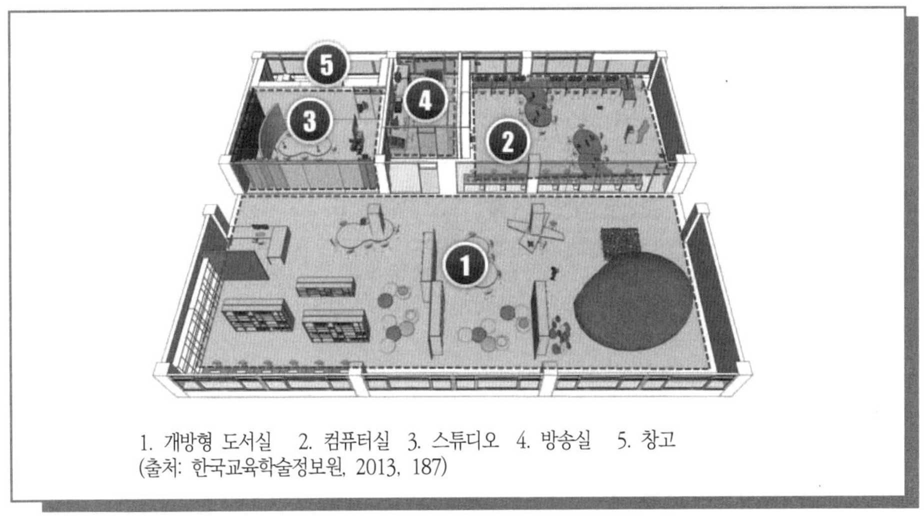

1. 개방형 도서실 2. 컴퓨터실 3. 스튜디오 4. 방송실 5. 창고
(출처: 한국교육학술정보원, 2013, 187)

[그림 5-26] 미디어 제작실 설계 모델

교육부와 한국교육학술정보원(2018)이 제시한 미래 학교 공간 재구조화 내용을 보면, 학습자 중심의 다양한 학습공간으로 '블렌디드 클래스룸(Blended Classroom), 러닝센터(Learning Center), 메이커룸(Maker Room), 스마트룸(STEAM Room), 멀티미디어 아트룸(Multimedia Art Room), 멀티미디어 뮤직룸(Multimedia Music Room), 퍼포먼스룸(Performance Room), 리빙 스튜디어(Living Studio)' 등을 제시했다. 이 중 학교도서관은 러닝센터로 재구조화된다. 러닝센터는 기존

의 문헌자료 열람이 가능한 서가뿐만 아니라 디지털 자료 조사 및 수집을 기반으로 하는 다양한 학습활동에 활용할 수 있도록 환경을 조성하고 소그룹 토의·토론을 비롯한 각종 도서관 연계수업 진행이 가능하도록 제시하였다. 초등학교와 중고등학교별 러닝센터 구성 방안을 살펴보면 다음과 같다.

〈표 5-5〉 학교급별 러닝센터 구성 방안

초등학교급 러닝센터	중고등학교급 러닝센터
•학교 시설의 복도 끝에 위치시켜 기존의 교실 1.5칸(약 13.5m×7.5m) 크기에 복도를 포함한 규모 •기존 학교시설 도서관의 서가 및 열람공간과 더불어 연계 수업공간, 소그룹 토의·토론공간 조성 •학생에게 엄숙한 분위기의 기존 도서관 이미지 개선을 위하여 정돈된 책상과 의자보다는 좌식 기반의 쿠션감 있는 의자, 빈 백(beanbag) 소파 등을 배열하여 편안하고 자유로운 분위기를 형성한 자유열람공간으로 조성 •열람공간과 소그룹 토의·토론공간을 구분하기 위해 바닥 재질의 차이, 낮은 책꽂이를 이용한 간이 벽, 계단을 통한 레벨 차이 등의 방법을 활용할 수 있음 •계단을 통한 레벨 차이로 두 공간을 구분할 경우 폭넓은 계단을 활용한 열람 공간, 교사 또는 초빙된 전문가의 수업 및 강연 공간 등 다목적으로 활용할 수 있음 •연계된 도서관 기반의 수업 공간은 서가 및 열람 공간과 별개의 출입구를 통해서도 진입가능하고, 신문, 잡지, 종이사전, 위인전, 지도 등 다양한 문헌을 필요로 하는 학습활동 진행 시 접근성이 용이함 •자료검색용 PC 이외에 수업지원용 PC를 추가적으로 배치하여 문헌뿐만 아니라 인터넷을 통한 폭넓은 자료수집을 지원할 수 있음 •사서 업무공간은 자료의 출납에 도움을 제공하는 곳으로 러닝센터의 전반적인 관리와 자료정리를 관장하므로 출입구 인근에 배치시키고, 러닝센터 내로 진입하지 않고도 자료의 반납이 가능하도록 대출창구를 ㄱ자로 설치하여 양방향에서 이용할 수 있도록 함 •소지품 보관함을 설치해 학생들의 러닝센터 이용 편의를 향상시키고, 센터 진입 전 대출 창구에서 보이는 벽에 위치시켜 사서 관리가 용이하도록 함	•러닝센터는 약 27.0m×7.5m로 기존 교실 1칸 크기(9.0m×7.5m)의 3배로 구획하고, 책상 배열 및 공간 구성에 따라 두 가지 형태의 열람공간을 구성함 •서가 책꽂이 배열의 중앙에 일반적인 도서관에서 볼 수 있는 대형 책상과 의자를 배치하여 보관 자료를 열람하고 공부하는 공간으로 구획함 •또 다른 형태의 열람공간은 계단식 학습공간으로 폭이 넓은 계단이나 공간 바닥을 자유로운 좌식 독서 공간으로 조성함. 이 공간이 복도와 만나는 벽은 폴딩도어로 마감하고 복도에 스크린을 설치하여 외부 전문가 초빙 강연, 시청각 자료 감상 등에 활용할 수 있도록 함 •모둠별 학습과 과제가 많은 중·고등학교 급의 특수성을 고려하여 소그룹 토의·토론 공간(세미나실)을 조성함 •서가와 디지털 학습공간이 위치한 사이에 책상과 의자를 두어 보관 자료와 검색 자료를 적극적으로 활용하여 자료 수집 및 조사가 가능하도록 함 •러닝센터 측면에는 계단식 학습공간에서 출입문을 통하여 접근할 수 있는 소그룹 토의·토론 공간(세미나실)을 별도 공간으로 구획하여 원활한 의사소통이 가능하도록 함 •각 공간은 계단 1칸 정도의 높이로 출입할 수 있으며, 공간 규모는 5~6명의 학생이 이용할 수 있도록 함. 3개의 공간을 단독으로 사용할 수도 있지만, 공간의 벽을 폴딩도어 혹은 가변형 벽으로 처리하여 2개의 공간을 통합하면 10~12명의 학생이 모둠학습을 할 수 있는 유연한 공간으로 조성할 수 있음 •내부에는 책걸상뿐만 아니라 모니터 설치 및 판서 가능한 벽으로 마감하여 판서가 필요한 소그룹 토의·토론을 지원할 수 있음

(출처: 교육부, 한국교육할술정보원, 2018, 31-35)

한편, 한국교육학술정보원이 구축하였던 첨단기술 기반 미래교육체험관(2013~2023년)을 보면, 110㎡(32.87평) 규모로 이루어진 미래형 교실은 교수-학습자료 측면에서 '반교실 공간, 전시·무대 공간, 감성·도서 공간, 상담·연구 공간, 창의체험 공간, 모둠 활동 공간이 통합된 형태'이다.

(출처: 한국교육학술정보원 (2021. 04. 26.). 첨단기술 기반의 미래형 교실 미래 교육체험관. https://www.keris.or.kr/main/uclass/view/selectAppMain.do)

[그림 5-27] 한국교육학술정보원의 미래형 교실

교수-학습, 상담, 연구, 독서 등 학생 활동 공간을 통합한 미래형 교실의 공간별 주요 특징과 활용 방안을 정리하면 다음과 같다.

〈표 5-6〉 한국교육학술정보원의 미래형 교실 공간별 주요 특징 및 활용 방안

공간	주요 특징 및 활용 방안
일반교실 공간	• 전후좌우 없이 모든 면을 활용할 수 있게 구성된 교실 공간 • 교사는 수업 중 이동이 자유로워 학생들의 활동을 도와주는 조력자의 역할을 함 • 3인, 4인, 5인, 다인 모둠 활동을 고려하여 책상을 배치함 • 감성 조명 조절을 통해 언어·수리·탐구 영역의 활동에 학생들의 창의력·집중력·상상력을 더할 수 있음
전시·무대 공간	• 다양한 무대를 연출하여 직·간접 체험을 할 수 있는 확장된 학습공간 • 과학 교과 과정을 바탕으로 플로팅 홀로그램 기술을 활용하여 시각적 효과와 더불어 재미있는 체험이 가능함 • 산출물 관리 시스템을 통해 학생들의 창작활동 결과물을 다채롭게 전시할 수 있음 • 카펫 바닥 및 스툴 소파를 활용하여 학생들이 자유로운 분위기로 학습활동을 할 수 있음 • 원격 화상 강의시스템을 통해 시·공간의 제약 없이 멀티미디어 콘텐츠를 실시간 공유를 할 수 있음
모둠 활동 공간	• 동료 학습자와 함께 서로의 학습자료를 공유하고 협업이 가능한 모둠 활동 공간 • 벽면 디스플레이를 활용하여, 개별적으로 작성된 자료를 취합하기도 하고, 추가로 함께 작성할 수 있도록 구성됨
창의체험 공간	• 다양한 기술과 도구를 활용하여 창의적인 활동을 지원하는 공간 • 동작 인식 및 그림자 센서를 활용하여 재미있고 신나는 실내 활동을 할 수 있음 • 터치 플레이와 벽면 디스플레이를 연동하여 활동 내용을 실시간으로 공유할 수 있음

공간	주요 특징 및 활용 방안
상담·연구 공간	• 교무실과 별도로 선생님들의 수업 준비 및 연구 그리고 학생들과의 상담이 이루어지는 공간 • 학생의 사생활, 개인정보 노출에 대한 걱정 없이 독립된 공간에서 진행할 수 있으며, 선생님의 수업 준비나 연구를 위한 장소로도 활용할 수 있음
감성·도서 공간	• 자연의 소리와 함께 학생이 휴식과 치유를 할 수 있는 도서 공간 • 자연채광을 살린 조광 및 부드러운 카펫 설치를 통해 편안하게 독서를 할 수 있음 • 소파를 원형으로 배치해 편안함과 개인 공간이라는 느낌을 줄 수 있게 디자인하여 독서에 집중할 수 있음

(출처: 한국교육학술정보원 (2021. 04. 26.). 첨단기술 기반의 미래형 교실 미래 교육체험관. https://www.keris.or.kr/main/uclass/view/selectAppMain.do)

또한, 한국교육학술정보원(2017)은 사회변화를 선도하고 학교를 재개념화하기 위한 미래 학교 설립·운영 모델 연구를 진행하였다. 이 연구에 따르면, 미래 학교란 '빠르게 변화하는 사회 및 기술 환경에 따라 현재 공교육이 안고 있는 문제를 해결하고, 미래사회 관점에서 예측된 공교육의 문제에 대응하고, 더 나아가 미래사회에 준비된 인재를 양성하고자 현재의 학교 환경 및 기술, 교육 및 조직의 변화가 있는 학교'를 의미한다. 공간 측면에서 미래 학교는 학생 간 소통과 연결의 공간, 협력의 공간, 지역사회와의 연계를 통한 경험 확대의 공간 그리고 첨단기술이 집약된 공간이다. 미래 학교는 전체가 무선 환경이고 모든 학생이 노트북 컴퓨터를 집과 학교 전 공간에서 사용하며, 대집단, 소집단, 개인 작업이 가능한 주제학습공간(subject-matter learning environments)을 갖추고 있다. 각 공간에서는 이동형 책상과 의자를 사용하고, 상호작용이나 작업 유형에 따라 재배치할 수 있다. 미래 학교의 도서관은 디지털미디어 도서관으로써 개별학습자와 팀 활동에 참여하는 학생이 높은 사양의 장비와 편안한 가구를 갖춘 열린 협력 공간으로 구성된다. 미래 학교 유형은 점진적 변화의 미래 학교, 파괴적 변화의 미래 학교, 점진적 파괴 또는 점진·파괴적 변화의 미래 학교로 나눌 수 있다. 이 중에서 현재의 법과 제도하에, 학교장의 재량권 범위에서 변화하는 점진적 변화의 미래 학교 모델인 창덕여자중학교의 물리적 학습공간 구성 원리를 보면, 전통적인 공간 구분이 사라지고 학생의 참여적 지식 창출과 긍정적 정서 그리고 흥미를 유발하는 데 초점이 맞추어져 있다.

〈표 5-7〉 점진적 변화의 미래 학교 학습공간 구성 원리(창덕여자중학교)

구성 원리	내용
배우는 공간	• 최적화된 환경으로 구축되어 교과별 특성을 살린 교과교실 가사실습 수업과 삶이 공존하는 공간 • Making과 3D프린터, 코딩수업을 위한 공간 • 교사의 교수 방법과 학생의 학습 과정을 모니터링할 수 있는 참관실 • 학습용 태블릿PC를 관리·대여해주는 테크센터

구성 원리	내용
표현하는 공간	• 동아리, 연극, 뮤지컬 발표 및 활동수업을 위한 소극장 • 인터넷 방송 및 녹화, 토론, 프로젝트 수업발표, 음악수업, 각종 회의 및 컨설팅 등을 위한 스튜디오 • 발레, 방송댄스, 무용, 필라테스 수업에 사용되는 온돌방, 협업과 소통을 위한 컴퓨터실(공용1실)
나누는 공간	• 정보 검색과 토의, 토론을 자유롭게 할 수 있는 나눔방, 정보방 온돌마루가 있는 서고와 피아노가 있는 인성마루(2층), 상상마루(3층), 사랑마루(4층) • 학생 주도 활동을 위한 동아리방, 학부모 모임을 위한 사랑방
즐기는 공간	• 디지털과 아날로그의 조화를 보여주는 중앙현관 - 미래 학교 행사 사진 및 동영상을 볼 수 있는 모니터월 - 학생이 레고블록을 활용하여 창의적으로 꾸미는 레고월 • 창덕역사와 현재의 교육활동을 보여주는 역사공간 • 음악과 조명이 있는 산책로이며, 친환경 학습이 가능한 둘레길 연못과 벤치가 있는 사계절이 아름다운 수선정원

(출처: 한국교육학술정보원, 2017, 101)

3.6 통합 운영 학교도서관

미래 학교도서관에 영향을 끼치는 요인은 디지털 신기술 기반 첨단 교육환경 이외에 학령인구 감소에 따른 통합 운영 학교이다. 통합 운영 학교란 초등학교와 중학교, 고등학교 중에서 시설 · 설비와 교원을 공동으로 활용하는 학교급이 다른 두 개 이상의 학교를 말한다. 즉 각기 학교급이 다른 두 개 또는 세 개의 학교 운영을 통합하는 학교이다(서울특별시교육청 교육연구정보원, 2022, 4). 1998년부터 주로 농산어촌의 소규모 학교에서 시작하였으며, 서울특별시교육청의 경우 학교 간 통합의 의미와 연계성을 고려하여 '이음학교'로 부르고 있다. 이음학교는 초·중, 중·고, 초·중·고가 동일 부지에 위치하거나 인접해 있어서 효과적으로 통합 운영이 가능한 학교를 대상으로 공모를 통해 선정하고 있다. 이음학교 교육활동 지원에는 도서관 운영 및 독서교육 등이 있으며, 교육공간 디자인 혁신사업은 도서관을 포함하고 있다. 전라남도교육청의 통합 운영 학교는 '학생의 안정적인 배움과 성장을 보장하기 위해 중소 규모의 급이 다른 학교(초·중 등)를 대상으로 교육과정, 인력·시설 등 교육자원을 연계·통합 운영함으로써 학교와 지역사회의 지속 가능한 성장과 발전을 도모하는 미래 학교'이다(전라남도교육청, 2025. 05. 10.). 또한, 경기도교육청의 미래형 통합 운영 학교처럼 유·초·중과 주민시설까지 복합화된 학교도 등장하고 있다.

나이와 교육과정 편성 및 운영이 다른 초등학교와 중학교 통합 운영 학교도서관의 경우 중학생의 도서반 활동과 책 읽어주는 선배 프로그램 등 새로운 독서 경험과 공동체 의식을 길러줄 수 있다. 그러나 행정 업무 이원화에 따른 업무 과중은 물론 장서, 공간, 프로그램, 학교도서관 활용교육, 사서교사의 수업 참여 그리고 학생 이용 지도 등에서 어려움이 나타날 수 있다. 따라서 사서교사 업무 경감을 위한 예산 통합 및 행정 업무 일원화가 필요하다. 또한, 열람 공간 분리를 통해 이용의 혼선을 줄이고, 사서교사의 프로그램 운영과 수업 지원을 위한 보조인력 배치가 우선적으로 이루어져야 한다. 초·중 통합 운영 학교도서관의 장단점을 살펴보면 다음과 같다(김예진, 2025. 05. 29.).

〈표 5-8〉 초중 통합 운영 학교도서관 장단점(예)

구분	내용
장점	• 중등 도서부의 실질적인 도움 가능 - 중학생은 초등 고학년에 비해 훨씬 성숙하고 책임감 있게 활동할 수 있어, 서가 정리, 도서 정리, 프로그램 보조 등에서 큰 도움이 됨(이에 따라 별도의 학부모 자원봉사자 없이도 도서관 운영이 원활하게 이루어짐) • 초·중 연계 독서프로그램 및 교육 활동 기획 가능 - 중학생이 주체가 되어 초등학생을 대상으로 하는 독서 활동(예: 책 읽어주는 선배 프로그램)을 운영함으로써, 독서 문화 확산 및 선후배 간 긍정적 관계 형성이 가능함 - 이는 중학생에게는 봉사와 리더십 교육의 기회를, 초등학생에게는 독서 흥미 유발과 친근한 독서 경험을 제공하는 효과가 있음
단점	• (행정 이원화) 에듀파인 및 나이스 시스템 분리로 인한 행정업무 처리 어려움 - 동일한 공문을 초등과 중등별로 작성하고 처리함 - 예산이 분리되어 있어 동일한 활동이나 물품 구매에 통합 집행이 어려움 - 구매 품의를 별도로 처리해야 하는 비효율성 및 업무량 증가 • 공간 구성의 한계 - 초등과 중등의 공간·분위기 요구가 달라 하나의 공간으로는 모두 충족하기 어려움(예: 초등은 낮은 서가와 마루, 중등은 높은 서가와 집중할 수 있는 책상 구조 선호) - 공간 구성에서도 양쪽 눈높이를 모두 만족시키는 데 어려움이 큼 - 사안별로 초·중 교감 선생님 양측과 협의가 필요해 조율 부담이 큼 • 수서 및 열람 봉사의 어려움 - 초등과 중등 대상 도서를 모두 고려해야 하므로 수서량이 2배로 증가함 - 중학생 대상 도서는 초등 저학년 학생에게 부적절할 수 있어 도서 선정에 신중함이 요구됨 - 청소년 도서에 라벨을 부착해 구분하나, 초1~2학년이 읽거나 대출하려는 경우가 많아 노출 관리에 어려움 - 중학생용 웹툰은 초등학생에게 부적절함(예: 중학생용 웹툰을 중학생 전용으로 지정하고 초등학생에게 대출을 제한함. 그러나 초등학생의 불만과 혼란이 발생하여 이용자 대응이 복잡해짐) - 규정 안내 및 자료 이용 지도에 지속적인 관리가 필요하여 운영 부담이 큼 • 다른 시간표로 인한 도서관 운영 어려움 - 초·중의 쉬는 시간이 10분 간격으로 겹쳐 사서교사의 휴식 없는 연속된 응대 요구 발생 - 점심시간도 연속되어 있어 식사 및 관리 시간이 부족함 - 초등 오전 수업만 있는 요일에는 초등 수업 종료 후 중등 점심시간이 이어지면서 도서관 관리에 어려움이 가중됨

	• 독서프로그램 기획 및 운영의 어려움 - 초1부터 중3까지 아우르는 프로그램 기획이 현실적으로 매우 어려움 - 나이 차이와 학습 수준 차이로 인해 통합 운영 시 홍보·참여 안내에 혼선이 발생함 - 별도 운영을 시도하였으나 일정, 공간, 인력 문제로 지속적인 운영이 어려움 • 도서관활용수업 운영의 어려움 - 초등 수업 시간과 중등 쉬는 시간, 혹은 그 반대의 시간 겹침으로 수업 집중도 저하 - 활용 수업 중 도서관을 드나드는 학생들로 인해 수업 진행에 방해 발생 • 수업 운영의 현실적 어려움 - 중등 창의적 체험활동 수업 및 1학년 이용교육을 사서교사가 운영하였으나, 초등 쉬는 시간 및 점심시간과 겹쳐 수업 집중이 어려움 - 수업 중 초등학생의 반복적인 도서관 출입으로 수업 흐름이 자주 끊기는 상황이 발생함 - 초등 전 학급과 중등 수업을 모두 준비하고 운영하는 데 있어 수준 차이와 업무 피로도가 매우 큼

4. 학교도서관 공간 구성 방법

4.1 공간 구성 방향

학교도서관이 공동체 구성원의 삶의 일부가 되기 위해서는 공동체 구성원이 함께 학교도서관 비전을 만들고 공동체의 요구를 수용할 필요가 있다. 우선, 비전을 만드는 과정에서 사서교사와 공동체 구성원이 함께 답을 찾을 필요가 있는 학교도서관 모습은 다음과 같다(National Library of New Zealand, 2025. 04. 30.).

- 학교공동체의 요구 변화를 수용하는 학교도서관
- 학습 동기를 부여하고, 학습을 지원하고 촉진하는 학교도서관
- 물리적 공간은 물론 가상공간에도 접근할 수 있는 학교도서관
- 포괄적 환경과 개별 환경을 제공하는 학교도서관
- 학생과 교사의 디지털 리터러시 기술과 디지털 시민성 교육을 촉진하는 학교도서관

학교공동체의 요구를 수용하기 위해서는 '학교도서관 공간에서 무엇을 하고 싶은지? 어떤 유형의 공간과 시설이 필요한지? 지금 필요한 것은 무엇이고, 장차 무엇이 필요한지?' 등을 분석해야 한다. 이러한 요구는 학령인구 감소, 에듀테크 기반 학습, 자기주도학습, 공정한 학습 경험 제공 등 교육 패러다임을 반영한다.

첫째, 학교도서관 공간은 혁신적이어야 한다. 학교도서관이 학교 교육과정을 단순히 지원하는 데 머물지 않고 교수-학습 방법을 개선하고 학습자의 미래 학습 역량을 신장하는 등 교육 패러다임 변화에 부응하기 위해서는 혁신적인 공간 구성이 필요하다. 혁신적인 학교도서관은 책과 독서에 대한 열정을 갖춘 유능한 독자를 만들 수 있고, 공동체 구성원이 협업을 통해서 정보를 찾고, 사용하고, 공유하고, 새로운 정보를 만들 수 있도록 돕는다. 그리고 교실은 물론 가정에서도 원하는 시간에 도서관 자료와 지원에 접근할 수 있다. 또한, 학교와 가정 간 연계성을 강화하고 공동체 구성원의 만남과 상호작용을 촉진한다. National Library of New Zealand(2025. 04. 09.)는 혁신적인 학교도서관 공간의 특징을 다음과 같이 설명하고 있다.

- 이용자를 환영하고 활기차며 문화적 포용성을 갖춘 환경을 갖춘 도서관
- 탐험과 호기심을 자극하는 도서관
- 다양한 교수-학습 방법을 수용할 수 있는 크고 유연한 공간을 갖춘 도서관
- 새로운 지식을 소비, 창조, 생산 및 공유하는 종단 간 학습(end-to-end learning)을 위한 도서관
- 인쇄자료, 디지털 및 멀티미디어 자료에 대한 균형 잡힌 접근성을 제공하는 도서관

둘째, 학교도서관은 '만남, 자유, 경험의 공간적 가치'를 실현할 수 있는 자유롭고 창의적인 풍토를 갖춘 공간을 조성해야 한다. 학생의 창의성 신장을 목표로 하는 미래 교육에서 학교 공간은 '사람 사이를 자연스럽게 연결하고(만남), 자유로운 경험(참여)을 제공'하여야 한다. 특히, 창의 활동 과정에서 가장 중요한 것은 창작물이나 창작자보다는 '창의적 풍토'를 마련해 주는 것이다. 창의적 풍토는 개인의 특성이 존중받고 권위에 굴복하지 않고 자신의 느낌을 자유롭게 표출할 수 있는 자유를 보장한다. 그리고 타인을 배려하고, 깊이 사유하고 상상할 수 있는 여유를 준다. 아울러 타인을 모방하지 않고 자신의 열망을 추구하고, 잠재력을 발휘할 수 있다(김경희, 2019).

셋째, 학교도서관은 아동과 청소년의 발달과업에 따른 요구를 반영하고, 신체적·문화적·경제적 배경에 상관없이 공정하고 안전하며 편리하게 이용할 수 있도록 구성하는 것이 중요하다. 공간 구성에 학생의 요구를 반영하기 위한 적극적인 방법은 학교도서관 공간 설계에 참여시키거나 피드백을 받는 것이다. 이를 통해 학생의 학교도서관에 대한 주인의식을 함양하고 공간 활용을 장려할 수 있다. 학교 급별 요구를 반영한 학교도서관 공간 구성 방향은 다음과 같다(송기호 외, 2023a, 151).

- 초등학교도서관
  휴식, 여가 활동에 필요한 문화공간 선호, 동적인 활동을 기반으로 놀이활동, 창의력, 신체활동 중심의 소음이 공존하는 활동 중심 공간
- 중학교도서관
  의견을 나눌 수 있는 공간과 과제 수행을 위한 공간, 휴식, 여가 활동을 위한 문화공간을 선호함. 다양한 미디어 활용 및 가변적 공간 활용과 더불어 자기주도적 학습능력과 태도 함양 필요성을 고려한 중소음의 소통 중심 공간
- 고등학교도서관
  학습공간, 진로 및 사고력 증진에 도움을 주는 자기주도적 학습 실현을 위한 무소음으로 이루어진 교육 중심 공간

넷째, 학교도서관 공간은 학습 경험을 제공하는 교내 다른 공간(특별실)과 연결성을 갖출 필요가 있다. 학교도서관과 기능적 연계가 가능한 공간으로는 과학실, 음악실, 미술실, 교과 교실, 가정실, 기술실, 체육실(다목적 강당) 등이 있다. 이들 공간 간 연계는 학생에게 다양하고 공정한 학습 기회를 제공할 수 있고, 학생 참여형 수업을 활성화할 수 있다. 또한, 공간 연계가 교과 연계로 이어져 협동수업을 강화할 수 있으며, 학령인구 감소에 따른 학교 공간 재구조화에 대비할 수 있다.

다섯째, 학교도서관 공간은 유연성을 갖추어야 한다. 유연한 공간은 강의식 수업, 협동학습, 프로젝트 학습, 일대일 학습 등 다양한 교수-학습 방법을 지원할 수 있고, 변화하는 학습 유형에서 주도권을 잡을 수 있다.

여섯째, 학교도서관은 자연 친화적인 공간을 구성해야 한다. 자연광이 들어오고 넓은 창문을 통해서 자연 풍경을 보면서 눈의 피로를 풀 수 있도록 구성하는 것이 좋다. 학교도서관 공간이 자연 친화적일수록 학생은 햇빛, 전망, 계절의 변화를 즐기면서 좋은 추억을 만들고, 풍부한 학습 경험을 가질 수 있다(Sullivan, 2011).

일곱째, 학교도서관 공간은 교내외 교수-학습 정보원과 연계된 강력한 정보통신기반 시설을 갖추어야 한다. 에듀테크를 활용할 수 있는 원활한 무선 네트워크, 도서관이 제공하거나 학생이 소유한 전자 기기를 활용할 수 있는 안전하고 충분한 전기 시설 등을 갖추어야 한다.

여덟째, 온라인 학교도서관 공간을 갖추어야 한다. 온라인 공간은 디지털 자료와 모바일 기술을 통해 물리적 공간을 넘어서 도서관 공간을 확장하는 데 도움을 준다. 온라인 학교도서관은 새로운 독자를 만들고, 디지털 기술을 활용한 학습 방법을 지원한다. 또한, 학교도서관과 이용자의 상호작용을 확대할 수 있다(YALSA, 2012).

끝으로 학교도서관 공간은 지나치게 화려한 실내 장식에 치중하기보다는 학생이 선호하는 색상과 최신 장식을 포함하여 학생 친화적인 미관을 갖추는 것이 좋다. 또한, 교육활동의 효율성을 높일 수 있도록 관리가 쉬운 공간을 구성할 필요가 있다.

4.2 공간 구성 방법

학교도서관은 다양한 자료의 열람과 수업 활동, 독서 활동 등과 함께 여러 가지 사무 활동이 동시에 이루어지는 공간이다. 그러나 독립 건물보다는 기존의 교실을 이용하는 현실에서 개별 활동을 위한 공간을 모두 마련하기란 현실적으로 어려운 실정이다. 따라서 기본적인 교육활동과 업무 수행에 필요한 기본 공간을 마련하고, 유사한 기능을 수행하는 공간은 최대한 통합할 필요가 있다.

교육부의 학교도서관 정책, 한국도서관협회(2013)의 학교도서관 기준, 국제기준(IFLA, 2015) 등을 살펴보면 학교도서관이 갖추어야 할 기본 공간은 '자료보관 및 열람공간, 교수-학습공간, 창작공간(메이커스페이스), 관리공간, 공유공간' 등이다. 그리고 자료 유형별 열람 공간을 세분화하기보다는 이용자의 다양한 요구 충족과 참여를 촉진할 수 있는 창작공간과 공유공간의 비중이 커지고 있다.

4.2.1 자료보관 및 열람공간

자료보관 및 열람공간은 개가식으로 구성하며 자료의 유형별로 문헌자료공간, 영상자료공간, 전자자료공간 등은 서가로 구분하여 설치하거나 통합하여 운영할 수 있다. 문헌자료공간은 관리자의 시각 확보가 쉬우며, 직사광선을 피하면서 많은 장서를 구비할 수 있는 복식형 서가의 사용이 공간 구성의 효율적 측면에서 바람직하다. 그리고 일렬 배치보다는 공간의 연속성 측면에서 ㄱ자 ㄷ자 등의 공간 배치가 적절하다. 문헌자료공간은 정보검색공간, 정기간행물공간과 연계 배치하는 것이 바람직하다. 영상자료공간은 감상에 필요한 적절한 설비를 갖추어야 하며, 시청각실 기능을 포함하거나 창작공간으로 활용할 수 있다. 전자자료공간은 컴퓨터실과 연계할 수 있다.

왼쪽은 배곧라라 초등학교 글빛라라도서관의 열람공간 모습이고, 오른쪽은 숙명여자중고등학교도서관의 문헌자료 열람공간이다.

[그림 5-28] 열람공간(예)

특히, 열람공간은 독서 및 자료 이용에 즐거움을 주고 학교도서관에 오래 머물 수 있도록 시설과 가구 등을 달리 구성할 필요가 있다. 예를 들면, 학생 눈높이에 맞춘 마루 공간을 구성하여 자유로운 분위기를 연출하고, 조망형 열람공간을 둘 수 있다. 또한, 소파를 두어 휴식과 자유로운 소통이 이루어지도록 구성할 수 있다.

사진 왼쪽은 밖이 보이는 창가에 여러 가지 색상의 홈바(home bar) 의자를 배치해 심미성을 높인 번동중학교 느티나무도서관 모습이고, 사진 오른쪽은 나무 마루와 책장을 마련해 편안성과 융통성을 살린 제주 대신중학교도서관 모습이다.

[그림 5-29] 조망형 열람공간(예)

4.2.2 교수-학습공간

교수-학습공간은 교수 영역으로 대집단 학습공간, 모둠학습공간, 정보활용교육공간 등 다목적으로 활용할 수 있다. 학습과 연계된 교육 및 학습 기능이 되는 공간이며, 교내 학습지원을 하는 곳으로 학생용 책상과 의자, 화이트보드, 프로젝트, 교사용 책상과 의자 등이 위치한다.

사진 왼쪽은 공주중학교도서관 대집단 학습공간, 사진 오른쪽은 인천여자고등학교도서관의 대집단 학습공간 모습이다. 다양한 크기(모양)와 학습 인원에 따라 이동이 가능한 책상을 배치하여 일자형 배치의 단점을 보완하고, 공간 운영의 융통성을 높이고 있다.

[그림 5-30] 대집단 학습공간(예)

개방형 모둠학습공간은 학교와 도서관 환경에 따라 변화 요인이 있으나 일반적인 일렬 형식의 배치보다는 ㄱ자 ㄷ자 원형의 유닛(Unit) 형식이 집중력을 높이고 토론 방식의 학습을 극대화할 수 있다. 그리고 공간이 분리된 모둠학습공간은 교수-학습공간, 창작공간, 소통공간으로 활용할 수 있다.

4.2.3 창작공간

학교도서관과 창작공간(메이커 스페이스)의 공통점은 물질적 자원에 대한 공정한 접근성을 기반으로 한 범교과적 자기주도학습 공간이라는 점이다. 이러한 공통점에도 불구하고 자원과 제공 방법은 차이가 있다. 도서관은 실용적인 자료가 담고 있는 정보에 대한 접근을 통해 지식을 구성하는 것을 도와주지만, 창작공간은 공예, 금속 가공, 섬유, 전기회로, 디자인, 디지털 제작, 로봇 공학 등 교사와 학생이 교실에서 사용하기 어려운 고가의 비실용적인 자원을 아이디어 구현에 제공한다(Weisgrau, 2015).

학교도서관과 창작공간을 통합하면 학생 중심의 역동적인 학습환경을 만들 수 있다. 이를 통해 도서관 자료를 활용한 탐구활동과 탐구 결과 얻게 된 아이디어의 창의적 표현을 연계함으로써 도서관 프로그램을 강화할 수 있다. 그리고 학생 참여와 활동 중심의 교육과정 운영에 맞추어 다양한 맞춤형 수업을 지원하고, 교과 간 연계성을 촉진함으로써 학생의 학업성취도와 창의성을 높일 수 있다. 또한, 모든 학생이 자유롭게 이용할 수 있는 학교도서관에 다양한 물리적 자원을 통합함으로써 특별실에 두면 이용하기 어려운 자원에 공정한 접근성을 제공할 수 있다.

특히, 창작공간이 학업성취도에 끼치는 영향은 표준화된 시험 점수보다는 디자인 사고(Design Thinking), 서비스 학습(Service Learning), 21세기 능력(21st Century Skills) 등이 결합하여 학생 학습에 긍정적인 영향을 미친다. 디자인 사고는 학생이 문제를 정의하고, 협업을 통해 해결방안을 반복적으로 강구하고 실행가능한 해결책을 생성할 때까지 문제를 해결하는 프레임워크(Framework)를 의미한다. 서비스 학습은 학생이 진정한 커뮤니티 요구를 해결하기 위해 학문적 지식과 기술을 적용하는 교육적 접근 방식이다. 디자인 사고가 창작공간에서 서비스 학습과 연결되면 학생은 완전히 새로운 수준의 학습 절차를 통해 최종 사용자에 대한 공감과 행위에 기반을 둔 해결 방안을 마련할 수 있다. 21세기 능력은 학업이나 직업 환경에서 학생에게 도움이 되는 능력이다. 창작공간에서 학생은 복합 문제해결능력, 비판적 사고력, 창의성, 인력 관리, 타인과의 협력, 감성지능, 판단 및 의사결정능력, 서비스 지향성, 협상 능력, 사고의 유연성 등을 습득할 수 있다(Busch, 2017).

창작공간은 학생에게 기대하는 창작활동 수행에 필요한 적절한 전용공간과 개인 또는 모둠으로 편안하게 작업할 수 있는 유연한 작업공간 및 토론 공간을 제공해야 한다. 학교도서관과 창작공간이 통합되는 경우 3D프린터, 스캐너, CAD 소프트웨어 등의 새로운 디지털 기기를 도입하고, 기존 도서관 자원과 결합한 서비스를 제공할 필요가 있다(정영미, 강봉숙, 2018, 176). 도구와 공간을 갖추는 것과 함께 창작공간이 학생과 교사에게 훌륭한 교육 공간이 되기 위해서는 노트북, 태블릿 그리고 제작 도구를 연결할 수 있는 전기 콘텐츠를 쉽고 안전하게 이용할 수 있는 전기 설비를 갖추는 것이 좋다. 그리고 쓰레기통, 재활용통과 함께 학생이 스스로 필요한 도구나 재료를 쉽게 찾아서 이용할 수 있도록 라벨을 붙인 적절한 보관 공간과 안전한 작업을 위한 소지품 보관 공간을 마련해야 한다. 아울러 작업 중에 발생하는 가벼운 부상에 대비하여 구급상자를 갖추어야 한다(Makers Empire, 2025).

Stewart Middle Magnet School의 창작공간 구축 사례를 살펴보면, 사서교사가 먼저 도서관 공간 구성에 대한 이론과 사례 분석 및 연수를 통해 전문성을 갖추고 환경정비, 교과 연계, 프로그램(book fair) 운영, 외부 전문가 및 기관 연계, 확산(일반화) 과정을 밟았다. 이 과정에서 사서교사는 학교도서관을 창작공간의 종착지(terminal)가 아니라 하나의 정거장(station)으로 간주하고, 교과는 물론 도서관 예산으로 감당하기 어려운 장비 활용과 교육을 위해서 외부기관이나 전문가와 적극적으로 협력하였다.

〈표 5-9〉 창작공간 구축 과정(예)

과정	활동 내용
① 장애물과 잡동사니 치우기(Removing obstacles and clutter)	제적 폐기를 통해 실제 읽는 책 중심으로 자료를 재정리하고, 서가에 진열 코너를 마련함
② 도서관에 색 입히기 (Adding Color)	벽면에 파란색, 녹색을 추가하여 활기차고 활발한 공간 분위기를 조성함
③ 운동성과 유연성 갖추기 (Movement and Flexibility)	무거운 나무 책상/의자(가구)를 가볍고 평안한 가구로 교체하고, 파란색 스태킹 의자, 호키(hokki) 의자를 두어 편리한 재배치와 공간 유연성을 확보함
④ 다양한 좌석 만들기 (Variety of seating)	브레인스토밍을 위한 편안한 의자, 체스 게임과 채팅을 위한 카페 table 의자, 운동에 도움을 주는 흔들의자와 호키 의자를 비치하고, 표준 규격 의자도 갖춤
⑤ 대화형 공간 마련 (Interactive Spaces)	Epic LEGO 벽, 화이트보드 벽을 설치함. 화이트보드 벽을 이용해서 학생들은 브레인스토밍, 낙서, 협업, 과제 노트 메모, 수학 문제 풀이, 체스 점수기록 등을 할 수 있음. 그리고 교외 인력과의 상호작용을 통한 프로젝트 수행을 도와주는 Interactive short throw projector를 설치함
⑥ 단말기 충전 설비 확충 (More Power)	BYOD(Bring Your Own Device) library를 지향하는 도서관 성격에 맞추어 벽 선반을 제거하고, 휴대용 단말기 충전기 설치를 확대함. 이를 통해서 학생들에게 자연스러운 대화 기회를 제공함

(출처: Rendina, Diana (2025. 04. 01.). 6 Ways to Rethink Your Library Space and Make it Amazing Available: http://www.renovatedlearning.com/2015/01/28/rethinking-our-library-space/)

이 사례는 창작공간 구축이 유연성과 상호작용을 촉진하는 과정임을 보여준다. 그리고 학생 스스로 창의성을 유지하고 지식을 행동으로 전환할 수 있는 유연한 공간과 재료를 제공하는 것이 창작공간의 시작임을 알 수 있다.

학교도서관이 선호하는 메이커 활동 순위를 보면, 도구 제작(Building tools), 미술/공예, 3D 프린팅, 코딩/프로그래밍, 로봇, 전기회로망(Circuitry), 비디오 제작/편집, 뜨개질/섬유예술, 애니메이션, 바느질/재봉, 비디오 게임 디자인, 웹 사이트 제작 순인 것으로 나타났다. 그러나 전통적인 창의성 개발 도구인 책(그림책)을 활용하여 단순하지만, 성공적인 메이커스페이스 활동을 전개할 수 있다(노지윤, 2019, 18-19).

① 소리 내어 읽기
책의 내용, 언어, 유머, 영감을 주는 메시지, 주인공의 특징 등을 이야기하는 시간을 갖는다.

② 메이커 활동
책에서 받은 영감을 바탕으로 이쑤시개와 접착 점토(blutak)를 이용해 구조물을 만든다.

③ 공유하기
사서교사가 학생이 활동하는 사진을 찍어서 용기, 협동, 집중, 미래 엔지니어 등과 같은 캡션을 달아 도서관과 교내에 전시하여, 그림책을 통해 학생이 성취감, 잠재력, 자부심 등을 기를 수 있다는 메시지를 전달한다.

④ 스토리 맵핑
사서교사는 그림책을 통해 메이커 활동을 할 수 있으며, 이야기를 소리 내어 읽은 후에 책에 대해 이야기를 나누는 것이 학생에게 능동적인 경험을 장려하고, 언어력 향상에 도움이 된다는 경험을 이야기로 구성한다.

왼쪽 사진은 자율참여형 메이킹 활동 공간 모습이고, 오른쪽 사진은 스토리 메이킹 활동 공간이다. 국립어린이청소년도서관 메이커스페이스 미꿈소(미래꿈희망창작소)는 아동과 청소년의 융합적인 사고능력을 향상할 수 있는 '독서와 메이킹 활동'을 접목한 새로운 형태의 창작소이다. '만들고 배우고 공유하다'(만·배·공)라는 슬로건 아래 도서관이 보유한 자료를 활용해서 얻은 새로운 아이디어를 다양한 장비와 창작 프로그램으로 제작하는 경험을 제공하도록 구성되어 있다.
(출처: 국립어린이청소년도서관 (2025. 04. 01.). 미래꿈희망창작소.
https://www.nlcy.go.kr/menu/10147/program/50001/dataRoomDream.do)

[그림 5-31] 국립어린이청소년도서관 미래꿈희망창작소 모습

4.2.4 관리공간

관리공간은 대출 반납공간과 사무공간으로 구성한다. 학교도서관의 경우 대출 반납공간은 주 출입구와 이어지는 경우가 많다. 주 출입구는 새로운 정보 및 게시물을 전시하고 홍보하는 공간이며, 방문자의 공간 이미지 형성에 영향을 끼친다. 따라서 충분한 대기 공간을 확보하는 것이 바람직하다. 이를 위해서 주 출입 공간은 최소 1,800×2,100mm 이상의 면적을 확보해야 하고, 도서관의 일반적인 홍보 공간을 벽면에 위치시키는 것이 좋다. 한편, 사무공간은 사서교사의 업무 수행, 자료제작, 회의 공간으로 활용할 수 있다.

① 글빛라라도서관 입구

② 청도초등학교도서관 대출 반납 공간

③ 정산중학교도서관 사무공간

④ 대신중학교도서관 사무공간

사진 ①은 전시 공간과 이어진 배곧라라초등학교 글빛라라도서관 주 출입구 모습이다. 주 출입구는 학생들의 안전과 도서관에 대한 심미적 접근성에 영향을 끼치기 때문에 될 수 있으면 충분한 공간을 확보하는 것이 좋다. 사진 ②는 청도초등학교 청은목도서관 대출 반납 공간이다. 사진 ③은 독립 공간으로 구성된 정산중학교 라온도서관의 사무공간(사서교사실 겸 회의실) 모습이다. 그리고 사진 ④는 유리창으로 구분한 사무공간(사서교사실)을 둔 제주 대신중학교 도서관 모습이다.
(사진 ② 출처: cnclib(2025. 05. 18.). https://blog.naver.com/cnclib/223506527094)

[그림 5-32] 관리공간(예)

4.2.5 공유공간

도서관에 적용된 공유공간(commons)의 대표적인 사례는 u-Library의 물리적 공간 기반인 정보 공유공간(information commons)이다. 정보 공유공간의 출현 배경은 1990년대 중반 웹 기반의 전자 자원에 대한 다양하고 풍부한 접근이 가능해지면서부터이다. 즉 이용자의 도서관 건물 이용률이 감소하고, 참고 질문수와 대출 권수가 감소하는 등 도서관의 전반적인 위기감이 초래되면서 북미 대학도서관을 중심으로 도서관의 서비스 개선을 위한 방안으로 등장하였다. 정보 공유공간은 단순히 정보를 공유하는 물리적 공간만을 의미하는 것이 아니라 사회 구성원 모두가 정보에 소외되지 않고 정보요구를 충족할 수 있도록 정보에 대한 접근성을 최대한 보장하는 총체적인 집합체라고 할 수 있다(한희정, 김용, 2010, 197). 즉 물리적 대상으로서 도서관은 정보제공은 물론 문화와 교육이 공존하는 복합 공간으로의 변화가 필요하며, 이를 충족하기 위해서 등장한 것이 바로 정보 공유공간이라고 할 수 있다.

〈표 5-10〉 물리적 대상으로서의 도서관 변화

성격의 변화	내용
접근 공간의 변화: 탈 위계	현대에 이르러서는 더 이상 위계적 질서에 영향을 받지 않은 탈 위계적 프로그램과 공간 체계가 유형화됨
저장 공간의 변화: 확장과 분리	공간 압축률이 높은 저장 매체의 등장으로 도서관의 저장 공간은 축소되지 않고 오히려 기존 인쇄매체에 부가되어 확장됨
커뮤니티 공간의 형성: 교류의 장	현대의 도서관은 정보의 저장 및 접근 기능 이외에도 시민들의 문화와 정보 교류의 장으로 역할을 수행함

(출처: 한희정, 김용, 2010, 200)

학교도서관의 경우에는 정보 공유공간이 디지털 자료실을 거쳐 학습 공유공간(learning commons)으로 발전하고 있다. 특히, 이용자의 요구가 세분화 다양화되고, 창의성을 중시하는 교육환경에 대한 요구가 증가하면서 학교도서관의 물리적 공간을 융통성 있게 사용할 필요성이 늘고 있다. 학교도서관에 공유공간을 도입해야 하는 이유는 우선, 다른 유형의 도서관에 비해 공간이 갖는 중요성이 크고, 학교도서관의 공간 규모가 작으므로 통합적인 서비스 공간으로의 활용이 바람직하다는 점이다. 그리고 학교도서관의 역할을 학교 교육과 의사소통의 중심으로 만들기 위해서는 공간과 서비스의 효과적인 결합이 필요하다. 또한, 학교도서관을 다양성을 기반으로 한 통합적 서비스 제공 기관으로 변화시키기 위해서는 유연한 공간 활용이 필요하다(정재영, 2008, 273). 학습 공유공간의 특징은 다음과 같다(Canadian Library Association, 2014, 5-7).

① 학습 중심
학습 공유공간은 물리적 공간과 가상공간에 걸쳐서 학습이 이루어지는 학교 학습의 중심지이다.

② 학습자 중심
학습 공유공간은 학습과 학습자 중심의 범 학교 차원의 미래 지향적인 교수-학습활동을 지향한다. 따라서 공유공간에서 학생은 단순한 정보의 소비자가 아니라 혁신적인 교육과정을 기반으로 다양한 인적·물적 자원과의 상호작용을 통해서 새로운 정보를 창출할 수 있다.

③ 과정 중심
모든 학생에게 탐험, 성장, 학습에 필요한 차별화된 다양한 학습전략과 각자의 강점과 흥미를 개발하고 이해하고 존중하는 법을 지도한다.

④ 협동 중심
사서교사는 교과교사와의 협동을 통해서 수업을 설계하고, 교과교사가 최선의 수업 실행 전략을 개발할 수 있도록 돕는다.

⑤ 창의성 중심
상호작용을 특징으로 하는 정보환경을 기반으로 구축된 학습 공유공간은 창의성을 기르는 데 필요한 비판적 사고가 가능한 학습 경험을 자연스럽게 제공한다.

⑥ 혁신 중심

학습 공유공간은 점(개별 교과)들의 집합이 아니라 학교 신경의 중심으로 비판적 사고력과 문제해결능력, 의사결정능력, 의사소통능력을 길러주기 위해서 범교과적인 파트너십으로 연결되어 있다. 그리고 학생과 성인이 교육과정과 관련해서 새로운 방식으로 위험을 감수하고 실험하는 장소이다. 이러한 프로그램 혁신은 학생에게 영향을 끼칠 뿐만 아니라 교사에게 이정표를 제공한다.

⑦ 기회 중심

교사와 협동하고 학생의 정보활용능력을 지도할 수 있는 자격을 갖춘 유능한 전문가가 배치된 학습 공유공간은 공동체의 사회경제적 수준이나 교육 수준에 상관없이 모든 학생에게 학업성취도 향상을 위해서 공평한 기회를 제공할 수 있는 이상적인 21세기 학습 환경이다.

사진은 미국 California San Rafael 소재 Mark Day School의 Learning Commons and Administrative Addition 모습이다. 이 학교는 1960년대 교사를 리모델링하면서 학교 정문에 행정기능을 추가한 학습 공유공간(learning commons)을 배치했다. 이 건물은 방문객이 1960년대 지어진 교정으로 들어가는 관문 역할을 하며, 학생 생활과 프로그램이 4각형 형태의 교정 안(quad space)으로 흘러 나가도록 설계되었다. 이를 통해 프로그램의 투명성과 개방성을 제공하고, 모든 방문객에게 Mark Day School의 흥미로운 학생 생활과 프로젝트를 보여줄 수 있다.

(출처: Mark Day School (2025. 04. 11.). Learning Commons and Administrative Addition. https://educationsnapshots.com/projects/6181/mark-day-school-learning-commons-and-administrative-addition/)

[그림 5-33] 초등학교 학습 공유공간 구축(예)

4.3 가상 학교도서관

4.3.1 의미와 필요성

가상 학교도서관(virtual school library)은 물리적 학교도서관의 확장으로 24시간 연중무휴로 이용할 수 있는 온라인 공간이다. 가상 학교도서관은 e러닝 환경의 일부로 다양한 디지털 자료를 하나로 모아서 이용자에게 적시에 맞춤형 학습기회를 제공하고, 독서의 즐거움을 촉진할 수 있다. 그리고 학교도서관을 교육공동체와 연계하여 소통할 수 있다. 이용자는 가상 학교도서관을 통해서 도서관이 무엇을 제공하고 어떻게 이용자를 돕는지를 확인할 수 있다. 이용자가 가상 학교도서관에 원하는 서비스는 다음과 같다.

〈표 5-11〉 이용자가 원하는 가상도서관 서비스(예)

① 도서관 목록(OPAC)을 활용한 소장자료 확인하기
② 도서관 개관 시간, 휴관일 등 기본 정보 찾기
③ 자료의 대출 예약, 대출 확인 및 대출 연장을 포함한 개인대출 관리하기
④ 도서관에서 제공하는 전자책이나 디지털 자료 이용하기
⑤ 과제나 탐구에 대한 도움 받기
⑥ 도서 추천 받기
⑦ 도서관 행사 알아보기

(출처: National Library of New Zealand (2025. 04. 28.). Planning Your School Library's Online Presence. Available: https://natlib.govt.nz/schools/school-libraries/library-services-for-teaching-and-learning /your-school-library-online/planning-your-school-librarys-online-presence의 내용을 일부 수정함)

가상 학교도서관이 이러한 이용자 요구를 충족하기 위한 포털(Portal)로서 갖추어야 할 요소(platform options)는 다음과 같다.

〈표 5-12〉 가상 학교도서관이 갖추어야 할 요소

① OPAC(Online Public Access Catalog)
② 교육-학습활동을 위한 허브인 학습 관리 시스템(LMS)
③ 학교 웹사이트에 통합된 학교도서관 웹사이트 또는 학교 웹사이트와 연결되는 독립형 학교 도서관 웹사이트
④ 상호작용을 위한 소셜 미디어
⑤ e-book, link 등 맞춤형 디지털 콘텐츠
⑥ 학교공동체 구성원이 생산한 디지털 콘텐츠
⑦ 학교도서관이 온라인에서 제공하는 지원 및 서비스
⑧ 학교도서관 정보 및 뉴스

(출처: National Library of New Zealand (2025. 04. 28.). Planning Your School Library's Online Presence. Available: https://natlib.govt.nz/schools/school-libraries/library-services-for-teaching-and-learning /your-school-library-online/planning-your-school-librarys-online-presence의 내용을 일부 수정함)

4.3.2 가상 학교도서관 구축 절차 및 방법

가상 학교도서관 구축 절차를 살펴보면 다음과 같다(National Library of New Zealand, 2025. 04. 28.).

① 가상 학교도서관 구축 목적과 목표를 협의한다.
가상 학교도서관은 왜 중요하고 서비스 대상은 누구인가?를 정한다. 그리고 교육공동체와 공유해야 할 핵심 정보는 무엇인지 협의한다.
② 가상 학교도서관 기획팀을 구성한다.
주요 이해관계자를 파악하고 역할과 책임에 대해 합의한다. 기획팀에는 가상 학교도서관에 기여하고 장기적으로 책임을 질 사람을 포함한다.
③ 가상 학교도서관을 학교 정책과 일치시킨다.
④ 온라인 플랫폼을 선택한다.
가상 학교도서관이 웹사이트, 소셜 미디어, 학습 관리 시스템(LMS), 맞춤형 콘텐츠 등 어떤 플랫폼으로 시작할지 결정한다. 그리고 플랫폼은 어떤 온라인 콘텐츠를 제공할지에 따라 달라질 수 있지만, 이용자가 이미 사용하고 있는 플랫폼 중 학교도서관에서 사용할 수 있는 플랫폼은 무엇인지 고려하고, 플랫폼 간 장단점 그리고 계정을 만드는 데 연령 제한이 있는지 등을 고려한다.
⑤ 지속적인 관리 계획을 세운다.
가상 학교도서관이 소장할 콘텐츠와 콘텐츠를 최신 상태로 유지하는 데 걸리는 시간과 비용을 산출하고, 관리자(팀)가 습득해야 할 새로운 기술은 무엇인지 확인한다. 그리고 누가 콘텐츠 제작과 관리 및 기술 지원에 도움을 줄 수 있는지도 확인한다.
⑥ 가상 학교도서관의 개관, 홍보, 평가 및 보고 방법을 수립한다.

가상 학교도서관은 학교 웹사이트에 통합 운영(Operating from within the school site)하거나 학교 웹사이트와 연결되는 독립형 학교 도서관 웹사이트(Operating a stand-alone site) 형태로 운영할 수 있다. 학교도서관 사이트를 학교 웹사이트에 통합 운영하는 경우 이미 호스팅(Hosting)이 설정되어 있어서 추가 비용 없이 운영할 수 있고, 학교 웹사이트 관리자의 현장 지원을 받을 수 있다. 그리고 사이트 디자인, 콘텐츠 등에 대한 명확한 가이드라인 제시, 정보 공유 및 직원의 전문성 개발, 작업량 분배 및 지속적인 통합 개발이 가능하다. 그러나 웹사이트 관리자가 학교도서관 사이트를 업데이트해 주어야만 하는 의존성 문제가 발생할 수 있고, 디자인과 콘텐츠가 기존 가이드라인에 제한되고 디자인 및 인터페이스 아이디어와 변경 사항에 대한 웹 팀의 합의가 필요하다는 단점이 있다. 또한, 웹 관리 게이트 키핑(gate keeping)이 도서관팀의 권한 부여를 방해하고, 사이트 개발에 제한이 있는 경우 웹 개발 속도가 느리고 대응력이 떨어질 수 있다.

독립형 학교 도서관 웹사이트 운영은 웹사이트 개발 및 관리 기술 향상을 기할 수 있고, 유연한 플랫폼을 선택할 수 있다. 그리고 웹사이트의 디자인과 느낌을 자체 개발할 수 있으며, 사서교사가 콘텐츠 개발 공유 및 업데이트를 할 수 있다. 또한, 학교도서관팀 전체에서 작업량을 공유할 수 있고 학교 웹사이트의 개발 일정에 제한을 받지 않는다. 그러나 무료 옵션을 사용하지 않는 한 호스팅을 설정하고 비용을 지불해야 한다. 또한, 학교 정책에 맞는 사이트 개발이 어려울 수 있다. 그리고 직원 능력(skills) 개발에 맞추어 사이트의 최신성을 유지하고, 링크 확인을 포함해 사이트를 유지 관리하는 데 많은 시간이 소요된다. 무엇보다도 핵심 직원이 사직하는 경우 지속 가능성이 불안하다는 문제점을 안고 있다. 이상에서 살펴본 학교도서관 사이트 유형별 특징을 비교하면 다음과 같다.

〈표 5-13〉 학교도서관 사이트 유형별 특징 비교

학교 웹사이트 통합 운영		독립형 학교 도서관 웹사이트	
장점	단점	장점	단점
호스팅이 설정되어 있음	웹사이트 관리자가 사이트 업데이트를 해주어야 할 수 있음(의존성)	도메인 이름 선택이 유연함	무료 옵션을 사용하지 않는 한 호스팅을 설정하고, 비용을 지불해야 함
웹사이트 관리자의 현장 지원	지원은 관리자의 가용성(availability)에 따름	웹사이트 개발 및 관리 기술 향상	도구를 사용하기 위한 현장 지원 제한
사이트 디자인, 콘텐츠 등에 대한 명확한 가이드라인 제시	디자인과 콘텐츠가 기존 가이드라인에 국한됨	유연한 플랫폼 선택	학교의 현재 온라인 환경(예: 웹사이트 또는 학습 관리 시스템)과 통합 어려움
웹사이트 디자인과 느낌의 균일성	디자인 및 인터페이스 아이디어와 변경 사항에 대한 웹 팀의 합의가 필요함	웹사이트의 디자인과 느낌을 자체 개발할 수 있음	학교 정책에 맞는 사이트 개발 어려움
정보 공유 및 직원 전문성 개발	웹 관리 업무의 게이트키핑이 도서관팀의 권한 부여를 방해함	사서교사가 콘텐츠 개발 공유 및 업데이트를 할 수 있음	직원 능력(skills) 개발에 맞추어 최신성을 유지하는 데 시간 필요함
작업량 분배	작업 부하 요구가 시간이 제한된 소규모 팀에 부과됨	도서관팀 전체에서 작업량을 공유할 수 있음	링크 확인을 포함해 사이트를 유지관리 하는 데 시간이 소요됨
지속적인 통합 개발	사이트 개발 제한이 있는 경우 웹 개발 속도가 느리고 대응력이 떨어짐	학교 전체 방향에 맞춰 웹사이트를 개발하지만, 학교 웹사이트의 개발 일정에 제한을 받지 않음	핵심 직원이 사직하는 경우 지속 가능성 불안

(출처: National Library of New Zealand (2025. 04. 29.). Creating a virtual school library Available: https://natlib.govt.nz/schools/school-libraries/library-services-for-teaching-and-learning/your-school-library-online/creating-a-virtual-school-library)

4.4 독서로

4.4.1 온라인 독서콘텐츠

2024년 개편된 독서로는 한국교육학술정보원이 운영하는 맞춤형 독서교육 지원 플랫폼으로 가상 학교도서관 역할을 수행하고 있다. 독서로의 첫 번째 기능은 온라인상에서 다양한 독후활동이 가능하도록 추천도서, 도서검색, 독후활동 참여 등 수업 전, 중, 후 사용할 수 있는 콘텐츠를 제공하는 것이다.

학교도서관은 대면수업 이외에 에듀테크 기반 교육환경에서 맞춤형 교육을 위해 강조되는 사전학습과 추가(보충)학습에 대응할 수 있는 시스템을 갖추어야 한다. 현재, 가상 학교도서관 역할을 하는 독서로가 체계적 교수설계 단계별로 어떻게 활용될 수 있는지 분석한 결과를 보면, 독서퀴즈 메뉴(기능)는 수업 설계를 위한 환경 분석과 지도안 개발에 활용할 수 있고, 독후활동 참여하기 메뉴는 지도안 개발과 추가학습에 활용할 수 있는 것으로 나타났다. 그리고 독후활동 관리 메뉴는 학습주제 선정과 사서교사와 교과교사의 파트너십 형성 그리고 진단평가와 만족도 평가에 활용할 수 있다. 교사지원방 메뉴는 학습주제 선정과 환경분석 그리고 지도안 개발에 활용할 수 있다. 그러나 대부분의 메뉴가 도서관 자료의 교육적 활용을 위한 체계적 교수설계와 연계성이 떨어진다.

〈표 5-14〉 체계적 교수설계 과정과 독서로 제공 메뉴(기능) 비교

메뉴		체계적 교수설계 단계								
1Depth	2Depth	분석 단계			사전 학습 및 개발단계			대면 수업 운영 단계		평가 단계
		학습주제 선정	파트너십 형성	환경 분석	진단 평가	사전 학습	지도안 개발	형성 평가	추가 학습	만족도 평가
우리학교 도서검색	-	-	-	●	-	-	▲	-	-	-
추천도서	신착도서	-	-	●	-	-	▲	-	-	-
	인기도서	-	-	●	-	-	▲	-	-	-
	학생/교사 추천	-	-	●	-	-	▲	-	-	-
	센터 추천	-	-	●	-	-	▲	-	-	-
	맞춤 추천	-	-	●	-	-	▲	-	-	-
추천 독후활동 보기	추천 독후활동 보기	-	-	-	-	-	-	-	-	-
	포트폴리오 보기	-	-	-	-	-	-	-	-	-
독후활동 참여하기	독후활동 참여하기	-	-	-	-	-	▲	●	▲	-
	가상공간 커뮤니티	-	-	-	-	-	-	-	-	-
	독서마라톤	-	-	-	-	-	▲	-	▲	-
	독서퀴즈대회	-	-	-	-	-	▲	-	▲	-
	독서퀴즈	-	-	-	●	●	▲	-	▲	-
	밸런스게임	-	-	-	-	-	▲	-	▲	-
	독후감대회	-	-	-	-	-	▲	-	▲	-
	독서토론방	-	-	-	-	-	▲	-	▲	-
	독서동아리	-	-	-	-	-	▲	-	▲	-
커뮤니티	설문조사	-	-	-	●	-	-	●	-	●
	센터 자료실	-	-	●	-	-	▲	-	-	-
	독서 상담신청	-	-	-	-	-	-	-	●	-
	우리학교도서관소식	-	-	-	-	-	-	-	-	-
시스템 소개	시스템 안내	-	-	-	-	-	-	-	-	-
	이용 안내	-	-	-	-	-	-	-	-	-
	뱃지 안내	-	-	-	-	-	-	-	-	-
	전자도서관 안내	-	-	-	-	-	-	-	-	-

메뉴		체계적 교수설계 단계								
1Depth	2Depth	분석 단계			사전 학습 및 개발단계			대면 수업 운영 단계		평가 단계
		학습주제 선정	파트너십 형성	환경 분석	진단 평가	사전 학습	지도안 개발	형성 평가	추가 학습	만족도 평가
독후활동관리(교사전용)	독후활동 관리	-	-	-	●	-	-		-	-
	댓글 관리	-	-	-	-	-	-	-	-	●
	포트폴리오 관리	-	-	-	●	-	-	-	-	-
	교과 및 주제 관리	●	●	-	-	-	-	-	-	-
교사지원방(교사전용)	도서관활용수업 신청	●	X	-	-	-	X	-	-	-
	교사공유 자료실	●	-	●	-	-	●	-	-	-

●: 관련 기능 지원, ▲: 활용 가능, X: 관련 기능 없음
(출처: 송기호 외, 2023b, 198)

4.4.2 독서로 DLS

독서로 DLS는 17개 시도교육청이 함께 운영하는 학교도서관 정보관리 시스템으로서 교육청 관내 개별 학교도서관의 도서관리 업무를 자동화하여 제공하는 서비스이다. DLS의 주요 기능은 도서관 업무 지원, 자료 구축 및 공유, 독서교육 등이다.

〈표 5-15〉 독서로 DLS의 기능

주요 기능	상세 기능
도서관 업무 지원	• 자료 대출, 반납 처리 등 학교도서관의 고유 업무 처리 • 도서관 운영과 관련된 각종 통계 자료 및 보고서 작성 • 우리 학교 자료 검색을 통한 학교도서관 활동 지원
자료 구축 공유	• 도서, 비도서, 전자자료 등의 목록 시스템 구축 및 공유 • 인터넷을 통한 이용자의 자료 통합 검색 • 디지털 원문 자료(e-book, 온라인 도감 등)의 공동 활용 지원
독서교육	• 교과별 추천도서 등의 다양한 독서교육 정보 제공 • 교과 관련 자료 및 교과 활용 방안을 이용한 교사 및 학생의 교수-학습활동 지원
기타	• 인터넷을 통한 운영자와 이용자 간의 커뮤니케이션 기능 • 효과적이고 창의적인 자료 활용을 위한 도서관 교육 기능 • 관련 기관의 다양한 교육정보 콘텐츠와 연계 서비스

(출처: 독서로 (2025. 04. 29.) https://read365.edunet.net/SystemInfo)

독서로 DLS가 제공하는 메뉴(기능)를 체계적 교수-설계 절차와 연계하여 관련성을 분석한 결과를 보면, 소장자료 관리와 통계 그리고 교사추천도서 메뉴(기능)는 환경분석에 활용할 수 있고, 도서관활용수업 메뉴는 학습주제 선정에 활용할 수 있다. 통계 메뉴는 진단평가에 활용할 수 있고, 고객의 소리 메뉴는 만족도 평가에 활용할 수 있다. 그러나 독서로와 마찬가지로 도서관 자료의 수업 적용을 위한 체계적 교수설계에 대한 적용 가능성이 낮은 실정이다.

〈표 5-16〉 교수설계 과정과 DLS 제공 기능 비교

메뉴		체계적 교수설계 단계								
		분석 단계			사전 학습 및 개발단계			대면 수업 운영 단계		평가 단계
1Depth	2Depth	학습 주제 선정	파트너십 형성	환경 분석	진단 평가	사전 학습	지도안 개발	형성 평가	추가 학습	만족도 평가
대출반납	(생략)	-	-	-	-	-	-	-	-	-
자료신청/등록	(생략)	-	-	-	-	-	-	-	-	-
소장자료관리	자료관리	-	-	●	-	-	-	-	-	-
	장서점검	-	-	-	-	-	-	-	-	-
이용자관리	(생략)	-	-	-	-	-	-	-	-	-
통계	대출통계	-	-	●	▲	-	-	-	-	-
	활용통계	-	-	●	▲	-	-	-	-	-
	관리통계	-	-	●	▲	-	-	-	-	-
	게시물통계	-	-	●	▲	-	-	-	-	-
출력	(생략)	-	-	-	-	-	-	-	-	-
공지/추천도서	공지사항	-	-	-	-	-	-	-	-	-
	교사추천도서	-	-	●	-	-	-	-	▲	-
	도서관활용수업	●	X	-	-	-	X	-	-	-
환경설정	(생략)	-	-	-	-	-	-	-	-	-
기타	고객의 소리(VOC)	-	-	-	-	-	-	-	-	▲
	온라인도움말	-	-	-	-	-	-	-	-	-

●: 관련 기능 지원, ▲: 활용 가능, X: 관련 기능 없음
(출처: 송기호 외, 2023b, 199)

4.4.3 독서로 기능 개선

가상 학교도서관인 독서로는 물리적 공간에 비해 빠르게 변하는 공학기술 발전과 알파세대 학생의 요구를 빠른 시간에 적은 비용으로 즉각적으로 반영할 수 있어야 한다. 특히, 독서로가 맞춤형 교수-학습 경험을 제공하여 사전학습, 대면학습 그리고 추가(보충)학습에 기여하기 위해서는 다음과 같은 기능 개선이 필요하다(송기호 외, 2023b, 347).

첫째, 분석 단계에서는 학교도서관 활용교육의 신청, 주제 및 교과 관리, 교과별 참여 가능 여부 및 세부 교육 방법의 입력, 수준별·흥미별 자료 분석, 환경 분석 결과 입력, 자료 선정에 참고할 수 있는 정보원 링크 제공, DLS 통계 데이터를 활용한 학습자 분석 등을 반영할 수 있는 기능이 필요하다.

둘째, 사전학습 및 개발 단계에서는 진단평가의 실시와 결과 확인 및 분석, 탐구 주제 및 수업

지도안 입력 기능이 필요하다. 특히, 도서관활용교육 신청 시 교과 융합 형태(계열형, 공유형, 거미줄형 등)를 선택할 수 있도록 메뉴를 개편할 필요가 있다. 그리고 도서관활용교육 참여 교과, 참여 학년, 참여 학습, 시간, 협동 수준 등 교과별 참여 가능 여부와 세부 협동수업 방법을 관리할 수 있는 기능 및 수업지도안과 학습지 개발을 지원하고 관리(공유)할 수 있는 기능이 추가되어야 한다.

셋째, 수업 운영 단계에서는 책읽기 진도 점검, 에듀테크를 활용한 다양한 교육활동 결과물 탑재, 형성평가의 실시와 결과 확인 및 분석, 학생별 맞춤형 과제와 자료제공, 질의응답 등을 반영할 수 있는 기능이 필요하다.

넷째, 협동수업 평가 단계에서는 교사용·학생용 만족도 평가지 제공, 응답, 분석 그리고 교육활동별 별점과 댓글, 우수 결과물 선정과 공유 등을 반영할 수 있는 기능이 필요하다. 그리고 설문조사 메뉴 이외에 다양한 진단평가, 형성평가 등을 수행할 수 있도록 개선해야 한다.

학교도서관은 교수-학습정보의 생산과 공유가 이루어지는 디지털 정보 플랫폼 역할을 수행해야 한다. 교육부는 학교 미디어 교육 통합지원포털 미리네(Media & Information Literacy Network for Education)를 운영 중인데 이 포털은 교과 연계형 미디어 교육과 언론 미디어 교육 중심이다. 또한, 교육부는 교육과정과 교육정책 전반의 정보를 통합 제공하는 에듀넷(Eedunet)을 운영하고 있다. 향후 학교도서관이 변화하는 교육환경에 능동적으로 대응하고 교수-학습방법을 선도하기 위해서는 독서로를 학교도서관에서 생산하는 교육 서비스 결과를 공유할 수 있는 플랫폼으로 확대 개편하고, 국가 수준의 교육정보 플랫폼과 연계해야 한다.

5. 리모델링과 실내 환경 디자인 평가

5.1 리모델링

학교도서관을 신축하거나 리모델링(remodeling, 改造)할 때는 협의체를 구성하여 현재 사용 중인 도서관을 먼저 평가하여야 한다. 그리고 새로 완성될 도서관에 들어갈 개별 공간의 크기와 요구사항을 분석하여 재구성하는 것이 바람직하다. 학교도서관 신축이나 개축 시 공간 구성을 위하여 먼저 고려해야 할 사항은 다음과 같다(Brown, 2004).

① 도서관을 주로 이용할 사람은 누구인가?
  예) 초·중·고등학생, 교사, 지역주민 등
② 도서관을 어떤 목적으로 사용할 것인가?
  예) 자습실, 열람실, 교사의 교재연구 및 수업자료 제작실, 독서활동, 수업활동 등
③ 어떤 교육정보봉사를 수행할 것인가?
  예) 도서관활용교육, 독서지도, 대출반납, 도서관 이용지도, 복사, 자습 등
④ 몇 명의 이용자를 수용할 것인가?
⑤ 몇 명의 직원이 근무할 것인가? 어떤 조직의 지원을 받을 것인가? 그리고 어디서 어떤 일을 할 것인가?
  예) 사서교사, 실기교사(사서), 보조 직원, 도서반 학생, 학무모 자원봉사자 등
⑥ 어떤 종류의 자료를 얼마나 많이 수용할 것인가?
⑦ 도서자료, 시청각 자료, 잡지 등의 수용 능력은 얼마나 되어야 하는가?
⑧ 향후 예정된 자료 구매량과 제적·폐기량은 얼마나 되는가?
⑨ 필요한 컴퓨터 대수는 얼마이며, PC 검색대는 어디에 둘 것인가?
⑩ 학교 역사관이나 귀중자료 보존실, 휴게실과 같은 특수한 공간이 필요한가?
⑪ 대출·반납용 데스크는 어느 곳에 어느 정도의 규모로 설치할 것인가?

리모델링 과정은 설계 준비 단계와 본 설계 과정으로 나누어 살펴볼 수 있다. 우선 설계 준비 단계에서는 새롭게 만들어질 학교도서관의 운영 철학(비전)과 사명 그리고 운영 목적을 수립한 후에 운영계획을 자세하게 작성해야 한다. 또한, 지금의 이용자 요구와 장차 예상되는 이용자 요구를 상세하게 기술할 필요가 있다. 그리고 자문위원회(학교도서관운영위원회)를 구성하여 수립한 계획서를 검토·수정하고, 신축이나 리모델링을 한 다른 학교도서관을 방문하여 아이디어를 얻는 것이 좋다. 마지막으로 이러한 과정을 통해서 나타난 구체적인 요구사항이 실제 새로운 도서관 설계에 반영될 수 있도록 준비해야 한다.

준비 단계가 끝나면 공간 구성과 교구 및 비품 운영계획을 마련하는 본 설계를 한다. 본 설계에서는 특히 교구와 설비에 따른 예산을 산출하고, 적절한 공간 배치 도면이나 건축 설계도를 완성해야 한다. 그리고 설계도가 완성되면, 도면에 따른 공사가 진행되는데 사서교사는 정기적으로 공사 현장을 방문하여 공사 진행 과정을 점검하여야 한다. 또한, 공사의 진행 과정에 맞추

어 들여올 교구와 설비를 발주한다. 가구와 비품은 비교 견적을 받고, 될 수 있으면 표본을 직접 보고 교구선정위원회나 학교도서관운영위원회 등의 심의를 거쳐 최종적으로 선정하면 된다. 마지막으로 공사가 마무리되면 가구와 비품 등을 설치하고 이사를 한다. 특히, 리모델링의 경우 기존 자료와 가구 및 비품 등을 별도의 공간에 옮겨놓은 후 다시 이사해야 하는 번거로움이 있다. 학교에 보관할 공간이 부족한 경우 전문 이사업체를 이용하여 일정 기간 보관하는 방법도 고려할 만하다. 단, 이 경우에는 이사와 보관에 따른 추가 비용을 산정하여야 한다.

학교도서관 신축이나 리모델링을 위한 설계는 외부의 힘을 빌리지 않고 학교에서 직접 관련 자료를 검토하고 설계를 배워가면서 진행하거나, 전문 컨설턴트를 고용하여 진행할 수도 있다. 어떤 경우가 되었던 중요한 것은 새로 완성되는 도서관이 어떤 비전과 목적을 갖고, 무슨 프로그램을 중심으로 운영할 것인가에 대한 교육공동체 구성원의 합의를 끌어내는 일이다. 따라서 설계도면 제작과 같은 전문적인 일을 제외한 공간 구성과 실내 디자인을 구상하는 일은 교사와 학생 그리고 학부모의 다양한 의견을 듣고 경우에 따라서는 공모할 수도 있다(Erikson and Markuson, 2001, 2). 이상에서 살펴본 학교도서관의 신축 또는 리모델링을 위한 설계 과정을 정리하면 다음과 같다.

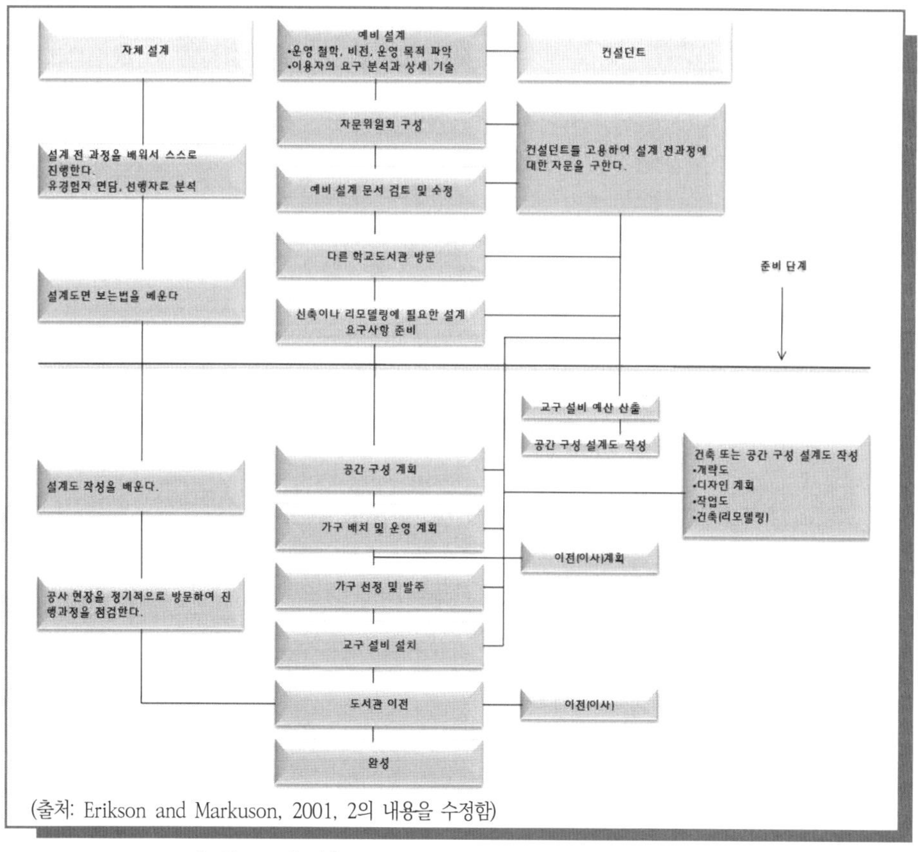

(출처: Erikson and Markuson, 2001, 2의 내용을 수정함)

[그림 5-34] 신축 또는 리모델링을 위한 학교도서관 설계 과정

5.2 도서관 실내 환경 디자인 평가

이용자의 특성을 고려한 실내 환경 디자인은 흥미 유발은 물론 독서와 학습에 집중력을 높이는 데 영향을 끼치며, 이용자의 이용 행태와 연관성을 갖는다. 독서 목적의 이용자는 쾌적하고 평안한 공간을 선호하는 반면, 비독서 목적의 이용자는 소통성과 영역성을 선호하는 것으로 나타났다. 그리고 동반 방문자가 단독 방문자에 비해서 도서관 공간의 다양성과 편안함 그리고 소통성을 더 선호하고, 정적 활동의 이용자가 다양성을 선호하는 것으로 나타났다. 이용 빈도 측면에서는 방문 횟수가 증가할수록 심미성, 역동성. 융통성, 휴식성, 소통성, 영역성에 대한 선호도는 증가하는 반면 안전성에 대한 선호도는 감소한다. 또한, 도서관 체류 시간이 길수록 다양성, 자존감, 편안함. 역동성, 융통성에 대한 선호도가 높다. 따라서 도서관 이용자를 위한 실내 환경 디자인을 평가하고 이를 도서관 환경 구성에 반영할 필요가 있다. 도서관의 실내 환경 디자인 평가 항목은 편의성, 안전성, 다양성, 쾌적성, 융통성, 심미성, 편안성 등 7가지로 나눌 수 있다(장예, 이진우, 남경숙, 2014).

〈표 5-17〉 도서관 실내 환경 디자인 평가 항목 및 평가 요소

항목	평가 요소	평가 내용
편의성	① 출입문 계획	출입문은 가벼운 재료로 설계되었는가?
	② 가구 스케일	가구와 시설은 신체 여건을 고려했는가?
	③ 동선계획	동선계획은 잘 되었는가?
	④ 자료구비	장난감, 블록, 퍼즐 자료는 갖추었는가?
	⑤ 접근성	영역과 영역 간의 접근성은 좋은가?
안전성	① 공간 계획	이용자가 안전하게 움직일 수 있도록 설계되었는가?
	② 가구 모서리	가구 설비 등 모서리는 라운딩 처리하였는가?
	③ 난간 설치	난간, 손잡이, 핸들 등은 안전하게 설치되었는가?
	④ 안전장치	전기 기구와 콘센트 등은 안전하게 설치되었는가?
	⑤ 바닥재	미끄럼 방지 바닥재를 사용했는가?
다양성	① 공간 형태	열림, 닫힘 등 다양한 형태의 독서 공간을 제공하는가?
	② 공간 규모	대규모, 중·소규모, 개인 등 다양한 독서 공간을 제공하는가?
	③ 공간 기능	다양한 프로그램을 운영할 수 있도록 공간이 구성되었는가?
	④ 가구 형태	흥미를 유발할 수 있는 다양한 형태의 서가를 갖췄는가?
	⑤ 소품 구비	벽의 그림, 천장의 모빌 등 아동의 시선을 집중할 수 있는가?
쾌적성	① 조명 설치	모든 학습 영역에는 적당한 인공조명이 설치되었는가?
	② 난방 시설	냉난방 시설을 갖추었는가?
	③ 환기 시설	환기 시설은 잘되었는가?
	④ 마감재 계획	모노륨, 목재, 리노륨, 카펫 등을 적절히 사용했는가?
	⑤ 흡음 계획	천장, 바닥, 벽은 흡음 재료를 사용했는가?
융통성	① 공간 구조	언제든지 변화가 가능한 가변적인 구조인가?

항목	평가 요소	평가 내용
	② 공간 형태	기본적으로 개방형 공간인가?
	③ 칸막이 구분	책상과 의자는 필요할 때 공간 칸막이 용도로도 사용할 수 있는가?
	④ 서가 활용성	서가는 필요할 때 간이 벽으로 활용할 수 있게 디자인되었는가?
	⑤ 공간 변화	다양한 공간으로 재배치할 수 있는가?
심미성	① 공간 디자인	전체 공간은 미적 감각을 끌어낼 수 있게 디자인되었는가?
	② 가구 디자인	서가와 가구는 다양한 형태로 제작하여 심미성을 느낄 수 있도록 했는가?
	③ 실내 계획	자연채광은 잘 들어오는가?
	④ 조명 계획	조명 기구는 아름다운 것을 사용하고, 일상에서 심미성을 느끼게 했는가?
	⑤ 색채 계획	색채 계획은 적절하게 되었는가?
편안성	① 공간 분위기	전체 공간이 따뜻하고 아늑한 분위기를 나타내는가?
	② 바닥재 종류	누워서 혹은 뒹굴면서 독서할 수 있는 바닥재인가?
	③ 가구 디자인	가구는 인체공학적으로 설계되어 장시간 사용해도 편안함을 유지할 수 있는가?
	④ 가구 소재	소파, 쿠션, 스툴, 원탁, 탁자 등의 가구를 준비했는가?
	⑤ 가구 색채	책상은 재료 본연의 색을 유지하여 자연스럽고 편안한 느낌을 받게 했는가?

(출처: 장예, 이진우, 남경숙, 2014, 186)

6. 학교도서관 교구 설비

교구(teaching materials, 教具)란, 교육목표를 효과적으로 달성하기 위하여 교수-학습활동에 직접적으로 활용되는 교육 매체(학과 또는 교과별로 필요한 도서·기계·기구 등)를 말한다. 그리고 설비(equipments, 設備)란, 학교 환경에서 교과 교육활동에 도움을 주는 것으로 책걸상, 칠판, 실험·실습대, 교구 진열대 등과 같이 교육적인 환경 조성을 위하여 시설에 기본적으로 설치되거나 비치되어 교육활동을 간접적으로 돕는 보조물을 말한다(전라남도교육청, 2020).

6.1 교구 설비 기준

6.1.1 IFLA의 기준

IFLA(2015)의 『학교도서관 가이드라인』에서는 학교도서관의 교구와 설비에 대한 구체적인 언급은 없다. 그러나 학교도서관이 '학교에서 누구나 접근할 수 있도록 열려있는 전용의 물리적·디지털 공간(a dedicated physical and digital space), 정보공간, 안전한 공간, 교수 공간, 과학기술 공간, 리터러시 센터, 디지털 시민성 센터(a center for digital citizenship), 커뮤니티 구성원을 위한 정보환경, 사회적 공간'으로 운영되어야 한다고 밝히고 있다(17). 따라서 이러한 공간 운영에 필요한 적절한 설비를 갖추어야 함을 알 수 있다.

6.1.2 법률상의 기준

과거 교육부에서 고시한 『학교교구·설비기준』5)은 『고등학교이하각급학교설립·운영규정』(대통령령 제32956호)에 의하여 1998년부터 각 시도교육감이 고시하고 있는 『학교교구·설비기준』으로 대체되었다. 이 기준에 따르면 학과나 교과별로 갖추어야 할 교구에 '도서'를 포함하고 있다. 그리고 『학교도서관진흥법시행령』(대통령령 제33343호)은 교육감이 학교도서관에 필요한 구체적인 시설 및 자료 기준을 정하도록 하고 있다. 『고등학교이하각급학교설립·운영규정』에서 정하고 있는 교구 기준과 『학교도서관진흥법시행령』의 시설기준은 다음과 같다.

5) 과거 교육부가 고시한 『학교교구·설비기준』(교육부고시 제1995-1호) 제3조(교사 설비의 기준)는 "각급 학교 및 기타 학교와 이에 준하는 각종 학교의 보통교실, 특별교실과 그 준비실, 시청각 교실과 그 준비실, 도서실 및 양호실에 갖추어야 할 설비의 기준은 <별표 5>와 같다."라고 규정하고 있었다. 『학교교구·설비기준』<별표 5>에서 규정하였던 시청각 교실과 그 준비실·도서실 설비기준은 다음과 같다.

구 분	설 비 종 목
시청각 교실과 그 준비실	① 학생용 책·걸상 ② 암막 커튼 ③ 시청각 기재 보관함 ④ 스피커 ⑤ TV 수상기 ⑥ 기타 시청각 기재를 사용하는 데 필요한 설비
도 서 실	① 도서 열람용·걸상 ② 서가, 서가 카운터 ③ 도서목록 카드함 ④ 스피커 ⑤ TV 수상기 ⑥ 기타 도서실에 필요한 설비

〈표 5-18〉 법령이 정하고 있는 학교도서관 교구 시설기준

「고등학교이하각급학교설립·운영규정」(대통령령 제32956호)

제8조(교구) ① 각급 학교에는 학과 또는 교과별로 필요한 도서·기계·기구 등의 교구를 갖추어야 한다.

② 제1항의 규정에 의한 교구의 종목 및 기준은 시·도교육감이 정하여 고시한다.

「학교도서관진흥법시행령」(대통령령 제33343호)

제8조(시설 · 자료의 기준 등) ① 법 제13조 제3항에 따라 학교도서관이 갖추어야 하는 시설 · 자료의 기준은 다음 각 호와 같다.

1. 삭제
2. 면적은 100제곱미터 이상으로 한다. 다만, 교육감은 학생수 등을 고려하여 학생 및 교직원의 교수 · 학습에 지장이 없는 범위에서 그 면적을 조정할 수 있다.
3. 각각의 학교는 1,000종 이상의 자료를 갖추어야 하고, 연간 100종 이상의 자료를 추가로 확보하여야 한다.

② 제1항에 따라 학교도서관에 갖추어야 하는 시설 및 자료의 구체적인 기준은 교육감이 정한다.

학교도서관이 교실과 같이 다수의 이용자가 공동으로 이용하는 시설임을 고려할 때, 환기나 채광 그리고 적절한 온도나 습도 유지는 물론 식수에 필요한 설비를 갖추어야 한다. 『학교보건법』(법률 제20789호) 제4조와 『학교보건법시행규칙』(교육부령 제270호) 제3조에서는 학교가 갖추어야 할 환경위생의 내용과 유지관리 기준을 정하고 있다.

6.1.3 교육부 기준

2002년에 당시 교육인적자원부 교육시설담당관실은 학교도서관활성화사업을 위하여 학교도서관의 기본 공간을 문헌자료 공간, 영상자료 공간, 인터넷 공간, 모둠학습 공간, 안내/관리공간으로 구분하였다. 그리고 공간별 설비 요소를 다음과 같이 제시하였다.

〈표 5-19〉 학교도서관 공간별 설비 요소

공 간	설비 요소
문헌자료 공간	서가, 열람대, 신문·잡지대, 대출용 PC 등
영상자료 공간	VTR, DVD, CD-ROM, 부스, 개별청취장치
인터넷 공간	학생 및 교사용 PC, 전자자료보관함, 레이저 프린터
모둠학습 공간	빔프로젝터(선택사항), 열람대, 소파, 실물화상기, VTR
안내/관리공간	도서 검색대, 업무용 PC, 허브 장치, 멀티미디어 제작용 PC, 스캐너 등

(출처: 한국. 교육인적자원부 교육시설담당관실, 2002)

또한, 건축, 전기·통신, 설비 요소별 방안을 다음과 같이 구체적으로 제시하였다.

① 건축 부문
- 소음 방지를 위하여 천장재는 흡음텍스, 바닥재는 카펫타일 등 방음 기능이 우수한 마감자재 사용을 권장한다.
- 가구 배치 및 파티션 등을 활용하여 소음을 방지한다.
- 멀티미디어자료 열람공간은 개별/그룹 이어폰을 설치하고 간이 벽을 이용하여 다른 열람공간으로 소음이 전달되지 않도록 고려한다.
- 개별 공간에 따라 천장의 높이에 차이를 줌으로써 공간 구별 및 소음 방지의 효과를 거둔다.

② 전기·통신 부문
- 적정 조도 확보 : 500 Lux 이상(보통교실 300 Lux 이상)
- 학교도서관 내부 공간별 적정 조도
- 도서를 위한 공간과 모니터 혹은 TV를 사용하는 공간은 서로 다른 적정 조도를 요구하고 있다. 특히 모니터 공간에서는 창문이나 인공조명의 광원이 모니터에 직접 비치어 눈부심(glare) 현상이 일어나지 않도록 간접조명 방식을 채택하는 것이 바람직하다.
- 인터넷 등의 컴퓨터 네트워크 사용이 필수적이므로 LAN 시설을 설치한다.
- 필요한 전기용량이 충분히 공급되도록 부하용량을 산정하며, 전기 공급 간선은 다른 시설과 분리하여 공급되도록 설계하고, 메인 스위치는 관리공간에 가깝게 설계한다.
- 자료보관 및 도난방지 등을 위하여 보안시스템을 설치한다.

③ 설비 부문
- 중앙 냉·난방 공급방식을 채택하되, 방과 후 사용을 위해 개별 냉·난방기도 설치한다.
- 실내는 15~25℃의 온도를 유지하고 습도는 40~60% 정도를 유지한다.
- 일사, 인체발열 및 기계 발열 등 내부 발열 부하를 충분히 검토하여 적정 용량의 냉·난방기를 설치한다.

한편, 교육부와 17개시도교육청 그리고 한국교육학술정보원(2024)은 학교에 들어오는 에듀테크의 '준비-구입-관리' 절차와 방법을 제시하고 있다. 준비 단계에서는 예산 및 수요 파악과 시장 조사가 이루어지고, 구입 단계에서는 구매 금액에 따른 구매 방법과 물품선정위원회 운영 그리고 해외 에듀테크 구매를 고려한다. 관리 단계에서는 에듀테크의 등록과 관리가 이루어진다. 이 가이드북은 학교도서관 교육에 활용할 하드웨어(HW)와 소프트웨어(SW)의 구입과 관리에 활용할 수 있다. 특히, 에듀테크는 구매하기 전 제품에 대한 활용성 검토가 필요하다.

〈표 5-20〉 에듀테크 구매전 활용성 검토를 위한 체크리스트

구분		주요 내용	
1단계	요구 분석 (필요한 것이 무엇인지 생각하기)	시급성	학교 교육 계획 또는 교육과정에서 가장 시급히 해결되어야 할 요소는 무엇입니까?
		에듀테크 활용 대상	누구의 요구를 충족시키려고 합니까? (선생님, 학생, 선생님과 학생 모두)
2단계	자원 분석 (학교에 있는 자원 파악하기)	물적자원	이미 학교에서 구매했거나 사용 중인 제품은 아닌가요?
		인적자원	학교에 해당 제품 관련하여 활용 경험이 있는 사람이 있나요?
3단계	사전 체험 (구매하기 전에 먼저 사용해보기)	사전 체험	해당 에듀테크는 사전 체험 기간을 제공하나요?
		사전연수	해당 에듀테크는 사전에 활용법 관련 연수나 동영상을 제공하나요?
4단계	최종 결정 (에듀테크 선정하기)	최종 검토	사전체험을 해보니 자신의 학교에 활용도가 높은 제품이라고 생각하나요?
		합리적 결정	사전체험 결과 활용도가 낮다고 판단되는데, 사전체험 기간 때문에 어쩔 수 없이 구매하는 것은 아닌가요?

(출처: 교육부, 17개시도교육청, 한국교육학술정보원, 2024. 5)

6.1.4 교육청 기준

교육감은 『고등학교이하각급학교설립·운영규정』(대통령령 제32956호)에 의하여 관내 유초등학교, 중·고등학교 및 특수학교의 교구·설비기준을 고시하여야 한다. 시도교육청의 『교구·설비기준』은 교육환경 및 교육과정의 변화에 따라 개정되며, 교육청별로 기준이 다르므로 사서교사는 소속 교육청에서 고시한 교구·설비기준을 잘 검토하여야 한다.

또한, 교육감은 『학교도서관진흥법시행령』(대통령령 제33343호)에 의해 『학교도서관 시설 및 자료 기준』을 고시하고 있다. 경기도교육청의 경우 이 시행령(제8조 제②항)에 따라 『경기도교육청 학교도서관 운영 및 독서교육 진흥조례』(경기도 조례 제8170호)를 제정하고, 이 조례(제11조 제①항)에 따라 『경기도교육청 학교도서관 시설 및 자료 기준』(경기도교육청, 2022)을 마련하고 있다. 경기도교육청의 학교도서관 시설 기준은 '학교도서관 공간 구성, 공간 분류, 규모, 환경, 공간별 비품'을 제시하고 있고, 자료 기준은 '일반원칙, 자료구성 및 기준'을 담고 있다.

6.1.5 한국도서관협회 기준

한국도서관협회의 『한국도서관 기준』에서는 기본적인 교구 이외에 재적 학생 대비 컴퓨터 수량, 서고의 적재하중, 교구·설비의 색상, 사인 시스템, 냉·난방기준과 소음 기준 등에 대해서 구체적으로 규정하고 있다. 기준의 내용 중에서 학교도서관의 교구·설비에 대한 내용을 정리하면 다음과 같다(한국도서관협회 도서관기준작성특별위원회, 2013, 153-155).

- 학교도서관의 정보활용교육 및 검색 단말기는 재적 학생수가 500명 이하인 경우에는 15대(정보이용교육용 10대, 정보검색용 5대) 이상을 확보하되, 재적 학생수가 500명 이상인 경우에는 그 초과하는 100명당 1대 이상을 추가로 갖추어야 한다.
- 학교도서관의 서고는 일정한 적재하중(개가제 700㎏/㎡, 폐가제 1,000㎏.㎡)을 감당할 수 있도록 설계되어야 한다.
- 학교도서관은 기능별(혹은 실별)로 충분한 서비스와 활동이 이루어질 수 있도록 각종 서가, 지도함, 시청각자료 및 전자자료 보관함, 테이블과 의자, 사전대, 북트럭, 시청각 기기, 컴퓨터, 프린터, 복사기, 카운터, 전시용 게시판, 작업대, 파일 캐비닛 등의 비품을 확보하여야 한다.
- 학교도서관의 가구는 조명 흡수율이 30% 정도인 중간명도의 색상(황토색, 진한 베이지색, 황갈색, 벽돌색 등)을 선택하는 것이 바람직하다.
- 학교도서관의 컴퓨터 워크스테이션 가구는 인간공학적으로 배치되어야 한다. 의자와 VDT(Visual Display Terminal)는 각각의 중심부가 직선상에 놓이도록 배치하고, 눈과 VDT의 거리는 45~66㎝ 정도를 유지하며, VDT 화면은 휘광의 최소화를 위하여 조명등이나 채광창과 지각을 형성하도록 배치하고, 화면의 입사 조도는 100~500룩스(고령자는 200~500룩스), 주변(키보드, 서류면)의 수평면 조도는 500~1,000룩스를 유지하여야 한다. 그리고 키보드의 높이는 테이블 표면에서 5~6㎝ 이하를, 키보드의 경사 각도는 7~11°를 유지하여야 한다.
- 학교도서관의 자료 및 이용자 공간에는 직접조명을 설치하고, 업무 수행 및 컴퓨터 워크스테이션 공간에는 중간조명을 선택하되 테이블 또는 좌석당 부분조명으로 보광하는 방식이, 공유공간에는 간접조명이 바람직하다. 그리고 자료 및 이용자 공간 중에서 일반열람실 및 개가제 서고는 300~500룩스, 폐가제 서고는 100~200룩스의 조도를 유지하여야 한다.
- 학교도서관의 사인 시스템(공간 배치도, 서가 배치도 등)의 서체와 표기, 그림문자(픽토그램), 번호, 공간표시는 인간공학적으로 디자인되어야 한다.
- 학교도서관의 모든 공간은 표준 온·습도의 범위(온도 20±3℃, 습도 50±10%)를 유지하여야 한다.
- 학교도서관의 공간별 소음 수준은 자료수장 및 이용자 공간 30~35dB, 사무 공간 35~ 40dB, 모둠학습 공간 35dB이하, 기타 공간 40dB 내외를 유지하는 것이 바람직하다.

한국도서관협회(2009)의 『도서관편람』에서는 공간별 온도와 습도 그리고 조명과 관련한 기준을 제시하고 있다. 우선, 사서교사와 이용자가 활동하는 공간은 인체의 쾌적 온도인 20~22℃를 유지하고, 일반열람 공간은 24.5℃를 초과하지 않는 것이 바람직하다. 그리고 도서관의 습도는 50±5%가 적정하다. 정보기기실은 온도와 습도를 각각 10~35℃와 45~70%로 유지해야 한다. 자료실은 온도와 습도의 관리가 중요한 공간이다. 개가 공간은 온도가 낮을수록 자료의 기대 수명이 증가하지만, 이용자의 부담을 줄여주기 위해서 15℃ 전후를 유지하는 것이 적절하다. 그리고 작업 능률과 이용자의 쾌적한 자료 이용을 위해서는 25℃에서 냉방장치를 13℃에서 난방장치를 가동하는 것이 바람직하다(350). 공기 질 관리를 위해서는 친환경 제품 사용, 곰팡이 및 결로 방지 관리, 공기청정기 관리 등이 필요며, 식물을 이용한 자연정화 노력이 필요하다. 특히, 조명은 도서관 공간의 전체 분위기를 결정하고 직원과 이용자의 심리와 시력에 영향을 미친다. 따라서 적정 조도를 갖추어야 하고, 조명 설비 시 다음과 같은 조건을 고려해야 한다(345).

① 인공조명의 광색은 주광에 가까울수록 좋다.
② 조도는 공간별로 다르게 설정하되, 최소 밝기는 확보해야 한다.
③ 고광도의 저질 조명보다 저광도의 양질 조명이 더 바람직하다.
④ 조명 기구를 선택할 때에는 미적 우수성 보다 본연의 기능성을 중시해야 한다.
⑤ 시설 및 유지비를 절감하는 경제적인 조명이어야 한다.

6.1.6 국립중앙도서관 기준

국립중앙도서관 도서관연구소(2011)가 발표한 『도서관 용품 구매 및 관리 실무 매뉴얼』에서는 도서관이 자료의 수집, 정리, 서비스 등의 활동을 효과적으로 수행하는 데 필요한 모든 물품을 도서관 용품(Library Goods)이라고 정의하고 있다. 그리고 도서관 용품을 도서관 비품(Library Equipment), 도서관 소모품(Library Supplies), 기타 용품(Other Goods)으로 구분하였다. 국립중앙도서관 도서관연구소가 제시한 도서관 용품의 분류 체계와 내용을 살펴보면 다음과 같다.

〈표 5-21〉 국립중앙도서관의 도서관 용품 분류 체계와 내용

분류	내용	
도서관 비품	도서관 가구	• 일반가구 및 도서관 고유의 가구를 포함한 도서관 활동에 요구되는 모든 가구류 • 협의로는 도서관 고유의 가구를 가리킴: 서가류, 열람대, 시청각자료 캐비닛류, 목록카드함, 각종 열람 가구, 대출대, 북트럭, 사전대 등

<table>
<tr><th>분류</th><th colspan="2">내용</th></tr>
<tr><td rowspan="2"></td><td>도서관시스템솔루션</td><td>• 도서관 자료의 수집, 정리, 봉사 등의 활동을 효과적, 능률적으로 수행하는데 사용하는 모든 장비
• 도서관에서 이루어지는 모든 업무처리를 자동화한 총괄 시스템을 포함함
• 도서관 업무를 수행함에 있어 하드웨어와 소프트웨어 · 서비스 · 응용프로그램 · 파일 형식 · 회사 · 상표명 · 운영 체제 등을 일일이 구분해야 하는 어려움을 겪지 않고도 원하는 해결책을 구할 때 사용됨. 대개 수량이 많고 여러 가지 작업 및 다양한 제작자의 제품이 함께 관련된 경우에 필요함
• 소프트웨어 패키지나 응용프로그램과 연계된 문제를 처리해 주는 하드웨어나 소프트웨어임
• 도서분실방지시스템, 대출 반납시스템, 출입관리시스템, 좌석관리시스템, RFID시스템, 장서점검기, 바코드시스템, 디지털 사물함, 사운드마스킹, 북커버시스템, 서적먼지청소기, 독서통장시스템, 무인회원발급시스템, 디지털전자신문</td></tr>
<tr><td>컴퓨터 및
멀티미디어기기</td><td>• 컴퓨터
• 멀티미디어기기(슬라이드환등기, 투시물환등기, 실물환등기, VTR, TV, 빔프로젝터, 전동스크린, 프로젝션 TV)</td></tr>
<tr><td rowspan="2">도서관
소모품</td><td>도서 정리 보수 용품</td><td>• 도서정리용품: 날인, 소장표시, 레이블 부착, 북 포켓 부착, 청구기호의 기록, 북카드의 작성 등을 포함하는 도서관 자료정리 과정에 사용되는 물품
• 도서보수용품: 정리된 도서의 파손을 보수하는데 사용되는 물품이며, 도서정리과정을 통해 수행된 과정을 파손으로 인하여 재작업하는 것을 말함
• 표지를 바꾸거나 새로 바느질하지 않고 책등을 제본하여 도서를 수리하는 보수를 포함함
• 도서를 깨끗하고 깔끔하게 오랫동안 보호하여 책의 수명을 늘리는 데 목적이 있는 업무를 포함함
• 도서 정리 용품: 기호라벨, 감응표, 케이스, 바코드 용품, 장비용품(등록인, 측인, 장서인, 기증인, 도서용 레이블, 넘버링)
• 도서보호 및 보수 용품: 보수용 테이프, 보수용 스테이플러, 보수용 스프레이 접착제, 제본용 접착 본드, 보수용 접착 권총, 제본 천공기, 도서 보호 필름, 양면테이프</td></tr>
<tr><td>사인 시스템</td><td>• 사용자와 공간 사이에서 중재 역할을 하면서 광범위한 공간에 쉽게 접근시키는 효과적인 매개 수단을 의미함
• 도서관 공간의 구조를 인지하도록 하여 주변 환경에 대한 정보를 알기 쉽게 제공하는 시스템임
• 십진분류표, 이용안내, 스텐드형, 부착형, 천정걸이형, 돌출형, 대출 반납입력표, 서가분류판, 대형안내판, 표찰, 내부환경물</td></tr>
<tr><td>기타 용품</td><td>기타</td><td>• 소독기: 진공챔버형소독기, 실내분사형소독기, 바이오항균스프레이, 허브방향키트, 탈산프레이
• 소화기</td></tr>
</table>

(출처: 국립중앙도서관 도서관연구소, 2011, 10-16의 내용을 정리하여 도표화함)

6.1.7 장애학생을 위한 도서관 설비

『특수학교시설·설비기준령』(대통령령 제29950호) 제4조에 따르면, 특수학교에 도서실을 설치하도록 규정하고 있으며, 설치기준을 "학교 특성에 따라 설치하며, 보통교실과 겸용하는 형태로 설치할 수 있다. 다만, 총열람 좌석은 20석 이상이어야 한다."라고 규정하고 있다. 그러나 제5조에 따른 안전 및 편의 설비 종류와 기준(별표 2)에는 도서실의 설비기준이 포함되어 있지 않은 실정이다. 반면에 『고등학교이하각급학교설립·운영규정』(대통령령 제32956호)에 따라 시도교육감이 고시한 『교구·설비기준』에 따르면, 특수학교(급)에 두는 특별교실 설비기준에 도서실의 설비 종목과 소요 기준 등이 포함되어 있다. 그리고 『한국도서관 기준』에 장애인도서관 기준이 포함되어 있다(한국도서관협회 도서관기준작성특별위원회, 2013, 55-75).

장애학생을 위한 봉사를 실시하는 학교도서관에서는 우선 학생의 장애 유형에 맞추어 색, 음향, 조명 등을 설계하여야 한다. 특수학교도서관에는 청각 장애인을 위한 긴급 연락설비(예: 비상 램프, 관내 방송용 텔레비전 수상기 등), 도서관 이용 시 도움을 청할 수 있는 호출등, 시각장애인 유도용 설비, 엘리베이터, 장애인 화장실, 점자촉지도, 유도 블록, 점자표기 등을 기본 설비로 갖추어야 한다.

〈표 5-22〉 장애학생을 위한 도서관 주요 설비

구분	유형	고려할 사항
녹음용 기기	테이프 테크	• 녹음 단추를 끄고 켤 때 기계음이 나지 않는 것 • 연속 녹음이 가능해 녹음 후 교정 작업이 쉬운 기종
	더빙기계	
	이레이저 (테이프 소거기)	
	마이크	• 녹음 시 주위의 음을 흡수하지 않는 단일 지향성을 갖춘 것
	테이프 레코더	
점역용 기기	점자기	
	점자 타이프라이터	
	점역소프트웨어	
	점자프린터	
장애인용 컴퓨터기기	PC	• 시각장애인용: 텍스트를 음성화, 점자화하는 소프트웨어나 하드웨어 • 뇌성마비 학생을 위한 특수 키보드 • 저시력인용 화면 확대 소프트웨어
	음성·문자확대장치	
	자동낭독기	
기타	문자방송수신기	
	자막·수화삽입장치	

(출처: 일본도서관협회 장애인서비스위원회, 2000, 138-144의 내용을 요약 정리하여 도표화함)

6.2 재난 및 안전 설비

재난은 발생 원인을 기준으로 자연재난과 사회재난으로 구분한다. 『재난 및 안전관리 기본법』(법률 제20867호)에 따르면, 재난이란 '국민의 생명 · 신체 · 재산과 국가에 피해를 주거나 줄 수 있는 자연재난, 사회재난'을 의미한다(제3조).

자연재난: 태풍, 홍수, 호우(豪雨), 강풍, 풍랑, 해일(海溢), 대설, 한파, 낙뢰, 가뭄, 폭염, 지진, 황사(黃砂), 조류(藻類) 대발생, 조수(潮水), 화산활동, 자연우주물체의 추락 · 충돌, 그 밖에 이에 준하는 자연현상으로 인하여 발생하는 재해

사회재난: 화재 · 붕괴 · 폭발 · 교통사고(항공사고 및 해상사고 포함) · 화생방사고 · 환경오염사고 · 다중운집인파사고 등으로 인하여 발생하는 대통령령으로 정하는 규모 이상의 피해와 국가핵심기반의 마비, 「감염병의 예방 및 관리에 관한 법률」에 따른 감염병 또는 「가축전염병예방법」에 따른 가축전염병의 확산, 「미세먼지 저감 및 관리에 관한 특별법」에 따른 미세먼지, 「우주개발 진흥법」에 따른 인공우주물체의 추락 · 충돌 등으로 인한 피해

이러한 재난 유형을 도서관에 적용하면, 지진, 산사태, 홍수, 태풍, 화산과 같은 자연재난과 더불어 화재, 환경오염, 도난, 기물파손, 훼손, 전쟁, 방치 등과 같은 사회재난 등에 모두 노출되어 있다(윤유라, 이은주, 2023, 952). 따라서 도서관 재난이란 '사람의 안전을 위협하고, 도서관 자료, 시설과 설비, 시스템을 손상시키거나 손상시킬 위험이 있는 모든 자연적 또는 사회적 사고'라고 할 수 있다.

국립중앙도서관 도서관연구소(2015)가 발표한 『공공도서관 안전관리 매뉴얼 개발 연구』에 따르면, 도서관의 위기별 안전관리 요소를 '안전관리 계획 및 평가, 자연재해, 안전사고, 이용자 안전, 정보 보안, 안전관리 조직체계, 직원 및 이용자 교육, 비상용품, 정보자원복구, 안전관리 점검 리스트' 등 10가지로 구분하였다. 그리고 각 요소별로 사전관리 사항과 예방/대비 그리고 대응/복구 방안을 담고 있다.

〈표 5-23〉 도서관의 위기별 안전관리 요소의 의미와 범위

안전관리 요소	의미 및 범위
안전관리 계획 및 평가	• 의미: 도서관의 안전관리를 위한 연간(중·장기 포함)계획수립 및 운영과 평가를 통한 사후관리 • 범위: 안전관리 계획수립 여부, 안전관리 평가 등
자연재해	• 의미: 자연현상에 의해 도서관에 발생하는 재해 • 범위: 태풍, 홍수, 호우, 강풍, 폭염, 폭설, 한파, 낙뢰, 가뭄, 지진, 황사 그 밖의 이에 준하는 자연현상

안전관리 요소	의미 및 범위
안전사고	• 의미: 도서관에서 인위적으로 발생하는 사고 • 범위: 화재, 가스누출, 시설 및 물품 파손, 차량, 승강기, 응급 또는 경미 환자 발생 등의 사고
이용자 안전	• 의미: 도서관을 이용하는 이용자의 안전과 위생관리에 대한 사항 • 범위: 전염병, 쓰레기 투기, 흡연, 해충, 정신질환(치매 및 이상행동 등), 성폭력, 절도 및 도난, 고의성 민원, 이용자 간 문제, 직원에 대한 부당한 행위 등
정보 보안	• 의미: 도서관이 가지고 있는 정보자원과 개인정보 등을 여러 가지 위협으로부터 안전하게 보호하는 것 • 범위: 전산장비 관리, 전산시스템 장애 및 해킹, 개인정보 유출 등
안전관리 조직체계	• 의미: 도서관이 당면한 안전 문제에 대하여 신속하고 조직적으로 대응하여 피해를 최소화하고 관계기관과의 유기적인 연계가 가능하도록 체계화하는 것 • 범위: 안전관리 조직체계 구성, 관계기관 연락 체계 유지 등
직원 및 이용자 교육	• 의미: 체계적인 계획과 반복적인 교육 훈련을 통해 도서관에서 위기 발생 시 효과적으로 대응할 수 있도록 직원과 이용자를 대상으로 하는 교육 • 범위: 소방 안전, 응급처치, 도서관 이용자 응대 서비스 등에 대한 교육
비상용품	• 의미: 도서관에서 위기 발생 시 응급처치를 위해 필요한 장비나 물품 • 범위: 구급의료용품, 응급처치용품, 비상용품 등
정보자원복구	• 의미: 도서관이 보유하고 있는 정보자원이 도서관에서의 위기 발생으로 훼손 또는 파괴되어 원상 복구하는 것 • 범위: 도서자원, 비도서자원, 전자자원 등
안전관리 점검 리스트	• 의미: 도서관의 위기 발생을 예방하기 위해 점검해야 할 사항 • 범위: 위기별 안전관리 대책이 제대로 작성되어 있는지, 잘 활용되고 있는지 그리고 제 위치에 비치·보관되어 있는지 등

(출처: 국립중앙도서관 도서관연구소, 2015, 4의 내용을 재구성함)

특히, 도서관 화재는 자료의 소실을 초래하는 대표적인 재난으로서 전기시설, 난방기구, 방화, 흡연, 불장난 등이 주요 원인이므로 철저한 예방 대책이 필요하다(한국도서관협회 도서관편람편찬위원회, 2009, 356). 학교의 경우 『공공기관의소방안전관리에관한규정』(대통령령 제33005호) 제4조(기관장의 책임)에 따라서 학교장이 방화의 책임을 갖지만, 제9조(화기단속 등)를 보면, '실(室)이 벽·칸막이 등에 의하여 구획된 경우 그 사용 책임자는 당해 실 안의 화기단속 및 화재 예방을 위한 조치를 하여야 한다.'라고 정하고 있어서 사서교사의 도서관 방화에 대한 책임도 분명히 하고 있다. 따라서 학교 방화 책임자와 함께 도서관 방화에 필요한 소화 설비(소화기구, 옥내 소화전, 옥외 소화전, 스프링클러), 경비설비(비상경보설비, 비상방송설비, 누전경보기, 자동화재탐재설비, 시각경보기), 피난설비(피난유도등·통로유도등·유도표지, 비상조명 등)의 설치 여부와 점검 상태를 확인하여야 한다(한국도서관협회 도서관편람편찬위원회, 2009, 358). 도서관 재난 중 화재와 감전 사고의 예방 및 대비 방안을 살펴보면 다음과 같다.

〈표 5-24〉 도서관의 화재와 감전 사고 예방 및 대응 방안

화재 사고 예방 및 대비 방안	감전사고 예방 및 대비 방안
• 귀중장서나 자료를 보관하고 있는 귀중서고는 출입을 제한함 • 재정이 허락한다면, 서고 주변에는 반드시 방화문이나 방화벽을 설치하여 다른 곳으로부터 화재가 번지지 않도록 조치함 • 귀중장서나 자료는 동일하게 제작된 특수상자와 같은 보관용기에 보관하도록 함 • 쓰레기통은 반드시 불연 재료를 사용 • 퇴관 시에는 화기 취급 장소를 확인함 • 모든 기구는 사용 시 취급상 안전수칙을 반드시 준수함 • 전기, 가스, 유류 등을 취급하는 화기 취급 장소에 대해서는 일일점검을 꼭 실시 • 다음과 같은 방법으로 전기로 인한 화재 발생의 위험을 예방 관리 - 서고에 손상된 전선이나 회선 등이 없는지 확인 점검 - 전열기구 사용 시 (전) 또는 KS 표시가 된 제품을 선택 사용 - 하나의 콘센트에 여러 개의 전기기구를 사용하지 않음 - 전열기구를 사용하지 않을 때는 플러그를 제거 - 전원은 규격 전선을 사용하고 열에 약한 비닐전선 사용을 금함 • 다음과 같은 방법으로 가스로 인한 화재 발생의 위험을 예방 관리 - 사용 전에는 가스가 새고 있는지 냄새로 확인 - 연결 부분에는 비눗물을 이용하여 거품이 나는지를 살펴 가스의 누설 여부 확인 • 도서관 시설 전체의 중요한 장소마다 탐지 기능을 갖춘 자동 화재탐지 장치를 설치 • 정전 시 보조해 줄 수 있는 수동식 화재경보기를 설치 • 모든 안전 대책은 이용자뿐만 아니라 직원에게도 정확하게 적용함 • 화재 시 대피동선 및 소방시설 배치도를 사전에 준비 • 소방대책위원회를 구성하여 정례회는 매분기 1회 이상, 임시회는 필요시에 수시로 소집 개최 • 소방훈련 및 안전교육 연 1회 이상 실시 • 소방장비점검 월 1회 이상 실시	• 사용하지 않는 전기콘센트에는 안전 덮개를 설치함. 특히, 유아 및 어린이 이용자가 이용하는 공간의 전기 콘센트에는 반드시 안전 덮개를 설치함 • 전기 시설 및 장비를 사용해야 하는 경우 유아의 손이 닿는 높이(약 1.2m)까지 전기가 통하지 않는 고무, 플라스틱 등의 절연재로 보호하여야 함 • 도서관 건물 주변 및 도서관 내 설치된 가로등, 전봇대 등은 감전에 대한 안전조치를 함 • 도서관 내 전기시설 및 장비는 누전차단기를 설치하고 정상 작동 여부를 정기적으로 확인함 • 전기 · 전열기구를 문어발식으로 사용하는지 확인 • 젖은 손으로 전기기구를 만지면 감전의 위험이 있으므로 절대로 젖은 손으로 전열기구 등을 사용하지 않음. 더위로 신체에 땀이 났을 때는 감전사고의 우려가 많으므로 특히 주의함 • 플러그를 뺄 때, 전선을 잡고 당기면 플러그 연결선이 끊어질 우려가 있으므로 반드시 플러그 몸체를 잡고 빼도록 함 • 전선이 닳아서 헤어진 곳, 갈라진 곳 등 외형이 변형되었거나 손상되어 있는지 확인하여 교체함 • 누전 · 정전 · 합선 등으로 전기가 차단되었을 경우 전기 스위치를 임의로 조작하지 않음 • 안전기에 전격 퓨즈를 사용하고 있는지 확인함 • 플러그가 정상적으로 꼽혔는지 확인함 • 분전반 내부 불필요한 물건 방치 및 전기배선의 손상 여부 확인함 • 감전사고가 예상되는 지역(공간)에 출입을 통제하는 안내표지를 설치함 • 도서관 내 노출된 전선에는 이용자가 접근하지 않도록 안내표지를 설치함 • 습기가 많은 지역의 전기기구는 반드시 접지함

(출처: 국립중앙도서관 도서관연구소, 2015, 43-44, 47-48의 내용을 일부 수정하여 표로 정리함)

학교도서관은 신체적·정서적·지적 성장 단계의 아동과 청소년이 주로 이용하는 공간이기 때문에 이들의 특징을 공간 및 자료 운영에 반영함으로써 안전사고를 예방하여야 한다. 이를 위해 사서교사는 재난 발생 시 대피경로나 행동요령, 화재 및 피난 도구의 사용법 등을 담은 안내 자료를 학교 및 학교도서관 홈페이지 등에 게시하고 유인물로 제작하여 정기적으로 배부하는 등 재난 예방 활동을 할 필요가 있다.

6.3 교구 설비 선정 기준

성장기 학생이 직접 신체 접촉을 하는 교구를 선정할 때는 건강과 안전 그리고 활용 목적 등을 먼저 고려할 필요가 있다. 이 밖에도 관리의 편의성, 기능성, 경제성, 심미성, 경제성, 실용성 등도 살펴볼 필요가 있다(김세익, 1992, 40; 손기영, 2014, 1). 특히, 학생이 많이 사용하는 가구는 한번 선택하여 비치하면 새 제품으로 교체하기가 어렵고, 비교적 장기간 사용해야 하므로 장래를 내다보고 신중하게 선택하여야 한다. 따라서 서가, 열람용 책상과 의자, 북 트럭 등 가구의 선택은 기능적인 측면뿐만 아니라 심미적인 요소를 고려하여 도서관 전체 분위기와 조화를 이루어야 한다. 도서관에서 가구를 선택할 때 고려해야 할 사항은 다음과 같다(김현주 외, 2000).

① 제품의 사후관리가 확실한지를 살핀다.
목재 서가의 경우 합판이 휘거나 서가 결이 갈라지는 등의 문제가 발생할 수 있으므로, 오랜 시간이 지나도 책임지고 사후관리(A/S)를 받을 수 있는지를 확인하고 구매한다.

② 도서관 가구 전문 업체에서 구매한다.
도서관 가구 전문 업체는 나름대로 축적된 기술을 가지고 있으므로 도서관의 요구사항을 잘 이해한다. 또한, 도서관 환경에 맞는 가구의 추천과 배치나 설비 후의 도면 제작 등에 대해서 조언을 받을 수 있다.

③ 여러 업체를 비교하고 주변의 조언을 듣는다.
주변 학교도서관이나 잘 아는 사서교사에게 업체와 가구에 대한 평을 들어보고 비교 평가한다.

④ 표준가구를 구매한다.
규모가 작은 학교도서관인 경우 공간을 효율적으로 사용하기 위해서 가구의 높이나 길이를 규격 외로 크거나 작게 주문 제작하는 경우가 있다. 이런 경우에는 공간 이동이나 확장 시 재사용이 어렵고, 새로 구매할 때마다 기존의 제품과 같게 주문 제작해야 하므로 표준가구 구매에 비해서 비용이 많이 들어가는 단점이 있다. 따라서 표준가구를 구매하여 상황에 맞게 조절하여 사용하는 것이 바람직하다.

⑤ 재료와 구조적인 특성을 고려한다.
표면이 충격에 잘 견디고 벗겨지지 않아야 하며, 내구성과 견고성이 있고 연결 부분이 느슨하지 않아야 한다. 표면처리는 신체의 접촉 부분에 부드러운 촉감을 주고 내구성이 좋아야 한다. 미관상 아름답게 마무리되어 있는지를 살피고, 정교한 조각 여부 등 안전성을 갖춘 제품을 선정한다.

학교도서관에서 사용하는 개별 교구나 가구에 대한 규격(사양)과 가격 등에 대한 자세한 정보는 조달청 '나라장터 종합쇼핑몰'을 활용하여 확인할 수 있다.

6.4 교구 설비 유형

6.4.1 서가

서가는 재질에 따라서 목재 서가와 철재 서가로 나눌 수 있다. 그리고 서가의 높이에 따라서 2단, 3단, 4단, 5단, 6단, 7단으로 서가의 폭에 따라서 각 단을 1연과 2연, 3연 등으로 사용 면에 따라서 단식과 복식으로 구분한다. 또한, 모양에 따라서 곡면, 사면, 수직 서가로, 고정 여부에 따라서 이동식 서가와 고정식 서가로도 구분할 수 있다.

목재 서가의 경우 그 자체가 산성인 데다 합판과 같은 복합 재료에 여러 가지 화학 물질을 함유하고 있으므로 자료보관에 부적합하다는 연구 결과도 있다. 따라서 목재 서가나 가구를 구매하는 경우에는 재질이나 코팅 처리 여부 등을 살피고, 귀중 자료는 밀폐된 목제 가구에 보관하지 않는 것이 좋다(Brown, 2004).

서가는 도서관 이용 학생의 나이나 비치할 자료의 종류와 수량에 따라서 그리고 도서관의 공간 규모와 장래의 확장 등을 고려하여 크기와 재질, 모양 등을 결정해야 한다. 일반적으로 6단 2연 단식 서가에는 약 300권 정도를, 6단 2연 복식 서가에는 약 600권 정도를 7단 2연 단식 서가에는 약 350권 정도를 그리고 7단 2연 복식 서가에는 약 700권 정도를 소장할 수 있다. 학교도서관에서 자료관리에 사용하는 주요 서가의 유형을 살펴보면 다음과 같다.[6]

이동식 서가 : 모빌랙

[모빌랙의 장점]
- 좁은 공간을 최대한 넓게 이용할 수 있음
- 많은 양의 도서를 진열할 수 있음
  : 6단 1연 복식 약 500~800권
- 이용이 편리하고 튼튼함
- 크고 넓은 책의 진열이 가능함

[단점]
- 이용자의 서가 접근성이 떨어짐
  : 자료 검색, 자료 활용에 불편함
- 서가가 무겁고 집중 소장에 따른 하중 고려해야 함
  : 이동식 서가(=모빌랙)의 중량: 6단 1연 복식-80Kg
- 별도의 설치비 소요

6) 이하 본문에 삽입된 비품 사진은 나라장터 종합쇼핑몰 (2025. 04. 09.) https://shop.g2b.go.kr, CNC (2025. 04. 09.) https://cnclib.com, 포스비브테크 MALL (2025. 04. 09.) http://www. phose.co.kr, 퍼시스 스토어 (2025. 04. 09.) https://fursys-store.com 등에서 발췌한 것임

 6단 2연 복식 사면서가	• 초등학교는 5단, 중·고등학교는 6단이나 7단 서가 사용 • 안전성과 장서관리의 효율성을 고려하여 선택 • 사면서가(경사식 서가)는 공간을 많이 차지하지만, 안전성은 뛰어남 • 각 단의 높이를 조절할 수 있는 조절식(페그식) 사용 • 색상이나 모양은 일관성을 유지함
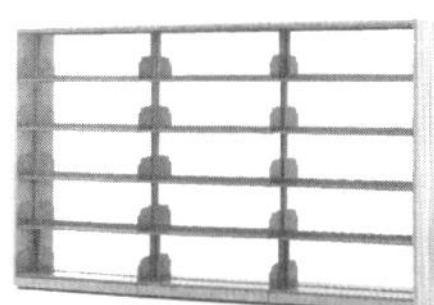 5단 복식 철재 서가	[철재 서가의 장점] • 조립식으로 설치 간편 • 상하 선반 이동이 편리함 • 견고성, 반영구성, 경제성 • 미려한 디자인 [단점] • 습기로 인한 부식 • 제품의 연속성 부족 : 신·구제품 간의 디자인, 색상의 부조화 • 안전성 문제
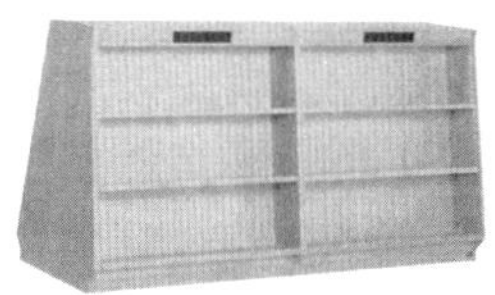 3단 복식 경사형 서가	• 사전류 등 참고도서 비치용 • 공간과 공간을 구분할 때 사용 • 윗부분에 회전식 사전 열람대 등 비치 • 벽면이나 창틀에는 단식 서가를 높이에 맞추어 비치할 수 있음

[그림 5-35] 여러 가지 서가(예 1)

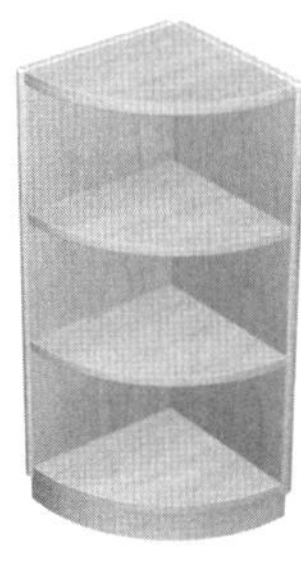 곡선형 서가	• 권장도서나 신착자료 비치용 • 곡선형 서가: 모서리 공간 활용 • 원형 서가: 많은 공간 차지

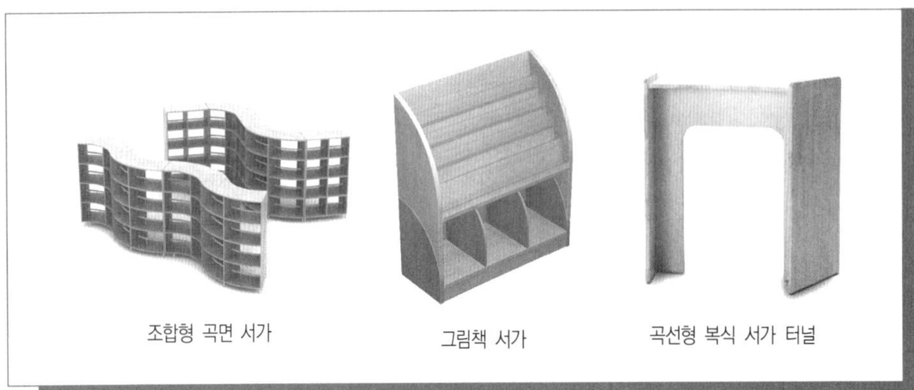

[그림 5-36] 여러 가지 서가(예 2)

6.4.2 책상과 의자

열람용 책상은 모양과 크기에 따라서 제품이 다양하다. 따라서 일반열람용인지 참고자료 열람용인지 등의 용도와 공간 여건 그리고 학생의 나이나 신체적인 특징 등을 고려하여 구입한다. 열람용 책상에 칸막이를 설치하는 것은 개인의 사생활을 보호하고 학습의 집중력을 높일 수 있지만, 실내의 전체적인 분위기를 답답하게 만들고 청소나 관리상의 어려움이 있으며, 제작비용이 추가된다는 단점이 있다.

의자의 경우 순 목제 제품이 가죽이나 인조 가죽(artificial leather) 제품보다 수리·유지비가 저렴하므로 많이 사용하는 편이다. 그러나 실내 분위기, 학생의 신체조건, 공간 특성 등을 고려하여 비치하는 것이 좋다. 특히, 의자는 이용 시 소음에 대비하여 다리 밑에 고무 골무(gum)를 씌우거나, 도서관 바닥 재료를 소음 방지가 가능하고 긁힘을 예방할 수 있는 것으로 선택하는 것이 좋다.

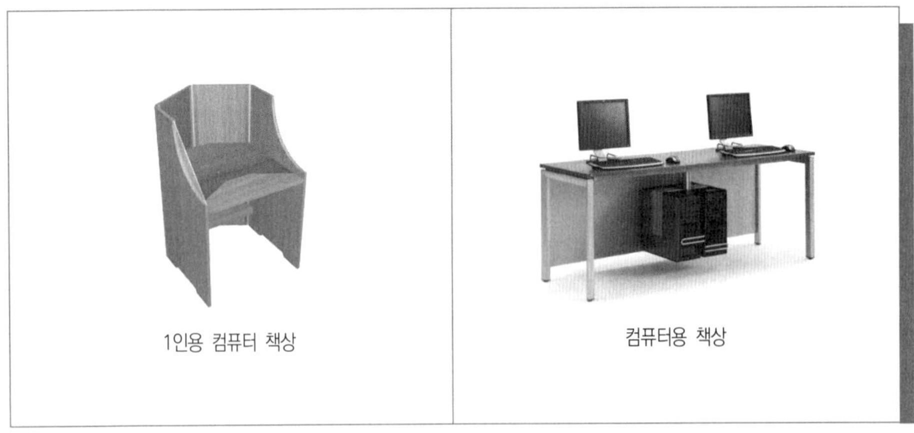

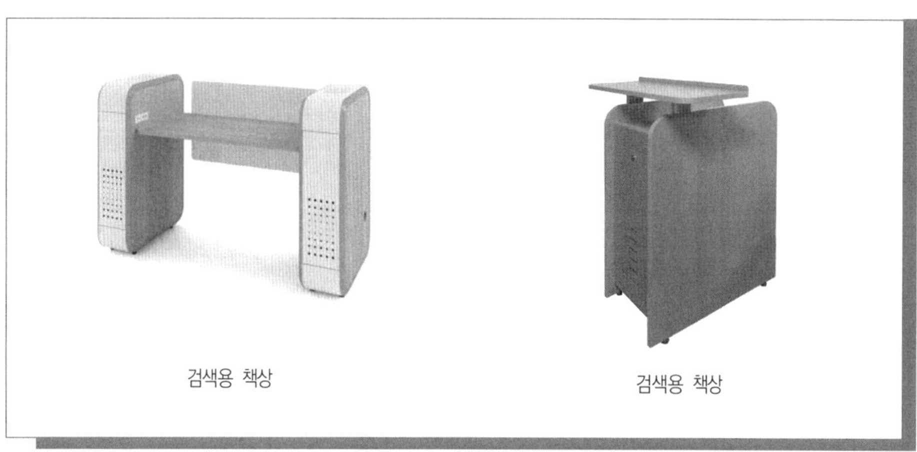

[그림 5-37] 컴퓨터용 책상(예)

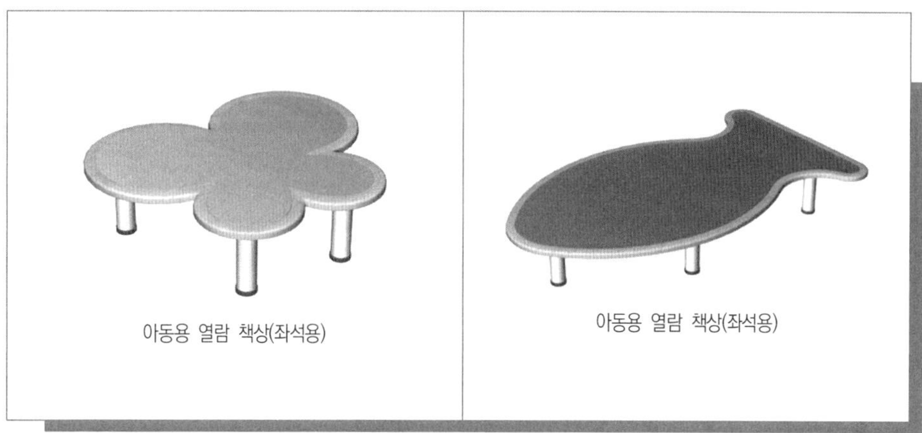

[그림 5-38] 좌식용 책상(예)

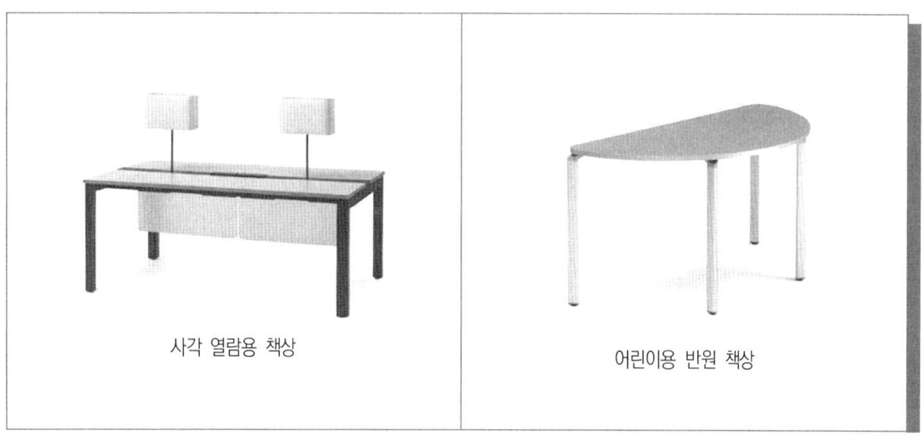

[그림 5-39] 열람용 책상(예)

[그림 5-40] 열람용 의자(예)

6.4.3 전시·보관함

전시 및 보관용 가구에는 전시용 서가, 신문 잡지용 서가, 잡지 전시 보관함, 지도 보관함 등이 있다.

[그림 5-41] 자료 전시 보관함(예 1)

[그림 5-42] 자료 전시 보관함(예 2)

6.4.4 기타 가구

학교도서관에서 사용하는 기타 가구에는 대출반납용 책상, 영상기기용 책상, 북 트럭, 사물함 등이 있다. 이들 가구 역시 도서관의 시설이나 공간 구성상의 특징, 학생의 신체적 특징, 비치하는 기기의 규격, 다른 가구와의 조화 등을 고려하여 선택하여야 한다.

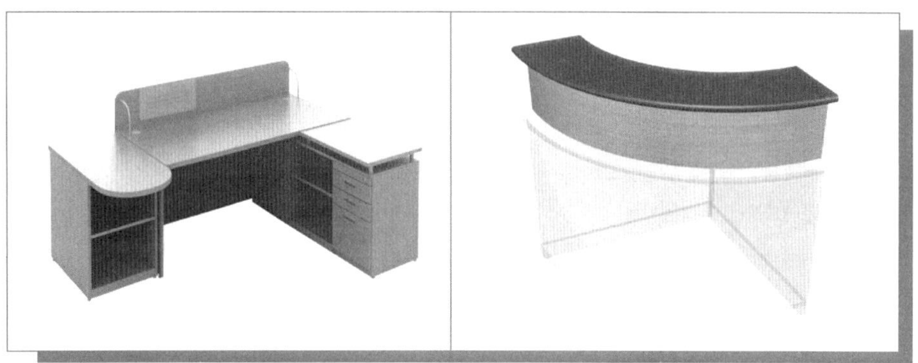

[그림 5-43] 대출 반납용 책상(예)

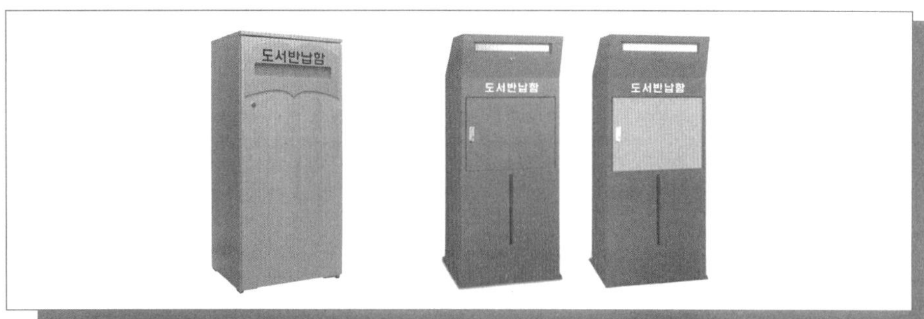

[그림 5-44] 도서 반납함(예)

- 자물쇠는 설치하지 않는 것이 관리상 편리함, 디지털 열쇠 사물함 활용
- 가급적 도서관 입구에 비치
- 실내공간이 좁은 경우에는 복도에 비치

[그림 5-45] 학생용 사물함(예)

[그림 5-46] 북 트럭(예)

6.4.5 자료관리·보수용 비품

학교도서관에서 이용자의 서가 접근과 열람을 방해하지 않고 분실을 예방하는 방법은 자료분실방지시스템을 도입하는 것이다. 자료분실방지시스템은 도서관 입구에 탐지 장치를 설치하고 자료에 저주파 발생 장치인 라벨이나 테이프를 부착함으로써 이용자가 무단으로 자료를 반출하면 탐지 장치가 테이프의 특수신호를 감지하여 경보를 울리고 출구가 자동으로 폐쇄되는 시스템을 말한다. 1990년대 후반부터는 기계식이나 무선주파수 시스템을 대신해서 자료의 추적이 쉬워 장서점검, 오배열 자료의 식별, 도난방지, 대출 반납 등에 활용할 수 있는 RFID(Radio Frequency IDentification) 방식을 채택하고 있다. 자료 분실 방지 시스템은 자료 분실률의 감소, 이용자 서비스 개선, 직원의 심리적 부담감 해소 등의 장점이 있다. 그러나 초기 설치비용이 많이 들고 매년 신호 발생 장치의 구매 및 부착 비용을 계상해야 하는 어려움이 있다. 또한, 테이프 부착 과정에서 책등이나 제본 등의 손상이 우려되고, 첨부된 화학 물질로 인한 자료 보존

력이 감퇴할 수 있다. 그리고 불법 유출이 줄어드는 대신에 특정 내용이나 삽도, 삽화, 사진 등을 부분적으로 절취하는 자료 훼손이 급증하는 문제점이 발생한다(한국도서관협회 도서관편람편찬위원회, 2009, 361-363).

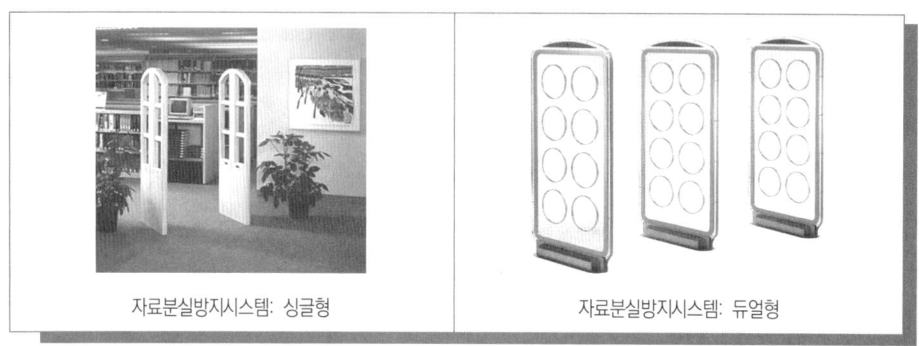

[그림 5-47] 자료 분실 방지 시스템 모형(예)

자료의 정리나 훼손 자료의 보수에 필요한 비품으로는 북엔드, 보수·접착용 권총, 제본용 스테플러 그리고 도서관 자료를 교실로 운반할 때 사용하는 이동카트 등이 있다. 한편, 다수가 이용하는 학교도서관의 위생 관리를 위한 비품으로는 도서 정리용 장갑, 책 소독을 위한 살균 물휴지 등이 있으며, 환경 관리를 위한 설비에는 공기청정기, 책 소독기 등이 있다.

[그림 5-48] 자료정리 및 관리용 비품(예 1)

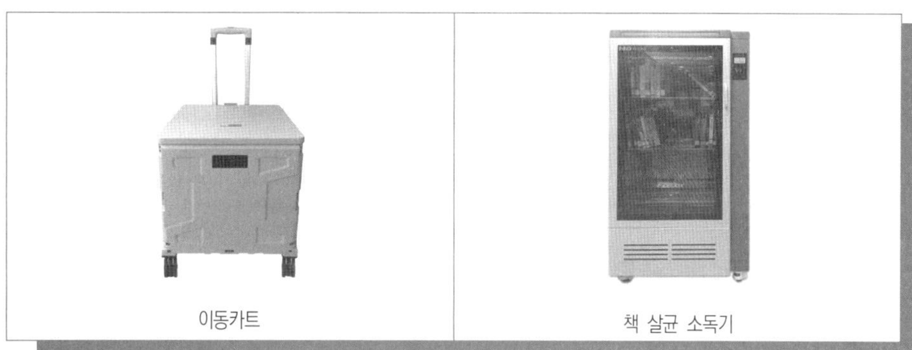
이동카트 　 책 살균 소독기

[그림 5-49] 자료정리 및 관리용 비품(예 2)

6.4.6 디지털 설비

디지털 설비는 자유롭고 개방적인 스마트 도서관 이미지를 창출하고 비대면 자가 이용을 활성화함으로써 이용자의 도서관 방문을 유도할 수 있다. 도서관에서 활용할 수 있는 디지털 설비로는 디지털 사이니지(Digital Signage)와 근거리 무선통신 모듈인 비콘(Beacon Technology) 등이 있다. 디지털 사이니지는 디스플레이 스크린이나 프로젝터에 영상과 정보를 표시하고 네트워크로 원격 관리하는 융합 플랫폼이다. 대표적인 디지털 사이니지는 키오스크(Kiosk, 설치형 디지털 단말기)를 활용하여 소장 자료 검색, 서가 위치 정보 및 대출 이력 분석을 통한 맞춤형 추천도서 서비스를 제공하는 것이다. 그리고 기둥이나 서가의 옆면에 디지털 갤러리를 설치하고 미술작품이나 학생의 작품 그리고 도서관 소식 등을 반복적으로 제공할 수 있다. 비콘은 이용자가 도서관에 들어오면 휴대전화로 도서관 내부의 PC, 스캐너, 도서 등의 활용 가능 여부를 쉽게 확인할 수 있는 기능을 제공한다. 학교도서관에서는 학생이 빈자리를 찾거나 학습자료 사용 여부를 확인할 수 있는 서비스를 제공하는 데 활용할 수 있다.

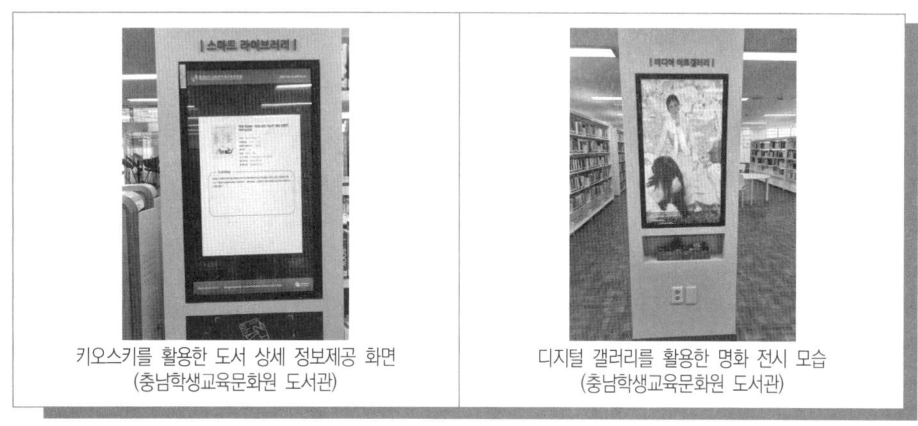
키오스키를 활용한 도서 상세 정보제공 화면 (충남학생교육문화원 도서관)

디지털 갤러리를 활용한 명화 전시 모습 (충남학생교육문화원 도서관)

[그림 5-50] 키오스크 설치(예)

무선 장서점검기와 비대면 자가 도서 대출·반납기 그리고 태블릿이나 노트북 자가 대여 반납기 등도 업무 효율화를 위한 디지털 설비이다. 그리고 독서이력 관리를 위한 독서 통장 정리기는 자료 활용도를 높일 수 있는 디지털 설비이다.

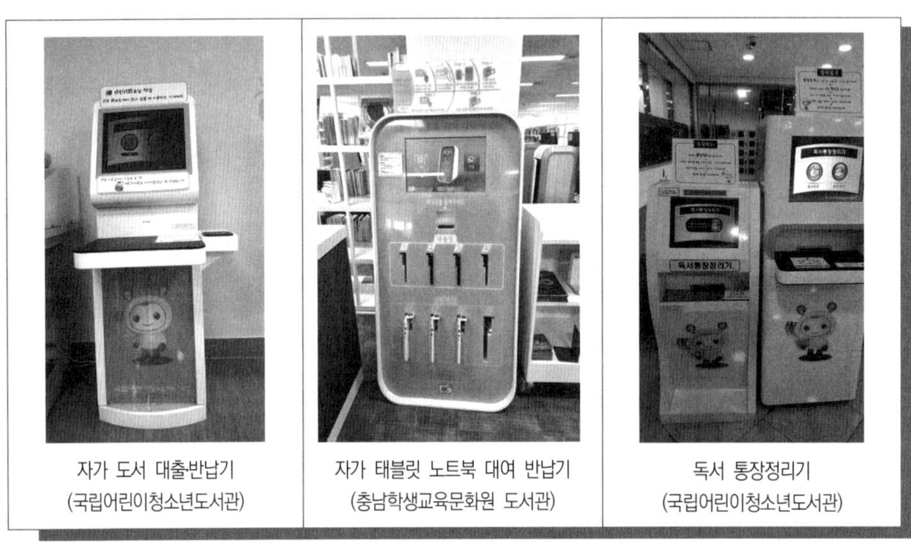

자가 도서 대출·반납기 (국립어린이청소년도서관)	자가 태블릿 노트북 대여 반납기 (충남학생교육문화원 도서관)	독서 통장정리기 (국립어린이청소년도서관)

[그림 5-51] 자가 대출 반납기와 독서 통장 정리기 설치(예)

6.4.7 안내 표시판

도서관의 안내 표시판은 사인(sign)을 이용하여 정체성(이념, 목적과 목표, 존재 이유)과 공간의 기능성을 시각적으로 체계화하고 통일하는 이미지 전략으로 사인 시스템(sign system)의 일부이다. 사인 시스템의 역할은 이용자에게 접근성과 이용의 편의성을 제공하는 것이다. 도서관 사인이 공간 식별 및 정보제공 수단 기능을 수행하기 위한 조건은 다음과 같다(한국도서관협회 도서관편람편찬위원회, 2009, 332).

① 사인은 도서관 이용자에게 모든 기본적인 안내 정보를 제공해야 한다.
② 사인은 다양한 장서, 서비스 포인트, 시설 등을 식별하는 수단이어야 한다.
③ 사인은 전달 의도가 분명하도록 구체적이고 간명해야 한다.
④ 사인의 분위기는 통일성, 상징성, 구심성 등을 표출해야 한다.
⑤ 사인은 건물 규모의 확장이나 용도 변경에 대비할 수 있도록 가변적이어야 하다.
⑥ 도서관의 사인 종류가 많은 만큼 건물 구조나 장식 내용과 조화를 이루어야 한다.
⑦ 사인은 위치, 높이, 점자, 색상, 대비 등의 측면에서 가능한 한 장애인 관련 법령에 명시된 기준과 지침을 준수해야 한다.

도서관의 안내 표시판은 이용자에게 안내자 유도자의 역할을 하는 설비이다. 사서교사는 학교 도서관 공간 규모와 자료 유형 및 이용자의 특성과 도서관 분위기 등에 적합한 안내 표시판을 설계함으로써 환경미화에 힘쓰고, 이용자에게 좋은 이미지를 심어주기 위해서 노력해야 한다. 학교도서관이 일반적으로 갖추어야 하는 안내 표시판은 공간 배치, 자료 이용 안내 및 열람 규정, 자료의 주제, 대출·반납 및 게시를 위한 것이다.

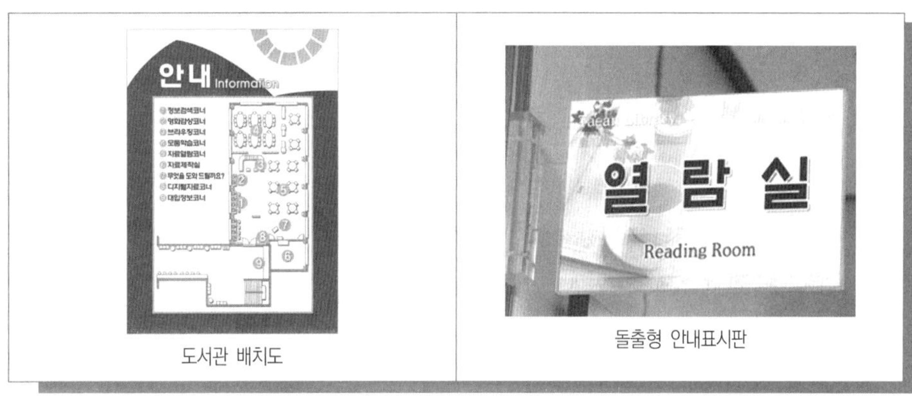

도서관 배치도

돌출형 안내표시판

[그림 5-52] 공간 배치 및 유형 안내 표시판(예)

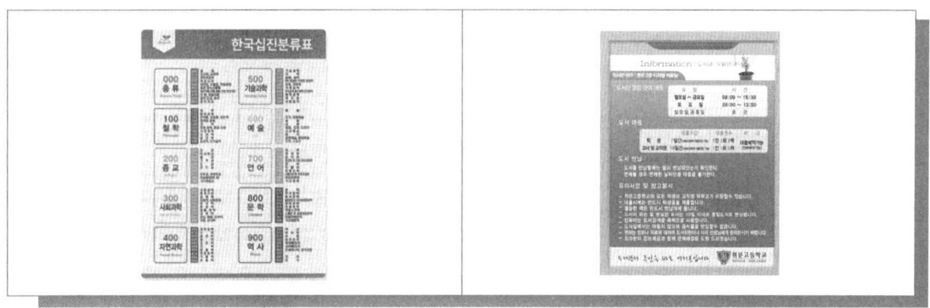

[그림 5-53] 분류표 및 도서관 이용 안내 표시판(예)

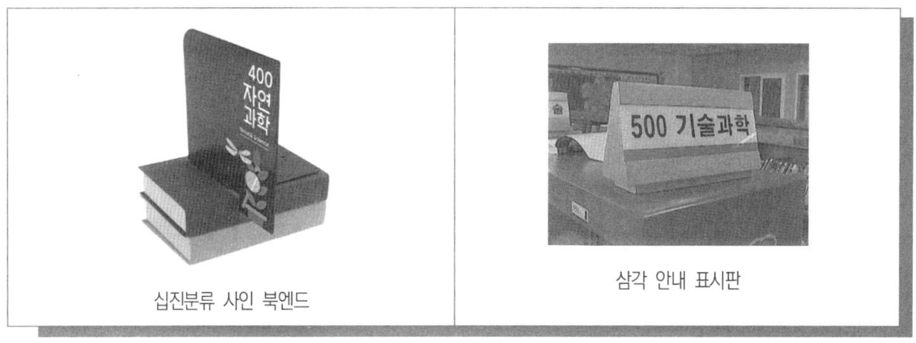

십진분류 사인 북엔드

삼각 안내 표시판

[그림 5-54] 자료의 주제 안내 표시판(예)

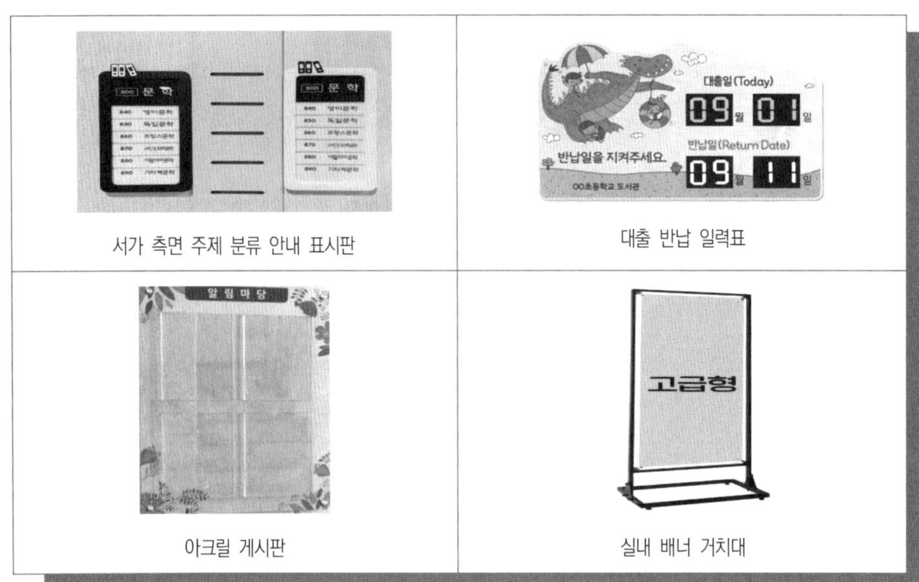

서가 측면 주제 분류 안내 표시판

대출 반납 일력표

아크릴 게시판

실내 배너 거치대

[그림 5-55] 대출 반납 안내 및 안내 게시판(예)

6.5 교구 구매와 관리

6.5.1 교구 구매

학교도서관에서 필요한 교구는 사전에 학교 교육계획에 반영된 예산의 범위 내에서 내부결재를 거쳐서 구매할 수 있다. 따라서 사서교사는 당해 연도 학교도서관 운영에 필요한 교구의 종류와 수량을 정확히 예측하고, 도서관 운영 예산에 반영하여야 한다. 한편, 학교도서관 신설이나 리모델링과 같이 한꺼번에 많은 교구를 구매하는 경우는 학교도서관운영위원회(학교운영위원회)나 학교교구선정위원회(물품선정위원회)를 통해서 예산을 집행하는 것이 바람직하다. 위원회를 통한 교구 선정은 학교도서관 활성화에 대한 학교 차원의 관심을 모으고, 한정된 예산과 제한된 공간을 효율적으로 활용하여 교육과정 운영에 적합한 도서관 환경을 구축하는 데 도움을 준다.

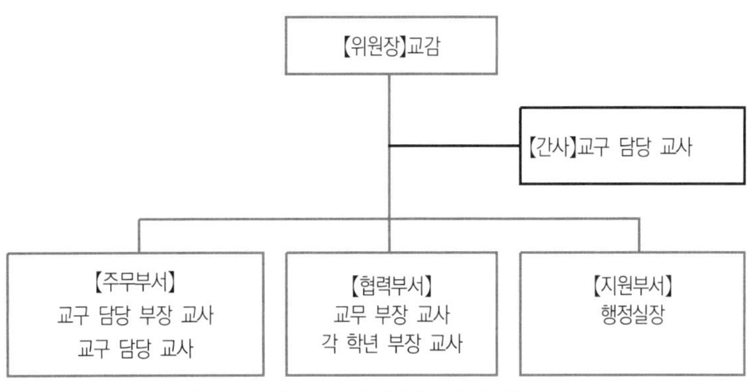

[그림 5-56] 학교교구선정위원회 조직(안)

학교도서관에서 교구를 구매할 때 고려할 사항은 다음과 같다.

- 학교도서관 운영에 적합하고, 소요 예산 범위 내에서 구매 가능한지를 우선 고려한다.
- 예산집행 절차상의 투명성을 위해 조달 품목을 우선 선정한다.
- 동일한 조달 품목의 경우에는 사양이나 성능, 가격을 비교하여 선정한다.
- 기존에 보유하고 있는 비품과 운영상의 연계성을 고려한다.
- 유지보수, 비품의 통일성, 조화 등을 고려한다.
- 독과점 품목의 경우, 다른 학교의 설치 운영 사례를 검토하고 가능하면 비교 견적 후 가격 대비 성능을 고려하여 선정한다.
- 개별 비품에 대한 규격과 가격 등에 대한 자세한 정보는 조달청 쇼핑몰을 활용한다.

구매가 결정된 교구나 비품은 품의 요구서를 작성하고 내부결재 과정을 통해서 구매한다. 이때 요구서에는 품명, 적요, 수량, 용도 등 구매에 필요한 사항을 구체적으로 기재한다. 주문 후 납품받은 교구에 대해서는 구매 담당자와 함께 상태나 색상, 규격 등 주문 시 조건을 충족시키고 있는지 꼼꼼하게 검수한 후 최종 구매 여부를 결정한다. 특히, 하자가 있는 교구 등은 즉시 반품하고, 사용 중에 문제가 발생한 때도 적절한 보수나 교체가 이루어질 수 있도록 구매 단계에서부터 사후관리 문제를 명확히 해야 한다.

6.5.2 교구 관리

학교에서의 물품 관리는 분임물품출납원(부장교사 또는 업무 담당자), 물품출납원(행정실장), 물품관리관인 학교장 등의 계통을 거쳐 이루어지며, K-에듀파인 통합자산관리시스템을 이용하여 전산관리한다. 학교의 시설과 설비는 행정실에서 관리하지만, 학교도서관 교구 등에 대한 일차적인 관리 책임은 사서교사에게 있다. 따라서 사서교사는 학교도서관 이용지도를 통해서 학생들이 깨끗하고 안전하게 교구를 이용할 수 있도록 노력해야 한다. 그리고 파손되거나 수명이 다한 교구나 비품은 행정실과의 협조를 통해 적절히 수리하거나 폐기하여야 한다. 사서교사는 개별 품목별로 교구나 비품 관리 대장을 마련하여 구매 후에 이루어진 수리 이력, 보관 장소, 손망실 정도를 기록하고 갱신 시기를 결정하는데 참고자료로 활용할 수 있다. 그리고 교구(비품)관리 대장을 업무 인수인계 자료로도 이용할 수 있다.

〈표 5-25〉 교구 관리 대장 양식(예)

품 명	7단 2연 복식 서가	단 위	조

년 월 일	가 격			수입	현 재			망 실	비 고
	단가(원)	수량	가격(원)	유별	공용	전용	잔품	파 손	
20.12.31	700,000	2	1,400,000	구매		○			
21.04.02	700,000	2	1,400,000	구매		○			
23.03.31	750,000	2	1,500,000	구매		○			
25.03.21	800,000	1	800,000	구매		○			

○○학교도서관

※ 수입유형: 구매 / 관리 전환(타 기관에서 양도받은 경우) / 기증으로 나눌 수 있다.
※ 공용: 학교도서관 이외의 장소(교무실, 학년부실 등)에서 공동으로 사용하는 경우
※ 잔품: 사용하지 않고 창고 등에 보관 중인 교구나 비품

06

학교도서관 자료

1. 장서관리의 의미와 내용
2. 자료선택 이론과 장서관리 기준
3. 장서관리정책
4. 자료 선정과 구매
5. 자료정리
6. 자료열람과 장서점검
7. 장서평가
8. 제적 및 폐기
9. 이의신청 자료 심의 및 처리
10. 개인정보와 지식재산 보호

06 학교도서관 자료

1. 장서관리의 의미와 내용

1.1 자료의 의미와 범위

자료(資料)란 바탕이나 밑천(資)이 되는 소재(料)라는 의미이다. 인간은 기억을 여러 가지 매체에 기록하여 전달하였고 이것이 오랜 세월 축적된 결과가 자료이다. 따라서 자료는 인류의 정신세계를 전승하고 의사소통과 학습이 이루어지도록 하는 중요한 수단이다. 또한, 기억의 저장 수단과 전달 방법은 문명의 발달과 함께 변하고 있으며, 기억을 해석하고 이해하여 새로운 정보와 지식을 생산하는 능력이 점차 중요해지고 있다. 『도서관법』(법률 제20834호)에서는 "인쇄자료, 필사자료, 시청각자료, 마이크로형태자료, 전자자료, 그밖에 장애인을 위한 특수자료 등 지식정보자원 전달을 목적으로 정보가 축적된 모든 자료(온라인자료를 포함한다)로서 도서관이 수집 · 정리 · 보존하는 자료를 말한다."라고 정의하고 있다(제3조 2.).

자료는 기록의 측면에서 보면 생산된 매체에 따라서 종이류, 사진·필름류, 자기·광매체류 그리고 가죽이나 섬유와 같은 기타류로 나눌 수 있다. 인쇄 여부에 따라서는 인쇄자료와 비인쇄자료로 나눌 수 있으며, 수록 정보의 속성에 따라서 일차자료와 이차자료로 구분할 수 있다. 그리고 기록 방식에 따라서 인쇄물(인쇄적 기록), 레코드(기계적 기록), 마이크로필름(화학적 기록), 자기테이프(전기 및 전자적 기록), CD-ROM(광학적 기록) 등으로 구분된다(한국도서관협회 도서관편람편찬위원회, 2009, 121).

한편, 학교 교육에서는 교사와 학생 간의 의사소통을 가능하게 해주고 교수 - 학습을 촉진하는 모든 인적·물적 자원과 환경을 교수매체라고 한다. 교수-학습에 사용되는 매체는 텍스트, 오디오, 시각물, 동영상 매체, 조작물 그리고 사람과 같이 크게 6가지로 나눌 수 있다(Smaldino et al., 2011, 12-13). 이들 교수매체는 정보 접근점(access point)뿐만 아니라 학습경험을 제공한다. 따라서 학교도서관 자료는 교육과정은 물론 학교공동체의 다양한 요구와 문화를 반영할 수 있도록 다양성과 공정한 접근성을 갖추어야 한다.

1.2 장서관리의 의미와 목적

장서관리(collection management)란 문헌정보학의 학문적 성숙 과정에서 생겨난 용어로써 도서선택이나 자료선택 또는 자료개발의 한계를 극복하고자 1970년대 이후부터 주로 사용되었다. 오늘날 장서관리는 장서구성이나 장서개발과 유사한 의미로 사용되고 있다(윤혜영, 2020, 15-17). 그리고 디지털 장서의 확장으로 콘텐츠 관리라는 용어를 사용하기도 한다. 선택, 구성, 개발 그리고 관리 대상이 되는 자료는 정보 중재를 위한 물리적 도구로서 도서관이나 사서직이 선별할 수 있다. 문제는 '스스로 결정을 내리고 새로운 아이디어를 생성할 수 있는 이질적인 지능(Alien Intelligence)인 AI나 알고리즘'(Harari, 2024, 285)의 영향이다. 이들 '지능형 비유기체'는 장서의 범주에 포함되는지 여부와 관계없이 도서관과 서서직의 자료에 대한 통제를 약화시킬 수 있으며, 이 경우 지능형 컴퓨터 기술의 편향성 해결에 장서관리의 초점이 모아질 것으로 예상된다.

도서선택이란 출판된 도서 중에서 도서관의 목적이나 교사와 학생의 요구에 가장 적합한 책을 선택하는 행위로 다수의 독자를 위해 그리고 미래에 예상되는 독자를 고려하여 개별 도서가 자관(自館)의 일반적인 선택기준에 적합한지를 판정하는 것이다. 따라서 도서관의 자료를 엄격하게 선정된 양서의 집합으로 보는 견해이다. 도서관 자료의 종류가 도서 위주에서 벗어나 형태적으로 다양해짐에 따라 자료선택이란 용어가 선호되기 시작하였으며 독자의 개념도 이용자로 바뀌게 되었다.

장서구성이란 이용자의 요구, 장서량, 보존 공간 등을 함께 고려하여 궁극적으로 도서관의 목적에 적합한 장서를 구성하는 것을 의미한다. 따라서 각 도서를 개별적으로 취급하는 자료선택과는 달리 도서를 주제, 형태별로 구분하고 수량 면에서 균형을 갖춘 장서 전체의 구조를 고려한 개념이다. 그러나 이용자의 요구가 다양하고 출판량이 급증하면서 장서 구성에 대한 일정한 목표 수립이 어렵게 되었다. 따라서 장서를 지속해서 발전시켜야 한다는 의미의 장서개발이 등장한다. 장서개발은 도서관이 소장하고 있는 정보자원뿐만 아니라 외부 조직이 제공하는 정보자원을 이용하여 신속하고 경제적으로 이용자의 정보요구를 충족시키는 과정을 의미한다. 즉 장서개발은 도서관이 소장하고 있지 않은 자료 중에서 적합한 자료를 선택하여 도서관 자료로 수집하는 활동에 초점이 맞추어진 개념이다.

1980년대에 등장한 장서관리는 장서개발을 포함하는 더욱 포괄적인 의미로 정책과 예산 기능은 물론 폐기, 협력, 보존 영역을 포함하는 개념이다. 특히, 장서관리는 새로운 장서의 개발과 함께 이미 소장된 자료에 대한 철저한 관리(보존, 공유 등)를 통한 접근성 향상과 특히, 정보자원으로서 중요성이 늘어나고 있는 전자정보에 대한 경제적 관리에 비중을 두는 개념이라고 할 수 있다. 즉 장서관리는 도서관 자료를 도서관의 목적을 달성하기 위하여 일정한 패턴이나 계획(자료구성 계획 → 구성 계획의 실행 → 실행에 대한 평가)에 따라서 조직된 의도적인 구조물로 보는 견해이다.

이런 측면에서 학교도서관 장서관리란 학교도서관의 운영 목적인 교수·학습활동의 성공적인 운영과 개선을 위해 교육과정, 이용자의 요구, 자료의 질과 양, 공간, 예산 등을 종합적으로 고려하여 자료를 수입·조직·축적·이용에 제공하고 평가하는 일련의 활동이라고 할 수 있다.

따라서 장서관리를 통해서 장서의 양적, 질적 증가와 최신성을 유지할 수 있고,장서에 대한 현재 요구와 미래 요구를 반영하여 통한 균형 잡힌 장서를 구성할 수 있다. 또한, 장서관리정책에 따른 일관성 있는 장서관리는 외부의 부당한 압력이나 민원에 대응할 수 있으며, 공공도서관이나 자원공유에 관심 있는 기관과 장서구성에 대한 협력 관계를 맺을 수 있다.

1.3 장서관리 내용

장서관리는 자료의 선정·수입·조직·이용·평가와 같은 업무로 이루어지는데, 이를 단계별로 나누어보면 '자료의 구성 계획 단계 - 구성 계획의 실행 단계 - 실행에 대한 평가 단계'와 같이 구분할 수 있다. 자료의 구성 계획 단계에서는 이용자 연구, 도서관 현황 파악, 교육목표 확인, 선택기준 마련을 통해서 자료선택 업무가 이루어진다. 구성 계획의 실행 단계에서는 구매·기증·교환·생산을 통한 수서 업무, 등록 및 분류·목록을 통한 조직 업무, 그리고 열람과 대출, 상호대차 등을 통한 자료 이용 업무가 이루어진다. 마지막으로 실행에 대한 평가 단계에서는 장서점검과 제적과 폐기 등을 통한 질 관리 활동이 이루어진다. 단계별 장서관리 업무와 활동 내용을 정리하면 다음 〈표 6-1〉과 같다.

〈표 6-1〉 장서관리 단계별 내용

장서관리 단계	장서관리 업무	활동 내용
1. 자료의 구성 계획	• 자료선택	• 이용자 연구 • 도서관 현황 파악 • 학교 교육목표 확인 • 자료선택 기준 마련
2. 구성 계획의 실행	• 수서 • 조직 • 자료 이용	• 구매 · 기증 · 교환 · 생산 • 등록 · 분류와 목록 • 열람과 대출 • 상호대차
3. 실행에 대한 평가	• 자료점검 • 장서평가	• 자료점검 · 수리 • 제적과 폐기

학교도서관이 관리하는 장서는 학교 교육목표 달성을 위하여 수집·조직·제공하는 다양한 교수-학습매체로서 학교도서관의 운영 목적과 존재의 당위성을 확보하기 위한 중요한 운영 요소이다. 또한, 학교도서관의 장서는 교수-학습활동의 질과 학생의 독서 수준을 결정하게 된다. 왜냐하면, 학교도서관 장서는 독서교육, 정보활용교육, 도서관활용교육 등에 활용되며 궁극적으로는

학생의 자기주도 학습능력, 평생학습력 신장과 같은 교육목표 달성에 기여하기 때문이다. 그리고 학교도서관이 소장하고 있는 장서의 유형과 소장 계획 등에 의해서 공간 구성과 시설 및 설비 운영도 달라진다.

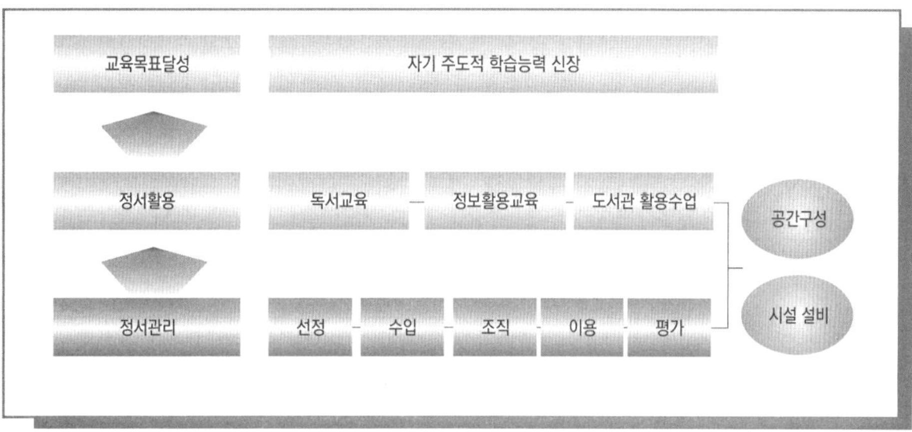

[그림 6-1] 장서관리의 내용과 목표

2. 자료선택 이론과 장서관리 기준

2.1 자료선택 이론

서양에서는 근대적 의미의 공공도서관이 발전하면서 자료선택을 도서관 설립자가 이용자를 대신하여 수행하는 대리 행위로 인식했는데 이때부터 선택 행위의 근거가 되는 이론들이 개발되기 시작했다. 자료선택의 핵심은 자료 자체가 지닌 '가치'와 자료에 대한 이용자의 '요구'이다. 대표적인 자료선택 이론으로는 가치론, 요구론, 사회조사론, 선택환경론 등이 있다(한국도서관협회 도서관편람편찬위원회, 2009, 113-116). 주요 자료선택 이론을 살펴보면 다음과 같다(김세익, 1992, 68-70; 윤혜영, 2020, 128-139).

① 가치론
19세기 이전에는 자료선택의 권리가 도서관에 있다는 입장이다. 따라서 자료의 선택은 자료가 가진 객관적 가치에 의해야 한다고 믿는 가치론(value theory)이 우세했다. 가치론에 따르면 도서관은 이용자가 자기교육을 통해 지적인 향상을 도모하고 더 나아가 사회발전에 공헌해야 하므로 양서(良書)를 제공해야 한다. 가치론은 가벼운 읽을거리(lesser texts)가 아동의 지적 성장을 저해한다고 보았기 때문에 도서관은 주로 고전문학(classical literature)을 추천하는 경우가 많았다. 따라서 1920~1930년대의 사서는 양서를 추천하는 교사의 역할을 수행했다.

② 요구론
19세기 말 이후 도서선택은 교육주의에 입각한 양서주의 원칙이 철저하게 배제되고 통속소설에 대한 욕구가 증가하였다. 도서관의 역할에 대한 인식도 교육적 기능에서 여가선용이나 정보제공 등으로 다원화되면서 이용자의 요구를 수용하는 이른바 요구론(demand theory)이 대두되었다. L. McColvin은 도서관 서비스도 다른 공공서비스처럼 주민의 요구에 기초하여 성립된다고 보고, 자료선택을 요구(수요)와 공급의 관계로 설명했다. L. McColvin은 가치를 요구의 속성으로 간주하고, 요구와 특정 자료에 대한 요구의 가치를 자료선택의 기본적인 요인으로 설명하였다. 반면에 F. Drury는 가치를 자료(도서)의 속성으로 간주하고, 내재적 가치, 교육적 가치, 오락적 가치로 구분하였다. 내재적 가치란 독자와의 관계를 고려하지 않은 가치이며, 교육적 가치와 오락적 가치는 독자와의 관계 속에서 독자의 요구 때문에 결정되는 상대적 가치를 말한다. 자료의 내용을 객관적으로 평가할 때는 독자와 관계가 없지만, 도서관 장서로 평가할 때는 독자의 요구와 밀접한 관계를 갖는다. F. Drury는 조사와 분석을 통해 이용자의 현재 요구는 물론 잠재적 요구를 파악할 수 있으며, 이를 바탕으로 자료의 상대적 가치를 측정하여 더 적합한 적서를 선택할 수 있다고 보았다. 그가 제시한 요구 측정 방법은 개별 접촉, 대출, 등록, 예약, 참고질문, 구매 희망 기록 분석, 지역조사 등이다.

③ 사회조사론

J. Wellard는 교육학 분야의 독서실태 연구 성과를 바탕으로 도서관의 목적(관리적 기준)과 도서의 가치(문헌적 기준) 독자의 특성(사회심리학적 기준)을 고려하여 자료를 선택해야 한다는 사회조사론을 제시했다. 자료의 본질적인 가치를 결정하는 것은 문헌적 기준(도서의 가치)이고, 부수적 가치를 결정하는 것은 사회심리학적 기준(독자의 특성)이다. 도서관의 목적(관리적 기준)은 문헌적 기준과 사회심리학적 기준을 통제하는 선택 원리이다.

④ 선택환경론

세계적으로 이념과 사상의 갈등이 빚어지면서 각급 도서관에 사회주의나 친 소비에트적인 내용을 가진 자료를 제거하도록 하는 등 도서관의 지적 자유를 침해하고, 도서선택에 크게 영향을 미치는 외부압력이 생겨났다. 이를 계기로 자료선택을 직·간접적으로 규제하고 있는 환경 조건에 대한 연구의 필요성이 대두되었는데 이를 선택환경론이라고 한다. 외부환경에 대한 대처 노력은 도서관의 지적 자유 원칙 보호 노력과 개별 도서관의 자료선택 방침 제정 노력으로 이어졌다.

사서교사는 이와 같은 다양한 선택이론을 융합하고, 교육환경, 학교 교육과정, 이용자의 요구 등을 모두 고려하여야 한다. 질(quality)과 요구(demand) 그리고 필요성(need)을 조화시켜 양서(良書)와 적서(摘書)를 균형 있게 선택하기 위해서는 먼저 소장자료를 평가하고 객관적이고 체계적인 장서관리정책을 수립하는 일이 선행되어야 한다.

2.2 장서관리 기준

학교도서관 장서관리 기준은 장서의 범위와 보유량 그리고 자료 구매비로 나누어 볼 수 있으며, 법률과 학교도서관 정책에서 정한 기준, 한국도서관협회의 기준, IFLA(2015)의 기준 등이 대표적이다. 학교도서관 장서기준의 특징은 자료에 대한 접근성과 디지털 자료의 확충을 강조하고 있다는 것이다. 따라서 학교도서관 장서의 이용 범위와 활용 목적도 교사와 학생의 교수-학습활동에서 공동체 구성원의 교육과 문화 향유까지 확대되고 있다.

2.2.1 법률 및 정책적 기준

『학교도서관진흥법』(법률 제18547호)에서는 '학교도서관은 해당 학교의 특성과 사용자 요구에 적합한 시설·자료를 갖추어야 하고(제13조 제①항), 자료의 효율적 이용을 위하여 이용 가치가 없거나 파손된 자료를 폐기하거나 제적할 수 있다(제13조 제②항).'고 정하고 있다. 그리고 '학교도서관 시설·자료의 기준과 폐기·제적의 기준과 범위에 필요한 사항은 대통령령으로 정하도록 하였다'(제13조 제③항). 이에 따라 『학교도서관진흥법시행령』(대통령령 제33343호)에서 정하고 있는 학교도서관 장서기준은 '각 학교당 1,000종 이상의 자료를 갖추고, 연간 100종 이상의 자료를 추가로 확보' 하는 것이다(제8조 제①항 제3호). 그리고 구체적인 기준은 각 '시도교육감이 고시' 하도록 위임하고 있다(제8조 제②항).

한편, 교육부는 『학교도서관활성화종합방안』에서 학생 1인당 도서 10권을 자료 기준으로 제시하였다(교육인적자원부, 2002). 이후 『제1차 학교도서관진흥기본계획』에서는 학생 1인당 장서수를 2012년까지 15권 이상으로 확대하고, 인쇄매체 이외에 전자정보원과 멀티미디어 형태 등 자원을 다양화하겠다는 계획을 담았다. 또한, 백과사전을 비롯한 분야별 참고도서 및 기본 자료를 완비하고, 교육감에게 장서의 질 개선을 위한 다양한 방법을 마련하도록 하며, 학부모와 민간 등의 자율적인 도서 기증 운동으로 부족한 장서를 확보하는 정책을 담았다(교육과학기술부, 2008, 13-14). 『제2차 학교도서관진흥계획』에서는 2018년까지 학생 1인당 25권 이상으로 확대하는 장서 질 개선 사업을 실시하였다. 그리고 최신의 다양한 장서 확충과 연간 도서구입 중 5% 이상을 '고전 및 인문학' 관련 도서로 구입하도록 교육청에 권고하였다(교육부, 2014, 18). 『제3차 학교도서관진흥계획』은 '전자정보원과 멀티미디어 등 최신의 다양한 장서 확충, 도서관 간 협의회 구성 등을 통한 학교별 교과 관련 특화 장서 설정 및 기관 간 장서공유 체제 활성화' 등 장서의 질 개선과 협력을 통한 특화 노력을 전개하였다(교육부, 2019b, 16). 『제4차 학교도서관진흥기본계획』은 양적 기준 대신 '학교도서관 자료의 교육과정 연계성 강화'를 강조하였다. 이를 위해 '교과교사 등 수요자 중심의 다양한 교수·학습 정보매체 개발을 확대하고, 독서로 시스템 내 교수-학습지원 자료 수집·관리 기능을 구현' 한다는 정책을 마련하였다(교육부, 2024b, 10-11).

2.2.2 한국도서관협회 학교도서관 기준

한국도서관협회의 『한국도서관 기준』에 포함된 학교도서관 기준에서는 자료구성의 일반원칙, 자료의 범위와 학교 급별 구성 기준, 주제별 장서 구성 비율, 제적과 폐기 및 보존에 대한 기준을 담고 있다(한국도서관협회 도서관기준특별위원회, 2013, 148-150).

① 일반원칙

- 학교도서관은 교육과정의 개편에 맞추어 자료수집 및 개발 정책을 수립하고 주기적으로 개정하여야 한다.
- 학교도서관의 자료는 교육과정 전개에 직접적으로 기여하여야 할 뿐만 아니라 학생의 교과학습, 특별활동, 학교 행사, 교양함양 및 여가선용에 도움을 줄 수 있어야 한다.
- 학교도서관 자료는 학생의 지적 능력과 수준 등의 발달 단계를 고려하여 다양하게 구성하여야 한다.
- 학교도서관의 자료에는 교사와 학생의 교수-학습활동에 필요한 모든 인쇄자료, 시청각자료, 영상자료, 전자자료가 포함되어야 한다.
- 학교도서관은 교내의 컴퓨터실, 시청각실, 어학실습실 등에 분산 관리되고 있는 각종 자료를 통합하여 종합적인 교수-학습활동 지원 체제를 구축하여야 한다.

• 전문특수학교 및 특수학급이 설치된 학교의 도서관은 특수계층의 이용자 요구에 대처할 수 있는 자료를 갖추어야 한다.

② 자료의 구성 및 기준

• 학교도서관은 학생의 교수-학습과 인격 형성 및 교사의 연구 활동에 필요한 각종 인쇄자료(언어사전·백과사전·연감·도감·지도책·통계 등의 참고도서, 교양 도서, 주제별 전문 도서, 연속간행물), 청각자료(녹음테이프, 음반 등), 영상자료(비디오테이프·디지털 비디오디스크·슬라이드·투시화 등), 전자자료(소프트웨어·CD-ROM·데이터베이스·전자도서·인터넷 정보자원 등)를 수집하여야 한다.
• 학교도서관의 전자자료는 교육과정을 운영하는데 필요한 수량을 확보하고, 학내 교육전산망 혹은 인터넷을 통하여 공동 활용할 수 있어야 한다.
• 학교도서관의 바람직한 장서구성 기준은 〈표 2〉와 같다.

〈표 2〉 학교도서관 장서 기준

구 분	자료의 종류	기본 자료수	연간 증가수	연평균 제적 및 폐기율
초등학교	도서	학생 1인당 10권 이상	학생 1인당 0.5권	기본 자료의 10% 이내
	연속간행물	학교당 20종 이상	-	
	시청각자료	학생 1인당 3점 이상	학생 1인당 0.3점	
	전자자료	학생 1인당 1점 이상	학생 1인당 0.1점	
중학교	도서	학생 1인당 20권 이상	학생 1인당 1권	
	연속간행물	학교당 30종 이상	-	
	시청각자료	학생 1인당 5점 이상	학생 1인당 0.5점	
	전자자료	학생 1인당 2점 이상	학생 1인당 0.2점	
고등학교	도서	학생 1인당 30권 이상	학생 1인당 1.5권	
	연속간행물	학교당 50종 이상	-	
	시청각자료	학생 1인당 7점 이상	학생 1인당 0.7점	
	전자자료	학생 1인당 3점 이상	학생 1인당 0.3점	

• 학교도서관은 학생의 요구나 보존의 필요성 등을 감안하여 적정수의 복본을 구매하여 비치하는 것이 바람직하다.
• 학교도서관의 주제별 장서구성은 〈표 3〉의 기준을 적용하되, 학교의 설립 목적과 교육과정의 특성을 고려하여 조정할 수 있다.

〈표 3〉 학교도서관의 주제별 장서구성 비율(%)

유별 / 학교별	총류	철학	종교	사회과학	자연과학	기술과학	예술	어학	문학	역사	그림책	계
초등학교	4	2	2	8	13	8	5	2	25	16	15	100%
중 학 교	5	3	3	10	15	9	7	4	27	17	-	100%
고등학교	6	4	3	12	15	9	7	6	25	13	-	100%

- 학교도서관은 연간 총 장서의 10% 내에서 소장자료를 폐기하는 것이 바람직하며, 대상 자료는 훼손 정도가 심하거나 이용 가치가 상실된 자료, 출판 후 10년이 경과된 자료, 「국어표기법」에 어긋나는 자료 등으로 한정한다. 다만, 교사의 연구용 자료, 학교 기록물, 역사 및 향토자료는 제외할 수 있다.
- 학교도서관은 소장 자료의 주기적 점검과 폐기, 수선과 제본, 소독과 탈선 처리, 매체변환(media conversion) 등의 방식으로 장서를 재구성하고 관리하여야 한다.
- 학교도서관은 소장자료의 내용 가치 및 형태 서지적 중요성을 고려하여 실물보존, 매체변환, 폐기 등의 방식으로 장서를 보존·관리하여야 한다.
- 학교도서관은 매체 재생, 포맷 변환, 매체변환, 기술이전 등의 방식으로 디지털 자료의 장기보존 및 원격접근 환경을 지속적으로 유지·강화하여야 한다.

2.2.3 IFLA의 학교도서관 장서관리 지침

IFLA의 『학교도서관 가이드라인』에 따르면 학교도서관은 학생의 학습자료 이외에 교과교사와 사서교사의 전문성 향상과 학부모를 위한 장서 확보, 교외 자료에 대한 접근성 제공, 디지털 자료의 확보를 위해 노력해야 한다. 이 가이드라인에서 정하고 있는 학교도서관 장서관리 내용을 살펴보면 다음과 같다(IFLA, 2015, 33-34).

- 학교도서관은 이용자의 요구를 충족시킬 수 있도록 나이, 언어, 인구 통계적 특징을 반영한 다양한 물리적 자료와 디지털 자료에 대한 접근성을 제공해야 한다.
- 학교도서관 장서는 이용자가 새로운 자료와 정보요구와 관련된 자료에 접근할 수 있도록 장기적인 기준에 따라 개발하여야 한다.
- 학교도서관 장서관리정책은 다양한 양질의 자료를 확보하는 데 도움을 줄 수 있도록 장서관리의 목적, 장서의 범위와 종류는 물론 외부 정보원에 대한 접근성을 명확하게 규정하여야 한다.
- 증가하고 있는 전자책(참고도서, 소설 및 비소설), 온라인 데이터베이스, 온라인 신문과 잡지, 비디오게임 그리고 멀티미디어 학습자료가 도서관 자료의 핵심 요소가 되고 있다.
- 학교도서관은 학생의 학습 요구 충족에 필요한 자료 이외에 교과교사와 사서교사를 위한 전문 자료(교육, 교과지도, 새로운 교수-학습유형과 방법 등), 학부모와 돌봄이를 위한 자료도 갖추어야 한다.

특히, IFLA의 『학교도서관 가이드라인』에서는 학교도서관의 디지털 자료에 대한 접근점(access point) 역할을 강조하고, 디지털 자료와 관련된 쟁점과 디지털 장서관리 기준을 제시하고 있다(IFLA, 2015, 34-35).

- 학교도서관은 교육과정과 이용자의 요구 및 흥미를 반영한 디지털 정보 자료에 대한 접근성을 제공해야 한다. 소셜 미디어가 이용자의 역할을 정보 소비자에서 정보 생산자로 확장함으로써 참여형 문화가 출현하고 있다. 따라서 사서교사는 정보 산출물(예: 비디오, 블로그, 팟캐스트, 3D 프로

젝트, 포스터, 인포그래픽스(infographics) 제작을 포함해서 참여형 학습활동을 위한 컴퓨터와 기타 정보 생산 설비를 갖춘 '창작 공간' (maker spaces)의 제공을 고려할 필요가 있다.

- 디지털 자료의 입수 가능성과 인터넷에 대한 접근성 향상은 학교도서관의 목록 시스템이 광역 통신망(wider networks)에 포함될 수 있도록 국가 및 국제표준 서지 기준에 따라서 분류와 목록 작업을 할 수 있는 시스템을 갖추어야 한다는 것을 의미한다. 세계 여러 곳에서 학교도서관은 통합 또는 공유 목록 시스템을 통해서 지역이나 지방 커뮤니티 내에서 함께 연계됨으로써 효과를 거두고 있다. 이와 같은 협동은 장서 선정, 목록, 장비의 효율성과 질을 향상하고, 자료의 조합을 통해서 더욱 손쉽게 최대의 성과를 거두도록 한다. 어떤 지역에서는 값비싼 상업 데이터베이스와 온라인 참고자료의 공유 설비 구축을 위해서 학교도서관이 연합하거나 정부가 노력함으로써 효과를 거두고 있다. 디지털 장서관리는 인쇄자료와 유사하지만, 특별히 고려해야 할 관리 기준은 다음과 같다.

- 접근성
  디지털 자료의 선택이 인쇄자료 이상으로 접근성을 개선시킬 것인가 아니면 감소시킬 것인가?
- 재정적 기술적 쟁점
  사용료(licensing fees)나 새로운 포맷으로의 교체 비용 때문에 장기적으로 디지털 자료의 비용이 많이 드는 것은 아닌가?
- 법률과 라이선스(license) 문제
  저작권법이나 디지털 자료에 대한 라이선스 기간이 이용자 수, 사이트 밖 접근성 또는 이용자의 사생활을 제한하는가?
- 보안
  자료에 대한 접근성을 어떻게 보호할 것인가?

또한, IFLA의 『학교도서관 가이드라인』에서는 학교도서관 장서의 교육과정 연계성과 학생의 여가생활을 도와줄 수 있는 다양한 자료의 수집을 강조하고 있다. 그리고 자료 공유의 중요성을 새롭게 제시하고 있다(IFLA, 2015, 35-36).

- 오늘날 학교도서관 장서는 외부 상업 데이터베이스와 라이선스 참고자료를 통해서 교내외에서 이용할 수 있는 디지털 자료를 많이 포함하고 있어서 전통적인 장서기준을 적용하기가 곤란하다. 국가나 지역 장서기준의 이용에 상관없이 학교도서관의 장서개발 결정은 교육과정상의 요구와 교수방법에 기반을 두어야 한다.
- 나이, 학습능력, 학습유형 그리고 배경이 다른 다양한 이용자의 자료에 대한 접근을 강화하기 위해서는 최신성과 관련성을 갖춘 균형 잡힌 장서가 필요하다. 장서는 물리적 또는 디지털 형태와 관계없이 정보원을 통해서 교육과정을 지원해야 한다. 또한, 학교도서관은 대중소설, 그래픽 소설(graphic novels), 음악, 컴퓨터 게임, 영화, 잡지, 만화 그리고 포스터와 같은 여가 목적의 자료를 수집하여야 한다. 이러한 유형의 자료는 학생의 요구와 흥미를 잘 반영하기 위하여 학생과의 협력을 통해서 선택해야 한다.

- 학교도서관은 도서관 상호 대차와 자료 공유를 통해서 이용자의 자료에 대한 접근성을 강화해야 한다. 그러나 상호대차와 자료 공유는 학교도서관의 전통적인 기능은 아니기 때문에 이를 촉진할 수 있는 잘 갖추어진 시스템이 드물다. 학교도서관이 종합목록(union catalogue)으로 상호 연계되어 있거나 온라인 데이터베이스와 디지털 참고자료에 대한 접근을 공유하면 상호대차와 자료 공유가 더욱더 쉽게 이루어질 수 있다.

2.2.4 자료 구매비 기준

교육과정 운영과 학생의 수준에 맞는 장서를 체계적으로 확보하기 위해서는 안정적인 예산 확보가 중요하다. 자료 구매비에 대한 교육 당국의 기준은 2002년에 발표한 『학교도서관활성화종합방안』에서 찾아볼 수 있는데, '각급 학교의 학교경상운영비 3% 이상을 도서 등 자료 구매비로 사용하도록 시도교육청의 『학교회계예산편성기본지침』에 반영하도록 한다.'는 것이다. 이후 교육부의 학교도서관 정책에서도 이러한 기조가 그대로 유지되고 있으며, 시도교육청의 『학교도서관진흥시행계획』에도 영향을 끼치고 있다. 특히, 『제3차 학교도서관진흥기본계획』(교육부, 2019b)부터 '학교기본경비의 3% 이상을 자료 구입비로 필수 편성' 하도록 하고 있다.

『경기도교육청 학교도서관 운영 및 독서교육 진흥 조례』(경기도조례 제8170호)

제11조(시설·자료 등) ① 「학교도서관진흥법 시행령」 제8조에 따라 경기도교육청 시설 및 자료기준을 정하고, 학교의 장은 그 기준에 따라 시설과 자료를 구비한다.

② 학교장은 예산 편성에 있어 도서관운영비는 학교기본운영비의 1퍼센트 이상을 확보하도록 노력하고, 자료구입비는 학교기본운영비의 3퍼센트 이상을 필수 편성한다. 다만, 특수학교와 당해연도 신설 학교는 제외한다.

『부산광역시 학교도서관 및 학교독서교육 진흥에 관한 조례』(부산광역시조례 제7224호)

제6조(시설·자료 등) ① 교육감은 「학교도서관진흥법시행령」 제8조 제2항에 따라 학교도서관에 갖추어야 하는 시설 및 자료의 기준을 정하고, 학교의 장은 그 기준에 적합하게 시설 및 자료를 구비하여야 한다.

② **학교의 장은 학교도서관운영비는 학교기본운영비의 100분의 1 이상, 자료구입비는 학교기본운영비의 100분의 3 이상을 예산에 편성하도록 노력하여야 한다.**

한편, 한국도서관협회의 『한국도서관 기준』에서는 학교도서관 운영비 중 자료 구매비 비율을 70%로 제시하고 있다(한국도서관협회 도서관기준특별위원회 2013, 156).

3. 장서관리정책

3.1 장서관리정책의 기능

학교도서관이 장서관리의 객관성과 합리성을 확보하고, 도서관 운영 목적을 성공적으로 달성하기 위해서는 소장 자료에 대한 명확한 기준을 담은 장서관리정책(Collection Management Policy)을 마련할 필요가 있다. 성문화된 장서관리정책은 장서에 관한 정보제공, 구성원의 도서관에 대한 헌신의 유도, 자료에 대한 기준 제시, 장서관리 업무의 객관성과 일관성 유지, 교육자료 활용, 이용자 불만 대처 등의 기능을 수행한다(Evans and Saponaro, 2012, 71).

- 장서에 관한 정보를 제공한다. 장서의 특성, 범위 및 수집·구성·조직의 우선순위에 관한 정보, 장서개발 목적에 대한 정보를 제공한다.
- 구성원의 헌신을 유도한다. 도서관의 목적을 달성하는 데 필요한 헌신(commitment)을 끌어낼 수 있다.
- 장서에 포함하거나 제외할 자료의 기준을 제시한다. 따라서 외부의 부당한 압력이나 민원에 대처할 수 있다.
- 객관성을 유지할 수 있다. 즉 단일 선택자의 영향 및 개인적인 편견을 줄일 수 있다.
- 시간이 경과하고 담당자가 바뀌어도 장서 정책의 일관성을 유지할 수 있다.
- 교육자료로 활용할 수 있다. 신규 직원을 위한 교육(training) 및 오리엔테이션 도구로 활용할 수 있다.
- 이용자의 불만에 대처할 수 있다.
- 자료의 폐기 및 평가를 지원한다.
- 예산의 현명한 분배를 돕는다.
- 도서관의 홍보자료로 이용할 수 있다.
- 장서개발프로그램의 전반적인 성능 평가 방법을 제공한다.

3.2 장서관리정책의 내용

장서관리정책을 개발하기 위해서 사서교사는 학교 경영자 및 교과교사와 협력해야 한다. 또한, 장서관리정책은 학교 교육과정과 학교공동체 구성원의 특별한 요구와 관심은 물론 지역사회의 다양성도 반영하여야 한다. 따라서 장서관리정책은 장서 구축이 협동적인 노력의 산물이고, 지도하는 학생의 요구를 잘 알고 있는 주제 전문가인 교사가 도서관 장서를 개발하는 데 중요한 역할을 한다는 점을 분명히 해야 한다. 그리고 지적 자유와 학생의 알 권리를 충족시켜 줄 수 있도록 장서관리의 일관성을 재고하는 방안을 마련해야 한다. 또한, 사서교사가 자료 검열에 대항해야 할 책임을 분명히 담아야 한다. 장서관리정책에 포함해야 할 내용은 다음과 같다(IFLA, 2015, 34; Montana State Library, 2015).

① 학교도서관의 사명
② 지적 자유(intellectual freedom)와 정보 자유(freedom of information)의 기술
③ 장서관리정책의 목적과 교육과정과의 관계
④ 장서 제공의 장단기 목표
⑤ 장서관리 결정에 대한 책임
⑥ 이용자의 요구와 도서관이 제공하는 서비스와 프로그램
⑦ 협동 장서개발과 도서관 상호대차
⑧ 기증 자료의 처리
⑨ 제적과 폐기 기준

한편, 교육부(2016)는 장서관리에 대한 연구를 통해서 학교도서관 장서가 교수·학습방법 개선과 독서교육 활성화에 기여할 수 있도록 장서관리 주체를 국가 수준, 시도교육청 수준 그리고 단위 학교 수준으로 구분하였다. 그리고 국가 수준과 시도교육청 수준에서 포함해야 할 장서관리지침의 항목은 일반원칙과 장서관리지침으로 설정하고, 단위 학교 수준의 장서관리지침에 포함해야 할 항목은 일반원칙과 장서개발 정책으로 구분하였다.

주목할 만한 점은 국가 수준에서 특수계층을 위한 장서개발이 일반원칙에 포함되고, 모든 주체별로 이의신청 자료의 처리에 관한 내용이 일반원칙과 지침에 포함되어 있다는 점이다. 단위 학교도서관에서 이의신청 자료에 대한 심의를 학교도서관운영위원회(학교운영위원회)에서 담당하는 문제는 명확한 규정이 없는 실정이지만, 『학교도서관진흥법』(법률 제18547호) 제10조, 제①항의 '5. 그 밖의 학교도서관 운영에 필요한 사항'에 따라 처리할 수 있다.

〈표 6-2〉 학교도서관 장서관리지침의 수준별 내용 구성(안)

구분	항목	내용
국가 수준	일반원칙	• 장서관리지침의 필요성 • 장서개발의 범위 • 장서의 범위 • 자료의 통합관리 시스템 구축 • 학교도서관운영위원회 • 특수계층을 위한 장서개발 • 예산 확보 방안 마련 • 이의신청 처리
	장서관리지침	• 자료의 확충과 정비 방안 • 기본 자료 기준 • 복본의 비치 • 균형 잡힌 장서 구성 • 기증자료 관리 • 디지털 정보 자료에 대한 접근성 제공 • 장서점검과 평가 • 보존자료관리 • 자료의 폐기와 제적 • 이의신청 처리의 책임

<table>
<tr><th>구분</th><th>항목</th><th>내용</th></tr>
<tr><td rowspan="2">시도교육청 수준</td><td>일반원칙</td><td>• 장서관리지침의 개발 의무
• 학교도서관 장서관리의 목적
• 학교도서관 자료의 구성
• 학교도서관 자료의 범위
• 학교도서관 자료의 통합관리
• 이의신청 재심 처리</td></tr>
<tr><td>장서관리지침</td><td>• 자료선정기준
• 자료 기준
- 학교 급별 권장기준
- 주제별 장서구성 비율
• 자료 구매 방법과 절차
• 기증자료 관리
• 학교도서관 자료선정과 관련된 법령 기준
• 제적과 폐기
• 이의 제기 및 재심 절차</td></tr>
<tr><td rowspan="2">단위 학교 수준</td><td>일반원칙</td><td>• 장서 구성 원칙
• 학교도서관운영위원회(학교운영위원회)의 심의
• 이의신청 자료의 처리</td></tr>
<tr><td>장서관리정책</td><td>• 장서관리 시행 방침
- 학교도서관의 사명
- 학교도서관의 목적
- 장서관리의 목적과 목표
- 장서의 범위
- 장서의 구성 기준
• 자료선정 및 관리 기준
- 일반 기준
- 자료의 유형별 선정기준
- 자료의 구매
- 기증자료 처리
- 자료의 정리
• 장서 열람
- 개가제 운영
- 장서의 대출
- 훼손과 분실 자료의 처리
• 장서점검과 보수
- 장서점검
- 자료 보수
• 장서평가
- 장서평가의 필요성
- 장서평가 방법
• 자료의 제적 및 폐기
- 법적 근거
- 비도서 자료의 제적 및 폐기 기준
- 연속간행물(잡지)의 제적 및 폐기 기준
- 전자자료의 폐기
- 주제별 제적 및 폐기 기준
- 보존 자료의 범위
- 제적과 폐기의 절차
• 이의신청 자료의 심의 및 처리
- 이의신청 자료의 심의 절차
- 이의신청 자료의 처리</td></tr>
</table>

(출처: 교육부, 2016, 279의 일부 내용을 수정 보완함)

4. 자료 선정과 구매

4.1 자료 선정 절차

학교도서관 자료는 학교공동체의 요구사항과 일치해야 한다. 따라서 자료를 선정할 때는 학교 교육목표, 학생의 독서 관심사, 교사의 추천 사항을 확인하는 것이 중요하다. 또한, DLS를 활용한 자료 활용 통계와 독서 경향을 분석하여 자료 활용 경향을 파악할 필요가 있다. 특히, 장서평가를 통해 도서관 자료가 이용자의 요구를 잘 충족시키고 있는지, 잘 갖추어진 주제 분야나 영역 그리고 보완해야 할 주제 분야나 영역을 확인해야 한다.

자료의 선정과 구매는 공정하고 객관적으로 진행되어야 한다. 우선, 자료 선정을 위해서는 장서관리정책을 교내외 이용자에게 다양한 방법으로 홍보하고, 그 내용을 공유할 필요가 있다. 사서교사는 이용자로부터 수입(구매, 교환, 생산 등) 희망 자료 요청을 받아 구매 예정 자료 목록(검토 대상 목록)을 작성한 후 사전 공지한다. 이때 학교 홈페이지를 이용하는 경우 수입 예정 자료목록을 1주일 이상 공지한다. 학교도서관 구매 자료의 최종 선정은 『학교도서관진흥법』(법률 제18547호)에 따라 학교도서관운영위원회의 심의를 받는다(제10조 제①항).

「학교도서관진흥법(법률 제18547호)

제10조(학교도서관운영위원회) ① 다음 각 호의 사항을 심의하기 위하여 학교에 학교도서관운영위원회를 둔다.

1. 학교도서관운영계획
2. 자료의 수집 · 제작 · 개발 등과 관련된 예산의 책정
3. 자료의 폐기 · 제적
4. 학교도서관의 행사와 활동
5. 그 밖의 학교도서관 운영에 필요한 사항

학교도서관 자료 선정 절차를 정리하면 다음과 같다.

〈표 6-3〉 학교도서관 자료 선정 절차

자료 구매 절차	시행기관(담당자)
① 학교도서관 장서평가 및 결과 공개	• 사서교사 • 학교도서관운영위원회
↓	

절차	담당
② 장서관리정책 제정	• 학교도서관운영위원회 • 학교 규정에 포함하고 홍보
↓	
③ 교사·학생·학부모 등 이용자 수요조사	• 사서교사
↓	
④ 구매희망 자료목록 작성 및 공개	• 사서교사 및 학교도서관 담당 교사 • 학교 홈페이지 등에 7일간 공개
↓	
⑤ 이의신청 접수	• 사서교사
↓	
⑥ 학교도서관운영위원회(학교운영위원회) 심의 · 구매희망 자료에 대한 평가 및 심의 · 이의신청 자료에 대한 심의 및 결과 통보	• 학교도서관운영위원회
↓	
⑦ 학교장 결재 후 자료구매	• 학교장 • 사서교사

4.2 자료 선정 기준

4.2.1 자료 선정 일반기준

학교도서관은 지식의 중재자 역할을 할 수 있는 장서를 구성해야 한다. 이와 관련해서 우치다 다쓰루(内田樹)(2024)는 도서관의 실용적 장서 구성을 비판하고, 배움이 가능한 장서 구성을 강조했다. 즉 도서관은 학생이 이미 읽은 책, 앞으로 읽은 책뿐만 아니라 자신이 읽은 적이 없는 책, 읽을 일이 없는 책에 압도당하는 체험을 제공해야 한다. 이용자는 도서관을 방문할 때마다 자신이 이만큼이나 앎이 부족하다는 사실에 놀라고, 이 놀라움이 도서관에 다니는 보람이라는 것이다.

그리고 학교도서관은 다양하고 풍부한 장서를 개발함으로써 탐구학습을 적극적으로 지원해야 한다. 탐구학습에 적합한 자료는 다양성, 대응성 그리고 접근성을 갖출 필요가 있다.

〈표 6-4〉 탐구학습에 적합한 자료의 특징

- 다양성(diverse)
  - 다양한 형태(formats)의 자료
  - 다양한 주제, 관심사, 관점을 아우르는 자료
  - 공동체의 다양성을 인정하고 존중하는 자료
- 대응성(responsive)
  - 교사와 학생의 의견을 반영하여 선정, 생산한 자료
  - 다양한 관점을 제공하는 심층 연구를 위한 자료
  - 교사, 학생 및 공동체의 변화하는 요구에 대응하는 자료
- 접근성(accessible)
  - 다양한 학습자의 요구, 다양한 학습능력의 요구사항을 충족하는 자료
  - 물리적 공간과 가상공간에서 쉽게 접근할 수 있는 자료

(출처: National Library of New Zealand (2025. 04. 02.). School libraries and inquiry learning. Available: ttps://natlib.govt.nz/schools/school-libraries/library-services-for-teaching-and-learning/supporting-inquiry-learning/school-libraries-and-inquiry-learning)

학교도서관에서 개별 자료를 선정할 때 고려해야 할 일반적인 기준은 교육과정, 이용자의 특성 및 요구, 자료의 내용과 평판 그리고 물리적 특성 등이다.

〈표 6-5〉 학교도서관 자료 선정의 일반 기준

영역		선정기준
교육과정 및 도서관 운영 목적		• 교육과정 관련성 • 교과학습에 도움을 주는 자료 • 도서관에서 이용 가능한 주제
이용자의 특성		• 이용자 나이의 적합성 • 이용자의 흥미 • 대중적 관심과 요구
자료	내용	• 내용의 정확성과 공평성 • 정보의 최신성 • 독창성 • 타당성 • 수록 범위 • 가독성 • 전문가의 추천 • 시의적절성과 영속성 • 진실성 • 논쟁적 쟁점에 대표적인 견해의 폭을 넓혀 줄 수 있는 자료 • 수준이 높은 잠재적 이용자에게 호소할 수 있는 내용을 담고 있는 자료
	평판	• 표준 선정 정보원에 실린 호의적인 서평 • 표준 서지나 색인지 포함 여부 • 표준 작품으로서의 영구 가치 • 수상 여부 • 사회적 중요성 • 저자, 삽화가, 출판사, 출판가의 명성

	물리적 특징	• 물리적인 내구성, 공학적 매력과 가치 • 제본, 구조, 삽화의 질 • 가격 • 형태

(출처: St. Bonaventure School Library 2015; ALA 1999의 내용을 정리하여 도표화함)

4.2.2 자료 유형별 선정 기준

도서자료는 학교도서관이 가장 많이 소장하는 자료 형태로 교육과정과의 연계성과 이용자의 요구와 수준 등을 종합적으로 고려한다. 개정판이 나온 자료는 최신판을 수집하고, 자료의 보관과 활용에 적합한 제본이 된 자료를 선정하는 것이 좋다. 교육과정 지원을 위하여 교육부와 교육청에서 발간한 장학자료집과 학교에서 발간하는 교지, 교육계획서 그리고 교수-학습 결과물도 수집한다. 도서자료 선정 시 고려할 평가 요소는 저작사항, 출판사의 권위, 내용, 물리적 형태 등이다.

- 저작사항
  저작사항 중에서 가장 중요한 것은 책을 저술한 저자가 학력, 직업, 경력 면에서 그 방면의 주제를 다룰 수 있는 자격을 갖추고 있는지 살펴보는 것이다. 그리고 저자의 이전 저서를 통해 저작에 임하는 태도가 성실하고 독창성이 있는지도 검토한다.
- 출판사의 권위
  출판사의 출판 경향과 전통, 권위도 따져봐야 한다. 출판사의 전통과 권위는 책의 신뢰도를 판단할 수 있는 간접적인 기준이기 때문이다. 그리고 출판연도를 확인하는 것이 필요하다. 인문과학의 경우는 별문제가 없지만, 과학기술 분야의 책은 역사적으로 기술한 것을 제외하고는 출판된 지 5년 이상 된 것은 이미 시대에 뒤떨어진 내용인 경우가 많기 때문이다.
- 내용
  책의 내용에 대한 평가 대상은 주제와 주제의 범위, 주제를 다루는 방식, 표현 방법, 문체 등이다. 특히, 직간접 평가를 통해서 책의 내용이 학교도서관의 자료선정 기준에 적합한지를 판단해야 한다. 비소설 자료는 학생의 호기심을 불러일으키고, 세상에 대한 더 다양한 지식을 개발하도록 돕고, 관심 있는 것과 중요한 것에 대해 더 많이 배울 수 있는 자료를 선택한다. 문학은 현대 소설과 고전을 아우르는 다양한 장르, 관점, 배경, 주제 및 글쓰기 스타일을 선정한다. 그리고 가벼운 읽기와 지식의 확장을 도울 수 있는 작품을 함께 선정한다. 특히, 학생의 정서를 고려하여『청소년보호법』(법률 제20935호) 제9조 제③항에 따라『청소년보호법시행령』(대통령령 제35038호)에서 제시하고 있는『청소년유해매체물의 심의 기준』의 개별 심의 기준에 따라 선정성과 폭력성 여부를 판단한다.

〈표 6-6〉 청소년유해매체물의 심의 기준

청소년보호법시행령
[별표 2] 청소년유해매체물의 심의 기준(제9조 관련)

1. 일반 심의 기준
가. 매체물에 관한 심의는 해당 매체물의 전체 또는 부분에 관하여 평가하되, 부분에 대하여 평가하는 경우에는 전반적 맥락을 함께 고려할 것
나. 매체물 중 연속물에 대한 심의는 개별 회분을 대상으로 할 것. 다만, 법 제7조 제5항에 해당하는 매체물에 대한 심의는 그러하지 아니하다.
다. 심의위원 중 최소한 2명 이상이 해당 매체물의 전체 내용을 파악한 후 심의할 것
라. 법 제7조 제5항에 따라 실제로 제작·발행 또는 수입이 되지 아니한 매체물에 대하여 심의할 때에는 구체적·개별적 매체물을 대상으로 하지 않고 사회 통념상 매체물의 종류, 제목, 내용 등을 특정할 수 있는 포괄적인 명칭 등을 사용하여 심의할 것

2. 개별 심의 기준
가. 음란한 자태를 지나치게 묘사한 것
나. 성행위와 관련하여 그 방법·감정·음성 등을 지나치게 묘사한 것
다. 동물과의 성행위를 묘사하거나 집단 성행위, 근친상간, 가학·피학성 음란증 등 변태 성행위, 성매매 그밖에 사회 통념상 허용되지 아니한 성관계를 조장하는 것
라. 청소년을 대상으로 하는 성행위를 조장하거나 여성을 성적 대상으로만 기술하는 등 성 윤리를 왜곡시키는 것
마. 존속에 대한 상해·폭행·살인 등 전통적인 가족 윤리를 훼손할 우려가 있는 것
바. 잔인한 살인·폭행·고문 등의 장면을 자극적으로 묘사하거나 조장하는 것
사. 성폭력·자살·자학행위, 그밖에 육체적·정신적 학대를 미화하거나 조장하는 것
아. 범죄를 미화하거나 범죄 방법을 상세히 묘사하여 범죄를 조장하는 것
자. 역사적 사실을 왜곡하거나 국가와 사회 존립의 기본 체제를 훼손할 우려가 있는 것
차. 저속한 언어나 대사를 지나치게 남용하는 것
카. 도박과 사행심 조장 등 건전한 생활 태도를 현저하게 해칠 우려가 있는 것
타. 청소년유해약물 등의 효능 및 제조 방법 등을 구체적으로 기술하여 그 복용·제조 및 사용을 조장하거나 이를 매개하는 것
파. 청소년유해업소에의 청소년 고용과 청소년 출입을 조장하거나 이를 매개하는 것
하. 청소년에게 불건전한 교제를 조장 또는 매개할 우려가 있는 것

- 물리적 형태
  책의 물리적 형태란 활자의 크기, 제본 상태, 삽화나 색인의 유무 등이다. 특히, 내용 이해에 도움이 되는 질 좋은 사진이나 삽화가 실려 있는지 그리고 제본은 튼튼한지 꼼꼼하게 살펴봐야 한다. 소설의 경우 그림책, 그래픽 노블, 전자책, 오디오북 등 다양한 형태(formats)의 작품을 선정한다.

그림책은 고유한 예술 매체이며, 아동의 성장을 돕고, 글자를 읽을 수 있게 도와주는 도구이자 교육 수단이라고 할 수 있다. 그림책과 독자의 소통에 영향을 주는 것은 아동이 오감으로 인식하는 서체의 종류와 크기, 디자인, 그림의 크기와 위치, 책의 크기나 비례, 표지나 면지가 주는 조형성, 이미지가 만들어 내는 흐름, 페이지 간의 운영에 따라 형성되는 심리적 물리적 공간, 종이의 재질이 주는 촉감, 글과 그림을 읽을 때의 시간성 등이다(최은희, 2009, 22). 아동에게 좋은 그림책이란 보는 즐거움과 상상하는 즐거움을 주는 책이다(와키 아키코, 2006, 67-72). 좋은 그림책의 조건을 내용(글, 그림, 주제)과 형태 측면으로 나누어 살펴보면 다음과 같다.

〈표 6-7〉 좋은 그림책의 조건

선정 요소		기준	평가	
			적합	부적합
내용	글	• 이야기 줄거리가 단순하고 문장이 짧고 분명한가?		
		• 우리말을 살려 쓴 글로 흥겨운 말의 재미를 느낄 수 있으며 어려운 말이 아닌 쉽고도 깨끗한 우리말로 된 책인가?		
		• 리듬감이 강한 언어와 구성의 즐거움이 살아있는 책(의성어, 의태어를 많이 사용하여 리듬감을 살린 책)인가?		
		• 글이 리듬이 있으며, 반복 구성의 법칙을 가지고 있는 책인가?		
	그림	• 글과 그림이 함께 이야기를 밀고 나가는 책(그림만으로 이야기가 풍부하게 전달되는 것)인가?		
		• 글의 효과를 한껏 살린 장면 구성을 담은 그림책(움직임이 많은 그림이 아이의 시선을 잡아 끔)인가?		
		• 원색을 써서 평면적인 채색을 한 그림이 주를 이루는 것보다는 수채화, 파스텔, 유화, 소묘, 콜라주(collage), 연필그림 등 다양한 기법을 사용한 책인가?		
		• 이야기 이상의 볼 것을 그림으로 보여주는 책인가?		
		• 그림을 통해 상상력을 키울 수 있도록 가능한 전문가가 그린 책인가?		
	주제	• 아동의 생활과 심리가 잘 나타난 책(아동이 중심이 되어 느끼는 것, 주제나 소재가 아동의 관심사와 정서를 담고 있는 책)인가?		
		• 도덕적으로 가치가 있고 정서를 안정시켜 주는 책인가?		
		• 아동의 흥미를 키워주고 호기심을 북돋워 주며 상상력을 키워주는 책인가?		
		• 올바른 삶의 방향을 찾는 데 도움이 되며 바람직한 미래사회에 대해 폭넓고 깊이 있는 전망을 바탕에 깔고 있는 책인가?		
형태		• 쓴 사람, 옮긴 이, 원서명, 활자, 출판사가 분명한 책인가?		
		• 종이의 질과 표지의 질이 우수하고 제본 상태가 견고한 책인가? • 삽화(그림)가 사실적이고 세밀하여 사물의 본질을 왜곡시키지 않는 형태와 색을 사용한 책인가?		
		• 그림이 책 전체의 1/2 이상인 책인가?		
		• 글자의 크기가 18~20포인트 정도 되는 책인가?		
		• 여백이 충분하여 압박감을 주지 않는 책인가?		
		• 책 크기가 너무 크거나 두껍지 않은 책인가?		
		• 최근에 발간된 책(발행연도가 너무 오래되지 않은 책)인가?		
		• 평소에 좋은 글을 쓰는 사람이 쓴 책인가?		
외국 그림책		• 서구인의 가치관이 강하게 반영된 세계 명작보다는 보편적인 정서와 가치를 담고 있는 책인가?		
		• 국가와 인종, 피부색, 직업, 종교, 성 등의 편견이 없는 책인가?		
		• 원서명, 번역자 이름이 있고 완역된 책인가?		
		• 문학 작품으로서 품격을 갖춘 제재와 주제를 다룬 책인가?		

(출처: 최은희, 2009, 32-33의 내용을 일부 수정하여 재구성함)

특히, 학교도서관활용교육과 학생의 탐구활동이 활발해지면서 정보 그림책에 대한 관심이 높아지고 있다. 정보 그림책은 아동에게 증명할 수 있는 사실 정보를 객관적으로 제공하기 위한 그림책이다. 정보 그림책은 일차적으로 정보전달을 목적으로 한 가지 주제에 초점을 맞추며, 그림은 정보에 대한 명확한 이미지를 생생하게 보여주는 역할을 하므로 시각적인 장치의 다양성을 꾀하고 독자의 시선을 사로잡을 수 있는 디자인을 채택한다. 따라서 정보 그림책은 아동의 정보에 대한 호기심을 불러일으키고 정보에의 접근을 쉽게 하며, 글의 내용을 시각적으로 설명하고 확장함으로써 정보의 이해를 돕기 위해 그림, 사진, 도표, 지도, 연표, 그래프 등도 다양하게 활용한다(심향분, 2012, 156). 정보 그림책을 선정할 때 고려할 사항은 다음과 같다.

〈표 6-8〉 좋은 정보 그림책의 조건

선정 요소	기준	평가	
		적합	부적합
주제	• 아동에게 흥미롭고 중요한 주제를 담고 있는가?		
	• 아동이 이미 알고 있는 것을 확대해 나갈 수 있는 정보를 담고 있는가?		
	• 성별, 인종, 종교, 사회, 경제적인 편견이 없는 정보를 담고 있는가?		
줄거리	• 줄거리의 구성이 논리적인가?		
	• 풍부하고 적절한 사례를 시용하면서 명확하고 솔직하게 기술하고 있는가?		
	• 아동의 언어 수준에 적합한 흥미로운 언어를 사용하고 있는가?		
	• 최신의 분명한 정보를 담고 있으며, 사실과 이론 그리고 역사적 사실과 가정을 명확하게 구분하고 있는가?		
그림 삽화 제본	• 주제와 분위기가 일치하고 줄거리를 잘 전달하며 추가 정보를 제공해 주는 삽화를 담고 있는가?		
	• 삽화가 정교한가?		
	• 삽화, 그림 등의 크기가 식별이 가능할 정도로 적당하며, 복제 상태가 양호하고, 본문과 잘 통합되어 있는가?		
	• 활자의 크기가 아동이 읽기에 적절한가?		
	• 반복적인 이용에 견딜 수 있는 내구성을 갖추고 있는가?		
정확성 출처 및 추가적 도구	• 정확한 사실과 연대를 제시하고 있는가?		
	• 내용 및 삽화와 관련된 정보의 출처를 표시하고 있는가?		
	• 권말에 추가적인 읽을거리를 제공하고 있는가?		
	• 지도와 연대표 등을 포함하고 있는가?		
	• 페이지 번호와 색인을 담고 있는가?		

(출처: Isaacs, 2014, 33-43)

연속간행물(serials)은 일반도서와 비교해서 구매에 많은 예산이 소요되기 때문에 엄격한 선정기준이 필요하며, 수집의 일관성을 유지할 수 있도록 장서관리지침서 등에 명시하는 것이 바람직하다. 연속간행물의 선정은 학교도서관의 일반적인 자료 선정 기준을 적용하되 특히 이용자의 요구, 교과별 기본 자료 조사, 구매가격과 입수의 난이도, 기증과 교환에 의한 입수 가능성, 도서관의 성격과 목적 등을 고려하여야 한다. 연속간행물 선택시 고려할 사항은 다음과 같다.

- 이용자가 요구하는 자료를 선정한다.
- 기사가 공정하고 편향되지 않은 것을 선정한다.
- 정치적, 종교적, 사상적 배경을 가진 연속간행물은 반대되는 성향의 자료도 함께 수집하여 중립성을 유지한다.
- 사회적으로 권위 있는 출판사의 간행물이나 간행에 대한 일관성을 고려한다.
- 각 자료의 보존 기간을 분명히 한다.
- 간행 도중에 구매한 자료는 구독 연도의 과월호를 소급 비치한다.

시청각자료 역시 학교 교육과정에 도움을 줄 수 있는 자료를 우선 수집하되 도서관이 보유하고 있는 기기 및 매체로 이용할 수 있는 것인지 확인한다. 그리고 교사 및 학생이 수업에 손쉽게 이용할 수 있는지 살펴본다. 시청각자료의 일반적인 선택기준은 교육과정 관련성, 주제(내용), 외형(포장), 가격, 예술적 가치(독창성, 상상력 등), 물리적 특성(견고성, 편리성, 활용 가능성 등) 등이다. 시청각자료의 유형별 선택 요소를 살펴보면 다음과 같다.

〈표 6-9〉 시청각자료의 유형별 선택 요소

자료 유형	선택 요소	평가	
		적합	부적합
시뮬레이션과 게임	◦관련 기능에 대한 연습 기회를 제공하는가? ◦우연성보다 학습자의 노력으로 승리하는가? ◦시뮬레이션의 타당도, 실제적이고 정확한 현실감을 재현하는가? ◦진행과 사후 보고에 대한 명확한 안내를 해주는가?		
컴퓨터 S/W 멀티미디어	◦명확한 방향성이 있는가? ◦창조성을 자극하는가?		
시각(화상) 자료	◦모든 학생이 볼 수 있고, 명확한가? ◦명확하고 통일적인 디자인인가? ◦색상이 학습자의 속성에 맞춰져 있는가? ◦분명하고 효과적인 의사소통이 가능한가? ◦학습자의 주의 집중에 도움을 주는가?		
녹음자료	◦학생이 이해하고, 처리 가능한 수준으로 제시하는가? ◦녹음자료의 내용이 명확하게 조직되어 있는가?		
영상자료 (비디오)	◦진도가 학생이 이해하고 수용할 정도로 제시되고 있는가? ◦구조화되어 있으며, 인지 전략을 적용하여 이해를 돕고 있는가?		

전자자료는 자료의 존재 형태에 따라 무형(無形)의 전자자료와 유형(有形)의 전자자료로 구분할 수 있다. 무형의 전자자료는 물리적 실체를 갖고 있지 않은 전자저널, 전자책, 인터넷 자료, 온라인 데이터베이스 등이다. 무형의 전자자료는 범위, 적절성, 정확성, 접근성, 디자인과 표현, 내비게이션, 검색, 제작자나 대행사 정책, 자료 저장과 장기 접근 보장, 비용, 원자료 평가 등을 고려할 필요가 있다. 특히, 웹 자료를 선정할 때는 다음 요소를 고려한다.

〈표 6-10〉 웹 자료의 선택 요소

선택 요소	평가	
	적합	부적합
◦분명한 지시를 해주는가? ◦창의성을 자극하는가? ◦시각적 설계가 잘 되어있는가? ◦링크의 질이 우수한가? ◦사이트 지도가 있는가?		

유형의 전자자료는 실체를 갖고 있는 DVD, CD-ROM 등이다. 유형의 전자자료 역시 무형의 전자자료 선정 기준과 대부분 동일하지만, 특별히 시험용 자료의 이용 가능성, 하드웨어 요구 사양과 소프트웨어 설치 용이성 그리고 온라인 연결성 등을 살펴볼 필요가 있다(김이숙, 2005). 전자자료의 멀티미디어적 특성을 고려할 때 내용, 디자인, 조직과 내비게이션, 외양 그리고 그래픽, 비디오, 음향 등을 평가할 필요가 있다.

〈표 6-11〉 매체 특성을 고려한 전자자료 평가표

평가항목	평가 내용	평가	
		적합	부적합
내용	◦모든 정보는 최신성이 있고 이용할 수 있어야 한다. ◦모든 정보는 사실이어야 한다. ◦틀린 철자와 구두점, 문법적인 오류가 없어야 한다. ◦인종차별을 나타내는 표현이 없어야 한다. ◦의심스러운 어휘나 비천한 말이 없어야 한다. ◦내용은 참고한 출처를 밝혀야 한다.		
디자인	◦학습목표가 분명해야 한다. 학습목표는 학교의 교육과정과 일치해야 한다. ◦이용자가 이해할 수 있고, 개념을 명확하게 알 수 있도록 필요한 정보가 제시되어 있어야 한다. ◦테스트해 볼 수 있는 경우 이는 목표와 일치해야 한다. ◦이용자의 흥미를 유발할 수 있도록 제시되는 정보는 혁신적이고 창조적이어야 한다.		
조직과 내비게이션	◦스크린은 내비게이션이 쉽게 되어있어야 한다. ◦내비게이션이 쉽도록 모양(look)이 일관성이 있어야 한다. ◦링크와 버튼은 지시된 대로 잘 작동되어야 한다.		
외양	◦여러 가지 활자 모양이나 활자 크기를 사용하면 가독성이 떨어진다. ◦활자 크기는 읽기에 좋을 만큼 커야 한다. ◦대문자는 주요 텍스트에서만 사용한다. ◦주요한 아이디어는 문장 속에 넣기보다는 하나의 프레임에 넣는다.		
그래픽, 비디오, 음향	◦그래픽, 비디오, 음향은 토픽에 관련된 정보전달에 도움이 될 때만 사용한다. ◦음란물 비디오는 사용하지 말아야 한다. ◦그래픽은 전체 내용을 읽는 데에 방해가 되지 말아야 한다. ◦그림, 소리는 버튼으로 해당 내용과 연결될 수 있어야 한다.		

(출처: Roblyer, 2003; 박온자 2003, 55-56)

4.3 자료 구매

학교도서관의 자료 구매는 우선 자료의 구성 현황이나 교과별 요구 정도 그리고 자료 구매 예산 등을 고려하여 시기와 방법 등에 대한 계획을 세워야 한다. 그리고 지역사회 서점 간의 공개경쟁을 통해 구매함으로써 예산을 절감하고 지역 경제발전에 작은 보탬이 될 수 있도록 하는 방법이 좋다. 학교도서관의 자료 구매 유형은 구매 주기(횟수)와 방법에 따라서 정기구매와 수시구매 나눌 수 있다. 그리고 구매 방법에 따라서 입찰 계약, 공동구매, 온라인구매 등으로 나누어볼 수 있다. 안정적인 장서개발과 적시에 이용자 요구 충족을 위해 정기구매와 수시구매를 병행하는 것이 좋다.

① 정기구매와 수시구매

정기구매는 학기별로 1~2회 정도 나누어 정해진 시기에 체계적으로 장서를 개발하는 방법이다. 이용자는 구매 시기에 맞추어 원하는 자료를 신청할 수 있지만, 수시로 필요한 자료를 활용하기 어려울 수 있다. 그리고 사서교사는 예측할 수 있는 장서관리를 할 수 있지만, 장서관리 업무가 일시에 집중되는 어려움이 있다. 수시구매는 이용자의 요구를 자료구성에 즉시 반영하는 방법으로 최신 자료를 제공할 수 있다. 그러나 1인 운영 체제하에서 사서교사가 장서의 구매와 정리 등 행정적이고 사무적인 일에 지나치게 많은 시간을 빼앗기게 됨으로써 독서지도나 도서관 이용지도 그리고 참고봉사 등의 업무에 소홀해질 수 있다는 단점이 있다.

교육과정 운영에 꼭 필요한 자료는 정해진 구매 시기에 상관없이 즉시 구매하여 제공할 수 있는 융통성을 가져야 한다. 이와 관련하여 『제4차 학교도서관진흥기본계획』에서는 전문성, 편의성, 시의성을 골자로 하는 '체감형 수업지원 서비스'를 도입하였다. 시의성은 '학교 여건에 따라 학년별 협의회(초), 교과별 협의회(초·중·고)에서 필요도서를 선정하고, 바로 구매하여 수업에 활용하도록 지원한 후 학교도서관 장서에 등록하는 것'이다. 이 경우 수업 활용 자료에 한정하고, 복본 구매를 지양하도록 하는 등 사전에 장서관리정책에 관련 기준을 마련할 필요가 있다(교육부, 2024, 10).

교수-학습자료의 체감형 수업지원 서비스(예)

구분	주요 내용
자료 추천(전문성)	교원이 요청한 학습주제를 중심으로 학교도서관에서 자료(도서 등)를 선정하여 수업에 활용할 수 있도록 지원
자료 제공(편의성)	수업 등에 같은 책이 많이 필요할 경우, 학교도서관에서 인근 학교도서관-공공도서관 등과 상호대차 지원
바로 활용(시의성)	학년 초 교육과정 계획수립 시 수행평가, 수업 등에 필요한 도서는 일정한 절차를 거쳐 적기에 활용할 수 있도록 지원 체계 마련

(출처: 교육부, 2024, 10)

② 입찰 계약

년 1~2회 정도 일반경쟁 입찰로 도·소매업체나 납품 전문 업체에 장서 납품을 위임하는 방법이다. 이 방법은 한 시점에 많은 자료가 동시에 들어오기 때문에 신간 자료의 입수에서 이용까지 시간이 오래 걸려 적시에 교수-학습 지원을 할 수 없다는 문제점을 갖고 있다. 또한, 유통의 이윤이 개별 업체에 집중될 수 있다.

③ 공동구매

각 지역교육지원청 단위로 관할 초·중·고등학교의 1년분 구매 장서 목록을 미리 수합한 후 지역교육지원청이 납품 계약을 체결하여 장서를 구매하고 단위 학교로 분배하는 방법이다. 이 방법은 학교별로 중복 구매하는 장서가 많은 경우 예산을 절약할 수 있다는 장점이 있으나 장서 신청 후부터 단위 학교로 장서가 분배되기까지 너무 긴 시간이 걸릴 뿐만 아니라, 단위 학교별로 교육과정 운영 과정에서 수시로 발생하는 장서 구매 요구를 효과적으로 반영할 수 없다는 한계가 있다.

④ 온라인 구매

인터넷을 통한 상거래는 서점에까지 확대되고 있다. 인터넷 서점은 점차 책의 원문 자체를 내려받아 볼 수 있는 명실상부한 전자서점으로 발전하고 있다. 인터넷을 이용한 온라인 구매는 다양한 주제 분야의 장서를 소량으로 구매해야 하는 학교도서관 장서 구매의 특성상 대형 유통업체에 주문이 집중될 수밖에 없다. 이 방법은 장서 입수 시간의 단축과 추천목록 제공, 초록과 목차 서비스 등을 활용할 수 있는 장점이 있지만, 서점이라는 연결고리를 통한 학교도서관과 지역사회와의 연계를 단절시킬 수 있다. 또한, 온라인 구매 시에는 개인신상 정보와 학교 신용정보 유출에 대한 적절한 대비와 결재 방식(사전, 사후 방식), 파본 자료의 교환 방법과 이에 따른 비용 부담 등에 대한 사전 계약이 필요하다.

〈표 6-12〉 학교도서관의 자료 구매 방법

방법	의미	장점	단점
정기 구매	구매 시기를 정해 놓고 정기적으로 구매하는 방법	• 체계적인 장서개발 가능 • 구매 시기 예측 가능	• 이용자 요구의 즉각적인 수용 불가 • 장서관리 업무 집중
수시 구매	구매해야 할 자료를 월별 또는 분기별로 나누어 수시로 구매하는 방법	• 이용자 요구의 즉각적인 수용 • 최신 장서 제공이 쉬움 • 도서관 이용률 증가	• 행정업무 증가 • 교육활동 시간 제약
입찰 계약	년 1~2회 정도 일반 경쟁 입찰로 자료 납품을 의뢰하는 방법	• 자료 구매비(예산) 절약 • 행정사무에 대한 시간 절약	• 자료 집중 수입에 따른 정리 업무 편중 • 이용자 요구 수용의 한계 • 교수-학습 지원의 적시성 부족
공동 구매	각 지역교육지원청 단위로 1년분 구매 자료 목록을 미리 모은 후 지역교육지원청이 납품 계약을 체결하여 자료를 구매하고 단위 학교로 분배하는 방식	• 자료 구매비(예산) 절감 • 행정사무에 대한 시간 절약	• 이용자의 요구 수용 한계 • 교수-학습 지원의 적시성 부족

방법	의미	장점	단점
온라인 구매	대형서점과 출판사, 전문 온라인 유통업체가 운영하는 사이버 서점을 이용하여 구매하는 방법	• 신속한 장서 입수 • 예산 절감 • 온라인 서점이 제공하는 부가 서비스 이용 가능 : 목록, 목차, 초록 서비스	• 대형유통기관 집중 심화 • 지역경제에 대한 기여 외면 • 신용정보 유출 위험

4.4 자료 기증

기증은 장서를 확보할 수 있는 중요한 수단이 될 뿐만 아니라 학교도서관의 교육적 역할과 독서의 필요성을 널리 알릴 수 있는 계기가 될 수 있다. 따라서 적극적인 홍보를 통하여 교사, 학생, 학부모, 동문, 지역사회 주민 등이 자발적으로 기증에 참여할 수 있도록 노력해야 한다. 학교도서관 활성화사업 초기에는 부족한 장서를 확충하기 위하여 장서의 질 개선과 함께 학습에 필요한 기본 장서 확충을 위하여 학무모와 민간 등의 자율적인 도서 기증 운동을 정책사업으로 진행하였다(교육과학기술부, 2008, 13-14). 그러나 학교도서관 자료 구매비가 학교 기본경비의 3% 이상 필수 편성(교육부, 2019b)되면서 기증보다는 구매가 학교도서관 자료 수입 방법의 주류를 형성하고 있다.

기증은 개인이나 단체가 자발적으로 학교도서관에 보내오는 자발적인 기증과 학교도서관이 적극적으로 기증을 요청하여 이루어지는 의뢰에 의한 기증이 있다. 기증받은 자료는 우선 자료의 선택 및 평가 기준에 의하여 소장 여부를 판단하여야 하며, 소장하기 곤란한 자료는 제적 자료 등과 함께 별도로 둔다. 공공도서관에서는 도서관의 운영 목적에 맞는 자료를 기증받기 위하여 기증자에게 '기증 신청서와 기증 신청자료 목록을 먼저 제출받아 검토한 후 기증 신청자에게 기증 여부를 통보'하고, '도서관으로 우편, 택배로 송부하거나 방문 기증'하도록 규정을 마련한 경우도 있다(강동구통합도서관, 2025). 기증 자료의 질 관리 및 소장여부를 판단하기 위한 기증자료 처리 기준 사례를 살펴보면 다음 〈표 6-13〉과 같다.

〈표 6-13〉 기증자료 처리 기준(예)

도서관 자료로서 보존, 관리, 적정수준, 이용가치 및 이용자 편의 등을 고려하여 등록여부를 결정한다. 다만 도서관 장서 구성 목적에 적합하지 않을 경우에는 선정에서 제외하며, 그 대상은 다음과 같다.

① 소책자 및 팸플릿
② 도서관이 이미 소장하고 있는 복본도서
③ 각종 통계서로서 DB 열람이 가능한 도서
④ 타고장의 향토자료
⑤ 일회성 및 홍보성 도서로 보존가치가 없는 도서
⑥ 1년이 경과하면 이용가치를 상실하는 백서, 연감 및 통계지

⑦ 논문집, 족보자료, 작품집, 매뉴얼, 입상작, 문집, 평범한 개인의 전기, 회고집, 보고서 등
⑧ 이용빈도가 낮은 기업사, 지방연구소 발간도서 등
⑨ 훼손자료 및 독서위생에 저해되는 자료
⑩ 교재, 문제집, 수험서
⑪ 출판연도가 3년이 지났거나 보관 상태가 양호하지 않은 도서
⑫ 간증, 설교, 전도 등을 목적으로 한 종교 관련 도서

기증 자료 중 선정에서 제외된 자료는 재기증하거나 관내 별도 공간비치, 또는 책나눔 행사 및 폐기 등으로 처리한다.

(출처: 서울특별시교육청 구로도서관, 2022)

그러나 소장하기로 결정된 자료는 구매 자료와 함께 정리하여 관리하되 기증 장서임을 표시하기 위하여 단행본의 경우 표제지에 기증인을 날인하고 기증자(기관)를 명시한다. DLS를 이용한 전산입력의 경우에는 자료 구매 유형을 기증으로 선택한다. 특히, 비매품인 자료 중 학교 교육에 꼭 필요한 자료는 적절한 절차를 밟아 관련자(기관)에게 기증을 의뢰하여 받아보는 적극적인 자세가 필요하다. 그리고 자료를 기증받은 뒤에는 기증자나 기관에 감사의 전화나 편지 또는 이메일 등을 보내는 것이 좋다.

학교도서관에서 기증 자료의 질을 관리하고 다수의 복본 기증을 예방하기 위해서는 학년이나 학급별로 기증 자료의 주제나 목록을 제시하는 방법, 문화상품권이나 도서상품권으로 기증받을 수 있다. 그리고 발전 기금을 조성하여 필요한 자료를 구매하는 방법도 있다. 『초·중등교육법』(법률 제20862호)에 따르면, 학교발전기금을 조성하는 주체는 학교운영위원회이다(제33조). 『초·중등교육법시행령』(대통령령 제35211호)에서는 조성한 발전 기금을 '학교 교육시설의 보수 및 확충, 교육용 기자재 및 도서의 구매을 위해서 사용할 수 있다'고 정하고 있다(제64조 제②항). 개인이나 단체의 기증 자료는 구매나 생산 자료와 함께 일반 서가에 배가하여 이용하거나 필요한 경우 별도의 문고를 설치할 수 있다.

4.5 자료 생산

사서교사가 학교도서관 교육이나 학교도서관활용교육 등 교육활동에 참여하는 기회가 많아지고, 학교도서관이 매체 제작에 필요한 장비를 갖추면서 자료 생산량도 많아지고 있다. 학교도서관 운영의 성격상 자료의 생산은 사서교사가 직접 하는 경우보다는 교과교사와 협력하거나 학교 교육과정 운영 과정에서 생산되는 경우가 더 많다.

교육과정과 연계하여 생산되는 대부분의 자료는 문서 형태와 함께 전자장비와 프로그램을 활용한 멀티미디어 자료이다. 따라서 쪽수가 많지 않은 교수-학습자료나 자료목록 등은 교과별 또

는 주제별로 서류함에 담아서 관리하고, 학기별 또는 학년별로 제본한 후에 단행본으로 등록하는 것이 효율적이다. 그리고 생산된 자료는 학교 홈페이지나 학교도서관 홈페이지 자료실에 탑재하여 공유한다. 또한, 연간교육계획서, 학교규정집, 문예지, 교지, 학교신문, 졸업앨범, 행사 관련 사진자료나 영상자료 등은 학교의 역사를 간직한다는 측면에서 수집하여 관리해야 할 중요한 자료이다.

5. 자료정리

5.1 자료정리 절차

자료의 정리는 도서관에 수입된 자료를 정비하고 분류와 목록 및 전산입력을 통하여 이용자가 손쉽게 접근할 수 있도록 하는 활동이다. 특히, 단순히 서지 사항만을 입력하는 것에 그치지 않고 자료의 내용(주제)을 학습주제 등 정보 요구에 연계하여 제공함으로써 자원기반학습에 활용할 수 있도록 한다.

학교도서관의 자료정리 절차는 자료를 직접 등록하는지 아니면 외주 업체를 통해서 등록하는지에 따라 다소의 차이가 있을 수 있다. 일반적으로 자료정리는 검수, 1차 장비(mechanical preparation), 복본 검색, 분류, 목록, 2차 장비 그리고 배가 순으로 진행한다.

〈표 6-14〉 자료정리 절차와 업무 내용

순서	절차	업무 내용
1	검수	① 자료 입수 후 파손, 낙장, 제본 상태 등을 확인한다. ② 자료의 물리적 형태는 물론 가격, 출판년, 출판사 등 구매 요구한 자료에 맞추어 납품되었는지 검수한다. ③ 이상이 있는 자료는 반품 후 다시 납품하도록 한다.
2	1차 장비	① 북 케이스나 북 재킷(광고용 띠지)을 제거한다. ② 책 길들이기: 앞뒤 표지를 천천히 펼쳐 자리를 잡은 후에 앞쪽에서부터 본문을 몇 장씩 넘기면서 조심스럽게 눌러주는 방법으로 진행한다. 만일 정오표가 있는 경우에는 책의 앞쪽에 붙인다. ③ 날인: 우선 속표지의 1/3 상단에 서명을 피해 장서인을 날인하고, 책의 천·지·복 3면에 부장서인을 날인한다. ④ 등록번호 부여: 자료의 종류별(도서, 연속간행물, 비도서자료, 학교 발행자료 등)로 구분하여 수입 순으로 바코드(등록번호)를 부착한다. 또는 등록인을 날인 한 경우 넘버링으로 찍는다.
3	복본 검색	DLS에서 자료의 형태별로 ISBN 또는 자료명을 이용하여 소장 여부를 검색한다. 본교 소장자료인 경우에는 소장 추가를 하고, 종합목록에서 검색되면 자료를 복사한 후 서지사항을 수정한다.
4	분류	분류란 자료의 주제와 형식이 비슷한 것을 구분, 정리하여 자료의 보관과 이용에 편의를 도모하고자 하는 것으로 다음과 같은 과정을 포함하며 이는 청구기호를 생성하는 과정이다. ㉠ 별치기호 부여: 자료의 소장 위치와 이용의 제한 등을 나타내기 위한 것으로 참고도서, 연속간행물, 정부간행물 및 비도서 자료에 약자 및 임의의 기호를 부여한다. ex) 참고도서: R, 그림책: K, 연속간행물: P, 정부간행물: GP, 카세트테이프: CT, 비디오테이프: VT, DVD: DV, CD-Rom: CR, Compact Disk: CD ㉡ 분류번호부여: 자료의 주제를 분석하고 한국십진분류법(KDC)을 이용하여 분류번호를 부여한다. ㉢ 도서기호 부여: 저자 기호표를 이용하여 저자기호를 부여하고 판차, 권차 및 복본을 표시한다.
5	목록	목록이란 이용자가 필요한 자료에 신속하고 정확하게 접근할 수 있도록 안내하는 역할을 하는 것으로 한국목록규칙에 의해 DLS에 자료의 서지사항(서명/저자사항, 형태사항 등)을 입력한다.

순서	절차	업무 내용
6	2차 장비	① 책등이나 비도서 자료의 청구번호가 기재된 라벨(label)과 띠라벨을 부착하고 그 위에 레이블 키퍼(보호용 테이프)를 부착한다. ② RFID 태그 및 키퍼 부착, RFID 태그인 작업을 한다.
7	배가(配架)	서가에 청구기호 순으로 배열하되 별치기호가 붙은 자료는 별치기호별로 배열, 관리한다.

5.2 장비작업

장비작업(裝備作業)은 날인, 소장표시, 레이블 부착, 청구기호의 기록 등을 포함하는 자료의 정리 과정을 말한다(한국도서관협회 문헌정보학용어사전편찬위원회, 2010, 276). 무인 대출반납이나 분실 방지를 위한 RFID 태그 및 보호용 필름 부착, RFID 태그인 작업도 포함한다.

1차 장비는 우선, 북 케이스나 북 재킷(광고용 띠지)을 제거하고, 도서 자료면 길들이기를 실시한다. 책 길들이기는 먼저 앞뒤 표지를 천천히 펼쳐 자리를 잡은 후에 앞쪽에서부터 본문을 몇 장씩 넘기면서 조심스럽게 눌러주는 방법으로 진행한다. 만일 정오표가 있는 경우에는 책의 앞쪽에 붙여 놓는다. 책 길들이기를 하는 이유는 이용자가 독서 중에 책장을 무리하게 펴서 발생할 수 있는 파본을 예방하고, 라벨 키퍼(라벨 보호용 유리 테이프)를 부착한 후에 표지를 넘길 때 떨어짐을 방지하기 위해서이다. 또한, 책 길들이기 과정에서 제작상의 파본이나 훼손 여부를 확인할 수 있다.

책 길들이기 작업이 끝나면 날인을 한다. 날인은 장서인, 부장서인(측인), 등록인, 기증인(속표지 중앙 위치) 등을 일정 위치에 차례로 한다. 날인작업은 자료에 도서관의 소장을 표시하는 작업으로 학교 실정에 적합한 기준을 마련하여 일관성을 유지하여야 한다. 자료의 신속한 정리를 위하여 장서인, 등록인 등을 생략하고 부장서인(측인)을 한 곳에서만 날인하는 경우도 있다(서울특별시교육청, 2001, 67).

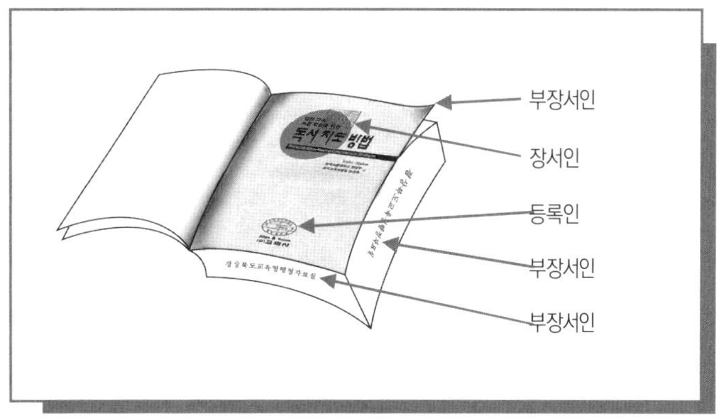

[그림 6-2] 도서자료의 날인 모양

날인 후 등록번호를 부여한다. 등록번호는 도서, 연속간행물, 비도서자료, 학교 발행자료, 딸림자료 등 자료의 종류별로 구분하여 부여한다. 등록번호는 수입순 일련번호로 1책 1번호 부여를 원칙으로 하며 날인된 등록인 위에 넘버링으로 찍는다. 또는 자료의 전산화 작업을 위해 바코드 프린터로 등록번호를 출력하였으면 도서자료는 표지면의 일정한 위치(예: 표지면을 사 등분 한 선 중 하단부 중앙)에 부착한다.

2차 장비는 분류와 목록 작업 후에 책등에 자료의 청구번호가 기재된 라벨(label)과 띠라벨을 부착하고 그 위에 레이블 키퍼를 부착하는 것이다. 도서에 따라서는 RFID 태그 및 키퍼 부착, RFID 태그인 작업을 한다.

5.3 분류

새로 들어온 자료의 DLS 등록을 위해서 복본 검색을 한다. 복본 검색은 DLS에서 자료의 형태별로 ISBN 또는 자료명을 이용하여 소장 여부를 확인한다. 복본 검색 결과 이미 소장 중인 자료는 소장 추가를 하고, 종합목록에서 검색되면 자료를 복사한 후 자관의 정리 규칙에 맞추어 서지사항을 수정한다. 검색 결과 소장자료가 아닌 경우 자관에서 처음 등록(original catalogue) 한다.

문헌정보학에서 분류는 특정 매체에 기호로 표현되어 담긴 지식을 일정한 구조 체계 아래 조직하기 위한 이론과 기법에 관한 영역이다(김태수, 2003, 1). 따라서 분류란 자료의 주제와 형식이 비슷한 것, 상호관계가 있는 것을 구분하여 범주화함으로써 자료의 보관과 이용에 편의를 도모하고자 하는 것이다. 분류의 목적을 좀 더 구체적으로 정리하면 다음과 같다.

① 분류번호를 알고 있는 자료는 신속히 찾을 수 있다.
② 특정 주제에 관한 자료 및 그 관련 자료를 쉽게 찾을 수 있다.
③ 지식의 체계를 알 수 있다.
④ 자료의 구성 파악이 쉽다.
⑤ 대출, 반납업무의 처리를 능률적으로 할 수 있다.
⑥ 유(類)별 자료 이용 경향을 조사할 수 있다.
⑦ 장서점검을 쉽게 할 수 있다.

분류 업무는 일반적으로 다음과 같은 순서로 이루어진다.

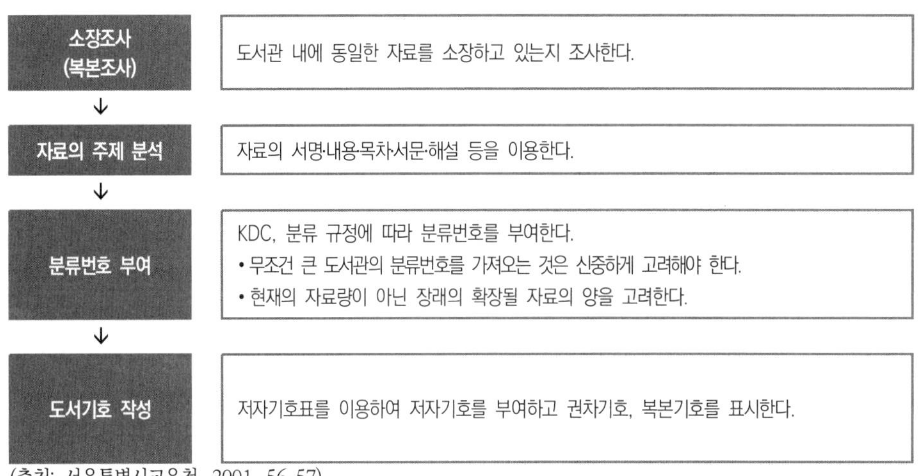

(출처: 서울특별시교육청, 2001, 56-57)

[그림 6-3] 분류의 흐름도

5.4 목록

DLS는 한국목록규칙과 한국문헌자동화목록형식(KORMARC)을 기반으로 전문인력 배치가 부족한 상황을 고려하여 학교도서관 목록 작업용으로 설계되었다. DLS는 2001년(V.1)에 처음 학교도서관에 보급되었으며 2006년(V.2)에 전국 보급을 위한 기능 개선이 이루어졌다. 이후 DLS는 2011년에 독서교육종합지원시스템에 통합되었으며 2020년(V.2.2)에 기능 개선이 이루어졌다. 그리고 2024년에 독서교육종합지원시스템이 맞춤형 독서교육 지원 플랫폼(독서로)으로 개편되면서 또 한 차례 기능 개선(V.3)이 이루어졌다.

독서로 DLS에 입력하는 자료의 데이터는 표제 및 책임표시 사항, 판(版) 사항, 자원 특성 사항, 발행사항, 형태기술 사항, 총서사항, 주기사항 그리고 자원식별자 및 입수조건 사항이다. 표제 및 책임표시 사항의 필수 입력 데이터는 '자료 유형, (비)비도서자료유형, 서명(자료명), 잡지명, 저자' 등이다. 발행사항의 필수 입력 데이터는 '출판사와 출판년도'이고, 자원식별자 및 입수조건 사항의 경우 'ISBN, (비)ISBN, 정가' 등이다. 이처럼 DLS는 자료의 기본적인 데이터만 입력하는 방식이다. 따라서 학교도서관 자료가 교수-학습지원과 개선은 물론 다양한 수준의 독서에 맞춤형 접근성을 제공할 수 있는 방향으로 입력 항목 개선이 필요한 실정이다.

6. 자료열람과 장서점검

6.1 자료열람

6.1.1 개가제 열람

개가제(open shelves system/open access system/free access system)는 자료의 보존과 관리보다는 장서 활용과 이용자의 편의를 우선시하는 열람 방법이다. 개가제는 1857년 영국의 대영박물관이 이용도가 높은 2만 권의 참고도서를 대(大) 열람실 주변에 배치하여 이용에 제공한 것에서 비롯되었다고 한다.

이용자 중심의 도서관 경영으로 학교도서관의 자료 운영도 개가제로 정착되었다. 그러나 학교도서관은 사서교사 대 이용자수의 비율 면에서 개가제 운영에 따른 자료관리가 매우 힘들다. 따라서 사전 이용지도가 매우 중요하다. 또한, 자원봉사자를 이용한 현장 안내 및 철저한 서가 정리를 통해서 더 많은 학생이 원하는 자료를 이용할 수 있도록 관리해야 한다.

[그림 6-4] 개가제 서가의 이용 모습(숙명여자중고등학교도서관)

① 개가제의 장점

- 이용자가 직접 자료에 접근할 수 있으므로 이용 목적이나 능력, 흥미에 따른 자료선택이 가능하다.
- 독서의욕, 독서 흥미를 유발할 수 있다.
- 원하는 자료가 없을 때는 같은 내용을 담은 다른 자료를 이용할 수 있다.
- 목록의 검색 능력이 없더라도 자유롭게 열람할 수 있다.
- 자료의 분류나 배열 방법 등 도서관의 기능을 이해할 수 있다.
- 자료의 출납에 걸리는 시간이 절약되므로 도서관 활동을 적극적으로 전개할 수 있다.

② 개가제의 단점

- 소장자료가 증가함에 따라서 관리상, 검색 상의 어려움이 나타날 수 있다.

- 이용자가 자유롭게 출입하기 때문에 자료 배열이 흩어지기 쉽고, 지정된 장소에 자료가 없을 때도 있어 다른 이용자의 자료 입수에 어려움을 줄 수 있다.
- 자료의 분실, 파손율이 높다.

개가제 열람의 단점을 보완하기 위해서는 자료의 유형별(참고자료, 귀중자료), 이용자별(아동용, 교사용), 이용 목적별(기획자료, 수업용)로 별치 공간을 마련하는 것이 좋다. 그리고 도서관 리터러시 차원에서 도서관 이용 방법과 이용 예절을 지도하고, 조각, 액자, 화분, 어항 등을 배치하여 쾌적하고 안락한 열람 분위기를 조성할 필요가 있다.

6.1.2 자료 대출

대출이란 도서관 장서를 가정이나 교실 등 도서관 밖에서도 이용할 수 있도록 하는 중요한 봉사활동이다. 학교도서관은 학교의 교육과정 운영 특성상 자료활용수업이나 쉬는 시간 그리고 방과 후 시간 등을 제외하면 충분히 자료를 이용하기가 어려우므로 대출 봉사가 중요하다.

대출은 크게 개인대출과 집단대출로 나눌 수 있다. 그리고 개인 대출은 다시 일반대출, 밤샘대출, 주말 대출, 예약 대출 등으로 구분할 수 있다(김기태, 이만수, 1988, 202-203). 일반대출은 일정한 양의 자료를 정해진 기간 내에 대출하는 방법이다. 밤샘 대출은 도서관이 폐관한 후부터 다음 날 개관시간까지 대출하는 방법이다. 밤샘 대출로 이용할 수 있는 자료는 시청각자료나 연속간행물 또는 참고도서 등이다. 주말 대출은 금요일 방과 후에 대출하여 월요일 개관시간까지 대출하는 것이다. 예약 대출은 이미 다른 이용자에게 대출된 자료를 원하는 이용자로부터 예약 신청을 받아두었다가 먼저 대출하는 것으로 DLS를 통해서 직접 도서관에 가지 않고 온라인으로 처리할 수 있다. 집단대출은 특정 교과의 교실수업에 필요한 자료를 일시에 대출하거나 학급문고를 지원하는 활동 그리고 교내 학생 동아리나 단체 활동 등을 지원하는 방법으로 활용할 수 있다.

자료 대출 방법에는 뉴아크식(Newark Charging System), 독서 카드식(Card Charging System), 자동식(Automatic Charging System) 등이 있다. 우선, 뉴아크식은 자료 대출을 위한 가장 전통적인 방법으로, 북 카드와 대출기한 표에 기록하고 대출하는 방법이다. 독서 카드식은 교육적인 측면에서 학생 개개인의 독서량이나 독서 경향을 파악하기 위하여 학생 개인별 독서 카드를 이용하는 방법이다. 학생들 간의 독서 경쟁을 유도할 수 있으나 독서 카드를 도서관에서 통합 관리할 때는 개인의 독서 이력이 직접 노출될 수 있고 관리가 어렵다는 문제점이 있다. 자동식은 자료의 관리가 컴퓨터에 의해 이루어지면서 바코드를 이용해 대출하는 방법이다. 바코드 도입 초기에는 학생증에 부착하여 사용하는 방법, 별도의 도서 대출증을 제작하는 방법 등이 사용되었으나, 점차 학생증, 대출증, 식당 급식 이용증 등을 통합한 ID카드의 활용이 늘고 있다. 또한, 대학도서관이나 공공도서관처럼 RFID를 이용한 자동대출·반납시스템을 도입하는 사례가 늘고 있다. 자동대출·반납시스템의 도입은 대출·반납업무 시간 단축, 장서점검 및 관리의 효율성 측면에서 유리하지만, 설치 운영에 따른 예산 부담을 고려해야 한다. 특히, 학교도서관의 경우 대출 반납과정이 사서교사가 학생의 독서활동을 격려하거나 수준에 맞는 자료를 추천하고, 학습과 도서관 운영에 대한 의견을 나눌 수 있는 상호작용 시간임을 고려할 때 도입을 신중히 할 필요가 있다.

일반적으로 참고도서, 신문, 잡지, 귀중자료 등은 자료 독점으로 여러 사람의 이용기회를 가로막고, 보존 관리의 어려움을 초래할 수 있다. 따라서 되도록 관외 대출을 하지 않는다. 다만, 교실수업 등에 제한적으로 이용하는 때에만 관외 대출을 허용한다. 또한, 신문, 잡지의 경우 당월 분은 밤샘 대출이나 주말 대출을 할 수 있고 과월 분은 단행본과 같게 대출할 수 있다. 대출자료의 수와 기간은 소장자료의 양, 이용자 수 등을 고려하여 다른 사람의 이용기회를 침해하지 않는 범위 내에서 정한다. 기한 내 반납이 어려운 경우에는 한 차례만 대출 기간을 연장해 줄 수도 있다.

6.1.3 연체 자료 처리

대출 자료가 반납 기한이 지났음에도 불구하고 반납이 이루어지지 않은 경우를 연체라고 한다. 사전에 이용자 교육을 통하여 연체자가 발생하지 않도록 노력해야 하지만 부득이 연체자가 발생하면 연체자에게 반납통지서를 발송하여 반납을 촉구하고, 장기 대출에 따른 분실사고의 위험성을 사전에 줄여야 한다. 연체자는 연체 기간만큼 자료의 대출을 제한하여 공동체 의식을 갖도록 한다. 연체는 자신이 대출한 자료를 다른 학생과 돌려보거나, 다른 학생의 대출증을 이용하여(또는 자신의 대출증을 다른 학생에게 빌려주어서) 대출하였을 때 많이 발생한다. 따라서 자료 이용에 대한 사전 교육과 대출 과정에서 본인 여부를 확인하는 것이 중요하다.

6.1.4 훼손과 분실 자료의 처리

자료를 훼손하거나 분실했을 경우 실물로 변상하는 것을 원칙으로 하고, 절판 등의 이유로 부득이 동일한 자료를 구할 수 없는 경우에는 유사한 내용을 가진 자료로 대체하여 변상하게 함으로써 책임감과 공동체 의식을 길러준다. 특히, 현물 배상이 아니라 현금으로 변상하는 경우 자료 구매 당시의 가격과 분실 당시의 가격이 달라 동일한 자료를 구매할 수 없는 때도 있기 때문에 유의해야 한다.

훼손의 원인 제공자를 알 수 없는 경우에는 제적·폐기 전까지 파손 도서로 관리하여 이용을 제한한다. 훼손 도서가 중요 자료이거나 이용도가 높은 경우에는 재구매를 하고, 재구매를 하지 않을 때는 불용자료로 지정하여 별로로 관리하다가 장서관리정책에 따라서 제적·폐기한다(문화체육관광부, 2011, 47).

재학생과 달리 전학생이나 해외 유학생의 미반납 사고가 발생하면 사후처리가 매우 복잡하다. 따라서 담임교사나 행정실 전·출입 담당자와 협의하여 전학생이나 해외 유학생 등이 발생하면 도서관 자료의 대출·반납 여부를 꼭 확인하도록 사전에 업무 협력관계를 구축하여야 한다.

분실 자료는 학교도서관운영위원회(학교운영위원회)의 심의를 거쳐 장서관리정책에 제적·폐기 대상 자료로 명문화한다. 일반적으로 분실 자료는 제적 후 폐기 처분하고 새로 변상을 받아서 들어온 자료는 새로운 등록번호를 부여하는 것이 바람직하다. 그러나 동일한 자료로 변상받았을 때 등록된 자료수와 실제 자료수 간의 차이를 줄이고, 관리의 효율성을 높이기 위해서 기존의 등록번호를 그대로 승계하여 사용할 수 있다.

6.2 장서점검과 보수

6.2.1 장서점검

장서점검(inventory)이란 현물을 확인하기 위하여 도서관 장서와 서가 목록을 대조 점검하는 과정을 의미한다(한국도서관협회 문헌정보학용어사전편찬위원회 2010, 277). 학교도서관에 수입된 자료는 장비·분류·목록 및 배열의 과정을 통해서 일단 정리가 끝나지만, 자료에 대한 접근성과 이용률을 향상하기 위해서는 연 1회 정도 장서점검을 하여 자료의 현황과 물리적 상태를 파악해야 한다. 이를 통해서 파손된 자료를 수리하고, 분실된 자료를 제적이나 폐기할 수 있는 사무적인 절차를 진행하여 효율적인 장서관리가 가능하다(교대학교도서관연구회, 1994, 194-195). 장서점검의 구체적인 목적을 정리하면 다음과 같다.

- 잘못 배열된 자료의 배열 수정
- 수리나 제본이 필요한 자료 발견 및 수리
- 레이블, 북카드 등 장비탈락이나 오손 자료 발견 및 수리
- 중복 등록번호 부여 등 정리가 잘못된 자료 발견 및 수정
- 서가의 청소 및 재배치 작업
- 장서수의 정확한 파악
- 불용도서 발견 및 장서평가 반영
- 분실 또는 소재 불명 자료 발견 및 장서평가 반영

장서점검은 대출 중인 모든 자료를 일단 회수하고 서가 배열을 정확히 한 후에 실시한다. 점검 시기는 연 1회 방학을 이용하고, 자료의 양이 많거나 이용에 지장을 줄 때는 2~3년에 걸쳐서 주제별로 점진적으로 실시할 수도 있다. 장서점검 방법은 다음과 같다.

- 장서점검 실시계획을 수립한 후 휴관 공고한다.
- 대출 중인 자료를 모두 회수한다.
- 서가의 자료를 청구번호순으로 배열한다.
- 서가의 자료를 원부의 자료와 비교한 후 부재 자료목록을 만든다.

점검 중에는 특히 동일 자료인데도 분류번호가 다른 자료, 라벨이나 바코드가 훼손된 자료, 날인이 빠진 자료 등을 정비하고 행방불명된 자료를 파악하여 분실이나 장기 연체 여부를 확인한다. 마지막으로 장서점검이 끝나면 자료의 유별, 형태별 통계를 내어 학교도서관 운영 보고서나 신학기 도서관운영계획 등의 기초 자료로 삼는다. 장서점검 후 사후처리 방법은 다음과 같다.

- 자료가 없는 경우는 대출 여부를 조사한 후 자료의 소재가 밝혀진 것은 그대로 둔다.
- 행방불명된 자료는 점검날짜를 도서 원부에 연필로 기재해 두고, DLS 상에서 자료의 상태를 분실로 처리한다.
- 일정 기간이 지나도 현품이 나타나지 않을 때는 학교도서관운영위원회 심의와 학교장 결재 후 제적 처리한다.
- 점검하는 동안에 발견된 파손 도서나 이상 도서를 수리하고, 정리 과정에서 틀리거나 빠진 사항을 수정 및 보완한다.

6.2.2 자료 보수

학교도서관은 동일한 자료를 많은 학생이 집중적으로 이용하기 때문에 훼손이나 오손(더럽힘)이 많은 편이다. 인쇄자료의 경우 오·파손의 정도에 따라 도서관에서 자체적으로 수리할 수 있는 것이면 자체 수리하고, 수리할 수 없는 경우에는 일정량을 모은 후 별도로 제본 의뢰하여 수리한다. 장서는 소장보다는 이용을 위한 것이므로 심하게 훼손된 자료는 폐기하고, 새 자료를 구매하여 이용률을 높이는 것이 바람직하다.

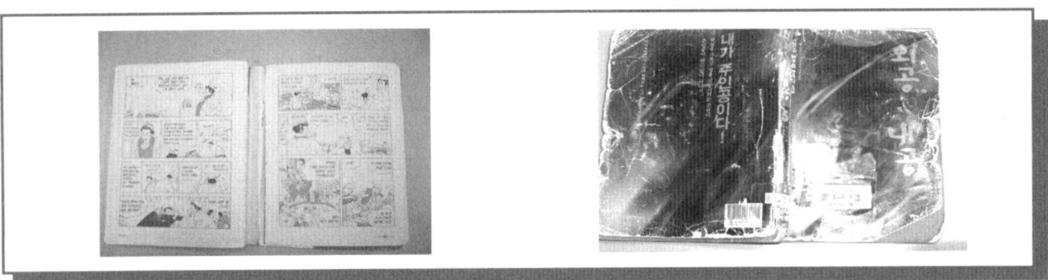

[그림 6-5] 도서자료의 훼손 및 오손 사례

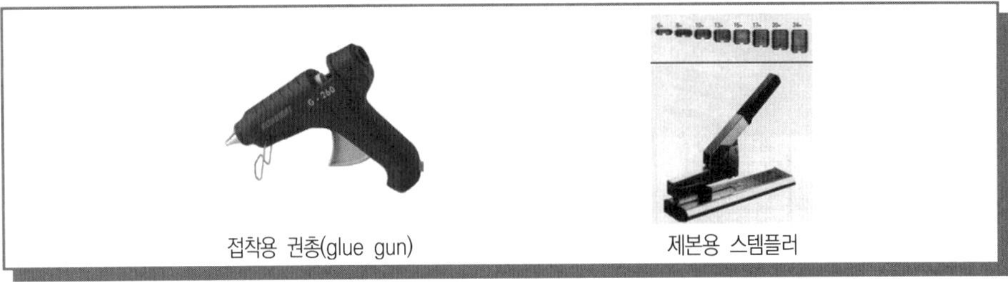

[그림 6-6] 자료 보수(보호)용품(예)

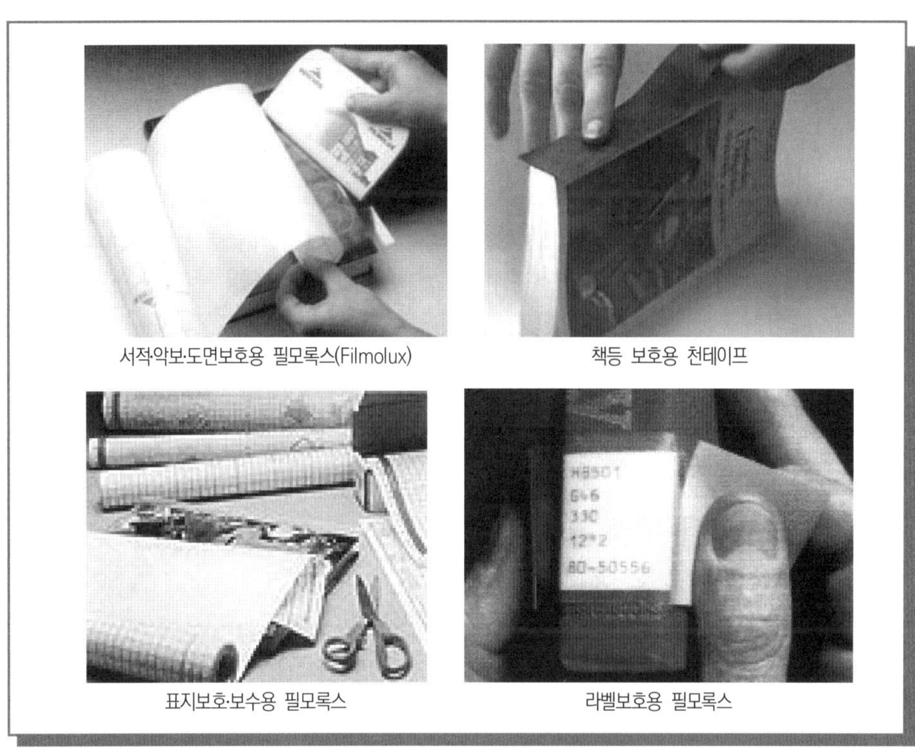

서적·악보·도면보호용 필모록스(Filmolux)

책등 보호용 천테이프

표지보호·보수용 필모록스

라벨보호용 필모록스

[그림 6-7] 자료 보수용 테이프(예)

7. 장서평가

7.1 의미와 필요성

장서평가란 장서관리의 한 과정으로 도서관이 소장한 자료의 양적 질적 수준을 확인하는 활동이다. Collection Assessment는 도서관이 속해있는 모 기관의 목적과 목표, 요구를 얼마나 잘 지원하고 있는가를 결정하기 위한 상황적 맥락의 조사 활동을 의미한다. 반면에 Collection Evaluation은 장서 자체를 평가하거나 기술하기도 하지만, 타 기관의 장서나 기존의 표준서지와의 대조를 통해서 타 기관과의 비교를 목적으로 이루어지는 조사 활동을 의미한다(윤혜영, 2020, 360). 그러나 장서의 유용성과 적절성을 평가한다는 점에서 구분 없이 사용한다. 유용성과 적절성 측면에서 학교도서관 장서평가의 내용은 다음과 같다.

① 이용자의 요구를 반영하고 있는가?
② 포괄적이며 균형 잡힌 장서구성을 하고 있는가?
③ 교수 - 학습활동 지원과 개선에 기여하고 있는가?
④ 다양하고 공정한 독서 및 학습 경험을 제공하고 있는가?
⑤ 사서교사와 교과교사의 파트너십을 반영하고 있는가?
⑥ 이용자의 요구에 맞는 다양한 접근성을 제공하고 있는가?

장서평가가 필요한 이유는 우선 자료의 이용도를 파악하여 비용 대비 효과를 파악하기 위해서이다. 그리고 소장한 장서의 우수한 부분과 빈약한 부분을 파악하여, 이를 토대로 장서구성이 우수한 부분은 계속 유지하고, 약한 분야는 보강할 수 있도록 예산을 배정할 수 있다. 또한, 장서평가를 통해서 부족한 공간 문제를 해결하기 위한 다양한 대안을 마련할 수 있으며, 개별 자료의 노화를 점검하고, 복본의 수가 적절한지를 파악할 수 있다. 아울러 기증자나 정책 결정권자에게 기증이나 장서 관련 예산 배정에 필요한 근거 자료로 제공할 수 있다.

7.2 장서평가 방법

장서 확충 계획을 세우고자 한다면, 일정한 기간을 정해 전체 장서를 대상으로 평가하는 것이 좋다. 그리고 교육과정이나 학습자 요구에 적합한 자료를 적절한 시기에 제공하는 것이 목적이라면 우선순위를 정해 영역이나 주제별로 평가하는 것이 효과적이다. 예를 들면, 소설자료는 장르별이나 특정 교육과정에 적합한지로 평가하고, 비소설 자료는 교과의 새로운 탐구주제나 새로운 교수-학습방법에 맞추어 평가할 수 있다(National Library of New Zealand, 2025. 04. 18.).

장서평가 방법은 장서 자체에 초점을 맞춘 장서중심 평가와 장서 이용과 접근 및 이용자 연구에 초점을 맞춘 이용자중심 평가로 구분한다. 그리고 주관적 평가와 객관적 평가, 양적 평가와 질적 평가로 나눌 수 있다(윤혜영, 2020, 362). 학교도서관에서 손쉽게 적용할 수 있는 장서평가 방법으로는 통계에 의한 평가, 대출 자료의 분석에 의한 평가, 관내 이용 자료의 분석에 의한 평가, 이용조사에 의한 평가 등이 있으며, 서가를 직접 관찰법, 장서 맵핑(collection mapping)을 활용할 수도 있다.

① 자료통계에 의한 평가
월별 또는 학기별로 소장자료의 총수, 연간 증가수, 주제별 자료수, 1인당 자료수, 자료의 형태별 수, 참고도서수, 정기간행물 수 등 다양한 형태의 통계를 내어 평가하는 방법이다. DLS를 활용하여 손쉽게 평가할 수 있다.

② 기준 비교법
기준 비교법은 『학교도서관진흥법』 상의 자료기준, 한국도서관협회의 학교도서관 기준이나 전국도서관운영평가의 학교도서관 평가 지표 등 권위 있는 기관에서 제시한 장서기준과 도서관의 장서 현황을 비교하는 평가 방법이다. 이 방법은 적용하기 쉬울 뿐만 아니라 평가 결과가 권위와 설득력을 갖추고 있기 때문에 부족한 장서개발에 필요한 예산을 지원받을 수 있는 근거로 활용할 수 있다. 또한, 규모가 비슷한 유사한 도서관과 평가 결과를 비교할 수 있다. 그러나 기준에서 제시한 최저 기준을 최대 기준으로 간주할 위험이 있다.

③ 대출 자료의 분석에 의한 평가
주제별 이용자수 또는 남녀별, 학년별 교과교사별 이용 자료수를 파악하여 평가하는 방법으로 도서관 업무의 전산화로 개별 자료는 물론 이용자 개개인의 자료 이용현황이 누적되므로 쉽게 이용할 수 있게 되었다. DLS에서는 주제별, 이용자별 대출통계는 물론 도서별 선택 빈도에 대한 통계 정보를 제공한다.

④ 관내 이용 자료의 분석에 의한 평가
관내 이용 자료는 대개 관외 대출이 안 되는 참고도서류나 신문, 잡지와 같은 정기간행물 또는 시청각자료가 대부분이다. 또한, 과제 해결이나 도서관활용교육에서 활용하는 자료도 분석 대상이 될 수 있다. 따라서 사서교사는 평소 이용자가 자주 이용하는 자료를 자세히 관찰하고, 정보요구에 대한 봉사(참고봉사) 결과를 기록해 두어야 한다.

⑤ 이용조사에 의한 평가
질문지를 사용하거나 개별 면담을 통하여 교사나 학생의 의견을 물어 자료의 실제적인 요구 충족도를 파악할 수 있는 가장 좋은 평가 방법이다. 따라서 사서교사는 장서 구매에 앞서 각 교사로부터 그들이 원하는 자료에 대해서 선행 조사를 하고, 평상시에도 교사의 의견을 청취할 필요가 있다. 또한, 도서관 게시판에 〈내가 보고 싶은 한 권의 책〉이나 〈이런 것도 보고 싶어요〉와 같은 공간을 마련하여 학생이 자유롭게 자신이 원하는 자료를 신청할 수 있도록 하고, 도서반 학생에게 도서관 장서와 관련된 불만을 청취하도록 하여 장서

평가에 이용할 수 있다. 단, 교사나 학생의 의견이 주관적이고 부정적인 편견이 개입될 수 있음에 유의하여야 한다.

⑥ 서가 직접 관찰법

평가 대상 장서의 주제 분야 전문가(예: 교과교사)를 활용해 도서관 운영 목적이나 평가 목적을 고려해 서가에 있는 장서를 직접 조사하는 방법이다. 평가자는 평가 대상 장서의 규모, 범위와 중요성은 물론 장서의 최신성과 물리적 상태 등을 점검하고, 자료의 보존과 대체 자료 확보에 대한 의견도 제시할 수 있다. 이 방법은 모든 도서관에서 쉽게 활용할 수 있는 평가 방법이지만 특히, 장서 규모나 평가 대상 주제 범위가 제한적일 때 효과적이다. 또한 신속하게 장서의 강점 요소와 약점 요소를 확인할 수 있다. 그러나 평가자의 주관적 지식과 판단력에 의존하기 때문에 평가 결과의 객관성이 부족할 수 있다. 그리고 도서관에 따라서는 평가에 참여할 주제 전문가를 찾기가 어렵고, 전문가 활동비에 부담을 느낄 수 있다. 학교도서관은 이용자와 자료 활용 범위가 한정적이기 때문에 교사와 도서반 학생 또는 학부모 자원봉사자를 평가자로 활용할 수 있다.

⑦ 장서 맵핑

도서관 장서의 양과 질을 평가하고 강점과 약점을 가려내기 위한 평가 과정을 의미한다. 장서 맵핑(collection mapping)은 장서를 검토하고 학교도관이 갖추어야 할 장서기준과 비교하는 활동을 포함하며, 장서 맵(collection map)은 도서관 장서의 폭과 깊이를 시각적으로 보여준다. 장서 맵핑과 관련된 세 가지 기본적인 가정은 다음과 같다(Lamb and Johnson, 2021).

- 장서는 소장 폭(breadth)을 갖고 있으며 모두를 위한 것이다.
- 장서는 학생과 교사의 요구에 기반을 둔 깊이(depth)를 갖고 있다.
- 장서는 효과적으로 개발되고 이용될 수 있도록 설득력이 있어야 한다.

학교도서관 장서관리 및 평가에 활용하는 장서 맵핑의 장점은 다음과 같다.

- 장서의 강점과 약점을 보여준다.
- 장서의 강점이 교육과정과 일치하는지를 평가한다.
- 구매 결정을 내리는 데 도움을 준다.
- 미래의 장서구성 계획을 세우는 데 도움을 준다.
- 제적의 범위를 알려준다.
- 장서의 뛰어난 영역과 필요한 영역을 보여준다.
- 장단기 장서개발 목적을 수립하는 데 도움을 준다.
- 교육과정 운영 목적을 달성하기 위한 예산 편성 수립에 도움을 준다.
- 자료수집 목적을 달성할 수 있는 선정 절차를 정하는 데 도움을 준다.

장서 맵핑 절차는 매우 다양하고 학교도서관 나름대로 시행할 수 있지만, 대부분은 학교 교육과정과 관련된 특별한 영역에 초점을 맞추어 진행한다.

㉠ 한국사, 초등 생물학, 지리와 같이 교과 교육과정을 지원하는 일반적인 중점 장서(general emphasis collection)를 결정한다. 각 교육과정과 관련된 개별 자료의 수를 계산한다.
㉡ 공룡, 시민전쟁과 같이 교과 교육과정에 포함된 학습 단원을 지도하기 위한 구체적인 중점 장서(specific emphasis collection)를 결정한다. 구체적인 주제(학습 단원)와 관련된 개별 자료의 수를 계산한다.
㉢ 각각의 중점 장서수를 재적 학생수로 나누고, 그 결과를 차트로 만든다.
㉣ 장서 맵에서 시각적으로 보기에 충분하지 않은 중점 장서라면, 장서개발의 목표로 삼는다.
㉤ 전체 장서를 재학생수로 나누고 그 결과를 전체 장서수 아래 장서 맵에 기록한다.

〈표 6-15〉 장서 맵 평가지(예)

학교명 : 학생수 :

총장서량 : 학생 1인당 장서량 :

구분	자료수	학생 1인당 자료수
일반적인 역점 장서		
1.		
2.		
3.		
구체적인 역점 장서		
4.		
5.		
6.		
총계		

(출처: LibraryAdmin (2015. 10. 11.). Collection Mapping.
Available: http://libraryadmin.wikispaces.com/Collection+Mapping)

7.3 평가 결과 처리

평가 내용은 평가자 의견과 교사와 학생의 제안 등과 함께 기록으로 관리한다. 그리고 영역별 장서 추가 계획 마련, 제적 및 폐기 대상 자료목록 작성, 대체 자료 확보 방안 마련, 장서 관련 예산 확보 및 공간 재구성 제안 등에 활용한다. 장서평가 결과를 활용하는 방안을 살펴보면 다음과 같다.

첫째, 기준에 미달하는 주제 분야 자료 확충

장서평가 결과를 바탕으로 교육과정과 독서 수준을 고려하여 예산 범위 내에서 새로운 자료를 구매할 수 있다. 이 경우에 전자책을 동시에 사용할 수 있는 경우 인쇄본이나 라이선스(license)를 추가 구매한다. D/B나 웹 콘텐츠는 평가 분야 주제 적합성과 지식의 변화 추세를 고려하여 국립중앙도서관, 공공도서관, 다른 학교도서관 등 외부 정보원에 접근할 수 있도록 한다.

둘째, 자료 구매 예산 증액

장서평가 결과를 자료 구매에 필요한 추가 예산 확보 데이터로 활용할 수 있다. 특히, 당해 연도 예산 범위를 벗어나 자료를 확보해야 할 때에는 우선순위를 정해야 한다. 우선순위는 교사와 학생의 제안 사항, 대체 자료목록, 인기 자료목록, 수요가 많아 복본을 구매해야 하는 자료목록 등을 검토하여 정한다. 그리고 평가 결과 및 우선순위를 학교도서관 예산 요구서의 근거 자료로 활용한다.

셋째, 자료 선정 및 자료 추가

평가 결과를 자료 선정과 자료 추가 데이터로 활용할 수 있다. 자료선택 기준를 확인하고, 추가하려는 자료가 학생의 리터러시 수준과 자료 이용 격차 해소에 도움을 줄 수 있는지 살펴본다. 예산이 허락하면 구매하고, 부족하면 내년도 자료 구매에 반영한다. 그리고 무료로 제공할 수 있는 전자정보원의 링크(link)를 정리하여 공유한다.

8. 제적 및 폐기

8.1 의미와 필요성

도서관은 소장자료 중 이용 가치 상실 및 훼손, 오손, 파손 등으로 인하여 본래의 목적대로 이용할 수 없는 자료를 정기적으로 제거함으로써 장서관리의 효율성을 도모할 수 있다. 제적(除籍)이란 소장 및 이용 가치가 없다고 판단되는 자료를 도서관 장서로부터 제거하고 도서관의 모든 장서기록으로부터 삭제하는 과정(withdrawal), 도서관 공간 확보 등을 목적으로 도서관 장서의 개별 자료에 대한 소장 및 이용 가치를 검토하는 과정(weeding), 도서의 경우 보존 상태가 좋지 않거나 사용하지 않는 것 등을 고려하여 서가에서 책을 뽑아내는 과정(deselection)을 의미한다(한국도서관협회 문헌정보학용어사전편찬위원회, 2010, 304). 선택 해제 또는 골라내기(culling)라고도 한다. 폐기(廢棄)란 소장자료 중에서 오손 및 파손된 도서, 부적당한 도서 또는 이용되지 않는 자료를 도서관 장서에서 공식적으로 제거하는 일을 의미한다(한국도서관협회 문헌정보학용어사전편찬위원회, 2010, 369). 따라서 자료가 폐기될 때 그 자료는 제적되지만, 제적이 되었다고 해서 반드시 폐기되는 것은 아니다.

도서관에서 폐기가 필요한 이유는 소장자료 중에서 이용 가치가 상실된 자료, 물리적으로 훼손이나 오손된 자료 그리고 이용하지 않는 복본이 발생하기 때문이다. 장서 폐기의 또 다른 이유로는 최신판의 수입, 공동체의 장서에 대한 요구 변화, 조직(모체기관)의 목적 변화에 따른 도서관 운영 목적의 변화, 불필요한 자료가 원하는 자료의 탐색을 방해하는 현상(hindrance effect) 발생, 장서 보관 및 관리 비용의 지속적 증가 등이다(Clayton and Gorman, 2001, 197). 폐기를 통해서 얻을 수 있는 효과는 자료의 증가에 따른 공간 부족 해결, 자료의 질적 수준 향상, 원하는 자료에 대한 손쉬운 접근성 향상 그리고 쓸모없는 자료를 배열하고 유지하는데 드는 인력과 시간 그리고 비용의 낭비를 막을 수 있다는 것이다. 또한, 불필요한 자료의 제거를 통해서 이용자의 도서관에 대한 인식을 좋게 만들 수 있고, 교육과정과 연계성을 갖춘 자료를 확충할 수도 있다. 그리고 폭넓은 장서, 잘 축적된 장서에 대한 환상을 없앨 수 있다(South Carolina Department of Education, 2016, 18).

제적과 폐기 업무의 책임은 사서서교사에게 있으나 교과 주제 전문가인 교과교사와 협력할 필요가 있다. 제적과 폐기는 연중 지속해서 이루어질 수 있으나 이용에 지장을 초래하지 않도록 정기적으로 진행하는 것이 바람직하다. 또한, 제적과 폐기 시기는 장서점검 및 평가와 연계하여 주제 영역별이나 참고도서, 디지털 장서와 같이 자료 유형별로 순환적으로 할 수 있다. 실제 도서관 운영 과정에서 제적과 폐기 업무가 원활하게 이루어지지 않는 이유는 시간 부족, 머뭇거림, 실수에 대한 두려움, 분서(焚書)주의자(book burner)로 불릴 수 있다는 우려, 제적과 폐기 반대 의견을 처리해야 할지도 모른다는 우려 때문이다(Evans and Saponaro, 2012, 153). 제적과 폐기를 어렵게 하는 주요 요인을 살펴보면 다음과 같다.

① 정책적 요인
많은 장서를 소장한 도서관이 좋은 도서관이라는 인식과 장서량을 기준으로 한 도서관 평가 지표

② 업무적 요인
폐기 작업에 수반되는 과중한 업무 부담과 비용 문제, 폐기 결과의 실효성에 대한 회의, 많은 기록의 변경으로 인한 일상 업무의 혼란

③ 심리적 요인
도서에 대한 막연한 경외심이나 가치 부여, 폐기가 무조건 어렵다는 고정 관념, 폐기 실수에 대한 두려움, 분서주의자로 불릴 수 있다는 우려

④ 제도적 요인
폐기자료의 행정적 처리에 따른 책임소재의 규명과 폐기자료에 대한 기준 설정의 어려움

⑤ 기술적인 요인
도서관 자료의 디지털화가 공간 부족 문제를 해결해 줄 것이라는 기대감에 따른 폐기의 당위성 약화

⑥ 법률적인 요인
세금으로 구매한 도서관 자료에 대한 별도의 관리 규정이 마련되었을 때 법률적인 문제가 발생할 수 있으며, 납세자인 이용자를 설득해야 하는 때도 있음

8.2 제적 및 폐기 근거와 기준

8.2.1 제적 및 폐기 근거

자료의 제적 및 폐기에 대한 법적 근거는 『도서관법』과 『도서관법시행령』 그리고 『학교도서관진흥법』 및 『학교도서관진흥법시행령』에서 정하고 있다. 또한 학교도서관 조례에 제적과 폐기 기준과 시기 그리고 교육감의 책임에 대한 사항을 정하고 있는 경우도 있다. 자료가 제적과 폐기 대상이 된 것에 동의하지 못하는 이용자가 있을 수 있기 때문에 장서관리정책에 명확한 기준을 마련하고 이의신청에 효과적으로 대응해야 한다.

〈표 6-16〉 자료의 제적 및 폐기 관련 법적 근거

『도서관법』(법률 제20834호)

제45조(도서관 인력 · 시설 및 도서관 자료 등)

③ 도서관은 도서관 자료의 효율적인 보존과 체계적인 관리를 위하여 교환 · 이관 · 폐기 및 제적을 할 수 있다.

『도서관법시행령』(대통령령 제34533호)

제33조(도서관 인력 · 시설 · 자료)
③ 법 제45조 제3항에 따른 도서관 자료의 교환 · 이관 · 폐기 및 제적의 기준과 범위는 별표 7과 같다.

『도서관법시행령』 [별표 7]

도서관 자료의 교환 · 이관 · 폐기 및 제적의 기준과 범위(제33조 제3항 관련)

1. 도서관 자료의 교환 및 이관의 기준
  가. 보존 및 활용 공간의 효율화
  나. 도서관 자료에의 접근 및 이용의 편의성
  다. 내용의 충실화 및 최신 자료의 확보
2. 도서관 자료의 폐기 및 제적의 기준
  가. 이용가치의 상실 여부
  나. 훼손, 파손 또는 오손
  다. 불가항력의 재해 · 사고나 그 밖에 이에 준하는 사유로 인한 도서관 자료의 유실
  라. 그밖에 도서관의 관장(학교도서관의 경우에는 학교의 장을 말한다. 이하 제4호에서 같다)이 필요하다고 인정하는 사항
3. 도서관 자료의 폐기 및 제적의 범위는 연간 해당 도서관 전체 장서의 100분의 7을 초과할 수 없다. 다만, 법 제34조 제2항에 따른 도서관운영위원회 또는 그에 준하는 위원회의 심의를 거쳐 결정한 경우에는 연간 도서관 전체 장서의 100분의 7을 초과하여 도서관 자료의 폐기 및 제적을 할 수 있다.
4. 제1호부터 제3호까지에서 규정한 사항 외에 도서관 자료의 교환 · 이관 · 폐기 및 제적에 필요한 세부 사항은 도서관의 관장이 정한다.

『학교도서관진흥법』(법률 제18547호)

제13조(시설 · 자료 등)
② 학교도서관은 자료의 효율적 이용을 위하여 이용 가치가 없거나 파손된 자료를 폐기하거나 제적할 수 있다.
③ 제1항에 따른 학교도서관 시설 · 자료의 기준과 제2항에 따른 폐기 · 제적의 기준과 범위에 필요한 사항은 대통령령으로 정한다.

『학교도서관진흥법시행령』(대통령령 제33343호)

제8조(시설 · 자료의 기준 등)
③ 법 제13조 제3항에 따라 폐기·제적할 수 있는 자료는 다음 각호와 같다.
1. 이용 가치의 상실된 자료로서 보존이 필요 없다고 인정되는 자료
2. 훼손 또는 파손·오손된 자료로서 이용하기 어렵다고 인정되는 자료
3. 불가항력적인 재해사고, 그밖에 이에 준하는 사태로 인하여 유실된 자료

〈표 6-17〉 자료의 제적 및 폐기 관련 조례(예)

『부산광역시 학교도서관 및 학교독서교육 진흥에 관한 조례』
(부산광역시조례 제7224호)

제7조(점검 및 폐기 등) ① **학교의 장은 학교도서관 자료의 효율적 이용을 위하여 주기적으로 점검을 실시하고, 「학교도서관진흥법시행령」 제8조 제3항에 따라 이용 가치가 없거나 파손된 자료 등에 대하여 해마다 한 차례 이상 폐기 또는 제적한다.**
② 교육감은 제1항에 따른 점검 및 폐기·제적에 관한 지침을 마련하고 각급 학교에서 활용할 수 있도록 지원한다.
③ 교육감은 제1항에 따른 학교도서관 자료의 점검 및 폐기·제적에 관한 운영 실태를 해마다 조사하여야 하며, 필요한 경우에는 지도하거나 감독할 수 있다.
④ 교육감은 사서교사 등 학교도서관 인력의 전문성 향상을 위하여 자료의 점검 및 폐기·제적 등에 관한 연수를 실시할 수 있다.

한편, 한국도서관협회가 마련한 학교도서관 기준(한국도서관협회 한국도서관 기준특별위원회, 2013, 150)에 따르면, 학교도서관은 연간 총 장서의 10% 내에서 소장자료를 폐기할 수 있다. 대상 자료는 훼손 정도가 심하거나 이용 가치가 상실된 자료, 출판 후 10년이 경과된 자료, 국어표기법에 어긋나는 자료 등으로 제한된다. 다만, 교사의 연구용 자료, 학교 기록물, 역사 및 향토자료는 제외할 수 있다.

〈표 6-18〉 학교도서관 장서의 제적과 폐기 기준과 범위

근거	기준	범위	비고
도서관법 시행령	• 이용 가치의 상실 여부 • 훼손, 파손 또는 오손 • 불가항력의 재해사고나 그밖에 이에 준하는 사유로 인한 도서관 자료의 유실 • 그밖에 도서관의 관장(학교도서관의 경우에는 학교의 장을 말한다. 이하 제4호에서 같다)이 필요하다고 인정하여 정하는 사항	연간 당해 도서관 전체 장서의 100분의 7을 초과할 수 없음	도서관운영위원회 또는 그에 준하는 위원회의 심의를 통해서 연간 도서관 전체 장서의 100분의 7을 초과하여 폐기 및 제적을 할 수 있음
학교도서관 진흥법시행령	• 이용 가치의 상실된 자료로서 보존이 필요 없다고 인정되는 자료 • 훼손 또는 파손·오손된 자료로써 이용하기 어렵다고 인정되는 자료 • 불가항력적인 재해·사고, 그밖에 이에 준하는 사태로 인하여 유실된 자료		
한국도서관 기준	• 훼손 정도가 심한 자료 • 이용 가치가 상실된 자료 • 출판 후 10년이 경과된 자료 • 「국어표기법」에 어긋나는 자료	연간 총 장서의 10% 이내	교사의 연구용 자료, 학교 기록물, 역사 및 향토자료는 제외

8.2.2 비도서 자료의 제적 및 폐기 기준

비도서 자료의 제적 및 폐기는 많은 이용으로 인해 파손 상태인 자료, 오손·훼손되어 화질이나 음량이 불량하거나 이용할 수 없는 자료, 보관 및 이용 가치가 상실된 자료를 대상으로 한다. 그리고 폐기가 결정된 도서의 부록 비도서 자료와 기능 개선(version up) 이전 자료는 폐기한다.

연속간행물(잡지)의 경우 보존 가치가 있는 것은 몇 개의 호(號)씩 합본하여 제본한 후, 단행본과 같이 취급하여 일반 서가에 별도로 둔다. 그리고 교육과정 운영과 관련이 없는 기관의 홍보지나 소식지 등은 제본하여 등록하지 않고, 일정 기간 전시 및 열람시킨 후에, 주나 월 단위 또는 일 년 단위로 폐기한다. 한편, 전자자료의 폐기는 종이책에 비해 적은 편이지만 다음의 경우에는 폐기를 고려할 수 있다(국립중앙도서관 도서관연구소, 2010).

첫째, 동일한 콘텐츠에 대한 서비스 방식(포맷) 및 전용 뷰어가 기능면에서 대폭적으로 개선된 콘텐츠가 새로 출시되었을 경우이다. 특히, 2000년대 초창기 전자책이 서비스를 시작하던 시기에 개발되었던 콘텐츠와 비교할 때 최근 출시되는 전자책은 화질이나 활용성, 디자인 등 여러 가지 측면에서 많은 개선이 이루어졌다고 할 수 있다. 동일 제작사에서 새롭게 제작되었을 경우 무상 또는 일정 정도의 비용을 지불하고 업데이트할 수 있으나, 완전히 별개의 기관에서 제작하였으면 비용 대비 교체 효과를 고려하여 폐기하고 신규 도입을 검토할 수 있다.

둘째, 서비스 제공기관의 도산 등으로 인해 보안 인증이 정상적으로 이루어지지 않거나, 콘텐츠 열람이 불가할 경우, 대체적인 모든 수단을 마련했음에도 불구하고 서비스 복구가 어려우면 폐기를 검토할 수 있다.

셋째, 질적으로 수준이 떨어지는 콘텐츠와 같이 내용상에 있어서 발생하는 폐기의 기준은 전자자료에도 동일하게 적용하여 폐기 절차를 진행할 수 있다.

8.2.3 주제별 제적 및 폐기 기준

총류 및 참고자료의 제적 및 폐기 기준은 다음과 같다.

① 개정판, 증보판을 소장한 경우 구판 자료
② 맞춤법 개정 등으로 내용이 충실하지 못하여 개정판으로 대치된 어학사전
③ 최신 정보를 제공하기 위한 인명록, 주소록, 요람, 통계 자료 등이 최신성이 없거나 소장 가치를 상실한 자료
④ 각종 서지
⑤ 누적판이 나온 목록
⑥ 오래된 색인 및 초록지로서 CD-ROM 데이터베이스로 대체된 경우
⑦ 서평지로서 기능을 상실한 자료
⑧ 월간 혹은 연간 수서 목록으로서 연도가 지난 경우

인문·사회과학 자료를 제적 및 폐기할 때 고려할 사항은 다음과 같다.

① 법학·행정학 분야 등 빈번하게 개정되는 자료로 동일 저자의 개정판을 소장한 자료의 구판 자료는 5~20년을 기준으로 폐기한다.
② 운동경기에 관한 규칙이나 기술이 개정된 자료
③ 발음, 표기법이 개정된 경우의 구판 자료
④ 과거 정보를 수록하고 있어 이용 가치를 상실한 여행안내서

⑤ 지리 정보원으로 행정구역, 지명이 변경된 자료

그리고 자연과학자료와 기술과학자료의 제적 및 폐기 기준은 다음과 같다.

① 새로운 이론이나 기구의 도입으로 최신정보원의 기능을 상실한 자료
② 과학기술에 관한 최신성을 상실한 자료
③ 생산 중단 또는 더 이상 사용하지 않는 각종 제품의 이용과 수리에 관한 자료
④ 소프트웨어 분야의 최상위 버전과 바로 아래 버전을 제외한 자료 및 더 이상 사용되지 않는 소프트웨어와 하드웨어에 관한 자료

8.2.4 보존 자료의 범위

장서점검 및 평가 결과 이용 가치가 없어 보이는 자료라 하더라도 학교도서관이 제적 및 폐기하지 않고 보존해야 할 자료의 판단 기준 및 범위는 다음과 같다.

첫째, 연구에 가치가 있는 자료-연구에 가치가 있다고 인정되는 자료 및 학교 교육과정 관련 자료
둘째, 절판자료-전혀 이용될 것처럼 보이지 않는 자료라 해도 절판된 자료는 보존함
셋째, 향토자료-향토사, 향토 관계의 인문학, 사회과학자료
넷째. 자료의 균형-어느 주제 분야의 균형이 깨질 우려가 있는 자료
다섯째, 희귀자료-아무리 이용이 적도라도 희귀본은 보존함
여섯째, 표준서지류에 실린 자료-현행 주요 표준 서지에 실린 자료는 보존함

8.3 제적과 폐기 절차

제적과 폐기는 자료의 물리적 상태를 기준으로 진행하는 것이 손쉬운 방법이다. 다음으로는 물리적 상태가 나쁜 자료의 내용이 교육과정 운영이나 학생의 흥미와 요구 충족에 적합한가를 살펴보고, 학생의 수준에 적합한가를 살펴보는 순서로 진행할 수 있다. 비소설 자료의 경우에는 내용의 최신성 여부와 이용 편의성 등을 점검하고 충분한 홍보가 이루어지면 이용률이 높아질 가능성이 있는지도 살펴보아야 한다. 제적과 폐기 절차를 살펴보면 다음과 같다.

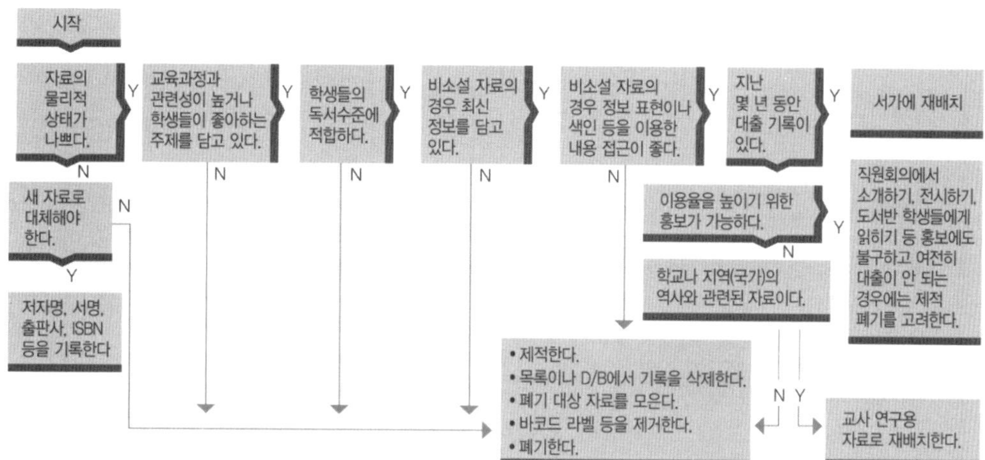

(출처: National Library Of New Zealand (2016. 10. 20.). Service to School Library-Weeding Guide. Available: https://natlib.govt.nz/schools.natlib.govt.nz/school-libraries-anand-managingcollection/weeding)

[그림 6-8] 자료의 제적과 폐기 절차

제적과 폐기 업무에서 특히 문제가 되는 것이 분실 자료의 처리 문제이다. 장서점검이나 대출 반납 과정에서 수시로 발견되는 분실 자료는 자료가 반납되거나 분실자가 밝혀질 수 있으므로 즉시 제적이나 폐기 처리하지 말고 시간적 여유를 가진 후에 일괄적으로 제적하는 것이 바람직하다. 그리고 제적이나 폐기 후에 발견한 자료는 새로 들어온 자료로 취급하여 새로운 등록번호를 부여한다. 제적과 폐기의 행정적 절차는 다음과 같다.

① 제적 및 폐기자료 목록을 작성하여 학교도서관운영위원회의 심의를 거친다.
② 기안문과 함께 학교장의 결재를 받는다.
③ 폐기 자료의 경우 실물 전체가 보이도록 사진을 찍어 첨부한다.
④ 자료의 등록대장이 있는 경우에는 제적 자료의 등록번호를 찾아 적색으로 두 줄로 긋고 제적 사유와 제적 날짜를 기록한 후에 제적인을 찍는다.
⑤ DLS에 제적 상태임을 명시한다.

제적 자료를 폐기하는 구체적인 방법은 다음과 같다.

① 폐기 대상인지 확인한다.
② 학교를 드러낼 수 있는 표시와 바코드 라벨을 제거한다.
③ 이관이나 기증 희망 자료는 기관에 제공한다.
④ 도서의 경우 앞 뒤표지를 제거하고, 제거한 도서의 표지는 분리 배출한다.
⑤ 자료의 재질을 고려하여 절개한 후 재활용함에 넣거나 분리배출 한다.
⑥ 잡지는 미술 수업이나 프로젝트 수업 등에서 활용하도록 교사와 학생에게 제공한다.

〈표 6-19〉 제적 및 폐기를 위한 기안문 작성(예)

○○○학교

수신자 : 내부결재
(경유) :
제 목 : 자료의 제적 및 폐기

---

1. 관련 근거
   가. 『도서관법시행령』(대통령령 제33343호) 제33조 제③항 별표 7의 도서관 자료의 교환·이관·폐기 및 제적의 기준과 범위
   나. 『학교도서관진흥법시행령』(대통령령 제 33343호) 제8조 제③항(시설·자료의 기준 등)
   다. ○○학교도서관 장서관리정책
2. 위 관련 근거에 의하여 장서점검 결과 파악된, 이용 가치 상실 도서 자료를 붙임과 같이 제적·폐기하고자 합니다.
   가. 장서점검 기간: ○○○○. ○○. ○○. - ○○. ○○.
   나. 장서점검 결과

구분	수량	처리	비고
훼손 도서	23권	정비	
파손 도서	15권	제적·폐기	이용 가치 상실
과다 복본 도서	1종 19권	14권 제적·폐기	5권 보존

   다. 제적·폐기 대상 도서자료: 29권
   라. 총 등록자료(9,079권) 대비 제적·폐기 대상 자료 비율: 0.32 %
   마. 폐기 방법: 바코드 제거 및 절개 후 재활용함에 분리 배출

붙임 1: 제적 및· 폐기 도서자료 목록 1부
붙임 2: 폐기자료 사진 1부, 끝.

사서교사　　　　부장　　　　교감　　　　학교장
협조자 행정실장

시행 ○○○학교(○○○○. ○○. ○○.)　　접수　　(　　　　)
우 ○○○○○ 서울시 영등포구 ○○○　　http://www○○○.or.kr
전화번호 (02) 123-4567 팩스번호(02)234-5678 /　　　　/공개

9. 이의신청 자료 심의 및 처리

9.1 이의신청 자료 심의

다양한 자료를 수집하여 제공하는 도서관 장서에 대한 이의신청(complaints)은 공식 비공식적으로 언제나 발생할 수 있다. 이의신청 자료의 처리 방법과 절차를 담은 장서관리정책을 마련하면 자신감을 갖고 공정하게 이의신청인에게 대응할 수 있다. 사서교사는 이의신청인을 침착하고 예의 바른 태도로 대해야 한다. 무시하거나 방어적인 태도는 이용자 참여를 장려하려는 도서관의 노력을 무력화시키고 사태를 악화시킬 수 있다. 이의신청이 사서교사가 아닌 관리자나 자원봉사자 또는 교사를 통해서 비공식적으로 접수되었다 하더라도 공식적인 이의신청과 동일한 절차와 방침에 따라 처리해야 한다. 사서교사가 아닌 사람이 이의신청을 받으면 이를 처리해야 하는 사서교사에게 정중하게 알려야 한다. 이의신청을 처리하는 과정과 방법은 다음과 같다(ALA, 2021).

① 모든 사람이 도서관 자료에 우려를 표현할 권리가 있음을 인정한다.
사서교사는 자료에 불만이 있는 이용자로 하여금 자신의 우려 사항이 심각하게 받아들여질 것이라는 믿음을 가질 수 있도록 해야 한다. 따라서 이의신청인의 우려를 사려 깊고 존중하는 마음으로 경청한다. 그리고 우려하는 자료를 다 읽었는지 일부만 읽었는지 확인하고, 구체적인 우려가 무엇인지 파악한다. 또한, 도서관에서 구체적으로 어떤 조처를 하길 바라는지 알아본다.

② 이의신청인에게 동조하지 않는다.
개인적으로 이의신청인에게 동의하거나 어떤 조처를 하겠다는 약속을 하지 않는다. 대신에 이의신청인의 요구 충족을 도와줄 수 있는 다른 방안을 찾는 데 도움을 제공한다.

③ 소장자료의 제적을 요청하는 경우 다른 생각을 가진 이용자가 있음을 설명한다.
도서관 자료의 선정 기준과 절차를 담은 장서관리정책을 제공하고, 도서관은 이용자의 요구 충족을 위해 관점을 달리하는 다양한 자료가 소장되어 있음을 설명한다. 그리고 도서관의 사명은 모든 사용자에게 공정한 접근성을 제공하는 것이고, 모든 이용자는 자유롭게 도서관 자료를 이용할 권리가 있음을 설명한다.
특히, 이의신청인의 불만 이유가 아동이나 청소년 보호 목적이라면 부모와 보호자가 자녀의 독서 및 도서관 이용을 지도하는 데 중요한 역할을 한다는 점을 설명한다. 그리고 모든 가족은 자녀에게 허용되는 도서관 자료를 결정할 권리가 있으며 다른 부모에게도 동등한 권리를 부여해야 한다는 점을 설명한다.

④ 대부분의 이의신청은 개인이 도서관 자료에 대한 개인적인 감정을 표현할 기회를 가진 후에 종료된다. 이 경우, 이의신청인은 도서관이 자신의 의견을 들어주고 단지 인정받기를 원했을 뿐이기 때문에 추가 조치가 필요하지 않다. 사서교사는 이의신청인의 관심에 감사를 표하고, 이의신청인과의 대화 내용을 기록하여 학교장이나 학교도서관운영위원회에 보고한 후 참고 자료로 보관한다.

⑤ 이의신청인이 자료의 제적을 계속해서 요구하는 경우 공식 접수하고 처리 절차를 안내한다. 이의신청인이 도서관의 장서관리정책과 다른 이용자와의 관점 차이나 다른 이용자의 권리에도 불구하

고, 불만 자료의 제적을 요구하는 경우 이의신청을 공식 접수하고 처리 절차를 설명한다. 이의신청서를 제출하면 공식적인 심의 절차가 진행되며 관련 문서가 공개되고, 심의와 재심을 통해서 최종 결정이 내려지기 전까지 해당 자료에 대한 다른 이용자의 접근이 허용된다는 점을 설명한다. 그러나 이의신청인이 학부모나 보호자일 때에는 해당 학생의 불만 자료 접근을 제한한다. 공식적으로 이의신청을 접수한 때도 사서교사는 대화 내용을 기록하여 심의 배경 자료로 활용한다.

⑥ 공식 비공식 이의신청 사실을 학교장에게 보고한다. 사서교사는 모든 이의신청 사실을 학교장에게 보고한다. 학교장이 이의신청 사실을 알고 있으면 이의신청인이 개별적으로 연락을 하는 경우 자신감 있게 대처할 수 있다.

이의신청인이 사서교사와의 면담 과정에서 이의신청을 철회하지 않고 장서관리정책 등 문서의 검토 시간을 갖고자 하는 경우 이의신청에 필요한 양식을 함께 제공한다. 이의신청인이 2주 안에 이의신청서를 제출하지 않으면 종결한다. 그러나 이의신청이 공식 접수되면 보고를 받은 학교장은 30일 이내에 학교도서관운영위원회(학교운영위원회)에 심의를 요청한다. 학교도서관운영위원회(학교운영위원회)는 필요한 경우 해당 장서의 주제나 내용 전문가나 전문기관에 자료의 적절성에 대한 자문을 구하고 답변서를 받을 수 있다. 학교장은 이의신청인에게 학교도서관운영위원회(학교운영위원회)의 결정사항을 7일 이내 서면으로 알린다. 만약 이의신청인이 학교도서관운영위원회(학교운영위원회)의 결정에 만족하지 못하면 15일 이내에 교육감에게 재심을 청구할 수 있도록 안내한다(교육부, 2016). 이의신청 심의 절차는 다음 [그림 6-9]와 같다.

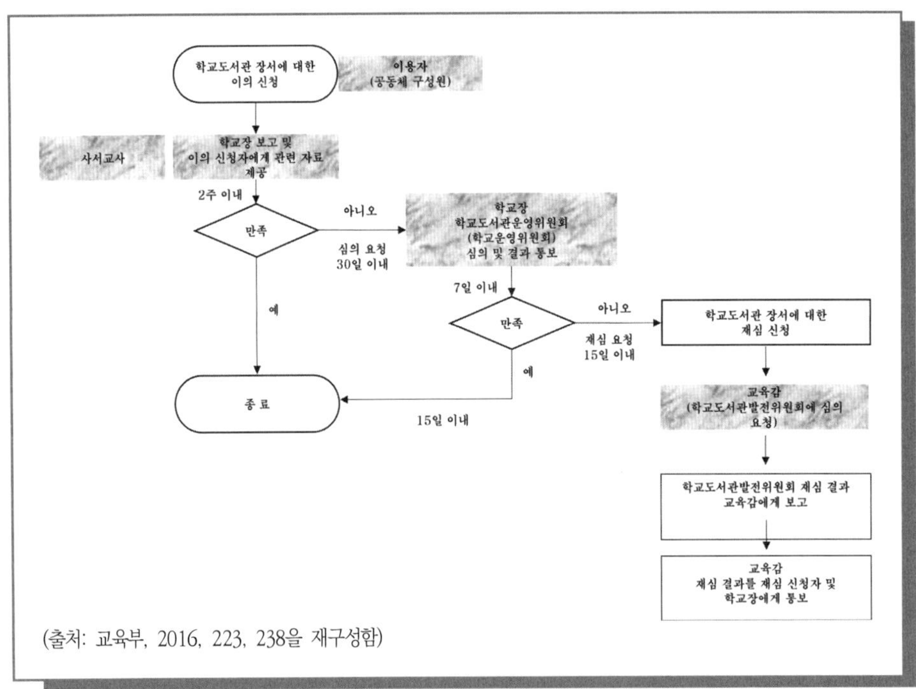

[그림 6-9] 학교도서관 자료에 대한 이의신청 심의 절차

심의과정에서 처리 결과의 영향을 받는 교사, 학생, 학부모의 의견을 청취할 필요가 있다. 특히, 학생의 경우 왜 이의신청 자료가 학생에게 중요한 문제인지, 왜 학생의 자유로운 표현의 권리가 보호되어야 하는지, 그리고 이러한 논란이 학교와 학교 밖의 삶에 어떤 영향을 미치는지를 배울 수 있다. 이의신청 자료를 옹호하는 학생이 의견서를 작성할 때 사용할 수 있는 예시 자료는 〈표 6-20〉과 같다.

〈표 6-20〉 이의신정 자료를 옹호하는 학생 의견서(예)

친애하는 [교장 선생님 / 사서 선생님 / 학교도서관운영위원장님]께

저는 ○○학교 학생이며, ○○○의 ○○○에 대한 학생의 접근을 제한하려는 최근 시도에 대해 의견을 드리고자 합니다. 저는 ○○○때문에 책에 대한 이의가 제기된 것을 알고 있습니다.
모든 사람, 특히 젊은이를 포함하여 모든 사람은 독서할 권리가 있습니다. 우리가 싫어하거나 동의하지 않는 책을 금지하면 다른 사람이 읽고 자신의 의견을 형성할 자유를 박탈하는 것입니다.

저는 ○○○을(를) 읽고 책에 대한 나만의 의견을 형성했습니다. 저는 ○○○때문에 가치 있는 책이라고 믿습니다. 이 책은 또한 널리 알려져 있으며 전국의 많은 도서관에서 열람할 수 있습니다. ○○○은(는) ○○○연도에 ○○○상을 받았습니다.
자녀가 특정 책을 읽는 것을 원하지 않는 경우 부모는 다른 책을 요구할 수 있습니다. 하지만 다른 사람이 책을 보는 것을 거부하거나 다른 부모에게 자녀가 무엇을 읽을지 말할 수는 없습니다.
○○학교는 학생이 다양하고 복잡한 세상에서 성공할 수 있도록 준비시킬 책임이 있습니다. 학생이 다른 견해를 이해하고 용납하도록 돕는 것이 그 일의 핵심입니다. ○○학교도서관은 책을 제거함으로써, 이 책임을 포기하고 있습니다. 또한, 책을 제거하는 것은 저와 같은 학생에게 우리 지역사회의 일부 구성원의 견해가 우리 교육의 질보다 더 중요하다는 메시지를 보내는 것입니다.
○○○을(를) ○○학교도서관에 보관하여 자유롭게 읽고 생각할 권리를 소중히 여긴다는 것을 보여주세요.

의견을 들어주셔서 진심으로 감사합니다.

○○학교 ○○학년 ○○○

(출처: National Coalition Against Censorship (2025). Book Challenge Resource Center.
Available: https://ncac.org/resource/book-challenge-resource-center)

이의신청인에게 보내는 안내문 서식, 심의요청 서식(이의신청인용), 이의신청 도서관 자료에 대한 심의 안내서 및 이의신청 도서관 자료의 심의 결과 안내서 양식은 다음과 같다.

〈표 6-21〉 이의신청인에게 보내는 안내문 서식

__________ 귀하

우리 학교에 소장 중인 ○○○ 자료에 대한 귀하의 관심에 감사드립니다. 우리 학교는 자료선정에 관한 절차를 개발하여 적용하고 있으나, 모든 사람이 선정된 장서에 대해 동의하는 것은 아니라는 점 역시 이해하고 있습니다.

우리 학교 자료선정 절차를 이해하는 데 도움이 되도록, 다음 자료를 송부합니다.

◦학교 교육목적(학교 교육과정)
◦자료선정기준 및 절차(장서관리정책서)
◦도서관인 윤리선언
◦도서관 자료의 심의(재심)요청 서식

귀하께서 이상의 자료를 검토하신 후에 여전히 문제를 느낀다면 다음의 심의요청 서식을 작성하여 송부해 주시기 바랍니다. 귀하의 요청에 대해서 충분히 주의를 기울이겠습니다. 귀하가 만약 2주 이내에 송부하지 않으시면, 공식적인 이의 제기를 더 이상 원치 않는 것으로 판단하겠습니다.

감사합니다.

○○○○년 ○○월 ○○일

학교장____________(직인)

(출처: 교육부, 2016, 239)

〈표 6-22〉 이의신청 도서관 자료에 대한 심의요청 서식(이의신청인용)

이의신청 도서관 자료의 심의 요청서

우리 학교는 도서관 자료의 선정과 평가에 대한 심의를 학교도서관운영위원회(학교운영위원회)에서 담당하고 있습니다. 따라서 귀하가 신청한 이의신청 자료의 심의도 학교도서관운영위원회(학교운영위원회)가 담당합니다. 귀하가 학교도서관 자료에 대한 이의신청을 하신다면, 다음 서식을 작성하여 이의신청 담당자에게 제출해 주시기를 바랍니다.

1. 이의신청 담당자:
   - 성 명:
   - 연락처: 전화번호(　　　　　) 　　　이메일(　　　　　　　　　)
   - 주 소:

2. 이의신청 방법 : 전화, 방문, 우편, 전자우편으로 접수하실 수 있습니다.
   ◦전화: (○○○) ○○○-○○○○
   ◦방문: 방문처(자)의 위치(실, 부서 위치 등)
   ◦주소: (우편번호) 도로명 주소 / 수신처(자)
   ◦전자우편: 이의신청 담당자 전자우편 주소

3. 이의신청인 인적 사항
◦성　명 __________
◦주　소 ______________________
◦우편번호 ______________________
◦전화번호 ______________________
◦개인입니까? □
◦기관을 대표하고 있습니까? □ 기관명: (　　　　　　　　)

4. 이의신청 자료는 무엇입니까? (추가 내용)

순번	이의신청 자료	이의신청 내용
1		
2		
3		

5. 자료 전체를 검토하셨습니까?
◦ 예 □ 아니오 □

6. 자료에 대한 의견은 무엇입니까?(필요한 경우 뒷면 혹은 쪽을 추가하여 기재)
7. 해당 주제에 대한 다른 견해를 보이는 자료나 부가적인 정보를 제공하는 자료를 추천해 주시겠습니까?

○○○○년 ○○월 ○○일

( )학교장 귀하

(출처: 교육부, 2016, 240)

〈표 6-23〉 이의신청 도서관 자료의 심의 안내서

이의신청 도서관 자료의 심의 안내서

학교도서관운영위원(학교운영위원)귀하

이의 제기된 아래 도서관 자료에 대한 심의를 의뢰합니다. 심의를 하실 때에는 도서관 자료선정의 원칙을 고려하면서, 자료에 대한 개인적 방어보다 폭넓은 원칙을 바탕으로 결정해 주시기 바랍니다. 지적 자유는 민주사회 교육의 핵심요소입니다.

위원님께 제공된 모든 자료를 철저하게 확인하시고, 가능한 한 평가 자료를 모두 검토해주시기 바랍니다. 해당 자료의 수용 여부는 표준 평가도구와 다른 학교의 소장 여부를 바탕으로 점검해야 합니다.

전체적인 맥락을 제외하고 부분적인 내용이 강조되어서는 안 됩니다. 자료 전체에 바탕을 둔 의견과 상대편의 입장을 통해 해당 자료의 가치와 오류를 평가해주시기 바랍니다.

이의신청 자료 및 이의신청 내용

순번	이의신청 자료	이의신청 내용
1		
2		
3		

○○○○년 ○○월 ○○일

학교장__________(직인)

(출처: 교육부, 2016, 242)

〈표 6-24〉 이의신청 도서관 자료의 심의 결과 안내서

이의신청 도서관 자료의 심의 결과 안내서

우리 학교도서관에 관심을 갖고 장서개발에 적극적으로 참여해 주셔서 감사합니다. 귀하가 요청하신 자료를 학교도서관 운영위원회(학교운영위원회)에서 심의한 결과를 아래와 같이 알려드립니다. 앞으로도 우리 학교도서관 발전에 많은 관심을 갖고 좋은 의견 주시기 바랍니다.

1. 이의신청 접수
◦이의신청 접수일:
◦이의 신 청 인:
◦신청인 연 락 처:

2. 이의신청 자료 및 이의신청 내용

순번	이의신청 자료	이의신청 내용
1		
2		
3		

3. 이의신청 자료의 심의 결과

순번	이의신청 자료	심의 결과	
		도서관 자료로 적합한 이유	도서관 자료로 부적합한 이유
1			
2			
3			

※ 부적합 판정을 받은 자료는 도서관 장서에서 제적 · 폐기함

○○○○년 ○○월 ○○일

학교장___________(직인)

(출처: 교육부, 2016, 241)

9.2 이의신청 자료 처리

학교도서관이 소장한 자료의 적절성에 대해 이의가 제기된 경우라 하더라도 최종심의 결과가 나오기 전까지는 학교도서관 장서에서 제거되어서는 안 된다. 다만, 이의신청에 대한 결과 도출 이전에 이의신청인이 희망하는 경우 해당 자녀에 한해서 접근(열람 및 대출)을 제한할 수 있다.

그러나 학교도서관운영위원회(학교운영위원회)의 심의 결과 부적합 자료로 판정된 경우에는 해당 자료를 제적·폐기한다. 또한, 학교도서관발전위원의 재심 결과 부적합 자료로 판정되면 학교장은 해당 자료를 제적·폐기한 후 그 처리 결과를 교육감에게 보고하고, 이의신청인에게 서면으로 처리 결과를 알린다.

이의신청 처리 과정에서 이의신청인의 개인정보 보호를 위해 애써야 한다. 그리고 이의신청서, 처리 결과, 재심 결과, 학교도서관운영위원회(학교운영위원회) 심의 사항 등은 유사한 이의신청 처리 및 감사 등에 대비하여 보관한다.

10. 개인정보와 지식재산 보호

10.1 개인정보 보호

학교도서관 정보화로 장서관리는 물론 이용자의 신상정보가 업무지원시스템을 통해서 처리되고 집적(集積)됨으로써 교사나 학생의 독서 이력뿐만 아니라 성명, 주소, 전화번호, 영상 등 개인을 식별할 수 있는 정보가 유출될 위험성이 많아졌다. 『개인정보보호법』(법률 제20897호)은 학교 등 공공기관과 개인정보처리자가 '개인정보의 수집·유출·오용·남용으로부터 사생활의 비밀 등을 보호함으로써 국민의 권리와 이익을 증진하고, 나아가 개인의 존엄과 가치를 구현' 하도록 정하고 있다. 『개인정보보호법』에서 정하고 있는 개인정보 보호 원칙을 살펴보면 다음과 같다.

「개인정보보호법」(법률 제20897호)

제3조(개인정보 보호 원칙) ① 개인정보처리자는 개인정보의 처리 목적을 명확하게 하여야 하고 그 목적에 필요한 범위에서 최소한의 개인정보만을 적법하고 정당하게 수집하여야 한다.

② 개인정보처리자는 개인정보의 처리 목적에 필요한 범위에서 적합하게 개인정보를 처리하여야 하며, 그 목적 외의 용도로 활용하여서는 아니 된다.

③ 개인정보처리자는 개인정보의 처리 목적에 필요한 범위에서 개인정보의 정확성, 완전성 및 최신성이 보장되도록 하여야 한다.

④ 개인정보처리자는 개인정보의 처리 방법 및 종류 등에 따라 정보주체의 권리가 침해받을 가능성과 그 위험 정도를 고려하여 개인정보를 안전하게 관리하여야 한다.

⑤ 개인정보처리자는 제30조에 따른 개인정보 처리 방침 등 개인정보의 처리에 관한 사항을 공개하여야 하며, 열람청구권 등 정보 주체의 권리를 보장하여야 한다.

⑥ 개인정보처리자는 정보주체의 사생활 침해를 최소화하는 방법으로 개인정보를 처리하여야 한다.

⑦ 개인정보처리자는 개인정보를 익명 또는 가명으로 처리하여도 개인정보 수집 목적을 달성할 수 있는 경우 익명 처리가 가능한 경우에는 익명에 의하여, 익명처리로 목적을 달성할 수 없는 경우에는 가명에 의하여 처리될 수 있도록 하여야 한다.

⑧ 개인정보처리자는 이 법 및 관계 법령에서 규정하고 있는 책임과 의무를 준수하고 실천함으로써 정보주체의 신뢰를 얻기 위하여 노력하여야 한다.

그리고 『개인정보보호법시행령』(대통령령 제35343호)에서는 개인정보의 사용 동의를 구하는 방법을 다음과 같이 구체적으로 정하고 있다.

「개인정보보호법시행령」(대통령령 제35343호)

제17조(동의를 받는 방법) ① 개인정보처리자는 법 제22조에 따라 개인정보의 처리에 대하여 정보주체의 동의를 받을 때에는 다음 각 호의 조건을 모두 충족해야 한다.

1. 정보주체가 자유로운 의사에 따라 동의 여부를 결정할 수 있을 것
2. 동의를 받으려는 내용이 구체적이고 명확할 것
3. 그 내용을 쉽게 읽고 이해할 수 있는 문구를 사용할 것
4. 동의 여부를 명확하게 표시할 수 있는 방법을 정보주체에게 제공할 것

② 개인정보처리자는 법 제22조에 따라 개인정보의 처리에 대하여 다음 각 호의 어느 하나에 해당하는 방법으로 정보주체의 동의를 받아야 한다.

1. 동의 내용이 적힌 서면을 정보주체에게 직접 발급하거나 우편 또는 팩스 등의 방법으로 전달하고, 정보주체가 서명하거나 날인한 동의서를 받는 방법
2. 전화를 통하여 동의 내용을 정보주체에게 알리고 동의의 의사표시를 확인하는 방법
3. 전화를 통하여 동의 내용을 정보주체에게 알리고 정보주체에게 인터넷주소 등을 통하여 동의 사항을 확인하도록 한 후 다시 전화를 통하여 그 동의 사항에 대한 동의의 의사표시를 확인하는 방법
4. 인터넷 홈페이지 등에 동의 내용을 게재하고 정보주체가 동의 여부를 표시하도록 하는 방법
5. 동의 내용이 적힌 전자우편을 발송하여 정보주체로부터 동의의 의사표시가 적힌 전자우편을 받는 방법
6. 그 밖에 제1호부터 제5호까지의 규정에 따른 방법에 준하는 방법으로 동의 내용을 알리고 동의의 의사표시를 확인하는 방법

사서교사는 물론 DLS에 접근할 수 있는 도서반 학생이나 자원봉사자는 도서관 운영 과정에서 얻은 이용자의 개인 신상정보를 누설하거나 타인이나 다른 기관에 제공하지 않도록 유념해야 한다. 또한, 장서관리나 참고봉사 등을 목적으로 도서반 학생 등과 공동으로 사용하는 컴퓨터는 사서교사가 업무용으로 사용하는 컴퓨터와 분리하여 별도로 설치·운영하고 학내망을 차단하는 것이 바람직하다. 또한, 연체자 목록과 같은 문서에도 성명이나 휴대 전화번호 등이 수록되기 때문에 파기 시 각별한 주의가 필요하다. 또한, 자원봉사자나 학교도서관운영위원회 운영 및 프로그램 운영을 통해 획득한 개인정보 보호에도 유의해야 한다.

10.2 지식재산 보호

인간이 태어나면서부터 다른 사람으로부터 부당한 대접을 받지 않을 천부적인 권리를 갖는 것처럼, 인간이 만들어 내는 지적 생산물도 다른 사람으로부터 그 권리를 존중받을 권리를 갖고 있다. 『지식재산기본법』(법률 제18873호)에 따르면, 지식재산이란 '인간의 창조적 활동 또는 경험 등에 의하여 창출되거나 발견된 지식 · 정보 · 기술, 사상이나 감정의 표현, 영업이나 물건의 표시, 생물의 품종이나 유전자원(遺傳資源), 그밖에 무형적인 것으로서 재산적 가치가 실현될 수 있는 것'을 말한다. 그리고 신지식재산이란 '경제·사회 또는 문화의 변화나 과학기술의 발전에 따라 새로운 분야에서 출현하는 지식재산'을 뜻한다. 지식재산권이란 '법령 또는 조약 등에 따라 인정되거나 보호되는 지식재산에 관한 권리'를 말한다(제3조).

문학이나 학술, 예술과 관련된 인쇄물, 영상물, 컴퓨터 프로그램 등의 저작물은 법과 국제 조약에 의해서 보호받고 있는데, 지식재산 보호에 대한 대표적인 법률이 『저작권법』(법률 제

20841호)이다. 이 법에 따르면 저작자의 저작권은 '저작물을 창작한 때부터 발생하며 어떠한 절차나 형식의 이행을 필요로 하지 아니하는' 무방식주의이다(제10조 제②항).

『저작권법』은 저작물의 무단 복제, 표절을 금하고 있으며, 도서관에서는 공공 봉사를 위한 때에만 복제할 수 있도록 하고 있다. 그러나 정보저장방식이 디지털화되고 도서관 간 열람을 위한 전송과 복사가 쉬워지면서 저작권을 보호하기 위한 장치로 문화체육관광부장관이 정하여 고시하는 기준에 의한 보상금을 당해 저작재산권자에게 지급해야 한다. 『저작권법』에서는 도서관 등에서의 복제를 다음과 같이 규정하고 있다.

> 제31조(도서관 등에서의 복제 등) ①「도서관법」에 따른 도서관과 도서·문서·기록 그 밖의 자료(이하 "도서 등"이라 한다)를 공중의 이용에 제공하는 시설 중 대통령령으로 정하는 시설(해당 시설의 장을 포함한다. 이하 "도서관 등"이라 한다)은 다음 각 호의 어느 하나에 해당하는 경우에는 그 도서관 등에 보관된 도서 등(제1호의 경우에는 제3항에 따라 해당 도서관 등이 복제·전송받은 도서 등을 포함한다)을 사용하여 저작물을 복제할 수 있다. 다만, 제1호 및 제3호의 경우에는 디지털 형태로 복제할 수 없다.
>
> 1. 조사·연구를 목적으로 하는 이용자의 요구에 따라 공표된 도서 등의 일부분의 복제물을 1명당 1부에 한정하여 제공하는 경우
> 2. 도서 등의 자체 보존을 위하여 필요한 경우
> 3. 다른 도서관 등의 요구에 따라 절판 그밖에 이에 준하는 사유로 구하기 어려운 도서 등의 복제물을 보존용으로 제공하는 경우
>
> ② 도서관 등은 컴퓨터를 이용하여 이용자가 그 도서관 등의 안에서 열람할 수 있도록 보관된 도서 등을 복제하거나 전송할 수 있다. 이 경우 동시에 열람할 수 있는 이용자의 수는 그 도서관 등에서 보관하고 있거나 저작권 그밖에 이 법에 따라 보호되는 권리를 가진 자로부터 이용 허락을 받은 그 도서 등의 부수를 초과할 수 없다.
>
> ③ 도서관 등은 컴퓨터를 이용하여 이용자가 다른 도서관 등의 안에서 열람할 수 있도록 보관된 도서 등을 복제하거나 전송할 수 있다. 다만, 그 전부 또는 일부가 판매용으로 발행된 도서 등은 그 발행일부터 5년이 지나지 아니한 경우에는 그러하지 아니하다.
>
> ④ 도서관 등은 제1항 제2호의 규정에 따른 도서 등의 복제 및 제2항과 제3항의 규정에 따른 도서 등의 복제의 경우에 그 도서 등이 디지털 형태로 판매되고 있는 때에는 그 도서 등을 디지털 형태로 복제할 수 없다.
>
> ⑤ 도서관 등은 제1항 제1호에 따라 디지털 형태의 도서 등을 복제하는 경우 및 제3항에 따라 도서 등을 다른 도서관 등의 안에서 열람할 수 있도록 복제하거나 전송하는 경우에는 문화체육관광부장관이 정하여 고시하는 기준에 따른 보상금을 해당 저작재산권자에게 지급하여야 한다. 다만, 국가, 지방자치단체 또는「고등교육법」제2조에 따른 학교를 저작재산권자로 하는 도서 등(그 전부 또는 일부가 판매용으로 발행된 도서 등은 제외한다)의 경우에는 그러하지 아니하다.
>
> ⑥ 제5항의 보상금의 지급 등에 관하여는 제25조 제7항부터 제11항까지의 규정을 준용한다.
>
> ⑦ 제1항부터 제3항까지에 따라 도서 등을 디지털 형태로 복제하거나 전송하는 경우에 도서관 등은

저작권 그밖에 이 법에 따라 보호되는 권리의 침해를 방지하기 위하여 복제방지조치 등 대통령령으로 정하는 필요한 조치를 하여야 한다.

⑧ 「도서관법」 제22조에 따라 국립중앙도서관이 온라인 자료의 보존을 위하여 수집하는 경우에는 해당 자료를 복제할 수 있다.

문화체육관광부장관이 고시(제2016-20호)한 『도서관의 저작물 복제·전송이용 보상금 기준』에 따르면 복제·전송이용 보상 대상은 "『저작권법』 제31조 제1항 제1호의 규정에 의하여 디지털 형태의 도서 등(다른 도서관 등으로부터 복제·전송받은 도서 등을 포함)을 복제하는 경우 및 같은 법 같은 조 제3항의 규정에 의하여 비매품이거나 발행된 지 5년이 경과한 판매용 도서 등을 다른 도서관 등의 안에서 열람할 수 있도록 전송하는 경우"이다.

〈표 6-25〉 도서관의 저작물 복제·전송이용 보상금 기준

1. 적용 기간 : 2016년 9월 1일 ~ 차후 개정 시까지
2. 보상 대상 : 저작권법 제31조 제1항 제1호의 규정에 의하여 디지털 형태의 도서 등(다른 도서관 등으로부터 복제·전송받은 도서 등을 포함)을 복제하는 경우 및 같은 법 같은 조 제3항의 규정에 의하여 비매품이거나 발행된 지 5년이 경과한 판매용 도서 등을 다른 도서관 등의 안에서 열람할 수 있도록 전송하는 경우
3. 보상 기준 및 보상 금액

구분		이용 형태 및 보상금 기준	
		출력	전송(전송을 위한 복제 포함)
단행본	판매용	1면당 6원	1파일 당 25원
	비매용	1면당 3원	1파일 당 0원
정기간행물	판매용	1면당 6원	1파일 당 25원
	비매용	1면당 3원	1파일 당 0원

* 파일을 전송하는 도서관이 출력·전송 이용에 따른 보상금을 납부하고자 하는 경우, 상기 기준을 고려한 보상금액을 보상금 수령단체와 협의하여 정할 수 있다.

4. 본 기준에서 사용하는 용어 정의
1) 출력 - 저작권법 제31조 제1항 제1호의 규정에 의하여 디지털 형태의 도서 등을 아날로그 형태로 복제(프린트아웃)하는 것을 말함
2) 전송 - 다른 도서관 이용자가 컴퓨터 모니터 등을 통하여 열람할 수 있도록 디지털 형태의 도서 등을 일반 공중이 접근할 수 있는 컴퓨터 서버에 저장하는 것과 실제 이용자의 요구에 의하여 디지털 송신을 하는 것을 모두 포함하는 것을 말함
3) 1면 - 이용 대상이 된 단행본 또는 정기간행물의 1쪽을 말함
4) 1파일 - 단행본의 경우에는 전체에 해당하는 디지털물을, 정기간행물의 경우에는 이에 수록된 각 각의 기사 또는 논문에 해당하는 디지털물을 말함

교육기관은 교육 목적상 공표된 저작물을 보상금 지급 없이 공연 또는 방송하거나 복제할 수 있도록 규정하고 있기 때문에 학교도서관의 경우에는 보상금제도에서 제외된 상태이다. 그러나 학교도서관이 설립 목적을 벗어나서 지역주민이나 학부모를 대상으로도 자료열람 범위를 확대한다면 보상금제도의 대상이 될 수 있다.

학교도서관에서 이루어지는 영상물 상영 등의 프로그램은 『저작권법』 제29조(영리를 목적으로 하지 아니하는 공연·방송)와 관련이 있다. 학교도서관에서 다수의 이용자를 대상으로 영상물 상영 등의 프로그램을 운영하기 위해서는 '영리를 목적으로 하지 아니하고 청중이나 관중 또는 제3자로부터 어떤 명목으로든지 대가를 지급받지 아니하는 경우에는 공표된 저작물을 공연 또는 방송할 수 있다. 다만, 상업용 음반 또는 상업적 목적으로 공표된 영상저작물을 재생하는 경우, 실연자에게 일반적인 보수를 지급하는 경우에는 공연이나 방송할 수 없다'(제①항). 그리고 『저작권법시행령』(대통령령 제34926호)에 따라 영상물 상영의 경우에는 발행된 지 6개월이 지나지 않은 판매용 영상물은 상영할 수 없다(제11조 제8호). 학교도서관에서 교사의 수업 지원과 관련하여 발생할 수 있는 저작권 관련 질문과 답변 내용을 살펴보면 다음과 같다.

〈표 6-26〉 교사의 수업 지원과 관련한 저작권 보호 관련 주요 질의 및 답변 내용

질문	답변	근거
학생이 수업자료로는 도서가 너무 무거워서 가지고 다닐 수가 없다. 학교도서관에서 이 자료들을 학생 수만큼 구매하여 디지털 파일로 변환한 후 학생들의 전자 파일 기기(노트북이나 태블릿PC)에서 읽도록 지원할 수 있는가?	지원할 수 없다.	저작권법 제31조 제1항 제1호에 따라서 도서관이 서비스할 수 있는 범위를 벗어난다.
학교도서관 사서(교사)가 수업 지원 자료로 웹사이트에서 검색한 이미지 파일을 교사에게 제공하는 것은 자작권법을 위반하는 것인가?	이견이 있다.	저작권법 제25조 제2항에 의해 학교도서관이 복제의 주체가 될 수 있느냐의 문제이다. 학교도서관은 학교에 소속된 교육 시설이기 때문에 복제의 주체가 될 수 있다는 의견도 있다.
교사가 절판된 책 일부를 복사하여 수업자료로 활용하고 싶다고 요청을 해온 경우 도서관이 복제물을 제공할 수 있는가?	제공할 수 있다.	저작권법 제31조 제1항 제1호에 의해 조사, 연구를 목적으로 하는 이용자의 요구가 있을 경우 도서관에 보관된 도서 등 일부분을 복제물로 1인 1부에 한하여 제공할 수 있다.
학교도서관 자료를 교사가 교실에서 수업 지정 자료로 배치하여 이용하기를 요청한다. 학교도서관 밖에서 수업 지정 자료로 배치하여도 저작권법에 위배되지 않는가?	위배되지 않는다.	저작권법 제20조. 저작물의 원본이나 그 복제물이 해당 저작재산권자의 허락을 받아 판매 등의 방법으로 거래에 제공된 경우에는 저작자가 더 이상 배포권을 행사할 수 없다. 따라서 도서관이 서점 등을 통하여 저작물을 구매하였을 경우 그 도서 등을 다른 사람에게 대여하거나 양도할 수 있다.
교사가 학교도서관에서 구독하는 신문의 기사 1편을 수업하는 학생들이 동시에 읽을 수 있도록 학생 수만큼 전문을 복사해 달라고 요청하였다. 복제물을 제공할 수 있는가?	제공할 수 있다.	저작권법 제31조 제1항 제1호에 따르면 도서관에 소장된 도서 등의 일부를 1인에게 1부 복제해 줄 수 있다. 저작권법 제25조 제3항에 따라서 가능하다고 볼 수 있다.

교사가 도서관에 소장된 여러 자료의 일부를 복사하여 수업 교재로 만든 다음에 수업 시간에 학생들에게 배포하고자 자료를 요청하였다. 도서관이 복제물을 제공할 수 있는가?	제공할 수 있다.	저작권법 제31조 제1항 제1호에 따라 교사가 요청한 각 자료의 일부분을 복제하여 1부 제공할 수 있다. 저작권법 제25조 제2항에 따라 교사는 도서관으로부터 제공받은 복제물을 학생 수만큼 복제 및 제본하여 수업을 듣는 학생들에게 배포할 수 있다.

(출처: 국립중앙도서관, 2013, 119-127의 내용 일부를 수정함)

학교도서관은 다양한 학습자료를 운영하면서 다른 사람의 소중한 지식재산을 교사와 학생이 활용할 수 있도록 제공하고, 자료의 복사나 전송이 수시로 일어나는 곳이다. 따라서 사서교사 스스로 지식재산권 보호에 앞장서야 할 뿐만 아니라 도서관을 이용하는 학생에게 정보윤리의식과 타인의 지식을 적절하게 인용하여 자신의 문제해결에 적용할 수 있는 능력을 지도해야 한다. 학생이 과제해결에 참고하거나 인용한 자료의 서지사항을 밝히는 것은 저작권보호의 가장 기본적인 활동이다. 서지사항의 기록은 학문 영역에 따라 다를 수 있지만, 누구의 어떤 저작물을 언제 어떻게 사용하였는지를 분명하게 알 수 있도록 일관성 있게 기록하여야 한다.

07

학교도서관 예산

1. 예산의 의미와 중요성
2. 예산 편성 시 고려할 사항
3. 예산 편성과 심의
4. 예산집행 및 결산

07 학교도서관 예산

1. 예산의 의미와 중요성

예산이란 어떤 조직이 일정 기간에 설립 목적을 달성하기 위하여 운영에 사용하는 수입·지출을 형식에 맞추어 명시해 놓은 것이다. 학교 예산은 일정 기간에 학교가 교육활동을 실천해 나가는 데 필요한 세입과 세출의 체계적인 계획서를 의미하며, 편성·심의·집행·결산의 과정을 거친다. 학교도서관 예산은 학교 예산의 일부로서 회계연도를 기준으로 운영계획을 수행하는 데 필요한 재정상의 수입·지출 예정액 또는 계획안이다. 학교도서관 예산의 편성·심의·집행·결산은 모체기관인 학교의 회계제도의 원칙에 의해서 이루어진다.

예산을 편성한다는 것은 회계연도에 학교도서관이 업무 수행에 필요한 경비와 이를 충당해 나갈 재원을 체계적으로 집계하고 조직하는 작업이다. 이것은 예산이 소요되는 품목을 단순히 나열하는 것이 아니라, 학교도서관이 수행해야 할 업무의 주요 내용과 활동의 필요성을 반영하고 정당화시키는 활동이다. 예산 편성은 또한 학교도서관 운영자에게 업무지침과 일의 우선순위를 제시한다. 그리고 학교도서관 운영 목적과 활동이 이용자의 요구를 얼마나 충족시켰는가를 측정하고, 그 가치를 학교장이나 행정가들이 이해하고 평가하는 데 도움을 준다.

학교도서관이 주요 운영 요소인 시설, 자료, 인력을 아무리 잘 갖추고 있더라도 지속적이고 체계적인 관리와 교육정보서비스 활동을 수행하기 위해서는 무엇보다도 예산의 뒷받침이 중요하다. 적절한 예산이 안정적으로 확보된다면 양질의 장서와 장비를 확보하고 다양한 프로그램을 개발하여 더 수준 높은 봉사를 제공할 수 있기 때문이다. 미국 콜로라도주와 펜실베이니아주의 연구 결과를 보면, 학교도서관의 시설, 자료 등 기본적인 환경을 구축한 이후에 지속적인 예산을 투입하여 새로운 자료를 구매하고, 일정 수준을 유지할 때 학업성취도가 높아지는 것으로 나타났다(Lance, Rodney and Hamilton-Pennell, 2000; Friancis, Lance and Lietzau, 2010).

학교 예산 회계제도의 도입으로 예산집행 절차 준수 및 투명성·공정성이 제고됨으로써 예산 집행은 법령이 정한 절차를 반드시 준수해야 한다. 그리고 학교장은 교직원이 사업별 예·결산 현황을 수시 확인할 수 있도록 학교 회계시스템(에듀파인) 조회 권한을 부여하고, 학부모 및 학교운영위원에게는 예산집행 현황을 홈페이지에 탑재하는 등 학교 실정에 맞는 공개 방법을 결정해야 한다(서울특별시교육청, 2025, 21). 또한, 각 업무 담당자는 교육과정 운영 및 학교 운영을 위하여 필요한 사업 및 재정 소요액 등을 기록하여 부서별 또는 개인별로 예산 요구서를 제출할 수 있다.

2. 예산 편성 시 고려할 사항

2.1 재원의 출처 및 기준

비영리기관인 학교도서관 예산은 모체기관인 학교 예산의 일정액을 할당받는 경우가 대부분이다. 때에 따라서는 국가나 지방자치단체의 특별교부금, 학교발전기금, 기타 기부금 등이 재원이 될 수 있다. 재원의 출처에 따라서 예산의 규모나 지출 내역이 제한될 수 있으며, 재원의 연속성 여부도 결정되기 때문에 사서교사는 재원의 출처를 잘 확인하여야 한다. 『초·중등교육법』(법률 제20862호)에 따르면, 학교 회계에서 세입 예산으로 편성하는 수입은 '국가의 일반회계나 지방자치단체의 교육비특별회계로부터 받은 전입금, 학교운영위원회 심의를 거쳐 학부모가 부담하는 경비, 학교의 발전기금으로부터 받은 전입금, 국가나 지방자치단체의 보조금 및 지원금, 사용료 및 수수료, 이월금, 물품매각대금 그 밖의 수입' 이다.

학교의 이러한 세입 중에서 단위 학교도서관에 필요한 예산의 출처가 될 수 있는 것은 국가의 일반회계 또는 지방자치단체의 교육비특별회계에서 전입금으로 편성된 학교 운영비, 국가 또는 지방자치단체의 교부금 및 지원금 그리고 학교발전기금 전입금 등이다. 이 중에서 학교 예산의 가장 큰 비중을 차지하고, 학교도서관 예산 편성의 기준이 되는 학교 기본운영비와 관련이 있는 교육비특별회계 전입금의 내용을 살펴보면 〈표 7-1〉과 같다. 이 중 개별교부운영비와 목적사업비 등은 교육(지원)청에서 운영(사업) 시기 및 성격을 고려하여 별도로 교부하는 만큼 사서교사는 학교도서관 관련 사업을 적극 발굴하고 관련 사업에 지원할 필요가 있다.

〈표 7-1〉 학교비특별회계전입금(목)의 편성 내용

[학교운영비 = 학교기본운영비 + 개별교부운영비] ① 학교 기본 운영비 - 공통경상운영비: 학생수, 학급수, 건물연면적, 건물연령의 교육비 결정함수에 의한 포뮬러[7])로 산정 - 통합교부운영비(총액배분사업비): 단위 학교에 공통적으로 적용되는 특정 수요 운영비로 교당·급당·학생당 기준으로 산정. 학교 구성원, 학생·학부모 등의 의견을 수렴하여 교육과정 및 학교 여건에 맞게 자율적으로 편성·운영할 수 있음(예: 학부모회 운영 지원, 학교 안 교원학습공동체 운영 등) ② 개별교부운영비(총액배분사업비): 특정 수요가 있는 학교에 사업 운영비를 해당 학교별로 산정. 소관 부서의 예산 교부 기준 등을 고려하여 학교 실정에 맞게 적정 편성하고, 예산 편성 범위내에서 자율 집행 ③ 목적사업비: 특정 목적을 위해 교육청 사업 부서에서 각급 학교로 지원하는 경비. 교육청 사업부서의 추진 방향(지침, 추진계획 등)에 맞추어 편성하고, 예산 편성 결과에 맞추어 집행

(출처: 서울특별시교육청, 2025, 69-74의 내용을 정리함)

7) 포뮬러(Formula): 학생수, 학급수 등 교육비 결정함수에 의해 산출된 계수를 적용한 공식

『학교도서관진흥법』(법률 제18547호)에서는 국가와 지방자치단체가 학교도서관 진흥에 필요한 시책을 마련할 책무를 명시하고 있으며(제3조, 제①항), 행정적·재정적 지원을 하도록 강제하고 있다(제3조, 제②항). 1998년부터 시행한 학교발전기금은 과도한 모금으로 학부모에게 부담을 주고, 불법 찬조금 모금의 빌미가 된다는 이유로 한 때 폐지가 논의되었다. 그러나 학교운영위원회 제도가 도입되면서 기금 조성이 가능하게 되었다. 『초·중등교육법』(법률 제20862호)에 따르면, 학교발전기금을 조성하는 주체는 학교운영위원회이다(제33조). 『초·중등교육법시행령』(대통령령 제35211호)에서는 조성한 발전 기금을 '학교교육시설의 보수 및 확충, 교육용 기자재 및 도서 구매 등'을 위해서 사용할 수 있도록 하고 있다(제64조 제②항). 무엇 보다도 학교도서관의 안정적인 운영을 위해서는 학교 예산의 일정 비율 이상을 의무적으로 학교도서관 운영비로 책정하도록 하는 것이 바람직하다. 교육부, 한국도서관협회 등이 제시한 학교도서관 예산 기준을 살펴보면 다음과 같다.

① 교육부의 『학교도서관활성화종합방안』(2002)
각급 학교의 학교경상운영비 3% 이상을 도서 등 자료 구입비로 사용하도록 『학교회계예산 편성 지침』에 반영한다.

② 교육부의 『학교도서관진흥기본계획』
교육부의 『학교도서관진흥기본계획』에서는 학교기본운영비의 3% 이상을 자료구입비로 편성하도록 하고 있다. 『제1차 학교도서관진흥기본계획』(2008~2013년)과 『제2차 학교도서관진흥기본계획』(2014~2018년)에서는 학교 기본운영비의 3% 이상을 자료 구입비로 반영하도록 권고하고, 시도교육청별 학교도서관 평가 시 도서관활용교육 참가 교사 수, 학생 독서 흥미도와 함께 학교 도서관 예산'을 평가 지표로 개발하는 방안을 권장하였다. 그리고 『제3차 학교도서관진흥기본계획』(2019~2023년)부터는 학교 기본운영비의 3% 이상을 자료구입비로 필수 편성하도록 하였다.

③ 한국도서관협회 『한국도서관 기준』(2013)
학교도서관 예산은 고정비(인건비, 시설비 등)를 제외한 학교 총예산의 5% 이상이어야 하고, 학교도서관 총예산의 70% 정도는 자료 구입비에 배정하되 사정에 따라 조정할 수 있다.

④ 대통령 소속 국가도서관위원회의 『전국도서관운영평가 지표』(2020)
특별교부금이나 학교발전기금을 제외하고, 1년간 학교경상운영비에서 차지하는 자료구입비와 운영비 합계를 평가 기준으로 하고 있으며, 만점(6점) 기준은 6.1% 이상이다.

2.2 학교 교육과정과 이용자 요구

학교도서관은 학교 교육과정을 지원하고 직접 운영에 참여함으로써 교육목표 달성에 기여함을 목적으로 운영하기 때문에 예산 편성 시 무엇보다도 학교 교육과정을 검토하여야 한다. 학교 교육과정은 국가 수준의 교육과정이나 시도교육청 수준의 교육과정에 따라서 달라질 수 있으며, 당해 학교의 설립·운영 목적과 지역사회의 요구 등에 의해서도 달라질 수 있다. 따라서 사서교사는 학교 교육과정이 추구하는 목표와 내용을 충분히 검토하여 이를 예산 편성에 반영하여야 한다.

또한, 사서교사는 교사와 학생 그리고 학부모 등 지역사회의 요구를 예산 편성에 반영하여야 한다. 특히, 지역사회의 경제적 배경, 학부모의 학교 교육에 관한 관심과 참여도 그리고 공공도서관에 대한 접근성 등 경제·문화적 특성은 장서구성은 물론 도서관의 공간 구성과 봉사활동 등에 영향을 끼친다. 학교 회계 예산 편성 과정에서 교육 수요자인 학생과 학부모의 요구를 적극적으로 반영하도록 하고 있는 점을 고려하여 도서관 예산 확보를 위한 이용자 마케팅과 의견수렴이 중요하다.

3. 예산 편성과 심의

3.1 예산 편성 절차

학교의 예산 편성 절차는 회계연도 개시 3월 전인 12월에 시작한다. 우선, 교육감이 학교 회계 예산 편성 기본 지침을 학교장에게 통보하면, 학교장은 기본계획을 수립하고 교직원 교육과 학부모 및 학생의 의견을 수렴한다. 이후 교직원의 예산 요구서를 수합하여 예산안을 편성한다. 교육감이 회계연도 개시 50일까지 연간 총전입금 규모 및 자금교부계획을 통보하면, 학교장은 예산 조정 작업 및 예산안을 확정한 후 회계연도 개시 30일 전까지 예산안을 학교운영위원회에 제출한다. 예산 편성은 다음과 같이 진행된다.

〈표 7-2〉 예산 편성 절차

과 정	주 체	법정기한	추 진 사 항
학교 회계 예산 편성 기본지침 통보	교육감	회계연도 개시 3월 전까지 (12월 1일까지)	· 교육청의 교육재정 여건 및 운영 방향 제시 · 권장사업 제시 · 예산과목 및 과목 해소 등 예산 운영에 필요한 제반 내용
기본계획수립 및 교직원 교육	학교장	-	· 학교 교육계획을 반영한 예산 편성 기본계획수립 · 세입 예산 규모 추정 및 가용 재원 제시 · 학교 구성원에게 예산 편성 관련 사전교육 실시
학부모 및 학생 의견수렴	학교장	-	· 의견수렴 추진계획수립 및 안내 · 의견접수 및 부서별 정리 · 담당부서의 타당성 검토
교직원의 예산 요구서 수합 및 예산안 편성	학교장	-	· 교육과정 운영 및 학교 운영을 위하여 필요한 사업 및 재정 소요액 등 기록 · 학교장은 학교 예산 편성 방향 및 교육계획에 따라 작성 요구된 예산 요구서(본예산, 성립전, 추경)를 반영한 예산안 편성
연간 총 전입금 규모 및 자금교부계획 통보	교육감	회계연도 개시 50일 전까지 (1월 9일까지)	· 학교 회계로 전출할 금액의 총규모 및 분기별 자금교부계획 통보 · 목적사업의 경우 대상 학교가 지정되는 대로 확정·통보
예산조정작업 및 예산안 확정	학교장	-	· 단위 학교의 총세입 규모 확정 · 부별 또는 전체 교직원 조정 회의를 거쳐 예산안 확정
예산안 제출 (명시이월비 명세서 첨부)	학교장	회계연도 개시 30일 전까지 (1월 29일까지)	· 학교운영위원회에 제출 ※ 학교장은 예산안을 학교운영위원회에 제출한 후에도 전입금 규모의 변경, 사업계획의 변화 등으로 예산안 수정이 불가피한 경우 수정예산안 제출 가능

(출처: 서울특별시교육청, 2025, 24)

3.2 예산 요구서 작성

교육청으로부터 예산 편성 기본지침이 단위 학교로 시달되면 학교장은 학교 교육계획을 반영한 예산 편성 기본계획을 수립하고, 세입 예산을 추정하여 가용 재원 규모를 제시한다. 그리고 이를 바탕으로 소속 교직원에게 연간 학교 교육 시책 및 예산 편성에 필요한 사전교육을 실시한다. 이러한 학교의 예산 편성 방침에 의하여 교사는 교육과정 운영 및 업무 수행에 필요한 제반 사업 및 이에 소요되는 경비에 대한 예산 요구서를 제출한다.

사서교사는 학교도서관 운영에 필요한 예산을 안정적으로 확보하기 위해서 충분한 근거 자료를 수집하여 예산 요구서(안)를 마련해야 한다. 그리고 학부모회와 학생회가 의견 수렴 기간에 학교도서관에 대한 예산 확보를 도와줄 수 있도록 평소 좋은 관계를 형성할 필요가 있다. 편성한 예산 요구서(안)는 학교도서관운영위원회의 심의를 거쳐 제출한다. 예산 요구서(안) 작성에 고려할 요소는 다음과 같다.

① 교육부, 교육청, 학교 수준의 학교도서관 필수 및 권장사업
② 교사, 학생, 학부모 등 이용자 요구
③ 장서평가 및 장서개발 정책
④ 정기구독료
⑤ 장서 정리 및 정비용품
⑥ 학교도서관 프로그램
⑦ 공간 재구조화 및 시설 설비 확충
⑧ 도서반, 자원봉사자 운영
⑨ 전문단체나 협회 가입비 및 연회비
⑩ 예산으로 산출될 전체 금액
⑪ 물가 상승률

예산 요구서(안)는 학교 예산 회계제도에 의하여 항목별로 작성하게 되어있다. 예산 요구서 양식에는 우선순위에 따라서 사업명과 집행 시기를 기록하고, 해당 사업에 소요되는 예산을 산출한 근거를 기록하는 것이 일반적이다. 예산의 산출기초는 '단가(원)×인원(명)×개소×횟수(회)×기간(월, 일)×비율(%)'과 같이 구체적으로 작성해야 하며 총액으로만 기재하지 말아야 한다. 그리고 산출 예산의 금액 단위는 천 원으로 하되, 산출기초는 원 단위로 계정한다. 세입 예산의 1,000원 미만은 절사하고, 세출예산의 1,000원 이상은 절상한다. 또한, 학교 회계 예산 과목체계 개편 내용을 참고하여 예산과목을 정확히 구분하여 예산을 편성하여야 한다(서울특별시교육청, 2025, 26). 학교도서관 예산 항목은 크게 장서 개발(자료 구매)비, 가구 구매비, 프로그램 운영비 등으로 나눌 수 있으며, 이중 장서 개발비의 비율이 제일 높다. 그러나 예산 항목은 학교도서관 사정에 따라 탄력적으로 운영하는 것이 바람직하며 도서관 소식지 발행비, 회비 등

의 항목을 둘 수도 있다. 특히, 한국도서관협회 단체 회비의 경우 학교 세출 예산의 '선택적 교육활동 - 독서활동 - 도서관 운영' 항목을 통해서 집행할 수 있다. 항목별 예산 요구서 작성의 예를 살펴보면 다음과 같다.

〈표 7-3〉 학교도서관의 항목별 예산 요구서 작성(예)

작성자: ○○○ (인)

○ 회계연도: ○○○○학년도
○ 예산 구분: 학교 운영비

순위	사업명	집행 시기	예산내역 및 산출 기초	예산요구액 (천원)	비고
1	장서 개발	4, 9월 3월 4, 9월 3월	• 단행본 자료 -15,000원×5,000권×2회=15,000,000원 • 잡지 -150,000원×10종=1,500,000원 • 영상자료 -50,000원×50점=250,000원 • 전자자료 구독료 -500,000원×3종=1,500,000원	18,250	전년대비 10% (1,500천원) 증액
2	장서 정리	4월	• 라벨 출력 용지 -20,000원×2 Box=40,000원 • 단행본 등록바코드 -50원×1,000개=50,000원 • 학생용 바코드 제작 -50원×500개=25,000원	115	
3	가구 구매	5월	• 7단 2연 복식 서가 -800,000원×2조=1,400,000원	1,400	
4	프로그램 운영	7, 12월	• 저자 초청 강연회 -강사료: 300,000원×1명×1회=300,000원 -협의회비:25,000원×5명×1회=100,000원 • 독서퀴즈대회용 문화상품권 -20,000원×3명=60,000원	460	
5	도서반 운영	3, 6, 9, 12월 12월	•회의비 -5,000원×10명×4회=100,000원 •답사비 -20,000원×10명×1회=200,000원	300	
6	운영비	4, 9, 12월 3월 3월, 9월	•학교도서관운영위원회의비 -20,000원×6명×3회=360,000원 •한국도서관협회 가입비 및 연회비 -가입비: 50,000원 -연회비: 123,000원 •사무용품 구매비 -2회×100,000원=200,000원	733	
합계				21,258	

3.3 예산 편성 방법

학교도서관 예산 편성은 학교 예산 회계제도에 의하여 일반적으로 총괄 예산이나 항목별 예산 편성법을 적용한다. 이 밖에도 학교도서관의 신설이나 사업 확장 등에 의하여 적용할 수 있는 예산 편성 방법으로는 총괄 예산, 항목별 예산, 지속 예산, 증가 예산, 확장 예산, 공식 예산, 요구 기반 예산, 영기준 예산 등이 있다(주영주, 1999, 196-202; National Library of New Zealand, 2025. 04. 03.).

① 총괄 예산
총괄 예산(Lump sum allocation)은 학교에 따라서 구체적인 항목 구분 없이 '학교도서관 운영비' 단일 항목으로 예산을 편성하는 방법이다. 학교도서관진흥계획이나 전국도서관 운영평가 지표를 보면, 학교도서관 예산은 기본적으로 학교기본운영비 중 일정 비율(3%)을 할당하게 되어있어서 총괄 예산 편성이 가능하다. 이 경우에 항목별 예산 요구서를 사전에 작성하지 않기 때문에 예산 편성이 쉽고, 학교운영위원회의 승인 절차 없이 필요에 따라서 자료 구매나 시설 투자 등에 융통성 있게 예산을 집행할 수 있다. 또한, 기준에 의한 학교도서관 예산 편성 비율이 지켜지면 안정적인 예산 확보가 가능하다. 그러나 전년도 할당 예산을 기준으로 책정하는 경우 물가 상승률을 반영하지 못할 수 있다. 또한, 교육과정 연계 장서개발이나 학생의 독서 관심사 등 추가 요구를 반영한 도서관 서비스 개발이 어려울 수 있다.

② 항목별 예산
항목별 예산(Line-item budget)은 품목별 예산(line item)이라고도 하며, 자료 구매비, 비품구매비, 행사운영비 등 항목별로 자세한 예산집행 내용을 세분하여 일목요연하고 손쉽게 작성할 수 있는 예산 편성 방법이다. 항목별 예산은 전년도 예산을 기초로 하여 물가 상승률, 인플레이션, 도서관의 자연적 성장 또는 새로운 업무 계획을 고려하여 항목에 따라 다음 해의 도서관 소요 예산을 산정할 때 보편적으로 사용하는 방법이다. 항목별 예산은 각 항목의 액수가 실제 업무와 연결 지어 표시되지 않으며, 예산 항목이 구체적으로 세분되어 있어 항목 간에 융통성 있는 예산집행이 어렵다는 단점이 있다.

③ 지속 예산
지속 예산(Continuity budget)은 이미 진행 중인 프로그램이 큰 변동 없이 지속하여 나갈 때 지난해의 예산에 따라서 편성하는 예산이다. 따라서 교육 방법에 변화가 없거나 사업 확장 계획이 없는 경우에 유용한 예산 편성 방법이다. 그러나 지난해의 예산 구성에 대해서 잘 알지 못할 때는 편성하기 곤란하고, 새로운 요구나 변화를 반영하지 못한 채 현상유지라는 타성에 젖을 우려가 있다.

④ 증가 예산
증가 예산(Incremental budget)은 학생수나 교사수의 현저한 증감이 있는 경우나 시설·자료·설비의 기준 달성이 필요한 경우에 편성하는 예산이다. 증가 예산을 편성할 때는 3~5

년에 걸쳐 장기적으로 예산을 반영시키는 것이 바람직하다. 증가 예산은 편성이 쉽고 예산 작성에 필요한 작업량이 많지 않아 간편하지만, 운영 자원에 대한 기준과 평가가 정확하지 않으면 공정성을 기할 수 없다.

⑤ 확장 예산

확장 예산(Expansion budget)은 도서관 신축이나 교육과정, 교육목표의 변화, 조직개편, 혁신적인 발전이 예상될 때 편성한다. 모체기관의 예산지원에 전적으로 의존하는 학교도서관의 경우 확장 예산 편성은 별도의 예산 확보가 전제되거나 재정적인 지원 확보가 확실한 경우에 편성할 수 있다.

⑥ 공식 예산

공식 예산(Formula budget)은 이미 합의가 이루어진 기존의 기준 공식에 따라 기계적으로 모체기관으로부터 전체 예산의 일정 비율을 배정받아 편성되는 예산이다. 공식 예산은 예산 산출에 대한 공식이 권위가 있는 경우에는 작성이 쉽고 요구액에 대한 정당화도 쉽게 이루어질 수 있다. 학교도서관 운영 예산의 중요한 항목은 자료 구매비와 비품 구매비이다. 신학년도 자료 구매비를 산정할 때 고려해야 할 요소로는 학생수 변동(증가 또는 감소), 제적 장서량, 갱신 대상 장서량, 분실 장서량, 물가상승률 등이다. 그러나 이 자료 구매비 산정식은 예산 증가를 해야 하는 이용자의 특별한 요구나 교육과정 확대 개편, 교과서 변경과 같은 교육과정 운영상 발생할 수 있는 가변요소들을 예산에 미리 반영할 수 없다는 한계를 갖고 있다. 또한, 적절한 자료 구매비보다 낮게 예산이 책정될 수도 있다. 특히 장서의 양이 너무 보잘것없는 학교도서관의 경우에는 적용하기가 곤란하며, 장서 규모가 기준량을 넘어선 정상적인 상태에서 정기적인 장서 구매비를 산출하는 데 적합하다. 비품 구매비 산정식의 예를 살펴보면 다음과 같다.

〈표 7-4〉 비품구매비 산정식(예)

EB = C X AA + R(I)	
◦ EB: 비품구매 예산	◦ AA: 사용 중인 비품의 평균 사용 연수
◦ C: 현재 사용 중인 비품의 교체 비용 (현재 사용 중인 비품 단가의 합)	◦ R: 분실 또는 파손된 비품의 교체 비용
	◦ I: 물가상승률

(출처: ALA and AECT, 1988, 126-127)

⑦ 필요 기반 예산

필요 기반 예산(Needs based budget)은 학교도서관 예산이 주로 장서 개발에 사용된다는 점에서 유용한 편성 방법이다. 사서교사는 장서를 평가하고, 학생 등 이용자 요구와 학생의 학업성취 등 증거를 예산 편성에 활용함으로써 예산을 명확하게 산출할 수 있다. 필요 기반 예산에는 장서 개발비 이외에 전시 자료, 자료 정리 용품 그리고 정기구독료 등 기타 비용을 포함할 수 있다.

⑧ 영기준 예산

영기준 예산(Zero based budget)은 전년도 예산이나 이전 지출 추세를 고려하지 않고, 매해 '0'(zero)에서 모든 지출의 필요성을 다시 평가하는 방법이다. 영기준 예산은 각 지출이 조직의 목적에 적합한지 정당성을 입증해야 하고, 목적 달성에 이바지하는 사업을 우선 선정하고 예산을 배분한다. 따라서 생산 지향적인 조직이나 성과 평가가 쉬운 조직에 적합한 예산 편성 방법이다. 영 기준 예산의 장점은 예산 효율성과 통제를 강화할 수 있고, 조직의 목표와 예산을 일치시켜 집행의 효과를 높일 수 있다는 점이다. 또한, 예산 편성 과정에서 업무에 대한 통찰력을 키울 수 있고, 조직의 발전을 위해서 꼭 필요한 것이 무엇인지 확인할 수 있다. 반면에 예산 편성에 많은 시간과 노력이 필요하고 관리와 평가에 어려움이 발생할 수 있다. 그리고 항목별 세부 사항을 상세하게 검토해야 해서 예산 편성이 복잡해질 수 있다.

3.4 예산 심의 절차

학교운영위원회에 제출된 예산안은 학교운영위원에게 개별 통지되고, 외부 전문가와 학부모가 참여하는 예·결산소위원회 심사를 거친다. 그리고 학교운영위원회는 학교의 교육 시책과 방향 및 재정 여건, 예산 편성 방향과 내용에 대한 학교장의 제안 설명을 듣는다. 또한 예산과 관련된 교직원, 학생 대표 등의 의견을 청취할 수 있다. 그러나 심의 과정에서 학교장의 동의 없이 세출예산 증액이나 세부사업 설치를 할 수 없다(서울특별시교육청, 2025, 28). 학교운영위원회는 예산안을 심의한 후 회계연도 개시 5일 전(2월 23일까지 심의)까지 학교장에게 심의 결과를 통지한다(초·중등교육법 제30조의 3 제③항). 이후 학교장이 예산을 확정하고 확정일로부터 10일 이내에 학교 홈페이지와 가정통신문 등을 통해 예산을 공개한다. 예산안 심의·확정 절차는 다음과 같다.

〈표 7-5〉 예산안 심의·확정 절차

과 정	주 체	법정기한	추 진 사 항
예산안 통지	학교 운영 위원장	회의 개최 7일 전까지	· 학교운영위원에게 예산안 개별 통지
예·결산소위원회 심사	예·결산 소위원회	-	· 「서울특별시립학교운영위원회 구성 및 운영 등에 관한 조례」 및 「서울특별시 공립학교회계 규칙」에 규정된 필수 절차임 · 예·결산소위원회에 예산안 회부 · 예산안 심사 후 심사보고서를 운영위원회에 제출 (소위원회에 외부 전문가, 학부모 등 참여 권장)
예산안 심의	학교 운영 위원회	-	· 학교의 교육 시책 방향 및 재정 여건, 예산 편성 방향 및 내용에 대한 학교장 제안 설명 · 예산과 관련된 교직원, 학생 대표 등 의견 청취 · 학교장 동의 없이 세출예산 증액 또는 세부사업 설치 금지
예산안 심의 결과 송부	학교 운영 위원장	회계연도 개시 5일 전까지 (2월23일까지 심의)	· 학교장에게 심의 결과 통지
예산 확정	학교장	-	· 학교장이 학교 회계 세입·세출예산 확정
예산 공개	학교장	예산 확정일부터 10일 이내	· 학교 홈페이지 게시, 가정통신문 발송 등을 통해 공개

(출처: 서울특별시교육청, 2025, 28)

학교운영위원회의가 개최되면 학교장은 학교 운영 방향, 재정 규모 및 전체 예산안에 대한 제안 설명을 하고 개별적인 항목에 대한 상세한 설명은 예산안 편성의 실무자인 행정담당자가 함으로써 학교운영위원의 예산안에 대한 이해를 높이고 효율적인 예산안 심의가 가능하게 한다. 또한, 학교운영위원회는 예산 심의의 효율성을 높이기 위해 예산 요구서를 제출한 교직원으로부터 학교 수업에 지장을 주지 않는 범위 내에서 예산 계상의 필요성, 예산 규모의 타당성, 기대효과 등을 중심으로 의견을 청취하여 그 타당성을 평가할 수 있다.

4. 예산집행 및 결산

4.1 예산집행

예산의 집행이란 확정된 예산에 따라서 회계연도 개시와 더불어 수입을 조달하고 공공경비를 지출하는 재정 활동을 의미한다. 학교에서 회계 관계 공무원은 학교장이 징수관(징수 결정, 납입 고지) 및 경리관(지출원인행위, 계약, 구매행위 등)의 직무를 수행하며, 행정실장이 학교 회계출납원으로서 세입금 수납, 지급 원인행위, 지출 행위 등의 직무를 수행하게 된다.

확정된 도서관 예산은 정해진 목적에 따라 자금의 수급 등 학교 재정 여건을 고려하여 합리적이고 효율적으로 집행해야 한다. 예산집행은 학교운영위원회의 심의 결과를 존중하고 예산 편성의 목적을 달성하기 위하여 예산에 정해진 목적 외에는 지출할 수 없다. 예산집행 과정에서 사서교사는 학교장과 상의하여 정책사업 내의 동일 사업간 목, 동일한 단위 사업 내의 세부 사업간 목, 동일한 세부 사업 내 목간 금액을 전용할 수 있다(서울특별시교육청, 2025, 32). 예산을 회계연도 안에 집행하지 못한 경우 향후 예산 확충 명분이 사라질 수 있기 때문에 정해진 기한 내에 집행하는 것이 중요하다.

사서교사가 예산을 집행하고자 할 때는 학교장의 결재 전에 출납원(행정실장)과 예산집행 시기, 집행 예산 규모 등에 대해서 사전 합의하여야 한다. 사서교사는 도서관 운영과 관련하여 전문성을 요구하는 물품의 구매를 품의한 경우에 구매 물품에 대한 검수 공무원으로 참여할 수 있다. 이 경우에는 회계직 공무원의 입회하에 그 지정받은 물품에 대하여 검수를 수행한다.

4.2 예산 결산

결산이란 회계연도 종료 시점을 기준으로 단위 학교 재정 활동 전반에 대한 수입과 지출의 실적을 확정적 계수로 표시하는 행위를 의미한다. 따라서 학교운영위원회의 결산 심의는 학부모, 교직원, 지역사회 인사 등 학교 구성원 대표자가 단위 학교 재정계획의 수립, 그 운영 및 사업 집행의 효과에 이르기까지 학교 운영의 전체적인 면을 파악하여 예산집행의 타당성을 평가하는 단위 학교 재정 운영의 가장 중요한 과정 중의 하나라고 할 수 있다(서울특별시교육청, 2020, 24). 『초·중등교육법』(법률 제17496호)에 따르면, 학교의 장은 회계연도마다 결산서를 작성하여 회계연도가 끝난 후 2개월 이내에 학교운영위원회에 제출하여야 한다(제30조의 3 제⑤항). 예산 결산의 기능을 살펴보면 다음과 같다(서울특별시교육청, 2008, 44).

① 예산집행의 타당성·합리성 검토
결산은 예산의 이·전용, 예비비 지출 사유, 명시이월, 사고이월 등 예산집행에 관련된 제반 결산 관련 자료를 검토하여 단위 학교의 예산집행의 타당성, 합리성을 평가하는 기준으로서 단위 학교 재정 운영에 대한 사후적 통제 기능을 담당한다.

② 차기 예산 운용에 대한 자료제공 및 재정계획수립의 합리화 도모
예산집행의 결과를 정확하게 파악하여 예산이 적법하게 집행되었는가를 검증·평가함으로써 차기

의 예산 운영에 반영할 자료를 제공하고 미래의 재정계획수립의 합리화를 도모할 수 있다.

③ 단위 학교 재정 운영의 자율성 및 책무성 제고
학교운영위원회의 정착과 함께 단위 학교 회계제도가 시행됨으로써 학교 재정 운영의 자율성이 제고되어 수요자인 학교 구성원 위주의 예산 편성 및 집행이 가능해짐에 따라 책무성이 강조되고 있어서 예산 결산은 통제장치의 기능을 한다.

④ 효율적 재원 배분 유도
단위 학교 재정 운영의 결과인 결산을 공개하고 학교운영위원회의 심의를 거침으로써 기존에 교육청이나 단위 학교 일부에서 독점하여 발생할 수 있는 가치 배분의 왜곡 현상을 차단하고 효율적 재원 배분이 가능하도록 한다.

⑤ 단위 학교 자치의 확대
단위 학교 재정 운영의 자율성 유도, 효율적 재원 배분의 유도는 궁극적으로 학교 교육을 지원하기 위한 모든 재정 운영을 스스로 결정하도록 함으로써 단위 학교 자치의 기초를 마련할 수 있다.

사서교사는 1년간의 학교도서관 운영 결과를 평가하고, 다음 해의 예산 편성에 활용할 수 있도록 구체적인 예산 결산서를 작성할 필요가 있다. 결산서는 학교도서관에 대한 이해와 협력을 증진하는 데도 좋은 자료가 되기 때문에 사업 결과 보고서와 함께 작성하거나 연간 보고서에 포함한다. 단위 학교 예산 결산은 다음과 같은 절차에 의해서 이루어진다.

〈표 7-6〉 예산 결산 절차

과 정	법정기한	추 진 사 항
회계연도 종료	매년 2월 말일	· 당해 회계연도의 징수행위 및 지출원인행위 종료 ※ K-에듀파인 시스템상 회계 종료 전(2월 말까지) 추가경정예산 확정 및 명시이월 마감 처리 완료
출납폐쇄정리	회계연도 종료 후 20일 (3월 20일)	· 당해 회계연도에 징수행위 및 지출원인행위가 된 사항의 세입금수납 및 세출금지출 마감
결산서 작성	-	· 학교회계시스템에서 결산 처리 (월마감-이월 확정-불용액처리-잉여금처리-결산 확정) ⇨ 결산 확정시 교육청으로 결산서 자동 제출 · 예산의 이·전용 내역, 이월사업비내역, 예비비사용내역 첨부
결산서 제출	회계연도 종료 후 2월 이내 (4월 말일까지)	· 학교운영위원회에 제출 · 학교운영위원들에게 회의 개시 7일 전까지 결산서 개별 통지
예·결산소위원회 심사	-	· 예·결산소위원회에 결산안 회부 · 결산안에 대한 심사 후 심사보고서를 운영위원회에 제출
결산 심의	-	· 예·결산소위원회의 결산안 심사 결과 보고 · 학교장이 결산 내용 설명 · 교직원, 학생 대표 등 의견 청취
결산 심의 결과 통보	회계연도 종료 후 3월 이내(5월 말일까지)	· 학교운영위원회 결산 심의 결과를 학교장에게 통보
결산 공개	심의 결과 통보일부터 10일 이내	· 학교 홈페이지 게시, 가정통신문 발송 등을 통해 공개

(출처: 서울특별시교육청, 2025, 33)

학교도서관
운영의 실제

08

학교도서관 교육

1. 학교도서관 교육의 이해
2. 학교도서관활용교육

08 학교도서관 교육

1. 학교도서관 교육의 이해

1.1 의미와 유형

학교도서관 교육(School Library Education)이란 학교도서관이 학교 교육목표 달성을 위하여 수행하는 교육정보서비스를 의미한다. 정보서비스(정보조사제공) 측면에서 학교도서관 교육은 정보활용교육이나 도서관활용교육을 통해서 학생의 자주적인 정보문제 해결능력을 지도하는 과정에서 주로 이루어지며, 사서교사가 학생의 자료 검색을 도와주지만, 자료의 내용을 읽거나 해석해 주지 않는다는 점에서 J. Wyer의 보수(conservation)이론 또는 S. Rothstein의 최소(minimum)이론에 해당한다. 한편, 학생의 과제를 직접 해주지는 않지만, 탐구나 사실적 질문에 대한 답을 찾기 위해서 최선을 다해서 탐색을 수행한다면, 중도(moderate) 또는 중간(middling)이론에 해당한다(Bopp and Smith, 2011, 12-14). 문헌정보학 분야의 정보서비스 영역인 정보제공, 안내, 교육의 측면에서 보면, 학교도서관 교육은 이용자교육과 특정 주제 중심의 교과목 통합 교육으로 나눌 수 있다(한국문헌정보학회, 2013, 349-356). 이용자교육은 도서관 리터러시와 독서교육을 통합한 정보활용교육으로 발전하고 있고, 특정 주제 중심의 교과목 통합 교육은 협동수업을 통한 학교도서관활용교육으로 운영된다.

학교도서관 교육은 운영 주체를 기준으로 '학교도서관에 대한 교육'과 '학교도서관활용교육'(School Library Based Instruction)으로 나눌 수 있다. 학교도서관에 대한 교육은 사서교사가 학교도서관이 소장한 자원(자료, 공간, 사서교사 등)의 전반적인 이해와 활용 능력을 지도하는 활동이다. 이를 통해 사서교사는 교수-학습을 지원하고, 이용자는 새로운 정보와 지식을 자기주도적으로 생산할 수 있는 정보활용능력과 같은 방법적 지식을 배울 수 있다. 학교도서관활용교육은 교과교사가 학교도서관에 대한 교육을 통해 길러진 방법적 지식을 교과의 학습 도구(tools)로 활용하는 활동이다. 이를 통해 교수-학습 방법을 개선하고, 학업성취도 향상은 물론 평생학습능력을 길러줄 수 있다. 학교도서관 교육은 범교과적인 속성으로 사서교사와 교과교사가 방법적 지식을 교과의 학습주제와 통합(연계)하여 운영할 수 있다. 이 경우 학교도서관활용교육은 정보활용교육과 교과 교육이 연계된 통합 교육과정으로 운영된다. 학교도서관 교육은 교육과정 편성 방법(독립 방식, 침투 방식, 분산 방식, 흡수 방식)과 도서관 자원(사서교사)과 교과 교육(교과교사)의 연계 정도(협조, 협력, 협동)에 따라서 다양하게 운영할 수 있다(송기호, 2025, 3).

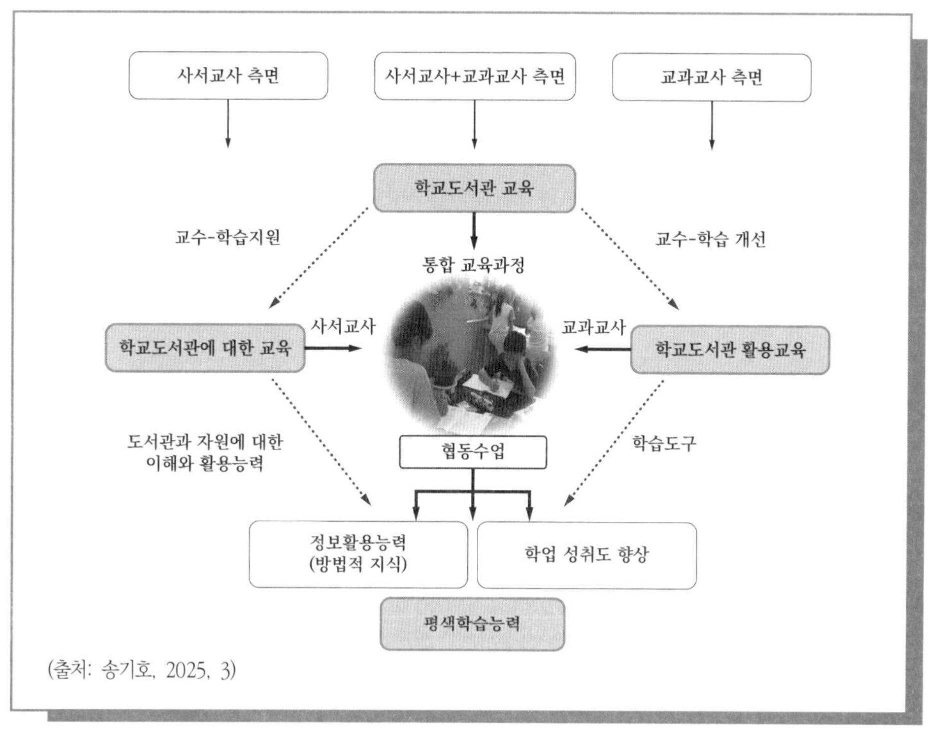

[그림 8-1] 학교도서관 교육의 유형과 목표

1.2 성격과 목표

학교도서관 교육의 성격은 다음과 같다(송기호, 2025, 147-148).

첫째, 학교도서관 교육은 교사와 학생 개인의 특성뿐만 아니라 학교 지식의 범위와 전달 방법을 규정하고 있는 교육과정의 영향을 받는다.
둘째, 학교도서관 교육은 도서관 자원과 자원의 활용능력을 교수-학습 도구로 활용한다.
셋째, 학교도서관 교육은 성공적인 메이커 교육과 경험 교육을 지원한다.
넷째, 학교도서관 교육은 범교과적이다.
다섯째, 학교도서관 교육은 교과 교육과의 통합 교육과정을 지향한다.
여섯째, 학교도서관 교육은 통합 교육과정 운영 과정에서 새로운 교육공동체를 만들고 지속 성장을 돕는다.

학교도서관 교육의 목표는 다음과 같다(송기호, 2025, 149-150).

첫째, 자원기반학습을 통해 교수-학습 방법을 지원하고 개선한다.
둘째, 학습자 맞춤형 리터러시 역량을 신장한다.
셋째, 자기주도학습을 통해 다양성을 존중하는 주체적인 학습자를 양성한다.
넷째, 학습자 중심 학습을 통해 신뢰감과 책임감을 신장한다.
다섯째, 협동수업을 통해 새로운 정보와 지식을 생산하고 공유할 수 있는 학습능력을 신장한다.

1.3 내용

학교도서관 교육은 리터러시(literacy) 대상인 도서관과 자료 그리고 자료가 담고 있는 내용을 도구로 활용한다는 점에서 다양한 리터러시와 관련성을 갖는다. 리터러시는 자료(미디어)와 그 자료가 담고 있는 내용에 따라서 그리고 내용을 표현하는 상징 체계의 변화에 따라서 변하고 있다. 3Rs, 시각 리터러시, 텔레비전 리터러시, 컴퓨터 리터리시, 멀티미디어 리터러시, 정보·기술 리터러시(Information and Technology Literacy), 미디어 리터러시, 정보 리터러시(Information Literacy), 디지털 리터러시, 미디어·정보 리터러시 등이 대표적이다(송기호, 2025, 45).

유네스코는 2008년에 미디어 리터러시와 정보 리터러시를 융합한 '미디어·정보 리터러시'라는 개념을 소개했다. 그리고 2011년에 발간한 「교사를 위한 유네스코 미디어·정보 리터러시 교육과정」(UNESCO Media and Information Literacy Curriculum for Teachers) 통해서 미디어·정보 리터러시를 '미디어 리터러시와 정보 리터러시의 단순한 결합'이 아니라, '뉴스 리터러시, 도서관 리터러시, 디지털 리터러시, 게임 리터러시, 영화 리터러시 등 다양한 분야를 다 포함하는 개념'으로 설명했다. 그리고 2021년에 개정한 교육과정에서 '미디어 리터러시, 정보 리터러시와 함께 디지털 리터러시'를 주요 교육과정 요소로 다루고, 〈표 8-1〉에서 보는 바와 같이 이들 리터러시가 상하 위계 구조가 아니라 상호 연결성을 갖는다고 설명하였다.

〈표 8-1〉 미디어·정보 리터러시의 구성 요소와 연결성

정보 리터러시(Information Literacy)

정보요구 정의 및 표현	정보 탐색 및 접근	정보 접근	정보 조직	정보의 윤리적 이용	정보 전달	정보처리를 위한 ICT 기술 활용

미디어 리터러시(Media Literacy)

민주사회에서의 미디어 역할과 기능 이해	미디어가 기능(역할)을 수행할 수 있는 조건의 이해	미디어의 기능에 따른 미디어 콘텐츠의 비판적 평가	미디어를 활용한 자기표현과 민주적 참여	ICT 기술을 포함한 이용자의 미디어 생산에 필요한 기술의 검토

디지털 리터러시(Digital Literacy)

디지털 도구 사용하기	디지털 본질 이해하기	인공지능 이슈 평가하기	디지털 커뮤니케이션 증진	디지털 건강 관리하기	디지털 보안 및 안전 실천하기

(출처: 유네스코 한국위원회, 2022, 19)

다양한 리터러시의 핵심은 '미디어에 대한 지식을 바탕으로 미디어가 담고 있는 내용을 비판적 윤리적으로 활용하여 새로운 아이디어나 지식을 생산하고 의사소통에 참여하는 능력'이다. 학교도서관 교육 측면에서 리터러시는 '교수-학습활동에 투입하는 자료(미디어)와 자료가 담고 있는 내용인 정보를 활용하는 능력'이라고 볼 수 있다. 이러한 능력은 '협동수업을 통해 교수-학습을 개선하고 자기주도학습을 강화'하는 역할을 한다. 따라서 리터러시와 학교도서관 교육의 관계는 교육과정에 투입되는 도서관 자원을 중심으로 도서관에 대한 것(도서관 리터러시)과 자료(미디어 리터러시)에 대한 것으로 나누어 볼 수 있다.

우선, 도서관 리터러시는 '도서관의 역사, 유형, 역할, 사서(유형, 자격, 역할 등), 서비스, 이용 방법, 이용 예절 등' 도서관 이용교육을 내용 요소로 구성할 수 있다. 그리고 자료(미디어) 리터러시는 '역사, 종류, (개인과 사회에 대한) 영향, 조직(분류와 목록), 활용 방법(검색, 독서, 정보 리터러시 등)', 그리고 '정보 평등, 지식재산보호, 정보윤리'와 '독서교육, 미디어 리터러시, 디지털 리터러시 그리고 정보 리터러시'를 위한 내용 요소로 구성할 수 있다. 또한, 도서관 리터러시와 자료 리터러시를 종합하면 미디어·정보리터러시 교육의 내용 요소를 구성할 수 있다(송기호, 2025, 88-93).

『도서관법』(법률 제20834호)과 『학교도서관진흥법』(법률 제18547호) 그리고 『학교도서관진흥법시행령』(대통령령 제33343호)에서 학교도서관과 사서교사 등의 업무 및 역할 형태로 학교도서관 교육 내용과 방법을 제시하고 있다. 우선, 『도서관법』과 『학교도서관진흥법』에서 공통으로 정하고 있는 학교도서관의 교육적 역할은 '도서관 이용지도 및 독서교육 그리고 협동수업 등을 통한 정보활용의 교육'이다. 그러나 『학교도서관진흥법시행령』에서는 사서교사 등의 업무 범위를 '독서지도 및 학교도서관 이용 방법 등에 대한 교육과 안내'로 제한하고 있다. 이들 법령에서 정하고 있는 학교도서관 교육 내용을 종합하면, '도서관 이용교육, 독서교육 그리고 정보활용교육'은 학교도서관에 대한 교육이고, 교육 방법인 '협동수업 등'은 학교도서관활용교육에 해당한다.

〈표 8-2〉 법령에서 정하고 있는 학교도서관 교육의 내용과 방법

법령	학교도서관 및 사서교사의 업무 및 역할
도서관법	제40조(학교도서관의 설치 등) ② 학교도서관은 다음 각 호의 업무와 역할을 수행한다. 1. 학교 교육에 필요한 도서관 자료의 수집 · 정리 · 보존 및 이용 서비스 제공 2. 학교 소장 교육자료의 통합 관리 및 이용 제공 3. 시청각 자료 및 멀티미디어 자료의 개발 · 제작 및 이용 제공 4. 정보관리시스템과 통신망을 이용한 정보 공유 체제의 구축 및 이용 제공 **5. 도서관 이용의 지도 및 독서교육, 협동수업 등을 통한 정보 활용의 교육** 6. 그밖에 학교도서관으로서 하여야 할 기능수행에 필요한 업무
학교도서관 진흥법	제6조(학교도서관의 업무) **① 학교도서관은 「도서관법」 제40조 제2항에 따른 업무를 수행한다.** ② 학교도서관은 제1항에 따른 업무 수행에 지장이 없는 범위 안에서 지역사회를 위하여 개방할 수 있다. ③ 학교도서관은 학교와 지역사회의 실정에 맞게 학부모 · 노인 · 장애인, 그 밖의 지역주민을 위한 프로그램을 개발 · 보급할 수 있다.
학교도서관 진흥법시행령	제7조(사서교사 등) ③ 사서교사 등의 업무 범위는 다음과 같다. 1. 학교도서관 운영계획의 수립에 관한 업무 2. 자료의 수집, 정리, 이용 및 예산 편성 등 학교도서관 운영에 관한 업무 **3. 독서지도 및 학교도서관 이용방법 등에 대한 교육과 안내** 4. 학교도서관을 이용하는 교사의 교수 · 학습지원

법령에서 정한 학교도서관 교육 내용은 교수-학습을 위해 학교도서관이 제공하는 자원의 활용(도서관 이용교육, 독서교육, 정보활용교육)과 이를 교육과정에 적용하는 방법(협동수업 등)을 담고 있다. 교육 내용(정보활용교육)과 방법(협동수업)이 분리되지 않은 것은 학교도서관 교육이 '교수-학습 개선 및 강화'(IFLA, 2025)을 위한 도구적 성격을 갖는다는 점을 보여주는 것이다.

학교도서관 교육의 핵심은 '자료(매체)에 대한 지식을 바탕으로 자료가 담고 있는 내용을 활용하여 새로운 아이디어나 지식을 생산하고 의사소통에 참여하는 능력을 신장하는 것'이다. 따라서 학교도서관 교육 내용은 자료에 대한 것, 자료의 내용(정보) 활용에 대한 것으로 구성할 수 있다. 송기호(2020)는 학교도서관 교육의 성격을 통합 교육과정으로 보고 그 목표를 '자주적 지식 생산능력 신장, 정보활용능력 습득, 도덕적 인간'으로 설정하였다. 그리고 내용 요소를 '유의미성, 타당성, 유용성, 학습 가능성, 경제성, 균형성, 내적 외적 관련성, 사회 가치 적합성' 측면에서 선정하고, [그림 8-2]에서 보는 바와 같이 교육 내용을 기초학습기술과 문제해결능력으로 범주화하였다.

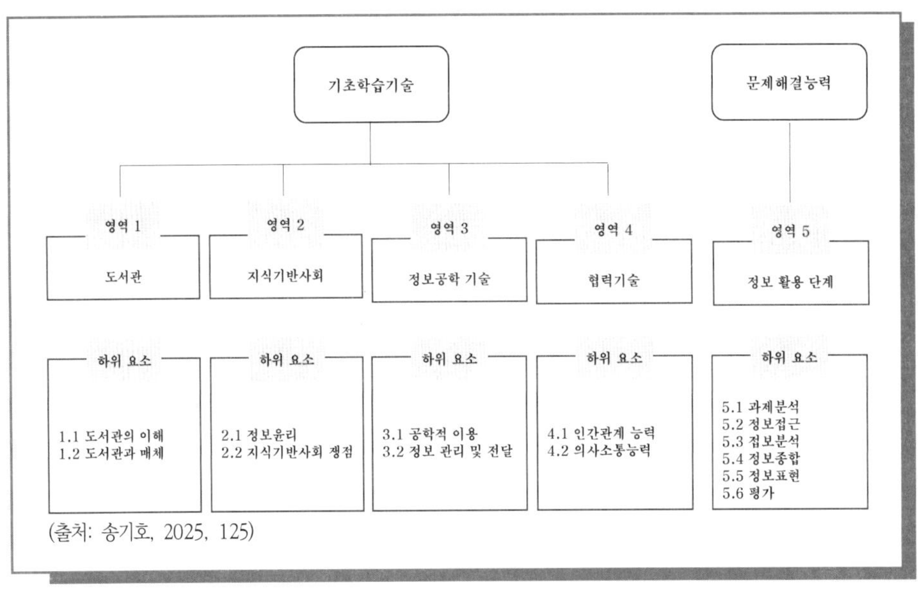

[그림 8-2] 학교도서관 교육의 내용 범주화

기초학습기술은 지식기반사회, 도서관, 정보공학기술 그리고 협력기술 등으로 이루어진다. 그리고 문제해결능력은 새로운 지식을 생산하는 데 활용하는 자료가 담고 있는 내용인 정보의 활용 단계(과정)와 각 단계의 수행에 필요한 정보능력(Information Skills) 등으로 구성된다. 기초학습기술의 내용 체계는 다음 〈표 8-3〉과 같다.

〈표 8-3〉 기초학습기술의 내용 체계(예)

영역	대주제	하위주제	성취 기준		
			초등학교	중학교	고등학교
1. 지식 기반 사회	1.1 정보윤리	• 정보의 의미와 중요성 • 지적공유 • 사회윤리 • 지식재산보호	(초 01-01-01) 날씨 정보가 서로 다른 직업을 가진 사람들에게 어떤 의미가 있는지 설명한다. (초 01-01-02) 인터넷이 다른 사람과의 정보 공유에서 이로운 점과 해로운 점은 무엇인지 설명한다. (초 01-01-03) 지식재산이 법에 의해서 보호받는 이유를 조사한다.	(중 01-01-01) 지식기반사회의 특징을 탐구한다. (중 01-02-02) 자신의 글이 다른 사람에 의해 도용되었을 때 어떻게 대처해야 하는지를 알고 실천한다. (중 01-02-03) 지식재산을 보호하기 위한 여러 가지 법과 기관에는 어떤 것이 있는지 알고 자신의 문제해결에 활용한다.	(고 01-01-01) 개인정보의 의미와 중요성을 탐구한다. (고 01-01-02) 사이버 범죄를 예방하기 위한 개인정보보호 방법을 조사한다. (고-01-01-03) 나라마다 지식재산의 보호 기간을 늘리는 이유를 설명한다.
	1.2 지식기반 사회 쟁점	• 정보의 개인적·사회적 이용 • 지적 자유 • 정보 평등	(초 01-02-01) 문제해결에 정보를 활용한 경험을 설명한다. (초 01-02-02) 정보 불평등이 개인과 사회에 끼치는 영향을 조사한다. (초 01-02-03) 보고 싶은 만화책을 보지 못하거나, 좋아하는 게임을 하지 못했던 경험을 생각하고, 어떻게 불만을 해결했는지 설명한다.	(중 01-02-01) 정보가 견해를 지지하거나 거절하는 데 사용될 수 있음을 이해한다. (중 01-02-02) 종이책의 발명 이전과 이후 사람들의 정보 접근에 어떤 변화가 있었는지를 조사한다. (중 01-02-03) 금서의 의미를 이해하고 왜 금서가 발생했는지 설명한다. (중 01-02-04) 동물농장을 읽고 정보의 독점이 가져오는 폐해를 설명한다.	(고 01-02-01) 정보 불평등이 발생할 수 있는 원인을 알아보고 그 해결책을 제시한다. (고 01-02-02) 한 사람의 잘못된 정보가 여러 사람에게 어떤 영향을 줄 수 있는지 사례를 들어 설명한다. (고 01-02-03) 개인이 알아낸 정보가 가치 있는 정보가 되기 위해서는 어떤 과정이나 절차가 필요한지 설명한다.

영역	대주제	하위주제	성취 기준		
			초등학교	중학교	고등학교
2. 도서관	2.1 도서관의 이해	• 유형과 역할 • 이용예절과 위생	(초 02-01-01) 도서관에서 주는 안내문이나 게시판을 읽고 도서관이 하는 일을 설명한다. (초 02-01-02) 도서관이 우리 생활에 필요한 이유를 조사한다. (초 02-01-03) 도서관 이용 예절을 이해하고 안내문을 제작한다. (초 02-01-04) 도서관 자료를 분실한 경우 어떻게 처리해야 하는지 설명한다.	(중 02-01-01) 학교도서관 이용이 학교생활에 어떤 도움을 주는지 발표한다. (중 02-01-02) 도서관 이용 예절을 이해하고 포스터를 제작한다.	(고 02-01-01) 장래 진학하고자 하는 대학의 도서관이 제공하는 서비스를 조사하고 학교도서관의 서비스와 무엇이 다른지 조사한다. (고 02-01-02) 도서관 이용 시 불편한 점을 정리하여 개선방안을 담은 건의문을 작성한다.
	2.2 도서관과 매체	• 매체의 종류와 특징 • 매체 평가 • 조직과 배열 • 매체의 비판적 활용 • 서지 작성 • 외부 정보원 활용	(초 02-02-01) 매체가 개인의 일상생활에 끼치는 영향을 설명한다. (초 02-02-02) 일주일 동안 이용한 매체와 이용시간 및 목적을 정리하고 자신의 매체 이용을 평가한다. (초 02-02-03) 분류번호를 이용해서 원하는 자료를 찾는다. (초 02-02-04) 읽은 책의 줄거리를 자신의 경험에 비추어 정리한다. (초 02-02-05) 여러 가지 사전의 종류를 알고 원하는 정보를 찾는다.	(중 02-02-01) 대중매체가 청소년 문화에 끼치는 영향을 탐구한다. (중 02-02-02) 다양한 유형의 문학작품이 있음을 이해하고 올바른 감상법을 적용한다. (중 02-02-03) 같은 이야기가 어떻게 다양한 매체를 통해서 다양한 수용자에게 전달되는지 설명한다. (중 02-02-04) 실제 사건과 매체에서 재연한 사건 사이의 차이점을 구분한다.	(고 02-02-01) 매체가 사회에 끼치는 영향을 탐구한다. (고 02-02-02) 여러 가지 매체에 실린 그래픽이 담고 있는 정보를 해석한다. (고 02-02-03) 목적과 관점을 달리하는 매체를 비판적으로 사용한다. (고 02-02-04) 대중매체와 관련된 다양한 용어를 설명한다.

영역	대주제	하위주제	성취 기준		
			초등학교	중학교	고등학교
			(초 02-02-06) 동일한 정보도 다양한 형태로 전달될 수 있음을 설명한다. (초 02-02-07) 지역사회 공공도서관이 제공하는 서비스를 이용한다.	(중 02-02-05) 다양한 정보원의 서지사항을 작성한다. (중 02-02-06) 다양한 정보원을 이용하여 읽고 싶은 책 분류표를 작성한다. (중 02-02-07) 지역사회 청소년 관련 기관이 제공하는 서비스를 탐구한다.	(고 02-02-05) 역사적, 사회적 그리고 문화적 맥락 속에서 매체가 담고 있는 메시지를 해석하고 비판적으로 평가한다. (고 02-02-06) 매체가 담고 있는 메시지와 수용자 그리고 현실 간의 관계를 설명한다. (고 02-02-07) 자신의 진로와 관련된 공공기관이 제공하는 서비스를 탐구한다.
3. 정보 공학 기술	3.1 공학적 이용	• 정보 입출력 장치 이용 • 교육용 프로그램 이용 • 제작 기법	(초 03-01-01) 컴퓨터, 스캐너 등 정보 입출력 장치의 이용 방법을 설명한다. (초 03-01-01) 선생님이나 친구의 도움을 받아 그림이나 사진을 활용한 자기소개서를 만든다. (초 03-01-03) 문제해결과 발표에 디지털카메라, 컴퓨터 그리기 프로그램 등을 사용한다.	(중 03-01-01) 웹 기반 도구를 포함해서 정보탐색과 학습을 돕는 S/W, 시뮬레이션 등을 활용한다. (중 03-01-02) 최신 정보공학기술의 변화가 일상생활과 학교생활에 끼치는 영향을 사례를 들어 설명한다. (중 03-01-03) 학교나 교육기관이 제공하는 교육용 프로그램을 조사하여 과제해결에 활용한다.	(고 03-01-01) 학습과 관련된 최신 정보공학기술 장치에는 어떤 것이 있는지 알아보고 일상생활과 학습활동에 활용한다. (고 03-01-02) 일상생활에서 많이 사용하고 있는 정보공학기술의 장단점을 비교한다. (고 03-01-03) 정보공학기술과 관련된 직업을 조사하여 표로 정리한다.
	3.2 정보관리 및 전달	• 원격정보통신망의 이용 • 정보공학기술을 이용한 정보관리 전달	(초 03-02-01) 학교도서관 누리집인 DLS가 제공하는 전자책과 멀티미디어 정보원을 이용해서 과제를 해결한다.	(중 03-02-01) 중학생을 위한 사이버 독서 및 논술 교실을 조사하고 참여한다.	(고 03-02-01) 토론이나 모둠활동을 위해 개인 누리집이나 소셜 미디어를 활용한다.

영역	대주제	하위주제	성취 기준		
			초등학교	중학교	고등학교
		• 멀티미디어를 이 용한 정보 생산 • 정보공학기술의 윤리적 합법적 이용	(초 03-02-02) 에듀넷을 이용해서 과제 해결에 필요한 정보를 찾는다. (초 03-02-03) 사이버 독후감 대회에 참가할 작품을 컴퓨터 문서작성 프로그램을 이용하여 작성한다. (초 03-02-04) 개인 누리집이나 블로그를 이용할 때 지켜야 할 예절을 조사한다.	(중 03-02-02) 독서 포스터나 독후감 상화를 컴퓨터 그리기 프로그램을 이용해서 제작한다. (중 03-02-03) 정보공학기술의 합법적이고 윤리적인 사용 방법을 구체적인 사례와 함께 설명한다.	(고 03-02-02) 보고서나 발표 자료를 컴퓨터 그래픽 프로그램이나 멀티미디어를 활용하여 제작한다. (고 03-02-03) 학교와 가정에서 정보공학기술을 합법적이고 윤리적으로 사용할 수 있는 구체적인 방법을 제안한다.
4. 협력 기술	4.1 인간관계 능력	• 상호 존중 • 역할수행 • 학습 공동체 참여	(초 04-01-01) 상황에 따라서 상대방의 기분을 좋게 하는 말과 행동을 한 경험을 발표한다. (초 04-01-02) 모둠학습에 참여하는 친구와 함께 모둠의 이름을 짓고 모둠을 상징하는 그림을 함께 그린다.	(중 04-01-01) 또래 친구의 어려움을 위로해주는 말과 행동 사례를 조사한다. (중 04-01-02) 상황별로 예의 바른 행동과 무례한 행동을 구별한다.	(고 04-01-01) 상대방과 다른 의견에 대해서 대안을 제시할 때의 올바른 방법을 설명한다. (고 04-01-02) 모둠학습에서 자신의 역할을 이해하고 책임을 완수한다.
	4.2 의사소통 능력	• 자기제시능력	(초 04-02-01) 자신을 소개하는 글을 써서 올바른 자세로 발표한다. (초 04-02-02) 만화의 좋은 점과 나쁜 점에 관한 주장하는 글을 써서 의견이 다른 친구를 설득한다. (초 04-02-03) 상황에 맞추어 싫거나 좋다는 감정을 나타내는 말과 태도를 이해한다.	(중 04-02-01) 이성 교제에 대한 자기 생각을 글로 표현한다. (중 04-02-01) 면담의 절차와 지켜야 할 예절을 설명한다.	(고 04-02-01) 학생 인권조례에 대한 자신의 입장을 글로 표현한다. (고 04-02-02) 자신의 생각을 청중과 매체를 달리 하여 표현한 경험을 설명한다.

(출처: 송기호, 2020, 210-219의 내용을 일부 수정하여 재구성함)

그리고 문제해결능력의 내용 체계는 다음 〈표 8-4〉와 같다.

〈표 8-4〉 문제해결능력의 내용 체계(예)

<table>
<tr><th>학교급</th><th>대주제</th><th>하위주제</th><th>성취 기준</th><th>정보기술</th></tr>
<tr><td>초</td><td rowspan="3">5.1
과제 분석</td><td rowspan="3">• 정보문제 인식
• 선행지식과 연계하기
• 정보요구 표현</td><td>(초 05-01-01) 질문으로 정보문제를 구체화한다.
(초 05-01-02) 정보 탐색에 필요한 중심 단어를 가려낸다.</td><td>• 질문하기
• 중심 단어 가려내기</td></tr>
<tr><td>중</td><td>(중 05-01-01) 정보문제를 브레인 스토밍으로 구체화한다.
(중 05-01-02) 참고정보원을 활용하여 배경정보를 만든다.</td><td>• 브레인스토밍
• 참고정보원을 이용한 배경정보 만들기</td></tr>
<tr><td>고</td><td>(고 05-01-01) 의미망을 이용하여 정보문제를 구체화한다.
(고 05-01-02) 정보문제와 관련한 중심 생각을 요약한다.</td><td>• 의미망 그리기
• 중심 생각 요약하기</td></tr>
<tr><td>초</td><td rowspan="3">5.2
정보 접근</td><td rowspan="3">• 다양한 탐색전략 이용
• 탐색도구 선정과 활용
• 정보원 식별</td><td>(초 05-02-01) 과제 해결에 적절한 정보원이 있음을 이해한다.
(초 05-02-02) 사전을 이용하여 과제의 의미를 이해한다.
(초 05-02-03) 분류표를 이용하여 서가에서 과제와 관련된 자료를 찾는다.
(초 05-02-04) 과제와 관련된 비소설 자료를 찾는다.</td><td>• 사전
• 분류표
• 비소설</td></tr>
<tr><td>중</td><td>(중 05-02-01) 다양한 분류체계, 기본 탐색기술, 검색엔진을 활용한다.
(중 05-02-02) 텔레비전과 영화정보원에서 원하는 정보를 얻는다.
(중 05-02-03) 설문과 면담을 통해서 인적정보원으로부터 필요한 정보를 얻는다.
(중 05-02-04) 정보원을 이용하여 과제와 관련된 단어, 용어, 방법, 사건, 사실, 개념을 설명한다.</td><td>• 검색엔진
• 텔레비전
• 영화
• 인적정보원</td></tr>
<tr><td>고</td><td>(고 05-02-01) 자신의 관점과 다른 관점을 담고 있는 정보원을 활용한다.
(고 05-02-02) 온라인 목록과, D/B를 활용해서 주제어 탐색한다.
(고 05-02-03) 다양한 검색엔진을 이용하여 확장 탐색을 한다.
(고 05-02-04) 설문, 인터뷰, 사례 연구 등 정보를 수집하기 위한 다양한 방법의 장단점을 비교 설명한다.</td><td>• 온라인 목록
• D/B
• 설문
• 인터뷰
• 사례 연구</td></tr>
</table>

학교급	대주제	하위주제	성취 기준	정보기술
초	5.3 정보 분석	• 사실, 관점 여론의 구분 • 분석 방법 • 평가 기준	(초 05-03-01) 정보를 원인과 결과로 구분한다. (초 05-03-02) 사실을 전달하는 정보와 의견을 전달하는 정보를 구분한다.	• 원인과 결과 구분 • 사실과 의견 구분
중			(중 05-03-01) 사실과 거짓, 사실과 주장을 구분한다. (중 05-03-02) 판권지를 통해서 최신 정보와 오래된 정보의 차이점을 설명한다. (중 05-03-03) 이용가능한 정보원에서 가장 유용한 정보를 찾아 선택한다. (중 05-03-04) 정보원을 정확성, 관련성, 적합성, 권위, 포괄성에 의해 평가한다. (중 05-03-05) 다양한 유형의 문학작품이 있음을 이해한다.	• 사실과 거짓, 사실과 의견 구분 • 판권지 이용 • 전자 및 인쇄 정보원 평가
고			(고 05-03-01) 정보원이 담고 있는 사실과 의견을 구분한다. (고 05-03-02) 과제와 관련된 지문에서 용어를 밝혀내고 재정의할 수 있다. (고 05-03-03) 과제와 관련된 다양한 비소설 자료로부터 얻은 정보를 비교하여 선택한다.	• 사실과 의견 구분 • 용어의 재정의 • 문학작품의 의미 해석 • 비소설 자료의 비교 선택
초	5.4 정보 종합	• 관점을 달리하는 정보의 이용 • 정보조직 • 중심 생각 요약	(초 05-04-01) 자신의 경험에 비추어 줄거리의 요점을 정리한다. (초 05-04-02) 일의 순서에 따라 내용을 정리한다.	• 줄거리 요점 정리 • 일의 순서에 따른 내용 정리
중			(중 05-04-01) 자료의 내용을 요약하여 자신의 말로 정리한다. (중 05-04-02) 원인과 결과로 나누어 정보를 종합한다.	• 회상, 요약, 변환 • 원인과 결과에 의한 정보 종합
고			(고 05-04-01) 상반된 의견에 대한 타당한 근거를 정리한다. (고 05-04-02) 표나 그래픽 조직자를 이용해서 정보를 요약한다.	• 의견에 대한 근거 정리 • 표나 그래픽 조직자 활용
초	5.5 정보 표현	• 청중과 정보 성격에 맞는 정보표현 • 효과적인 표현기술	(초 05-05-01) 자기 생각을 전달하는 여러 가지 표현 수단을 이해한다. (초 05-05-02) 그림으로 정보를 표현한다. (초 05-05-03) 만화로 정보를 표현한다.	• 그림일기 그리기 • 만화, 표 그리기

학교급	대주제	하위주제	성취 기준	정보기술
중			(중 05-05-01) 정보의 종류와 청중에 맞추어 표현 방법을 달리하여 정보를 전달한다. (중 05-05-02) 보고서로 정보를 표현한다. (중 05-05-03) 삽화와 표를 이용하여 정보를 표현한다.	• 보고서 쓰기 • 삽화 그리기
고			(고 05-05-01) 청중과 정보의 종류에 따라서 표현 방법을 선택한다. (고 05-05-02) 주장하는 글쓰기로 표현한다. (고 05-05-03) 그래픽 조직자를 활용하여 정보를 표현한다.	• 주장하는 글쓰기 • 그래픽 조직자 활용
초			(초 05-06-01) 정보문제 해결 결과 평가표를 작성한다. (초 05-06-02) 정보 탐색과정에서 느낀 점을 발표한다.	• 평가표 작성하기 • 문제해결 과정에서 느낀 점 발표하기
중	5.6 평가	•최종 결과물과 원래 계획 비교하기 •정보 탐색과정 평가 •개선책 마련 •추가 탐색의 필요성 판단	(중 05-06-01) 계획한 결론을 끌어내기까지 탐색을 반복적으로 수행한다. (중 05-06-02) 탐구일지를 작성하고, 탐색 과정에서 잘한 점과 부족한 점을 찾아내어 스스로 평가한다.	• 반복 탐색 • 탐구일지를 이용한 평가
고			(고 05-06-01) 과제 해결 결과와 과정을 상호평가한다. (고 05-06-02) 최종 결과물을 다른 교과의 학습 내용 및 일상생활과 연계한다.	• 기본탐색 수행하여 결론 도출하기 • 최종 결과물의 다른 교과 및 일상생활 연계

(출처: 송기호, 2020, 221-226의 내용을 일부 수정하여 재구성함)

1.4 편제 방식

학교도서관 교육을 어떻게 편성하고 운영할 것인가 하는 문제는 학교도서관에 대한 인식과 역할 변화에 따라 달라진다. 우리나라 학교도서관 발전에 영향을 끼친 미국의 학교도서관 기준을 살펴보면, 학생의 학습능력 신장을 위한 학교도서관 교육 방법이 독립적인 교육과정 운영(1945년 기준)에서 교육과정 지원(1975년 기준)으로 그리고 교과교육과의 완전한 통합(1988년 기준)으로 변하였음을 알 수 있다.

〈표 8-5〉 학교도서관 기준과 학교도서관 교육 방법의 변화

주요 기준 및 법령(발표연도)	주요 내용
Standard Library Organization and Equipment for Secondary Schools of Different Sizes (1920)	• 중등학교의 규모별 도서관 조직과 시설기준 마련
Elementary School Library Standard (1925)	• 초등학교 도서관 시설기준 마련 • 교과서 중심의 교육 지양
School Libraries for Today and Tomorrow (1945)	• 학교도서관의 소장 자료 범위에 시청각 자료 포함 • 사서교사 자격 기준 마련 • 독서교육, 도서관 이용 교육의 제도화
국방교육령(NDEA : National Defense Education Act) (1958)	• 교육에 대한 국가 지원 본격화 • 학교도서관을 교육과정 운영의 핵심으로 인식 • 학교도서관을 위한 연방 자금 지원 근거 마련
Standard for School Library Program (1960)	• 학교도서관 도서자료 기준 제시 : 학생 1인당 10권 • 학교도서관을 학습 자료센터로 인식
초·중등교육령(ESEA : Elementary and Secondary Education Act) (1965)	• 사회단체, 재단의 학교에 대한 기금 지원 근거 마련
AASL & AECT Standards for School Media Programs (1969)	• 학교도서관 기준 마련 • 미디어센터 성장의 전환점 • 사서교사를 Media Specialist로 학교도서관을 Media Center로 명칭 변경 • 도서자료 기준 : 학생 1인당 20권
AASL & AECT Media Programs : District and Schools (1975)	• 미디어센터란 학생, 교사 및 지역사회 사람들이 자격을 갖춘 매체 전문요원으로부터 정보의 출처, 관련 기구 및 여러 서비스 등을 광범위하게 제공받아 학습하는 학교 내의 특정 장소나 일련의 장소이다. • 미디어센터의 교육과정 기여 강조
AASL & AECT Information Power : Guidelines for Library Media Programs (1988)	• 미디어센터 기준 마련 • 미디어센터의 21개 봉사 영역 제시 • 학생 수에 따른 자료, 인원, 시설, 기구, 예산 수준 제시
AASL & AECT 미디어 센터 기준 개정 Information Power : Building Partnerships for Learning (1998)	• 정보활용교육, 협동수업 강조 • 정보활용교육과 교육과정의 완전 통합
AASL 학교도서관 기준 개정 Standards for the 21st-Century Learner (2007)	• 독서와 탐구학습, 정보공학기술의 습득을 통한 미래 직업 준비까지 학교도서관의 역할 확대 • 다중 정보활용능력, 협동학습, 정보의 윤리적 사용, 지식의 생산과 적용 능력, 개인의 심미적 능력, 지식의 공유와 사회적 책임감 등을 강조
AASL 학교도서관 기준 개정 National School Library Standards for Learners, School Librarians, and School Libraries (2018)	• 공유된 토대(Shared Foundation) : 학습자, 사서교사, 그리고 학교도서관이 반영하고 장려해야 하는 6가지 핵심가치(① 탐구(Inquire) ② 포용(Include) ③ 협동(Collaborate) ④ 제공(Curate) ⑤ 탐색(Explore) ⑥ 참여(Engage))를 제시함

(출처: Doll 2005, ix-xv 및 AASL 2007; AASL 2018a의 내용을 요약 정리하여 도표화함)

사서교사가 정보활용능력을 지도하기 위한 학교도서관 교육의 편제 방식은 독립방식, 침투방식, 분산방식 그리고 흡수방식 등으로 구분할 수 있다(Silva and Turriff, 1993, 69-70; 이태욱, 유인환, 이철현, 2001, 71-72). 우선, 독립방식(Separation Approach)은 학교도서관 교육을 위한 독립 교육과정을 국가수준의 교육과정에 신설하고 독립 교과를 편성·운영하는 것이다. 현실적으로는 초등학교 교육과정 편성・운영 기준에 학교도서관 교육을 포함하여 창의적 체험활동을 통해 체계적으로 지도할 수 있도록 하고, 중학교는 선택 교과에 포함하는 것이다. 그리고 고등학교는 보통교과의 교양 과목에 학교도서관 교육을 추가할 수 있다. 독립 방식은 학교도서관 교육의 체계성을 구축하고 교육시간 및 교육자원을 확보하는 데 유리하다. 또한, 학교도서관의 교육적 역할을 공고히 할 수 있다. 반면에 정보활용교육의 독립 교과 편제를 위해서 별도의 교과목을 신설하고 그 결과가 교원 자격에 반영되어야 한다. 따라서 새로운 교육과정 개설과 교원 자격 등과 관련된 법령 개정이 선행되고, 학교도서관 확충과 사서교사 확보에 따른 예산 문제도 함께 해결해야 한다.

〈표 8-6〉 초·중학교 교육과정 편제(편성) 및 운영 기준 수정(안)

「초·중등학교 교육과정 해설 총론」中 초등학교 교육과정 편성・운영 기준	수정(안)
나. 교육과정 편성・운영 기준 5) 학교는 학생의 발달 특성을 고려하여 학교 교육과정을 편성·운영한다. 다) 정보통신 활용 교육, 보건 교육, 한자 교육 등은 관련 교과와 창의적 체험활동 시간을 활용하여 체계적인 지도가 이루어질 수 있도록 한다. (출처: 교육부, 2022, 19)	다) 정보통신 활용 교육, 보건 교육, 한자 교육, **학교도서관 교육** 등은 관련 교과와 창의적 체험활동 시간을 활용하여 체계적인 지도가 이루어질 수 있도록 한다.
「초·중등학교 교육과정 해설 총론」中 시간 편제와 시간 배당 기준	**수정(안)**
3. 중학교 가. 편제와 시간 배당 기준 나) 교과(군)는 국어, 사회(역사 포함)/도덕, 수학, 과학/기술·가정/정보, 체육, 예술(음악/미술), 영어, 선택으로 한다. 다) 선택 교과는 한문, 환경, 생활 외국어(생활 독일어, 생활 프랑스어, 생활 스페인어, 생활 중국어, 생활 일본어, 생활 러시아어, 생활 아랍어, 생활 베트남어), 보건, 진로와 직업, 등의 과목으로 한다.	다) 선택 교과는 한문, 환경, 생활 외국어(생활 독일어, 생활 프랑스어, 생활 스페인어, 생활 중국어, 생활 일본어, 생활 러시아어, 생활 아랍어, 생활 베트남어), 보건, 진로와 직업, **학교도서관 교육** 등의 과목으로 한다.

독립방식은 학교도서관 교육과 교과 학습주제가 직접적인 연계성을 갖지 못한 채 운영된다는 측면에서 분리지도 방식(Discrete Approach)라고 할 수 있다. 따라서 학교도서관에서 자료의 활용능력을 배우는 것이 모든 교과목에 필요한 능력이라기보다는 분리된 과목이라고 여길 수 있으며, 학생에게 학습 부담을 줄 수 있다.

침투방식(Permeation Approach)은 모든 교육과정 운영과 학습활동에 학교도서관 교육목표를 적용하는 것이다. 즉 정보활용능력과 같은 기초 학습능력을 길러주기 위해서 국가 수준의 교육과정에서 학교도서관 교육을 개별 교과 교육과정 편성의 기준(메타 교육과정)으로 활용하는 것이다. 우리나라의 경우 국가 수준의 교육과정에서 범교육과정은 기존 교과를 국가 수준의 공식 교육과정으로 편성한 후 나머지 내용 또는 차후에 교과의 후보가 될 만한 것들을 가리키는 범교과라는 의미로 제6차 교육과정부터 등장하였다. 이후 2007 개정 교육과정(2007~2009년)부터는 '범교과 학습주제' 로 불리고 있으며, 2015 개정 교육과정 이후 10개로 대폭 축소되었다. 따라서 '학교도서관 교육'을 범교과 학습주제에 포함하면 메타 교육과정으로 운영할 수 있다. 이 경우에 정보활용능력을 지도하는 학교도서관 교육은 학습과 일상생활의 문제해결을 위한 '방법적 지식'과 '자기주도 탐구학습기술' 의 위상을 갖는다.

문제는 범교육과정이 학교 교육을 통해서 꼭 길러주고자 하는 학교 지식이나 학습기술을 분명하게 담아냄으로써 개별 교과의 위세를 통제할 수 있어야 한다는 것이다. 이를 위해서는 범교과 학습주제라는 개념보다는 메타적 성격의 범교육과정이라는 용어를 채택함으로써 '단순히 교과의 산술적인 합이 곧 교육과정'(박순경, 1998, 179)이라는 고정관념을 벗어나는 것이 중요하다.

〈표 8-7〉 학교도서관 교육의 범교과 학습주제 편입(안)

Ⅲ. 학교급별 교육과정 편성·운영의 기준

1. 기본사항

자. 범교과 학습 주제는 교과와 창의적 체험활동 등 교육활동 전반에 걸쳐 통합적으로 다루도록 하고, 지역사회 및 가정과 연계하여 지도한다.

안전·건강 교육, 인성 교육, 진로 교육, 민주시민 교육, 인권 교육, 다문화 교육, 통일 교육, 독도 교육, 경제·금융 교육, 환경·지속가능발전 교육

▽

안전·건강 교육, 인성 교육, 진로 교육, 민주시민 교육, 인권 교육, 다문화 교육, 통일 교육, 독도 교육, 경제·금융 교육, 환경·지속가능발전 교육, **학교도서관 교육**

(출처: 교육부, 2022, 15 관련)

침투 방식은 교육과정 체제 정비 및 법률 개정에 대한 부담이 없는 반면에 학교도서관 교육에 대한 인식 전환과 교수-학습방법 개선에 대한 의지가 필요하다. 특히, 사서교사와 교과교사의 협동수업을 위한 프로그램 개발, 협동수업 사례 연구 그리고 연수 등이 활성화되어야 한다. 그렇지 않으면 교육과정 운영에서 사서교사의 역할이 보조강사나 자료 제공자로 한정될 수 있다.

침투방식은 학교도서관 교육을 통해 길러지는 정보활용능력과 같은 범교과적 학습능력을 모든 교과목의 기본적인 구성 요소로 보는 교육과정 통합지도 방식(Integrated Cross-Curricular Approach)이라고 할 수 있다. 통합은 교과교사가 자신이 담당하는 과목에서 학습능력을 지도하기에 적합한 내용이 무엇인지 가려내는 활동이 먼저 이루어져야 한다. 따라서 이 방법은 서로 다른 교과목 교사 간에 밀접한 협력이 필요하며, 일반적인 내용과 실제 경험을 위한 환경을 연결하는 학교도서관 이용에 크게 의존한다.

성공적인 교육과정 통합지도를 위해서는 사서교사가 학생의 요구를 정확히 이해해야 하며, 사서교사와 교과교사 간의 협력을 통한 수업 진행 기회가 주어져야 한다. 교육과정 통합지도 방법은 실제 수업과정의 일부로서 학습능력과 기술이 적용되기 때문에 학생에게 더 적합한 방법이며, 학생 중심의 과제해결을 위해서는 구조화된 정보탐색 방법이 꼭 필요하다. 또한 학습능력 신장을 위한 통합 교육과정 방법은 학교 전체 교육과정 안에서 계획되어야 하며, 전 교사가 학습능력 프로그램에 대해서 이해하고 지속적으로 노력해야 한다. 그리고 학생은 학습능력 습득이 자신을 효과적인 학습자로 만들기 위한 교육임을 인식할 필요가 있다.

분산방식(Dispersion Approach)은 다양한 교과 교육과정에 정보활용교육의 목표와 내용을 포함하는 것이다. 이 방법은 통합 교육과정인 정보활용교육의 성격을 구현할 수 있는 교육과정 편성이 쉽다. 그러나 사서교사의 교수자 역할을 분명히 하기 위해서는 침투방식에서와 같이 사서교사와 교과교사의 협동수업을 위한 프로그램 개발, 협동수업 사례 연구 그리고 연수 등이 활성화되어야 한다. 분산방식은 학교도서관 교육에 대한 인식이 낮고, 이를 수행할 전문 인력이 부족한 상황에서 주로 도서관 자료를 개별 교과의 학습주제와 연계하는 방법이다. 분산방식은 개별 교과목 내에 이미 정보활용교육과 연계성을 갖는 학습주제가 있을 때 통합지도 방법으로 발전하기 위한 혼합지도 방식(Mixed Mode Approach)이라고도 할 수 있다. 교과의 학습주제와 정보활용교육을 연계하기 위해서는 각 교과의 단원(주제) 중에서 정보활용교육과 관련된 내용을 우선 선정하여야 하고, 사전에 교과교사와 사서교사 간에 지도 단원과 지도 대상에 대한 충분한 협의가 필요하다.

흡수방식(Aabsorption Approach)은 특정 교육과정에 정보활용교육의 학습목표를 포함시키는 방법으로 분산방식에 비해서 교과를 하나로 한정한 경우라고 할 수 있다. 이 방법은 교육과정 편제는 쉽지만 정보활용교육의 독립성이 훼손될 수 있고, 정보활용능력을 체계적으로 지도하는데 한계가 있을 수 있다. 따라서 성공적인 운영을 위해서는 협동수업에 대한 이해와 연수가 필요하다. 흡수방식은 정보활용교육의 내용과 교과 교육과정 간 연계성(공통성)을 분석하여 연계성이 높은 내용을 교과 교육에 흡수할 수 있고, 통합 교육과정으로서의 성격이 강한 기존 교과 교육과정에 정보활용교육의 내용을 흡수할 수도 있다. 이상에서 살펴본 학교도서관 교육의 편제 방식을 정리하면 다음과 같다.

〈표 8-8〉 학교도서관 교육의 편제 방식

편성 방식	의미	장점	단점
독립 방식	• 학교도서관 교육을 위한 독립 교육과정을 국가 수준의 교육과정에 포함하고 독립 교과를 개발함 • 분리 지도 방식(discrete approach)	• 학교도서관 교육의 체계성 확보 • 교육시간 및 교육자원 확보에 유리 • 학교도서관의 교육적 위상 강화	• 새로운 교육과정 및 교과 개설을 위한 법령 개정 필요 • 인적, 물적 자원 확보에 따른 예산 문제 • 정보활용능력을 범교과 학습능력으로 인식하지 못함 • 학습부담
침투 방식	• 모든 교육과정의 운영과 학습활동에 학교도서관 교육목표를 적용함 • 교육과정 통합지도 방식(Integrated Cross-Curricular Approach)	• 교육과정 체제 정비 및 법률 개정에 대한 부담 없음 • 교과 학습주제와 정보활용능력의 통합지도로 학습 부담 경감	• 학교도서관 교육에 대한 인식 전환 필요 • 교수-학습 방법 개선 의지 필요 • 협동수업 기회 제공이 필요함 • 학생의 정보 탐색능력 사전지도 필요 • 협동수업에 대한 경험 부족 시 사서교사의 교수자 역할 한계
분산 방식	• 다양한 교과 교육과정에 학교도서관 교육의 목표와 내용을 포함 • 혼합 지도 방식(mixed mode approach)	•교육과정 편성이 쉬움	• 교과교사에 대한 연수 필요 • 사서교사의 교수자 역할 제한
흡수 방식	• 특정 교육과정에 학교도서관 교육목표를 포함함		• 학교도서관 교육의 독립성 훼손 • 정보활용능력 등 학교도서관 교육의 체계적 지도 한계 • 협동수업에 대한 이해와 연수 필요

(출처: 이태욱, 유인환, 이철현, 2001, 71-72; Silva & Turriff, 1993, 69-70의 내용을 정리함)

2. 학교도서관활용교육

2.1 의미와 필요성

학교도서관활용교육(School Library-Based Instruction: SLBI)은 각 교과에서 도서관이 제공하는 자원을 활용하여 교과의 학습목표를 효과적으로 달성하려는 교육활동이다. 그리고 사서교사가 교과의 교수-학습을 단순히 지원하는 것에서 벗어나 교수-학습을 개선할 수 있도록 사서교사와 교과교사가 협동수업을 운영하는 것을 의미한다. 학교도서관활용교육은 학교도서관활성화사업과 함께 학교도서관활용수업이라는 형태로 일반화되기 시작하였으며 그 필요성을 다음과 같이 6가지 측면에서 설명하고 있다(교육인적자원부, 서울특별시교육청, 2003, 129-130).

① 다양한 학습활동 전개
교실 중심의 제한된 교육환경에서 탈피하여 다양한 정보와 체험 그리고 협력을 통해서 개별학습, 모둠학습, 토론, 문제해결 활동 등 다양한 교수학습활동을 전개할 수 있다.

② 통합적 교수-학습 전개
독자적으로 운영되고 있는 교과수업의 한계를 벗어나 교과별 통합 주제, 범교과 학습 등을 전개할 수 있다.

③ 문제해결능력 및 자기주도적 학습능력 신장
학습자가 학습목표 및 학습전략을 정하고 학습 결과를 평가하도록 함으로써 학생의 자기주도적 학습능력을 신장시키고 정보를 수집, 분석, 종합하여 새로운 정보를 창출해 낼 수 있는 창의력과 문제해결능력을 신장시킬 수 있다.

④ 능동적인 학습 참여
다양한 교수-학습자료를 활용한 학습 경험을 제공하며 실생활과 관련된 주제를 탐색하고, 자신에게 흥미 있는 정보를 선택, 활용하여 도서관 환경을 통한 능동적인 학습 참여를 유도할 수 있다.

⑤ 평생교육의 기반 조성
교실 수업의 물리적, 공간적 제한을 벗어난 학습환경을 통해 교수-학습의 장, 독서의 장, 문화공간의 장 등으로 교육의 장을 확대하여 사고의 폭과 경험을 넓히는 평생교육의 역할을 담당한다.

⑥ 지식기반사회에 대응하는 인재 양성
지식기반사회는 학생이 필요한 지식을 찾고 이를 가공하여 유용하게 활용할 수 있는 능력이 필수적이다. 지식 전달 위주의 전통적 교육 패러다임에서 벗어나 학생 스스로 지식을 구성하는 능력을 길러줄 수 있는 새로운 교육 패러다임이 요구되고, 이러한 요구는 도서관활용교육을 통하여 이루어질 수 있다.

2.2 유형과 장점

2.2.1 유형

학교도서관활용교육은 사서교사와 교과교사의 협동을 기반으로 하며, 사서교사와 교과교사 간의 연계 정도에 따라서 협조(cooperation), 협력(coordination), 협동(collaboration)으로 참여 교과수와 시간표 편성 방법에 따라서 교과 단독형과 교과 연계형으로 구분할 수 있다. 그리고 학교도서관 교육과정을 교과 교육과정과 연계 지도하기 위해 사서교사와 교과교사가 주 강사와 보조 강사 역할을 병행하는 교육과정 기반 접근법이 있다. 또한, 교과를 연계하는 공통 학습주제를 기반으로 학교도서관 교육과정과 교과 교육과정을 통합 운영하는 교육과정 통합(Integrated Curricular)형도 있다. 이들 유형은 서로 연계성을 갖고 복합적으로 적용될 수 있다.

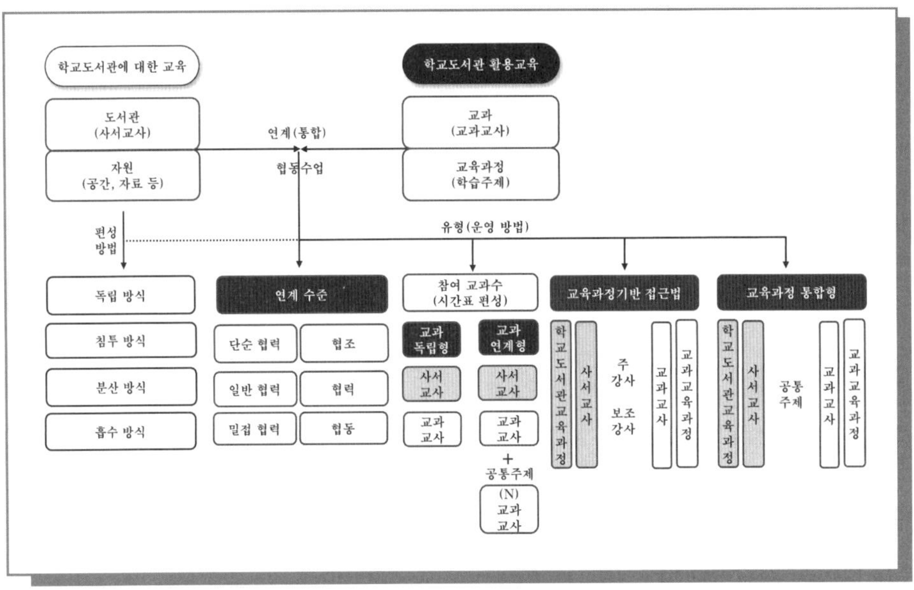

[그림 8-3] 학교도서관활용교육 유형

우선, 학교도서관 교육과정과 교과 교육과정 연계 방법에 따라서 다양하게 운영할 수 있다. 국내에 처음 소개된 학교도서관활용교육 모형은 한윤옥(1995)이 소개한 K. Haycock(1988)의 협력 프로그램 설계 모형이다. 학교도서관 활성화 사업(2003~2007년) 기간에 K. Haycock(1988)의 이 모형은 단순 협력형, 일반 협력형, 밀접 협력형 등 3가지 유형으로 나뉘어 적용되었다(교육인적자원부, 서울특별시교육청, 2003, 133-135). 단순 협력형은 사서교사가 단순히 교과교사가 요구하는 자료와 기기만 준비해 주는 형태이고, 일반 협력형은 사서교사가 단순한 자료와 기기 제공뿐만 아니라 교과수업에 참여하여 자료 활용과 기기 사용법 등을 지도하는 경우이다. 밀접 협력형은 사서교사가 도서관 이용교육을 통해서 학생의 정보활용능력을 지도하고, 학생의 정보활용능력을 기반으로 교과교사가 도서관에서 교과수업을 전개하는 경우로 사서교사와 교과교사가 활용수업 단원 설정에서 수업 진행, 평가에 이르기까지 협업하는 모형이다.

C. Doll(2005)은 사서교사가 운영하는 정보활용교육과 교과 교육과정과의 연계 정도에 따라서 고립(isolation), 협조(cooperation), 협력(coordination), 협동(collaboration)으로 구분하였다. 고립은 사서교사와 교과교사 간에 연계가 전혀 없는 단계이고, 협조는 단순히 자료의 제공이 이루어지는 단계, 협력은 교과 연계 학습자료의 제공과 독자적인 정보활용교육이 이루어지는 단계 그리고 협동은 공동으로 수업을 설계-운영-평가-하는 유형이다.

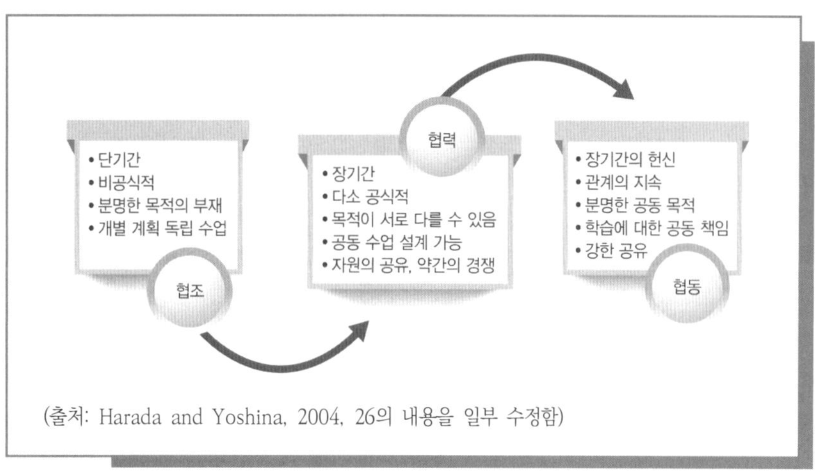

(출처: Harada and Yoshina, 2004, 26의 내용을 일부 수정함)

[그림 8-4] 협동수업의 수준

학교도서관활용교육은 기본적으로 자원기반학습으로 진행되기 때문에 교사와 학생의 자료 활용 시간 확보가 중요하다. 자료 활용 시간은 학생의 자주적 학습능력과 문제해결능력 신장을 위한 것으로 고정시간표 운영으로는 한계가 있다. 이러한 문제를 해결하기 위해서 도서관활용교육이 사서교사와 교과교사의 1:1 유형뿐만 아니라, 통합 학습주제를 중심으로 여러 개의 교과가 참여하는 협동수업 유형으로 발전하고 있다.

사서교사와 교과교사의 1:1 유형인 교과 독립형은 개별 교과의 고정 시간표를 중심으로 협동수업을 설계하기 때문에 사서교사의 업무 부담이 적다. 그러나 학생에게 충분한 자료 활용 시간을 제공하기가 곤란하다. 따라서 학생의 수준별로 정보활용능력을 지도하기가 어렵고, 사서교사의 역할이 자료의 제공자로 제한될 수 있다. 반면에 통합 학습주제를 기반으로 한 교과 연계형은 하나의 학습주제를 여러 개의 교과가 통합 지도하기 때문에 고정 시간표를 그대로 적용하면서도 학급 단위로 학생에게 충분한 자료 활용 시간을 제공할 수 있다. 따라서 개별 학생에 대한 수준별 지도가 가능하고 하나의 주제를 여러 측면에서 종합적으로 사고할 기회를 제공할 수 있다. 그러나 교과별로 학습주제의 지도 시기가 다르거나 담당하는 학급이 다른 경우에는 변동 시간표나 묶음 시간표 운영을 통해서 학습주제에 대한 정보활용능력 적용 시간을 통합할 필요가 있다. 이 경우에는 여러 교과가 참여하는 만큼 시간표 편성에 어려움이 있을 수 있다. 또한, 장기간에 걸친 도서관활용교육 진행으로 수업에 참여하지 않는 교사와 학생의 도서관 이용을 제한하는 문제가 생길 수 있다.

〈표 8-9〉 수업 참여 교과수와 시간표 편성 방법에 따른 도서관활용교육 유형

유형	참여교사수	특징
교과 독립형	사서교사 1 교과교사 1	• 개별 교과의 고정 시간표를 중심으로 수업을 설계함 • 사서교사의 업무 부담이 적음 • 학생에게 충분한 자료 활용 시간을 제공하기가 곤란하므로 학생의 수준별로 정보활용능력을 지도하기가 어렵고, 사서교사의 역할이 자료의 제공자로 제한될 수 있음 • 이러한 문제를 극복하는 방안으로 변동 시간표를 적용함(교과 독립-변동 시간표)
교과 연계형	사서교사 1 다수 교과교사	• 하나의 학습주제를 여러 개의 교과가 통합 지도하도록 설계함 • 고정 시간표를 그대로 적용하면서도 학급 단위로 학생에게 충분한 자료 활용 시간을 제공할 수 있음 • 개별 학생에 대한 수준별 지도가 가능하고 하나의 주제를 여러 측면에서 종합적으로 사고할 수 있는 기회를 제공할 수 있음 • 교과별로 학습주제의 지도 시기가 다르거나 담당하는 학급이 다른 경우에는 변동 시간표나 묶음 시간표 운영을 통해서 학습주제에 대한 정보활용능력 적용 시간을 통합할 필요가 있음 • 변동 시간표나 묶음 시간표 운영 시 여러 교과가 참여하는 만큼 시간표 편성에 어려움이 있을 수 있으며, 장기간에 걸친 도서관활용수업 진행으로 수업에 참여하지 않는 교사와 학생의 도서관 이용을 제한하는 문제가 생길 수 있음

(출처: 송기호, 2018, 247)

교육과정 기반 접근법(Curriculum-based Approach: CBA)은 학교도서관 교육과정을 교과 교육과정과 연계하여 지도하기 위한 전략으로 제시되었다. 사서교사의 학교도서관 교육과정과 교과교사의 교과 교육과정이 연계된다는 점에서 교육과정중심 협동수업 모형이라고 할 수 있다. 이 모형은 사서교사가 교육과정에 필요로 하는 자료를 단순히 제공하는 데 그치지 않고, 자기주도학습에 필요한 기초능력인 정보활용능력을 교과와 연계하여 지도하면, 각 교과가 추구하는 학습목표 달성은 물론 평생학습 사회에서 요구하는 학습능력을 기르는데 크게 기여하리라 본다.

〈표 8-10〉 교육과정 기반 접근법

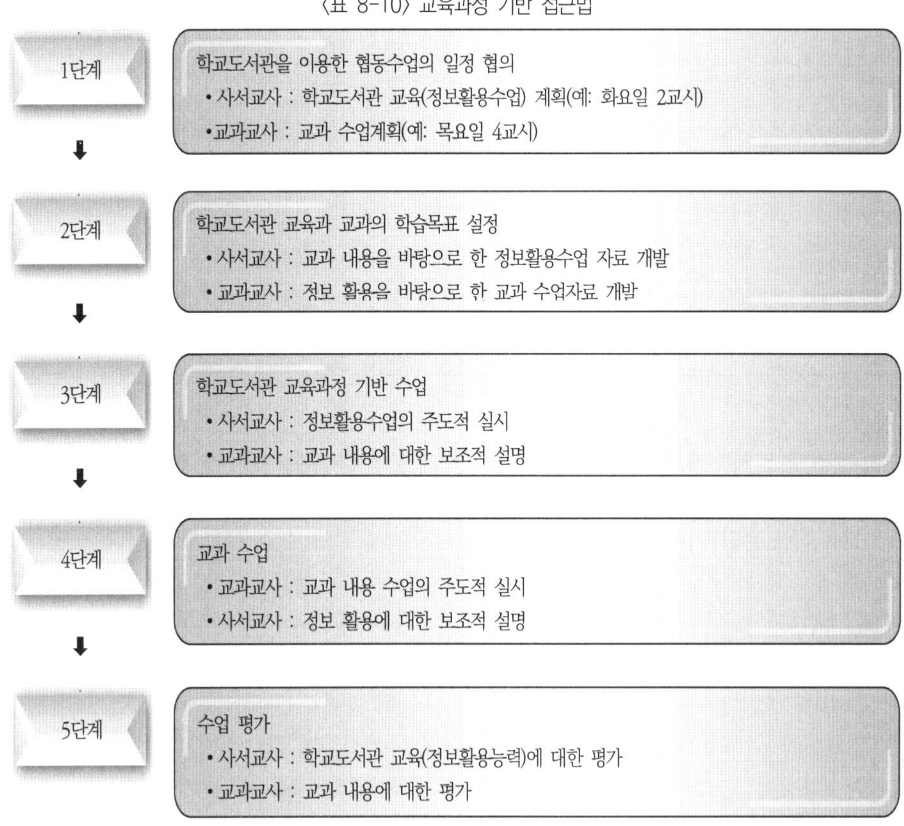

(출처: 함명식, 2003, 131의 내용 일부를 수정함)

사서교사와 교과교사가 동일 학급을 지도하는 경우 수업 시간을 달리해서 주 강사와 보조 강사로 참여하면 협력 수준의 협동수업을 운영할 수 있다. 교육과정 기반 접근법을 적용한 수업에서 사서교사와 교과교사는 본인의 교과 내용에 대해서는 주 강사로 상대 교과의 내용에 대해서는 보조 강사로 참여한다. 문제는 교과 연계가 가능한 학습주제의 선정과 충분한 수업시간 확보에 어려움이 있다는 것이다.

교육과정 통합형은 사서교사와 교과교사가 함께 지도할 수 있는 공통 주제를 기반으로 교육과정을 통합하는 것이다. R. Fogarty(1998)는 교육과정 통합 방법을 크게 단일 교과 내에서의 통합(단절형, 연관형, 동심원형), 여러 교과 간에 걸친 통합 그리고 학습자들 간의 통합(몰입형, 네트워크형)으로 나누었다. 이 중에서 교과 간에 걸친 통합의 방법은 계열형, 공유형, 거미줄형, 실로꿴형, 통합형 등 5가지이며, 교과 간에 걸쳐서 존재하는 학습주제나 학습 방법(기능)이 있는 상황에 해당한다. 교과 간 통합 방법을 살펴보면 다음과 같다.

〈표 8-11〉 교과 간 통합 방법

① 계열형
(문학 교사): 역사소설 읽기 지도 + (역사 교사): 소설의 배경이 되는 역사적 시기 지도
② 공유형
(사회 교사): 현장 학습 지도 + (국어교사): 답사 기행문 쓰기 지도 = 현장 답사 보고서 쓰기를 두 교사가 함께 지도함
③ 거미줄형
학습 주제: 우리 고장의 환경
(사회 교사): 환경오염 실태 + (국어 교사): 환경오염 예방 글쓰기 + 미술 교사: 환경오염 예방 포스터 그리기 함께 지도
④ 실로꿴형
학습 주제: 사고기능 중 원인과 결과
국어, 사회, 과학 교과에서 원인과 결과에 해당하는 단원이나 제재를 선택하여 통합지도
⑤ 통합형
통합 대상이 되는 교과들을 혼합하는 방법으로 각 교과에서 중복적으로 다루는 기본적인 요소(기능, 개념, 태도)를 추출해서 통합 단원을 구성함
(출처: Forgarty, 1998, 41-89)

통합 교육과정 운영은 다음 [그림 8-5]에서 보는 바와 같이 수업 설계와 교육과정 평가로 구성된다. 수업 설계는 통합 교육과정을 기반으로 교과교사와 사서교사가 실제 수업 운영계획을 공동으로 마련하고, 공동으로 실행하고 평가하는 협동 활동이다. 따라서 협동수업이 원활히 이루어질 수 있도록 '홍보 및 요구 조사하기-수업 계획하기-수업 운영하기-수업 평가하기'와 같이 설계할 수 있다. 교육과정 평가는 통합 교육과정 운영에 참여한 사서교사와 교과교사가 통합 교육과정의 개발과 수업 운영에 걸쳐서 나타난 문제점을 분석하여 더욱 발전적인 교육과정 개발에 이바지하는 활동이다. 그림에서 양방향 화살표(↔)는 서로 영향을 주고받거나, 환류가 가능함을 보여준다.

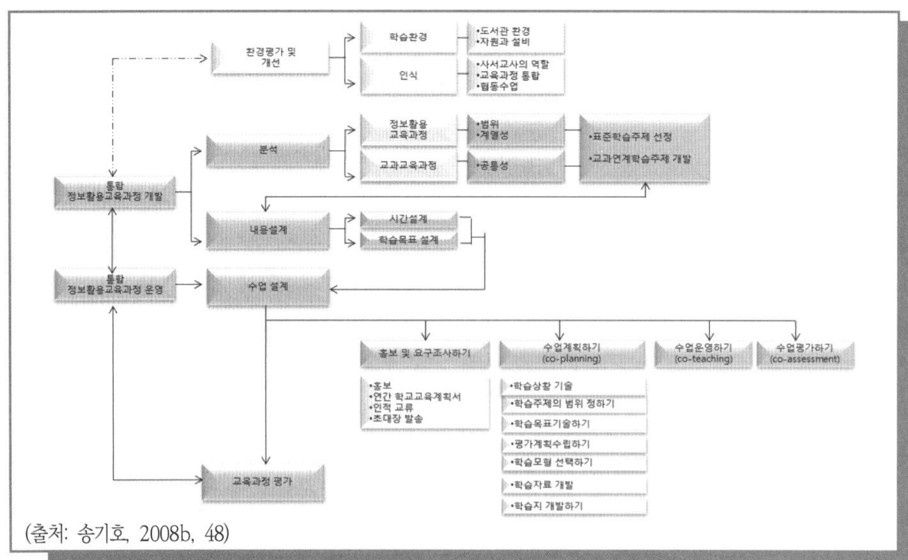

(출처: 송기호, 2008b, 48)

[그림 8-5] 교과 연계 학습주제 기반 통합 교육과정 개발 및 운영 절차

2.2.2 장점

사서교사는 자료의 선정과 조직 및 제공이라고 하는 매체 전문가 역할 이외에 자료가 담고 있는 내용을 학생이 비판적으로 수용할 수 있도록 지도하는 교사로서의 직업적 사명이 있다. 이러한 사명은 그동안 도서관 이용지도나 독서지도 등의 형태로 제한적으로 이루어져 오다가 점차 정보활용교육 차원으로 발전하고 있다.

협동수업은 사서교사의 중요성과 교육 리더로서의 중추적인 역할 강화하고, 사무적이고 틀에 박힌 역할 이상의 것을 보여줄 수 있다. 그리고 다른 교사에게 협동기술과 학교도서관의 역량을 보여줄 수 있다. 또한, 교생실습의 질을 높일 수 있다.

협동수업을 통해서 교과교사는 매력적인 학습과제 해결 모델을 제시하고, 정보의 윤리적 이용을 교과 교육과정에 통합하여 지도할 수 있다. 그리고 학생의 능동적인 수업 참여가 가능한 학습 분위기를 조성하고, 교과 수업목표 달성을 더 손쉽게 이룰 수 있다. 이를 통해서 협동수업은 교사, 사서교사, 학생이 추구하는 학업성취도 향상에 이바지한다.

협동수업은 일상생활과 직업 환경에서 다양한 정보와 지식을 이해하고 활용해야 하는 학생이 불확실한 미래에 대응할 수 있는 역량을 키워주기 위한 교수-학습전략이다. 협동수업에 참여한 학생은 학교도서관이 소장한 다양한 자료는 물론 수업에 참여한 교사 및 동료와의 상호작용을 통해서 자주적 학습활동을 경험할 수 있다. 또한, 도서관 수업에서 습득한 정보활용능력과 교과의 지식을 다른 교과 및 일상생활에 연계할 수 있는 범교과적이고 통합적인 사고능력을 기르는 데 유용하다. 학생은 상호작용을 통한 학습과제의 해결 과정에서 협동이나 타협과 같은 공동체 의식을 습득하고 지식과 정보의 윤리적 이용능력을 신장할 수 있다. 학생은 개인의 학습능력에 맞는 적절한 학습자료의 활용을 통해서 새로운 정보와 지식을 생산하고 공유할 수 있는 경험을 쌓음으로써 학습능력을 향상할 수 있으며 교사와 사서교사로부터 신뢰할 만한 방법으로 평생교육을 모방 학습할 수 있다. 협동수업이 사서교사 교과교사 그리고 학생에게 주는 장점을 정리하면 다음과 같다.

〈표 8-12〉 협동수업의 장점

<table>
<tr><th>사서교사</th><th>교과교사</th><th>학생</th></tr>
<tr><td>• 사서교사의 중요성과 교육 리더로서의 중추적인 역할 강화
• 사무적이고 틀에 박힌 역할 이상의 것을 보여줌
• 다른 교사에게 협동기술을 보여줌
• 학교도서관의 역량을 보여줌
• 교생실습의 질을 높임</td><td>• 매력적인 학습과제 해결 모델 제시
• 정보의 윤리적 이용을 교과 교육과정에 통합하여 지도할 수 있음
• 학생의 능동적인 수업 참여가 가능한 학습 분위기 조성
• 교과 수업목표 달성</td><td>• 수업에 필요한 다양한 학습자료 이용 기회 제공(학습 유형 지원 다양화)
• 정보활용능력 신장
• 자주적 학습기회 부여
• 학습의 전이능력 강화
• 사회적 상호작용 촉진
• 신뢰할만한 평생교육 모방학습</td></tr>
<tr><td colspan="2">• 파트너십 형성
• 지식, 기술, 전문성 공유
• 자원, 도구, 전략 및 새로운 기술을 활용한 교수-학습</td><td></td></tr>
<tr><td colspan="3">• 학업성취도 향상</td></tr>
</table>

(출처: Carletti, Girard and Willing, 1991, 11; Milbury 2005, 10; National Library of New ealand(2025. 05. 01.)의 내용을 종합함)

2.3 시간표 편성

학교도서관활용교육을 협동수업으로 운영하기 위한 시간표는 변동 시간표(Flexible Schedules), 묶음 시간표(Block Schedules), 혼합 시간표(Combination Schedules) 등이다(Everhart, 2003; AASL, 2011). 그러나 사서교사와 교과교사의 통합 교육과정 운영을 통해 학생의 자기주도학습을 위한 공정한 학습경험을 제공하는 학교도서관의 역할이 강조되면서 대응 시간표(Responsive Scheduling)(AASL, 2019) 편성이 등장하였다.

변동 시간표는 학생이 도서관을 이용할 필요가 생겼을 때, 이용 시간을 편성하는 방법으로 주로 중고등학교에 적합하다. 변동 시간표는 학교도서관 교육과 교과 교육과정의 통합 운영(AASL, AECT, 1998b)을 위한 시간표 편성 방법이다. 변동 시간표를 운영하면 학생은 며칠 동안 계속해서 도서관에서 시간을 보내면서 교과교사와 사서교사의 도움으로 학습 제재(class unit)에 필요한 정보를 탐색하거나, 도서관 봉사를 이용하기 전까지 일주일 정도를 도서관에서 보낼 수 있다. 학생의 도서관 방문은 학급 단위로 이루어지기도 하지만 모둠별이나 개별적으로 이루어질 수 있다. 변동 시간표 운영의 성공 조건은 다음과 같다.

① 학교장이 학교도서관을 단순한 보조시설 이상으로 인식하고, 교과교사와 사서교사의 협력 가치를 인식하는 것이 중요하다.
② 사서교사와 교과교사가 교육과정 운영에 대해서 보다 폭넓은 협의 시간을 갖는다.
③ 사서교사는 교과교사와의 개별적인 만남보다는 교사협의회에 참석한다.
④ 고정 시간표를 운영하는 경우보다 교과교사와 사서교사 간에 더 많은 협력 활동이 필요하다.
⑤ 만일 변동 시간표를 채택한다면, 교과교사와의 협의를 위해서 전임 사서교사의 배치가 필요하다.

변동 시간표는 사서교사의 교육과정 참여 가능성을 높이는 데 효과적이며, 구체적인 장점을 살펴보면 다음과 같다.

① 교사는 학생의 자발적인 학습 동기를 이용할 수 있고, 학생의 흥미가 최고조에 이르렀을 때 도서관으로 보낸다.
② 교사는 사서교사와 협력하여 단원을 개발하고, 팀티칭을 할 수 있다.
③ 교사는 사서교사와 협력하여 정보활용능력을 교과 교육에 통합할 수 있다.
④ 학생은 평생 학습자로서 사용할 연구능력과 정보활용능력을 배울 수 있다.
⑤ 학생은 자주적으로 학습자료를 이용할 수 있다.
⑥ 학생은 다른 교과목과 학년 수준에서 다른 교과교사나 학생과 상호작용이 가능하다.
⑦ 학생은 자신의 학습에 대한 책임감을 신장할 수 있다.

변동 시간표는 주로 프로젝트 학습에 적합하다. 그러나 사서교사가 모든 교과교사와 통합 교육과정을 운영하기란 사실상 불가능하므로 학교도서관 운영에 차질이 빚어질 수도 있다. 즉 협동수업에 참여하지 못한 교과교사가 지도하는 학생은 도서관에서 책조차 대출받지 못하거나 혼자서 도서관 이용능력을 배워야 하는 문제가 발생할 수도 있다. 변동 시간표의 단점은 다음과 같다(Johnson, 2001).

① 협동수업에 참여하지 못한 학생은 도서관 교육의 혜택을 받지 못한다.
② 교사가 교육과정에서 벗어나도록 할 수는 없다. 만약에 모든 교과목이 변동 시간표로 편성되면, 교사는 '내가 가르치고 싶은 것과 가르쳐야 할 때'에 대한 교수활동에 대해서 심리적으로 소외감을 느끼게 된다. 따라서 이미 정해진 교육과정은 지켜져야 한다.
③ 중요한 것은 연구가 아니라 독서이다. 모든 학생이 도서관을 규칙적으로 방문하여 자료를 대출하고 읽는 등 다양한 독서 체험을 통해서 평생 자주적인 독자로 살아갈 수 있도록 하는 것이 수업시간을 이용하여 정보활용능력을 길러주는 것보다 중요하다.
④ 탐구활동이 매일 있을 수는 없다. 변동 시간표를 이용한 수업은 교과교사와 사서교사가 학생이 학교에 다니는 동안에 순전히 광범위한 학습주제(big project)를 가지고 서로 협력하도록 한다. 그러나 실제 일상생활에서 계속해서 부딪치는 것은 사소한 탐구학습 주제이다.
⑤ 사서교사의 역할을 제한한다. 도서관의 사회적 책임은 교육, 사회화 그리고 장서의 보존(contain)이다. 변동 시간표 운영에서 충분한 보조 직원의 도움이 없는 경우에 사서교사는 교육을 통한 학생의 사회화 이외에 장서 개발이나 프로그램 관리 등에 시간이 부족할 수 있다. 또한, 도서관을 활용한 학생의 예습과 복습시간 지도가 어렵다.
⑥ 사서교사의 업무 가중을 초래한다. 변동 시간표가 이론적으로는 그럴듯하게 들릴지 모르지만, 사서교사는 수업 후에 너무 많은 프로젝트나 교과목과의 협력으로 기진맥진하거나 짜증이 생길 수도 있다.

묶음 시간표는 다른 과목으로 이동하기 전에 한 과목에 투자하는 시간이 대부분 불충분한 중·고등학교에 적합한 형태이다. 묶음 시간표는 몇 개의 교과 수업시간이 묶음으로 통합되며, 집중적인 학습활동이 학생에게 유리할 것이라는 전제 아래 이루어진다. 묶음 시간표는 학생의 깊이 있는 연구 활동이 가능하도록 1일 7~8교시 수업시간을 3~4개의 단위로 묶음으로써, 한 번에 정보를 찾아 선택하고 읽고 분석할 수 있는 시간을 확보할 수 있다.

묶음 시간표는 학교의 교수법 변화와 학교도서관의 가치를 실현할 수 있는 기폭제가 될 수 있다. 90분 동안 수업시간을 운영하는 교사는 시간 조절, 개별화 학습, 다양한 학습자료 활용 방법 등을 필요로 하므로 더 손쉽게 사서교사와 협력할 수 있다. 묶음 시간표를 운영할 때 더욱 효과적으로 학교도서관을 활용하기 위해서는 먼저 사서교사가 개별학습과 교실에서 학교도서관의 자료 활용을 장려해야 한다. 그리고 창의적인 프로젝트를 사용하고, 학습환경을 조성하며, 자료(매체) 이용능력을 기반으로 학습활동을 전개하여야 한다. 또한, 학교도서관에서는 팀티칭을 실시하고, 외부 도서관 자원과 전자자료 등을 활용해야 한다. 묶음 시간표 운영이 학교도서관에 끼치는 긍정적인 영향은 다음과 같다.

① 학교도서관 봉사에 대한 수요가 증가한다.
② 양방향 교수법(interactive teaching methods)과 프로젝트 학습이 늘어난다.
③ 도서의 예약이 증가한다.
④ 학교도서관이 다양하고 폭넓은 영역의 학습활동을 지원한다.
⑤ 학교도서관이 학교 전체의 학습 공간(learning lab)화되는 데 도움이 된다.
⑥ 개별 학생의 학습활동을 도울 기회를 제공한다.
⑦ 전자정보원 탐색을 심도 있게 지도할 수 있는 충분한 시간을 가질 수 있다.
⑧ 묶음 시간표를 지원하기 위해서 도서관을 쇄신하거나 개선할 기회를 가질 수 있다.
⑨ 교실에 D/B와 OPAC 등을 이용할 수 있는 네트워크 설비를 갖출 수 있다.

반면에 묶음 시간표 운영의 부정적인 영향은 다음과 같다.

① 사서교사의 업무량(pace of the day)이 증가한다.
② 묶음 시간표를 작성하는 데 시간이 많이 필요하다.
③ 도서관 운영 업무에 필요한 시간이 부족하다.
④ 묶음 시간표에 참여하고 있는 다양한 교과목에 대해서 봉사하고 있을 때 묶음 시간표에 참여하지 않은 이용자에 대한 봉사가 불가능하다.
⑤ 시간표 운영 변화에 대해서 교사가 불안해할 수 있다.
⑥ 일부 교사는 교과 학습자료에 맞추어 처음부터 학습과제(projects) 선정을 제한한다.
⑦ 학생이 집에서 자료를 더 많이 이용하게 되어 대출 건수가 줄어든다.
⑧ 여가선용 목적의 독서 기회가 줄어든다.
⑨ 도서관 공간 부족 현상이 나타난다.

혼합 시간표는 고정 시간표와 변동 시간표를 조합한 형태로써 중고등학교에 적합하다. 혼합 시간표가 무엇인지 설명해 주는 몇 가지 시나리오를 살펴보면 다음과 같다.

① 초등학교 1~3학년은 고정 시간표로 지도하고, 4~6학년에게는 변동 시간표를 적용할 수 있다. 정보능력(information skills)이 탐구 단원에 통합된다. 저학년은 일 년 동안 동화책을 읽거나 대출 반납을 중심으로 다양한 도서관 능력(library skills)을 배운다.
② 교사의 도움으로 학년 초 몇 주 동안 고정 시간표를 운영한다.
③ 학생은 사서교사의 도움 없이 대부분 시간을 정규과목 이수에 사용하고, 여분의 예습시간에 사서교사의 도움을 받는다. 이렇게 하면 사서교사가 시간표를 조정하고 학습주제를 통합할 수 있으므로 변동 시간표의 개념을 유지할 수 있다.
④ 초등학교 2학년은 매주, 3~6학년은 격주로 준변동 시간표(semi-flex schedule)를 운영하여 학생에게 더욱 많은 자유 시간을 준다.

준변동 시간표 운영을 통해서 얻을 수 있는 장점은 다음과 같다.

① 독서광인 학생이나 난독증이 있는 학생에게 매주 자유 시간을 제공할 수 있다.
② 교사의 요구에 맞추어 소집단을 지도할 수 있다.
③ 학습 전체나 개별 학생의 탐구활동이 가능하다.
④ 특별한 학습 과제를 수행 중인 학생을 지원할 수 있다.
⑤ 꼭 필요한 경우에 한 학급이 일주일에 세 번씩 도서관에서 정해진 시간에 탐구학습을 할 수 있다.
⑥ 저학년 학생이 매주 정해진 시간에 도서관을 이용할 수 있다.
⑦ 저학년 학생은 매주 정해진 시간에 도서를 대출할 수 있다.
⑧ 고학년 학생은 담임교사가 사서교사와 협력하는 것을 전혀 원하지도 않고, 학교도서관활용수업을 계획하지 않아도 약간의 도서관 이용지도를 받을 수 있다.

대응 시간표(감응 시간표)(Responsive scheduling)는 교과 교육과정의 요구에 맞는 유연한 시간표 편성 방법으로 고정 시간표에 따라서 학교도서관에 수업을 예약하는 것이 사서교사와 교과교사의 협력과 공동 교육 기회는 물론 모범 사례 개발을 저해한다는 반성에서 생겨났다. '대응'(responsive)이란, '요구에 따라 변하는 학교도서관 서비스를 제공할 자유를 가지면서 사서교사가 교수자와 학습자의 교육과정 요구를 신속하고 효과적으로 충족시켜 줄 수 있는 상태나 성향'이다. 그리고 대응 시간표란 '정보 탐색 전문가인 사서교사와 주제 전문가인 교사의 지도로 적시에 탐구, 교육, 공학기술 이용을 촉진하기 위해 필요에 따라 학교도서관을 방문할 수 있도록 유연하게 편성한 수업 시간'을 의미한다. 따라서 대응 시간표는 학교도서관에 대한 유연하고(flexible), 개방적(open)이며 제한이 없는(unrestricted) 공정한 접근(equitable access)을 기반으로 한다(AASL, 2019).

2.4 저해 요소 및 활성화 요소

학교도서관활용교육은 통합교육과정 개발과 협동수업을 기반으로 운영하기 때문에 사서교사와 교과교사의 인간관계 형성이 매우 중요하다. 즉 사서교사와 교과교사 상호 간의 신뢰, 호감, 동료애, 친화력, 존중, 상호인정 그리고 대화를 통한 파트너십 구축 정도에 따라서 방법과 질이 달라진다. 또한, 학교 교육과정 운영상의 특징과 학교장 등 인력의 협동수업에 대한 인식과 참여 정도에 영향을 받는다.

해외 연구 사례 분석 결과 협동수업을 저해하는 요소는 사서교사의 교육적 역할에 대한 이해 부족, 사서교사의 리더십 부족, 협동수업 사례 부족, 사서교사 부족, 교사의 시간 부족 그리고 학교장의 지원 부족 등이다. 반면에 사서교사와 교과교사의 협동수업 수준 향상에 영향을 주는 기본적인 요소는 교과교사와 사서교사의 흥미와 참여이다. 그리고 학습 개선을 위한 노력과 혁신, 통합의 정도에 따라서 수준이 결정된다(송기호, 2008a, 35-39).

국내의 경우 학교도서관활용교육의 한계에 대한 사서교사의 평가 결과를 보면, 자료의 다양성 및 양적 부족 문제를 가장 많이 지적하였다. 다음으로 사서교사의 준비와 연구부족 교과교사(담임교사)의 인식 부족, 교과교사(담임교사)와의 충분한 협의 부족, 자료 활용 시간 부족 그리고 수업에서 사서교사 역할 제한 등이다. 특히, 사서교사가 운영하는 수업과 교과의 연계가 부족하고, 사서교사의 독자적인 수업 운영으로 다른 교과와의 연계(협동수업) 필요성을 느끼지 못하는 경우도 있는 것으로 나타났다. 또한, 교사가 평소 개방적인 수업을 하고 있지 않기 때문에 다른 교사와 수업을 함께 한다는 것을 심리적으로 부담스러워하고, 수업 공유를 꺼리는 경향도 있으며, 교과교사의 수업권을 지키려는 심리 때문에 사서교사의 수업 참여가 어려운 경우도 나타나고 있다. 아울러 중·고등학교의 경우 교과를 담당하는 교사가 여러 명이면 사서교사의 정보활용교육과 수업내용을 연계하기가 곤란하다는 문제도 나타났다(송기호, 2016). 중등교사의 학교도서관에 대한 인식을 분석한 결과(소병문, 송기호, 2018)에서도 중등교사는 '도서관활용교육 등 학교도서관을 이용한 교과 운영에 대한 경험이 부족'한 것으로 나타났으며, 그 주된 이유가 '도서관활용교육 방법에 대한 지식과 필요성이 부족하고, 준비 시간과 자료 부족' 때문이라는 반응을 보였다. 이상에서 살펴본 도서관활용교육(협동수업)의 저해 요소를 참여 인력을 중심으로 정리하면 다음과 같다.

〈표 8-13〉 협동수업 저해 요소

<table>
<tr><th>구분</th><th>참여 인력별 저해 요소</th><th colspan="2">공통 저해 요소</th></tr>
<tr><td>사서교사</td><td>• 사서교사의 리더십 부족
• 사서교사의 준비와 연구 부족
• 교과 연계에 대한 인식 부족</td><td rowspan="2">• 교사와 사서교사의 협동적 관계(파트너십) 부족
• 협동수업 준비에 투입할 시간 부족
• 교사와 사서교사와의 충분한 협의 부족
• 사서교사의 역할 제한
• 자료 활용 시간 부족
• 동일 과목(학년)을 담당하는 여러 명의 교사와의 연계 곤란</td><td rowspan="3">• 사서교사의 역할 변화에 대한 이해 부족
• 협동수업에 대한 분명한 정의 부족
• 1인의 사서교사가 학교의 모든 교사와 협력하기 위해서는 많은 시간과 자원이 소요됨
• 자료의 다양성 및 양적 부족</td></tr>
<tr><td>(교과)교사</td><td>• 교과교사의 학교도서관활용교육에 대한 인식 부족
• 수업 공유에 대한 부담감
• 수업권을 지키려는 심리</td></tr>
<tr><td>교장 및 제도</td><td>• 예산 절감을 위해서 사서교사를 사무직원(보조 인력)으로 대체하는 문제
• 학교장의 인식과 지원 부족
• 교육과정 및 교육청의 정책 및 지원 부족</td><td></td></tr>
</table>

학교도서관활용교육 운영 경험이 있는 사서교사는 도서관활용교육을 활성화하기 위해서 '필요성에 대한 연수 실시, 사례 개발 및 인식 개선 노력'이 가장 중요하다고 생각하고 있다. 그리고 '교과교사(담임교사)와의 충분한 사전 협의 및 수업에서의 역할 명료화, 사서교사의 교육과정 분석 등 사전 준비와 전문성 신장 노력'이 필요하다는 인식을 하고 있다. 이 밖에도 '교과교사(담임교사)와의 의사소통 및 관계 개선 노력, 사서교사의 교육과정 회의(학년 협의회) 참석 및 수업시수 확보, 도서관활용교육 주제에 맞는 다양한 자료 확보 노력'을 기울여야 한다. 특히, 사서교사가 동료 교사에게 열심히 일하는 모습만 보여주기보다는 친밀감을 형성하여 도서관활용교육의 기반을 마련해야 한다(송기호, 2016). 사서교사와 교과교사의 협동수업을 통한 학교도서관활용교육 활성화에 영향을 주는 요소는 다음과 같다.

〈표 8-14〉 협동수업 활성화 요소

요소	주요 내용
흥미	•흥미의 수준은 누가, 왜 얼마나 오랫동안 협동에 참여하느냐에 따라 달라진다. •교과교사와 사서교사가 교육과정 계획에서 보이는 흥미가 학생들에게 전이되며 흥미의 수준에도 긍정적인 영향을 끼친다.
참여	•협동적인 노력에 참여하거나 헌신하는 정도를 의미한다. •교수-학습방법과 평가에 추가적인 노력을 기울이려는 책임감과 의지 그리고 시간의 양과 관련이 있다. •프로젝트, 이벤트, 수업, 학습 단원이나 교육과정 개발에 시간과 노력을 투자한 후에 달성한 성공에서 기인하는 개인적 만족감과도 관련이 있다.
학습 개선	•학생의 학업성취도나 학생의 수업 개선에 대한 협동적인 노력의 효과를 의미한다.
혁신	•개인이나 다른 교과에 새롭게 인식되어 채택되는 아이디어, 실행, 목적 등을 의미한다. •혁신은 교사 간 공동의 비전과 목표를 공유하고 창의적으로 생각하고 실천할 때 가능하다.
통합	•부분을 전체 학습기회에 결합하는 것과 관련된다. 예) 교과목과 도서관 교육과정의 통합은 교과목과 정보활용능력을 단일 학습 경험으로 통합할 수 있다. •통합교육과정은 연속적으로 이루어질 때 학생들의 연계능력을 향상한다. •교과를 통합함으로써 학생은 관련성과 연계성을 이해하기 위한 인식의 틀을 개발할 수 있다.

(출처: Montiel-Overall, 2005, 40-43의 내용을 정리함)

학교도서관활용교육을 위해 사서교사와 교과교사의 파트너십이 중요하다. 파트너십 형성을 위해서 사서교사는 교과교사가 수업을 위해 도서관을 방문하거나 시간을 예약할 때, 교직원 회의나 부서 회에서 만났을 때 그리고 직원 또는 부서 회의에서 교과교사와 대화할 수 있다. 그리고 커피를 마시거나 점심시간에 대화를 시도할 수 있다. 또한, 학생과 교사가 모두 참여하는 짧고 재미있는 도서관 활동을 개발할 수도 있다. 사서교사가 협동수업을 처음 시작하는 경우, 협동수업에 대한 의지가 있는 교사, 자신의 교수법과 강점, 영향력 등을 보완하려는 교사, 학교도서관을 적극적으로 이용하는 교사, 수업방법의 변화를 받아들일 수 있는 교사와 먼저 대화를 시작하는 것이 좋다. 그리고 교과교사가 협동수업에 관심을 가질 수 있도록 교수-학습을 지원하기 위한 도구와 아이디어를 제공할 수 있다. 아울러 새로운 자료, 공학기술 프로그램을 공유하고,

학생에게 이를 보여주거나 홍보하여 수업 방법 변화에 관심을 갖도록 할 수 있다. 또한, 교사의 관심 분야와 관련된 웹 자원과 도서자료를 확인하여 제공할 수 있으며, 교사의 학습 계획수립과 지도, 평가를 지원하는 것도 협동의 시작에 도움이 된다(National Library of New Zealand, 2025. 05. 03). 사서교사와 교과교사의 파트너십을 확인하기 위한 협동성 평가 점검표(예)는 〈표 8-15〉와 같다.

〈표 8-15〉 학교도서관활용교육의 협동성 평가를 위한 점검표

평가 문항	평가	
	그렇다	아니다
도서관활용수업 계획이 연중 활발하게 수립된다.		
학교장이 사서교사와 교과교사의 협동수업을 지원한다.		
교수-학습과정안에 수업 참여자의 활동과 책임이 포함되어 있다.		
사서교사와 교과교사가 수업 준비, 계획, 운영을 함께한다.		
사서교사와 교과교사가 수업 운영 과정을 함께 점검한다.		
사서교사와 교과교사가 성취도 평가를 함께 진행한다.		
사서교사와 교과교사가 지도 학생들을 함께 관리한다.		
사서교사와 교과교사가 학생들의 과제물을 함께 평가한다.		
사서교사와 교과교사가 걱정과 불만을 해결하는 방법을 갖고 있다.		
사서교사와 교과교사가 원하면 수업 계획을 수정할 수 있다.		
학교도서관의 자료를 교실수업 교재로 활용할 수 있다.		
학생들은 정보능력(information skills)을 배운다.		
학생들은 교과 내용은 물론 교과와 관련된 학습기술을 배운다.		
학생들은 개별 활동과 소집단 활동을 통해서 정보검색에 참여한다.		
사서교사와 교과교사가 서로를 협동수업 파트너로 존중한다.		
협동수업을 통해서 학업성취도 향상이 가능하다는 비전을 공유하고 있다.		

(출처: Smith, 2005, 71의 내용을 정리하여 도표화함)

2.5 설계

학교도서관활용교육은 다양한 자료(교수매체)를 활용한 학생의 자기주도 학습활동을 기반으로 운영된다. 따라서 가장 적합한 자료를 활용하여 교수-학습의 효과를 극대화할 수 있는 체계적인 교수 설계가 필요하다. 읽기와 쓰기를 통합한 창의적 글쓰기 프로그램에 수정 적용된 ADDIE 모형을 활용하면 좀 더 쉽게 도서관활용수업 절차를 마련할 수 있다. ADDIE 모형은 분석(A: Analysis)-설계(D: Design)-개발(D: Development)-실행(I: Implementation)-평가(E: Evaluation)와 같이 5단계로 구성되어 있다. 창의적 글쓰기 프로그램 모형(변우열, 송기호, 2014)에서는 도

서관 프로그램의 성격과 관계기관과의 연계 운영 그리고 교수설계모형에 대한 이해가 부족한 사서 등의 참여를 고려하여 '분석 단계'를 '준비 단계'로 수정하였다. 그리고 '설계 단계'와 '개발 단계'를 '설계 단계'로 통합하여 단순화하고, '실행'을 좀 더 친숙한 '운영'으로 수정하였다. 이를 학교도서관활용교육 절차에 적용하면 [그림 8-6]과 같이 '준비-설계-운영-평가'와 같이 4단계로 구성할 수 있다.

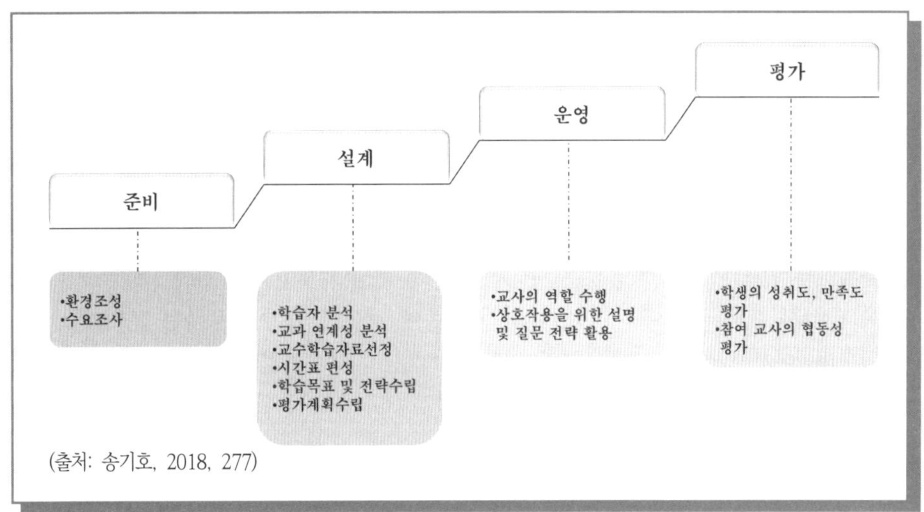

(출처: 송기호, 2018, 277)

[그림 8-6] 체계적 학교도서관활용교육 설계 절차

준비 단계에서는 학교도서관활용교육을 위한 환경을 조성하고, 수요조사를 실시한다. 물리적 환경 조성은 학교도서관의 시설, 설비, 자료 등을 교육과정 운영이 가능하도록 구축하는 것이다. 그리고 심리적인 환경 조성은 교육공동체 구성원이 학교도서관의 교육적 역할과 사서교사의 교수자, 교수 파트너로서의 위상을 이해하고 교육과정 운영에 적용하고자 하는 적극적인 태도를 갖도록 하는 것이다.

수요조사는 학교도서관활용교육 참여 교과를 선정하는 것이다. 이를 위해서는 사서교사와 교과교사가 상호작용을 통해서 신뢰를 구축하고, 학생이 교과 내용과 정보활용능력을 통합하여 배우는 방법을 협의해야 한다(Dickinson, 2006, 64).

설계 단계에서 교과교사와 사서교사는 학교도서관활용교육에 참여하는 학습자를 분석하고, 교과 학습주제와 정보활용교육(학교도서관 교육)의 연계성을 분석한다. 그리고 교수-학습자료를 선정하고, 적절한 시간표를 편성한다. 또한, 학습목표와 수업에 투입하는 자료의 활용능력(information skills) 적용에 필요한 수업전략을 설계하고 학습 활동지 형태로 구체화한다.

운영 단계에서 사서교사와 교과교사는 교수자 역할을 수행한다. 학습자 중심의 수업 운영에서 중요한 것은 상호작용을 위한 설명 및 질문 전략을 활용하는 것이다. 또한, 수업 과정에서 교사는 개입을 최소화하고 학생의 자기 주도적인 활동을 충분히 보장해 주는 후견인 역할을 한다.

즉 학생의 과제해결을 직접 도와주어서는 안 된다. 대신에 어려운 단어를 설명해 주거나 내용을 이해하는 데 도움이 되는 삽화를 가르쳐주거나 정보탐색 방법에 대한 시범을 보여주고 학습지 작성 요령을 설명하는 역할을 하여야 한다. 끝으로 평가 단계는 학교도서관활용교육에 참여한 학생의 만족도 및 성취도를 평가하고, 참여 교사의 협동성을 평가한다.

2.6 운영

2.6.1 학습자 중심 수업 운영

첫째, 창의적인 수업을 운영한다.

학교도서관활용교육은 학생의 학습 유형에 적합한 다양한 학습자료를 자기 주도적으로 활용한다. 따라서 교육계획수립의 융통성, 수업 공간 구성의 융통성, 자유로운 매체 개발 및 활용, 교내외 자유로운 인력 활용이 허용되는 창의적인 수업 운영이 필요하다. 또한, 창의적인 수업풍토 조성을 위해서 교사는 학생의 지적, 창의적 반응에 대해서 항상 수용하는 분위기를 조성할 필요가 있으며, 현재 성취도가 높은 학생이건 낮은 학생이건 상관없이 누구나 학습활동에 적극적으로 참여하도록 허용해야 한다. 창의적인 수업풍토 조성을 위한 또 하나의 방안은 교사가 관련 자료의 수집과 분석에 적극적이어야 한다는 것이다.

둘째, 자율적 학습 분위기를 조성한다.

자율적인 학습 분위기 조성이란 학습을 촉진하는 지도여야 한다는 것이다. 학습은 교사가 아닌 학생이 하는 것이며 교사는 단순한 지식의 전수자가 아니라 학생의 학습이 자율적으로 이루어지도록 도움을 주는 존재이어야 한다. 기초적인 개념, 기능, 태도를 알도록 하는 학습 내용에서는 교사의 주도권이 많을 수 있다. 그러나 이들 개념, 기능, 태도를 응용하는 능력을 키우는 이른바 '하도록 하는 학습'이나 '되도록 하는 학습' 수준에서는 학생의 자율적 학습 자세가 중요한 학습조건이 된다.

셋째, 학생 상호 간 협동을 조장한다.

학교도서관 교육은 학생 개인의 생각과 감정을 자유롭게 발표하도록 함과 동시에 다른 학생도 동등한 기회를 보장받아야 한다는 의식을 갖도록 수업 분위기를 조성해야 한다.

넷째, 과정을 중시한다.

학생이 학습활동에 동참하고 활동하는 학습 과정이 학생 자신의 자연스러운 삶의 한 부분이 될 수 있도록 표현과 탐구과정이 강조되어야 한다. 그리고 활동과 경험을 중시함으로써 학생이 학습의 주체로서 자발적으로 참여하도록 한다.

2.6.2 탐구학습

구성주의 학습이론에 기반을 둔 탐구학습(Inquiry Learning)은 학생이 주제, 아이디어, 문제 또는 이슈에 대한 조사를 통해서 스스로 학습하고 의미를 구성하는 것이다. Harada와 Yoshina (2004)는 탐구를 '진실이나 정보, 지식을 추구하는 것 또는 궁금한 정보를 찾아보는 것'이라고 보았다. 즉 탐구란 단순히 정해진 답을 찾아내는 것이 아니라 오히려 질문이나 문제에 대한 적절한 해결 방안을 스스로 추구하는 활동이다.

탐구학습에서 사서교사는 교과교사와 함께 탐구에 제공할 다양한 자료와 탐구 절차 및 정보능력(information skills)을 개발한다. 특히, 맞춤형 학습 경험 제공을 위해 가정 및 지역사회와 연결망을 구축하고, 학생의 호기심과 사고 및 창의성을 자극하는 안전하고 자유로운 학교도서관 공간을 조성한다. 그리고 탐구 과정에서 사서교사와 교과교사가 모범을 보이거나 지도하는 탐구능력은 '질문하기, 정보리터러시, 정보 조직 및 큐레이션 그리고 자료의 윤리적 사용' 등이다.

〈표 8-16〉 교사가 지도하는 탐구능력

① 질문하기(questioning)
학생이 알고 싶어 하는 것을 명확히 하는 데 도움이 되는 풍부하거나 필수적인 질문
② 정보 리터러시와 비판적 리터러시(information literacy and critical literacy)
정보를 찾아 선택(평가), 분석, 종합하는 전략과 도구
③ 정보 조직 및 큐레이션(organising and curating information)
수집한 정보에 대한 통찰력을 공유하여 가치를 더하는 방법
④ 자료의 윤리적 사용(ethical use of others' work)
- 저작권 및 표절
- CCL(Creative Commons License)
- 출처 밝히기(attribution)
- 참고문헌 작성(referencing)

(출처: National Library of New Zealand (2025. 05. 01.). Teachers using the library Available: https://natlib.govt.nz/schools/reading-engagement/teachers-as-readers/teachers-using-the-library)

IFLA(2015)의 『학교도서관 가이드라인』에서도 탐구기반학습(Inquiry-based Learning: IBL)을 사서교사의 중요한 역할로 규정하고 탐구 절차 및 탐구능력을 다음과 같이 설명하고 있다.

〈표 8-17〉 탐구기반학습 모형(IFLA)

절차	탐구능력
계획	• 탐구 질문하기 • 적절한 정보원에 대한 이해 • 정보 탐색 전략 수립 • 탐구 시간 설계

절차	탐구능력
정보 접근 및 수집	• 장서 조직 및 배가 이해 • 색인, 참고정보원, 인터넷, D/B 등 다양한 정보원의 정보 탐색 전략 • 설문, 면담, 실험, 관찰 등을 통한 정보수집
정보 선택 및 조직	• 탐구 과제해결에 필요한 정보의 평가 및 비판적 선별 • 저자의 권위, 출판년, 정보의 완전성, 최신성, 관점 등을 활용한 정보의 윤리적 선택
정보처리를 통한 개인적 지식 형성	• 다양한 정보원에서 수집한 정보의 통합 • 추론하기 • 결론 도출하기 • 선행 및 관련 지식과 탐구과제의 연계
표현과 공유	• 탐구 목적과 기준을 반영한 탐구 결과물 생산 • 발표기술 • 청중에 대한 이해
평가	• 탐구 결과의 탐구 계획 및 목적 충족 여부 평가 • 탐구학습의 강점과 약점 분석 • 개선 방안 및 향후 탐구학습에 주는 시사점 도출

탐구는 교사가 학생에게 직접 주제를 제시하지 않고, 자신의 호기심, 발견 및 협업을 통해 학습한다. 학교도서관을 활용한 탐구학습에 참여하는 학생의 탐구 활동은 구체적으로 다음과 같다.

〈표 8-18〉 탐구활동 내용

- 생각을 자극하는 질문을 한다.
- 넓고 깊이 있는 조사를 한다.
- 정보를 이해하여 새로운 지식을 구축한다.
- 해결책을 개발하거나 의견을 공식화한다.
- 새롭게 알게 된 것(이해)을 발표하고, 다른 사람과 공유한다.
- 어떤 형태의 행동을 취하도록 하는 귀중한 학습 경험을 갖는다.
- 학습한 내용과 학습 방식을 성찰한다.

(출처: National Library of New Zealand (2025. 05. 01.). Teachers using the library Available: https://natlib.govt.nz/schools/reading-engagement/teachers-as-readers/teachers-using-the-library)

이러한 탐구활동을 통해 학생은 초인지(학습 방법의 학습), 정보활용능력, 자기주도학습, 고차원적 사고 그리고 사회적 기술을 적용하고 배울 수 있다.

〈표 8-19〉 탐구학습 효과

① 초인지(Metacognition) - 학습 방법의 학습
초인지 과정은 탐구학습의 중요한 부분이 될 수 있다. 학생의 사고능력을 개발하고 학습 방법을 이해하기 위한 전략이 포함될 수 있다. 탐구학습에는 학습 과정과 습득한 새로운 지식을 반성하는 것이 포함된다. 이는 때때로 추가 질문과 새로운 탐구로 이어진다.

② 정보능력(Information skills)
탐구학습은 학생이 정보 읽기, 찾기, 평가, 사용, 생성 및 공유와 같은 정보능력을 개발하는 데 도움이 된다.

③ 학습자 주도 학습(Learner agency and engagement)
학생이 자연스러운 호기심을 탐구에 반영하고 스스로 학습에 대한 결정을 내릴 수 있을 때, 더욱 수업에 참여하고, 동기를 부여받고, 자신감을 가질 수 있다. 또한 더 깊은 이해를 얻을 수도 있다.

④ 고차원적 사고(Higher-order thinking)
탐구학습은 학생이 다음과 같은 사고능력을 개발하는 데 도움이 된다.

- 의미 있는 질문하기
- 비판적으로 생각하기(정보 분석 및 평가 포함)
- 의견이나 이론 형성하기
- 문제 해결하기

⑤ 사회적 기술(Social skills)
탐구학습은 학생이 다른 학생, 교사 및 더 넓은 커뮤니티와 협력하고 협동적으로 일하도록 장려한다. 학생은 탐구 결과에 대해 효과적으로 소통하는 능력을 개발한다. 여기에는 새로운 지식이나 이해의 결과를 바탕으로 어떤 조처를 하는 것(학습 전이)이 포함될 수 있다.

(출처: National Library of New Zealand (2025. 05. 01.). Teachers using the library Available:https://natlib.govt.nz/schools/reading-engagement/teachers-as-readers/teachers-using-the-library)

탐구학습은 순차적인 절차를 따를 수도 있고, 새로운 관심 영역이 등장함에 따라 순환적으로 진행될 수 있다. National Library of New Zealand(2025. 05. 01.)는 사서교사와 교과교사의 협동수업을 지원하는 탐구학습모형(Models and Approaches for Inquiry Learning)을 제시했다. 이 모형의 특징은 교사가 각 탐구과정에서 학생의 감정 변화를 인식하도록 설계되었다는 점이다.

〈표 8-20〉 탐구학습 모형(National Library of New Zealand)

① 시작(개방): 탐구에 대한 초대 - 관심
② 몰입: 배경지식 구축 - 호기심
③ 탐구: 학생들의 관심을 끄는 아이디어 탐구 - 불확실성
④ 식별: 탐구 질문을 식별하고 탐구 방향을 결정 - 낙관
⑤ 수집: 광범위한 출처에서 정보를 찾아 광범위하고 깊이 있게 생각 - 혼란, 좌절, 의심
⑥ 생성: 정보를 반영하고, 의미를 만들고, 의사소통을 생성 - 명확성, 방향 감각, 자신감
⑦ 공유: 학습 내용을 제시하고 다른 사람에게서 배우기 - 만족 또는 실망

⑧ 평가: 학습한 내용과 학습 목표가 달성되었는지 평가하고 내용과 과정을 반영 - 반성
(출처: National Library of New Zealand (2025. 05. 01.). Teachers using the library
Available: https://natlib.govt.nz/schools/reading-engagement/teachers-as-readers/teachers-using-the-library)

2.6.3 도전기반학습

학교도서관의 통합적 성격과 학교도서관이 학생의 체험에 필요한 다양한 자료와 창작공간과 같은 학습공간을 제공한다는 점을 고려하면, 학교도서관 교육에 체험 중심의 도전기반학습(Challenge-based Learning)을 활용할 수 있다. 도전기반학습은 학생이 협력해서 스스로 도전과제(문제)를 만들고, 콘텐츠의 생산자, 창작자가 되는 것을 목표로 한다. 따라서 학생의 수업에 대한 주인의식과 참여도를 높일 수 있고 동기부여를 쉽게 할 수 있다. 또한, 자기 삶에 영향을 끼치는 사회문제의 해결책 마련 경험을 통해서 새로운 가치관을 형성할 수 있다. 도전기반학습에서 학생은 지속적으로 왜라는 질문을 많이 받으며, 수행하는 활동에 대해서 비판적으로 생각한다. 그리고 도전과제 수행 과정을 기록하여 교사는 물론 학부모에게 학습 내용을 설명하고 의견을 나눌 수 있다. 도전기반학습은 다음과 같이 3단계로 진행된다.

〈표 8-21〉 도전기반학습 3단계

【1 단계】 하나 이상의 교과목과 관련된 도전과제를 선정하고, 개괄적인 해결 계획을 수립한다.
- 빈곤, 노숙, 기후변화 등
- 계획수립: 학급 전체가 문제를 해결하는 방법 제시

【2 단계】 도전과제를 핵심 질문으로 나누어 자신의 문제로 인식하고 조사한다.
- 이 일을 어떻게 할 수 있을까?
- 장애물은 무엇이고 어떻게 극복할 수 있을까?
- 이 모두는 실제로 얼마나 효과가 있을까?
- 도전과제 해결을 위한 조사실시(현장학습, 인터뷰, 자료활용 등)

【3 단계】 조사 결과를 실행에 옮긴다.
- 시제품, 테스트, 개선 과정을 통해서 증거에 기반한 해결책 제안
- 해결책이 학교, 지역사회, 온라인을 통해 세계 다른 곳에서 시행
- 다양한 상호작용 기술 활용(음성과 동영상 기록, 블로그, 소셜 미디어, 전자출판, 크라우드소싱 등)

(출처: Couch and Towne, 2020, 158-161)

2.6.4 현상기반학습

학생이 일상생활에서 접하는 현상에서 학습주제를 선정하고 과목의 구분 없이 프로젝트 형태로 운영하는 현상기반학습(Phenomenon-based Learning)도 학교도서관 교육에 활용할 수 있

다(류선정, 2017; Lonka, 2020). 예를 들어, 〈학교급식〉을 주제로 화학, 수학, 종교, 가정, 사회 교과가 아래와 같이 교과별 학습주제를 결합하는 형태로 수업을 운영할 수 있다.

- 화학: 음식의 신선함은 어떻게 유지될까?
- 수학: 식자재의 가격, 급식 가격은 어떻게 형성될까?
- 종교: 특정 음식이 제한되는 종교를 가진 학생에 대한 학교급식의 식단은?
- 가정: 학교급식의 균형 잡힌 한 끼 구성은?
- 사회: 우리나라의 무상교육, 무상급식 제도의 역사와 특징은?

현상기반학습에서는 학습주제가 학생의 생활과 관련성을 갖기 때문에 자발적 참여를 끌어낼 수 있으며, 배움과 삶을 연계할 수 있다. 또한, 다양한 학습주제를 선정할 수 있으며, 같은 주제라도 다양한 과목과 연계해서 학습할 수 있다.

2.7 평가

학교도서관활용교육 평가는 수업에 참여한 학생 평가와 협동수업을 설계하고 운영한 사서교사와 교과교사 간 평가로 이루어진다. 학생 평가는 탐구능력 평가와 수업 만족도 평가로 나뉜다. 그리고 탐구능력은 우선, 학업성취도 측정보다는 자기평가나 상호평가를 통해 문제해결 과정에서 탐구 기술을 과제 해결에 적절하게 적용하였는지를 평가한다. 그리고 과제 해결 결과를 잘 이해하고 있는지, 적절한 근거와 의견을 제시하고 있는지에 대한 평가를 한다. 〈표 8-22〉와 같은 자기 평가표를 활용하여 탐구 과정을 평가할 수 있다.

〈표 8-22〉 탐구 과정 자기 평가표(예)

탐구 과정	자기평가 기준	평가 척도		
		아니다	그렇다	매우 그렇다
과제 분석	• 해결해야 할 탐구 과제의 핵심을 파악할 수 있다.			
	• 탐구 과제를 브레인스토밍이나 개념도로 만들 수 있다.			
정보 접근	• 과제 해결에 적합한 다양한 정보원을 알고 있다.			
	• 과제 해결에 필요한 정보를 여러 가지 검색기법을 동원하여 검색할 수 있다.			
정보 분석	• 사실과 의견을 구분하여 과제 해결에 적절한 정보를 선택할 수 있다.			
	• 정확성, 적절성, 포괄성을 고려해 정보를 선택할 수 있다.			
정보 종합	• 다양한 정보원으로부터 얻은 정보를 이미 알고 있는 사실이나 정보와 정보 연계지어 결론을 내릴 수 있다.			

탐구 과정	자기평가 기준	평가 척도		
		아니다	그렇다	매우 그렇다
	• 정보를 효율적으로 처리, 조직화하고, 필요한 경우 핵심 정보를 요약할 수 있다.			
정보 표현	• 다른 사람이 이해하기 쉬운 방법으로 탐구 결과를 표현할 수 있다.			
	• 다른 사람의 질문에 대해 근거를 대서 답변할 수 있다.			
평가	• 원래 계획대로 과제를 정확히 해결하였다.			
	• 과제 해결 과정이 효율적으로 이루어졌다.			

(출처: 송기호, 2025, 3541)

협동수업에 참여한 학생의 수업에 대한 만족도는 학습주제, 수업 활동에 대한 흥미, 자료와 도서관 환경에 대한 만족도, 과제 해결 절차의 적절성과 독서와 도서관에 대한 태도 변화 등을 통해서 확인할 수 있다. 학생의 협동수업 만족도를 알아보기 위한 평가지(예)는 다음 〈표 8-23〉과 같다.

〈표 8-23〉 학생용 학교도서관활용수업 만족도 평가지(예)

(　)학년 (　)반 (　)번
이름 (　　　　　　)

질문	전혀 그렇지 않다(1)	그렇지 않다(2)	보통이다(3)	그렇다(4)	매우 그렇다(5)
① 학습주제가 흥미로웠다.					
② 수업 활동이 재미있었다.					
③ 이용한 자료가 과제 해결에 도움을 주었다.					
④ 과제 해결 절차는 따라 하기 쉬웠다.					
⑤ 학습지는 과제 해결에 도움을 주었다.					
⑥ 선생님은 나를 공평하게 대해주셨다.					
⑦ 학교도서관 환경이 만족스러웠다.					
⑧ 스스로 학습과제를 해결하는 데 자신감을 느끼게 되었다.					
⑨ 독서의 중요성을 깨달았다.					
⑩ 학교도서관 이용이 증가했다.					
■ 학교도서관활용수업 참여 소감					
■ 학교도서관활용수업에 대한 건의 사항					

(출처: 송기호, 2018, 311)

협동수업의 지속성을 유지하고 발전시키기 위해서는 수업에 참여한 교사가 참여하는 철저한 사후 평가가 이루어져야 한다. 사후 평가는 교육과정 통합 운영에 참여한 사서교사와 교과교사가 상호 간의 수업 준비와 운영 그리고 평가 과정에서 발생한 문제점과 긍정적인 측면을 분석하고, 발전 방안을 마련하는 활동이다. 평가 활동에 〈표 8-24〉와 같은 교육과정 평가표를 활용하면, 다른 교과교사와의 협동수업에서 예상되는 시행착오뿐만 아니라, 동일 교과교사와의 차기 협동수업 준비에 걸리는 시간과 노력을 줄일 수 있다. 그리고 평가 결과를 통합 교육과정 개발과 운영 과정에 환류하면, 보다 발전적이고 교과 연계성이 뛰어난 통합 교육과정 개발에 도움이 된다. 무엇보다도 성공적인 협동수업에 대한 경험을 다른 교과와 공유함으로써 사서교사와 교과교사의 동반자 관계 형성 방법을 제시할 수 있다.

〈표 8-24〉 통합 교육과정(협동수업) 평가표(예)

<table>
<tr><th colspan="7">【통합 교육과정(협동수업) 평가표】</th></tr>
<tr><td>참여 교과</td><td></td><td>수업일시</td><td colspan="2"></td><td>참여 교사</td><td></td></tr>
<tr><td>탐구 주제</td><td></td><td>학습 모형</td><td colspan="2"></td><td>평가일시</td><td></td></tr>
<tr><th rowspan="2">단계</th><th rowspan="2">평가 항목</th><th colspan="4">평가 척도</th><th rowspan="2">개선 방안</th></tr>
<tr><th>아니다</th><th>보통이다</th><th>그렇다</th><th>매우 그렇다</th></tr>
<tr><td rowspan="7">수업 준비</td><td>• 통합 교육과정 운영에 대한 홍보가 적절하다.</td><td></td><td></td><td></td><td></td><td></td></tr>
<tr><td>• 도서관 시설이 탐구학습 운영에 적절하다.</td><td></td><td></td><td></td><td></td><td></td></tr>
<tr><td>• 통합 교육과정의 내용 및 시간 편성에 만족한다.</td><td></td><td></td><td></td><td></td><td></td></tr>
<tr><td>• 교과 연계 학습주제(탐구 주제)의 범위는 학생의 수준에 적절하다.</td><td></td><td></td><td></td><td></td><td></td></tr>
<tr><td>• 학습목표는 적절하고, 학생들에게 정확하게 전달되었다.</td><td></td><td></td><td></td><td></td><td></td></tr>
<tr><td>• 학습 모형이 탐구 과제 해결에 적절하다.</td><td></td><td></td><td></td><td></td><td></td></tr>
<tr><td>• 개발한 학습지는 학생들의 탐구 활동에 도움이 되었다.</td><td></td><td></td><td></td><td></td><td></td></tr>
<tr><td rowspan="2">수업 운영</td><td>• 수업 중 학생들의 수업 참여도에 만족한다.</td><td></td><td></td><td></td><td></td><td></td></tr>
<tr><td>• 수업 중에 교사 간에 역할 분담이 잘 이루어졌다.</td><td></td><td></td><td></td><td></td><td></td></tr>
<tr><td>수업 평가</td><td>• 학생의 탐구 결과 및 과정에 대한 평가는 계획대로 이루어졌다.</td><td></td><td></td><td></td><td></td><td></td></tr>
<tr><td rowspan="3">통합 교육 과정 운영 평가</td><td>• 학생의 교과 내용에 대한 이해가 늘어났다.</td><td></td><td></td><td></td><td></td><td></td></tr>
<tr><td>• 학생의 문제해결능력이 향상되었다.</td><td></td><td></td><td></td><td></td><td></td></tr>
<tr><td>• 도서관 자료가 탐구 과제 해결에 충분하고, 최신성을 갖추고 있다.</td><td></td><td></td><td></td><td></td><td></td></tr>
<tr><td colspan="2">총 평</td><td colspan="5"></td></tr>
</table>

(출처: 송기호, 2020, 269의 내용 일부를 수정함)

학교도서관 운영의 실제

09

학교도서관과 지역사회 연계

1. 학교도서관과 지역사회 연계 필요성
2. 지역사회 개방 전략 및 지표
3. 학교도서관과 지역사회 협력 영역
4. 학교도서관과 공공도서관 협력

09 학교도서관과 지역사회 연계

1. 학교도서관과 지역사회 연계 필요성

1.1 학교도서관 프로그램과 파트너십

성공적인 학교도서관 프로그램은 교내 자원뿐만 아니라 교외 자원과의 연계와 협력이 필요하다. 학교도서관 프로그램과 관련된 파트너십은 프로그램 개발과 운영에 관련된 관계기관 및 인력 간의 관계로 구분할 수 있다. 우선, 학교도서관과 파트너십을 형성하는 교외 조직에는 공공도서관, 대학도서관, 언론·전자매체, 상공인, 주변 학교, 그리고 비영리조직 등이 있다. 사서교사와 파트너십을 형성하는 인력에는 연수나 교육프로그램에 참여하는 전문가와 다른 학교 교사, 학부모, 도서관 운영을 돕는 학생, 그리고 자원봉사자, 사서 등이 있다(Maxwell, 1999). 한편, 학교도서관 파트너십을 프로그램 개발과 운영에 참여하는 주체인 인력 간의 상호작용에 따라서 구분하면, 인력이 속한 학습공동체의 범위에 따라서 크게 교내 파트너십과 교외 파트너십으로 나눌 수 있다. 교내 파트너십을 형성하는 인력은 학교장, 동료 교사, 학생이며 교외 파트너십은 학부모, 지역주민, 그리고 외부 전문가 등이다. 그리고 외부 전문가에는 공공도서관과 대학도서관의 사서, 관내 학교 교사, 교육청 등의 장학사 및 지역 언론인 등이 포함된다.

〈표 9-1〉 학교도서관 프로그램 관련 파트너십의 범위와 대상

유형	범위	대상(파트너)
교내 파트너십	교내 학습공동체	학교장
		교사
		학생
교외 파트너십	교외 학습공동체	가족(학무모, 조부모, 보호자, 형제자매 등)
		공공도서관(사서)
		대학도서관(사서)
		관내 다른 학교(교사, 사서교사)
		교육청 및 관계기관(장학사)
		시민단체
		언론인
		서점상
		상공인
		박물관 미술관 등 외부 자원

(출처: 송기호, 2009b, 369의 내용 일부를 수정함)

1.2 학교도서관과 지역사회 연계 필요성

OECD(2001)의 『학교도서관 정책 보고서』(School Library & Resources Center)를 보면, 학교도서관을 새로운 지식 창출을 위한 학습공동체이자 지역사회를 위한 공동의 자산으로 설명하고 있다. IFLA(2025)의 『학교도서관 선언』에 따르면, 학교도서관은 『IFLA-UNESCO 공공도서관 선언』(IFLA-UNESCO Public Library Manifesto, 2022)에 따라 공공도서관, 고등 교육도서관 및 더 광범위한 정보네트워크에 연결되며, 학교도서관 프로그램은 지역, 국가 및 국제 도서관 및 정보네트워크에서 필수적인 파트너이다.

> IFLA-UNESCO Public Library Manifesto
>
> Funding, legislation and networks
>
> "The public library network must be designed in relation to national, regional, research and special libraries as well as libraries in schools, colleges and universities."
>
> ("공공도서관 네트워크는 학교, 대학, 전문대학 도서관뿐만 아니라 국가, 지역, 연구 및 특수 도서관과 연계하여 설계되어야 한다.")

『학교도서관진흥법』(법률 제15847호)과 『평생교육법』(법률 제19588호)에서도 학교도서관의 역할을 학교 교육과정 운영 지원에 한정하지 않고, 지역사회 주민의 평생학습으로까지 확장하여 명시하고 있다.

> **『학교도서관진흥법』(법률 제15847호)**
>
> 제6조(학교도서관의 업무) ① 학교도서관은 『도서관법』 제40조 제2항에 따른 업무를 수행한다.
>
> **② 학교도서관은 제1항에 따른 업무 수행에 지장이 없는 범위 안에서 지역사회를 위하여 개방할 수 있다.**
>
> **③ 학교도서관은 학교와 지역사회의 실정에 맞게 학부모·노인·장애인, 그 밖의 지역주민을 위한 프로그램을 개발·보급할 수 있다.**
>
> ④ 학교의 장은 제1항부터 제3항까지의 규정에 따른 업무를 수행함에 있어서 『초·중등교육법』 제31조에 따른 학교운영위원회(이하 "학교운영위원회"라 한다)와 협의하여야 한다.

> **『평생교육법』(법률 제19588호)**
>
> 제29조 (학교의 평생교육) ① 『초·중등교육법』및 『고등교육법』에 따른 각급 학교의 장은 평생교육을 실시함에 있어서 평생교육의 이념에 따라 교육과정과 방법을 수요자 관점으로 개발·시행하도록 하며, 학교를 중심으로 공동체 및 지역문화 개발에 노력하여야 한다.
>
> ② 각급 학교의 장은 해당 학교의 교육 여건을 고려하여 학생·학부모와 지역주민의 요구에 부합하는 평생교육을 직접 실시하거나 지방자치단체 또는 민간에 위탁하여 실시할 수 있다. 다만, 영리를 목적으로 하는 법인 및 단체는 제외한다.
>
> **③ 제2항에 따른 학교의 평생교육을 실시하기 위하여 각급 학교의 교실·도서관·체육관, 그 밖의 시설을 활용하여야 한다.**
>
> ④ 제2항 및 제3항에 따라 학교의 장이 학교를 개방할 경우 개방 시간 동안의 해당 시설의 관리·운영에 필요한 사항은 해당 지방자치단체의 조례로 정한다.

『서울특별시교육청 평생교육 활성화 조례』(서울특별시조례 제8686호)

제16조(학교의 평생교육) ① **법 제29조에 따라 학교의 장은 교육과정 운영에 지장이 없는 범위에서 학교의 평생교육 활성화를 위해 노력하여야 한다.**

② 학교의 평생교육을 직접 실시하는 학교의 장 또는 평생교육을 위탁받아 실시하는 자는 이용자가 생명·신체상의 손해를 입었을 경우 배상 받을 수 있도록 제15조 제1항의 기준에 따라 보험이나 공제사업에 가입하여야 한다.

③ 학교의 장이 민간에 위탁하여 평생교육을 실시할 경우 학교시설의 관리 및 운영, 사용료 징수 등은 「서울특별시립 학교 시설의 개방 및 이용에 관한 조례」에 따른다.

④ 교육감 또는 교육장은 학교의 평생교육 활성화를 위하여 지원하여야 한다.

『한국도서관 기준』(한국도서관협회 도서관기준작성특별위원회 2013, 146)에서는 학교도서관의 주요 목적 가운데 하나로 '교직원과 학생의 이용에 지장이 없는 범위 내에서 지역주민에게 시설과 자료를 개방함으로써 지역문화 발전에 이바지한다.'고 명시하고 있다.

이를 통해 알 수 있는 것은 학교도서관은 지역사회 자산이며, 정보네트워크의 필수 파트너라는 것이다. 따라서 공동체 구성원에게 공정한 접근성을 제공하여 문화 발전 및 평생교육에 이바지하는 것이 학교도서관의 핵심 가치 중 하나이다. 자기주도학습과 학습자 맞춤형 교육을 지향하는 학교 교육 측면에서 보면, 학교도서관의 지역사회 연계는 자원기반학습에 필요한 학습환경을 구축하는 것이다. 이를 통해 다양한 학습 경험을 제공함으로써 학습을 촉진하는 효과를 거둘 수 있다.

2. 지역사회 개방 전략 및 지표

2.1 지역사회 개방 전략

자원과 경영 활동 그리고 다양한 프로그램을 갖춘 학교도서관 미디어센터는 하나의 시스템으로서 존재 가치를 지닌다. 그리고 교실을 비롯한 다양한 교내 교수-학습자료 관련 시설과 휴게실 등 학교공동체 내부를 아우르는 수준으로 내적 확장이 일어난다. 그러나 학교도서관 미디어센터는 단위 학교 수준에서 감당하기 어려운 예산과 자료의 접근성 문제를 자료의 공유와 관계기관과의 연계를 통해 해결하기 위하여 지역교육청의 하위 시스템으로 편입된다. 그리고 가정과 학교, 지역 간에 정보 접근성과 유통성을 강화해 주는 정보통신기술을 이용하여 학교도서관의 서비스와 운영 수준을 더욱 강화할 수 있도록 지역교육청을 넘어서는 외적 확장이 이루어진다.

그러나 학교도서관의 지역사회 개방은 주민의 이용률 저조, 담당 인력의 고충 증가, 학교도서관 인력 체계의 왜곡 그리고 학교도서관 기능 확립 저해 등의 문제점을 초래할 수 있다. 이러한 문제점은 사서교사 미배치 등 학교도서관의 기본 여건이 부족(조건의 미성숙)하거나 기능의 확대가 아니라 단순한 시설 개방을 추진하는 경우(개념의 오류) 그리고 개방에 따른 운영 책임을 담당자의 몫으로만 돌리는 경우(인식의 오류), 교육과정에 지장을 초래하면서까지 외형적인 실적을 중시하는 경우(실적주의), 협력에 익숙하지 않은 조직 문화 등에서 비롯된다(김종성, 2010). 특히, 열악한 사서교사 배치율, 시설과 자료 및 예산 부족 등 학교도서관이 당면한 어려운 현실을 고려할 때 지역사회 개방 시 고려할 사항은 다음과 같다.

① 학교도서관에 대한 주민 접근성이 낮다. 따라서 지자체가 주도하는 새로운 도서관 신축이 필요하다.
② 주간 개방에 따른 학습환경 저해와 학생 지도상의 어려움이 있다. 따라서 방과 후나 야간 개방을 위한 리모델링이 필요하다.
③ 학교도서관의 자료는 교육과정 연계성을 중시하기 때문에 주민(성인)이 이용하기에는 양적, 질적으로 부족하다. 따라서 지역사회 개방 학교도서관에 대한 예산지원이 강화되어야 한다.
④ 학교도서관의 전문인력 부족으로 교내 서비스에 대한 전문성, 책임감이 부족하고, 관 종 간 협력 기반이 부실하다. 따라서 지역사회 개방 학교에 사서교사와 보조인력 배치를 먼저 해야 한다.
⑤ 예산 부족으로 자료제공, 보조인력 채용, 프로그램 운영에 한계가 있다. 따라서 보조인력 인건비를 받는 학교만 지역사회 개방을 해야 한다.

2.2 지역사회 개방 지표

학교도서관의 지역사회 서비스는 학교도서관의 교육적 역할을 도외시하고 학교도서관을 공공도서관의 분관으로 전락시킬 수 있다는 우려를 받아왔다. 이러한 우려는 교육정보서비스를 수행할 사서교사의 배치보다는 공공도서관을 학교도서관 지원센터로 지정하여 자원봉사자나 담당 교사 연수 등을 담당하도록 하고, 사서직 주무관이 학교도서관 업무를 담당하도록 함으로써 점차 공고 해지고 있다. 이것은 학교도서관의 교육적 가치를 외면하고 단순히 물리적 관리 대상으로만 여기는 인식이 팽배해 있음을 의미한다. 문제는 이러한 잘못된 인식과 인적 구조가 학교도서관의 지역사회 개방을 서비스의 확대보다는 시설의 개방으로 몰아가고 있다는 점이다(김종성, 2010, 22).

국제기준과 관련 법에 따라 지역사회 개방이 학교도서관의 중요한 업무 내용에 포함되어 있다고 하더라도 서비스에 필요한 운영 자원이 불충분하거나 교육과정 운영에 지장을 초래해서는 지속적이고 발전적인 개방이 불가능하다. 지역사회 개방에 앞서 학교도서관의 시설, 자료, 인력, 예산 등이 교외 서비스를 감당할 수 있는가를 자체적으로 평가하는 것이 중요하다. 학교도서관이 지역사회 개방을 결정하기 전에 자가 점검에 활용할 수 있는 운영 자원별 평가 지표는 다음과 같다(국립중앙도서관, 2011, 127-130).

〈표 9-2〉 지역사회 개방을 위한 학교도서관 운영 자원별 평가 지표

① (인력) 영역의 평가 주안점

학교도서관의 지역사회 개방은 학교도서관의 본질적인 역할인 교육과정 운영에 지장을 주지 않아야 한다. 특히 사서교사 배치를 통해서 교내 서비스가 안정적으로 이루어지고 있는 상태에서 그 성과의 확산 차원의 지역사회 개방이 적절하다. 따라서 시설 개방 여부를 평가하기 위해서는 사서교사가 배치되어 있으며, 보조인력 활용 방안이 마련되어 있는가? 를 먼저 확인하여야 한다. 그리고 학교장의 지역사회 개방에 따른 학교도서관 지원 의지가 확고한가? 사서교사와 교사는 지역사회 프로그램 참여에 긍정적이며 강사나 이용자로 참여할 의사가 있는가? 등을 확인한다.

평가 영역	평가 지표	평가		
		그렇다	개선 방안을 마련 중이다	해당사항이 없다
1. 인적 자원	1-1 학교도서관에 사서교사 등 지역사회 개방을 담당할 전문인력이 배치되어 있다.			
	1-2 학교도서관에 지역사회 개방 업무를 지원할 보조 인력이 배치되어 있다.			
	1-3 학교장은 지역사회 개방에 대한 의지와 학교도서관 지원 계획을 세우고 있다.			
	1-4 학교장이나 사서교사는 지역사회 개방과 공공도서관 연계를 위한 협의체에 참여하고 있다.			
	1-5 교사들은 학교도서관의 지역사회 개방과 연계 사업에 찬성한다.			
평가 결과		□ 개방가능	□ 보완책 마련 후 개방	□ 개방 불가

활용할 수 있는 인력

□ 사서교사 □ 보조인력
□ 사서직원 □ 비정규직 직원 □ 학부모 자원봉사자(명예사서) □ 기타 ( )

개선 방안 및 대책

2 (예산) 영역의 평가 주안점

예산은 지역사회 서비스의 지속성과 질을 결정하는 중요한 평가 요소이다. 특히 보조 직원의 인건비, 장서구매비, 프로그램 운영비 등을 안정적으로 조달할 방안이 마련되어 있는가? 를 평가한다.

평가 영역	평가 지표	평가		
		그렇다	개선 방안을 마련 중이다	해당사항이 없다
2. 예산	2-1 지역사회 개방에 필요한 보조 인력의 인건비를 확보하고 있다.			
	2-2 지역주민을 위한 자료 구매비를 확보하고 있다.			
	2-3 지역주민을 위한 프로그램 운영비를 확보하고 있다.			
	2-4 지역사회 개방에 따른 시설 설비 관리 및 유지비를 확보하고 있다.			
	2-5 지역주민이 사용하는 소모품비를 확보하고 있다.			
평가 결과		□ 개방가능	□ 보완책 마련 후 개방	□ 개방불가

활용할 수 있는 예산

자료 구매비	인건비	시설·설비 유지비	소모품비	프로그램 운영비
□학교운영비( )원 □교육청지원금( )원 □지자체지원금( )원 □학교발전기금( )원 □수익자부담금( )원 □기타 ( )원	□학교운영비 ( )원 □교육청지원금( )원 □지자체지원금( )원 □학교발전기금( )원 □수익자부담금( )원 □기타 ( )원	□학교운영비 ( )원 □교육청지원금( )원 □지자체지원금( )원 □학교발전기금( )원 □수익자부담금( )원 □기타 ( )원	□학교운영비( )원 □교육청지원금( )원 □지자체지원금( )원 □학교발전기금( )원 □수익자부담금( )원 □기타 ( )원	□학교운영비( )원 □교육청지원금( )원 □지자체지원금( )원 □학교발전기금( )원 □수익자부담금( )원 □기타 ( )원

개선 방안 및 대책

3 (시설) 영역의 평가 주안점

학교도서관 시설 개방은 기장 기본적인 지역사회 서비스이다. 지역개방에 지역주민의 학교도서관 방문이 교육과정 운영에 지장을 초래하지는 않는지, 접근성은 좋은지, 지역주민과 학생이 동일한 시간대에 서로 방해받지 않고 함께 이용할 수 있는 시설을 갖추고 있는지, 지역주민을 위한 독립 공간을 갖출 만한 형편이 되는지를 평가한다. 또한, 방과 후나 야간시간 등 개방시간을 한정하여 운영할 수 있는가를 평가한다.

평가 영역	평가 지표	평가		
		그렇다	개선 방안을 마련 중이다	해당사항이 없다
3. 시설	3-1 지역주민이 교육과정 운영에 지장을 주지 않으면서 이용할 수 있다.			
	3-2 방과 후나 야간시간 등 이용 시간을 조정하여 개방할 수 있다.			
	3-3 지역주민과 학생이 함께 방해받지 않고 이용할 수 있는 규모의 시설을 갖추고 있다.			
	3-4 지역주민이 접근하기에 불편함이 없다.			
	3-5 지역주민을 위한 독립 공간을 마련할 수 있다.			
평가 결과		□ 개방가능	□ 보완책 마련 후 개방	□ 개방불가

개방할 수 있는 공간

□ 대출·반납 공간 □ 문헌자료 공간 □ 영상자료 공간 □ 전자자료 공간
□ 대집단 학습공간(열람실) □ 종합관리공간 □ 기타 공간 및 시설 ( )

개선 방안 및 대책

4 (자료) 영역의 평가 주안점

자료는 시설과 함께 지역사회 서비스를 위한 가장 기본적인 운영 자원이다. 우선 단위 학교 학교도서관이 지역주민의 요구에 맞추어 제공할 수 있는 자료의 양적 질적 수준을 갖추고 있으며, 지속적으로 학교 장서개발정책에 주민의 요구를 반영할 수 있는가?를 평가한다. 다음으로 공공도서관이나 주변 학교도서관과의 공동 장서정책이 마련되어 있으며, 자료 상호대차를 위한 기반이 갖추어져 있는가를 평가한다. 또한, 지역주민에 대한 장서 열람 정책이나 규정이 마련되어 있는지도 평가한다.

평가 영역	평가 지표	평가		
		그렇다	개선 방안을 마련 중이다	해당사항이 없다
4. 자료	4-1 소장 자료의 수준이 지역주민의 요구를 충족할 만큼 다양하다.			
	4-2 지역주민의 요구를 학교 장서개발정책에 반영하고 있다.			
	4-3 소장자료가 지역주민과 함께 이용할 만큼 양적으로 충분하다.			
	4-4 지역주민의 자료열람 및 대출 정책을 마련하고 있다.			
	4-5 공공도서관 및 주변 학교와 상호대차가 가능하다.			
평가 결과		□ 개방가능	□ 보완책 마련 후 개방	□ 개방불가

제공할 수 있는 자료

□ 단행본 ( )권 □ 잡지 ( )종 □ 신문 ( )종
□ 스캐너 ( )대 □ CD ( )점 □ DVD ( )점
□ 비디오테이프 ( )점 □ 전자책 또는 소리책 ( ) 점

개선 방안 및 대책

5 (프로그램) 영역의 평가 주안점

기본적으로 프로그램은 지역주민의 요구와 수요를 고려하여 운영되어야 한다. 또한, 일회성 행사보다는 예측할 수 있고 지속적인 참여를 끌어낼 수 있는 프로그램 운영을 통해서 지역주민의 삶의 질 향상에 이바지하여야 한다. 이를 위해서는 시설과 자료, 인력 그리고 예산 등 학교도서관의 기본 운영 자원이 갖추어져야 한다. 학교의 재정 부담과 교육과정 운영에 차질을 주지 않고 제공할 수 있는 독서와 자녀교육 프로그램이 마련되어 있는지를 우선 평가한다. 그리고 추가 예산 부담을 통해서 여가생활, 정보소양, 자격증 취득과 관련한 프로그램을 제공할 수 있는가를 평가한다.

평가 영역	평가 지표	평가		
		그렇다	개선 방안을 마련 중이다	해당사항이 없다
5. 프로그램	5-1 지역주민을 위한 독서 프로그램을 설계하고 운영할 수 있다.			
	5-2 지역주민의 자녀 교육을 위한 프로그램을 운영할 수 있다			
	5-3 지역주민의 취미나 여가 활동을 위한 프로그램을 운영할 수 있다.			
	5-4 지역주의 정보소양 함양을 위한 프로그램을 운영할 수 있다.			
	5-5 지역주민의 자격증 취득을 위한 프로그램을 운영할 수 있다.			
평가 결과		□ 개방가능	□ 보완책 마련 후 개방	□ 개방불가

운영할 수 있는 프로그램

□독서 프로그램	□자녀교육프로그램	□취미나 여가 활동	□정보소양프로그램	□자격증 취득 프로그램
-	-	-	-	-
-	-	-	-	-

개선 방안 및 대책

6 (설비) 영역의 평가 주안점

설비는 학교도서관을 이용하는 지역주민이 학교에 대한 인상과 만족도에 영향을 끼치는 요소이다. 시설과 자료열람 시 지역주민에게 제공할 수 있는 책상과 의자, 컴퓨터 등 전자통신장비, 식수대나 화장실 등 편의시설 제공 여부를 평가한다. 그리고 복사기나 프린터기 용지, 토너 등 소모품의 조달 방법이 마련되어 있는가? 등도 점검한다.

평가 영역	평가 지표	평가		
		그렇다	개선 방안을 마련 중이다	해당사항이 없다
6. 설비	6-1 지역주민(성인)을 위한 열람용 책상과 의자 등 가구를 제공할 수 있다.			
	6-2 컴퓨터, 인터넷 등 전자통신 설비를 제공할 수 있다.			
	6-3 식수, 휴식용 소파 등 편의시설을 제공할 수 있다.			
	6-4 복사기, 프린터, 스캐너 등 사무용 기기를 제공할 수 있다.			
	6-5 복사지 등 소모품 조달 및 비용 부담 계획이 마련되어 있다.			

평가 결과			☐ 개방가능	☐ 보완책 마련 후 개방	☐ 개방불가
제공할 수 있는 설비					
☐ 인터넷 가능한 컴퓨터 (　　)대	☐ 복사기 (　　)대	☐ 프린터 (　　)대			
☐ 스캐너 (　)대	☐ 열람용 책상 (　　)조	☐ 열람용 의자 (　　)조			
☐ 빔프로젝터	☐ 음향시설	☐ 식수대(식수 가능 공간)			
☐ 소파 등 휴게 설비	☐ 도난방지설비	☐ 기타 설비 (　　　　)			
개선 방안 및 대책					

2.3 지역사회 서비스 절차 및 업무협약

2.3.1 지역사회 서비스 절차

학교도서관은 지역사회에 정보·문화 서비스를 제공하는 거점으로서 평생교육에 이바지함과 동시에 지역사회로부터 도움을 받아 학교도서관의 부족한 자원을 보완하여 운영의 효율성을 높일 수 있다. 시설과 자료 그리고 프로그램을 기반으로 학교도서관이 지역사회에 서비스를 제공하는 절차는 다음과 같다(안인자 외, 2003).

① 계획 세우기
- 서비스 대상자에게 가정통신문을 발송하거나 홈페이지에 탑재하여 희망하는 서비스, 시기, 방법, 내용 등에 관한 정보를 수집한다.
- 서비스 대상자의 요구사항을 분석하고, 실현 가능성을 검토한다.
- 학사 운영을 고려하여 가능한 프로그램, 봉사 시기, 장소를 결정한다.
- 지역사회 서비스를 위한 종합계획서를 작성한다.
- 학교운영위원회(도서관운영위원회)에서 심의 확정한다.
- 필요한 교재를 만들고, 강사를 섭외한다.

② 시설 개방
- 인쇄물 혹은 홈페이지에 탑재하여 홍보한다.
- 학부모 및 지역사회 주민의 기본 사항을 입력한다.
- 이용자 카드를 발급한다.
- 학교도서관 자료 및 시설에 관한 이용 교육을 한다.
- 학교도서관 시설의 이상 여부를 점검한다.
- 실시 후 반응을 조사하여 차기에 반영한다.

③ 문화 및 교육 프로그램
- 문화 프로그램을 위한 대상자를 선정한다.
- 서비스 대상자의 의견을 수집한다.
- 프로그램 기간, 장소를 결정한다.
- 프로그램 일정과 계획을 지역사회에 공고한다.
- 프로그램 작품을 섭외한다.
- 프로그램 장소와 시설을 점검한다.
- 프로그램 후 반응을 조사한 후 차기에 반영한다.

2.3.2 업무협약

학교도서관이 대학이나 공공도서관과 같이 다른 기관과 협력할 때는 상호업무협약을 체결하는 것이 바람직하다. 업무협약 체결은 어떤 목적으로 누구와 언제, 어떤 내용을 어떻게 협력할 것인가? 에 대한 답을 찾는 활동이 선행되어야 한다. 그리고 질문에 대한 답들을 적법한 절차를 거쳐 협력에 참여하는 각 도서관의 업무 내용과 운영 지침에 포함해야 지속적이고 발전적인 프로그램 개발이 가능하다. 업무협약 체결을 위해서는 우선 실무자 협의를 통해서 서로의 요구 조건을 확인하고 실현할 수 있는 협력 방안이 무엇인지 도출하는 작업이 필요하다. 실무협의가 진행되는 동안 기관별로는 구체적인 협력 내용과 기간 그리고 방법 등을 분석하고 협력에 따른 인적, 물적 자원과 소요 예산 등을 산출하며, 협력의 우선순위와 예상되는 장단점 등을 분석한다. 실무협상이 마무리되면 (학교)도서관운영위원회나 학교운영위원회 그리고 필요한 경우 상급 기관의 동의 절차를 받아 기관장이 만나서 업무협약을 체결하면 된다. 업무협약 체결 과정과 내용을 정리하면 다음과 같다.

〈표 9-3〉 관 종 간 업무협약 체결 과정과 내용

과정	내용	비고
자관의 특징 분석	○ 물리적 자원 ○ 인력 ○ 학생/주민을 위한 독서 및 교육봉사의 실태 및 발전 방안	
업무협약 제안	○ 자관의 특징과 서비스 확대에 대한 인식 ○ 업무협약 체결에 대한 제안	
실무협의	○ 요구사항 확인 ○ 자관의 특징을 고려한 상호협력 내용 도출 ○ 프로그램별 또는 연도별 업무협약 내용 설계	• 양 기관 방문
업무협약	○ 업무협약 목적 ○ 업무협약 내용 및 방법 • 독서환경 구축 프로그램	• 전자책 공동이용 • 홈페이지 연계 • 대출증 공유

과정	내용	비고
	: 자료관리, 자료선정, 자료 공유, 도서관 이용 안내 • 독서흥미 유발 프로그램 : 독서 행사 • 독서활동 프로그램 : 독서법, 독후 감상 표현활동 • 학습독서 프로그램 : 방문 프로그램, 참고봉사, 정보활용교육 ○ 업무협약 기간 ○ 업무 협의체 구성 및 운영 방법 ○ 각 기관의 책임과 의무 ○ 업무 평가 방법	• 공동 장서개발
업무협약 체결	○ 업무협약 조인 ○ 업무 내용 및 운영 지침에 근거 마련 ○ 업무 담당자 지정 ○ 예산 배정	• (학교)도서관운영위원회 • 학교운영위원회 • 교육청의 협조 및 승인
평가/개선	○ 기관별 평가 ○ 상호평가 ○ 업무협약 내용 및 방법 등 개선	• 회기 또는 학기, 학년별 평가

(출처: 한윤옥 외, 2007, 260)

공공도서관과 중학교 간에 체결된 업무협약 사례를 살펴보면 <표 9-4>와 같다. 단, 이 업무협약은 공공도서관이 사서교사 미배치 학교도서관을 지원하는 내용을 중심으로 하고 있다.

〈표 9-4〉 공공도서관과 학교 간 업무협약(예)

가. 업무협약의 목적

전문인력 상호지원 및 확충을 통한 학교도서관과 공공도서관의 환경 및 서비스의 질을 향상하고, 학교도서관과 공공도서관 협력을 통한 시너지 효과를 기대하며, 상호협력 체제를 통하여 학교도서관과 공공도서관의 발전적인 협력 모델을 운영하는 데 그 목적이 있다.

나. 광주송정도서관과 평동중학교 업무협약 체결 과정

㉠ 학교도서관과 공공도서관 연계프로그램의 운영 방안 협의
㉡ 광주송정도서관장, 평동중학교장 업무협약 협의
㉢ 광주송정도서관, 평동중학교 도서관 실무자 협의
㉣ 광주송정도서관과 평동중학교 업무협약 체결

다. 업무협약 주요 내용

㉠ 공공도서관은 학교도서관의 리모델링, 도서관 환경, 도서관리 프로그램, 자료배치 등 도서관 운영에 대한 제반 사항을 지원한다.
㉡ 공공도서관은 학교도서관 담당자 및 자원봉사자를 대상으로 장서관리, 분류 및 배열, 참고봉사 등 도서관 운영에 필요한 전반적인 업무에 대한 교육을 지원한다.

ⓒ 공공도서관은 학교도서관을 대상으로 1일 도서관 체험 교실을 운영하여, 도서관 이용법, 도서선택 방법, 올바른 독서 방법 등 도서관 이용자 교육을 실시하며 학교도서관은 학생이 적극적으로 참여할 수 있도록 협조한다.
ⓓ 공공도서관은 학교도서관에서 실시하는 학부모 및 지역주민을 위한 오락 및 여가 활동 프로그램에 대해 제언하고 운영에 필요한 제반 사항에 대해 학교도서관과 상호 협력한다.
ⓔ 공공도서관은 학교도서관에서 방학을 이용하여 실시하는 청소년 독서교실 및 문화교실 프로그램 운영에 대하여 제언하고, 학교도서관은 필요한 프로그램 및 강사를 선정하고 학생이 참여할 수 있도록 홍보한다.
ⓕ 학교도서관과 공공도서관은 온-오프 네트워크를 통하여 정보 및 자료를 공유하며, 필요한 자료는 상호 이용한다.
ⓖ 공공도서관은 학교도서관에 순회 문고를 운영하고(2개월 주기로 200권), 학교도서관은 순회 문고 도서를 관리한다.
ⓗ 공공도서관은 학교도서관의 추가로 대출이 필요한 자료가 있으면 이동문고를 이용하여 2주에 1회 30권 내외의 도서를 대출하고, 순회문고 반납 시 일괄 반납한다.
ⓘ 학교도서관은 학생에게 독서노트를 작성토록 하여 공공도서관의 독서감상문 공모전에 출품토록 적극 지도하며, 독서 생활화를 장려한다.
ⓙ 공공도서관은 학생에게 도서대출회원증을 발급해 주며, 학교도서관은 도서대출회원증 발급 시에 필요한 정보를 제공한다.
ⓚ 공공도서관의 학생 대상 프로그램 운영 시, 학교도서관은 소속 학생이 참가할 수 있도록 적극 협조한다.
ⓛ 학교도서관은 대출한 도서자료를 오손, 훼손 또는 망실한 경우에 현품으로 변상하여야 하며, 다만 현품 변상이 불가능한 경우에는 현 시가에 상당한 현금으로 변상할 수 있다.
ⓜ 협약 내용과 관련된 모든 도서관 활동에 대해서 학교도서관이 해당 학교 소속 이용자 관리의 책임을 진다.

(출처: 평동중학교, 2006의 내용 일부를 수정함)

3. 학교도서관과 지역사회 협력 영역

학교도서관과 지역사회 협력은 교육공동체를 형성하기 위한 지역사회교육 운동으로 전개되고 있다. 지역사회는 학교가 학부모와 주민에게 학교 시설을 평생교육의 장으로 개방하도록 유도하고, 지역사회는 학부모와 지역주민의 시간과 능력을 학교를 위해 제공한다. 따라서 학교도서관은 지역사회와의 협력 활동을 통해서 정보서비스의 범위를 확대할 수 있고, 학교도서관 운영의 효율성을 높일 수 있다.

한상완 등(2001)은 학교도서관과 지역사회의 미술관, 박물관, 문화원 등과 교육프로그램을 공유하는 방안을 제안한 바 있다. 학교도서관이 지역문화 프로그램에 참여하는 것은 학생에게 다양한 체험학습의 기회를 제공함으로써 학교 교육과정 운영에 이바지할 수 있는 효과적인 방안이다. 특히, 학교도서관이 정보를 매개로 교육활동이 이루어지는 교육 시설임을 고려할 때, 학교도서관이 지역사회 내에 산재해 있는 교육자원을 연계시켜 주는 중심적인 역할을 수행하는 것은 학생의 학습능력과 문화 향유를 길러주는 활동이다. 그러나 학교도서관의 교육활동이 지역사회 문화시설과의 연계로만 이루어지는 것은 한계가 있다. 학생의 학습능력은 체계적이고 지속적인 교육과정을 통해서 길러지기 때문에, 지역사회 문화기관과의 연계는 보조적인 활동일 수밖에 없다. 학교도서관과 지역사회 협력은 학교도서관 만들기, 자원봉사활동, 프로그램 운영, 학교도서관 지역사회 개방 등의 영역에서 이루어질 수 있다.

〈표 9-5〉 학교도서관과 지역사회단체 간 협력 영역과 내용

협력 영역	협력의 세부 내용
학교도서관 만들기	• 학교도서관 가꾸기 운동 및 실천 • 자료정리 및 보수 • 자료 기증 • 기금 확충 및 학교도서관 지원
자원봉사활동	• 학교도서관 도우미 활동 • 학교도서관 프로그램 강사 참여 • 학교도서관 운영 지원 • 학부모 독서회 조직 및 운영
프로그램 공동 운영	• 학교도서관과 연계한 평생교육 프로그램 운영 • 독서 프로그램 운영(책 읽어주기, 책의 날 행사, 도서 바자회 등) • 학교도서관 홍보를 위한 행사
학교도서관의 지역사회 개방	• 지역주민에게 도서관 시설 및 기기 제공 • 지역주민에게 자료 제공(열람, 복사, 대출) • 지역주민을 위한 프로그램(영화 상영, 컴퓨터활용능력, 문해반 등) 제공

학교도서관의 지역사회 개방은 교육청과 지방자치단체 차원에서 이루어지고 있다. 일부 교육청에서는 조례를 통해 지역사회 개방과 내용(사업)을 제시하고 있다.

「대전광역시교육청 학교도서관 개방 및 진흥조례」(대전광역시교육청 조례 제4406호)

제6조(개방) ① 학교의 장은 학교도서관을 개방하는 경우 다음 각 호의 사항을 학교 홈페이지 등에 공고하여야 한다.

1. 개방시간 및 휴관일
2. 이용대상
3. 제한되는 행위
4. 그밖에 학교도서관 개방에 필요한 사항

② 학교의 장은 학교도서관을 개방하는 경우 지역사회의 적극적 이용을 위한 홍보를 실시하여야 한다.

제7조(사업) ① 교육감 및 학교의 장은 학교도서관 개방 및 진흥을 위하여 다음 각 호의 사업을 시행하여야 한다.

1. 학생·학부모 및 지역사회와의 독서운동
2. 독서상담·독서토론회 등 독서진흥을 위한 사업
3. 학교도서관 중심의 지역연계 소통·나눔 프로그램 운영
4. 학교도서관을 포함한 모든 도서관의 이용방법 교육
5. 그밖에 학교도서관 개방 및 진흥을 위하여 필요한 사업

② 교육감 또는 학교의 장은 제1항에 따른 사업의 효율적 추진을 위하여 독서관련 법인 또는 단체에 위탁하여 사업을 추진할 수 있다.

4. 학교도서관과 공공도서관 협력

4.1 협력의 필요성과 유형

학교도서관과 공공도서관은 공동체의 중심으로 모든 이용자에게 안전하고 환영하는 환경과 다양한 방식의 정보 접근을 제공한다는 공통 목표를 가지고 있다(AASL, ALSC and YALSA, 2025). 학교도서관과 공공도서관의 협력은 서비스의 중복을 줄이고 서비스의 질을 개선하기 위해서 도서관 상호 간에 정보와 아이디어, 서비스 그리고 전문지식을 교환하는 것이다(IFLA, 2010). 현실적으로 개별 도서관이 공동체 모든 이용자의 요구를 충족시킨다는 것은 불가능한 일이다. 따라서 자원과 서비스 측면에서 도서관의 약점을 서로 보완하여 서비스 수준을 향상하고, 도서관을 효율적으로 운영할 수 있는 상호협력이 필요하다. 특히, 교육과 독서 측면에서 지역사회 모든 아동과 청소년 성장에 필요한 효과적인 지원 체계를 구축함으로써 교수-학습 방법을 개선하는 데 기여할 수 있다.

학교도서관과 공공도서관의 협력을 위해서는 우선, 개별 도서관의 장점과 단점을 분석하고 서비스를 제공하는 이용자의 당면한 정보요구를 해결하는 데 도움을 줄 수 있는 정보를 수집할 필요가 있다. 학교도서관은 아동과 청소년의 요구와 수준에 맞는 자료를 제공하고 교사와의 상호작용이 활발하다는 특징이 있다. 그리고 체계적이고 철저한 정보활용교육이 가능하고, 학생과의 지속적이고 빈번한 접촉이 이루어진다. 특히, 학생 상호 간에 정보탐색전략 공유가 가능하므로 협동학습에 유리하고, 지역 교육목표에 적합한 장서를 개발하고 교육활동을 전개할 수 있다.

공공도서관은 개방 시간 및 개방일의 확대가 가능하고, 학생보다는 학부모와의 상호작용이 활발하다는 장점을 갖고 있다. 그리고 직원의 수와 역할이 구분되어 있으므로 아동·청소년의 개별 정보요구에 대한 봉사에도 유리하다. 특히, 다양하고 풍부한 학습자료와 인력과의 지속적인 상호작용을 통한 정보활용능력 신장에도 유리하다(문화체육관광부, 2008, 193). 학교도서관과 공공도서관의 특징을 비교하면 다음 〈표 9-6〉과 같다.

〈표 9-6〉 학교도서관과 공공도서관의 특징

학교도서관	공공도서관
◦ 학생에 대한 손쉬운 접근 제공	◦ 개방 시간 및 개방일의 확대
◦ 교사와의 잦은 상호작용	◦ 학부모와의 잦은 상호작용
◦ 체계적이고 철저한 정보활용교육	◦ 1:1, 요구별 정보활용교육
◦ 학생과의 지속적이고 빈번한 접촉	◦ 개인의 생애에 걸친 지속적인 봉사
◦ 아동 청소년에게 친밀한 지침개발	◦ 아동 청소년 대상 비공식적 지침개발
◦ 교육과정과 연계한 정보활용능력 제공	◦ 자기주도적 학습과 발견
◦ 학생 상호 간에 정보탐색전략 공유	◦ 다양한 나이의 이용자를 통한 모방학습
◦ 지역교육목표에 적합한 장서 운영 및 교육활동	◦ 지역공동체에 적합한 장서 운영 및 프로그램 운영

(출처: Ziarnik, 2003, 24)

정동열과 김성진(2002)은 해외 사례 연구를 통하여 도서관의 협력 유형을 〈표 9-7〉에서와 같이 완전 집중형, 계층형, 분산형 그리고 기능 분담형 등 4가지로 구분하였다. 완전 집중형은 중앙에 도서관 협력 센터를 두고, 자료와 서비스를 통제하는 형태이고, 계층형은 상하 관계로 협력 체계를 형성하는 것이다. 그리고 분산형은 개별 도서관이 주제를 달리해서 특성화된 자료를 보유하는 형태이고, 기능 분담형은 다수의 대규모 도서관이 도서관 협력 센터에 참여하여 업무를 분담하는 것이다.

〈표 9-7〉 도서관 협력 유형별 특징

유형	특징
완전 집중형 (star-type)	중앙에 도서관 협력 센터를 두는 경우로 하나의 도서관이 충분한 자료와 제반 설비를 확보하여 각종 도서관의 정보요구에 응하며, 모든 활동과 서비스를 중앙에서 통제하는 협력 체제. 가장 이상적인 협력 형태이지만 정보자료의 증가에 따른 전문화와 이용자 요구의 세분화에 부응하기 어려움
계층형 (tree-type)	도서관 간의 여건상 상하의 관계로 협력체계를 형성하는 형태. 도서관 정보봉사에서 업무처리 양상이 비슷한 도서관끼리 횡으로 하나의 계층을 이루며, 종으로 하위계층에서 상위계층으로 올라갈수록 정보자료의 소장 규모나 내용이 광범위하여 이용자의 요구에 대한 만족도가 높음
분산형 (mesh type)	개별 도서관 상호 간의 커뮤니케이션 경로를 모두 연결하는 형태. 도서관 간에 직접적인 정보 전달이 가능한 형태. 각 도서관이 주제별 특성을 달리한 일정량 이상의 정보자료를 보유하는 경우에 매우 이상적인 형태임. 도서관 협력체계가 비교적 소규모로 지역적 성격이 강한 것이 특징임
기능 분담형 (pie-type)	다수의 대규모 도서관이 도서관 협력 센터로 업무를 분담하여 공동으로 업무를 수행하는 형태임. 도서관 간의 업무조정이 어려우며, 정보자료 수집에 중복이 발생하여 효율성이 떨어지는 단점이 있어 협력 방식으로 거의 채택하지 않고 있음

공공도서관과 학교도서관의 연계는 의사소통망(communication networks)기반 공동 서비스와 협력 프로그램 운영 형태, 공학기술(technology)기반 정보망 구축과 자원 공유 형태 그리고 학교-공공도서관 시설 통합 형태로 구분할 수 있다(Fitzgibbons, 2000). 국내의 경우 공공도서관이 학교도서관을 지원하거나 학교도서관을 공공도서관의 분관으로 운영하려는 측면이 강하다. 한윤옥과 곽철완(2004)은 〈표 9-8〉에서와 같이 학교도서관과 공공도서관의 연계 모형을 제도, 인력, 콘텐츠 및 서비스 문제를 중심으로 '협력 관계의 대도시형, 공공도서관이 학교도서관을 지원하는 중소도시형 그리고 학교도서관과 공공도서관을 통합하는 농어촌형'으로 구분하였다.

〈표 9-8〉 학교도서관과 공공도서관의 연계 모형

유형	특징
학교도서관과 공공도서관 협력 모형 (대도시형)	• 학교도서관과 공공도서관이 잘 운영되고 있는 대도시 지역에 적합한 모형 • 공공도서관이 학교도서관의 부족 영역을 보완함 • 최종적으로 지역 단위 도서관 협의체 구성을 목표로 함
공공도서관의 학교도서관 지원 모형 (중소도시형)	• 학교도서관은 열악하지만, 공공도서관은 잘 운영되고 있는 중소형도시에 적합한 모형 • 공공도서관의 학교도서관지원과(팀)를 통해 운영 지원과 교육지원을 실시함
학교도서관·공공도서관 통합 모형 (농어촌형)	• 학교도서관과 공공도서관이 모두 열악한 환경에 처해있는 농어촌지역에 적합한 모형 • 학교도서관의 역할과 기능 수행이 충분히 이루어지고 있는 상태에서 공공도서관의 분관 기능 수행이 바람직함 • 학교도서관의 공공도서관 기능은 학교도서관의 공간과 자료 일부분을 공공도서관에서 활용한다는 관점에서 출발함

4.2 협력 프로그램과 활성화 방안

4.2.1 협력 프로그램

학교도서관과 공공도서관의 협력은 시설(공간), 자료, 인력, 프로그램에 걸쳐서 이루어진다. IFLA(2010)의 『공공도서관 서비스 가이드라인』(LFLA Public Library Service Guidelines)에서는 공공도서관이 공적인 관계를 형성해야 하는 기관의 하나로 지역사회 교육기관인 학교를 꼽고 있다. 그리고 공공도서관과 학교도서관 간 구체적인 협력 프로그램을 다음 〈표 9-9〉와 같이 제시하고 있다.

〈표 9-9〉 학교도서관과 공공도서관 협력 프로그램

- 자원의 공유
- 협동 장서개발
- 아동 웹 활용 프로그램
- 전자 서비스와 네트워크
- 원격통신 및 네트워크 기반의 공동 구축
- 공동 직원 연수
- 독서와 리터러시 활성화
- 프로그램 공동 개발
- 학습 도구 개발
- 저자 방문프로그램의 공동 운영
- 학급의 공공도서관 방문프로그램

협력을 통한 프로그램 운영을 위해서는 인구 통계 분석이나 설문조사 등을 통해 아동과 청소년 이용자가 직면한 과제해결을 어떻게 도울 수 있는지 파악하기 위한 정보수집이 선행되어야 한다. 이를 통해 공공의 비전과 목적을 마련하여 공유하고, 공동체의 참여와 사서와 사서교사의 책임과 역할을 정할 수 있다. 프로그램 종료 후에는 평가를 통해 개선 방안을 마련한다. 협력 프로그램 설계를 위한 양식을 살펴보면 다음과 같다.

〈표 9-10〉 협력 프로그램 설계 양식

협력 프로그램	
프로그램명	
대상	
주제	
목적	
목표	
일정	
필요한 자료/재료	
평가 기준/도구	
허가 사항	
역할과 책임	
사서	

사서교사	
계획 및 홍보	
계획	
프레젠테이션	
홍보	
프로그램 평가	
평가	
의견	

(출처: AASL, ALSC ans YALSA Interdivisional Committee on School/Public Library Cooperation, 2025, 56-57의 내용을 수정 보완함)

학교도서관과 공공도서관이 협력을 통해 제공할 수 있는 프로그램 사례를 살펴보면 다음과 같다(Ziarnik, Natalie R., 2003, 56-67; AASL/ALSC/YALSA Interdivisional Committee on School/Public Library Cooperation, 2025)

① 자료 제공 프로그램

자료 제공 프로그램은 교수-학습을 돕기 위한 프로그램으로 교사용 특별 도서관 카드(Special Library Card) 발급과 자료 요청 서비스(Material Request Service) 그리고 장서 키트(Collection Kits) 프로그램 등이 있다. 교사용 특별 도서관 카드 발급은 공공도서관이 관내 교사를 대상으로 특별 도서관 카드를 발급하고 도서관활용교육에 필요한 자료를 장기간 대출하는 것이다. 이 경우 장기 연체나 분실에 대한 책임 문제가 뒤따를 수 있다.

자료 요청 서비스는 학교도서관에 비해 다양한 분야의 자료를 관리하는 공공도서관 사서의 전문성을 발휘할 수 있는 서비스이다. 수입 자료 중 교사와 학생에게 유용한 자료나 교사가 요청한 구체적인 자료를 모아서 제공한다. 교사가 공공도서관을 방문하여 요청한 자료를 대출하거나 공공도서관이 배달할 수도 있다. 자료 요청 서비스는 교사가 공공도서관이 마련해 둔 요청서를 작성하거나, 교육과정 운영에 대한 정보를 공공도서관에 제공하면 더 효과적이다.

장서 키트 프로그램은 공공도서관이 교과 단원별 주제 관련 책과 목록, 시청각 자료 및 소품 등을 가방에 포장하여 제공하는 것이다. 장서 키트는 학생의 개별 요구에 맞추어 제공할 수도 있다. 그리고 기증과 수집을 통해 교실 수업에 도움을 줄 수 있는 자료와 소품으로 구성할 수 있다.

② 과제 기반 학생 지원 프로그램

과제 기반 학생 지원 프로그램은 과제 센터(Homework Center) 운영, 과제 알림(Assignment Alert) 프로그램 등이 있다. 과제 센터는 공공도서관에 과제 센터를 설치하고 대학생 자원봉사자나 보조 직원을 활용하여 방과 후에 초중등학생의 과제해결을 돕는 것이다. 이 경우 성인 이용자와의 동선을 고려한 공간 배치, 신체 조건을 고려한 가구 배치, 컴퓨터 등 기기 확보 노력이 필요하다.

과제 알림 프로그램은 학생, 교사, 사서교사, 사서 등이 기관 누리집이나 소셜 미디어 등을 활용하여 관내 학생의 과제를 공유하고, 과제해결에 필요한 자료나 목록을 요청 및 제공하는 프로그램이다. 필요한 경우 학교(교실)를 방문하여 자료를 제공하거나, 자료 탐색 방법 및 자료 활용에 필요한 리터러시 프로그램을 운영할 수 있다. 과제 알림 프로그램 신청 양식을 살펴보면 다음과 같다.

〈표 9-11〉 과제 알림 프로그램 신청 양식(예)

○○도서관은 교사 및 사서교사와 협력을 기대합니다. 학생이 수행할 과제를 사전에 알려주시면 자료 대출을 관리하고, 구매계획을 세우는 데 도움이 됩니다. 또한, 선생님의 수업 준비와 교실에서 사용할 수 있는 자료를 제공할 수 있습니다. 가능한 한 자세한 내용을 작성하여 이메일이나 팩스로 제출해 주시고, 궁금하신 사항은 아래 연락처를 이용바랍니다. ○○도서관은 초등학교, 중학교, 고등학교를 위한 다양한 자원을 갖추고 선생과 학생을 위해 서비스할 준비가 되어 있습니다. 감사합니다.

신청인 및 과제 정보

- 이 름 : ______________
- 이메일 : ______________
- 학교 및 학년 : ______________
- 학생수 : ______________ 명
- 과목 : ______________
- 과제 : ______________
- 과제 사본을 이메일로 보내주실 수 있나요?
  ☐ 예 ☐ 아니오
- 과제 시작일 : ______________
- 과제 완료일 : ______________
- 반복 과제인가요?
  ☐ 예 ☐ 아니오 ☐ 모름

자료 정보(해당 항목 모두 선택)

- 전자책을 추천해야 하나요? ☐ 예 ☐ 아니오
- 학생용 도서 목록 ☐
- 교육자용 도서 목록 ☐
- 웹 자료 목록 ☐
- 데이터베이스 목록 ☐
- 교실용 자료인가요? ☐ 예 ☐ 아니오
- 학생이 스스로 자료를 찾기 위해 공공도서관을 방문하나요? ☐ 예 ☐ 아니오
- 필요한 자료에 대한 추가 고려할 사항이 있나요? (길이, 형식, 소설 또는 비소설, 출판일 등)

- 담당자 연락처 : ☏ ______(내선 1234번) FAX : E-Mail :

(출처: AASL, ALSC and YALSA Interdivisional Committee on School/Public Library Cooperation, 2025, 55의 내용을 일부 수정함)

③ 웹 기반 교수-학습 자료센터

웹 사이트를 활용하여 교사를 사서와 교육과정 전문가와 연계하는 프로그램이다. 이 프로그램은 교사와 사서 그리고 교육과정 전문가가 교육과정(단원)을 공유하고 자원기반학습을 지원한다. 이를 위해 웹사이트는 학년, 단원, 주제별 교수-학습자료 공유와 검색이 가능한 수업 계획 데이터베이스(Lesson Plan Database)와 개별 교사의 도움 요청을 알 수 있는 교육과정 지원(Curriculum Assistance) 메뉴를 제공해야 한다.

④ 독서 토론 프로그램

독서 토론 프로그램은 참여 범위에 따라 다양한 형태로 운영할 수 있다. 해외 사례를 보면, Guys and Books는 책을 좋아하는 4~6학년 남학생을 지원하기 위해 고등학교 남학생이 지역사회에 관심을 갖고 참여할 기회를 주는 프로그램이다. 이 프로그램의 목적은 모든 연령대의 남학생이 즐겁게 독서에 참여할 수 있는 자립형 프로그램을 만드는 것이다. 이를 위해 공공도서관 사서에게 독서 토론과 모임 관리 기술을 배운 고등학교 남학생이 청소년 리더로서 사서교사의 감독하에 4~6학년 남학생과 약 60분 동안 적극적으로 독서 토론을 진행한다.

또한, 사서가 주 1회 점심시간을 이용해 학교도서관을 방문하여 사서교사와 함께 독서 동아리를

운영할 수 있다. 학생은 어떤 책을 읽을지 투표하고, 공공도서관은 각 학생에게 책 한 권을 제공한다. 학생 스스로 독서량을 정하고, 사서와 사서교사는 토론을 지도한다. 마지막 모임에서 동아리를 평가하고 공공도서관에 대한 이야기를 통해 프로그램에 대한 아이디어를 얻고, 공공도서관 프로그램을 홍보함으로써 참가자를 확대할 수 있다.

⑤ 방문 프로그램

방문 프로그램은 사서의 학교 방문 프로그램과 학급 단위 공공도서관 방문 프로그램이 있다. 우선, 사서의 학교 방문 프로그램은 공공도서관 사서가 학교(교실)을 방문하여 도서관 이용교육이나 독서 프로그램을 운영하는 것이다. 사서의 학교(교실) 방문프로그램이 성공하기 위해서는 도서관이 제공하는 정보서비스가 궁극적으로 이용자의 평생학습능력을 길러준다는 점에 동의하고 정보활용능력 기준을 설정할 필요가 있다. 또한, 참여하는 교육과정이 일회성이 아니기 때문에 수업시간을 편성하고 운영하는 데 필요한 사서 연수와 교육이 필요하다. 사서 방문 프로그램 운영 시간과 내용은 참여하는 교육과정의 성격(방과 후 학교, 창의적 체험활동 등)에 따라서 다를 수 있다. 따라서 방문할 학교와의 사전 협의가 중요하다. 공공도서관 사서의 학교 방문프로그램은 학생이 공공도서관으로 이동하는 경우 발생할 수 있는 안전사고를 예방하고, 학생이 공공도서관을 이용할 때 야기될 수 있는 일반 이용자와의 갈등을 줄일 수 있다.

학급 단위 공공도서관 방문 프로그램은 진로체험, 견학, 북토크 등 프로그램 참여, 과제해결 등을 위하여 학급 단위로 공공도서관을 방문하는 것이다. 이 경우 학생 이동에 따른 안전 문제, 교통비를 누가 부담할지에 대한 대책 마련이 필요하다.

4.2.2 협력 활성화 방안

학교도서관과 공공도서관의 협력을 위해서는 상호 개방적이고 서로의 성공을 기대하는 파트너십이 중요하다. 또한, 조직과 인력 간 관계 형성, 단체 및 네트워크 가입, 회의나 위원회 초대, 회의 장소 순환, 행사 후 관련된 사람에게 감사 편지 보내기와 같은 현실적인 노력이 필요하다. 이 밖에도 상호 서비스 평가 및 개선 참여, 서면 업무 협약서 작성, 도서관과 사서직의 현안 해결에 동참하는 노력도 협력을 증진할 수 있는 전략이다(AASL, ALSC and YALSA Interdivisional Committee on School/Public Library Cooperation, 2025).

학교도서관과 공공도서관의 협력을 활성화하기 위해서는 무엇보다도 파트너십을 형성할 수 있는 전문인력 배치와 협의체 운영이 중요하다. 사서교사와 사서가 참여하는 협의체의 구성은 학교도서관지원센터, 지역교육지원청 또는 사서교사가 배치된 학교도서관을 중심으로 할 수 있다. 협의체가 수행하는 역할은 크게 협력의 내용과 방법 측면으로 나눌 수 있다. 협력의 내용 측면에서는 프로그램과 자원 공유 방안, 독서와 정보활용능력 신장을 위한 전략 발굴 등의 역할을 할 수 있다. 협력의 방법 측면에서는 상호 이해 및 전문성 신장을 위한 전략 개발에 관심을 기울여야 한다. 사서교사와 공공도서관 사서가 참여하는 협의체의 역할을 살펴보면 다음과 같다.

〈표 9-12〉 사서교사와 공공도서관 사서 간 협의체의 역할

구분	협의체의 역할
협력의 내용 측면	• 아동 청소년 자료를 공동 개발한다. • 상호대차 서비스를 한다. • 소장 자료를 동시에 검색할 수 있도록 홈페이지를 연계한다. • 정보활용교육용 프로그램을 공동으로 개발한다. • 독서 생활화 프로그램을 공동 운영한다(예: 독서주간, 독서의 달 행사 등) • 공동으로 활용할 수 있는 하드웨어 프로그램을 구매한다.
협력의 방법 측면	• 이름, 전화번호 등 기본적인 인적사항을 공유한다. • 사서교사와 사서의 정기적인 모임과 연수 기회를 마련한다. • 도서관 프로그램에 서로 강사로 참여한다. • 학교도서관과 공공도서관의 서비스와 프로그램을 비교 분석한다. • 교육과정, 정보 이용행태 등 아동과 청소년의 정보요구와 관련된 정보를 공유한다. • 도서관이 발행하는 소식지, 목록 등을 교환한다. • 도서관 운영계획 및 장서구성 등에 서로 참여한다. • 도서관의 프로그램과 서비스에 대한 홍보를 공동으로 실시한다. • 상호 간에 효과적인 문서 전달 체계를 갖춘다.

(출처: 변우열, 송기호, 2015, 286의 내용 일부를 수정함)

4.3 학교-공공 통합 도서관

학교-공공 통합 도서관(Combined Library)은 학교도서관과 공공도서관으로 기능하기 위한 법적 요건을 충족하고 단일 시설에서 서비스를 제공하는 도서관을 의미한다. 학교-공공 통합 도서관은 기존 도서관을 하나의 도서관으로 이전 통합하거나 신설할 수도 있다. 예를 들면, 학령인구 감소에 대응하여 학교와 지역에서 필요한 교육·돌봄, 문화, 체육시설 등을 복합적으로 설치하여 운영하는 학교시설 복합화 사업(한국교육개발원 교육시설환경연구센터, 2025)에 따라 학교-공공 통합 도서관을 학교에 신설할 수도 있다.

통합 도서관은 시설과 장비 운영 측면에서 비용을 절감할 수 있다. 그러나 지역주민과 교사와 학생에 대한 차별화된 서비스 제공을 위해 전문 자격을 갖춘 직원을 채용하고 맞춤형 장서를 구성하는 경우 예산 절감이 크지 않을 수 있다(Wisconsin Department of Public Instruction, 1998). 통합 도서관의 예상 장점은 전문 사서 채용, 장서량 증가, 프로그램 다양화, 시설 공간의 효율적 활용 및 세대 간 이해 등이다. 또한, 지역사회에 대한 서비스 및 자원 이용 증가로 도서관과 학교에 대한 인지도를 높일 수 있다. 반면에 이용 시간의 제한 및 물리적 접근성 부족, 공간 부족과 혼잡, 주민의 요구 충족 한계, 협력수업의 기회 부족, 학생 안전 문제, 운영 인력 관리의 어려움 등이 발생할 수 있다.

〈표 9-13〉 학교-공공 통합 도서관의 장단점

장점	단점
① 세대 간 이해 학생이 성인과 함께 배우고 성인의 평생학습 모습을 볼 수 있고, 세대 간 대화 기회가 많아져서 상호 이해의 계기를 마련할 수 있다.	① 학생의 안전 문제 다른 학교 학생이나 주민들의 방문을 싫어하거나, 졸업생이 재학생을 괴롭히는 등 안전 문제가 생길 수 있다.
② 자원 증가 두 개 이상의 도서관이 소장하고 있던 장서, 시청각 장비 등이 합쳐져 서비스 자원이 증가한다.	② 공간 부족과 혼잡 쉬는 시간 점심시간 등 학생이 몰리는 경우 주민이 이용하기에 불편하고 혼잡스러울 수 있다. ③ 이용 시간의 제한 및 물리적 접근성 부족 학교의 위치가 지역사회의 변두리에 있는 경우가 많아 접근성이 떨어지고 개관 시간이 학교 운영 시간과 연계된 경우 주민의 이용 시간은 오히려 감소한다. 또한, 자동차를 이용하는 주민이 많은 경우 주차장 문제도 발생한다.
③ 다양한 프로그램 제공 단일 도서관으로 존재할 때 실행하기 어려웠던 다양한 프로그램을 제공할 수 있어서 이용자 서비스를 향상할 수 있다.	④ 장서의 제한 및 주민 요구 충족의 한계 학교라는 분위기 때문에 지역주민의 광범위한 사회적 문화적 학습에 대한 요구 충족이 어려울 수 있다. 학생 교육에 초점을 둔 학교도서관과 주민의 휴식과 독서 그리고 정보 이용에 중점을 둔 공공도서관 이용 집단의 요구를 동시에 충족시키기 곤란하다. 초등의 경우 성인용 자료의 격리 문제가 생긴다.
④ 비용 절감과 공동체 중심지 역할 자원 관리 효율성 증가와 중복 서비스 예방으로 비용을 절감할 수 있고, 방과 후에 주민이 가까이에 있는 학교도서관을 이용할 수 있어서 지역주민 모임의 구심점 역할이 가능하다.	⑤ 협력수업의 기회 부족 공공도서관 사서가 주 역할을 하는 경우 교과교사와의 협력수업을 전개할 기회가 부족하다. 사서교사를 채용하면 업무 기대가 너무 높아 과중한 업무에 대한 불만이 증가할 수 있다.
⑤ 전문 사서 채용 학교도서관으로 독립 운영하던 때 두기 어려웠던 사서 채용이 가능하다.	⑥ 직원 이중 관리 교사와 학생 서비스를 담당하는 직원(사서교사) 주민 서비스를 담당하는 직원(사서)의 자격요건, 근무시간, 급여 등이 달라 관리가 어렵다. 또한, 사서만을 두는 경우 학교가 공공도서관 직원의 교육과정에 대한 권한을 인정하기 어렵다.

(출처: Fitzgibbons, 2000, 35-36; 곽철완, 2007, 344-347의 내용을 일부 수정 정리함)

학교-공공 통합 도서관 설치 및 운영에 따른 문제점을 최소화하기 위해서는 학교도서관과 공공도서관 책임자(기관)가 관리 주체 및 근거 마련, 사서교사와 사서 채용, 자본과 운영비 부담, 자산 소유권, 물리적 시설의 위치와 이용자 접근 및 유지 관리 책임, 통합 도서관의 성과측정 및 환류 방안 그리고 폐관에 따른 자산 처리 방법 등을 담은 협약서(Master Agreement)를 작성해야 한다. 중요한 점은 학교 및 공공도서관의 사명이 근본적으로 다르므로 사서로 하여금 사서교사의 역할을 대체하지 말아야 한다는 점이다. 통합 도서관 설치를 위해 고려할 사항을 살펴보면 다음과 같다(Wisconsin Department of Public Instruction, 1998, 3-5).

① 교육청(교육지원청)과 지방자치단체 행정구역의 일치 여부
② 배치 인력 문제
③ 학교도서관과 공공도서관의 사명 및 환경 차이
④ 소장 자료의 차이
⑤ 통합 도서관을 관리하는 운영 기구
⑥ 잠재적 이용자의 인식과 태도 및 반응
⑦ 도서관 위치
⑧ 성인 이용에 따른 학생 안전 문제
⑨ 운영 비용(예산) 문제
⑩ 도서관 자원의 이용 정책 및 우선순위 문제
⑪ 도서관 폐관에 따른 자원 분배 문제

통합 도서관 설치 전에 이러한 고려사항을 확인하기 위해 계획, 관리, 행정 및 예산, 정보와 자료에 대한 접근, 물리적 시설, 기술(technology), 태도 등에 대한 점검표를 활용할 수 있다.

〈표 9-14〉 학교-공공 통합 도서관 설치 타당성 점검표

※ 별표 [*]는 법적 요구사항을 반영하는 내용으로 "☑ 예"에 표기한다.

검토 영역	검토 내용	검토 결과
계획	1. 공공도서관과 학교도서관의 사명을 모든 당사자가 명확하게 이해하고 지지한다. 또한, 이러한 사명이 어떻게 일치하고 무엇이 다르며 어떻게 수행될 것인지를 이해하고 있다.	☐ 예 ☐ 아니오
	2. 공공도서관 및 학교도서관의 기존 계획서에 대한 지식이 있으며, 이러한 문서를 어떻게 통합하고 우선순위를 설정할 수 있는지에 대한 합의가 있다.	☐ 예 ☐ 아니오
	3. 지역사회를 위한 통합 도서관 프로그램의 실행 가능성과 적합성에 관한 예비연구가 수행되었으며, 여기에는 통합 도서관 설립에 대한 대안 검토가 포함되어 있다.	☐ 예 ☐ 아니오
	4. 관련 집단은 학교와 공공도서관의 상호 보완적 역할을 주의 깊게 검토했으며, 두 사용자 집단의 요구를 충족하기 위해 제공해야 하는 다양한 서비스와 자원을 알고 있다.	☐ 예 ☐ 아니오
	5. 지역사회 구성원은 학교와 공공도서관 프로그램을 결합하기로 한 결정에 참여하고 이를 지지한다.	☐ 예 ☐ 아니오

검토 영역		검토 내용	검토 결과
		6. 학군과 공공도서관 지역의 관할 경계는 동일하거나 거의 동일하다.	☐ 예 ☐ 아니오
		7. 관리 주체가 다른 통합 프로그램에 대해 두 위원회의 책임을 프로그램 계획단계에서 명확하게 밝히고 있다.	☐ 예 ☐ 아니오
		8. 통합을 해제하는 문제가 논의되었으며 모든 당사자가 자산을 어떻게 분할 할지에 동의했다.	☐ 예 ☐ 아니오
관리	공공 도서관	9. [*]공공도서관은 ○○법률(조례)에 따라 설립한다.	☐ 예 ☐ 아니오
		10. [*]적법하게 구성한 위원회가 프로그램 운영을 관리한다.	☐ 예 ☐ 아니오
		11. [*]위원회는 기금 조성과 배정된 예산의 지출을 통제한다.	☐ 예 ☐ 아니오
		12. [*]관련 법에서 정한 전문 자격을 갖춘 관장을 채용한다.	☐ 예 ☐ 아니오
	학교 도서관	13. [*]관할 교육청은 교사, 사서교사, 관리자 등이 참여하여 수립하고 관련 위원회에서 승인한 장기 도서관 서비스 계획을 갖고있다.	☐ 예 ☐ 아니오
		14. [*]전문인력이 서비스를 제공하거나 감독한다.	☐ 예 ☐ 아니오
	공공 – 학교도서관	15. 사서와 사서교사가 통합 도서관을 관리한다.	☐ 예 ☐ 아니오
		16. 모든 직원의 급여와 복리후생은 비슷한 자격과 직무 기대치에 따라 유사하다.	☐ 예 ☐ 아니오
행정 및 예산		17. 통합 도서관을 운영하기 위한 일반 절차가 논의되었으며, 모든 당사자는 운영시간, 비용 책임, 자원 및 접근, 사용자 권리 및 책임, 일일 의사결정 권한과 같은 주요 사항에 동의한다.	☐ 예 ☐ 아니오
		18. 학교 및 공공도서관은 각 도서관 시스템의 회원이 되고 상호대출을 포함한 서비스 프로그램에 적극 참여한다.	☐ 예 ☐ 아니오
정보 및 자료에 대한 접근		19. 통합 도서관은 법률이나 규정에 따라 일정 시간 지역주민에게 개방한다.	☐ 예 ☐ 아니오
		20. 각 도서관의 사명을 반영한 장서개발정책을 마련하고, 학교 및 공공도서관 이용자 모두를 위한 장서를 개발한다.	☐ 예 ☐ 아니오
		21. 모든 연령대와 발달단계에 따른 자료 접근 문제가 자세히 논의되어 모든 당사자가 잘 이해하고 있으며, 이용자의 자료 접근 절차가 마련되었다.	☐ 예 ☐ 아니오
		22. 학교 및 공공도서관의 사명에 맞추어 이용자를 위한 인터넷 접근 정책을 마련한다.	☐ 예 ☐ 아니오
물리적 시설		23. [*]통합 도서관 건물은 관련법에 따라 장애인 편의시설을 갖추고 있다.	☐ 예 ☐ 아니오
		24. 건물은 일반인과 학생, 교사가 쉽게 접근할 수 있다. 1층에 외부에서 직접 도서관으로 들어가는 입구가 있다.	☐ 예 ☐ 아니오

검토 영역	검토 내용	검토 결과
	25. 건물은 도서관 이용자가 접근하기 쉽도록 입구 주변에 주차 공간을 갖고 있고, 교실에서 도서관으로 쉽게 접근할 수 있다.	☐ 예 ☐ 아니오
	26. 건물은 도서관의 포괄적인 장기 계획, 관련 법과 기준이 정한 권장 공간 요구사항에 따라 모든 범위의 도서관 서비스를 제공할 수 있는 충분한 공간을 갖추고 있다.	☐ 예 ☐ 아니오
공학기술	27. 장비, 소프트웨어 및 기타 공학기술을 구매하거나 구독(license)하는 방법과 학생, 교직원 및 주민의 접근 방법에 대한 합의가 있다.	☐ 예 ☐ 아니오
태도	28. 의사 결정권자와 핵심 인물(관리자 및 직원)은 불가피한 어려움에도 불구하고 프로젝트에 대해 열정적이며 이를 실현하는 데 전념한다.	☐ 예 ☐ 아니오
	29. 비용 절감보다는 서비스 개선이 통합 도서관을 계획하는 데 가장 중요한 관심사이다.	☐ 예 ☐ 아니오
	30. 지역사회의 관련 집단은 통합 도서관 프로그램이 반드시 학생과 지역사회 구성원 모두에게 적절한 도서관 서비스를 제공하는 경제적인 수단이 아니라는 것을 알고 있다. 학교 및 공공 프로그램은 별도의 시설에서 제공된다.	☐ 예 ☐ 아니오
	31. 성인(학생의 부모뿐만 아니라)은 학교 건물(또는 통합 도서관의 다른 장소)에서 편안하고 환영받는다고 느끼며 공공 행사를 위해 사용하는 데 익숙하다.	☐ 예 ☐ 아니오
	32. 미취학 아동, 어린이, 청소년, 성인 및 노인 이용자의 혼재를 잠재적 이용자나 관리 기관에서 위협적이거나 불편하다고 느끼지 않는다.	☐ 예 ☐ 아니오
	34. 통합 도서관은 지역사회가 다음과 같은 것을 얻을 수 있는 최상의 기회를 제공한다.	
	a. 사서교사	☐ 예 ☐ 아니오
	b. 공공도서관 사서	☐ 예 ☐ 아니오
	c. 물리적 자원을 강화하는 수단	☐ 예 ☐ 아니오
	d. 공공 및 학교도서관 이용자의 요구를 충족할 적절한 서비스 프로그램 계획	☐ 예 ☐ 아니오

(출처: Wisconsin Department of Public Instruction, 1998, 9-13의 내용 일부를 수정함)

학교-공공 통합 도서관의 대표적인 사례가 학교마을도서관이다. 학교마을도서관은 대부분 문화 소외지역(농·산·어촌)의 소규모 초등학교 도서관에 설치된다. 지방자치단체와 지역교육청이 감독하고 있는 시설이므로 지속적으로 도서관 서비스 공간을 제공할 수 있으며, 지역공동체 도서관 역할을 한다(변현주, 조미아, 2016, 168). 학교마을도서관 활성화를 위해서는 민간 주도 및 기업 후원을 통한 재정 확보가 필요하다. 그리고 아동의 독서교육을 위해 사서교사 우선 배치, 지역 공공도서관 연계 강화, 정부와 지방자치단체의 지원 확대 등이 이루어져야 한다.

전남 강진군의 경우 『강진군 학교마을 도서관 지원에 관한 조례』(전라남도강진군조례 제2744호)를 통해 관내 초등학교에 설치하여 지역주민에게 개방하는 학교마을도서관을 운영하고 있다. 조례에 따르면, 강진군은 사단법인 작은 도서관 만드는 사람들과의 협약을 통해 도서관을 설치하고, 전담 근무자를 두어 일정 시간(17:00~21:00) 지역주민에게 자료를 대출한다. 자치단체장(군수)은 도서관에 직접 또는 간접으로 도서 및 지식정보에 필요한 각종 자료를 지원할 수 있고, 매년 도서관 운영에 필요한 인건비, 시설비, 운영비 등을 지원할 수 있다.

경기 포천 창수초등학교에 설치한 학교마을도서관 모습이다. (사)작은도서관만드는사람들이 주관하고, 맥킨지 코리아가 서가, 잡지서가, 사서테이블, 열람테이블, 의자, 원목스툴, 블라인드 등 총 60,000,000원 상당의 도서관 시설을 기증하였다. 경기도 포천시 창수면 추동리에 자리한 창수초등학교는 인접지역 공동화 현상으로 문화시설이 절대적으로 부족하고, 특히 공공도서관은 차로 30분가량 이동해야 하는 등 주민 접근성이 낮고, 지역에서 유일한 문화공간이자 돌봄공간인 학교도서관에 대한 의존도가 높다. 그러나 낡은 서가, 부족한 열람공간으로 독서문화를 향유할 수 있는 여건이 열악하여 학교도서관을 전면 리모델링해 쾌적하고 산뜻한 친환경 원목 문화공간으로 재탄생시켰다.

(출처: (사)작은도서관만드는사람들 (2015. 04. 09.). 학교마을도서관. http://smalllibrary.or.kr/)

[그림 9-1] 창수학교마을도서관 모습

10

학교도서관 평가

1. 학교도서관 평가의 의미와 목적
2. 도서관 서비스 평가 영역과 도구
3. 학교도서관 평가
4. 서비스 만족도 측정

10 학교도서관 평가

1. 학교도서관 평가의 의미와 목적

1.1 학교도서관 평가의 의미

측정(measurement)이란 조직이 수행한 활동 결과를 일정한 수치에 따라 수준으로 나타내는 객관적인 활동이고, 평가(evaluation)란 측정 결과를 근거로 조직의 목적과 목표에 따라 활동의 중요성과 가치를 판단하는 주관적인 활동이다. 따라서 도서관 성과측정은 도서관이 투입한 자원과 산출한 결과(도서관 서비스)를 일정한 수치로 나타내는 것이다. 그리고 도서관 평가는 성과측정 결과를 바탕으로 모체기관의 목적과 목표에 따른 도서관 활동의 정당성을 입증하고, 미래의 도서관 활동계획수립과 의사결정을 위한 경영의 한 과정이라고 할 수 있다(장혜영, 2001, 4-5). 한편, 도서관 성과평가는 1970년대 도서관의 효율성(efficiency)과 성과측정에 대한 F. Lancaster의 연구로부터 크게 주목받기 시작하였다. 성과측정의 대상인 효율성이란 도서관 서비스의 산출과 그 산출을 만드는 데 필요한 자원과의 관계 즉 투입과 산출의 비율을 의미한다. 비율이 낮을수록 투입에 비해 많은 산출이 있게 되며, 도서관은 더 효율적이다. 효과성(effectiveness)은 도서관이 목적과 목표를 만족하는 정도로 서비스가 이용자에게 미치는 효과와 관계가 있다. 성과의 효과성을 측정하는 방법으로는 각 서비스 요소에 대해서나 서비스 전체에 대해서 이용자의 만족도 정도를 측정하는 것이다. 그리고 결과 또는 영향(impact)은 서비스라는 산출이 그 대상 집단에 끼치는 영향을 의미한다. 즉 이용자의 도서관 이용이 자신의 업무성과나 일상에 얼마나 도움이 되었는가를 측정하는 것으로 가장 측정하기 어려운 성과이다(홍현진, 1999, 9). 이런 측면에서 학교도서관 평가는 학교도서관이 제공한 서비스의 실패나 비효율성을 파악하고 이용자의 만족도를 높이려는 활동이다.

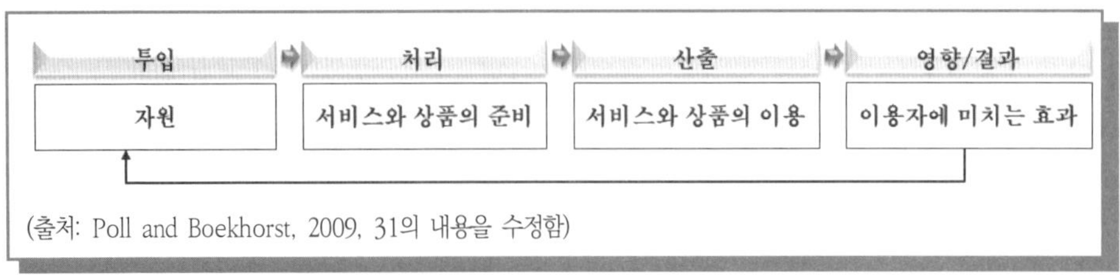

[그림 10-1] 도서관의 영향 흐름도

1.2 학교도서관 평가 목적

도서관 평가는 향후 도서관 서비스 수준을 향상할 수 있는 과학적이고 합리적인 도서관 경영을 위한 필수적인 요소이다. 도서관 평가 목적을 살펴보면 다음과 같다(Lancaster, 1990, 21).

① 도서관 서비스 수준 변화 비교 기준 마련: 현행 도서관 서비스의 수준을 보여줄 수 있는 지표를 만들어 차후의 변화를 비교할 수 있는 기준을 세운다.
② 다른 도서관 서비스와 비교: 타당한 비교가 이루어지기 위해서는 같은 서비스를 대상으로 같은 평가 기준이나 방법을 사용해야 한다.
③ 도서관의 사회적 존재 이유 정당화: 도서관이 제공하는 서비스의 혜택을 분석하거나 혜택과 비용의 관계를 밝힘으로써 도서관의 사회적 존재 이유를 정당화하고, 예산을 확보할 수 있다.
④ 업무 개선 및 서비스 수준 향상: 도서관 업무의 비효율성이나 실패를 증명하여 앞으로의 업무와 경영과정을 개선하고, 직원의 업무 역량을 높여 서비스의 수준을 향상한다.

IFLA(2015)의 『학교도서관 가이드라인』에 따르면, 학교도서관 평가는 학교도서관 프로그램과 서비스가 학교의 목적 달성에 어느 정도 이바지했는가를 확인하는 것이다. 학교도서관 평가는 사서교사와 이용자에게 프로그램과 서비스의 가치를 인식하도록 함으로써 프로그램과 서비스를 개선하고, 새로운 교육정보서비스를 개발하는 데도 도움을 준다. 그리고 의사결정과 문제해결에 도움을 주며, 교육공동체 구성원이 학교도서관에 대해서 긍정적인 생각을 하도록 함으로써 지원을 끌어낼 수 있다. 또한, 평가 과정을 통해서 학교도서관의 발전 방향을 결정하고, 새로운 비전을 만들 수 있다. 특히, 평가는 학교도서관 활성화와 홍보 및 마케팅에도 유용하다.

2. 도서관 서비스 평가 영역과 도구

2.1 도서관 서비스 평가 영역

이용자와 관련된 모든 평가는 도서관이 수행한 업무의 대상 및 성과와 관련성이 있어야 하고, 궁극적으로 서비스의 품질을 향상할 수 있어야 한다. 또한, 의미 있는 평가는 신뢰성, 응답성, 확신성, 접근성, 의사소통, 신용성, 외양성, 안전성 및 이용자에 대한 이해도에 초점을 맞추어야 한다. 이 9가지 영역을 도서관 업무 수행 지표로 변환할 수 있는 서비스 측면의 질문으로 바꾸면 다음과 같다.

〈표 10-1〉 업무 수행 지표로 변환될 수 있는 도서관 서비스 측면의 질문

영역	질문
신뢰성	• 전화 약속이 되어 있을 때, 그 약속이 잘 지켜지고 있는가? • 도서관 장비를 수리하였을 때 잘 작동되는가? • 연체와 벌금 통지서에는 실수가 없는가? • 참고 질문은 정확하게 답변이 이루어지는가? • OPAC이나 기타 장비가 잘 작동되고 있는가?
응답성	• 신간 정기간행물과 신문은 신속하게 점검되는가? • 책은 신속하게 재배열되는가? • 상호대차를 요청받은 도서가 최단 기일 안에 도착하는가? • 이용자의 불만 사항은 신속하게 해결되는가?
확신성	• 직원은 이용자에게 공손한가? • 직원은 장비와 기계를 능숙하게 다룰 수 있는가?
접근성	• 상급 관리자는 고객이 필요로 할 때 접근이 쉬운가? • 컴퓨터 이용은 물론 대출 창구와 참고 데스크에서 기다리는 시간은 얼마나 소요되는가? • 직원이 전화로 답을 제공하는 데 얼마나 시간이 소요되는가?
의사소통	• 직원은 불필요한 전문용어의 사용을 피하는가? • 직원은 성의 있게 경청하고 있는가? • 불만을 가진 이용자는 자신의 문제나 관심이 전달될 것이라고 확신하는가?
신용성	• 도서관, 도서관 내의 각 부서, 특수봉사 등에 대한 평판이 어느 정도인가? • 도서관에 의해 제공되는 정보에 대해 이용자는 어느 정도 신뢰하는가?
외양성	• 도서관은 방문해 보고 싶을 만큼 매력적인 곳인가? • 건물은 너무 덥거나 춥지 않은가? 조명은 적절한가? • 도서관 장비의 청결 상태는 어떠한가? • 홍보 및 안내 팸플릿 등은 시선을 끌고 깨끗한가? • 웹사이트와 웹에 연결된 사이트는 잘 정리되어 있는가?
안전성	• 도서관 내부와 주변이 안전한가?
이용자에 대한 이해도	• 자주 방문하는 이용자를 어느 정도로 파악하고 있으며, 그에 상응하는 대우를 하고 있는가? • 직원은 이용자의 기대를 어느 정도로 이해하고 있으며, 이용자를 만족시키려고 하는가?

(출처: Hernon and Altman, 2001, 154-156)

도서관 성과평가를 위한 국제표준은 1947년에 설립된 ISO(The International Organization for Standardization)의 문헌정보 분야 관련 기술위원회 TC46(Information and Documentation)에서 1998년에 제정한 국제표준 ISO 11620이다. ISO 11620은 모든 도서관에서 모든 지표를 한 번에 측정할 필요 없이, 각 도서관의 상황과 목적에 맞게 지표를 자유롭게 선정할 수 있도록 하고 있다. 특히, 처음 성과측정제도를 도입하는 도서관의 경우 ISO 11620을 이용하여 성과측정을 하고 도서관의 변화가 긍정적인지를 확인한 이후, 필요한 지표를 자유롭게 선정하여 도서관의 목적에 맞는 성과측정지표를 결정할 수 있다. 단, 이 성과 지표는 도서관이 봉사하는 지역사회, 서비스 의무, 기술 및 재정 인프라와 같은 지역적 요인에 따라 달라질 수 있다. 2023년에 개정된 ISO 11620-2023(E)이 담고 있는 도서관의 측정 대상 항목과 측정 지표는 다음과 같다.

〈표 10-2〉 도서관 측정 대상 항목과 측정 지표(ISO 11620-2023(E))

측정 대상 항목		측정 지표
A.1.자원, 접근성, 인프라	A.1.1 장서	A.1.1.1 요청자료(표제)의 이용 가능성
		A.1.1.2 장서 중 요청자료의 비율
		A.1.1.3 거절된 접근 비율
		A.1.1.4 장서 중 자료 1,000건당 디지털화된 자료 수
		A.1.1.5 특별 장서 당 디지털화된 문서 비율
		A.1.1.6 기관 리포지토리(institutional repository) 내 소유 기관의 출판물 비율
	A.1.2 접근성	A.1.2.1 장서 배열의 정확성
		A.1.2.2 폐쇄 서가의 자료 검색 평균 시간
		A.1.2.3 상호대차 신속성
		A.1.2.4 상호대차 성공률
		A.1.2.5 참조 업무의 신속성
		A.1.2.6 온라인 목록을 이용해 접근이 가능한 희귀자료 비율
		A.1.2.7 안정적인 상태의 희귀자료 비율
		A.1.2.8 보존/복원 처리가 필요가 희귀자료 비율
	A.1.3 시설	A.1.3.1 1인당 이용자 면적
		A.1.3.2 1인당 이용자 공간
		A.1.3.3 요구 대비 개방시간
		A.1.3.4 모든 다른 개방시간 중 평균 대출수 대비 최근 추가 개방 시간 중 평균 대출수
		A.1.3.5 적절한 환경을 갖춘 보관 장소 비율
	A.1.4 직원	A.1.4.1 인구 1,000명당 직원수
A.2 이용	A.2.1 장서	A.2.1.1 장서 회전율
		A.2.1.2 최근 3년간 인쇄 출판물 이용률
		A.2.1.3 1인당 대출량
		A.2.1.4 이용되지 않는 장서 비율
		A.2.1.5 디지털 자료당 다운로드 수

측정 대상 항목		측정 지표
	A.2.2 접근성	A.2.2.1 1인당 도서관 방문횟수
		A.2.2.2 모바일 도구를 이용한 온라인 목록 방문자 비율
		A.2.2.3 외부 이용자 비율
		A.2.2.4 외부 이용자의 총 도서관 대출 비율
		A.2.2.5 1인당 도서관 행사 참가자수
		A.2.2.6 1인당 교육(training lessons) 참가자 수
		A.2.2.7 기능적 읽기 및 쓰기 강좌에 참석하여 일정 수준 이상의 능숙도에 도달한 이용자 비율
		A.2.2.8 ICT 강좌에 참여하여 특정 능력을 습득한 이용자 비율
	A.2.3 시설	A.2.3.1 이용자 장소 점유율
	A.2.4 일반	A.2.4.1 목표 인구 도달률
		A.2.4.2 간접 이용자를 포함한 도달 인구 비율
		A.2.4.3 이용자 만족도
		A.2.4.4 재이용 의사
		A.2.4.5 도서관을 알고 있다는 설문 응답자 비율
		A.2.4.6 자신의 조직, 단체, 공동체, 지역, 나라가 도서관을 갖는 것이 중요하다고 느끼는 설문 응답자 비율
		A.2.4.7 인지한 영향
A.3 효율성	A.3.1 장서	A.3.1.1 장서 이용(collection use) 당 비용
		A.3.1.2 장서 이용당 취득 비용
		A.3.1.3 다운로드당 비용
	A.3.2 접근성	A.3.2.1 자료 장비 평균 시간
	A.3.3 직원	A.3.3.1 전체 직원 중 이용자 서비스 담당 직원 비율
		A.3.3.2 (이용자 질문에) 올바른 답변 제공 비율
		A.3.3.3 자료 장비 업무의 직원 생산성
		A.3.3.4 대출과 배달 서비스의 직원 생산성
		A.3.3.5 자료 목록당 직원 비용
		A.3.3.6 대출당 직원 비용
	A.3.4 일반	A.3.4.1 이용자당 비용
		A.3.4.2 도서관 방문 당 비용
A.4 잠재력과 발전	A.4.1 직원	A.4.1.1 직원당 공식적인 연수 참여 시간
		A.4.1.2 연수에 소요된 직원 시간 비율
		A.4.1.3 협력적 파트너십과 프로젝트에 참여한 직원 비율
		A.4.1.4 교육봉사에 소요된 직원 시간 비율
		A.4.1.5 탐색 지원을 제공하는 도서관 직원 비율
		A.4.1.6 전문 직원당 연구 출판물 수
	A.4.2 일반	A.4.2.1 특별 보조금이나 발생한 수입으로 받은 금액의 비율
		A.4.2.2 도서관에 할당된 기관 자금의 비율
		A.4.2.3 이벤트별 미디어에 게재된 출판물 수

(출처: ISO, 2023, 23-27의 Table 1 내용 중 Performance indicator를 수록함)

2.2 도서관 서비스 품질 평가 도구

도서관 서비스 품질에 대한 평가는 1990년대 후반부터 경영학 분야 서비스 품질평가 도구인 SERVQUAL(Service Quality: 서브퀄)을 적용하여 연구가 시작되었으며, 이후 도서관 서비스 품질평가 도구인 LibQUAL+(LibQUAL+™, LibQUAL+®)가 개발되었다. LibQUAL+는 서비스 영향력, 도서관 장소, 정보제어의 3가지 도서관 서비스 품질 차원으로 구성되어 서비스 품질 연구에 사용되고 있다. 도서관 서비스 품질 측정 항목과 항목별 측정 문항을 살펴보면 다음과 같다(김영순, 2012, 20).

① 서비스 영향력
SERVQUAL의 정서적 차원인 공감성, 응답성, 확신성, 신뢰성을 하나의 차원으로 묶은 것으로 도서관 직원의 서비스 수행 자세와 업무 수행능력을 평가하는 차원이다.

② 정보제어
도서관에서 다양한 인쇄 및 전자자료를 소장하고 이용자가 필요로 할 때 제공할 수 있는지, 원격 접속으로 도서관 이외의 공간에서도 정보 접근이 가능한지 등 정보 지원 측면을 평가하는 차원이다.

③ 도서관 장소
SERVQUAL의 시설, 설비 등과 같은 유형성 차원을 확장한 개념으로 연구, 단체학습, 세미나 장소 등 이용자의 요구를 수용할 수 있는 개념의 공간을 의미하고, 도서관의 물리적 공간을 평가하는 차원이다.

〈표 10-3〉 LibQUAL+의 서비스 품질 측정 항목과 측정 문항

서비스 품질 측정 항목	측정 문항
서비스 영향력 (Affect of Service)	1. 사서(교사)는 이용자에게 신뢰감을 준다. 2. 사서(교사)는 이용자 개개인에 대해 관심을 가지고 있다. 3. 사서(교사)는 이용자에게 공손하고 예의 바르다. 4. 사서(교사)는 이용자의 질문에 대해 신속하게 답변할 준비가 되어 있다. 5. 사서(교사)는 이용자의 질문에 답변할 수 있는 충분한 지식을 가지고 있다. 6. 사서(교사)는 이용자의 입장에서 이용자를 돕고자 한다. 7. 사서(교사)는 이용자의 정보요구에 대해 정확히 이해하고 있다. 8. 사서(교사)는 이용자를 도우려는 적극적인 태도를 가지고 있다. 9. 사서(교사)는 이용자가 가진 문제를 해결할 수 있는 충분한 능력이 있다.

정보제어 (Information Control)	10. (학교)도서관 홈페이지를 통해 집이나 사무실에서도 자유롭게 전자자료에 접근할 수 있다. 11. (학교)도서관 홈페이지는 필요한 정보를 찾을 수 있도록 안내한다. 12. (학교)도서관은 필요한 인쇄자료를 충분히 소장하고 있다. 13. (학교)도서관은 필요한 전자정보원을 충분히 소장하고 있다. 14. (학교)도서관은 필요한 정보에 쉽고 편리하게 접근할 수 있는 최신장비와 시설을 갖추고 있다. 15. (학교)도서관은 필요한 정보에 쉽고 편리하게 접근할 수 있는 검색 도구를 제공한다. 16. (학교)도서관은 이용자 스스로 필요한 정보에 접근할 수 있다. 17. (학교)도서관은 필요한 인쇄·전자저널을 충분히 소장하고 있다.
도서관 장소 (Library as Place)	18. (학교)도서관은 정보이용, 연구, 교육을 고취하는 장소를 제공한다. 19. (학교)도서관은 이용자의 개별적인 정보이용, 학습 등에 필요한 조용한 분위기를 제공한다. 20. (학교)도서관은 찾기 쉽고 이용하기 편리한 곳에 위치하고 있다. 21. (학교)도서관은 정보이용, 연구, 학습을 위한 공간을 제공하고 있다. 22. (학교)도서관은 단체학습 및 단체 교육을 위한 모임 공간을 제공한다.

(출처: 김영순, 2012, 38의 일부 내용을 수정함)

LibQUAL+ 모형의 서비스 품질평가 방법은 서비스 차원에 따라 최소 서비스 수준(Minimal service level), 기대 서비스 수준(Desired service level), 인식 서비스 수준(Perceived service level)으로 구성되어 있으며, 각각 9점 척도로 조사한 후 수준 간 차이(gap)를 분석해 서비스 품질을 평가한다. LibQUAL+는 도서관 서비스에 대한 각 수준 간의 차이에 따라 '적정성 차이(adequacy gap)'와 '우위성 차이(superiority gap)'가 발생한다. '적정성 차이'는 현재 인식치(P)에서 최소 기대치(M)를 뺀 수치를 말하며, 현재 인식치가 최소 기대치보다 높은 경우 긍정적인 적정성 차이(positive adequacy gap)가 발생하며, 도서관이 이용자가 기대하는 최소한의 서비스를 제공하고 있음을 의미한다. 현재 인식치가 최소 기대치보다 낮은 경우 부정적인 적정성 차이(negative adequacy gap)가 발생하며, 이용자는 도서관 서비스에 대해 불만족스러운 상태임을 의미하고, 시급한 개선이 필요한 상황이라고 볼 수 있다. '우위성 차이'는 현재 인식치(P)에서 희망 기대치((D)를 뺀 수치를 말하며, 현재 인식치가 희망 기대치보다 높은 경우 긍정적인 우위성 차이(positive superiority gap)가 발생한다. 이는 도서관에서 이상적인 서비스를 제공하는 경우로 이용자가 도서관 서비스에 대해 만족하고 있다는 것을 나타낸다(정대근, 노영희, 2018, 59). 그러나 LibQUAL+의 측정 문항(3개 차원 22개 문항)은 도서관이 제공하는 유무형의 서비스를 포괄하지 못하며, 도서관 서비스가 이용자와 모체기관에 얼마나 이바지했는지를 평가할 수 없다는 한계를 갖고 있다. 또한, 도서관 서비스 품질 차원별 문항의 유사성과 중복성, 웹 설문 방식으로 도서관 비이용자가 설문에서 빠지는 설문 응답 데이터의 유효성 문제가 있다. 그리고 프라이버시 중시 풍조로 인해 설문 회수율(20~30%)이 저조하여 수집한 데이터와 분석 결과의 신뢰성이 낮을 수 있다(윤희윤, 2021, 376-378).

3. 학교도서관 평가

3.1 학교도서관 평가 기준

IFLA(2015)의 『학교도서관 가이드라인』에서는 학교도서관 평가 방법을 프로그램의 질(Program Quality), 프로그램의 내용(Program Content), 프로그램의 영향(Program Impact), 이해 당사자의 인식(Stakeholder Perceptions) 그리고 증거기반업무 평가로 구분하고, 각 평가 방법별 평가대상과 특징을 설명하고 있다. 프로그램의 질 평가는 교육청이나 국가 수준의 기준을 활용해서 외부 전문가가 학교도서관이 수행한 다양한 활동을 다년간에 걸쳐서 평가하는 방식이다. 프로그램 내용 평가는 학교도서관이 수행한 자원기반 교수 활동이 학업성취도에 끼친 영향을 자체적으로 또는 핵심 그룹 면담을 통해서 평가하는 것이다. 프로그램의 영향 평가는 면담이나 평가지를 활용하여 학생의 학습활동에 관한 학교도서관 탐구 활동의 기여도를 알아보는 방법이다. 이해 당사자의 인식에 의한 평가는 교육청이나 학교 수준에서 학생, 교사, 학부모를 대상으로 학교도서관의 프로그램과 서비스 만족도를 알아보기 위하여 설문하는 것이다. 증거기반 업무 평가는 업무실행 전, 업무실행 중 그리고 업무실행 결과에 대한 증거 데이터를 수집하고 분석하는 방법으로 증거기반업무 결과를 반영한다. 따라서 학교도서관 평가 대상은 주로 학교도서관이 수행한 프로그램과 서비스의 질과 내용 그리고 영향임을 알 수 있다. 또한, 학교도서관에 대한 이용자의 인식도와 업무 수행을 증명할 수 있는 데이터도 주요한 평가 대상이다.

특히, 증거기반업무 평가는 학습자의 요구사항을 이해하고, 학생에게 더 나은 영향을 줄 수 있는 운영 방안을 마련하는 데 도움이 되는 증거를 도서관 개발에 활용하는 것이다. 따라서 학교도서관의 우선순위인 학습자에 대한 이해를 바탕으로 가장 효과적인 학습 방법을 찾을 수 있다. 학습자 중심의 증거 기반 운영을 위해서는 사서교사가 교과교사와의 협동 및 파트너십을 통해 교수-학습활동에 적극적으로 참여해야 한다(National Library of New Zealand, 2025. 04. 07.). 학교도서관 평가 방법의 특징과 주요 평가 대상을 정리하면 다음과 같다.

〈표 10-4〉 IFLA 학교도서관 평가 방법별 주요 특징

평가 방법	주요 특징
프로그램의 질 평가	• 학교 인가 절차, 지역이나 국가 수준의 기준과 같은 활동 지침의 틀 안에서 실시함 • 종합적인 프로그램 평가는 교육청이나 교육부 또는 외부 전문가에 의해서 이루어짐 • 기준과의 비교는 평가를 시설이나 장서와 같은 도서관 프로그램의 한 측면으로 제한될 수 있음 • 도서관이 수행한 다양한 활동을 대상으로 다년간에 걸쳐서 장기프로젝트 형태로 평가함
프로그램의 내용 평가	• 평가 범위와 기간을 확대하거나 좁히는 방법임 • 자체 평가: 학기나 학년 단위로 도서관 기반 교수 활동의 학업성취도에 대한 영향을 분석하고, 이를 학교의 다른 교육활동이 학업성취도에 미친 영향과 비교 분석함 • 핵심 그룹 평가 - 교과교사, 부장교사, 다른 학교도서관 사서교사, 장학사 등으로 핵심 그룹을 구성하고, 학교도서관 기반 교수 활동이 학업성취도에 어떤 영향을 끼쳤는지 분석함

평가 방법	주요 특징
프로그램의 영향 평가	• 학교도서관의 부가 가치(value-added)에 초점을 둔 평가 • 학생의 학습활동에 관한 학교도서관 탐구 활동의 기여도를 알아보기 위하여 면담이나 평가지를 활용하는 방법 - 면담 내용이나 평가지를 분석하는 일은 힘들고 많은 시간이 필요함 - 학생의 지식 형성 과정과 교과 내용 이해 방법을 이해할 수 있음 - 학교와 직장 그리고 평생 중요한 정보처리 및 활용능력에 대한 이해 정도를 파악할 수 있음 • 초등학생을 위한 평가 방법: Library Power project - 프로젝트 종료 후에 면담하는 방법 - 프로젝트를 위해 어떻게 책과 컴퓨터를 활용했나요? 잘한 일은 무엇이고, 어떤 어려움이 있었나요? - 프로젝트를 어떻게 시작했나요?, 중간 부분에서는 무엇을 했으며, 어떻게 마무리했나요? 프로젝트의 시작과 중간 마무리 단계에서 느낀 점은 무엇인가요? - 무엇을 배웠나요?, 기억에 남는 것은 무엇인가요?, 여러분의 프로젝트를 교외에서도 공유했나요?, 여러분의 프로젝트를 교외 사람들이 좋아하는 것으로 만드는 방법이 있나요? • 중고등학생을 위한 평가 방법: Student Learning Impact Measure(SLIM) - 탐구과정에서 3회에 걸쳐서 질문지를 작성하도록 함 - 탐구주제에 대해서 알고 있는 내용을 쓰세요. - 탐구주제에 얼마나 관심이 있나요? - 탐구주제에 대해서 얼마나 알고 있나요? - 탐구과제 해결 과정에서 가장 쉽게 발견한 것은 무엇인가요? - 탐구과제 해결 과정에서 가장 어렵게 발견한 것은 무엇인가요? - 탐구과제를 해결하면서 무엇을 배웠나요?(이 질문은 프로젝트 마지막에 한 번만 함) • 면담, 평가지, 학습일지, 탐구 모둠 등을 활용해서 탐구능력을 평가하는 방법 - 자원, 정보의 신뢰성, 객관성, 관련성을 식별할 수 있는 능력 - 신뢰할만한 세련된 결과물을 산출할 수 있는 능력 - 전자정보를 책임감 있게 이용할 수 있는 능력
이해당사자의 인식에 의한 평가	• 손쉽게 프로그램과 서비스의 적절성을 평가하는 방법임 • 교육청 수준의 인식도 조사 - 교육청이 학생, 교사, 학부모를 대상으로 학교도서관의 프로그램과 서비스 만족도를 평가하기 위한 설문을 진행하는 방법 - 지역의 의사결정권자에게 도서관 프로그램과 서비스를 이해시킬 수 있음 • 학교 수준의 인식도 조사 - 설문조사: 전체 학생을 대상으로 학급 단위로 도서관에 대한 인식을 알아보기 위한 설문을 하고 모은 데이터는 교사, 학부모 등과 공유하여 분석함 - 질문의 예) 우리 학교도서관의 좋은 점은 무엇인가?, 우리 학교도서관을 더 좋게 만들기 위해서 해야 할 일은 무엇인가? - 대표 학생 활용: 중·고등학교에서 각 학급을 대표하는 학생들로 구성된 피드백 집단을 구성하면, 학교도서관 프로그램과 서비스의 장단점에 대한 구체적인 의견을 청취할 수 있으며, 학교도서관이 학습자를 위한 더 좋은 공간이 되기 위해서 해결할 필요가 있는 문제를 파악할 수 있음
증거기반업무 평가	• 의사결정에 필요한 데이터를 이용한 총체적이고 통합적인 평가 방법 • 업무 개선에 필요한 데이터를 수집하고 분석하는 데 중점을 둔 평가 방법 • 단위 학교 차원의 평가이기 때문에 한정된 범위에 대한 평가가 이루어짐 • 증거기반업무 평가는 세 가지의 데이터를 통합하는 것임 - 업무를 실행 전 증거(evidence for practice): 업무를 수행하기 위한 공식적인 조사로부터 발견한 데이터. 전문가 교육과 학교도서관 관련 연구 성과 요약집을 통해서 이 증거를 얻을 수 있음

평가 방법	주요 특징
	- 업무 실행 중 증거(evidence in practice): 업무를 수행하기 위해서 국지적으로 생산한 데이터. 대출 기록, 교수 활동 시간표, 독서 활성화를 위한 자료 구매 결정, 학생에게 탐구기반학습 기회를 제공하기 위해서 수립한 계획을 통해서 증거를 수집할 수 있음 - 업무 실행 후 증거(evidence of practice): 사서교사가 수행하는 일의 결과를 보여주는 이용자의 평판과 이용자가 생산한 데이터. 다양한 학생들의 학습 결과물, 교사와 학생 그리고 학부모에 대한 설문으로 데이터를 얻을 수 있음

(출처: IFLA, 2015, 47-49의 내용을 정리하여 도표화함)

IFLA(2015)의 『학교도서관 가이드라인』에서 제시하고 있는 학교도서관 평가 방법을 기관, 방법, 기준, 대상, 시기로 나누어 구조화하면 다음과 같다.

[그림 10-2] IFLA의 학교도서관 평가 체계도

3.2 학교도서관 평가 현황 및 개선 방안

3.2.1 학교도서관 평가 현황

AASL(2018b)은 학교도서관의 강점과 약점 영역을 매년 분석하고, 개선 방안을 마련할 수 있는 평가용 체크리스트(School Library Evaluation Checklist)를 개발하였다. 체크리스트에 담긴 평가 요소는 '교육적 책임, 교육과정 연계, 장서개발, 정책개발, 공학기술 통합, 도서관과 서비스의 효과적인 이용 촉진 및 홍보, 도서관 시설과 학습 환경, 인력과 자원의 관리, 예산 확충,

전문성 신장' 등이다. 이 체크리스트는 학교, 학군, 주 수준에서 학교도서관 관계자가 손쉽게 자신의 학교도서관에 대한 책임을 이해할 수 있도록 평가 요소를 세분화하고 있는 것이 특징이다.

〈표 10-5〉 AASL의 학교도서관 평가용 체크리스트

공유토대	평가 수준	평가 지표
탐구 (Inquire)	학교 수준	❑ 사서교사는 학생의 멀티리터러시와 비판적 사고능력의 평가는 물론 매력적인 탐구기반학습 경험을 설계하고 지도하는 데 교사와 협동한다. ❑ 사서교사는 교사와 함께 공학기술의 교육과정 통합을 활성화하기 위하여 체계적인 교수설계와 정보탐색 과정을 활용한다. ❑ 사서교사는 다양한 위원회(수업, 교육과정, 교과서, 공학기술, 전문성 신장, 새 프로그램 채택)의 위원으로 교육과정 개발과 운영에 참여한다. ❑ 학교도서관 정책은 학교 일과 중에 학생과 교사가 학교도서관을 이용하고 자격을 갖춘 직원의 서비스를 받는 것을 보장하고 있다.
	교육구 수준	❑ 장학사나 교육장은 학습공학교육과정(교육청과 학교의 교육 전문가와 사서교사가 협력한)을 설계하고 장학한다. ❑ 장학사나 교육장은 교내 학생과 직원에게 제공할 유·초·중등도서관(Pre-K-12) 공학기술 통합 프로그램 계획과 개발에 협력한다. ❑ 장학사나 교육장은 교내 학생과 직원에게 제공할 초·중등(K-12)학교도서관 계획과 개발에 협력한다. ❑ 장학사나 교육장은 학군의 철학, 목적, 목표 달성에 이바지하는 학교도서관을 제공하기 위한 효과적인 계획과 절차를 개발한다.
포용 (Include)	학교 수준	❑ 도서관 자료는 지적 자유의 원칙에 따라 선정되고, 학생에게 다원화 사회에서 다양한 관점을 담고 있는 정보에 대한 접근성을 제공한다. ❑ 사서교사는 매력적이고 안전하고, 유연하고 학습에 도움이 되는 교수-학습 환경을 조성하고 유지한다. ❑ 학교도서관은 장벽이 없고 보편적으로 설계된 환경을 통해서 시설에 대한 평등한 물리적 접근성을 보장한다. 도서관 시설과 자료는 수업 전, 수업 중 그리고 방과 후와 방학 중에 쉽게 접근할 수 있다. ❑ 개별 학교는 규모와 수준에 상관없이 최소한 한 명의 전임 유자격 사서교사를 두고 있다. ❑ 사서교사 평가는 관내 모든 전문인력 평가 관행에 따라 작성된 고유한 책무성과 기여도를 담고 있는 도구를 활용한다.
	교육구 수준	❑ 개별 학교도서관에 대한 지도 및 관리 책임의 목적과 우선순위를 함께 개발하고, 사명 달성에 필요한 자원을 사서교사, 학교장 그리고 장학사, 교육장이 동일하게 공유한다. ❑ 사서교사, 학교장, 교육장, 장학사가 협력하여 예산을 계획한다. ❑ 장학사/교육장은 학교도서관과 공학기술 통합 프로그램과 관련된 주와 연방 법률을 모니터한다. ❑ 장학사/교육장은 지역, 주 그리고 국가 인증 요건 및 도서관과 공학기술 표준에 따라 관내 학교도서관 현황을 모니터하고 공개한다.

공유토대	평가 수준	평가 지표
협동 (Collaborate)	학교 수준	❑ 사서교사는 집단학습과 개별학습 운영, 학생 성적 평가 및 활동 평가를 통해서 협동수업에 참여한다. ❑ 학교도서관은 협동, 혁신 그리고 창의적인 문제해결을 촉진할 수 있는 환경을 제공한다. ❑ 학교도서관은 도서관 정책과 절차의 합의 도출을 환영하고 권장한다. ❑ 사서교사는 교내 의사 결정팀, 학교 개선과 인증 활동에 참여한다.
	교육구 수준	❑ 장학사나 교육장은 사서교사의 도서관 목적과 목표 개발을 지원한다. ❑ 지역구 수준의 계획수립에 지역구 도서관 경영자, 도서관과 공학기술 통합 직원, 학교 경영자, 교과교사, 학습자 그리고 지역주민이 적절하게 참여한다. ❑ 장학사나 교육장은 신임 학군과 학교 경영자에게 도서관 실습, 학습용 미디어, 공학기술, 교수 전략과 연구를 조언한다. ❑ 장학사나 교육장은 교장, 사서교사 그리고 학교도서관과 관련된 지역구의 정책 실행과 관련된 사람을 지원한다. ❑ 장학사나 교육장은 교육위원회와 주 승인을 위한 다년간의 공학기술계획의 검토와 개선을 책임지고 있는 지역교육구공학기술위원회에서 리더 역할을 한다. ❑ 장학사나 교육장은 학교장과 협력하여 사서교사와 공학기술 통합 직원을 채용, 장학, 평가한다. ❑ 장학사나 교육장은 학교장 및 사서교사와 협력하여 학교별 할당액을 포함한 지역구 예산을 개발한다.
제공 (Curate)	학교 수준	❑ 학교운영위원회가 승인한 장서개발정책을 가지고 있다. 이 정책에는 선택과 재심 기준과 절차 및 자료에 대해 제기된 문제(challenges)를 처리하는 절차를 담고 있다. ❑ 지역구 정책에 따라, 사서교사는 학교공동체가 사용하는 교육과정, 학습자, 교수유형, 교수 전략에 적합한 다양한 자원을 장서로 개발하고 관리한다. ❑ 장서와 설비 이용 기록의 기밀성을 보장하고, 접근을 촉진하는 절차에 따라 대출하고 이용할 수 있다. ❑ 대출 정책과 절차는 정보에 대한 접근성을 보장하기 위해 수수료(fees), 대출 제한 및 기타 제한 요소를 포함하고 있지 않다. ❑ 학교도서관은 주의 깊게 제작되거나 선정되고 학군과 학교 장서개발정책에 따라 심사를 받은 광범위한 디지털 자원에 대한 접근성을 제공하는 활성화된 웹을 유지하고 있다.
	교육구 수준	❑ 장학사나 교육장은 장서관리 업무(대출, 분류, 목록, 등록, 표준 명명법, 명명 규칙 등)의 표준화를 강화한다. ❑ 장학사나 교육장은 관내 모든 학교의 정기간행물, 비품 및 설비의 통합 주문과 규모의 경제를 활용할 수 있도록 사서교사의 자료 및 장비 선정을 지도한다. ❑ 장학사나 교육장은 제품과 서비스에 대한 교육구 차원의 라이선스를 조사하고 협상한다. ❑ 장학사나 교육장은 이용실태, 적절성, 최신성에 관한 데이터를 제공하기 위해 장서, 서비스 및 설비를 모니터한다.

공유토대	평가 수준	평가 지표
탐색 (Explore)	학교 수준	❑ 사서교사는 능동적이고 참여적인 학습, 자원기반학습 및 교사와의 협동에 기여할 수 있는 환경을 조성한다. ❑ 사서교사는 각기 다른 이용자 집단에 상응하는 다양한 교수법을 사용하고, 개인의 창의성과 혁신을 촉진한다. ❑ 사서교사는 교수-학습을 지원하기 위해 기존 및 새로운 공학기술을 평가, 홍보 및 사용한다. ❑ 학교도서관은 다른 학교 자원을 보완하고, 학교를 글로벌 학습 커뮤니티와 연결하고, 학습자 및 다른 교육자와 소통하고, 도서관 공학기술 통합 서비스에 연중무휴 접근성을 제공한다.
	교육구 수준	❑ 장학사나 교육장은 각 수준에서 모범적인 학교도서관의 개발을 촉진하고, 도서관과 사서가 지역, 주 그리고 국가 표준을 충족하도록 지원한다. ❑ 장학사나 교육장은 사서교사가 교수, 서비스, 도서관 프로그램 개발에 필요한 리더십, 역량 및 창의성을 신장할 수 있도록 교육구 현직연수를 제공한다. ❑ 장학사나 교육장은 프로그램과 서비스의 실행 및 홍보 계획을 개발하거나 찾아서 실행한다. ❑ 장학사나 교육장은 사서교사가 새로운 자원과 서비스 그리고 설비를 평가하도록 조치한다.
참여 (Engage)	학교 수준	❑ 사서교사는 정보의 윤리적 사용을 장려하고, 저작권, 공정한 사용, 지식재산권 라이선스, 디지털 자원 및 인터넷 사용과 관련된 개인정보 보호 문제 및 윤리적 온라인 행동을 이해하고 사용자가 동일한 내용을 이해하고 준수하도록 돕는다. ❑ 학교도서관과 사서교사는 지적자유에 대한 헌신을 보여준다. ❑ 도서관 직원은 최신성을 유지하고, 계속교육에 참여하여 교육 및 활동이 실무, 정보공학기술 및 교육 연구에 있어서 최근의 진전 상황을 반영하도록 한다. ❑ 사서교사는 교사와 다른 직원에게 새로운 공학기술, 다양한 미디어의 사용 및 생산, 정보에 관한 법률 및 정책과 관련된 학습 기회를 제공한다. ❑ 사서교사는 자료선정, 대출, 자료 재검토, 저작권, 개인정보보호, 공학기술과 소셜 미디어의 책임 있는 사용과 같은 문제와 관련하여 공동으로 개발한 최신 교육구 정책을 학습 커뮤니티와 공유한다.
	교육구 수준	❑ 학교와 도서관 웹사이트, 학부모 및 보호자에게 보내는 뉴스레터, 이메일, 소셜 미디어 그리고 지역 케이블 TV, 비디오/오디오 스트리밍, 주문형 보드캐스트, 팟캐스트와 같은 방식을 활용해서 의사결정권자들과 자주 시의적절하게 의사소통한다. ❑ 장학사나 교육장은 타인의 저작권과 지식재산권, 개인정보 보호 및 책임 있는 인터넷 사용을 존중하기 위한 정책 및 지침 준수를 장려하는 윤리 강령을 발표한다. ❑ 장학사나 교육장은 신규 및 기존 공학기술과 프로그램 요소의 영향을 평가하는 데 리더십을 발휘하고, 교육-학습을 지원할 수 있는 가장 효과적인 공학기술 및 전략의 사용을 권장한다. ❑ 장학사나 교육장은 단위 학교도서관의 교육과정과 학업성취도에 대한 영향력과 관련해서 교육구와 학교 경영자를 위한 보고서를 준비한다.

(출처: AASL, 2018b의 내용을 도표화함)

CILIPS(Chartered Institute of Library and Information Professionals Scotland, 2025)는 단위 학교별로 학교도서관정책(School Library Policy)을 개발하고, 이 정책에 '평가와 연간 보고서' 작성을 포함하고 있다. 그리고 학교장과 수석교사의 책임하에 학교 교육 평가에 학교도서관을 포함하도록 하고있다. 평가는 도서관 자원과 직원에 대한 전자 설문, 설문과 인터뷰로 선정한 15개 권역별 도서관 직원에 대한 표적 후속 설문을 통해 이루어지는데 면접자는 CILIP의 학교도서관 분과 위원 중 자원봉사자로 구성한다. 평가 항목은 도서관 자원에 대한 기초조사와 도서관 활동으로 구성된다. 이 중 도서관 활동에 대한 설문 문항은 '사서에 대한 관리감독, 도서관 관리 전략, 주요 학교 활동 참여도, 즐거움을 주는 독서 촉진, 학생의 정보활용능력 신장 활동, 교사와의 협동, 기타 교수-학습활동 지원, 가상환경에서의 학생 성장 촉진, 장서 및 자료에 대한 예산 지출의 적절성' 등이다.

뉴질랜드는 국가도서관과 학교도서관협회 등이 참여하는 전국 단위의 학교도서관에 대한 설문을 2018년부터 실시하고 있다. 설문 내용은 연도별로 차이가 있으며(예: 2021년 코로나19 영향, 2022년 학교도서관 전담 인력), 공통 문항은 '학교도서관 직원과 고용, 전문성 신장 지원과 계속 교육, 장서보유 현황, 장서 개발 예산과 재원' 등이다. 설문은 대면, 온라인 면담, 참여기관의 홈페이지, SNS 등을 활용한다. 또한, 호주와 영국, 뉴질랜드는 교육 영향력 평가 전문회사인 Softlink를 이용해 학교도서관 영향력 평가를 진행하고 있다. 영향력 평가 요소는 '학교도서관 자원(예산, 직원), 서비스, 최신 경향, 장서, 학교도서관에 영향을 끼치는 기회, 도전, 경향에 관한 관점' 등이다. 그리고 개방형 질문 평가를 통해 '도서관의 역할과 학교도서관에 영향을 끼치는 현존 하거나 잠재적인 동향'에 대한 의견을 청취하고, 설문 참가자가 더 바라는 것과 도서관에서 성취할 수 있는 것, 도서관 서비스 개선 방법 등을 백서에 담아 공유한다.

이처럼 국제기준과 여러 나라에서는 학교도서관 평가를 교육적 영향력을 확대하고 예산지원과 업무 개선을 위한 의사결정 도구로 활용하고 있다. 평가 주체는 학교, 교육청, 국가 등이며, 학교도서관 자원(기본 환경)에 대한 통계뿐만 아니라 학교도서관의 교육적 가치를 기반으로 한 프로그램 평가 기준을 마련하고 있다. 특히, 학생, 교사, 학부모의 만족도와 인식도 및 공학기술과 교육서비스의 교육과정 연계와 통합에 대한 평가가 중심이다. 학교도서관 평가 기준으로 활용하기 위한 국가 수준의 학교도서관 기준을 제시하고, 성과 및 영향력 측정, 기준 비교, 설문, 면담, 데이터 수집 및 분석 등 평가 대상 및 내용에 따른 다양한 평가 방법을 적용하고 있다. 또한, 외부 전문가, 교육 전문기관이 평가에 참여하는 공동체 기반 개방형 평가가 이루어지고 있으며, 학교도서관 자원 및 프로그램 평가를 위한 평가 주체별 평가 지표가 마련되어 있다(송기호 외, 2023, 62-68).

우리나라의 학교도서관 평가는 교육부의 교육통계와 정보공시, 교육청의 학교도서관 현황 조사 및 컨설팅 그리고 문화체육관광부의 전국도서관운영평가를 통해서 이루어지고 있다. 교육부, 교육청, 학교의 학교도서관 평가는 매년 4월 1일을 기준으로 실시하고 있는 유·초·중등 교육기본통계조사와 연계되어 있으며 조사 대상은 학교도서관이 보유한 자원의 정량적 현황이다. 교육청의 학교도서관 현황 조사에 포함되는 학교도서관 평가 지표는 공통 항목 2의 '교원 현황'과 공통 항목 3의 '학교 일반의 학교도서관 현황'이다. 그리고 입력 항목은 '도서관 수, 도서관 교직원수(사서교사, 사서직원(사서 자격증 보유, 미보유)), 좌석수, 장서수(도서, 비도서), 연간 학생 대출자수, 연간 학생 대출 자료수, 예산액(도서 등 자료 구매비, 운영비)' 등 정량적 자료이다(교육부, 한국교육학술정보원, 2025, 225-230). 학교도서관 현황 입력 항목은 학교별 학교도서관 관련 정보공시 항목(시도교육청, 교육부, 한국교육학술정보원, 2025, 226)과 동일하다.

한편, 문화체육관광부는 도서관 현장 진단 및 분석 목적으로 2008년 이후 매년 전국 단위 도서관 운영 평가를 하고 있으며, 학교도서관은 국가도서관통계시스템을 통해서 희망 학교만 공모 형식으로 참여하고 있다. 전국도서관운영평가의 학교도서관 평가 지표 항목은 학교도서관활성화사업(2003~2007)의 교육적 성과 분석을 위하여 한국교육학술정보원(2003)이 개발한 학교도서관 평가 기준을 근간으로 하고 있다. 2015년 평가 이후 정성평가인 '교육 활성화 노력'의 배점(2015년 7점 → 2020년 42점 → 2021년 64점 → 2022년 58점)이 증가하였다. 이는 독서교육, 정보활용교육, 협동수업 등 학교도서관 고유 교육 기능을 평가에 반영하고, 학교도서관의 발전 방향과 전문인력의 노력으로 도달할 수 있는 목표를 설정하려는 노력의 결과이다. 학교도서관지원센터가 평가 전후 학교도서관에 대한 부분적인 컨설팅을 진행하고 있지만, 그 내용은 대부분 장서관리 업무 지원에 머물고 있다. 이상에서 살펴본 우리나라 학교도서관 평가 체계는 다음과 같다.

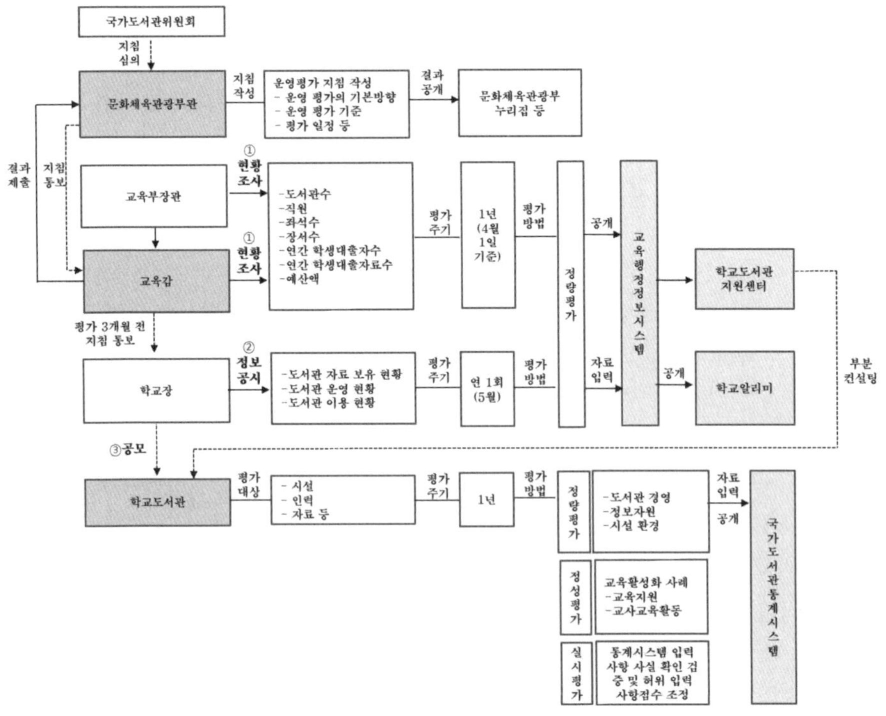

[그림 10-3] 현행 학교도서관 평가 체계도

우리나라 학교도서관 평가는 투입 자원에 대한 단순 통계를 산출하는 방식이며, 평가 주체가 교육부와 문화체육관광부로 이원화되어 있다. 평가 대상 및 참여 범위 측면에서 보면, 평가가 이용자 중심이 아닌 공급자 중심이다. 즉 학생, 교사 등 서비스 이용자의 만족도와 학교도서관에 대한 인식도 변화 등을 파악하기보다는 자원과 활용에 대한 양적 측정을 중심으로 이루어지고 있다. 따라서 학교도서관에 영향을 끼치는 사회 문화적 환경 변화 추세와 발전 방안에 대한 분석이 이루어지고 있지 않다. 평가 방법 측면에서 보면, 교육통계조사와 정보공시 내용은 학교도서관 자원의 정량적 수치를 측정하는 것이어서 이들 자원의 투입 결과인 학교도서관 서비스에 대한 성과측정과 운영 목적 달성 정도에 대한 정성적 평가가 이루어지지 않고 있다. 평가 결과 활용 및 환류 측면에서 보면, 교육부 및 교육청에 학교도서관 전담 조직이 설치되지 않은 상황에서 교육청 소속 공공도서관에 설치된 학교도서관지원센터가 업무 지원 차원의 컨설팅을 담당하는 상황이다.

3.2.2 학교도서관 평가 개선 방안

학교도서관 평가는 성과측정과 평가 및 환류를 통해 교육적 기능을 원만하게 수행할 수 있는 예산과 입법 그리고 정책 결정 근거로 활용되어야 한다. 이를 위해서는 우선, 투입 자원에 대한 단순 통계를 지양하고, 학생의 성장에 필요한 평등한 접근성을 보장하고 있는지 그리고 교육과정 운영과 학업성취도 향상에 어떤 영향을 끼치고 있는지 평가해야 한다. 그리고 제도 개선을 통해 학교도서관 설립 및 지도 감독기관의 평가 및 환류 책임을 명확하게 할 필요가 있다. 제도 개선 방안은 첫째, 학교의 독서교육, 정보이용교육 지원 세부 계획수립 책임이 있는 교육부 장관, 교육감, 학교장이 학교도서관 평가 및 컨설팅을 통한 환류 책임을 갖도록 『학교도서관진흥법』 및 『학교도서관진흥법시행령』을 개정하는 것이다.

〈표 10-6〉 학교도서관 설립 주체의 평가 책무성 명시를 위한 관련 법 개정(안)

「학교도서관진흥법」 개정(안)
제5조(설치) 특별시·광역시·특별자치시도·특별자치도의 교육감(이하 "교육감"이라 한다)은 학교에 학교도서관을 설치하여야 한다. 제15조(독서교육 등) ① 교육부장관·교육감과 학교의 장은 대통령령으로 정하는 바에 따라 학교의 독서교육과 정보이용교육을 지원하기 위한 세부 계획을 수립·시행하여야 한다. ② 제1항에 따른 독서교육과 정보이용교육은 「초·중등교육법」 제23조에 따른 학교의 교육과정 운영계획에 포함시켜야 한다. **③ 교육부장관·교육감과 학교의 장은 매년 학교의 독서교육과 정보이용교육의 실시 결과를 평가하고, 그 결과를 학교 교육과정에 반영한다(신설)**
「학교도서관진흥법시행령」 개정(안)
제9조(독서교육 등) ① 교육부장관·교육감과 학교의 장은 법 제15조 제1항에 따라 학교의 독서교육과 정보이용교육을 지원하기 위한 세부 계획을 수립·시행할 때에는 다음 각호의 사항을 고려하여야 한다. 1. 학생들의 학교도서관 이용 상황 2. 학생들의 독서 수준 3. 그 밖에 학생들의 독서교육과 정보이용교육을 지원하기 위하여 필요한 사항 **② 교육부장관·교육감과 학교의 장은 학교의 독서교육과 정보이용교육의 실시 결과를 학교도서관 진흥 및 발전 계획 등에 반영하고, 필요한 경우 연수, 장학 등을 실시한다(신설).**

둘째, 학교도서관 관련 계획(학교도서관진흥계획-학교도서관진흥시행계획-학교도서관운영계획)의 심의 조직이 평가를 담당하도록 학교도서관진흥위원회(『학교도서관진흥법』(법률 제18547호) 제8조)와 같이 학교도서관발전위원회와 학교도서관운영위원회의 심의 사항에 평가를 추가하는 방안이다.

〈표 10-7〉 학교도서관 관련 위원회의 평가 책무성 명시를 위한 관련 법 개정(안)

「학교도서관진흥법」 개정(안)	
현행	개정안
제8조(학교도서관진흥위원회) ① 학교도서관에 관한 주요 사항을 심의하기 위하여 교육부장관 소속으로 학교도서관진흥위원회(이하 "진흥위원회"라 한다)를 둔다. ② 진흥위원회는 다음 각호의 사항을 심의한다. **1. 기본계획의 수립 · 시행에 대한 평가** 2. 학교도서관과 관련하여 관계 중앙행정기관과 지방자치단체의 장이 요청하는 사항 3. 학교도서관과 관련하여 교육감, 제10조에 따른 학교도서관운영위원회, 전문단체와 전문가가 요청하는 사항 4. 그밖에 학교도서관의 진흥을 위하여 필요한 사항	좌동
제9조(시 · 도의 시행계획과 학교도서관발전위원회)① 교육감은 기본계획에 따라 해당 지역의 실정과 특성에 맞는 시행계획을 수립 · 시행하여야 한다.	**제9조(시 · 도의 시행계획 및 평가와 학교도서관발전위원회)** ① 교육감은 기본계획에 따라 해당 지역의 실정과 특성에 맞는 시행계획을 **수립 · 시행하고 평가한다.**
제10조(학교도서관운영위원회) ① 다음 각 호의 사항을 심의하기 위하여 학교에 학교도서관운영위원회를 둔다. 1. 학교도서관운영계획	제10조(학교도서관운영위원회) ① 다음 각 호의 사항을 심의하기 위하여 학교에 학교도서관운영위원회를 둔다. **1. 학교도서관운영계획 수립 및 평가**
「학교도서관진흥법시행령」 개정(안)	
제4조(학교도서관발전위원회 구성 및 운영) ④ 발전위원회는 다음 각 호의 사항을 심의한다. 1. 학교도서관 발전 시행계획의 수립 · 시행에 관한 사항	제4조(학교도서관발전위원회 구성 및 운영) ④ 발전위원회는 다음 각호의 사항을 심의한다. **1. 학교도서관진흥시행계획의 수립·시행 및 평가에 관한 사항**

그리고 평가 주체별 평가 목적과 대상 및 주기의 차별화가 필요하다. 교육부 장관은 5년 주기로 국가 수준의 학교도서관진흥계획수립을 위한 정책 요인(사회 환경 변화, 교육과정 변화, 도서관 발전 추세, 이용자 요구)을 분석하고 학교도서관 자원 및 이용을 평가한다. 교육감은 학년 단위 독서교육, 정보이용교육 지원 세부 계획수립 및 시행에 필요한 학교도서관 고유 교육 기능 및 자원 이용을 평가하고, 그 결과를 학교도서관 장학 컨설팅에 활용하도록 한다. 학교장은 학년

또는 학기 단위로 독서교육, 정보이용교육 지원 세부 계획수립 및 시행에 필요한 학교도서관 고유 교육 기능 및 자원 이용을 평가하고, 그 결과를 학교도서관 컨설팅 장학에 활용하는 것이다.

평가 대상 측면에서 학교도서관 자원 대상 공급자 중심 평가에서 벗어나 학생, 교사, 학부모 등 교육 수요자의 학교도서관에 대한 만족도, 인식도 및 학교도서관의 교육적 영향력에 대한 평가를 진행할 필요가 있다. 평가 방법 측면에서는 통계, 설문, 면담, 관찰, 자료 수집 분석 등 평가 대상과 내용별 다양한 평가 방법을 활용하는 방향으로 개선되어야 한다.

평가 주기 측면에서는 교육부와 교육청의 학교도서관진흥기본계획 및 교육계획수립을 위한 정기, 다년간 평가와 단위 학교 교육활동에 대한 학기(년) 평가로 구분하여 실시하는 것이 바람직하다. 평가 참여 범위 측면에서 외부 전문가, 전문기관 등 공동체 구성원이 설문, 면담, 자료분석, 기준 비교 등에 참여하는 수요자 기반 공동체 연계 평가를 통해 학교도서관에 대한 공동체 인식 개선이 이루어지도록 할 필요가 있다. 평가 결과의 환류 측면에서 학교도서관 평가 결과를 의사결정과 서비스 개선에 활용할 수 있는 컨설팅 장학체계를 마련해야 한다. 컨설팅 장학체계 마련 방안으로는 학교도서관 연합 운영 체제 구축, 독서로 DLS를 활용한 온라인 컨설팅 체제 구축, 학교도서관 표준 업무 지침서 개발, 컨설턴트의 다양화 및 교육 프로그램 운영 그리고 교육부와 시도교육청에 학교도서관 전담 부서를 설치하는 것이다. 전담 부서 설치가 어려운 경우 최소한 시도교육청의 학교도서관, 독서교육 그리고 공공도서관 업무를 통합하여 장학 부서에서 담당하도록 해야 한다.

평가 기준 및 지표 측면에서 학교도서관의 교육성과 평가 및 질 관리를 위한 국가 및 교육청 수준의 기준 및 지침을 개발하고, 학교도서관 자원에 대한 통계 지표 외에 학교도서관 프로그램 평가 기준을 마련해야 한다. 아울러 교육청 산하 학교 간 비교 평가 및 발전 모델 활용이 가능하도록 학생 등 이용자 중심(1인당) 자원 및 서비스 평가가 이루어져야 한다. 또한, 교육부, 교육청, 학교 등 학교도서관 평가기관이 교육목표에 따라 취사선택할 수 있는 평가 지표 개발이 필요하다.

평가의 연계 및 통합성을 위해 통계 시스템의 연계성을 확보하고 학교도서관 지식 공유 시스템을 구축할 필요가 있다. 이를 위해 독서로 DLS와 나이스 교육통계 시스템 간 연계성을 확보하여 물리적 자원 확보와 활용 등 정량적 평가 자료가 손쉽게 통합되도록 개선해야 한다. 그리고 학교도서관 우수 운영 사례와 교육적 성과 공유를 통해서 컨설팅 장학을 활성화고, 프로그램의 준비와 수업 과정에 대해 나누고 성장하는 기회를 제공하여 자기평가와 성장을 도울 수 있도록 학교도서관 지식 공유 시스템을 구축할 필요가 있다(이지연, 이연희, 2021). 이를 위해 독서로 DLS의 기능을 학교도서관 성과 관리가 가능하도록 확대 개편하거나, 에듀넷(edunet)에 '학교도서관 교육' 영역을 추가 운영하는 방안을 마련해야 한다. 이상에서 살펴본 학교도서관 평가 개선 방안을 체계화하면 다음과 같다.

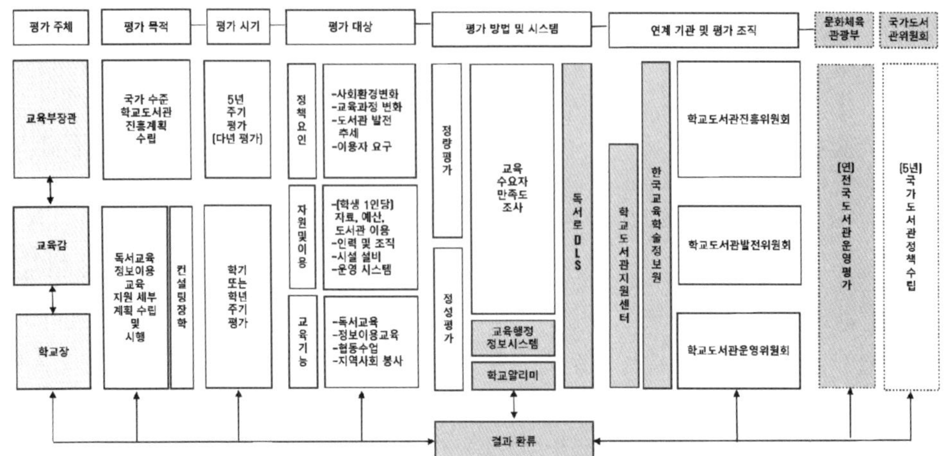

[그림 10-4] 학교도서관 평가 개선 체계도

4. 서비스 만족도 측정

이용자의 학교도서관 봉사에 대한 만족도 측정 방법 중 설문지, 핵심 그룹 면담, 여정 지도 작성 그리고 의견함 등에 대해서 살펴보면 다음과 같다(Hernon and Altman, 2001, 191- 195; Morris, 2004; National Library of New Zealand, 2025. 04. 30.).

4.1 설문지법

설문지법은 이용자의 도서관에 대한 기대치와 실제 도서관이 수행한 서비스 간 인식도를 예정된 시간 계획에 따라 반복적으로 수행할 수 있는 측정 방법이다. 설문지의 내용은 도서관이 수행한 서비스의 품질을 평가하기 위한 신뢰성, 응답성, 확신성, 접근성, 의사소통, 신용성, 외양성, 안전성, 이용자(고객)에 대한 이해도 등이 포함된다. 설문 내용은 신중하게 작성되어야 하며, 사서교사는 이용자의 수준과 특징 그리고 도서관의 운영 목적 등을 고려하여 응답자에게 부담이 되지 않도록 2쪽을 넘지 않는 정도의 질문 문항으로 개발하는 것이 효과적이다. 성과측정을 위한 설문은 도서관이 수행한 봉사 전 영역이 아니라, 이용교육이나 독서교육 또는 참고봉사 등 특정 영역에 대해서만 실시할 수도 있다.

설문은 표본 집단을 선정하여(확률표본추출) 일시에 실시할 수도 있고, 도서관 출입구 근처나 학생들이 많이 모이는 장소에 일정 기간 설문지를 비치하여 무작위로(비확률표본추출) 실시할 수도 있다. 개방형 질문으로 다양하고 많은 응답자로부터 정보를 얻고 싶다면 면담조사가 적합하지만, 비용이 많이 든다는 담점이 있다. 온라인 조사는 시간과 비용을 줄일 수 있지만 응답률이 낮다는 한계가 있다. 전화조사는 가장 짧은 시간에 적은 비용으로 설문할 수 있으나, 응답률과 응답자 다양성은 높지 않다. 우편조사는 시간과 비용이 가장 많이 드는 반면 응답률과 응답자의 다양성이 낮은 편이다.

설문지를 통한 성과측정은 도서관이 수행한 서비스의 다양한 측면을 살펴볼 수 있고, 응답자에 관한 인구통계학적 정보를 얻는 데 유리하다. 특히, 학교 외부 이용자의 관심 영역, 교육 수준, 소득 수준, 나이 등에 따른 서비스 만족도 측정이 가능하다. 그러나 설문지는 표본추출이 조사자에 의해 통제될 수 있고, 조사자에 의한 자의적인 조사가 될 가능성이 있다는 단점이 있다. 설문을 시험 전후 기간이나 학교 행사 등과 겹쳐서 실시하는 것은 응답률 저하와 학생의 불만을 살 수 있으므로 피하는 것이 좋다. 설문지법을 통한 성과측정 시 특히 유의할 점은 이용자의 배경을 파악하기 위한 질문이 개인의 사생활을 침해해서는 안 된다는 점이다. 설문지법의 장단점을 구체적으로 살펴보면 다음과 같다.

〈표 10-8〉 설문지를 이용한 성과측정의 장단점

장점	단점
• 서비스의 다양한 측면을 살펴볼 수 있다. • 일반적으로 응답자에 관한 인구통계학적 정보를 얻을 수 있다. • 표본추출이 조사자에 의해 통제될 수 있다. • 높은 응답률을 기대할 수 있다. • 데이터에 이용자 모집단의 특성 및 견해가 잘 반영될 수 있다. • 면담과 비교해 비용이 저렴하다. • 응답자에 의해 자기통제가 가능하다. • 많은 수의 이용자를 대상으로 조사할 수 있다.	• 특정 시점, 특정 상황의 단편적인 상황에 한정하여 조사가 이루어질 수 있다. • 결과를 해석하고 분석하는 데 많은 시간이 소요될 수 있다. • 조사자에 의한 자의적인 조사가 될 가능성이 있다. • 응답 내용이 허위나 과장일 수 있다.

초등학생을 대상으로 설문할 때는 직접 기록하는 것보다는 구체적인 질문에 표시하는 형태로 작성하는 것이 효과적이다. 설문의 내용은 사서교사가 제공하는 서비스나 이용지도에 대한 만족도, 자료에 대한 만족도와 요구사항 등이 포함될 수 있다. 초등학생을 위한 학교도서관 프로그램 평가용 설문의 예를 살펴보면 다음과 같다.

〈표 10-9〉 초등학생을 위한 학교도서관 프로그램 평가용 설문지(예)

학교도서관 프로그램 평가표

학년 : (　　) 반 : (　　)

다음 설문은 여러분이 학교도서관을 이용하면서 느낀 점이나 바라는 점을 알아보기 위한 것입니다. 질문을 잘 읽고 해당하는 칸에 ○ 표하세요. 여러분의 답변이 우리 학교도서관을 더욱 훌륭하게 가꾸는 데 큰 힘이 됩니다.

(　　)년 (　　)월 (　　)일

질문	그렇다	가끔 그렇다	아니다	잘 모르겠다
사서교사는 내가 필요할 때마다 도움을 준다.				
사서교사는 내가 숙제를 해결하는 것을 도와준다.				
사서교사는 내게 컴퓨터 사용법을 알려준다.				
사서교사는 내가 비디오나 오디오 자료를 이용할 때 기기의 사용법을 알려준다.				
우리 학교도서관은 숙제를 해결하는 데 도움이 되는 책이 많다.				
우리 학교도서관의 이용 규칙은 공정하다.				
사서교사는 우리 학교도서관의 이용 규칙을 도서관에서 누구에게나 공평하게 적용한다.				
사서교사는 내게 도서관을 이용하는 방법을 알려준다.				
나는 우리 학교도서관의 이용 방법에 대해서 더 알고 싶다.				
나는 우리 학교도서관의 컴퓨터 이용 방법을 좀 더 알고 싶다.				
나는 인터넷 이용 방법을 안다.				
나는 인터넷 이용 방법을 좀 더 알고 싶다.				
나는 우리 학교도서관에 갈 때마다 환영받는 느낌이 든다.				
우리 학교도서관은 편안하고, 사서교사는 나를 즐겁게 해준다.				
학교도서관에 오면				
이야기책을 읽어주었으면 좋겠다.				

오디오 책을 들었으면 좋겠다.				
잡지를 읽고 싶다.				
학교도서관에 대해서 좀 더 많이 알고 싶다.				
컴퓨터를 이용하고 싶다.				
수고하셨습니다.				

(출처: Morris, 2004, 604의 내용을 수정 보완함)

4.2 핵심 그룹 면담

핵심 그룹 면담은 도서관 운영에서 발생한 쟁점 사항이나 서비스에 대한 이용자의 의견을 수렴하기 위해 핵심 그룹을 대상으로 이루어진다. 면담에 참여하는 핵심 그룹은 교사나 학생 중 참여를 희망하는 사람을 대상으로 할 수도 있고, 학년이나 학급 그리고 교과나 부서를 대표하는 사람을 대상으로 할 수도 있다. 만약 면담의 결과를 모집단 전체의 것으로 일반화하려는 경우에는 표본 집단을 선정하여야 한다. 핵심 그룹 면담에 참여하는 적절한 인원수는 6~10명이며, 운영 방식은 도서관의 주요 쟁점이나 문제에 대해서 45~90분 정도 집단 토론 형식으로 진행한다.

핵심 그룹 면담은 성과측정을 위한 설문지 내용 검토와 수정을 위한 예비조사나 데이터 수집 목적으로 이루어질 수 있으며, 다른 성과측정 방법과 결합하여 결과를 보강하거나 가치를 높이는 이차적인 수단으로도 활용할 수 있다. 사회자는 면담에 참여한 이용자가 도서관의 정책이나 서비스에 대해서 비판하더라도 방어적이어서는 안 된다.

핵심 그룹 면담은 개별 면담보다 적은 비용으로 더 신속하게 데이터를 수집할 수 있으며, 참가자 간 상호작용을 촉진하기 때문에 그 결론은 개개인의 응답을 모아놓은 것보다 더 많은 것이 반영된다. 그러나 대규모 모집단에 대한 일반화가 제한적일 수 있고, 개방적인 형태의 응답을 요약하고 해석하기가 어렵다는 단점이 있다. 핵심 그룹 면담의 장단점은 다음과 같다.

〈표 10-10〉 핵심 그룹 면담의 장단점

장점	단점
• 폭넓고 다양한 문제를 취급할 수 있고 누구든지 참여할 수 있다. • 개별 면담보다 더 빠르고, 적은 비용으로 데이터를 수집할 수 있다. • 참가자들 간의 상호작용을 촉진하기 때문에 그 결론은 개개인의 응답을 모아놓은 것보다 더 많은 것이 반영되어 있다. • 한 개인의 견해에 대한 다른 사람의 반응을 끌어낼 수 있다. • 반응을 명확하고, 면밀하게 조사할 수 있으며, 후속 질문을 할 기회를 제공할 수 있다. • 응답자 자신의 표현으로 데이터를 제시할 수 있다.	• 대규모 모집단에 대한 일반화가 제한적일 수 있다. • 독단적인 사회자로 인해 토론이 위축될 수 있고, 편향된 진행이 될 수도 있어서 객관성 유지가 어렵다. • 일부 참가자는 의견을 말하지 않을 수도 있고, 그룹별 토론에서 자신의 의견을 밝히는 것을 불편해할 수도 있다. • 개방적인 형태의 응답을 요약하고 해석하기가 어렵다.

4.3 여정 지도 작성

증거기반업무을 위한 증거 수집 방법 중 하나가 이용자 여정 지도 작성(User Journey Mapping)이다. 여정 지도란 학교도서관에 대한 학생의 경험을 포착하고 무엇이 그들에게 효과가 있고 무엇이 효과가 없는지 알려주는 사용자 경험(UX) 도구이다(National Library of New Zealand, 2025). 여정 지도는 상호작용의 각 단계에서 학생이나 도서관의 다른 이용자로부터 정보를 수집하여 도서관 이용자가 무엇을 하는지, 그리고 그것에 대해 어떻게 생각하는지 파악함으로써 도서관에 대한 만족도는 물론 서비스 개선 사항을 파악할 수 있다. 여정 지도에는 '여정 제작자(작업을 완료한 사람), 목표 또는 도서관에서 하고 싶었던 것, 사람과 기술 또는 자원과의 접점, 본 것, 생각한 것 및 느낀 것, 작업을 성공적으로 완료할 수 있게 해준 것(highlights), 작업을 완료하기 어렵게 만든 것(lowlights)' 등이 포함된다.

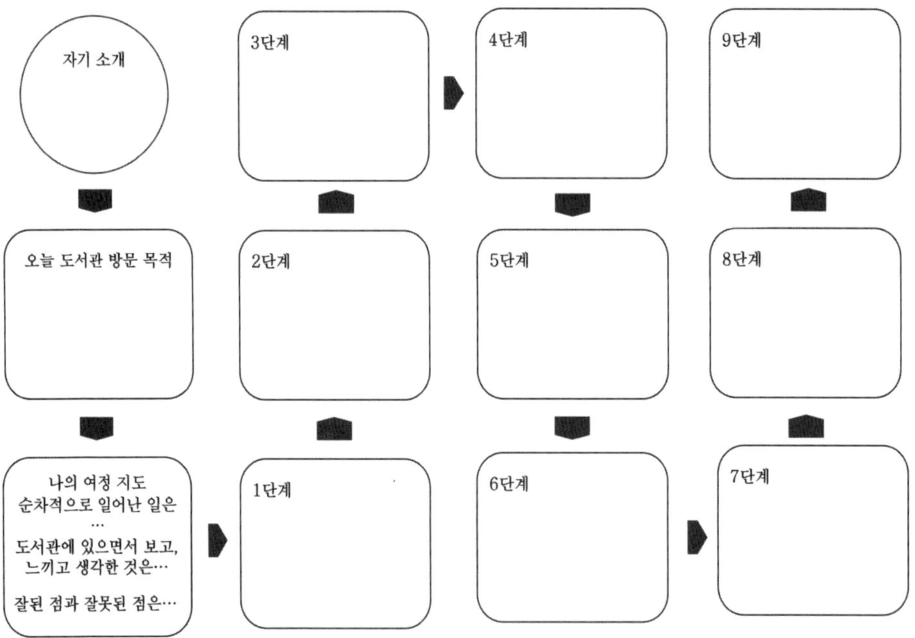

(출처: National Library of New Zealand (2025. 04 .01). Journey Mapping for School Library Design. Available: https://natlib.govt.nz/schools/school-libraries/leading-and-managing/managing-your-chool-library/evidence-based-school-library-practice/journey-mapping-for-school-library-design)

[그림 10-5] 여정 지도 작성 양식(예)

여정 지도 작성은 학교도서관 이용에 다양한 관점을 제공해 줄 수 있는 이용자를 모집하거나 이용 빈도를 고려해서 직접 이용자에게 요청할 수 있다. 여정 지도 작성에 참여한 이용자에게는 작성 절차에 따라 각자 학교도서관을 어떻게 경험했는지 이해할 수 있는 지도를 작성하도록 안내한다. 여정 지도가 완성되면 이용자가 상호작용한 대상이나 사람이 이해하기 쉬웠는지, 아니면 필요했는지 확인하기 위한 접점(touch points) 목록을 만들고 이용자의 성공 사례와 문제를 가려낸다. 그리고 여정 지도 작성 후에도 이용자가 표현하는 감정을 확인할 필요가 있다. 왜냐하면, 이용자의 복잡한 감정을 단순한 흐름도로 다 담아내기 어렵다는 한계가 있기 때문이다. 따라서 여정 지도로 확인한 이용자의 행동을 지나치게 일반화해서는 안 된다.

4.4 의견함

도서관 운영 및 봉사 내용을 홍보하는 것 못지않게 이용자가 느끼는 불만에 귀를 기울이고 이를 반영하는 것도 매우 중요한 일이다. 따라서 교사와 학생이 도서관에 대해서 품고 있는 불만이나 잘되고 있다고 느끼는 점을 손쉽게 수시로 전달할 수 있도록 하는 것이 바람직하다. 의견함은 불만 카드나 칭찬 카드, 제안서 등을 도서관에 비치하거나 아니면 도서관 홈페이지 자유게시판이나 신문고 또는 묻고 답하기, 이용자 의견란 등을 마련하여 활용할 수도 있다.

다양한 경로를 통해 접수된 이용자 의견은 적극적으로 수용하고 그 처리 여부나 결과를 신속하게 알려줌으로써 이용자가 학교도서관을 신뢰할 수 있도록 하여야 한다. 또한, 칭찬받은 내용도 널리 홍보하여 도서관이 수준 높은 봉사활동을 수행하고 있음을 알리고, 잠재적 이용자가 도서관을 이용할 수 있도록 하는 계기를 마련하여야 한다. 의견함을 운영하기 위해서 사서교사는 학교도서관에서 사용할 수 있는 불만 신고서나 칭찬신고서를 개발하여 적절히 활용할 수 있어야 한다. 불만 신고서와 칭찬신고서의 예를 살펴보면 다음과 같다.

〈표 10-11〉 불만 신고서(예)

불만을 알려주세요. 우리 학교도서관을 이용하시는 중에 느낀 불편한 점이나 개선되었으면 하는 사항을 알려주세요.
• 일시 :
• 불만 및 개선해야 할 점을 가능한 한 상세하게 기록해 주십시오. (언제 어디서 어떻게 무슨 불만이나 불편함을 느꼈는지 적어주세요)
• 만약에 처리 결과를 원하시면 연락처를 적어주세요. 이　름 : 전자우편 : 전화번호 :

(출처: Hernon and Altman, 2001, 167 표 6.1 불만 신고서 양식을 참고로 수정함)

〈표 10-12〉 칭찬신고서(예)

칭찬해 주세요. 우리 학교도서관이 잘하고 있다고 생각하는 점에 대해서 알려주세요.
• 일시 :
• 칭찬 내용 :
• 만약에 처리 결과를 원하시면 연락처를 적어주세요. 이　　름 : 전자우편 : 전화번호 :

(출처: Hernon and Altman, 2001, 171 표 6.3 칭찬신고서 양식을 참고로 수정함)

참고문헌

강동구통합도서관 (2025. 04. 28.). 자료기증안내.
출처: https://www.gdlibrary.or.kr/web/menu/10033/contents/40018/contents.do#down

강진군 학교마을 도서관 지원에 관한 조례. 전라남도강진군조례 제2744호.

강원근 (2000). 21세기의 교원연수체제. 한국교사교육, 17(1): 55-79.

개인정보보호법. 법률 제20897호.

개인정보보호법시행령. 대통령령 제35343호.

경기도교육청. (2022). 경기도교육청 학교도서관 시설 및 자료 기준.

경기도교육청 학교도서관 운영 및 독서교육 진흥 조례. 경기도 조례 제8170호.

경상남도교육청 (2023). 학교 공간 혁신 교육과정 인사이트 e-book 안내서 (경남교육 2023-208).

경상북도교육청 (2002). 아름다운 학교도서관. 대구: 경상북도교육청.

고등학교이하각급학교설립·운영규정. 대통령령 제32956호.

곽철완 (2007). 통합도서관의 발전과 그 효과. 한국도서관·정보학회지, 38(2), 337-352.

공공기관의소방안전관리에관한규정. 대통령령 제33005호.

광주광역시교육연수원 (2010). 사서교사 맞춤형 교원연수 프로그램 개발 결과보고서. 광주: 광주광역시교육연수원.

교대학교도서관연구회 (1994). 학교도서관. 서울: 학문사.

교원자격검정령. 대통령령 제34925호.

교원자격검정령시행규칙. 교육부령 제353호.

교원등의연수에관한규정. 대통령령 제31359호.

교육공무원법. 법률 제20783호.

교육공무원승진규정. 대통령령 제33528호.

교육공무원임용령. 대통령령 제34930호.

교육공무원임용후보자선정경쟁시험규칙. 교육부령 제278호.

교육과학기술부 (2008). 제1차 학교도서관진흥기본계획.

교육기본법. 법률 제20663호.

교육부 (2014). 제2차 학교도서관진흥기본계획.

교육부 (2016). 학교도서관 장서관리 실태조사 및 장서관리지침(자료선정기준 포함)연구.

교육부 (2019a). 학교 공간혁신사업 가이드라인(안).

교육부 (2019b). 제3차 학교도서관진흥기본계획.

교육부 (2022). 초·중등학교 교육과정 총론 (교육부 고시 제2022-33호 별책 1).

교육부 (2024a). 25년 교원 연수 중점 추진 방향.

교육부 (2024b). 제4차 학교도서관진흥기본계획.

교육부, 공주대학교 산학협력단 (2020). 사서교사 양성 및 역량개발을 위한 표준 교육과정 개발 연구.

교육부, 17개 시도교육청, 한국교육시설안전원 (2021). 그린스마트 미래학교도움자료. 서울: 학교교육시설안전원.

교육부, 17개시도교육청, 한국교육학술정보원 (2024). 공교육 에듀테크 도입 가이드 (개정판). (교육자료 TL 2024-02).

교육부, 한국교육학술정보원 (2018). 미래 학교를 위한 학교 공간 재구조화 매뉴얼 (연구자료 RRM 2018-13).

교육부, 한국교육학술정보원 (2022). 미래 교육을 위한 학교도서관 공간 혁신 매뉴얼 (교육자료 DM 2022-2).

교육부, 한국교육학술정보원 (2025). 2025년 상반기 유·초·중등 교육기본통계 조사지침서.

교육위원회 (2021). 초·중등교육법 일부개정법률안 검토보고. 교감의 자격 기준에 "전문상담교사, 사서교사, 영양교사" 추가 (강득구 의원 대표 발의(의안번호 제21011914호)

교육인적자원부 (2002). 좋은 학교도서관 만들기: 학교도서관 활성화 종합 방안.

교육인적자원부 (2003). 2003년 학교도서관 활성화 사업 평가 (학교도서관정책연구 2003-2).

교육인적자원부 교육시설담당관실 (2002). 학교시설 설비 계획 및 모형안.

교육인적자원부, 서울특별시교육청 (2003). 학교도서관 운영 편람. 서울: 서울특별시교육청.

교육인적자원부, 한국교육학술정보원 (2003). 교수학습센터 가이드북: 교수학습지원센터

국가공무원법. 법률 제20377호.

국립국어원표준국어대사전 (2015. 04. 17.). https://stdict.korean.go.kr

국립어린이청소년도서관 (2025. 04. 01.). 미래꿈희망창작소.
출처: https://www.nlcy.go.kr/menu/10147/program/50001/dataRoomDream.do

국립중앙도서관 (2013). 도서관과 사서를 위한 저작권법 매뉴얼.

국립중앙도서관 도서관연구소 (2010). 공공도서관 장서관리 매뉴얼.

국립중앙도서관 (2011). 학교도서관과 공공도서관의 지역사회 서비스 연계 활성화 모델 개발 연구.

국립중앙도서관 도서관연구소 (2011). 도서관 용품 구매 및 관리 실무 매뉴얼.

국립중앙도서관 도서관연구소 (2015). 공공도서관 안전관리 매뉴얼 개발 연구.

김경인 (2014). 공간이 아이를 바꾼다. 서울: 중앙북스.

김경희 (2019). 4차 산업혁명 시대 창의 인재를 만드는 미래의 교육. 서울: 예문아카이브.

김기태, 이만수 (1988). 학교도서관 경영론. 서울: 교학연구사.

김다해, 김기영 (2009). 고객관계관리(CRM) 관점에서의 대학도서관 주제전문 서비스에 관한 연구. 정보관리학회지, 26(3), 89-110.

김도기, 김제현, 문영진, 유미라 (2018). 학교 내 인간관계 형성에 대한 시론적 고찰: 영화를 중심으로. Global Creative Leader: Education & Learning, 8(3), 149-175.

김병주, 김태완, 홍준영 (2010). 한국, 영국, 프랑스의 장학 행정제도 비교. 비교교육연구, 20(1), 51-76.

김세익 (1992). 학교도서관 조직과 운영. 서울: 이화여자대학교출판부.

김영미 (2004). 21세기 지식기반사회에서의 바람직한 교사상에 관한 연구. 석사학위논문. 창원대학교 교육대학원, 교육행정 전공.

김영순 (2012). LibQUAL+를 적용한 국회도서관 서비스 품질 평가. 석사학위논문. 공주대학교 교육대학원. 문헌정보교육전공.

김예진 (2025. 05. 29.). 배곧라라초중학교 글빛라라 도서관 운영 소견서.

김용철 (1988). 학교도서관의 체제 전환과 수업 개선을 위한 Media Center 제도 도입. 도서관, 43(6), 13-44.

김용철 (1997). 학교도서관 정책. 도서관, 52(4), 3-43.

김용철 (2003). 공주중학교 교육정보관 설치 계획안. 대전: 충청남도교육청.

김은정 (2023). 고객관계관리전략이 관계품질과 고객로열티에 미치는 영향에 관한 연구: 영유아교육기관 서비스 이용자를 대상으로. 박사학위논문. 숭실대학교 대학원, 프로젝트경영학과.

김이경, 유균상, 이태상, 박상완, 정금현 (2004). 교사평가 시스템 연구. 서울: 한국교육개발원.

김이숙 (2005). 학교도서관의 전자자료 선정 정책에 관한 연구. 석사학위논문. 중앙대학교 교육대학원, 교육학과 사서교육전공.

김정소 (1993). 학교도서관 매체센터론. 대구: 계명대학교출판부.

김종성 (2000). 한국 학교도서관 운동사 연구. 박사학위논문. 부산대학교 대학원.

김종성 (2010). 학교도서관 지역사회 개방의 문제와 발전적 원리. 한국비블리아학회지, 21(4), 17-31.

김중한 (1986). 학교도서관. 서울: 한국도서관협회.

김태수 (2003). 분류의 이해. 서울: 한국도서관협회.

김태완 (1999). 교육 시설 및 설비의 문제와 전망. 정원식, 박성수 공편. 한국교육문제론. 서울: 교육과학사.

김포옥 (2009). 도서관의 재난관리와 보안 핸드북. 서울: 한국도서관협회.

김해정 (2009). 공공기관 고객관계관리(CRM) 기법의 적용원리와 추진방안: 근로복지공단의 찾아가는 서비스를 중심으로. 한국지역정보화학회지, 12(2), 103-129.

김현주, 배연정, 이경미 (2000). 자료실 비치가구의 종류와 선택법(2). 시민과 도서관, 1(3), 100-108.

김효정 (1997). 정보사회에 있어서 사서교사의 위상. 如然김효정박사화갑기념논문집. 서울: 여연김효정박사기념논문집편찬위원회.

남태우, 김상미 (2001). 문헌정보학의 철학과 사상: 세라(J. H. Shera)의 사상을 중심으로. 서울: 한국도서관협회.

노지윤 (2019). 도서관은 메이커 활동의 시작점: 멈추지 않는 메이커스페이스의 인기. 도서관이야기, 13(6), 14-19.

대전광역시교육청 (2024). 2024학년도 비교과교사(사서) 다면평가 정성평가 기준.

대전광역시교육청 학교도서관 개방 및 진흥조례. 대전광역시조례 제4406호.

도서관법. 법률 제20834호.

도서관의 저작물 복제·전송이용 보상금 기준. 문화체육관광부고시 제2016-20호.

독서로 (2025. 04. 29.) https://read365.edunet.net

독서문화진흥법. 법률 제19794호.

류선정 (2017). 핀란드의 프로젝트 기반 학습(Project Based Learning, PBL) 시행 현황. 진천: 한국교육개발원.

문성윤 (2010). 학교장 리더십의 새로운 패러다임 탐색. 교육연구논총, 3(1), 1-19.

문화체육관광부 (2008). 도서관 디지털자료실 활성화 방안 연구. 서울: 문화체육관광부.

문화체육관광부 (2011). 알기 쉬운 도서관 운영 매뉴얼. 서울: 문화체육관광부.

박순경 (1998). 메타 교육과정으로서의 cross-curricular에 대한 一考. 교육과정연구, 16(2), 165-184.

박온자 (2003). 학교도서관 미디어 전문가를 위한 교수매체 선정기준 연구. 한국문헌정보학회지, 37(2), 27-56.

박응격 (1984). 행정학 강의(14): 조직의 원리. 대한지방행정공제회, 33(368), 102-114.

박주현, 강봉숙, 박은정, 박장순, 이현숙, 조예리 (2022). 사서교사 양성 체제 방안 연구. 서울: 대통령 소속 도서관정보정책위원회.

박종희 (1989). 학교도서관 발전을 위한 일반교사들의 역할. 석사학위논문, 숙명여자대학교 교육대학원, 사서교육전공.

박태연, 한희정, 오효정, 양동민 (2018). 4차 산업혁명 시대 도서관 사서의 핵심 업무에 관한 연구. 한국도서관정보학회지, 49(2), 327-356.

변우열, 송기호 (2014). 도서관의 글쓰기 프로그램 운영 매뉴얼. 서울: 국립어린이청소년도서관.

변현주, 조미아 (2016). 학교마을도서관 운동사에 관한 연구. 한국비블리아학회지, 27(2), 151-170.

부산광역시 학교도서관 및 학교독서교육 진흥에 관한 조례. 부산광역시조례 제7224호.

사립학교법. 법률 제20784호.

사립학교법시행령. 대통령령 제34931호.

(사)작은도서관만드는사람들 (2015. 04. 09.). 학교마을도서관. 출처: http://smalllibrary.or.kr/

서울특별시교육청 (2001). 학교도서관 길라잡이.

서울특별시교육청 (2008). Q&A로 이해하는 학교 회계 (개정판).

서울특별시교육청 (2020). 2020학년도 학교회계 예산 편성 기본지침.

서울특별시교육청 (2025). 2025학년도 학교회계 예산 편성 기본지침.

서울특별시교육청 교육연구정보원 (2022). 서울형 초·중 통합 운영학교의 발전적 운영 방안 연구(II) (서교연 2022-37).

서울특별시교육청 구로도서관 (2022). 서울특별시교육청 구로도서관 기증자료 처리 기준. 출처: https://viewstory.net/previewAjax.do

소병문, 송기호 (2018). 중등 교사의 학교도서관에 대한 인식 및 경험 분석. 한국도서관·정보학회지, 49(3), 55-75.

손기영 (2014). 인간공학적 사용 편리성을 고려한 학생용 책상 디자인 연구: 중·고등학생용을 중심으로. 박사학위논문. 홍익대학교 산업미술대학원.

송기호 (2006). 학교도서관 교육의 실제. 서울: 한국도서관협회.

송기호 (2007). 학교도서관 법과 제도 개선 방안. 학교도서관법 개정에 따른 사서교사의 현재와 미래. 수원: 강남대학교문헌정보학과 (문헌정보학전공 학술대회).

송기호 (2008a). 개별 교과의 고정 시간표를 이용한 도서관활용수업의 활성화 전략에 대한 연구. 한국비블리아학회지, 19(2), 165-186.

송기호 (2008b). 교과 연계성 강화를 위한 학습주제 중심의 통합 정보활용교육과정에 대한 연구. 박사학위논문, 연세대학교 대학원, 문헌정보학과.

송기호 (2009a) 학교도서관 기준의 비전과 사명에 나타난 핵심 가치에 대한 연구. 한국도서관·정보학회지, 40(3), 225-247.

송기호 (2009b). 중학교도서관 프로그램에 나타난 파트너십에 대한 연구. 한국도서관·정보학회지, 40(1), 363-384.

송기호 (2010). 사서교사를 위한 학교도서관 경영 시론. 서울: 조은글터.

송기호 (2011). 시도교육청 수준의 독서 및 도서관 통합 장학 체계 구축 방안에 대한 연구. 한국문헌정보학회지, 45(3), 49-68.

송기호 (2012). 학생의 자아 탄력성 신장을 위한 사서교사와 학부모의 협력 관계 활성화 방안에 대한 연구. 한국비블리아학회지, 23(2), 69-86.

송기호 (2016). 도서관활용수업 대한 사서교사의 자기평가 분석. 한국비블리아학회지, 27(3), 5-23.

송기호 (2018). 학교도서관 교육과 협동수업하기. 서울: 한국도서관협회

송기호 (2020). 사서교사를 위한 통합정보활용교육론 (개정판). 대구: 태일사.

송기호 (2024). 에듀테크 기반 학교도서관활용교육 설계 모형 개발. 한국문헌정보학회지, 58(1), 31-51.

송기호 (2025). 학교도서관 교육론. 대구: 태일사.

송기호, 강봉숙, 고재민, 김혜진, 노지윤, 소병문 (2023a). 미래 교육을 위한 학교 독서교육 및 학교도서관 발전 방안 연구. 공주: 공주대학교산학협력단, 교육부.

송기호, 강봉숙, 김혜연, 박성희, 박주현, 백은희, 유은혜, 허우정 (2010). 학교도서관에서 배우는 기쁨 아는 즐거움. 대구: 대구광역시교육청.

송기호, 노지윤, 박주현, 소병문 (2023b). 디지털 신기술기반 학교도서관활용교육 방안 연구. 서울: 대통령 소속 국가도서관위원회, 문화체육관광부.

송현경 (2015. 06. 29.). 사서의 도서 선정 자율권 훼손되다. 내일신문.
출처: http://m.naeil.com/m_news_view.php?id_art=156039

시도교육청, 교육부, 한국교육학술정보원 (2025). 2025 초중등학교 정보공시 입력지침서.

신철우, 최찬기, 윤정현, 김대수 (2018). 인적자원관리. 서울: 탑북스.

심향분 (2012). 어린이 비문학 책의 이해와 활용. 어린이 책에 대한 이해와 활용 워크숍. 서울: 국립어린이청소년도서관, 59-70.

안인자, 김태문, 김홍렬, 이병기, 송기호, 홍승만 (2003). 학교도서관 사서교사(사서)직무분석. 서울: 한국디지틀도서관포럼.

양동현 (2008). 사람 중심의 인적자원관리가 인적자원관리 성과에 미치는 영향에 관한 연구. 박사학위논문. 인하대학교 대학원, 경영학과.

양지선 (2021). 충남 정산중학교 통폐합된 시골 학교, 학생을 위한 미래 학교로 탄생. 행복한 교육, 502.
출처: https://happyedu.moe.go.kr/happy/bbsId=BBSMSTR_000000000211&nttId=10169

여태전 (2003). 새봄, 학교도서관 먼지부터 털자: 학교도서관을 처음 맡은 교사에게. 중등우리교육, 157, 43-48.

영재교육진흥법. 법률 제15231호.

영재교육진흥법시행령. 대통령령 제33915호.

오영재 (1999). 장학 담당자의 직무 재구조화 방안 탐색: 가능한 두 가지 시나리오. 安岩教育學研究, 5(2), 29-45.

와카 아키고(脇明子) (2006). 그림책에서 이야기책까지. 홍성민 옮김. 서울: 현문미디어.

우치다 다쓰루(内田樹) (2024). 도서관에는 사람이 없는 편이 좋다: 처음 듣는 이야기. 박동섭 옮김. 파주: 유유.

울산광역시교육청 (2025). 2025년 교육공무원 및 기간제교원 성과상여금 성성과 평가 기준.

유네스코21세기세계교육위원회 (1997). 21세기 교육을 위한 새로운 관점과 전망: 유네스코 21세기 세계교육위원회 종합 보고서. 김용주, 김제웅, 정두용, 천세영 옮김. 서울: 오름.

유양근 (2004). 학교도서관의 발전 방안에 관한 연구. 한국도서관정보학회지, 35(2), 297-321.

유치원 및 초등·중등·특수학교 등의 교사 자격 취득을 위한 세부 기준. 교육부 고시 제2025-10호.

윤유라, 이은주 (2023). 일본의 민간협력형 도서관재난관리 사례 연구. 문화기술의 융합, 9(5), 951-956.
윤혜영 (2020). 디지털시대의 장서관리 (제5판). 서울: 한국도서관협회.
윤희윤 (2012). 대학도서관경영론 (제4판). 대구: 태일사.
이태욱, 유인환, 이철현 (2001). ICT 교육론. 서울: 형설출판사. 71-72
이만수, 한성택 (1989). 도서관교육론. 서울: 구미무역(주)출판부.
이미강 (1997). 정보사회의 도서관 경영 교육의 변화: 미국과 한국 대학교의 도서관 경영 교육을 중심으로. 사회과학연구, 1, 37-80.
이미숙, 송기호 (2011). 특수학교도서관 운영 현황 및 문제점에 대한 담당 교사의 인식. 특수교육저널: 이론과 실천, 12(3), 507-534.
이봉규, 김현진 (2019). 학교 안 메이커스페이스(Makerspace) 기반 메이커 교육의 학습과정 탐색. 교육공학연구, 35(2), 159-192.
이순자 (1997) 도서관 정보센터경영론. 서울: 한국도서관협회.
이영만, 홍영기 (2006). 초등 통합교육과정. 서울: 학지사.
이용남 (2007). 학교도서관과 공공도서관의 연계·협력 체제에 대한 분석. 『한국도서관·정보학회지, 38(2), 353-372.
이용재 (2021). 도서관 경영전략과 마케팅. 서울: 청람.
이윤식 (2000). 교원의 전문성 심화를 위한 연수·연구실적학점화. 한국교사연구, 17(2), 25-58.
이지연, 권나연, 오무석, 박영숙 (2020). 전국 도서관 운영 평가지표 및 평가 체계 개선 사업. 세종: 문화체육관광부.
이지연, 이연희 (2021). 학교도서관 평가의 방향성 탐구. 한국문헌정보학회지, 55(2), 227-261. http://dx.doi.org/10.4275/KSLIS.2021.55.2.227
이지현 (2025). 외식서비스 접점에서의 고객경험관리(CEM)와 고객가치 및 긍정적 감정, 만족도, 행동의도 간의 구조적 관계 연구: 한정식 전문점을 대상으로. 박사학위논문. 경기대학교 관광전문대학원, 외식산업경영-외식산업경영전공
이태욱, 유인환, 이철현 (2001). ICT 교육론. 서울: 형설출판사.
이행자 (2000). 중등 장학행정 제도 개선에 관한 연구. 석사학위논문. 전남대학교 교육대학원, 교육학과.
이희수 (2002). 학교도서관 활성화 대책 수립 계획 연구. 서울: 교육인적자원부.
일본도서관협회 장애인서비스위원회 (2000). 장애인을 위한 도서관 서비스. 도서관운동회 옮김. 서울: 사단법인한국시각장애인협회.
임동권 (1999). 21세기 교사상 고찰. 청원: 한국교원대학교 종합교원연수원.
임영숙 (2000). 초중등학교 정보자료실 모형 개발 연구. 한국실내디자인학회논문집, 25, 34-41.
임태삼 (2000). 도서관 정보센터 경영 봉사론. 부산: 경성대학교출판부.
장보성 (2019). 특수학교의 학교도서관 운영 실태 분석 연구. 한국도서관·정보학회지, 5(10), 313-331. https://doi.org/10.16981/kliss.50.1.201903.313
장 예, 이진우, 남경숙 (2014). 공공 어린이도서관 자료 열람실의 실내 환경 디자인 평가 연구. 한국실내디자인학회논문집, 23(5), 183-191.
장혜영 (2001). 도서관 성과평가를 위한 국제표준 ISO11620 적용에 관한 연구. 석사학위논문, 연세대학교 대학원, 문헌정보학과.
저작권법. 법률 제20841호.

저작권법시행령. 대통령령 제34926호.
전라남도교육청 (2020). 전라남도 학교 교구·설비 기준 (전라남도교육청 고시 제2020-3호).
전라남도교육청 (2025. 05. 01.) 미래형 통합 운영 학교.
출처: https://www.jne.go.kr/fis/cm/cntnts/cntntsView.do?mi=1258&cntntsId=420#?mi=1367
전라남도교육청 학교도서관 및 독서문화 진흥 조례. 전라남도조례 제5679호.
정대근, 노영희 (2018. 공공도서관 서비스 품질 평가를 통한 특화 서비스에 대한 이용자 인식 연구. 정보관리학회지, 35(4), 51-75.
정동섭, 전동화, 백수정, 윤갑호 (2018). 인적자원관리. 하남: 창명.
정동열 (2023). 도서관경영론 (개정 5판). 서울: 한국도서관협회.
정동열, 김성진 (2002). 공공도서관과 학교도서관의 협력 방안에 관한 연구. 한국비블리아학회지, 13(2), 5-28.
정수진, 고종식 (2019). 인적자원관리 (제2판). 파주: 정독.
정영미, 강봉숙 (2018). 학교도서관 메이커스페이스 조성 및 운영에 대한 인식. 한국문헌정보학회지, 52(3), 171-192.
정재영 (2008). 정보 공유공간(Information Commons)의 도입을 통한 학교도서관 공간 활용 방안에 관한 연구. 한국도서관·정보학회지, 39(2), 267-289.
정진환 (2004). 한국 교사평가제의 진단 및 발전 모형 구안. 박사학위논문, 동국대학교 대학원, 교육학과.
정태범 (1999). 학교 교육의 구조적 개혁. 한국교육문제론. 서울: 교육과학사.
조철현 (2020. 09. 10.). 쉬운 행정학 강의. 퍼블릭뉴스.
출처: https://www.psnews.co.kr/news/articleView.html?idxno=1457911
주영주 (1999). 미디어 정보센터 경영. 서울: 남두도서.
주영주, 조은순 (2002). 교육과 정보화. 서울: 남두도서.
재난 및 안전관리 기본법. 법률 제20867호.
지식재산기본법. 법률 제18873호.
지표누리 (2025. 09. 16.). e-나라지표. 학령아동변화통계.
출처: https://www.index.go.kr/unity/potal/main/EachDtlPageDetail.do?idx_cd=1519
초·중등교육법. 법률 제20862호.
초·중등교육법시행령. 대통령령 제35211호.
최은희 (2009). 그림책의 이해. 그림책 깊이 읽기. 서울: 국립어린이청소년도서관. 21-42.
최현섭 (1999). 중등교육의 문제. 정원식, 박성수 공편. 한국교육문제론, 서울: 교육과학사.
특수학교시설 · 설비기준령. 대통령령 제29950호.
평동중학교 (2006). 학교와 지역사회 협력을 통한 학교도서관 운영 활성화 방안. 광주: 평동중학교.
평생교육법. 법률 제19588호.
학교도서관멀티미디어화연구팀 (1997). 학교도서관 멀티미디어화 및 활성화 방안에 관한 공청회』. 서울: 교육부.
학교도서관살리기국민연대 (2001). 학교도서관 관계법령 제·개정을 위한 공청회』. 서울: 학교도서관살리기국민연대.
학교도서관진흥법. 법률 제15847호.
학교도서관진흥법시행령. 대통령령 제33343호.
학교사설사업촉진법. 법률 제19117호

한국교육개발원 (2023). 한국교육개발원 교육여론조사(KEDI POLL 2023)(RR2023-15)
한국교육개발원 (2024). 학교복합시설 사례집.
한국교육개발원 교육시설환경연구센터 (2025. 03. 26.). 학교시설복합화사업. 출처:https://www.edumac.kr/sc/bbs/view.do?pstSn=2403060005&key=2402020012&sc_detailAt=&pageIndex=2&orderBy=bbsOrdr+desc&sc_bbsCtgrySn=0&sc=&sw=
한국교육과정평가원 (2015. 04. 17.). http://www.kice.re.kr
한국교육학술정보원 (2002). 학교도서관 디지털자료실 운영 실태 조사 및 개선 방안 연구 (연구보고 KR 2002-7).
한국교육학술정보원 (2003). 학교도서관 평가 적용 및 교육적 효과 측정 연구.
한국교육학술정보원 (2013). 스마트 교실 환경 구축 가이드라인 개발 연구(연구보고 CR 2013-8).
한국교육학술정보원 (2017). 미래 학교 설립·운영 모델 개발 연구 (연구보고 CR 2017-6).
한국교육학술정보원 (2021. 04. 26.). 첨단기술 기반의 미래형 교실 미래 교육체험관. 출처: https://www.keris.or.kr/main/uclass/view/selectAppMain.do
한국도서관협회 (2019. 02. 28.). 도서관인 윤리선언. 출처: https://www.kla.kr/jsp/info/lib_announce.do
한국도서관협회 도서관기준작성특별위원회 (2013). 한국도서관기준 (개정판). 서울: 한국도서관협회.
한국도서관협회 도서관편람편찬위원회 (2009). 도서관편람. 서울: 한국도서관협회.
한국도서관협회 문헌정보학용어사전편찬위원회 (2010). 문헌정보학용어사전 (개정판). 서울: 한국도서관협회.
한국문헌정보학회 (2021). 최신문헌정보학의 이해 (제3판). 서울: 한국도서관협회.
한상완, 김용철, 박홍석, 변우열, 송기호, 이병기, 이승길, 이해춘, 이희수, 정원임, 한윤옥, 함명식 (2001). 지식기반사회의 학교도서관 정책 방향: 학교도서관 기본계획 검토적업단 구성·운영. 서울: 교육인적자원부.
한윤옥 (1995). 학교도서관의 협동교수 프로그램에 관한 연구. 한국문헌정보학회지, 29, 257-279.
한윤옥, 곽철완 (2004). 학교도서관과 공공도서관 협력 모델에 관한 연구. 한국도서관·정보학회지, 35(1), 337-357.
한윤옥, 이승원 (2003). 기초자치단체가 설립한 학교-공공 통합형 도서관 운영사례-강남 구립 학교 전자도서관의 경우를 중심으로. 한국비블리아학회지, 14(2), 59-82.
한윤옥, 조현양, 이연옥, 송기호, 이미경 (2007). 청소년 독서진흥 프로그램개발과 운영 방안에 관한 연구. 서울: 국립어린이청소년도서관.
한희정, 김 용 (2010). 유비쿼터스 환경에서의 공공도서관 공간설계에 관한 연구. 정보관리학회지, 27(4), 193-217.
허병기 (1997). 장학의 본질 이탈: 개념적 혼란과 실천적 오류. 교육학연구, 35(3), 181-212.
허영환, 김승근 (2003). 초등학교 도서실의 공간 구성에 관한 연구: 연구·시범학교를 중심으로. 한국교육시설학회지, 10(1), 15-22.
현대도서관학총서편찬위원회 (1982). 도서관학 개론. 서울: 한국도서관협회.
홍창남 (2010). 교육 전문직의 역할 재구조화 방향 탐색. 교육행정학연구, 28(2), 205-231.
홍현진 (1999). 공공도서관의 성과측정에 관한 고찰. 한국문헌정보학회 학술발표논문집, 7, 5-25.
황안숙 (2002). 무한경쟁시대의 인적자원 개발. 서울: 양서원.
Alaska State Library (2008). Alaska School Library Handbook. Available: http://aklibraryhandbook.pbworks.com/w/page/1659568/Volunteers
Alexandria (2019. September 14). 7 Ways to Promote Your School Library Using Social Media.

Available: https://www.goalexandria.com/7-ways-to-promote-your-school-library-using-social-media/
AASL(American Association of School Librarians) (2003). Toolkit for School Library Media Programs. Chicago: ALA.
AASL (2007). Standards for the 21st Century Learner.
Available: http://www.ala.org/aasl/sites/ala.org.aasl/files/content/guidelinesand-standards/learningstandards/AASL_LearningStandards.pdf
AASL (2010a). Position Statement on Instructional Classification.
Available: http://www.ala.org/aasl/advocacy/resources/statements/classification
AASL (2010b). SAMPLE JOB DESCRIPTION Title: SCHOOL LIBRARIAN.
Available: http://www.ala.org/aasl/sites/ala.org.aasl/files/content/guidelinesand-standards/learning4life/resources/sample_job_description_L4L.pdf〉
AASL (2011). Position Statementon Flexible Scheduling.
Available: http://www.ala.org/aasl/advocacy/resources/statements/flex-sched
AASL (2015). Toolkit for Promoting School Library Programs.
Available: https://www.ala.org/sites/default/files/aasl/content/aaslissues/toolkits/AASLToolkitforPromotingSLP_082715.pdf
AASL (2016a). Definition of an Effective School Library Program.
Available: http://www.ala.org/aasl/sites/ala.org.aasl/files/content/advocacy/tools/docs/AASL_Position_Statement_Effective_SLP_2018.pdf
AASL (2016b). Appropriate Staffing for School Libraries.
Available: www.ala.org/aasl/sites/ala.org.aasl/files/content/aaslissues/positionstatements/AASL_Position%20Statement_Appropriate%20Staffing_2016-06-25.pdf
AASL (2018a). National School Library Standards for Learners, School Librarians, and School Libraries. Chicago: ALA.
AASL (2018b). School Library Evaluation Checklist.
Available: https://standards.aasl.org/wp-content/uploads/2018/10/180921--aasl-standards-evaluation-checklist-color.pdf
AASL (2019). Position Statement on School Library Scheduling.
Available: https://www.ala.org//sites/default/files/aasl/content/advocacy/statements/docs/AASL_Scheduling_Position_Statement.pdf
AASL (2025). School Library Program Health and Wellness Toolkit.
Available: https://www.ala.org/aasl/advocacy/tools/toolkits/health-wellness
AASL and AECT (1998a). Information Literacy Standards for Student Learning. Chicago: ALA.
AASL and AECT (1998b). Information Power: Building Partnerships for Learning. Chicago: ALA.
AASL, ALSC and YALSA Interdivisional Committee on School/Public Library Cooperation (2025. 03. 27.). Public Library & School Library Collaboration Toolkit.
Available: https://www.ala.org/alsc/publications-resources/professional-tools/school-public-library-partnerships
ALA(American Library Association) (1999). Workbook for Selection Policy Writing.

Available: http://www.ala.org/bbooks/challengedmaterials/preparation/workbook-selection-policy-writing

ALA (2021). How to Respond to Challenges and Concerns about Library Resources. Available: https://www.ala.org/tools/challengesupport/respond

ALA and AECT(Association for Educational Communications and Technology)(1988). Information Power: Guidelines for Media Programs. Chicago: ALA.

ALIA(Australian Library and Information Association) and ASLA(Australian School Library Association (2016). ALIA-ASLA statement on teacher librarians in Australia. Available: https://www.alia.org.au/about-alia/policies-standards-and-guidelines /alia-asla-statement-teacher-librarians-australia

ALIA and VCTL(Schools Victoria and the Victorian Catholic Teacher Librarians). (2017). A Manual for Developing Policies and Procedures in Australian School Library Resource Centres (2nd ed.). Available: https://read.alia.org.au/manual-developing-policies-and-procedures-australian-school-library-resource-centres-2nd-edition

ASLA(Australian School Library Association) (2018). Policy Statement-School Library Bill of Rights. Available: https://asla.org.au/resources/Documents/Website%20Documents/Policies/Bill%20of%20Rights_2018.pdf

ASLA (2009). Statement on Resource Based Learning and the Curriculum. Available: http://www.asla.org.au/policy/resource-based-learning-curriculum.aspx

Attali, Jacques (2005). Voie Humaine Pour: Une Nouvelle Social-Democratie. 주세열 옮김. 인간적인 길. 서울: 에디터.

Baird, Nicola (1994). Setting Up and Running a School Library. Available: https://www.arvindguptatoys.com/arvindgupta/vsolibrary.pdf

Beck, Scott (2020. February 6.). The Nonnegotiable Role of School Librarians. Available: https://www.nassp.org/2020/02/06/the-nonnegotiable-role-of-school-librarians/

Bopp, Richard E. and Smith, Linda C. (2011). Reference and Information Services (4th ed.). Santa Barbara: Libraries Unlimited.

Bouilet, Frank B. (1984). Standards and Guidelines for Learning Resources Programs. Washington: Washington Media Association.

Brown, Carol B. (2004). Interior Design for Libraries Drawing on Function & Appeal. 양영환 옮김. 살아있는 도서관을 위한 인테리어 디자인. 서울: 국제.

Bryant, Miles (2002). The role of the principle in the evaluation of the school's library media specialist. School Libraries Worldwide, 8(1): 85-91.

Laura Busch, Laura (2017. Jan 9). How Should We Measure the Impact of Makerspaces?. Available: https://www.edsurge.com/news/2017-01-09-ho w-should-we-measure-the-impact-of-makerspaces

Carletti, Silvana, Girard, Suzanne G. and Willing, Kathlene (1991). The Library/ Classroom Connection. Ontario: Pembroke Publishers.

CILIP(Chartered Institute of Library and Information Professionals) (2011). School Library-A Right. Available: http://www.cilip.org.uk

CILIPS(Chartered Institute of Library and Information Professionals Scotland) (2023). Vibrant Libraries, Thriving Schools: A National Strategy for School Libraries in Scotland 2018-2023. Available:https://scottishlibraries.org/wp-content/uploads/2024/10/vibrant-libraries-thriving-schools.pdf

CILIPS (2025. 04. 09.). School Library Policy.
Available: https://www.cilips.org.uk/slgs-school-library-policy/

Chesley, Roger (2023. April. 6.). Closing school libraries would harm the students who need them most. Virginia Mercury.
Available: https://virginiamercury.com/2023/04/06/closing-school-libraries-would-harm-the-students-who-need-them-most/

CLA(Canadian Library Association) (2014). Standards of Practice for School Library earning Commons in Canada.
Available: http://clatoolbox.ca/casl/slic/llsop.pdf

Clark, C. and Teravainen-Goff A. (2018). Mental wellbeing, reading and writing How children and young people's mental wellbeing is related to their reading and writing experiences. Available: https://cdn.literacyttrust.org.uk/media/ documents/Mental_wellbeing_reading_and_writing_2017-18_-_FINAL2_qTxyxvg.pdf

Clay Elementary School library Media Center (2014). Volunteer Handbook 2013-2014. Avbaliable: http://www.cobbk12.org/clay/Media%20Center/Clay%20Media%20Center%20Volunteer_handbook_new.pdf

Clayton, Peter and Gorman, G. E. (2001). Managing Information Resources in Libraries: Collection Management in Theory and Practice. London: Library Association Publishing.

Couch, John and Towne, Jason (2020). Rewiring Education: How Technology Can Unlock Every Student's Potential. 김영선 옮김. 교실이 없는 시대가 온다. 서울: 어크로스.

Crawford, Walt and Gorman, Michael (1995). Future Libraries: Dreams, Madness & Reality. Chicago: ALA.

CSLA(California School Library Association) (1997). From Library Skills to Information Literacy: Handbook for the 21st Century (2nd ed.). California: Hi Willow Research and Publishing.

Dickinson, Gail (2006). Achieving National Board Certification for School Library Media Specialists. Chicago: American Library Association.

Disher, Wayne (2010). Crash Course in Public Library Administration. California: Libraries Unlimited.

Doll, Carol A. (2005). Collaboration and the School Library Media Specialist. Maryland: The Scarecrow Press.

Erikson, Rolf and Markuson, Carolyn (2001). Designing a School Library Media Center for the Future. Chicago and London: ALA.

Evans, G. Edward and Saponaro, Margaret Z. (2012). Collection Management Basics (6th ed.).

Sanra Barbara: Libraries Unlimited.

Everhart, Nancy (2003). Controversial Issues in School Librarianship: Divergent Perspectives. Suit L Worthington: Linworth Publishing.

Fargo, Lucile F. (1947). The Library in the School. Chicago: ALA

Farwell, Sybil (1998). Successful Models for Collaborative Planning. Knowledge Quest, 26(2), 24-30.

Fitzgibbons, Shirley A. (2000), School and public library relationships: essential ingredients in implementing educational reforms and improving student learning. School Library Media Research, 3: 1-66.
Available:
https://www.ala.org/sites/default/files/aasl/content/aaslpubsandjournals/slr/vol3SLMR_SchoolPublicLibRelationships_V3.pdf

Fogarty, Robin (1999). Mindful School. 구자역, 구원희 옮김. 교사를 위한 교육과정 통합의 방법. 서울: 원미사.

Friancis, Briana H., Lance, Leith C. and Lietzau, Zeth (2010). School Librarians Continue to Help Students Achieve Standards: The Third Colorado Study.
Avzilable: http://www.lrs.org/documents/closer_look/CO3_2010_Closer_Look_Report.pdf

Friedman, Ron (2015). Best place to work : the art and science of creating an extraordinary workplace. 정지현 옮김. 공간의 재발견: 나는 언제 최고의 능력을 발휘하는가. 서울: 토네이도.

Gorman, Michael (1995). Five new laws of librarianship. American Libraries, 784-785.

Gorman, Michael (2010). Our Enduring Values: Libratrianship in the 21st Centruty. 이제환 옮김. 도서관의 가치와 사서직의 미래. 대구: 태일사.

Gorman, Michael (2015). Our Enduring Values Revisited: Librarianship in an Ever-Changing World. Chicago: ALA Editions.

Gretes, F. (2013). School library impact studies: A review of findings and guide to sources. Prepared for the Harry & Jeanette Weinberg Foundation.

Harada, Violet H. and Yoshina, John M. (2004). Inquiry Learning Through Librarian-Teacher Partnership. Worthington: Linworth Publishing.

Harari, Yuval N. (2024). Nexus. 김명주 옮김. 넥서스: 석기시대부터 AI까지 정보 네트워크로 보는 인류 역사. 파주: 김영사.

Haycock, Ken (1988). Cooperative program planning a model that works. Emergency Librarian, 16(2): 29-38.

Haycock, Ken. (1999). The person or the program?. Teacher Librarian, 27(2): 14-23.

Hernon, Peter and Altman, Ellen (2001). Assessing Service Quality. 이은철 옮김. 도서관 서비스 품질관리론: 고객만족을 위한 도서관 경영. 서울: 한국도서관협회.

IASL(International Association of School Librarianship) (1993). IASL Policy Statement on School Libraries. Available: http://www.iasl-online.org/about/organization/sl_policy.html

IFLA(International Federation of Library Associations and Institutions) (2010). IFLA Public Library Service Guidelines (2nd. ed.). New York: IFLA Publications.

IFLA (2013). IFLA Trend Report 2013. Available: http://www.ifla.org/strategic-plan/key-initiatives/digital-content/trend-report

IFLA (2015). The IFLA School Library Guidelines (2nd. ed.). Available: http://www.ifla.org/files/assets/school-libraries-resource-centers/publications/iflaschool-library-guidelines.pdf

IFLA (2024). IFLA Trend Report 2024: Facing the Future of Information. Available: https://www.ifla.org/wp-content/uploads/ifla-trend-report-2024.pdf

IFLA (2025). IFLA School Library Manifesto. Available: https://repository.ifla.org/rest/api/core/bitstreams/e23b5ab5-d7ff-4c17-9012-badcc46cad25/content

IFLA and UNESCO (United Nations Educational, Scientific and Cultural Organization) (1999). School Library Manifesto. Available: http://www.ifls.org/VII/s11/pubs/manifesto-kr.pdf

IFLA and UNESCO (2022). IFLA-UNESCO Public Library Manifesto. Available: https://repository.ifla.org/server/api/core/bitstreams/d414c76e-17ef-4581-9c0f-cc6e250a2743/content

Isaacs, Kathleen T. (2014). Picturing the World: Informational Picture Books for Children. 윤정옥 옮김. 세상 그리기: 어린이를 위한 정보 그림책. 서울: 국립어린이청소년도서관.

ISO (2023). Information and Documentation-Library Performance Indicators (4th ed.). Available: https://online.fliphtml5.com/hjgeb/hqch/#p=1

Johnson, Doug (2001). It's good to be inflexible: are flexible library schedules better than fixed ones? not necessarily. School Library Journal, 47(11): 39.

Kearney, Carol A. (2000). Curriculum Partner: Redefining the Role of the Library Media specialist. London: GreenWood Press.

Kotler, Philip, Kartajaya, Hermawan and Setiawan, Iwan (2017). Marketing 4.0 : Moving from Traditional to Digital. 이진원 옮김. 마켓 4.0 : 4차 산업혁명이 뒤바꾼 시장을 선점하라. 서울: 더퀘스트.

Kotler, Philip, Kartajaya, Hermawan and Setiawan, Iwan (2021). Marketing 5.0. 이진원 옮김. 필립 코틀러 마켓 5.0: 휴머니티를 향한 기업의 도전과 변화가 시작된다. 서울: 더퀘스트.

Lamb, Annette and Johnson, (2021). Library Media Program: Collection Mapping Available: https://eduscapes.com/sms/program/mapping.html

Kachel, Debra E. (2012). The annual report guide. School Library Monthly. 28(8). Available: https://www.pafa.net/wp-content/uploads/2016/04/AnnualReportGuideKachel.pdf

LaGarde, Jennifer (2019. May 21). It's Annual Report Season! Here Are Some Tips To Help You Effectively Tell Your Story. Available: https://www.librarygirl.net/post/it-s-annual-report-season-here-are-some-tips-to-help-you-effectively-tell-your-story

Lancaster, Frederick W. (1990). If You Want to Evaluate Your Library. 장혜란 옮김. 도서관 서비스 평가론. 서울: 구미무역출판부.

Lance, Kenth C. and Kachel, Debra (2018. Mar 26). Why school librarians matter: What years of research tell us. Feature Article

Avalble: https://kappanonline.org/lance-kachel-school-librarians-matter-years-research/

Lance, Kenth C., . Rodney, Marcia J. and Hamilton-Pennell, Christine (2000). Measuring Up to Standards: The Impact of School Library Programs & Information Literacy in Pennsylvania Schools. Pennsylvania: PDEOCL.
Avalble: http://www.statelibrary.state.pa.us/libraries/lib/libraries/measuringup.pdf

Lance, Kenth C., Rodney, Marcia J. and Hamilton-Pennell, Christine (2002). How School Libraries Improve Outcomes for Children: The New Mexico Study.
Avalble: http://www.stlib.state.nm.us/files/NMStudyforDistribution.pdf

LibraryAdmin (2015. 10. 11). Collection Mapping. LibraryAdmin (2015). Collection Mapping.
Available: http://libraryadmin.wikispaces.com/Collection+Mapping

Lonka, Kirsti (2020). Phenomenal Learning from Finland. 아동국, 이은상, 김준구, 김현정, 백순주, 양미선 옮김. 핀란드 교육에서 미래 교육의 답을 찾다. 서울: 테크빌교육.

Lonsdale, Michele (2003). Impact of School Libraries on Student Achievement: a Review of the Research.
Available: http://www.asla.org.au/siteldefaultsite/filesystem/documents/research.pdf

Makers Empire (2025. 04. 01.). Top 12 tips for setting up a school Maker space.
Available: https://www.makersempire.com/top-12-tips-for-setting-up-a-school -makerspace/

Mark Day School (2025. 04. 11.). Learning Commons and Administrative Addition.
Available: https://educationsnapshots.com/projects/6181/mark-day-school-learning-commons-and-administrative-addition/

Markuson, Carolyn, Zilonis, Mary F. and Fincke, Mary B. (1999). School Library Media Center Long-Range Planning Guide: A workbook for Massachusetts School Library Media Center.
Available: http://www.masslibsystem.org/wp-content/uploads/SchoolStrategic-Planning.pdf

Martinez, Tania O. (2024). Investing in School Libraries and Librarians to Improve Literacy Outcomes.
Available: https://www.americanprogress.org/article/investing-in-school-libraries-and-librarians-to-improve-literacy-outcomes/

Maxwell, D. Jackson (1999). Forging partnerships: school, school libraries, and communities. Teacher Education Quarterly, 26(4), 99-110.

Milbury, Peter (2005). Collaboration: Ten important reasons to talk it seriously. Knowledge Quest, 33(5), 30-32.

Mississippi Department of Education (2015). School Librarian Evaluation.
Available: https://www.mdek12.org/sites/default/files/Offices/MDE/OA/OEER/Library%20 Services/S

Montana State Library (2015). Collection Management Policy.
Available: http://libraries.msl.mt.gov/Home/library_development/consulting/collection_management/Collection-Management-Policy

Montiel-Overall, Patricia (2005). A theoretical understanding of teacher and librarian collaboration(TLC). School Libraries Worldwide, 11(2), 24-48.

Morris, Betty J. (2004). Administering the School Library Media Center (4th ed.). Westport: Libraries Unlimited.

Mouhanna, Alecia and Writer, Staff (2021). Perspectives on Reading. Available: https://www.perspectivesonreading.com/whats-next-for-school-librarians/

National Coalition Against Censorship (2025. 03. 25.). Book Challenge Resource Center. Available: https://ncac.org/resource/book-challenge-resource-center-guide

National Library Of New Zealand (2016. 10. 20.). Service to School Library: Weeding Guide. Available: https://natlib.govt.nz/schools.natlib.govt.nz/school-libraries-and-managing collection/weeding/-guide

National Library of New Zealand (2025. 04. 01.) Journey Mapping for School Library Design. Available: https://natlib.govt.nz/schools/school-libraries/leading-and-managing/managing-your-school-library/evidence-based-school-library-practice/journey-mapping-for-school-library-design

National Library of New Zealand (2025. 04. 02.). School Libraries and Inquiry Learning. Available: https://natlib.govt.nz/schools/school-libraries/library-services-for—teaching-and-learning/supporting-inquiry-learning/school-libraries-and-inquiry-learning

National Library of New Zealand (2025. 04. 03.) School Library Budget. Available: https://natlib.govt.nz/schools/school-libraries/leading-and-man aging/managing-your-school-library/school-library-budget

National Library of New Zealand (2025. 04. 04.) Student Librarians. Available: https://natlib.govt.nz/schools/school-libraries/leading-and-ma naging/managing-your-school-library-staff/student-librarians

National Library of New Zealand (2025. 04. 05.). School Library Futures. Available: https://natlib.govt.nz/schools/school-libraries/understanding-sc%20hool-libraries/school-library-futures

National Library Of New Zealand (2025. 04. 06.). School Principals Leading Change. Available: https://natlib.govt.nz/schools/school-libraries/leading-and-managing/leading-your-school-library/school-principals-creating-libraries-as-centres-of-learning

National Library Of New Zealand (2025. 04. 07.). Evidence-based Practice and Why it Matters. Available: https://natlib.govt.nz/schools/school-libraries/leading-and-managing/managing-your-school-library/evidence-based-school-library-practice/evidence-based-practice-and-why-it-matters

National Library Of New Zealand (2025. 04. 09.). Designing Library Spaces. Available: https://natlib.govt.nz/schools/school-libraries/place-and-environment/designing -library-spaces

National Library Of New Zealand (2025. 04. 18.). Working Out Your Library's Collection Requirements. Available: https://natlib.govt.nz/schools/school-libraries/collections-and-resources/your-collection-management-plan/working-out-your-librarys-collection-requirements

National Library of New Zealand (2025. 04. 28.). Planning Your School Library's Online Presence. Available: https://natlib.govt.nz/schools/school-libraries/library-services-for-teaching-and-learning/your-school-librarys
-online-presence

National Library of New Zealand (2025. 04. 29.). Creating a Virtual School library. Available: https://natlib.govt.nz/schools/school-libraries/library-se
rvices-for-teaching-and-learning/your-school-library-online/creating-a-virtual-school-library

National Library of New Zealand (2025. 04. 30.). Services to Schools. Available: https://natlib.govt.nz/schools

National Library of New Zealand (2025. 05. 01.). Teachers Using the Library. Available: https://natlib.govt.nz/schools/reading-engagement/teachers-as-readers/teachers-using-the-library

National Library of New Zealand(2025. 05. 02.). School Community Profile. Available: https://view.officeapps.live.com/op/view.aspx?src=https%3A%2F%2Fnatlib.govt.nz% 2Ffileschool-community-profile-template.docx&wdOrigin=BROWSELINK

National Library of New Zealand (2025. 05. 03.). Developing Library Services. Available: https://natlib.govt.nz/schools/school-libraries/library-services-for-teaching-and-learning/developing-library-services

Newberry, Christina and Wood, Amanda (2025. March 5). Master your 2025social media strategy. Hootsuite. Available: https://blog.hootsuite.com/social-media-marketing-strategy/

New Zealand Ministry of Education (2025. April. 17.). Key principal leadership activities. Available: https://www.educationalleaders.govt.nz/Leadership-development/Key-leadership-documents/Kiwi-leadership-for-principals/Key-principal-leadership-activities

Oddone, By K. (2016). The importance of school libraries in the Google Age. Schools Catalogue Information Service, 98. Avalable: https://www.scisdata.com/connections/issue-98/the-importance-of-school-libraries-in-the-google-age/

OECD(Organization for Economic Cooperation and Development) (2001). School Library & Resources Center. Available: https://read.oecd-ilibrary.org/education/school-libraries-and-resource-centres_9789264089938-en-fr#

Patricia A., Messner and Copeland, Brenda S. (2012). School Library Management: Just the Basics. Santa Babara: Libraries Unlimited.

Poll, Roswitha and Boekhorst, (2009). Measuring Quality: Performance Measurement in Libraries. 장혜란 옮림. 도서관 성과측정과 품질관리. 서울: 조은글터.

Prentice, Ann E (2011). Public Libraries in the 21st Century. California: Libraries Unlimited.

Prostano, Emanuel T. and Prostano, Joyce S. (1999). The School Library Media Center (5th ed). Englewood: Libraries Unlimited.

Rendina, Diana (2025. 04. 01.). 6 Ways to Rethink Your Library Space and Make it Amazing.

Available: http://www.renovatedlearning.com/2015/01/28/rethinking-our-library-space/)
Ranganathan, Shiyali Ramamrita (2005). Five Laws of Library Science. 최석두 옮김. 도서관학 5법칙. 서울: 한국도서관협회.
Russell, Shayne (2002). Teachers and Librarians: Collaborative Relationships. Teacher Librarian, 29(5): 35-38.
Roblyer, M. D. (2003). Integrating Education! Technology into Teaching (3rd. ed.). NJ: Merrill Prentice Hall.
Scholastic (2016). School libraries work! A compendium of research supportingthe effectiveness of school libraries.
Available: http://www.scholastic.com/slw2016
Senge, Peter M. (1996). Fifth discipline. 안중호 옮김. 제5 경영. 서울: 세종서적.
Senge, Peter M. (2014). Fifth discipline: The Art and Practice of the Learning Organization. 강혜정 옮김. 학습하는 조직: 오래도록 살아남는 기업에는 어떤 특징이 있는가. 서울: 에이지21.
Shera, Jesse H. (1984). Sociological foundation of librarianship. 윤영 옮김. 圖書館學의 社會學的 基盤. 서울: 구미무역 (주)출판부.
Silva, Rufus De and Turriff, Alison (1993). Developing the Secondary School Library Resources Centre. London: Kongan Page.
Smaldino, Sharon E., Lowther, Deborah L. Russell, James D. (2011). Instructional Technology and Media for Learning. 이미자, 권혁일, 김도현, 박인우, 설양환 옮김. 교육공학과 교수매체 (제8판). 서울: 아카데미프레스.
Smith, Jane B. (2005). Teaching & Testing Information Literacy Skills. Worthington: Linworth Publishing.
South Carolina Department of Education (2016). South Carolina Standards for School Library Resources Collections. Columbia: South Carolina Department of Education.
Stein, Barbara L. and Brown, Risa W. (2002). Running a School Library Media Center: A How-To-Do It Manual for Librarians (2nd ed). New York, London: Neal-Schuman Publishers.
Stueart, Robert D, and Moran, Barbara B. (1997). Library and Information Center Management. 임명순, 오동근 옮김. 圖書館·情報센터經營論. 임명순, 오동근 옮김. 대구: 계명대학교출판부.
Sullivan, Margaret (2011. Apr. 01). Divine Design: How to create the 21st-century school library of your dreams.
Available: https://www.slj.com/story/divine-design-how-to-create-the-21st-century-school-library-of-your-dreams
Thornburg, David D. (2007). Campfires in Cyberspace: Primordial Metaphors for Learning in the 21st Century. Available: https://www.thepeakacademy.orgdo wnloadsthePeakAcademycampfires.pdf
Teich, Annie G. (2021). How School Librarians Are Evolving.
Available: https://www.techlearning.com/how-to/how-school-librarians-are-evolving
Todd, Ross (2012). Evidence-based practice: A key to building the future of New Zealand school libraries.

Available: https://www.slanza.org.nz/uploads/9/7/5/5/9755821/t3-2012.pdf

Todd, Tessa T. and National Literacy Trust (2021). The Future of Primary School Libraries. Available: https://cdn.literacytrust.org.uk/media/documents/The_Future_of _Primary_School _Libraries.pdf

UNESCO and ILO(International Labour Organization) (1966). Recommendation Concerning the Status of Teachers.
Available: https://unescokor.cafe24.com/assets/data/standard/GrHDAaRWNbOReIbh-Z8Y7NTgh3d4Qa7_1218034800_1.pdf

University Course at Indiana University at Indianapolis (2015). School Library Media Specialist: Program Administration: Volunteer In the School Library.
Available: http://eduscapes.com/sms/administration/volunteers.html

Weisgrau, Josh (2015. September 24). Makerspaces in School Libraries
Available: https://www.edutopia.org/blog/school-libraries-makerspaces-coexist-josh-weisgrau

WEF(World Economic Forum) (2020). Education 4.0.
Available: https://initiatives.weforum.org/reskilling-revolution/education--4-0

Wisconsin Department of Public Instruction (1998). Combined School and Public Libraries Guidelines for Decision Making. 2nd. ed.
Available: https://dpi.wi.gov/sites/default/files/imce/pld/pdf/comblibs.pdf

Woolls, Blanche (1999). The School Library Manager (2nd ed.). Westport: Libraries Unlimited.

Woolls, Blanche, and Loertscher, David V. (2005). The Whole School Library handbook. Chicago: American Library Association.

Woolls, Blanche, Weeks, Ann C. and Coatney, Sharon (2014). The school library manager. Calif.: Libraries Unlimited.

Woolls, Blanche, Valenza, Joyce K., Dawkins, April M. and Coatney, Sharon(2014). The school Library Manager leading: through change. (7th ed.). New York: Bloomsbury Libraries Unlimited.

YALSA(Young Adult Library Services Association) (2012). Teen Space Guidelines.
Available: https://www.ala.org/sites/default/files/yalsa/content/guidelines/guidelines/teenspaces.pdf

Ziarnik, Natalie R. (2003). School & Public Libraries: Developing the Natural Alliance. Chicago: ALA.

Zilonis, Mary F., Markuson, Carolyn and Fincke, Mary B. (2002). Strategic Planning for School Library Media Center. Lanham: The Scarecrow Press.

색 인

[ㅈ]

송기호(宋基瑚)

국립공주대학교 사범대학 문헌정보교육과 교수로 재직 중이다. 학교도서관 및 공공도서관 운영, 아동청소년자료론, 문헌정보교과교육론, 교재연구및지도법, 기록관리 등을 지도하고 연구하면서 공동체적 비전을 갖춘 사서교사를 양성하는 데 노력하고 있다. 공주사범대학 문헌정보교육과와 교육대학원을 졸업하고 연세대학교 대학원에서 통합정보활용교육에 대한 연구로 문학박사 학위를 받았다. 1989년부터 2010년까지 서울특별시교육청 산하 대영고등학교, 개포고등학교, 영신고등학교, 서울공업고등학교 사서교사로 근무하면서 학교도서관활성화사업, 디지털자료실설치사업에 참여하였다. 학교도서관활용교육 연구 학교 운영 및 통합 학습주제 기반 학교도서관활용수업 설계 모형과 매뉴얼을 개발, 적용하여 협동수업 활성화에 앞장섰다. 연세대학교, 경기대학교 교육대학원에서 학교도서관경영론, 독서교육론을 강의하였다. 제3기 대통령소속 도서관정보정책위원, 한국학교도서관협의회 사무국장 및 회장, 한국도서관협회 이사와 학교도서관전문위원장 그리고 부회장을 지냈다. 세종특별자치시와 충청남도교육청 학교도서관발전위원, 서울특별시교육청 도서관 정책 자문위원, 국립어린이청소년도서관 자문위원 등으로 활동하였다. 교육부장관표창, 한국도서관상, 한국교육학술정보원장상, 서울특별시교육감표창 등을 수상하였다.

【주요 저서】

학교도서관 교육론(2025. 태일사)
아동청소년자료의 이해와 활용(개정판. 2024. 태일사)
사서교사를 위한 통합정보활용교육론(개정판. 2020. 태일사)
학교도서관 교육과 협동수업하기(2018. 한국도서관협회)
사서교사를 위한 학교도서관 경영 시론(2010. 조은글터) 外

【주요 논문】

에듀테크 기반 학교도서관활용교육 설계 모형 개발(2024)
IB 국제학교 구인광고에 담긴 사서교사 직무 및 역량 분석(공저. 2022)
정보처리모형을 활용한 중학교 특수교과서 심화 학습활동 수록 매체 분석(공저. 2020)
학교도서관 공간 영역 및 실내 환경 요소의 구성과 사서교사 인식 분석(공저. 2020)
교과연계 독서를 위한 독서 전략의 내용 체계와 적용에 관한 연구(공저. 2020) 外

학교도서관 운영의 실제

(개정 7판)

저자 | 송기호
펴낸곳 | 한국도서관협회
초 판 발행 | 2000년 10월 30일
개정판 발행 | 2005년 2월 28일
개정2판 발행 | 2007년 8월 31일
개정3판 발행 | 2008년 8월 20일
개정4판 발행 | 2012년 2월 24일
개정5판 발행 | 2017년 2월 15일
개정6판 발행 | 2021년 8월 19일
개정7판 발행 | 2025년 12월 30일
등록 | 제2-723호(1979. 8. 18.)
주소 | 서울특별시 서초구 반포대로 201
전화 | 02-535-4868
팩스 | 02-535-5616
홈페이지 | http://www.kla.kr
ISBN | 978-89-7678-405-6 93020

정가 30,000원